후기스콜라 철학과 르네상스 철학

A HISTORY OF PHILOSOPHY
Ockham to Suárez

후기스콜라 철학과 르네상스 철학

2021년 6월 10일 초판 인쇄
2021년 6월 15일 초판 발행

지은이 프레드릭 코플스턴 | **옮긴이** 이남원 · 정용수 | **펴낸이** 이찬규 | **교정교열** 김지윤
펴낸곳 북코리아 | **등록번호** 제03-01240호 | **전화** 02-704-7840 | **팩스** 02-704-7848
이메일 sunhaksa@korea.com | **홈페이지** www.북코리아.kr
주소 13209 경기도 성남시 중원구 사기막골로 45번길 14 우림 2차 A동 1007호
ISBN 978-89-6324-765-6 (93160)

값 35,000원

* 본서의 무단복제를 금하며, 잘못된 책은 바꾸어 드립니다.

후기스콜라 철학과
르네상스 철학

A HISTORY OF PHILOSOPHY
Ockham to Suárez

프레드릭 코플스턴 저
이남원 · 정용수 역

북코리아

저자 서문

제3권인 이 책의 제1부는 14세기의 철학을 다룬다. 이 시기 철학사상사에서 많은 것들이 여전히 불분명하며, 현재 이용할 수 있는 것보다 훨씬 많은 분량의 신뢰할 만한 텍스트를 우리의 마음대로 다루게 될 때까지는 그것에 대한 명확한 설명을 기술할 수 없다. 그러나 이 책 속에 포함된 설명을 공표하면서, 나는 14세기의 어두운 곳을 밝히는 데 많은 역할을 하고 있는 프란치스코 수도회의 프랑스 학자인 사제 필로테우스 보에너(Philotheus Boehner)가 친절하게도 오컴에 관한 몇몇 장을 읽고, 이들의 일반적인 논조에 대한 평가를 해주었다는 생각 때문에 용기를 얻게 되었다. 물론 이것이 사제 보에너가 오컴에 대한 나의 해석 모두를 뒷받침하고 있다는 것을 의미하는 것은 아니다. 특히 그는 오컴의 철학에서 두 윤리학이 암시적으로 포함되어 있다는 점이 분석에 의해 밝혀진다는 나의 견해에 동의하지 않는다. (이 견해는 어쨌든, 내가 본문에서 분명히 밝혔기를 바라듯이, 추측적 해석이며, 오컴의 윤리철학에서 모순들인 것처럼 보일 수 있는 것을 설명하기 위해 개발된 것이다.) 그리고 나는 내가 자연신학에 대한 오컴의 견해에 대해 했던 것과 꼭 같은 방식으로 사제 보에너가 자신의 생각을 이야기하리라고는 생각하지 않는다. 내가 해석상의 차이점을 언급하는 유일한 목적은, 오컴에 관한 몇몇 장들을 읽어 준 사제 보에너의 친절에 대해서 감사하는 한편, 내가 말한 모든 것에 그가 동의한다는 생각을 주지 않기 위한 것이다. 더욱이 그 몇몇 장들이 사제 보에너에 도착했을 때에는 이미 증명이 마무리 단계에 들어섰기 때문에 나는 그가 제

안한 견해를 활용할 수 없었다. 상황이 달랐더라면 나는 그가 제안했던 것들을 광범위하게 사용하고 싶은 마음이 들었을 것이다. 결론적으로 말해서 나는 사제 보에너가 자신이 편집하고 있는 오컴에 관한 텍스트들을 출간했을 때, 그가 오컴의 철학에 관한 일반적인 설명을 추가했으면 하는 희망을 표현하고 싶다. 어느 누구도 중간시대 [중세]의 마지막 위대한 영국철학자의 사상을 해석하는 데 더 나은 자격을 갖추고 있지는 않을 것이다.

차례

제1부 14세기

제2부 르네상스의 철학

제3부 르네상스의 스콜라주의

제1장

서론

1. 13세기

　　제2권에서 나는 초기 그리스도교 저술가 및 교부들의 시대인 중세 이전에 있었던 중세철학의 탄생에서부터 초기 중세에서의 중세철학의 성장을 거쳐 13세기 중세철학의 성숙기에 도달할 때까지 중세철학의 발전을 추적해 보았다. 우리가 살펴보았던 것처럼 12세기와 13세기 초기에 나타났던 사실, 즉 그리스 철학 특히 아리스토텔레스주의의 모습을 갖춘 그리스 철학에 대해 보다 완전히 알게 되었다는 사실로 인해 성숙기의 도달이 가능하게 되었다. 지성계의 위업은 이성과 신앙, 철학과 신학의 종합을 실현한 것이었다. 물론 엄격히 말한다면 '종합'이라기보다는 '종합들'이라고 말해야 한다. 왜냐하면 13세기의 사상은 정당하게 따져 보았을 때 한 가지 체계에 대해 언급하는 것만으로는 그것의 특징을 서술할 수 없기 때문이다. 그러나 그 시대의 위대한 체계들은 비록 상이함에도 불구하고 공통원칙의 승인에 의해서 결합되었다. 13세기는 적극적인 구성적 사상가들의 시대였으며 사변적 신학자와 철학자의 시대였는데, 그들은 여러 가지 문제에 대해 서로 간의 견해를 비판하기도 했으나, 동시에 기본적인 형이상학적 원칙을 받아들이고, 또한 현상계를 초월하여 형이상학적 진리를 획득할 수 있는 마음의 능력을 인정한 점에서는 의견이 일치했다. 예컨대 스코투스(Scotus)는 성 토마스(St. Thomas)의 인식이론 및 유비이론을 어떤 점에서는 비판할 수도 있었겠지만, 올바른 비판이든 잘못된 비판이든 그러한 비판은 그가 인식의 객관성과 형이상학적 사변에 대해 흥미 있다고 생각했던 범위 안에서 이루어졌다. 그는 성 토마스가 어떤 점에서는 시정되고 보완되어야 한다고 생각했다. 그러나 그는 토마스의 형이상학적 토대를 비판하거나 철학적 사변의 객관적 성격을 뿌리째 파 버리려는 의도를 가지고 있지 않았다. 또한 성 토마스는 인간이성의 독자적인 능력에 대해 성 보나벤투라(St. Bonaventure)가 허용했던 것보다도 더 많은 것을 허용해야 한다고 생각했다. 그러나 이들 신학적 철학자들 중 어느 누구도 초현상계(metaphenomenal)에 대한 어떤 인식을 얻을 수 있으리라는 가능성에 대해서는 의심하지 않았다. 성 보나벤투라, 성 토마스, 로마의 에지디오(Giles of Rome), 겐트의 헨리(Henry of Ghent), 둔스 스코투스(Duns Scotus) 같은 사람들은 독창적인 사상가였다. 그러나 그들은 신학과 철학의 이상적 종합과 조화라는 공통 틀 안에서 작업했다. 그들은 사변 신학자이자 철학자였으며, 자연신학을 형성할 가능성, 형이상학의 왕관, 교의신학과의 연계를 확신했다. 그들은 인간의 인식에 관하여 그 어느 철저한 회의주의에 의해서도 전염되지 않았다. 또한 그들은 마음이 본질에 관한 객관적 인식을 획득할 수 있다고 믿었다는 점에서 실재론자였다.

체계와 종합, 철학과 신학의 조화라는 13세기의 이상(理想)은 아마도 그 세기의 삶이 가지는 일반적 틀과 연관해서 고려될 수 있을 것이다. 물론 단일민족 국가들이 형성되고 합병되는 과정 중에 있었다는 의미에서 국가주의는 성장했다. 그러나 교황권과 황제권의 조화라는 이상, 초자연적 초점과 자연적 초점의 통일은 여전히 살아 있었다. 사실상 우리는 교황권과 황제권의 조화라는 이상이 지성적 측면에서 신학과 철학 사이의 조화라는 이상과 평행선을 긋고 있었고, 따라서 세속의 문제에서 교황권의 간접적인 힘을 용인하고 국가도 엄격히 자신의 영역 안에서 자율성을 가진다는 성 토마스의 이론은 신학이 철학에 대해 규범적인 기능을 가지며, 철학은 자신의 영역 안에서의 자율성을 갖는다는 이론과 평행선을 긋고 있었다고 말할 수 있다. 철학은 자신의 원리를 신학으로부터 끌어 오지 않는다. 그러나 철학자가 계시와 상이한 결론에 도달한다면 그는 자신의 추리가 결함이 있다는 것을 안다. 교황권과 황제권은, 특히 전자는 교회의 영역과 정치적 영역 속에 있는 요소들을 통합하고 있었지만, 반면에 파리(Paris) 대학교의 탁월성은 지성적 영역에 있어서 통일적 요소였다. 더욱이 우주에 대한 아리스토텔레스(Aristotle)의 생각은 일반적으로 승인되었고, 중세관의 고착현상을 제공하는 데 일조를 담당했다.

그러나 13세기가 구성적 체계 및 종합과 조화라고 하는 자신의 이상(理想)에 의해서 특징지어질 수 있다고 하더라도, 도달된 조화와 균형은 적어도 실제상의 관점에서 볼 때는 불확실한 것이었다. 몇몇 열렬한 토마스주의자들은 의심의 여지없이 성 토마스에 의해 도달된 종합이 보편적으로 타당한 것으로서 받아들였고 마땅히 보존되었어야 한다는 점을 확신할 것이다. 그들은 그런 종합의 균형과 조화가 본질상 불확실한 것이라는 점을 인정하려 들지 않을 것이다. 그러나 가정컨대 그들은 토마스주의적 종합이, 일단 성취되었더라도, 보편적이고도 지속적인 승인을 얻으리라는 것을 실제로는 거의 기대할 수 없었다는 점을 기꺼이 인정할 것이다. 또한 나의 생각으로는 토마스주의적 종합 속에는 어떤 의미에서 그 종합을 불확실하게 만드는 고유 요소들, 그리고 14세기에서의 철학발전을 설명하는 데 도움이 되는 고유 요소들이 있다. 이제 나는 내가 의미하고 있는 바를 예시하고자 한다.

중세철학에서 가장 중요한 철학적 사건은 서구 그리스도교가 아리스토텔레스의 거의 모든 저술들을 발견한 것이라는 주장이 제시되었는데, 내 생각에는 그것은 옹호될 수 있는 주장이다. 12세기 및 13세기 초기의 번역자들의 작업이 아리스토텔레스의 사상을 서구 유럽의 그리스도교 사상가들에게 이용될 수 있도록 만들었을 때, 이들은 처음으로 그들에게 완전하고 포괄적인 합리적 철학체계, 즉 그리스 철학자의 작품이었기 때문에 유대적 계시에게도 그리스도적 계시에게도 전혀 빚지지 않은 그런 체계인 것처럼 보이는 것에 직면하게 되었다. 그러므로 그들은 그런 체계에 대해 일정한 태도를 취하지 않으면 안 되었다. 그들은 그것을 단순히 무시할 수는 없었다. 다소간 적대적인 것에서부터 열광적이고 보다 무비판적인 환호에 이르기까지 여러 방식으로 취해진 태도 중 일부를 우리는 앞의 책[코플스톤 철학사 제2권인 『중세철학사』]에서 살펴보았다. 성 토마스 아퀴나스(St. Thomas Aquinas)는 비판적 수용의 태도를 취했다. 그는 아리스토텔레스주의와 그리스도교의 믿음을 일치시키고자 시도하였다. 그 이유는 두 가지였다. 첫째 이유는 그가 한 명의 이교도 사상가, 즉 아리스토텔레스의 위험스러운 영향을 방지하기 위한 것이거나 '그리스도교의 변호' 목적을 위해 그를 이용함으로써 그를 위험하지 않은 사람으로 만들기 위한 것이었고, 둘째 이유는 아리스토텔레스의 철학이 대체로 참이라는 사실을 그가 진지하게 믿었다는 것이었다. 그가 이것을 믿지 않았더라면, 많은 동시대인들의 눈에 신기하고 미심쩍은 것으로 비쳐졌던 철학적 입장을 채택하지는 않았을 것이다. 그러나 내가 지금 제시하고 싶은 점은 다음과 같다. 아리스토텔레스주의에 대해 일정한 태도를 취할 때 13세기의 사상가들은 어느 점으로 보나 **철학**에 대한 태도를 취하고 있었다. 이러한 사실의 의미를 역사학자[철학사학자]들이 항상 깨닫고 있었던 것은 아니다. 중세의 철학자들, 특히 13세기의 철학자들을 살펴볼 때, 그들은 아리스토텔레스에 대한 맹종적인 신봉자로서 아리스토텔레스주의가 실제로는 그 당시에는 철학 그 자체를 의미했다는 사실을 깨닫지 못했었다. 사실상 신학과 철학 간의 구별은 이미 그어졌다. 그러나 중세 사람들에게 말하자면 철학의 힘과 범위를 보여주었던 무대에서 철학은 아리스토텔레스주의의 모습으로 가득 차 있었다. 아리스토텔레스의 외양 하에서 철학은 중세 사람들의 시선에는 단순히 이론적으로 뿐만이 아니라 신학에 독립해 있는 역사적 사실 속에 있는 것으로 나타났다. 사실이 이러하기 때문에, 아리스토텔레스주의에 대해 어떤 태도를 취한다는 것은 실제로 예컨대 플라톤(Plato. 중세 사람들은 그에 대해 실제로 그렇게 많은 것을 알고 있지 못했다)과 구별되는 아리스토텔레스를 향한 태도를 취하는 것일 뿐만 아니라, 철학을 자율적인 학과로서 고려하는 태도를 취하는 것이었다. 우리가 이에 비추어서 13세기에 아리스토텔레스에 대해 취해진 여러 상이한 태도를 고려한다면, 이 상이한 태도가 가지는 의미에 대해 깊이 있게 이해하게 된다.

(i) 순전한 아리스토텔레스주의자들(또는 '라틴 아베로에스주의자들'(Latin Averroists))이 아리스토텔레스의 철학을 무비판적으로 열광하면서 받아들였을 때, 그리고 그들이 아리스토텔레스를 인류의 최고점으로서 갈채를 보냈을 때, 그들은 신학자와 함께 자신들이 난관에 빠지게 되었음을 발견하게 된다. 예컨대 아리스토텔레스는 세계가 창조되지 않았다고 주장했던 반면에, 신학은 세계가 신의 창조를 거쳐 시작되었다고

확신한다. 또한, 아베로에스에 의해 해석된 아리스토텔레스는 지성이 모든 인간들에서 하나라고 주장했으며, 개인의 불멸성을 부인했던 반면에, 그리스도교 신학은 개인의 불멸성을 주장하였다. 이와 같은 명백한 난점들에 직면해서 파리 대학교 인문학부의 순전한 아리스토텔레스주의자들은 철학의 기능이란 철학자들의 교의들을 충실히 보고하는 것이라고 주장하였다. 그러므로 아리스토텔레스가 제시한 철학이 세계의 영원성과 인간영혼의 단일성을 가르쳤다고 주장하면서, 신학이 보여주는 진리는 시간 안에서 세계의 창조가 이루어졌고 각 인간은 그의 개별적인 이성적 영혼을 소유한다는 점을 확인하는 것이라는 주장을 동시에 하더라도 아무런 모순이 없었다.

순전한 아리스토텔레스주의자 또는 '아베로에스주의자'의 편에 서서 이들은 단순히 아리스토텔레스의 설을 보고했을 뿐이라고, 즉 이들은 단순히 역사학자로서 행동하고 있었을 뿐이라고 하는 항변에 대해 신학자들은 그 항변을 단순히 핑계에 불과한 것으로서 취급하였다. 그러나 내가 나의 철학사 제2권에서 언급했던 것처럼 아베로에스주의자들이 어떤 정신을 실제로 가졌던가는 확인하기 어렵다. 그러나 아베로에스주의자들에게 실제로 지나간 사상가들의 견해를 보고하는 것만을 할 의도가 있었다면, 그리고 그들이 그리스도교 계시와 신학의 진리를 확인하는 데 성실했더라면, 그들의 태도는 어느 정도 다음과 같은 것이었음에 틀림없는 것처럼 보일 것이다. 철학은 자연의 질서를 반성하는 인간이성의 작업을 표현한다. 아리스토텔레스가 인격화한 이성은 사건들의 자연적 과정에서 시간이 시작을 가지지 않는다고, 그리고 지성이 자연적으로 모든 인간에 있어서 하나라고 우리에게 이야기한다. 시간이 시작을 가지지 않는다는 것은 그리하여 철학적 진리일 것이다. 동일한 것이 지성단일론(monopsychism)에 대해 말해져야 한다. 그러나 초자연적 질서를 다루는 신학은 신이 자신의 신적 능력에 의해서 시간 안에서 세계를 창조하였고, 불가사의하게 각 개인에게 그 자신의 불멸하는 지성적 영혼을 부여했다는 사실을 우리에게 확인해준다. 무언가가 사실일 수 있으며 동시에 사실일 수 없다는 것은 불가능하다. 무언가가 사실이 아니라는 점을 보장했던 신의 불가사의한 개입이 없었더라면, 오히려 그것은 사실일 것이다.

창조적 활동에 관해서 말한다면, 파리 대학교 인문학부의 순전한 아리스토텔레스주의자들이 자신이 해석한 대로 아리스토텔레스의 가르침을 그것이 진리라거나 거짓이라는 언급 없이 단순히 보고했을 뿐이든 아니면 그들이 아리스토텔레스의 가르침을 진리라고 확인했든, 그 입장은 당연히 정확하게 같다. 왜냐하면 어느 경우든 그들은 어떤 것도 보태지 않았으며, 보탰다고 하더라도 의도적으로 보태지는 않았기 때문이다. 생산적이며 창조적인 사상가들은 신학부의 철학자들이었다. 왜냐하면 그들은 아리스토텔레스주의를 비판적으로 검토하지 않으면 안 된다고 느꼈으며, 대부분 아리스토텔레스주의를 받아들였더라도, 비판적으로 그것을 다시 생각하지 않으면 안 된다고 느꼈기 때문이다. 그러나 내가 이야기하고자 하는 핵심은 오히려 이것이다. 철저한 아리스토텔레스주의자들에 의해서 채택된 입장은 신학과 철학의 철저한 분리를 함축하고 있었다. 그들의 활동에 그들 자신의 설명을 액면 그대로 받아들인다면, 그들은 철학을 역사, 즉 이전 철학자들의 견해를 보고하는 것과 동일시했다. 이런 의미로 이해된 철학은 분명히 신학에 독립해 있다. 왜냐하면 신학은 어떤 견해들이 어떤 사상가들에 의해 주장되어왔다는 사실에 영향력을 가질 수 없기 때문이다. 다른 한편 만약 신학자들이 자신들을 불쾌하게 하는 명제들이 진리라는 점을 순전한 아리스토텔레스주의자들이 주장할 의향을 실제로 가지고 있었다고 생각한 점에서 옳았더라도, 또는 이들 명제가 신이 개입하지 않았더라면 진리였을 명제라고 주장되었더라도, 동일한 결론이 나온다. 즉 철학은 신학에 완전히 독립해 있다. 철학자는 사건들의 자연적 과정에만 관심을 가지고 있기 때문에, 신학적 교의와 충돌했던 결론을 이끌어내더라도 그는 정당할 것이다. 왜냐하면 그는, 만약 사건들의 자연적 과정이 발생했더라면 어떤 상황이 벌어질까를 주장하고 있을 뿐이기 때문이다. 신학은 철학이 도달한 결론이 사실들을 보여주지 못했다는 점을 우리에게 이야기할 수 있다. 그러나 신학자는 철학자가 도달했던 결론이 신학적으로 받아들일 수 없기 때문이라는 이유만으로 철학자의 추리가 잘못된 것이라고 말하면 정당성을 얻지 못할 것이다. 우리는 특수한 경우에 사건들의 자연적 과정이 뒤따라 나오지 않는다는 점을 신학으로부터 배울 수도 있다. 그러나 그것은 사건들의 자연적 과정이 어떠한지 또는 어떠했을는지의 물음에 영향을 주지 못한다.

13세기의 순전한 아리스토텔레스주의 또는 '아베로에스주의'의 가장 분명히 두드러진 특징은 아리스토텔레스에 대한 맹종적 집착이었으며, 신학적 정통의 요구들을 그들의 입장과 일치시키고자 하는 집착에 의해서 채택된 오히려 무모한 방책들이었다. 그러나 철학과 신학 간의 날카로운 분리와 전자의 완전한 독립의 주장은 철저한 아리스토텔레스주의 안에 함축되어 있었다. 맞는 말이지만 사람들이 이러한 사유노선을 너무 강조해서는 안 된다. 14세기의 오컴주의 안에 함축되어 있는 철학과 신학 간의 분리는 13세기의 아베로에스주의로부터 온 것이 아니다. 그러나 13세기의 아리스토텔레스적 체계의 무대 위에 나타난 현상은 [철학과 신학의] 종합 또는 분리의 문제에 대해 진지하게 관심을 가지는 것을 가능하게 했던 요소였다. 정확하게 말해서 그러한 현상은 종합되거나 분리될 수 있는 무언가의 출현으로 귀결되었기 때문이다.

(ii)　　　성 토마스 아퀴나스는 방법과 주제 모두에 관해서 철학과 신학의 구분을 인정하였다. 내가 나의 철학사 전집 제2권에서 지적했듯이 그는 이러한 구분을 진지하게 받아들였다. 신학이 세계가 영원성으로부터 존재했던 것이 아니라 시작을 가졌다는 사실을 우리에게 이야기해주고 있음에도 불구하고, 성 토마스에 따르면 어떤 철학자도 이러한 사실을 지금까지 적절하게 입증한 적이 없었다. 세계의 영원성에 대한 단언적 증명은 타당하지 않지만, 세계가 영원성으로부터 존재하지 않았다는 진술에 대한 단언적 증명 또한 그러하다. 다른 말로 하면 철학은 세계가 영원성으로부터 창조되었는지 아닌지의 문제를 해결하는 데 성공적이지 못했지만, 계시는 우리에게 이러한 문제에 대한 해답을 준다. 이것은 철학과 신학 사이에 존재하는 실질적 구분의 예이다. 다른 한편, 성 토마스는 철학자가 타당한 합리적 논증(argument)에 의해서 그리스도교 신학과 양립할 수 없는 어떤 결론에 도달할 수 있다고는 결코 생각하지 않았다. 어떤 철학자가 그리스도교 교의와 명시적으로든 암시적으로든 모순되는 결론에 도달한다면, 그것은 그의 전제들이 거짓이거나 그의 논증에 무언가 오류가 있다는 표시이다. 다른 말로 하면 신학은 철학자에게 막다른 골목으로 들어서서는 안 된다고 경고하는 영원한 규준이나 일종의 푯말로서의 역할을 한다. 그러나 철학자는 계시의 자료를 철학적 추리에 의해서 인식된 전제들로 대체하려고 시도해서는 안 된다. 그는

자신의 논증에서 교의를 명시적으로 사용할 수 없다. 왜냐하면 철학은 본질적으로 자율적이기 때문이다.

실제로 이러한 태도는 그것을 채택했던 철학자가 비록 그의 철학에서 신앙을 형식적이고 명시적으로 사용하고 있지는 않았지만 신앙의 빛 속에서 철학을 했다는 것을 의미했다. 게다가 이러한 태도의 유지는 13세기의 위대한 사상가들이 일차적으로는 신학자들이었다는 사실에 의해서 촉진되었다. 그들은 신학자-철학자였다. 동시에 철학이 일단 본질적으로 자율적인 학문 분야로서 인정되었다면, 철학은 시간이 경과함에 따라 자신의 길을 가는 경향을 보일 것이고, 말하자면 자신이 신학에 구속되는 것에 대해 분노하고 신학의 시녀로서의 자신의 위치에 대해 분개해야 할 것이라는 점이 예상될 뿐이다. 그리고 실로, 일단 철학자는 일차적으로 철학자라는 것 그리고 심지어는 오로지 철학자라는 것이 표준적인 절차가 되었다면, 철학과 신학의 동맹은 사라져야 하는 것이 자연스러운 일이었다. 더욱이 철학자가 계시에 대한 확고한 믿음을 가지고 있지 않을 때, 유일하게 예상되는 점은 신학과 철학의 위치가 뒤집히게 된다는 사실, 철학이 신학을 자신에게 종속시키려 하거나 신학의 주제를 철학에 편입시키려 하거나 심지어는 신학을 완전히 배제하려는 경향을 가지게 되리라는 사실이다. 사실상 미래에 충분히 이런 방식으로 전개가 이루어질 것이다. 그러나 이러한 전개가 13세기 초반의 무대에서 아리스토텔레스의 체계가 나타났다는 사실에 먼 기초를 가지고 있다고 말하더라도 거의 틀림이 없다.

이러한 언급들은 아리스토텔레스의 철학을 평가하기 위해 의도된 것은 아니다. 이 언급들은 철학적 사유에 의해 취해진 실제적인 발전과정에 대한 역사적 해석이라는 의미를 가진다. 의심의 여지없이 이들 언급은 어느 정도 너무 개략적이어서 철학적 발전의 복잡함을 허용하지 않는다. 철학이 일단 자율적인 학문분야로 인정된다면, 철학에 본질적인 것처럼 보이는 자기비판의 과정이 안착되고, 자연스럽게 비판주의는 그것이 성장함에 따라 13세기에 도달했던 종합의 기초를 무너뜨린다. 그것은 내가 그 종합을 '불안정한 것'이라고 이야기했던 이유 중 하나이다. 사람들이 예컨대 아리스토텔레스 형이상학의 참 또는 거짓에 대해 무엇을 생각하든, 철학적 사유가 특정한 지점에서 멈출 것이라고 기대해서는 안 된다. 그러나 비판은 실제적인 관점에서 보면 불가피한 것이었다. 그러나 둘째 요소를 감안해야 한다. 그러나 빈틈없이 잘 짜인 신학적-철학적 종합에 일단 도달했다면, 그래서 그런 종합에서 철학적 용어들과 범주들이 신학적 진리의 표현을 위해 사용되었다면, 몇몇 지성인들이 신앙이 합리화될 위험에 처해 있으며, 그리스도교 신학이 과도하게 그리스와 이슬람 형이상학에 오염되었다고 느끼리라는 것은 자연스러운 일이었다. 그런 지성인들은 특히 일차적으로 종교적인 의미와 관심을 고려하기보다는 이론적 의미와 관심에 관련된 여러 학파들 간의 논쟁을 고려하면서, 필요한 것은 철학적 접근이라기보다는 신비적 접근이라고 느낄 수도 있었다. 이 둘째 사유노선 또한 13세기의 종합을 해소시키는 경향이 있었지만, 철학적 문제에 집중하였던 사상가들과는 다른 접근을 하였고, 종합의 특징을 가지는 철학적 입장을 광범위하게 비판함으로써 그런 종합의 토대를 무너뜨렸다. 우리는 두 사유노선이 14세기에 어떻게 드러나는가를 보게 될 것이다.

(iii)　　　다른 분야, 즉 정치적 삶과 사상분야로 눈을 돌려보자. 중세에 교회의 권력과 국가의 권력 사이에 불안정한 조화와 균형 이외에 무언가가 있었다고 암시하는 것은 분명히 불합리할 것이다. 교황과 황제 사이의 지속적으로 일어나는 논쟁, 그리고 교황과 왕 사이의 다툼을 잘 알기 위해서 중세역사에 대한 어떤 깊이 있는 지식도 필요하지 않다. 13세기에는 이들 논쟁, 특히 프리드리히 2세(Frederick Ⅱ)와 교황청 사이의 논쟁이 활발하였다. 그러나 이 두 진영은 때로는 자신에게 유리한 방식으로 과장된 주장을 일삼았음에도 불구하고, 말하자면, 그 다툼은 가족 간의 다툼이었다. 그런 다툼은 단테(Dante)의 저술들에서 이론적 표현을 발견했던, 교황권과 통치권이라는 중세적 틀 안에서 발생했다. 더욱이 통상 주장된 정치이론에 관한 한, 두 권력 간의 구별은 인정되었다. 파리에서 사는 동안 제정에 대해서보다는 여러 왕정에 대해서 더 잘 알게 되었던 토마스 아퀴나스는, 교회의 초자연적 기능의 우월을 인정함으로써 비롯되는, 세속사(世俗事)에서의 교회의 간접권력을 또한 자연스럽게 인정하였음에도 불구하고, 세속권력의 본래적으로 자율적인 성격을 인정하였다.[1] 그러므로 우리가 이

1　　'간접적인 권력'이란 구절의 사용은 토마스 이론의 해석을 포함한다.

론적 차원을 유지한다면, 따라서 실제의 삶에서는 그 조화가 그다지 뚜렷하게 드러나지 않았다는 사실을 얼버무리지 않는다면, 우리는 13세기의 두 권력 사이의 균형 또는 조화에 대해 말할 수 있다. 분명한 사실은 세속권력에 대해 과도한 야망을 품었던 교황들이 이들 야망을 실현할 수 없었던 반면에, 교황청에 대해 어떤 배려도 하지 않고 그들이 택한 방식 그대로 하고 싶어 했던 황제들도 그들의 욕망을 성취할 수 없었다는 점이다. 각 진영에서의 승리는 일시적인 것이었고, 지속하지 못했다. 그러므로 어느 정도 불완전한 성질의 일정한 균형이 이루어졌다.

그러나 동시에 각 민족 왕정들은 결합되었고, 민족적 군주의 집중된 권력은 점차적으로 증대되었다. 영국은 어떤 실질적인 의미에서도 중세의 황제에 종속된 적이 없었다. 더욱이 황제권은 일차적으로 독일의 일이었다. 예를 들어 프랑스는 독립적이었고, 13세기 말 교황 보니파시오 8세(Boniface Ⅷ)와 프랑스의 공정왕 필립(Philip the Fair) 사이의 논쟁에 의해서 취해졌던 과정은 프랑스가 교황청과의 관계에서나 황제와의 관계에서 가지는 위치를 분명히 보여주기에 충분했다. 각 민족 왕정들의 이러한 성장은 결국에는 교황권과 황제권 간의 전통적 균형을 파괴하는 요인의 등장을 의미했었다. 14세기에 우리는 교회로부터의 독립성을 주장하는 국가 권위의 성장하는 경향에 대한 반성을 이론적 차원에서 목격하게 된다. 유럽의 그와 같은 지배적인 특징이 되었던, 강력한 민족국가의 등장은 중세에 시작하였다. 이들 국가는 지역 군주의 손에 권력이 집중화되고 강화되지 않는 식으로 전개될 수는 거의 없었다. 그리고 권력의 집중화와 강화의 과정은, 교황이 아비뇽(Avignon)에 있었을 때(1305-1377), 교황권이 14세기에 '바빌론의 유폐'(Babylonish captivity)를 통해, 그리고 1378년에 시작하였던 '대분열'(Great Schism, 옮긴이 주. 1378년에서 1417년까지 로마 가톨릭교회의 교황 계승을 둘러싼 분열을 말하며, 이 기간 동안 두 명 또는 세 명의 교황이 동시에 선출되기도 했다.)의 계속된 참화를 통해 노출되었던 굴욕으로 인해 주목받지 못했다.

아리스토텔레스의 국가이론은 성 토마스와 같은 13세기의 사상가에 의해 두 권력 도식의 틀 안에서 활용될 수 있었고, 활용되었다. 이 이론은, 인간의 종말과 교회의 위상과 기능에 대한 그리스도교적 관념에 의해서 보완되어야 했지만, 국가를 본질적으로 자율적인 사회로서 보는 이론적 인식을 촉진했다. 그러나 이 '추가'는 단순히 추가나 병렬에 그친 것은 아니었다. 왜냐하면 그것은 적어도 함축적으로는 국가에 대한 그리스인의 견해를 상당한 정도로 변형시켰기 때문이다. 거꾸로, 중세 정치이론에서 아리스토텔레스주의를 강조함으로써, 국가의 위치는 두 권력 간의 고유한 관계라는 전형적인 중세적 개념을 실질적으로 뒤엎는 방식으로 강조될 수 있었다. 우리는 14세기 이러한 예를 파도바의 마르실리우스(Marsilius of Padua)의 정치이론에서 목격할 수 있다. 이렇게 이야기하는 것은, 마르실리우스의 이론이 아리스토텔레스의 철학에 의거하고 있다는 것을 이야기하는 것과 다르다. 이 이론은 우리가 뒤에 보게 되겠지만 구체적인 역사적 사건과 상황에 보다 크게 의존하는 것이었다. 그러나 이 이론은 아리스토텔레스의 국가이론이 양날의 무기였다는 사실을 의미한다. 그리고 그 이론은 아퀴나스와 같은 신학자-철학자의 정신과 다른 방식으로 활용될 수 있었을 뿐만 아니라, 그런 방식으로 활용되기도 했다는 사실을 의미한다. 이 이론의 활용은 실로 점증하는 정치의식을 나타냈다. 이 이론을 활용하는 국면은 구체적인 역사발전에서 정치의식의 성장이라는 국면을 표현하였다.

2. 13세기와 대비되는 14세기

13세기가 창조적이고 독창적인 사상가들의 시대였다면, 대조적으로 14세기는 학파의 시대였다. 도미니코 회원들은 자연스럽게 성 토마스 아퀴나스의 이론을 고수하는 성향이 있었다. 여러 도미니코 총회가 내린 일련의 훈령은 이들에게 그렇게 하도록 권했다. 성 토마스의 텍스트에 대한 다수의 저술들이 나타났다. 그리하여 교황 요한 22세(Pop John XXII)의 요구로 요안네스 도미니치(Joannes Dominici)는 1331년에 종료했던 『신학대전』의 『개요』(Abbreviatio)를 작성한 데 반하여, 다른 도미니코 회원인 아시그나노의 베네딕토(Benedict of Assignano, 1339년 사망)는 『일치』(Concordance)를 썼는데, 여기에서 그는 『신학대전』의 이론이 『명제집』(Sentences)에 대한 성 토마스의 주해와 어떻게 일치하는가를 보여주고자 했다. 그다음에는 헤르바에우스 나탈리스(Hervaeus Natalis, 1323년 사망)와 같은 도미니코 회원인 성 토마스의 주석가 또는 해석자가 있었다. 그는 『성 토마스 교의의 방어』(*Defensa doctrinae D. Thomae*)를 썼으며, 겐트의 헨리(Henry of Ghent), 둔스 스코투스(Duns Scotus) 등 또는 나폴리의 요한(John of Napales, 1330년 사망)을 공격했다. 그러나 이 분야에서의 성취로 유명한 시대는 14세기라기보다는 요한 카프레올루스(John Capreolus, 1380-1444)와 함께한 15세기였다. 그는 카예타누스(Cajetan, 1468-1534)가 나오기 전까지는, 성 토마스에 대한 가장 탁월한 주석가였다.

토마스주의자들과는 별도로 스코투스주의자들이 있었다. 그들은, 14세기에서 성 토마스가 도미니코회의 공식 박사였던 것과 같은 식으로 둔스 스코투스가 프란치스코(Franciscan) 수도회의 공식 박사는 아니었지만, 토마스주의와 경쟁하는 학파를 형성하였다. 추가하자면, 성 아우구스티누스회의 수행자들도 있었는데, 이들은 로마의 에지디오(Giles of Rome)의 가르침을 따랐다. 또한 겐트의 헨리에게도 추종자가 있었지만, 이들은 엄밀한 의미에서 학파를 형성하지는 못했다.

14세기에 이들은 일정한 정도로 면밀하게 고대의 길(*via antiqua*)을 나타냈던 다른 13세기의 사상가들을 추종한 사람들과 함께 무리를 이루었다. 그들은 앞선 세기의 사상에 의지하여 살았다. 그러나 동시에 14세기에는 윌리엄 오컴(William of Ockham)의 이름과 영원히 관련된 새로운 운동이 일어났으며, 확산되었다. 이 새로운 운동, 즉 근대의 길(*via moderna*)의 사상가들은 '근대성'의 모든 매력을 자연스럽게 소유했고, 앞선 학파의 실념론(realism)에 맞섰으며, '유명론자'(nominalists)로 알려지게 되었다. 이러한 명칭은 어떤 의미에서 대단히 적절하지 않다. 왜냐하면 예컨대 윌리엄 오컴은 어떤 의미에서 보편개념이 있다는 것을 부인하지 않았기 때문이다. 그러나 그 낱말은 보편적으로 사용되며, 의심의 여지없이 계속 사용될 것이다. 그렇다면 '명사론자'(terminists)라는 이름이 더 낫지만, 그것을 변경하려고 시도하는 것은 별 의미가 없다. 새로운 운동의 논리학자들은 용어들의 논리적 위상과 기능에 크게 주목했다. 그들이 앞선 철학자들의 실념론, 특히 스코투스의 실념론에 강하게 대립했고 그것을 비판했다는 것은 사실이다. 그러나 그들의 반(反)실념론이 보편성을 '이름'이나 단순한 낱말에 귀속시키는 데서 성립했다고 말하는 것은 이러한 반 실념론에 대한 과도한 단순화일 것이다.

26

그러나 사람들이 14세기 유명론자들은 13세기 철학자들의 실념론을 공격했다고 말하는 데서 만족한다면, 그것은 매우 부적절한 서술일 것이다. 유명론 운동은 한 가지 특수한 논의에 관련해서는 적절하게 표현될 수 없는 의미와 중요성을 소유했다. 그 운동은 신학과 철학 사이에 몰아쳤던 그리고 13세기에 성취된 종합을 파괴했던 실마리가 되었다. 유명론 운동은, 사람들이 그렇게 말할 수 있다면, 종합보다는 분석에의 경향이 있었고, 사변보다는 비판에의 경향이 있었다. 유명론자들은 그들의 선배들이 가졌던 형이상학적 관념과 논증에 대한 비판적 분석을 통하여 (철학에 관한 한) 어떤 합리적 기초도 없이 신앙을 허공에 매달려 있도록 놓아두었다. 물론 이러한 종류의 것을 광범위하게 일반화하는 것은 그런 일반화에 결부된 결함을 가지고 있다. 그런 일반화는 유명론의 영향을 받은 모든 사상가들에게 적용되지는 않는다. 그러나 그런 일반화는 그 운동의 보다 극단적인 경향의 결과를 나타낸다.

철학은 분석적이고 비판적인 정신 없이는 거의 살아갈 수 없다. 적어도 비판적 분석은 철학적 사유 '운동'의 하나이고, 구성적 종합의 시대에 이어서 그것이 온다는 것은 자연스러운 일이다. 이미 보았던 것처럼 그 정신은 어느 정도는 둔스 스코투스의 사상 속에 나타났었다. 그는 예컨대 영혼의 불멸성 증명(proof)은 절대적으로 확증되지 못하며, 입증될 수 있다고 종종 주장된 다수의 신의 속성들은 입증될 수 없다고 주장했다. 그러나 스코투스는 형이상학자였고, 형이상학자로서 논의를 폈다는 사실이 주목되어야 한다. 다른 중세의 형이상학자와 마찬가지로 그가 논리학자였다는 것도 사실이다. 스코투스도 마찬가지지만, 논리학자가 형이상학자의 자리를 차지하기 시작한 것은 아니었다. 그의 체계는 일단의 13세기 형이상학적 종합에 속하고 있다. 그러나 14세기에 하나의 변화가 목격될 수 있다. 형이상학은, 버려지지는 않았지만, 논리학에 자리를 양보하는 모습을 보였다. 그리고 이전에는 형이상학적인 것으로 다루어졌던 형이상학적인 질문들이 기본적으로 논리적인 질문들로 다루어진다. 윌리엄 오컴이 보편의 주제에 몰두하였을 때, 그는 존재론적 측면보다는 그 문제의 논리적 측면, 즉 명사[명제를 구성하는 용어]의 지칭과 의미(*suppositio and significatio terminorum*)에 강조점을 둔다. 오컴은 아리스토텔레스 논리학이 절실하게 필요하다는 것에 대해 자신이 충실히 따르고 있음을 확신하였던 것처럼 보인다. 심지어 어떤 사람은 오컴이 둔스 스코투스나 토마스 아퀴나스와 같은 선배들의 형이상학을 비판했던 것은 아리스토텔레스 논리학의 이름 안에서 또는 오컴이 아리스토텔레스 논리학으로 간주했던 것의 이름 안에서였다고 말할 수도 있다. 물론 어떤 사람은 형이상학에 대해 고심하지 않고서도 논리적 연구에 전념할 수 있고, 14세기 옥스퍼드(Oxford) 논리학자 중 일부는 그렇게 한 것처럼 보인다. 그러나 또한 어떤 사람은 논리학의 이름에서 형이상학적 논증과 증명을 계속 비판할 수 있고, 바로 이것이 오컴이 했던 것이다. 우리가 보게 되겠지만, 그는 어느 모로 보나 그의 선배들의 자연신학과 형이상학적 심리학을 훼손하였다. 그의 견해에 따르면, 언필칭 신의 속성이나 영혼의 정신성과 불멸성에 대한 증명이나 입증은 그 진리성이 자명하지 않은 원리에 의거하거나, 아니면 관련된 전제로부터 정밀하게 도출되지 않은 결론으로 끝맺는다. 사실상 오컴은 어떤 형이상학적 논증이 '개연적'임을 인정하였다. 그러나 이것은 입증(demonstration)을 개연적 논증으로 대체하려는 14세기의 경향을 예시한 것일 뿐이다.

이처럼 개연적 논증으로 대체하는 것은 당연하게 한 사물의 존재에서부터 다른 사물의 존재로 추론하는 것의 타당성을 의심하거나 거부하는 유명론적 성향과 연결되어 있다. 오컴은 존재하는 개별 사물에 대한 직관의 우선성을 강조했다. 그렇다면 사물의 존재에 관해서 물어야 할 첫째 물음은 우리가 그것을 존재하는 것으로 직관하느냐의 여부이다. 예를 들면, 정신적 영혼의 경우에 오컴은 우리가 무언가 직관을 가지고 있다는 것을 부인할 것이다. 그렇다면 우리가 가지고 있는 직관으로부터 정신적 영혼의 존재를 확실성을 가지고서 논증할 수 있는가 여부의 물음이 생겨난다. 오컴은 이것이 가능하다고 생각하지 않았다. 실로 오컴은 인과성에 관한 순수하게 현상론적인 분석은 하지 않았다. 그 자신은 형이상학에서의 원리를 사용했지만, 그 뒤의 오트르쿠르의 니콜라우스(Nicholas of Autrecourt)와 같은 '극단주의자들'은 그러한 분석을 했다. 결과는 그들이 물질적 실체의 존재에 대한 우리의 인식에 의문을 제기했다는 것이었고, 아마도 또한 정신적 영혼에 대해서도 그렇게 했다는 것이었다. 사실상 하나의 사물의 존재에서 다른 사물의 존재로 논리적으로 추론하는 것은 결코 '입증' 또는 설득력 있는 증명에 이를 수 없다. 이런 식으로 13세기의 전 형이상학적 체계는 불신을 받았다.

앞선 형이상학적 체계에 대한 이런 식의 철저한 비판은 이들 체계의 특징이었던, 신학과 철학의 종합의 파괴를 분명히 포함했었다. 예를 들어 성 토마스는, 신학적인 것과 구별되는, 단지 부분적으로 철학적인 저술들에서 신 존재에 대한 철학적 논증을 다루었음에도 불구하고, 신 존재에 대한 타당한 형이상학적 논증이 주어질 수 있다고 분명히 확신했었다. 이러한 논증들은 신앙의 전제(*praeambula fidei*)에 속한다. 왜냐하면 신의 계시를 받아들이는 것은 자신을 계시할 수 있는 신이 존재한다는 인식, 즉 신학과 별도로 얻어질 수 있는 지식을 논리적으로 전제하기 때문이다. 그러나 다수의 14세기 철학자들이 믿고 있었던 것처럼 신 존재에 대한 어떤 설득력 있는 증명이나 입증이 주어질 수 없다면, 신의 바로 그 존재는 신앙의 영역에 속해야 한다. 두 귀결이 뒤따른다. 우선, 신학과 철학은 따로 떨어지는 경향이 있다. 물론 이러한 귀결은 철학적 '증명'의 전체적 생각이 개정된다면 회피될 수 있겠지만, 선택이 입증과 신앙 사이에 놓여 있게 되면, 그리고 신앙의 '전제들'의 입증 가능성이 거부된다면, 거의 회피될 수 없다. 둘째, 전통 형이상학의 중요한 문제들, 즉 철학을 신학과 종교에 연결했던 문제들이 신앙의 영역에 속한다면, 철학은 점점 더 '성직자와 무관한' 성격을 취하게 되는 경향을 가지게 된다. 이러한 귀결은 오컴이 철학자이자 신학자였기 때문에 오컴 자신에게는 그렇게 분명하게 드러나지는 않았지만, 인문학부(faculty of arts)에 속했던 오트르쿠르의 니콜라우스와 같은 다른 14세기의 사상가들에게는 보다 분명하게 드러났다.

성 토마스와 같은 13세기 철학자가 '변증론(apologetics, 또는 호교학)'에 정신이 팔렸다고 말하는 것은 사실이 아니며 시대착오적이다. 후기 시대의 몇몇 그리스도교 사상가들이 그랬던 방식으로 변증론에 정신이 팔리지는 않았다 하더라도, 그가 철학과 계시의 관계에 관심을 가졌던 것은 틀림없다. 당시의 사상적 흐름과 그의 시대의 논쟁에 민감했던 그로서는 그리스도적 전통이라는 이름으로 새로운 아리스토텔레스의 형이상학을 거부할 마음도 없었고, 그리스도교 신학을 아리스토텔레스의 형이상학과 관계시키는 데 관심을 갖지 않고서 철학적 반성을 추구할 마음도 없었다. 그는 한편으로는 교의신학과 다른 한편으로는 철학을 조심스럽게 종합했고, 그 둘 사이의 연결을 보여주었다. 그러나 우리가 14세기의 윌리엄 오컴에 오게 될 때, '변증론'

에 대한 관심이 현저하게 결여되고 있음을 발견하게 된다. 실로 우리는 자신의 선배들이 거짓 형이상학을 가지고서 그리스도교 진리를 가리거나 흐릿하게 했다고 생각했던 한 명의 신학자를 발견하게 된다. 그러나 또한 우리는 신학과 철학의 종합에 관한 의미들에 관심을 갖고 있지 않는 것처럼 보이면서 또는 그런 의미들을 완전히 알지 못하는 것처럼 보이면서, 논리적이고 일관된 방식으로 자신의 원리를 적용하는 데 아주 만족해하는 한 명의 철학자도 발견한다. 그의 믿음의 대상이 되었던 진리들, 그렇지만 철학적으로 증명될 수 있다고 생각하지 않았던 진리들을 그는 신앙의 영역으로 분류했다. 절대적으로 최고이고, 무한하며, 자유롭고, 전지하며, 전능한 존재가 있다는 진리를 신앙의 영역에 보내버림으로써, 토마스 아퀴나스의 증명 가능한 신앙의 전제(ptaeambula fidei) 교설에 의해 제공되어왔던, 형이상학과 신학 사이의 결합을 끊어버렸다. 도덕법칙을 신의 선택에 의존하는 것으로 만듦으로써, 인지했든 그렇지 않든, 그가 함축했던 것은 계시가 없으면 인간은 신에 의해서 확립된 현재의 도덕질서에 대한 확실한 지식조차도 가질 수 없다는 사실이다. 계시의 도움을 받지 않을 경우 사람들이 할 수 있는 최고의 것은 기껏해야 인간본성과 인간사회의 욕구를 추정적으로 반성하는 것일 뿐이고, 그의 실천 이성의 명령들을, 그런 명령들이 신의 의지를 나타내는 것이 아닐 수도 있음에도 불구하고, 따르는 것일 뿐이다. 이것은 두 가지 윤리학의 가능성을 함의할 것이다. 하나는 신에 의해 확립되었지만 계시에 의해서 인식될 수 있는 도덕적 질서이고, 다른 하나는 계시 없이 인간이성에 의해서 성취된 잠정적이고 제2등급의 자연적이고 비신학적인 윤리학이다. 내가 말하고자 하는 의미는 오컴이 실제로 이러한 결론을 그의 권위주의적 도덕법칙 개념으로부터 도출했다는 것이 아니다. 그러나 나의 생각으로 그것은 그 개념 속에 함축되어 있었다. 이런 식의 발언을 하는 것은 물론 그것만으로는 오컴의 철학적 논증의 타당성을 지지하거나 반대하는 진술을 하는 것은 아니다. 그러나 그것은 또한 오컴에게 변증론적 관심이 없었다는 점을 환기시킨다. 그는 신학자였고, 철학자였으며, 정치의 그리고 교회의 시사 논평자였다. 그러나 그는 변증론자는 아니었고, 아퀴나스를 '변증론자'라고 부르는 것이 합리적일 수 있다는 의미에서조차 변증론자는 아니었으며, 하물며 그 말의 근대적 의미에서는 더욱더 변증론자는 아니었다.

14세기의 어떤 철학자들은 겐트의 헨리의 '조명' 이론을 확장함으로써 신학과 철학 사이의 험악한 협곡에 다리를 놓으려고 시도했다. 그리하여 성 아우구스티누스의 은수사인 오르비에토의 위골리노(Hugolino of Orvieto, 1373년 사망)는 조명의 등급들을 구별했으며, 예를 들어 아리스토텔레스가 신에 대한 무언가를 그리고 신의 속성 중 어떤 것을 그에게 알려주는 특수한 신적 조명에 의해서 계몽되었다고 주장하였다. 그러나 다른 사람들은 신비주의에 눈을 돌렸고, 세계와 신의 관계에 대한 사변적 취급에 자신들의 주의를 집중시켰으며, 특히 인간영혼과 신의 관계에 대해서 그렇게 했다. 독일의 도미니코회원인 마이스터 에크하르트(Meister Eckhart)가 주요한 대표자로 있었던 사변적 신비주의(speculative mysticism)의 이러한 운동은, 우리가 뒤에 보게 되겠지만, 학파들 간의 무미건조한 논쟁에 대해 단순하게 반응하는 것과는 거리가 한참 멀었고, 또는 회의주의로부터 경건의 안전한 안식처로 비상(飛翔)하는 것과는 거리가 한참 멀었다. 그러나 그럼에도 불구하고 그 운동은 14세기의 특징이었고, 그것은 대학교의 보다 아카데믹한 철학과는 분명 구별되었다.

　　14세기 대학교, 특히 파리 대학교 생활의 중요한 특징은 과학의 성장이었다. 철학사에서는 이런 주제에 대한 짧막한 취급만이 기대될 수 있겠지만, 이것에 관해서는 뒤에 언급될 것이다. 니콜라우스 오렘(Nicholas of Oresme), 색소니의 알버트(Albert of Saxony), 잉겐의 마르실리우스(Marsilius of Inghen)와 같은 인물들에 의한 수학, 과학연구의 발전은 일반적으로 오컴 운동과 연관되어 있다. 그리하여 그것은 13세기와 대비되는 14세기의 특징으로서 간주된다. 그것은 윌리엄 오컴이 경험과학에 대한 특별한 관심을 보여주었기 때문이라기보다는 또는 14세기의 과학자들이 오컴의 모든 입장을 받아들였기 때문이라기보다는, 오컴 철학이 본성상 경험과학의 성장에 호의를 보였기 때문이다. 윌리엄 오컴은 직관의 우선성, 즉 개별사물에 대한 직관의 우선성에 대한 강한 믿음을 가지고 있었다. 모든 실제의 인식은 궁극적으로 개별적 존재자에 대한 직관적 인식에 기초를 두고 있다는 것이 바로 그것이다. 게다가 두 현상 사이의 인과적 관계를 주장하기 위한 유일하게 적절한 근거는 반복적 계기의 관찰이다. 이 두 명제는 그 자체로 경험적 관찰과 과학적 물음에 대한 새로운 접근을 선호하는 경향이 있다. 사실상 우리는 14세기의 주된 특징이 때로는 오히려 느슨하긴 하지만 어떤 식으로든 '근대의 길'(modern way)과 연관되어 있다는 점을 발견하게 된다.

자연학의 초보적 공적은 13세기와는 대조적으로 14세기에 특이한 것이라고, 또는 오컴주의와 연관된 과학연구는 르네상스과학의 직접적 선각자라고 아무런 제한도 없이 주장한다면, 그것은 정당하지 않다. 13세기에 이미 그리스와 아라비아의 과학저서들을 라틴어로 번역하는 데 관심이 생겨났고, 독창적인 관찰과 실험이 이루어졌었다. 알베르투스 마그누스(Albert the Great), 마리쿠르의 페트루스(Peter of Mari-court), 로저 베이컨(Roger Bacon) 같은 사람들을 생각하는 것으로 충분하다. 14세기에 이르러 아리스토텔레스의 자연이론에 대한 비판은 더 진행된 독창적인 반성과 짝을 이루게 되었고, 실험조차 자연학에서의 새로운 설명과 가설로 전진하는 데까지 이어졌다. 오컴주의와 연결된 자연학자들의 탐구는 15세기에 북이탈리아로 옮겨갔다. 북이탈리아 대학교들의 과학이 갈릴레오(Galileo)와 같은 위대한 르네상스 과학자에게 영향을 미쳤다는 것은 분명하다. 그러나 갈릴레오의 저술이 '오컴주의' 과학의 연속 이외에 다름 아니라고 생각하는 것은 잘못일 것이다. 마찬가지로 갈릴레오의 저술이 후자의 영향을 받지 않았다고 생각하는 것도 잘못일 것이다. 한 가지 이유를 들라면, 갈릴레오는 14세기에는 알려지지 않았던 수학의 사용을 통해서만 자신의 결과를 성취할 수 있었기 때문이다. 수학의 사용은 르네상스 시대에는 그리스의 수학자와 물리학자들의 저술들에 대한 번역에 의해서 촉진되었다. 갈릴레오는 어떤 방식으로 운동과 역학의 문제들에 대한 해결에 수학을 적용하는 데 고무되었는데, 중세과학자들은 그런 방식을 위해 필요한 장치를 소유하지 못했다. 물리적 실재의 본성을 드러내는 특수한 수단으로서 수학을 활용하는 일은 자연학의 변화를 가져왔다. 상식적인 관찰이라는 구태의연한 방식은 대단히 다른 접근의 유리함 때문에 단념되었다. 그렇게 말하는 것은 이상하게 보일 수도 있겠지만, 자연학은 덜 '경험적'이게 되었다. 자연학은 아리스토텔레스의 자연학 이론으로부터 자유롭게 되었을 뿐만 아니라, 초기의 자연학자들 가운데 지배적인 경향이 있었던 관찰방법이라는 상식적인 관념에서 해방되었다. 13세기 과학과 14세기 과학 사이에, 그리고 14세기 과학과 르네상스과학 사이에 어떤 연속성이 관찰될 수 있는 것이 사실이긴 하지만, 그러나 그것이 지난 세기 자연학에서 혁명이 일어났다는 사실을 바꾸지는 못한다.

————— 3. 르네상스 철학

　15, 16세기의 르네상스에 대한 언급은, 고대의 지식과 문헌이 이용되었을 때, 교육이 시작되었을 때, 사람들이 중세의 지적인 노예 이후 독자적으로 생각하기 시작했을 때, 인쇄술의 발명이 드디어 책의 광범위한 보급을 가능하게 했을 때, 신대륙의 발견이 인간의 지평을 넓혔고 부의 새로운 원천을 열었을 때, 화약의 발견이 인류에게 헤아릴 수 없는 축복을 주었을 때, 어떤 사람들에게는 아마도 여전히 갑작스럽고 뜻밖의 변화와 자각이라는 생각을 불러일으킨다.

　물론 그러한 견해는 상당한 과장이다. 예컨대 고대문헌의 발견에 관한 한, 이것은 이탈리아 르네상스가 일어나기 몇 세기 전부터 시작되었다. 반면에 독자적으로 생각하는 것에 관련해서 중세에 상당히 많은 독창적인 사고가 있었다는 점을 알기 위해서는 중세철학에 대한 깊이 있는 지식이 필요하지 않다. 다른 한편 지속적인 변화의 요소를 너무나 많이 강조해서 사람들이 르네상스는 특정할 수 있는 시대를 형성한 것이 아니라거나 르네상스의 성취는 무시해도 좋았다고 생각해서도 안 된다. 그것은 중세에 대한 우리의 현재의 지식이라는 조망 속에서 이 주제를 고찰하고 르네상스에 대한 거짓된 인상을 정정할 문제이지, '르네상스'라는 낱말이 어떤 실제 모습도 보여주지 않는 한갓된 낱말에 불과하다고 주장할 문제는 아니다. 이 주제에 대한 그 이상의 것은 뒤에 언급될 것이다. 지금 나는 르네상스 철학에 대한 몇 가지 예비적 언급을 하는 데 그치고자 한다.

　사람들이 중세철학을 살펴볼 때, 그는 확실히 다양성을 보게 된다. 그러나 그것은 공통양식 안에서의 다양성이거나 적어도 공통되고 잘 규정된 배경에 어울리는 다양성이다. 확실히 독창적인 사상이 있었다. 그럼에도 불구하고, 공통 노력, 즉 사람들이 팀워크라 부를 수도 있는 것에 대한 인상을 가지게 된다. 13세기 철학자들은 서로의 의견을 비판했다. 그러나 그들은 동일한 종교적 신앙을 받아들였을 뿐만 아니라 대부분 동일한 형이상학적 원리를 받아들였다. 그리하여 사람들은 독자적인 정신을 가진 사람들에 의해서 수행되었던 철학적 발전, 동시에 개별 철학자들이 스스로 여러 기여를 했던 공통 발전이라는 인상을 얻게 된다. 14세기에서조차 근대의 길은 너무나 광범위한 운동이었기 때문에, 시간이 지남에 따라 얼마간의 결속력 있는 '학파'로 성장할 수 있었는데, 따라서 토마스주의, 스코투스주의, 아우구스티누스주의와 공존할 수밖에 없었다.

그러나 사람들은, 르네상스 철학을 살펴볼 때, 첫눈에 오히려 어리둥절하게 하는 철학들의 유형에 직면하게 된다. 예를 들면 사람들은 플라톤주의자들, 여러 유형의 아리스토텔레스주의자들, 스토아주의자들, 회의주의자들, 절충주의자들, 자연철학자들을 발견하게 된다. 사람들이 철학을 사상의 여러 일반적인 흐름으로 나눌 수는 있지만, 특정한 사상가를 어느 흐름에 분류해 넣어야 할지는 알기 어렵다. 그러나 전체적인 인상은 개인주의가 싹트고 있다는 것이다. 그리고 이러한 인상은 많은 면에서 옳다. 중세사회의 틀은 점차적으로 붕괴되었다. 다소간의 공통적 견해를 낳는 데 도움이 되었던, 사람들 간의 유대는 느슨해졌다. 때로는 종교적 차이에 의해서 서로 분리되었던 새로운 형태의 사회들로 변천이 이루어졌다. 새로운 발명과 발견들이 이루어졌다. 이 모든 것에는 철학적 반성에서의 현저한 개인주의가 수반되었다. 발견의, 모험의 느낌이 퍼져 있었다. 그것은 철학에 반영되었다. 이렇게 이야기한다고 해서 르네상스를 과거에 뿌리를 두지 않는 것으로 간주하는 일이 부적합하다는 것에 관해 이미 언급했던 것을 내가 철회하는 것은 아니다. 르네상스는 과거에 뿌리를 가지고 있었고, 우리가 뒤에 보게 될 것처럼 여러 국면을 거쳐 진행되었다. 이것은, 보다 앞선 시기에는 어느 정도 자신을 드러내었던 정신이 르네상스 시대에 생명력의 폭발을 보여주었다고 이야기하는 것이 보다 정확하겠지만, 새로운 정신이 르네상스 시대에 오지 않았다는 것을 의미하는 것은 아니다. 예를 들면, 고전문헌의 재발견은 이미 언급했듯이 중세 안에서 아주 이른 시기에 시작하였다. 그러나 역사학자들이 이러한 사실을 강조한 점은 옳았으며, 다수의 새로운 텍스트가 이용될 수 있게 되었다는 사실이 아니라, 그 텍스트들이 새로운 조망 속에서 읽혔다는 사실이 르네상스에 관해 중요한 것이라는 것을 그들이 지적했다는 점도 옳았다. 그것은 텍스트와 그 텍스트 안에 포함되었던 사상을 그 자체로 평가하는 문제이지, 단지 그리스도교 교화 또는 비교화의 가능한 출처로서 평가하는 문제는 아니다. 물론 르네상스의 사상가들, 학자들, 과학자들의 대부분은 그리스도인이었다. 그 사실을 기억하는 것이 좋겠다. 그러나 그럼에도 불구하고 고전의 부활 또는 아마도 오히려 고전 부활의 르네상스 국면이 자율적 인간의 개념 또는 인성의 발전에 대한 관념을 전면으로 가져오는 데 도움이 되었다. 이런 관념은 일반적으로 그리스도인을 통해서 중세적 개념보다는 더 '자연주의적'이었고, 덜 금욕주의적이었다. 이러한 관념은 개인주의의 성장을 유리하게 했다. 독실한 그리스도인이었던 작가들 중에서도 어떤 사람은 인간에게 새로운 시대가 시작되었다는 확신을 가질 수 있게 되었다. 이러한 확신은 물론 단순히 고전적 연구에만 근거한 것은 아니었고, 르네상스에서 일어났던 복합적인 역사적 변화에 근거한 것이었다.

플라톤(Platon)과 플로티노스(Plotinus)의 저작들을 마르실리우스 피치노(Marsilius Ficinus)가 번역했던 것은 르네상스 시대였다. 이 시대의 보다 앞선 국면에서 플라톤적 영감의 철학적 종합에 대한 시도가 이루어졌었다. 플라톤 철학자들은 대부분 그리스도인이었다. 그러나 대단히 자연스럽게 플라톤주의는 아리스토텔레스주와 일종의 정반대되는 입장으로서 고려되었다. 동시에 라틴 고전문헌의 영향을 받았던 또 다른 일단의 인문주의자들(humanists)은 아리스토텔레스의 논리학, 스콜라주의의 추상을 좋은 취미, 실념론이라는 명분하에서, 그리고 구체적이고, 수사학적이며, 문학적인 서술에 대한 느낌이라는 명분하에서 공격하였다. 새로운 교육이념은 추상적인 철학에 의해서가 아니라 고전문헌에 의해서 모양새가 갖추어졌다. 세련되고 인문주의적인 회의주의는 몽테뉴(Montaigne)가 대표했으며, 유스튀스 립시위스(Jutus Lipsius)는 스토아주의를, 피에르 가상디(Pierre Gassendi)는 에피쿠로스주의를 부활시켰다. 르네상스의 아리스토텔레스주의는 스콜라주의자들과는 별도로 그 사이에 아프로디시아스의 알렉산드로스(Alexander of Aphrodisias)에 의해서 주어진 아리스토텔레스 해석을 좋아했던 사람들과 아베로에스주의자들로 나뉘었다. 전자는 인간의 불멸성의 거부로 귀결되었던, 심지어는 아베로에스주의자들에 의해서 인정된, 개인과는 관계없는 불멸성으로 귀결되었던, 아리스토텔레스 심리학에 대한 해석을 좋아하였다. 이 파의 주요 인물인 피에트로 폼포나치(Pietro Pomponazzi)는 인간이 순수하게 지상의 도덕적 목적을 가지고 있다는 결론을 도출하였다. 동시에 그는 신앙심 있는 그리스도인이라고 공언하면서, 그렇게 하여 신학적 진리와 철학적 진리를 엄격하게 구별하였다.

고전사상의 부활이라는 형식을 취했던 철학들은, 자연주의적 인간상(人間像)의 저자들이 일반적으로 그리스도인이었음에도 불구하고, 그리스도교와 그다지 분명한 관계를 전혀 가지지 않았던 인간관념, 그리고 때로는 숨김없이 자연주의적이었던 인간관념을 사람들에게 일깨워주는 경향이 있었다. 유사한 전개과정이 자연철학에 대해서도 진행되었다. 어떤 형식의 동양(Oriental) 사상들은 현상적 세계가 가상 또는 단순한 '현상'에 불과하다는 개념 때문에 자연에 대한 연구를 거의 선호하지 않은 데 반해서, 그리스도교 철학은 어떤 의미에서 자연에 대한 탐구를 좋아했거나 혹은 적어도 자연에 대한 탐구에 이론적 빗장을 치지는 않았다. 왜냐하면 그리스도교 철학은 물질적 세계를 실재하는 것으로서뿐 아니라 신의 창조로서 간주했으며, 그리하여 연구할 만한 가치가 있다고 생각했기 때문이다. 동시에 보나벤투라(Bonaventura)와 같은 그리스도교 철학자, 신학자, 성인이 인간의 종교적 정향(定向)에 대해 강조한 것은 물질세계의 이러한 측면들에 대한 자연스러운 집중으로 이어졌다. 물질세계의 이러한 측면들은 너무나 쉽게 신의 현현으로서뿐 아니라 물질적인 것에서 정신적인 것으로 마음을 고양시키는 수단으로서 간주될 수밖에 없었다. 성 보나벤투라는 세계를 독립적으로 연구하는 일에 특별한 관심을 가지지는 않았다. 그는 세계 안에서 신의 거울을 탐지하는 데 훨씬 더 큰 관심을 가졌다. 그럼에도 불구하고, 그리스도교 철학은, 관심의 자연스러운 집중과는 별개로, 세계의 연구를 철저하게 적대적으로 대한 것은 아니었다. 13세기의 성 알베르투스 마그누스(St. Albert the Great)와 로저 베이컨(Roger Bacon) 같은 철학자의 경우에서 우리는 정신적 조망을 자연의 경험적 연구에 대한 관심과 결합시키고 있음을 발견하게 된다. 14세기에 우리는 과학적 연구에 대한 이러한 관심이 오컴의 운동과 연합해서 성장하고 있음을 발견하게 되며, 이러한 관심이 13세기의 신학과 철학의 종합에 끼어 들어왔던 불화(不和)에 의해 촉진되고 있음을 발견하게 된다. 이 길은, 반드시 반(反)그리스도교적인 것은 아니지만, 자연을 그 자신의 내재적인 법칙에 의해 지배되는 예지적 총체로서 강조했던 자연철학을 위해 준비되고 있었다. 그 길이 자연에 대한 과학적 연구를 위해 점차적으로 준비되고 있었다고 말하는 것이 아마도 더 나을 듯하다. 자연에 대한 이러한 과학적 연구는 시간이 경과함에 따라, 단지 후기 시대에 이르러서이긴 하지만, '자연철학' 또는 '실험철학'이라는 이름을 벗어버리고, 자신을 자신의 방법 또는 방법들을 가진 독립된 분야 또는 일련의 분야들로서 의식하기 시작하게 되었다. 그러나 르네상스 시대에서 우리는 다수의 자연철학이 발생하고 있음을 발견하게 된다. 그러한 자연철학들은 때로는 공상적이고 색다른 관념들로 자신을 드러냈었던, 현저한 사변적 특징의 성격을 가지고 있다는 점에서 자연학 그 자체의 운동과는 별도의 독자성을 가지고 있었다. 이들 철학은 그리스도적이고 강력하게 플라톤적인 철학 혹은 니콜라우스 쿠자누스(Nicholas of Cusa)의 신플라톤적 철학에서부터 조르다노 브루노(Giordano Bruno)의 범신론적 철학에 이르기까지 다양하다. 그러나 이러한 철학들은 자연을 예를 들어 발전하는 체계로서 믿는다는 공통된 특징을 가지고 있었다. 여기서 발전하는 체계란 무한하였거나 잠재적으로 무한하였던 체계였으며, 창조되지 않은 무한 즉 신적인 무한을 반영하는 창조된 무한으로서 간주되었거나 혹은 어떤 의미에서 그 자체도 신적인 것으로서 간주되었던 체계였다. 확실하지만 신이 거부된 것은 아니었다. 그러나 철학자에 따라서 정도가 다르기는 하지만 이들 철학자들은 자연 그 자체를 강조했다. 자연은 대우주로 간주되고 인간은 소우주로 강조되는 경향이 있었다. 실로 이것은 그리스 시대로 되돌아가는 옛 관념이었다. 그러나 그것은 강조점의 변화를 보여주었고, 그 변화는 중세적 조망을 특징으로 하고 있었다. 다른 말로 하면, 자연이 신에 의존하고 있다는 사실이 거부된 것은 아니었지만, 자연을 자율적인 체계로서 간주하는 경향이 나타났다. 이러한 철학들 중 몇몇의 색다르고 공상적인 측면들은 사람들로 하여금 이들 철학과 철학의 저자들에 대해 못 견디도록 만드는 경향이 있다. 그러나 이들 철학은 새로운 관심방향을 보여준 점에서 중요하며, 순수하게 과학적인 자연탐구가 계속 이루어질 수 있도록 만든 일종의 심적 배경을 형성했다는 그 사실 때문에 중요하다. 실로 르네상스의 과학적 국면의 위대한 진전이 이루어졌던 것은 14세기의 오컴주의의 배경에 힘입었다기보다는 이들 철학의 배경에 힘입은 것이었고, 이러한 철학들은 스피노자(Spinoza)와 라이프니츠(Leibniz) 철학의 조상이었다. 드물지 않게 철학자들은 자연학자들이 검증하거나 확증하였던 가설들을 사변적으로 예상하였다. 뉴턴조차 자신을 철학자로서 간주했다는 사실은 기억할 만하다.

르네상스의 과학자들에 눈을 돌릴 때, 우리는 그들이 지식 그 자체에 일차적으로 관심을 가졌다는 사실을 발견하게 된다. 그러나 동시에 지식의 실질적 성과를 강조하는 것이 일부 르네상스 사상가들의 특징이기도 했다. 새로운 과학적 발견과 신세계의 개시는 자연스럽게, 자연의 법칙에 대한 연구에 의해서 성취되고 인간의 이익을 위해서 자연을 이용하는 일을 가능하게 하는 자연지식과, 실질적 유용성이 전혀 없는 것처럼 보이는 낡고 추상적인 분야 사이의 대조를 보여주었다. 목적인(final causes)에 대한 연구는 사람들에게 아무런 성과가 없도록 만든다. 작용인(efficient causes)에 대한 연구는 사람들로 하여금 자연을 통제하게 하고 자연에 대한 인간의 지배를 확장하게 한다. 이러한 개관의 가장 잘 알려진 표현은 프란시스 베이컨(Fransis Bacon, 1626년 사망)의 저술들에서 발견된다. 그는, 가끔은 '근대(modern) 철학'에 분류되기도 하지만, 르네상스 시대로 분류되는 것이 합리적일 수 있다. (이러한 종류의 구별은 물론 어느 정도 개인의 선택의 문제이기는 하다.) 이러한 종류의 태도를 위대한 과학적 인물들에 귀속시키는 것은 잘못일 것이다. 그러나 그것은 근대 정신성의 커다란 부분을 지배해왔던 태도이다. 사람들은 그런 태도를 르네상스의 일부 정치 사상가들에게서도 탐지해낼 수 있다. 예를 들어 '실념론'을 옹호하여 주권과 국가의 본성에 대한 이론적 문제를 무시한 마키아벨리(Machiavelli, 1527년 사망)는 자신들의 권력을 보존하고 증가시키는 방법을 알고 싶어 했던 군주들을 위한 텍스트로서 『군주론』(Prince)을 집필하였다.

마지막으로, 케플러(Kephler)와 갈릴레오 같은 위대한 과학적 인물들을 고려해야 한다. 이들은 근대 고전과학의 기초를 제시했다. 그런데 그것은 왕왕 뉴턴의 과학으로 인식된다. 르네상스의 첫째 국면이 이탈리아의 인문주의라는 국면이었다면, 마지막 국면은 근대과학의 성장이라는 국면이었다. 이러한 발전은 철학에 대해서뿐만 아니라 근대의 정신일반에 대해서도 깊은 영향을 행사하게 되었다. 그러나 이러한 영향에 대해서는 나의 철학전집의 다른 책들에서 언급되는 것이 더 적절할 것이다.

━━━━━━ 4. 스콜라주의의 부활

마르틴 루터(Martin Luther)는 아주 강한 반(反)아리스토텔레스주의자였고, 반스콜라주의자였다. 그의 가장 탁월한 제자이자 동료인 멜란히톤(Melanchton)은 루터의 프로테스탄티즘에 종교적 활용을 목적으로 시작된 인문주의적 아리스토텔레스주의를 끌어들였던 인문주의자였다. 종교개혁가들은 자연스럽게 철학에 대해서보다는 종교와 신학에 훨씬 더 관심을 가졌다. 프로테스탄티즘이 비록 교육의 필요성을 강조했고, 교육 분야에서 인문주의와 타협을 이루어야 했음에도 불구하고, 루터와 칼뱅(Calvin)과 같은 사람들에게 인문주의자들의 현저하게 미학적인 태도에 대단히 많이 공감했으리라고 기대하는 일은 거의 불가능하다.

그러나 스콜라주의에 공감하지 않는 운동인 인문주의는 가톨릭 국가인 이탈리아에서 시작하였음에도 불구하고, 그리고 북유럽에서의 인문주의 중 가장 탁월한 인물들, 무엇보다도 에라스무스(Erasmus), 그러나 또한 영국에서 토마스 모어(Thomas More)와 같은 사람들이 가톨릭교도였음에도 불구하고, 후기 르네상스는 스콜라주의의 부활을 목격했다. 나는 이 책에서 이를 짤막하게 취급하였다. 부활의 중심은 유의미하게도 스페인이었다. 스페인은 유럽을 그렇게 많이 괴롭혔던 종교적 격변과 분열에 의해서 큰 영향을 입지 않았거나, 사실상 르네상스 철학에 의해서 큰 영향을 입지 않은 나라였다. 부활은 15세기 말에 카예타누스(Cajetan)로 알려진 토마스 데 비오(Thomas de Vio), 데 실베스트리(De Sylverstris) 및 다른 사람들과 함께 찾아왔다. 16세기에 우리는 두 주요 파를 발견한다. 하나는 도미니코회의 일파로서, 그 대표자는 비토리아의 프란시스(Francis of Vitoria, 1534년 사망), 도미니코 소토(Dominic Soto, 1560년 사망), 멜키오르 카노(Melchior Cano, 1566년 사망), 도미니코 바네즈(Dominic Báñez, 1640년 사망) 등이고, 또 하나는 예수회 일파로서, 그 대표자는 톨레투스(Toletus, 1596년 사망), 몰리나(Molina, 1600년 사망), 벨라르미노(Bellarmine, 1621년 사망), 수아레즈(Suárez, 1617년 사망)이다. 이들 후기 스콜라주의자 중 가장 중요한 인물은 아마 수아레즈일 것이고, 그의 철학에 대해서 나는 다른 어떤 철학자보다 더 많이 다룰 것이다.

르네상스의 스콜라주의가 취급한 주제는 대부분 앞선 중세 스콜라주의에 의해서 이미 다루어졌던 주제였고 문제였다. 수아레즈의 다방면에 걸친 저술들을 살펴본다면, 우리는 앞선 철학에 대해 그 저자가 대단히 광범위한 지식을 가지고 있었다는 상당한 증거를 발견하게 된다. 프로테스탄티즘의 흥기는 스콜라의 신학자들로 하여금 자연스럽게 관련된 신학적 문제들을 논의하도록 유도했다. 이 신학적 문제는 철학 분야에서 반향을 일으켰다. 그러나 스콜라주의자들은 르네상스 특유의 철학에 의해서 크게 영향을 받지는 않았다. 수아레즈와 같은 사상가는 르네상스의 지적 자유논객 (free-lance)과 닮았다기보다는 13세기의 신학자-철학자와 닮았다. 그러나 우리가 뒤에 보게 되겠지만, 당대의 운동은 수아레즈에게 적어도 두 방식으로 영향을 미쳤다. 첫째, 텍스트에 대해서 주해를 다는 낡은 철학적 방법은 그의 저서 『형이상학적 논쟁』(*Metaphysical Disputations*)에서 폐기되었다. 그것은 분명히 다소 지루한 스타일이긴 하나 보다 근대적 스타일로 논의를 계속하기 위해서였다. 철학은 현저하게 또는 대체로 신학적 저술들에서가 아니라 각각 분리된 저술들에서 다루어지게 되었다. 둘째, 민족국가의 흥기는 중세의 스콜라주의에 의해서 생산된 어떤 것보다도 훨씬 더 철저한 성격을 지닌 정치이론, 법철학의 신선한 발전 속에 반영되었다. 이와 연관해서 우리는 도미니코회의 비토리아의 프란시스에 의한 국제법 연구와 수아레즈의 법에 관한 저술을 자연스럽게 떠올리게 된다.

제1부

14세기

THE FOURTEENTH CENTURY

A HISTORY OF PHILOSOPHY
OCKHAM TO SUÁREZ

제2장

두란두스와 페트루스 아우레올리

━━━━━━━━ **1. 메츠의 제임스**

사람들은 후기 중세 도미니코 수도회의 신학자와 철학자가 모두 성 토마스 아퀴나스의 가르침을 따랐다고 자연스럽게 생각하는 경향이 있다. 1279년에 파리의 총회(Chapter of Paris)에 의해서 토마스주의를 포용하지 않았던 사람들의 토마스주의 비난이 금지되었고, 1286년에 동일한 총회는 비(非)토마스주의자들이 그들의 직에서 물러나야 한다는 법령을 만들었다. 그다음 세기에 사라고사의 총회(Chapters of Saragossa, 1309)와 메츠의 총회(Chapters of Metz, 1313)는 성 토마스(그는 1323년까지 성인으로 추앙받지 못했다)의 가르침을 수용하는 것을 의무적인 것으로 만들었다. 그러나 이들 법령은 모든 도미니코 회원들이 이를 준수하도록 하는 데 성공하지 못했다. 사변적 신비주의의 장에서 그의 철학을 논하게 될 마이스터 에크하르트를 고려하지 않는다면, 반대 의견자 중 메츠의 제임스(James of Metz)를 언급할 수 있겠다. 페트루스 롬바르두스(Peter Lombard)의 『명제집』에 대한 그의 두 주해 ─ 하나는 1295년 이전에, 다른 하나는 1302년에 구성되었던 것처럼 보이는 두 주해가 교단의 구성원들에 대한 토마스주의의 공식적 과제 부과 이전에 탄생했음에도 불구하고, 그를 언급할 수 있겠다.

메츠의 제임스는 성 토마스 가르침 일반의 반대자라는 의미에서는 반토마스주의자는 아니었다. 또한 그는 철학적 혁명가는 아니었다. 그러나 그는 적절하다는 생각이 들면, 성 토마스의 가르침을 벗어나고, 그 가르침에 대해 의문을 제기하는 데 주저하지 않았다. 예를 들면 그는 질료를 개별화의 원리로 보는 토마스주의의 견해를 수용하지 않았다. 실체에 통일을 부여하고, 그렇게 하여 실체를 구성하는 것은 형상이다. 따라서 우리는 형상을 개별화의 원리로서 인정하지 않으면 안 된다. 왜냐하면 개별성은 실체성을 전제하기 때문이다. 메츠의 제임스는 겐트의 헨리(Henry of Ghent)나 오베르뉴의 페트루스(Peter of Auvergne)와 같은 사상가들의 영향을 받았던 것처럼 보인다. 따라서 그는 '존재양상'(*modi essendi*)이라는 헨리의 관념을 발전시켰다. 세 가지 존재양상(mode), 즉 실체(substance)의 양상, 실재적 우유성(accident)의 양상(분량과 성질), 관계(relation)의 양상이 존재한다. 양상은 서로 구별된다. 그러나 양상들은 자신들의 근거들과 함께 합성적 존재를 구성하는 사물들은 아니다. 그리하여 관계는 실체 또는 절대적 우유성을 관계라는 용어에 연결시키는 존재의 양상이다. 관계는 그 자체 사물이 아니다. 예컨대 유사성 또는 동등성과 같은 대부분의 관계는 심적인 것이다. 인과적 관계는 우리의 사유로부터 독립해 있는 유일하게 '실재적인' 관계이다. 제임스는 절충주의적인 면모를 가졌다. 성 토마스의 가르침으로부터 그가 일탈한 것은 하브 네델렉(Hervé Nédellec)[1]의 글로부터 비판과 질책을 불러일으켰다. 네델렉은 도미니코회 회원으로서 『야코비 메텐시 형제의 수정』(*Correctorium fratris Jacobi Metensis*)을 출간하였다.

———————— **2. 두란두스**

두란두스(성 푸르상의 두란두스, Durand of Saint-Pourçain)는 메츠의 제임스보다도 훨씬 **앙팡 테리블**(무서운 인물)이었다. 1270년과 1275년 사이에 태어났던 그는 도미니

---

1   즉 헤르바에우스 나탈리스(Hervaeus Natalis). 그는 1318년에 도미니코회의 총장이 되었다.

코 수도원에 입회했고, 파리에서 공부했다. 거기서 메츠의 제임스의 강의를 수강했던 것으로 알려져 있다. 『명제집』에 관한 그의 주해의 초판 시작 부분에서 그는 신앙에 관계하지 않는 것들을 이야기하고 쓰는 데서의 적절한 절차는 어떤 박사의 권위에 의존하기보다는 이성에 의존해야 한다는 원리를 제안하였다. 그 박사가 아무리 유명하고 진지하더라도 말이다. 이런 원리로 무장한 두란두스는 자신의 길을 계속하여 도미니코회 동료들의 불만을 야기하였다. 그런 다음 그는 불쾌감을 야기하는 명제들을 빠뜨린 재판의 주해를 출간하였다. 그러나 그렇게 하여서 어떤 것도 얻은 바가 없었다. 왜냐하면 초판이 계속 유포되었기 때문이다. 메츠의 도미니코회 총회는 1313년 그의 특유한 견해를 비난했으며, 1314년에 하브 네델렉이 사회를 맡은 위원회는 두란두스의 주해 초판에서 취해진 91개의 명제를 비난하였다. 이 시기에 아비뇽 로마 교황청의 강의자였던 두란두스는 자신의 『변명』(Excusationes)에서 자신을 변호했다. 그러나 하브 네델렉은 그의 『두란두스의 변명에 대한 반론』(Reprobationes excusationum Durandi)에서 공격을 가했으며, 아비뇽에서의 두란두스의 가르침을 공격함으로써 이 공격을 계속 이어갔다. 1316년 몽펠리어(Montpellier)에서 있었던 도미니코회 총회는, 이러한 충격적 상태에 이른 상황을 위한 '구제책'이 제공되어야 한다는 것을 고려하여, 두란두스가 성 토마스의 가르침과 견해를 달리했던 235곳의 목록을 도출하였다. 1317년 두란두스는 리무(Limoux)의 주교가 되었지만, 1318년에 푸이(Puy)로 그 자리를 옮겼고, 마지막으로는 1326년에 무(Meaux)로 그 자리를 옮겼다. 그는 자신의 주교 지위에 힘을 얻어 1317년 이후 어느 때인가 『명제집』에 대한 자신의 주해 셋째 판본을 출간하였다. 그 판본에서 그는 부분적으로는 그가 한때 철회했던 입장으로 되돌아 갔다. 항상 문제시되는 이론들을 그가 계속 견지했다고 가정해도 틀림이 없다. 사실상, 성 토마스의 가르침에 대해 독립된 정신을 소유하고 있었음에도 불구하고, 두란두스는 혁명가는 아니었다. 그는 어떤 점에서는 아우구스티누스주의자처럼 이야기했으나, 예컨대 겐트의 헨리 이론의 영향을 받았다. 1326년에 무의 주교였을 때, 그는 『명제집』에 관한 윌리엄 오컴의 주해에서 취해진 51의 명제를 비난했던 위원회의 구성원이었다. 그는 1332년에 죽었다.

자신의 비판자를 공격했던 두란두스의 견해 중 하나는 관계들(relations)과 관련되어 있었다. 메츠의 제임스에서와 같이 두란두스에 있어서도 관계는 존재의 양상이다. 우리가 보았던 것처럼 겐트의 헨리는 존재의 세 가지 양상, 즉 실체의 양상, 절대적 우유성의 양상(분량과 성질), 관계의 양상을 구별하였다. 관계는 헨리에 의하면 일종의 하나의 존재가 다른 존재를 향한 일종의 내적(內的) 경향성인 것으로서 간주되었다. 관계의 실재적 존재에 관한 한, 그렇다면 그것은 실체의 존재나 실재적 우유성의 존재로 환원될 수 있다. 그리고 아리스토텔레스의 범주들은 실체, 분량, 성질, 관계, 그리고 관계의 여섯 가지 하위 구분을 포괄하는 것으로 간주되어야 한다. 세 가지 기본적인 존재양상에 관한 이러한 이론은 메츠의 제임스와 두란두스에 의해 채택되었다. 존재의 양상들은 실제로 구별되기 때문에, 관계는 실제로 그것의 기초와 구별된다는 결론이 뒤따른다. 다른 한편, 관계는 그것이 다른 무엇과의 관계함에 있어 근거 또는 주체[2]일 뿐이기 때문에, 올바로 이야기한다면 그것은 '사물' 또는 '피조물'일 수 없다. 적어도 그것은 그것의 근거와 합성될 수는 없다.[3] 다른 존재와 관계하는 어떤 존재가 이러한 관계성의 객관적인, 내적인 긴급성을 소유할 때만 실재적인 관계가 존재한다. 이것이 의미하는 바는 피조물에 관한 한 실재적인 의존성이 있는 한에서만 실재적인 관계가 존재한다는 것이다. 그러므로 인과적 관계는 피조물에서 유일한 실재적인 관계라는 귀결이 뒤따른다.[4] 이와 유사하게, 동등성 및 인과적 관계 이외 모든 관계는 순수하게 개념적이다. 그것들은 실재적 관계가 아니다.

두란두스는 이런 이론을 인식에 적용하였다. 인식작용(the act of knowing)은, 성 토마스가 생각했듯이, 영혼에 고유한 절대적 우유성이 아니다. 그것은 존재양식이지만, 이 존재양식은 지성(intellect)에 어떤 것도 추가하거나 그것을 보다 완벽하게 만들지 않는다. '언급되어야 할 것은 다음과 같다. 감각(sensation)과 이해(understanding)로 인해 이것들과 함께 합성되기 시작하는 실재적인 무언가가 감관(sense)과 지성(intel-

---

2 관계는 *modus essendi ad aliud, qui est ipse respectus relationis* 이다. 두란두스, 『명제집 1』(*I Sent*). (A), 33, 1.

3 *Relatio est alia res a suo fundamiento, et tamen non facit compositionem.* 같은 곳.

4 *Relata realia ex natura sui fundamenti habent inter se necessariam coexigentiam ratione fundamenti.* 같은 책. (A), 31, 1. *In creaturis realis relatio requirit dependentiam in relato.* 같은 책, (A), 30, 2.

lect)에 더 추가되는 것은 아니다.[5] 감각 및 이해는 감관 및 지성과 실제로 동일한 내재적 작용이다. 두란두스는 왜 이것을 주장했던가? 그의 생각에 따르면, 영혼이 어떤 대상과 인식관계를 맺기 시작할 때, 영혼이 추가에 의해서 우유성들을 받아들인다고 주장하는 것은 외적 대상이 정신적 원리에 작용할 수 있다는 것을 의미하는 것이거나 또는 살아 있지 않은 대상이 살아 있는 주체에 작용할 수 있다는 것을 의미하기 때문이다. 그는 그러한 견해를 '우스꽝스러운 것'이라 부른다. 이 문제에 대한 두란두스의 사상은 분명히 아우구스티누스주의적 착상이다. 예컨대 감각이 영혼만의 작용이라고 성 아우구스티누스가 주장한 이유 중 하나는 물질적 사물이 영혼에 작용하는 것은 불가능하다는 것이다. 대상은 인식의 필요조건(conditio sine qua non)이지 원인이 아니다. 지성 그 자체가 원인이다.

이 관계로서의 인식이론으로부터 두란두스가 도출했던 결론에 따르면, 인식하는 능력을 가진 종(species)의 전체 기관은, 그것이 우연적 형상들이라는 의미에서, 필연적인 것이 아닐 수 있다. 이런 주장에서부터, 이러한 종들을 추상한다고 추정되는 능동적 지성을 요청하는 일은 불필요하다는 결론도 도출된다. 마찬가지로, 두란두스는 지성과 의지에서 '습관'을 제거하였고, 지성과 의지의 실제적인 구별을 거부한 점에서 아우구스티누스의 전통을 따랐다.

두란두스가 그의 관계이론에 대해 고투했던 주요한 이유는 그 이론을 삼위일체 교설에 적용하고자 했기 때문이었다. 『명제집』에 관한 그의 주해 초판에서[6] 그는 신의 본질(essence) 또는 본성(nature)과 신의 관계들(relations) 또는 위격들(Persons) 사이에 실재하는 구별이 있다고 주장하였다. 물론 둘째 구절에서 그는 약간의 망설임을 가지고 이야기하고 있기는 하다. 이러한 견해를 1314년의 위원회는 '완전히 이단적인 것'으로서 비난하였다. 두란두스는 그의 주장을 교묘하게 발뺌하려 노력했지만, 하브 네델렉은 그가 실제로 한 말에 주목했다. 그는 아비뇽의 『자유토론집』(Quodlibet)에서 사람들이 신의 본성과 신의 내적 관계들 사이에 실재하는 구별이 있다고 말하

---

5   두란두스, 『지식의 본질에 대한 질문』(Quaestio de natura cognitionis) (ed. J. Koch), p. 18.
6   두란두스, 『명제집 1』, (A), 13, 1과 33, 1.

는 것은 적절치 않다는 점을 인정하였다. 후자는 신의 존재양상이거나 신의 본질적 소유양상(*modi essendi vel habendi essentiam divinam*)이고, 구별은 우연적인 것(*secundum quid*)일 뿐이다. 이런 변경에 대해서 하브 네델렉의 공격이 재개되었으며, 주해의 최종판에서 두란두스는 다른 견해를 제안하였다.[7] 그가 이야기하고 있는 것처럼 세 가지 가능한 이론이 있다. 첫째, 본질과 관계는, 별개의 것은 아니지만, '충분하게 그리고 교환 가능할 수 있게' 같은 것은 아니라는 의미에서 다른 것이다. 둘째, 본질과 관계는 사물과 '사물을 소유하는 양상'이 그런 것처럼 다른 것이다. 이것은 겐트의 헨리의 견해였고, 메츠의 견해였으며, 이전에는 두란두스 자신의 견해였다. 셋째, 본질과 관계는 완전히 같은 것이지만, 사물의 본성과는 형상적으로(*formaliter ex natura rei*) 다르다. 두란두스는 이 셋째 견해, 즉 스코투스의 견해를 채택했다. 그러나 그는 이 견해가 다른 두 견해를 포함하지 않는다면, '형상적으로'(*formaliter*)가 무엇을 의미하는지 자신이 이해하지 못한다는 점을 덧붙이고 있다. 첫째 견해는 본질과 관계가 같은 것이지만, '충분하게 그리고 교환 가능하게' 같은 것은 아니라는 점에 포함되어 있다. 본질과 관계는 사물과 사물의 소유양상(*res et modus habendi rem*)처럼 다르다는 둘째 견해도 이에 포함되어 있다. 다른 말로 하면 두란두스의 견해는 별로 놀랄 만큼 변화한 것은 아니었다.

두란두스는 보편에 관해서 순수 개념론자(conceptualist)였고, 그리하여 오컴주의를 향한 길을 마련하는 데 도움을 주었다고들 이야기된다. 그러나 그가 보편개념의 어떤 실재하는 기초가 사물들 안에 있다고 하는 점을 부인하지 않았다는 사실은 이제 분명하다. 실로 그는 '보편이 사물 안에 존재한다고 말하는 것은 경솔하다'고 주장하였다. '왜냐하면 보편은 사물 속에서 존재할 수 없고, 단지 단일성[개별성]만이 사물 속에서 존재할 수 있기 때문이다.'[8] 그러나 지성이 다수의 대상들에 공통적인 것으로서 생각하는 본성의 단일성은, 비록 객관적인 보편으로서는 아니지만, 사물들 안에 실재적으로 존재한다. 보편은 개념에 속하지만, 지성에 의해서 보편으로서 이해되는

---

7   같은 책, (C), 33, 1.
8   두란두스, 『명제집 2』(*2 Sent.*), 3, 7, 8.

본성은 실재적으로 개별 사물들 안에 존재한다.

두란두스가 성 토마스에 의해 주장되었던 상당한 수의 이론들을 거부했던 것은 확실하다. 우리는 그가 종의 이론, 습관이나 성향의 이론을 거부했고, 지성과 의지의 실제적인 구별을 거부했다는 점을 이미 살펴보았다. 게다가 영혼의 불멸성에 관해 그는 그것이 입증될 수 없다고 말한 점에서 혹은 엄격한 방식으로 입증하기는 어렵다고 말한 점에서 스코투스를 따랐다. 그러나 이미 언급된 것처럼 그는 독자적이며 비판적인 사상가이기는 하였지만 혁명가는 아니었다. 그의 심리학은 크게는 그 특성과 영감(靈感)의 측면에서 아우구스티누스적이었던 반면에, 그의 관계 이론은 심지어 겐트의 헨리에 의존했다. 그리고 보편에 관해서 그는 중세 아리스토텔레스주의자에 의해 주장된 입장을 거부하지 않았다. 다른 말로 하면, 두란두스가 '오컴의 면도날'로서 알려진 경제성의 원리를 사용했다는 것이 물론 사실이라고 하더라도, 그를 윌리엄 오컴과 밀접한 관계를 맺고 있는 선배라고 하는 이전의 주장은 당연히 폐기되었어야 했다.

3. 페트루스 아우레올리

페트루스 아우레올리(Petrus Aureoli; Pierre d'Auriole)는 작은 형제회(Order of Friars Minor)에 가입했으며, 파리에서 공부하였다. 볼로냐 대학교(1312)와 툴루즈 대학교(1314)에서 강의를 한 후 파리로 되돌아왔으며, 파리에서 1318년에 신학박사 학위를 받았다. 1321년에 그는 액상 프로방스(Aix-en-Provence)의 대주교가 되었다. 그 후 얼마 안 되어 1322년 1월에 죽었다. 그의 첫 철학 저작은 미완성의 『자연원리 논고』(*Tractatus de principiis naturae*)였다. 이 책은 자연철학의 문제를 다루었다. 그의 주요 작품인, 페트루스 롬바르두스(Peter Lombard)의 『명제집』(*Sentences*)에 관한 주해서는 연이어서 두 판본으로 출간되었다. 그의 저서 중에는 또한 『자유토론집』(*Quodlibeta*)이 있다.

페트루스 아우레올리는 존재하는 모든 것은 그것이 존재한다는 바로 그 사실에 의해서 개별적인 사물이라는 진술을 확고하게 고수한다. 개별화의 원리에 관한 논쟁을 언급하면서, 그는 '모든 것은 그것이 존재한다는 바로 그 사실에 의해서 개별적인 사물(*singulariter est*)로서 존재하기 때문에'[9] 실제로 전혀 논의할 문제가 있지 않다고 주장한다. 반대로, 무언가가 공통적이거나 보편적이거나 혹은 다수의 대상들에 대해 술어로 될 수 있다면, 그것은 바로 그 사실에 의해서 개념인 것으로 간주된다. '그러므로 마음 바깥에 있는 대상을 개별물로 만드는 그 무엇을 찾는 것은 무(無)를 찾는 것이다.'[10] 왜냐하면 이것은 개별화될 수 있는, 마음 바깥에 있는 보편과 같은 그런 것이 사실상 결코 존재하지 않을 때, 마음 바깥에 있는 보편이 어떤 방식으로 개별화되는지를 묻는 것과 같은 것이기 때문이다. 그리하여 개별화라는 형이상학적 문제는 전혀 문제가 아니다. 마음 바깥에 보편이란 결코 존재하지 않는다. 그러나 이것은 신이 동일한 종의 다수의 개별물을 창조할 수 없다는 것을 의미하는 것은 아니다. 사실상 우리는 신이 그러한 일을 했다는 것을 안다. 물질적인 것들은 형상들을 가지고 있으며, 이들 형상 중 어떤 것은 우리가 '유사성'(*similitudo*)이라 부르는 어떤 성질을 가지고 있다. 소크라테스가 어떤 종류의 것(*quale quid*)인가 묻는다면, 그는 인간이라고 대답된다. 소크라테스와 플라톤 안에는 어떤 종류의 유사한 성질이 존재한다. 이런 종류의 유사성은, 플라톤 안에 있는 어떤 것도 소크라테스 안에 없다고 하더라도, 소크라테스와 플라톤 사이에 존재하는 그런 것이다. '나와 당신은 동일하지 않다. 그러나 나는 당신이 존재하는 그런 방식으로 존재할 수 있다. 그래서 철학자는 말한다. 칼리아스(Callias)는 소크라테스를 낳음으로써 유사한 것을 낳는다.'[11] 마음 바깥에 있는 보편개념의 기초는 이러한 유사성의 성질이다. 그렇다면 페트루스 아우레올리는 보편개념의 객관적 기초가 있다는 것을 부인하고 있는 것은 아니다. 그가 부인하고 있는 것은 마음 바깥에 존재하는 어떤 공통된 실재가 존재한다는 것이다. 비물질적인 형상들에 관해서 말한다면, 이런 형상들도 유사하다. 따라서 여러 천사들이 동일한 종에 속해서는 안 될 하등의 이유가 없는 것이다.

지성은 능동적인 측면에서는 이러한 유사성을 자신에게 동화시키고, 수동적인

---

9   아우레올리, 『명제집 2』(*2 Sent.*), 9, 3, 3, p. 114, a A. 쪽수 표시는 1596년 판본(로마)에 따른 것이다.
10 같은 곳.
11 같은 책, p. 115. a F.

측면에서는 이러한 유사성에 동화된다. 그렇게 하여 지성은 사물을 이해한다. 즉 '객관적인 개념'(conceptus obiectivus)을 산출한다. 이 개념은 물론 마음 안에 있는 것이지만, 그 때문에 사물과 구별된다. 그러나 다른 한편 개념은 인식된 것이다. 따라서 페트루스 아우레올리는 지적 동화가 일어날 때 '사물은 직접적으로 현상적 존재(esse apparens)를 받아들인다'고 말한다. 동화가 명석하다면, 사물은 명석한 현상적 존재(a clear phenomenal existence)를 가질 것이고, 동화가 명석하지 않다면, 현상적 존재는 명석하지 않을 것이다. 이러한 '현상'은 지성에서만 존재한다.[12] '사물이 지성 안에 사물에 대한 불완전한 인상을 낳는다는 사실에서부터 유 개념이 생겨나고, 이 개념에 의해서 사물은 불완전하고 불명료하게(indistinctly) 이해되지만, 반면에 동일한 사물이 지성 안에 사물에 대한 완전한 인상을 낳는다는 사실에서부터 (종적(種的)[다른 종과 구분되는]) 차이의 개념이 생겨나고, 이 개념에 의해서 사물은 그것의 종적이고 명료한(distinct) 존재 속에서 이해된다.'[13] 개념의 '객관적' 차이성은 인상의 형상적 차이가 낳은 결과이지만, 이 형상적 차이는 하나이면서 동일한 대상이 하나이면서 동일한 마음에 가해 만든 인상의 차이에 불과하다. '그러므로 당신이 인간성이라는 종적 통일이 어디에서 성립하는가 묻는다면, 나는 그것은 동물성이 아니라 인간성 안에 성립하는 것이지만, 그 인간성은 이해된 것이라고 말한다. 그리고 이런 식으로 인간성이라는 종적 통일은 인간에 대한 객관적 개념과 동일한 것이다. 그러나 이러한 통일은 잠재성 안에 존재하며, 마음 바깥에 있는 사물 안에서는 불완전하게 존재한다. 왜냐하면 마음 바깥에 있는 사물은 다른 사물이 야기하는 인상과 같은 정도의 완전한 인상을 지성 안에 야기할 수 있기 때문이다.'[14]

　　마음 바깥에 존재하는 것은 모두 개별자이다. 그것을 보편개념에 의해서 인식하는 것보다, 그것의 독특한 개별성에서 직접적으로 인식하는 것이 '더 고상'하다. 그러나 인간의 지성은 그 사물을 그것의 고립된 개별성 속에서 직접적이고 일차적으로 파악할 수 없다. 그렇지만 지성은 그 사물을 상상력에 의해서 이차적으로 파악

12　같은 책, 3, 2, 4, p. 30, c F.
13　같은 책, p. 66, b D.
14　같은 책, 9, 2, 3, p. 109, b A B.

할 수 있다. 지성은 일차적이고 직접적으로 물질적 사물의 형상을 보편개념에 의해서 포착한다.[15] 그러나 지성이 사물을 '보편개념에 의해서' 인식한다고 말하는 것은 인식의 매개(*medium quo*)로서 작용하는, 토마스주의적 의미에서의 가지적 형상(*species intelligibilis*)이 존재한다는 것을 의미하는 것은 아니다. '어떤 실재적 형상도 지성 속에서 또는 상상력 속에서 주체적으로 존재하는 것으로 가정되어서는 안 되지만 … 그러나 우리가 장미를 장미로서 혹은 꽃을 꽃으로서 인식할 때 우리가 보고 있는 것으로 의식하는 그 형상은 지성에 또는 상상력에 주체적으로 각인된 무언가도 아니고, 실재하는 자존적 사물도 아니다. 형상은 지향적 존재(*esse intentionale*)를 소유하는 것으로서의 사물 자체이다. …'[16] 따라서 페트루스 아우레올리는 인식의 매개로서 가지적 형상을 필요로 하지 않으며, 지성이 사물 그 자체를 직접적으로 인식한다고 주장한다. 이런 이유에서 에띠엔느 질송(Étienne Gilson)은 페트루스 아우레올리가 '인식 가능한 대상의 실재 이외에 다른 실재를 인정하지 않는다'고 말하고, 아우레올리의 해결이 개념의 편에 서서 가지적 형상을 제거하는 것으로 이루어져 있는 것이 아니라, 개념조차 없애는 데서 성립한다고 말한다.[17] 반면에 인식된 사물은 즉 인식의 대상은 마음 바깥에 있는 사물로서 지향적 존재 또는 현상적 존재를 소유한다. 그리고 그 대상은 이 지향적 존재를 '개념'(*conceptio*)을 통해서 획득한다. 그리하여 지향적 존재를 소유하는 것을 의미하는 사물은 개념(즉 '주관적 개념' 또는 심리적 활동 그 자체와 구별되는 것으로서 '객관적 개념')이다. 이로부터 개념은 인식의 대상이라는 결론이 나온다. '모든 이해(understanding)는 사물을 지향적 존재(*esse intentionale*) 안에 위치시키기를 요구한다.' 이것은 반영적 형상(*forma specularis*)이다.[18] '현상적 존재(*esse apparenti*) 속에 정립된 사물은 지성의 작용에 의해서 이해된다고 말해지며, 사실상 그것은 지성적 개념이다. 그러나 개념은 인식하는 자 안에 남아 있으며, 인식하는 자이다(그것의 존재는 인식하는 자에 의존한다). 그러므로 현상하는 것으로서의 사물은 실제적으로 산출에 관해서나 내용에 관

---

15   같은 책, 2, 4, 2, pp. 142-145.

16   아우레올리, 『명제집 1』(*I Sent.*), 9, I, p. 319, a B.

17   Étienne Gilson, 『중세철학』(*La philosophie an moyen âge*) (1944), p. 632.

18   아우레올리, 『명제집 1』, 9, I, p. 320, a B.

해서나 모두 지성의 작용에 의존한다.'[19] 이 때문에 가이어 박사(Dr. B. Geyer)에 따르면 '종(種), 즉 반영적 형상은 그리하여 아우레올리에 의하면 토마스 아퀴나스와는 달리 더 이상 인식의 매개가 아니라, 인식의 직접적인 대상'[20]이다. 그러나 페트루스 아우레올리가 이따금 마치 자신이 일종의 주관적 관념론을 주장하고 싶어 하는 것처럼 말할 수는 있겠지만, 그는 실제로 다음처럼 주장한다. '마음속의 건강이 현상적이고 지향적인 존재(*esse apparens et intentionale*)인 데 반하여, 마음 바깥에, 즉 신체 안에서의 건강이 존재적이고 실재적인 존재(*esse existens et reale*)를 가지기 때문에, 비록 지성에 의해 이해된 것으로서의 건강과 마음 바깥에 존재하고 있는 대로의 건강은 그들의 존재양상에서 다르다고 하더라도, 실재에서는(*realiter*) 하나이면서 같은 것이다. … 그것들은 하나이면서 같은 것이라 하더라도 존재양상에서(*in modo essendi*) 다르다.'[21] '따라서 사물 그 자체가 마음에 의해서 이해된다는 것, 우리가 직관하는 것은 어떤 다른 반영적 형상(*forma specularis*)이 아니라, 현상적 존재(*esse apparens*)를 가지는 것으로서 사물 그 자체라는 것은 확실하다. 이것은 사고상의 개념 또는 객관적 관념(*notitia obiectiva*)이다.'[22]

  페트루스 아우레올리에서 인식은 구체적인 사물, 즉 실제로 존재하는 사물의 지각 속에 뿌리박고 있다. 그러나 인식된 사물은 현상적이고 지향적인 존재를 가지는 사물이다. 그것은 개념**이다**. 사물의 인식에서 명석성의 등급에 따라서 유 개념이 생겨나거나 종 개념이 생겨난다. 그러나 보편으로서 고려되는 일반적이고 종 개념은 마음 바깥에 존재하는 것이 아니며, 마음에 의해서 '제조된' 것으로 간주되어야 한다. 페트루스 아우레올리는 그리하여 그가 보편의 측면에서 마음 바깥의 존재를 완전히 부인한 한에서 '개념론자'(conceptualist)라 불릴 수 있다. 그러나 '유명론'(nominalism)이 자연의 객관적 유사성의 거부를 포함하는 것으로 간주된다면, 그를 '유명론자'로 부르는 것은 옳지 않다. 그러나 이것은 그가 다소 자주 결코 애매하고(ambiguous) 심지어는 일관되지 않은 방식으로 말하고 있지 않다는 것을 의미하는 것은 아니다. 논리학

---

19   같은 책, p. 321, b B C.

20   B. Geyer, 『교부철학과 스콜라철학』(*Die patristische und scholastische Philosophie*), p. 526.

21   아우레올리, 『명제집 1』, 9, 1, p. 321, a D E.

22   같은 책, 9, 1, p. 321. b B.

에 대한 그의 생각은 유명론을 지지한다고 말해질 수 있다. 왜냐하면 논리학자는 말(words, *voces*)을 다룬다고 이야기하기 때문이다. '그러므로 논리학자는, 이 말들이 언어(speech)로 환원되는 경우를 제외하고는, 실재적 존재와 개념적 존재를 결정하는 일은 형이상학자의 소관사이기 때문에, 말("이차 지향"(second intentions))을 사고상의 존재(*entia rationis*)로서 간주하지 않는다. …'[23] 그러나 논리학이 말(*voces*)에 관계한다는 이론이, 그것만 놓고 본다면, 유명론을 지지하는 것처럼 보일 수도 있지만, 페트루스 아우레올리가 덧붙인 진술에 의하면 논리학자의 관심사는 개념을 표현하는 것으로서의 말이다. '말은 개념과 마찬가지로(*ut expressiva conceptus*) 논리학의 주제이다.'[24] 논리학에서 페트루스 아우레올리가 말하고 있는 것처럼 아리스토텔레스는 항상 자신이 말을 개념의 표현으로서 고려하고 있다는 것을 함축하고 있다.[25] 더욱이 개념을 표현하는 언어는 진리와 거짓의 주체이다. 그것은 개념의 질서에서 진리와 거짓의 기호(*voces enim significant verum vel falsum in ordine ad conceptum*)이다.[26] 명사론 논리학(terministic logic)으로서 형성된 지칭(*suppositio*) 이론이 페트루스 아우레올리의 논리학 개념 속에 포함되어 있을 수도 있다. 그러나 그는 형이상학에서는 '유명론자'가 아니다. 그가 본성 또는 본질의 유사성보다 사물의 질적 유사성을 강조했다는 것은 사실이다. 그러나 그는 본질적 유사성을 특수한 개념의 기초로서 거부했던 것처럼 보이지는 않는다. 오히려 그는 그것을 전제하고 있다.

우리는 페트루스 아우레올리에서 개념적 인식이 정밀하게 개별적인 사물에 관한 인식이 아니라, 다른 사물들과의 유사성의 관점에서, 마음 바깥의 사물에 관한 인식이라는 점을 살펴보았다. 그러나 그의 주장에 따르면, 개별적 사물을 보편개념에 의해서 인식하기보다는 그것의 개별성에서 인식하는 것이 더 낫다. 현재의 상태에서의 인간지성이 사물을 엄밀하게 그것의 개별성에서 인식하기보다는 오히려 추상적이고 보편적인 방식으로(*per modum abstracium et universalem*) 인식한다면, 이것은 불완전

---

23   같은 책, 23, 2, p. 539, a F-b A.

24   아우레올리, 『명제집 서론』(*Prologus in Sent.*), 5, p. 66, a D.

25   같은 책, a F.

26   같은 책, a E. 1

한 것이다. 개별적인 사물은, 개별적 사물 그 자체에 대한 감각 인식 또는 직관이 존재하는 그런 식으로, 감관에다 인상을 만들어 넣을 수 있다. 그러나 물질적인 사물은 이런 종류의 인상을 비물질적 지성에 만들어 넣을 수 없다. 물질적인 사물의 형상은 지성에 의해서 추상적으로 인식되지만, 지성은 개별적인 사물을 개별적인 것으로서 직접적으로 획득할 수 없다. 그러나 이렇다고 해서 지성적 직관 또는 개별적 사물을 개별적인 것으로서 인식하는 일이 추상적이고 보편적인 인식보다 완전하다는 사실이 바뀌는 것은 아니다. '왜냐하면 사물이 존재하는 그대로 정확하게 사물에 도달하는 인식은 그 사물이 존재하지 않는 방식으로 그 사물에 도달하는 인식보다 완전하기 때문이다. 그러나 그 철학자(the Philosopher. 옮긴이 주. 여기서 그 철학자[첫 철자가 대문자인]는 당시 관행적으로 아리스토텔레스를 가리킨다)가 『형이상학』의 제7권에서 플라톤에 반대하여 말하고 있는 것처럼, 개별적인 사물에서를 제외하고는 그리고 그 사물을 통하지 않고서는 보편적인 사물이 존재하지 않는다는 것은 분명하다. … 본질(quidditates)을 파악하는 학문은 사물을 그것이 존재하는 그대로 정확하게 파악하는 것이 아니고 … 이 정확한 개별물의 인식이야말로 그것이 존재하는 대로의 사물의 인식이라는 것은 아주 분명하다. 그러므로 개별적 사물을 추상적이고 보편적인 방식으로 인식하는 것보다 개별적 사물을 그 자체로서(rem individuatam et demonstratam) 인식하는 것이 더 고상하다.'[27] 여기에서 다음의 결론이 뒤따른다. 인간의 지성이 개별적 사물에 대한 완전한 인식 — 신이 하는 인식을 가질 수 없다고 하더라도, 경험과의 밀접한 접촉을 유지함으로써 가능한 한 그것에 가까이 가야 한다. 우리는 '논리적 추리보다는 경험의 방식'을 고수해야 한다. '왜냐하면 학문은 경험에서 생겨나기 때문이다.'[28] 또한 페트루스 아우레올리는 우리의 심적 활동의 내적 경험을 강조했으며, 인식, 의욕, 심적 활동 일반에 관한 자신의 진술을 뒷받침하기 위하여 내적 경험 또는 내성(內省,

---

27 아우레올리, 『명제집 1』, 35, 4, 2, p. 816, b C–E.

28 아우레올리, 『명제집 서론』, proœmium, 3, p. 25, a F. 페트루스 아우레올리는 여기서 대상이 없더라도 직관작용의 존재가 가능하다고 주장하고 있다. 이 견해는 또한 오컴에 의해서 주장되었다. 경험과 밀접함을 유지하는 것에 관한 언급은 문맥상 부차적인 것이다. 그러나 그럼에도 불구하고 그것은 유의미하고, 원칙을 강조한다.

introspection)에 자주 호소한다. 보편의 문제를 취급하면서 경험에 가까이 가야 한다고 주장할 때, 아리스토텔레스와 아리스토텔레스에 대한 이슬람 주석가들로부터 그가 취한 예에서 볼 수 있듯이, 그는 자연과학에 대한 관심에서 강한 '경험주의적' 성향을 보여준다. 그러나 드렐링(Dreiling)은 자신의 탐구를 통해서 아우레올리의 경험주의적 성향이 원심적 방향보다는 구심적 방향을 가지고 있으며, 외적 자연을 향해 있다기보다는 심적 삶을 향해 있다고 결론 내렸다.[29]

내성이나 내적 경험에 대한 페트루스 아우레올리의 호소를 언급할 때 우리는 그의 영혼 관념을 논의하게 된다. 무엇보다도 영혼은 신체와 함께 인간을 구성하는, 인간의 본질적 부분이라는 의미에서 영혼이 신체의 형상이라는 사실은 증명될 수 있다. 사실상 '어떤 철학자도 일찍이 이 명제를 부인한 적이 없었다.'[30] 그러나 영혼은 질료의 형상화와 결과(*formatio et terminatio materiae*)일 뿐이라는 의미에서 또는 영혼은 신체를 신체인 것으로 만든다는 의미에서, 영혼이 신체의 형상이라는 사실은 증명될 수 없다. '이것은 아리스토텔레스에 의해서건 주석가[토마스 아퀴나스]에 의해서건 어떤 다른 페리파토스 학자들에 의해서건 입증된 적이 없었다.'[31] 다른 말로 하면 페트루스 아우레올리에 따르면 영혼이 인간의 본질적 부분이며, 인간의 주요한 부분(*pars principalior*)이라는 사실은 증명될 수 있지만, 질료를 인간의 신체인 것으로 만드는 것은 단지 영혼이라는 사실, 또는 영혼과 신체의 관계는 구리와 그것으로 만들어진 동상의 관계와 유사하다는 사실은 증명될 수 없다. 만약 구리 조각이 어떤 동상의 형태를 가진다면, 동상의 모습은 형상이라 부를 수 있다. 그러나 그 모습은 구리의 결과 혹은 구리의 모양일 뿐이다. 그것은 별개의 자연이 아니다. 그러나 인간의 영혼은 별개의 자연이다.

그런데 페트루스 아우레올리는 실체적 형상이 단순히 질료의 작용(*pura actuatio materiae*)이며, 질료와 더불어 하나의 단순한 자연을 구성한다고 공언하였다.[32] 이로부

---

29 Dreiling, 『프란치스코회 수도사이며 대주교인 페트루스 아우레올리의 개념론』(*Der Konzeptualismus ... des Franzishanererzbischofs Petrus Aureoli*), p. 197.

30 아우레올리, 『명제집 2』, 16, 1. 1, p. 218, b.

31 같은 책, p. 219, a B.

터, 인간의 영혼이 신체와 구별되는 별개의 자연이라면, 그리고 그것이 단순히 질료의 작용이 아니라면, 인간의 영혼은 다른 형상이 형상인 것과 같은 식의 그리고 같은 의미에서의 형상은 아니라는 귀결이 뒤따른다. '그러므로 그 물음에 답하면서 내가 말할 수 있는 것은, 영혼이 신체의 형상이고 우리의 본질적 부분이지만, 다른 영혼들과 달리 신체의 작용과 완성이 아니라는 점이 입증될 수 있다는 것이다.'[33] 예컨대 인간의 정신적 영혼과 식물의 영혼 또는 생명원리는 동일한 의미에서의 형상이 아니다.

　　　다른 한편 비엔나 공의회(Council of Vienne, 1311-1312)는 인간의 지적이거나 이성적인 영혼이 '진실로 본질적으로 신체의 형상'이라고 규정했다. 그래서 인간의 영혼은 질료에게 생명을 주는 다른 형상들을 형상이라고 보는 것과 같은 의미에서의 신체의 형상은 아니라고 주장한 후에, 페트루스 아우레올리는 '신성한 비엔나 공의회의 제9법령'이 그 반대를 주장했다는 즉 '영혼이 다른 형상들이나 영혼과 마찬가지로 신체의 형상'[34]이라는 것을 선언하였다는 말을 이어나간다. 이런 곤혹스러운 상황에 직면해서 페트루스 아우레올리는, 인간의 영혼이 신체의 형상, 즉 다른 영혼들을 형상이라고 간주하는 것과 같은 방식의 신체의 형상이라는 사실은 증명될 수 없다는 자신의 명제를 고수하는 반면에, 증명될 수 없음에도 불구하고 그것은 신앙에 의해서 알려진다고 선언한다. 그는 삼위일체의 교설과 비교한다. 이 교설은 철학적으로 증명될 수 없지만, 그것은 계시되어왔으며, 우리는 신앙으로 그것을 받아들인다.[35] 그는 다른 영혼들이 그들의 각각의 질료의 형상인 것과 같은 의미에서 인간영혼이 신체의 형상은 아니라는 사실이 입증될 수 없다는 것을 인정하지만, 영혼이 이런 의미에서 신체의 형상이라는 것이 입증될 수 있다는 사실을 인정하기를 거부한다. 분명히 그의 생각에 따르면 사람들은 이성에 따라서 인간의 영혼과 짐승 또는 식물의 영혼이 여러 의미를 가진 형상이라고 생각한다. 그리고 그는 교회의 성인과 박사들의 가르침이 사람들에게 공의회가 제시한 교설을 예상하도록 만들지는 않을 것이라 말한다. 그럼

32　　같은 책, 12. 2, 1, p. 174, b D.

33　　같은 책, 15, 1, 1, p. 223, a F.

34　　같은 책, 15, 1, 2, p. 223, b A-C.

35　　같은 책, b E-F.

에도 불구하고 사람들은 자신이 이해하는 방식대로 공의회의 교설을 받아들이고는, 기묘한 결론을 도출한다. '다른 형상들이 그들의 각각의 질료에 대해서 형상인 것과 같은 방식으로 영혼이 신체의 형상이라는 것은 입증될 수 없겠지만, 나에게는 그렇게 보이는데, 밀랍의 형태가 밀랍의 형상이고 완성인 것과 꼭 같이, 영혼도 다른 형상과 같은 방식으로 단지 신체의 작용이며 형성(forming)이라는 점이 주장되지 않으면 안 된다. 그리고 밀랍과 그것의 형태로부터 왜 하나의 사물이 생겨나는지 그 어떤 이유를 찾을 필요가 없는 것과 마찬가지로, 영혼과 신체로부터 왜 하나의 사물이 생겨나는지의 이유도 찾을 필요가 없다. 그리하여 영혼은 밀랍의 형태가 그런 것처럼 단지 질료의 작용이며 완성이다. … 나는 정확하게 공의회의 결정 때문에 이 결론을 유지한다. 공의회의 결정은 그 말의 정확한 의미를 따를 경우 이것을 의미하는 것처럼 보인다.'[36]

공의회의 신부들은 자신들의 말과 관련하여 이런 해석을 한 것을 듣고는 깜짝 놀랐을 것이다. 그러나 공의회의 결정을 이런 식으로 해석하고 이런 의미로 그것을 받아들였을 때, 페트루스 아우레올리는 분명히 자신이 인간영혼의 불멸성의 주제에 대해 상당한 난관에 처해 있다는 것을 깨달았다. '신앙은 영혼이 분리된다(즉 신체보다 오래 산다)는 점을 유지한다. 그러나 영혼이 다른 형상들과 마찬가지로 단지 질료의 작용이라고 가정된다면, 이런 일이 어떻게 해서 일어날 수 있는가를 알기는 어렵다. 그러나 나는 다음처럼 말한다. 우유성이 주체(즉 실체)의 작용 이외에 다른 것이 아님에도 불구하고, 신이 이 우유성들을 주체에서 분리할 수 있는 것과 마찬가지로, 영혼이 단지 질료의 작용임에도 불구하고, 신은 불가사의적으로 영혼을 분리할 수 있다.'[37] 형상 안에 또는 '순수 완성' 안에 등급들이 존재한다고 말하는 것이 사실상 필요하다. 형상이 연장(延長)적이라면, 그것은 자연의 연장적 힘(agent)에 의해서 영향을 받을 수 있다(그리고 그렇게 하여 사멸(死滅)될(corrupted) 수 있다). 그러나 형상이 연장적이 아니라면, 형상은 자연의 연장적 힘에 의해서 영향을 받을 수 없다(그리고 그렇게 하여 사멸될 수

---

36   같은 책, p. 224, b D-F.
37   같은 책, 15, 1, 2, p. 226, a E-F.

없다). 그런데 인간의 영혼이 질료의 순수 완전성(*pura perfectio materia*)임에도 불구하고 자연의 연장적 힘에 의해서 영향을 받을 수 없다(사멸될 수 없다). 그것은 신에 의해서만 '사멸될' 수 있다. 그러나 이것이 페트루스 아우레올리가 비엔나 공의회에 대한 자신의 해석에 의해서 스스로 만들었던 난관에 대한 대단히 만족스러운 답은 아니다. 그가 분명히 하고 있는 것처럼, 우리의 정신들은, 영혼이 공의회가 그런 식으로 진술했던 바로 그런 것을 의미한다면, 영혼이 어떤 이유로 자연적으로 사멸될 수 없는지를 이해할 수 없다.[38]

인간영혼의 자연적 불멸성이 철학적으로 입증될 수 있다고 페트루스 아우레올리가 생각하지 않았다는 것은 명백하다. 그는 이 문제에서 둔스 스코투스가 채택했던 태도에 의해 영향을 받았던 것처럼 보인다. 인간의 영혼이 자연적으로 불멸이라는 것을 증명하기 위하여 여러 논증들이 제시되었다. 그러나 그런 논증들은 결코 결정적인 것이 아니다.[39] 그래서 어떤 사람들은 '대상의 크기로부터 힘(power)에로' 또는 능력(faculty)에로 논증해 나갔다. 지성은 사멸될 수 없는(incorruptible) 대상을 인식할 수 있다. 그러므로 지성은 사멸될 수 없다. 그러므로 영혼의 실체는 사멸될 수 없다. 그러나 다음과 같은 응수가 있을 수 있다. 즉 이 경우에 눈은 (아마도 그것이 사멸할 수 없는 천체를 보기 때문에) 사멸될 수 없거나 또는 우리의 지성은 무한하고 창조되지 않는 신을 인식할 수 있기 때문에 무한하고 창조되지 않음에 틀림없다는 응수가 있을 수 있다. 또한 다른 사람들은 영원히 존재하고자 하는 '자연적 욕구'가 있으며, 자연적 욕구는 좌절될 수 없다고 논증한다. 페트루스 아우레올리는 보다 개요적이기는 하지만 스코투스와 마찬가지로 짐승도 죽음을 피하면서 계속 존재하고 싶은 욕구를 가진다고 대답한다. 그리하여 이 논증이 타당하다면 너무 많은 것을 증명하는 셈이 될 것이다. 또한 다른 사람들은 정의가 내세에서 선의 보상과 악한의 처벌을 요구한다고 주장한다. '이 논증은 도덕적이고 신학적이지만, 결정적인 것은 아니다.' 왜냐하면 죄는 그 자체가 처벌이고 덕은 그 자체가 보상이라고 대답될 수 있기 때문이다.

---

38   같은 책, p. 226, a F–b B.
39   같은 책, 19, 1, p. 246, b D.

페트루스 아우레올리는 이어서 자신의 몇몇 논증을 제시한다. 그러나 그는 자신의 논증들이 가지는 입증의 힘에 대해 그렇게 확신을 갖고 있지 못하다. '이제 나는 나의 논증들을 제시한다. 그러나 나는 그것들이 결정적인지 알지 못한다.'[40] 무엇보다도, 인간은 자유롭게 선택할 수 있고, 그의 자유로운 선택은 천체에 의해서도 어떤 물질적인 힘에 의해서도 영향을 받지 않는다. 그러므로 이 자유로운 선택의 원리는 또한 어떤 물질적인 힘에 의해서도 영향을 받지 않는다. 둘째, 우리는 우리 안에서 내재적인 것을 경험하며, 따라서 정신적 작용을 경험한다. 그러므로 영혼의 실체는 정신적이다. 그러나 질료는 정신적인 것에 작용하거나 그것을 파괴할 수 없다. 그러므로 영혼은 어떤 물질적인 힘에 의해서도 사멸될 수 없다.

페트루스 아우레올리에 따르면, 인간이 참으로 자유롭다면 다음의 결론이 뒤따른다. 미래의 자유로운 행동에 관한 판단은 진리도 아니고 거짓도 아니다. '그 철학자[아리스토텔레스]의 견해 즉 미래의 우연적인 사건에 관해서는 어떤 단일한 명제도 구성될 수 없고, 그 명제에 관련해서 그 명제는 참이고 그것의 반대는 거짓이거나, 아니면 그 역이거나 하는 그 철학자의 견해는 철저하게 입증되어왔던 결론이다. 그런 종류의 어떤 명제도 참일 수도 없고 거짓일 수도 없다.'[41] 이것을 부인하는 것은 분명한 사실을 부인하는 것이요, 도덕철학의 기초를 파괴하는 것이며, 인간의 경험과 모순되는 것이다. 어떤 사람이 어떤 미래의 시간에 어떤 자유로운 행위를 수행할 것이라는 사실이 참이라면, 그 행위는 필연적으로 수행될 것이고, 그런 행위는 자유로운 행위는 아닐 것이다. 왜냐하면 그 사람은 다른 방식으로 행위 할 자유가 없을 것이기 때문이다. 그것이 자유로운 행위가 되려면, 그 행위가 수행되리라는 것은 참일 수도 거짓일 수도 없을 것이다.

이렇게 이야기하는 것은 하나의 명제는 참이거나 거짓이어야 한다는 '법칙'의 부인을 포함하는 것처럼 보일 수도 있다. 우리가 어떤 명제에 대해서 그것이 참이 아니라고 말하려 한다면, 그 명제는 거짓이어야 한다고 말해야만 하지 않을까? 페트루

---

40   같은 책, 19, 1, p. 247, a.
41   아우레올리, 『명제집 1』, 38. 3, p. 883, b C-D.

스 아우레올리의 답변에 의하면 어떤 명제는 그 명제가 지시하는 것의 존재로부터 그것의 규정(즉 참이 되거나 거짓이 되는)을 받아들인다. 미래의 것에 관계하는 우연적인 명제의 경우에는 그 명제가 지시하는 것은 아직 존재를 가지고 있지 못하다. 그러므로 그것은 그 명제가 참이라거나 거짓이라고 규정할 수 없다. 예를 들어 우리는 어떤 정해진 사람에 대해서 성탄절에 그는 와인을 마시거나 와인을 마시지 않을 것이라고 말할 수 있지만, 그가 와인을 마실 것이라고 또는 그가 와인을 마시지 않을 것이라고 어떤 하나를 단정할 수 없다. 우리가 그렇게 단정한다면, 그 진술은 참도 아니요 거짓도 아니다. 그것은 그 사람이 실제로 성탄절에 와인을 마시거나 마시지 않을 때까지는 참이 되거나 거짓이 될 수도 없을 것이다. 그리고 페트루스 아우레올리는 자신의 견해를 뒷받침하기 위하여 『해석론 9』(De Interpretatione (9))에서 아리스토텔레스에 호소한다.

미래의 자유로운 행위에 대한 신의 인식에 관해서는, 페트루스 아우레올리의 주장에 따르면 신의 인식은 그러한 행위에 대한 미래의 수행 혹은 미래의 미수행에 관한 명제를 참으로 만들거나 거짓으로 만들지 않는다. 예컨대 베드로(St. Peter)가 주님을 부인한 것에 대한 신의 예지(foreknowledge)는 '베드로가 그의 주님을 부인할 것'이라는 명제가 참이거나 거짓일 것이라는 사실을 의미하지는 않았다. 베드로가 세 번 부인하리라는 것에 대한 그리스도의 예언에 관해서 말하자면, 페트루스 아우레올리는 다음처럼 고찰한다. '그러므로 그리스도는, 베드로가 그리스도를 세 번 부인하지 않았다 하더라도, 거짓으로 이야기하지는 않았을 것이다.'[42] 왜 거짓으로 이야기하지는 않았을까? 왜냐하면 '너는 나를 세 번 부인할 것'이라는 명제는 참이거나 거짓일 수 없기 때문이다. 아우레올리는 신이 미래의 자유로운 행위를 안다는 사실을 부인하지 않는다. 그러나 그는, 우리가 비록 '예지'(praescientia)라는 낱말을 사용하지 않을 수 없다 하더라도, 올바르게 이야기한다면 신에게서 예지란 존재하지 않는다고 주장한다.[43] 다른 한편, 그는 신이 미래의 자유로운 행위를 현재의 것인 것처럼 알고 있다

---

42   같은 책, 38, 3, p. 888, a B.
43   같은 책, p. 889, b A.

는 견해를 거부한다. 그에 따르면 신은 과거, 현재, 미래를 추상하는 방식을 사용하여 그러한 행위를 안다. 그러나 우리는 신의 인식 양상을 인간의 언어로 표현할 수 없다. 미래의 자유로운 행위와 신의 인식 또는 '예지'의 관계에 관한 문제가 제기된다면, 그 문제는 '미래의 우연적인 사건에 관한 명제를 예지는 참된 명제로 만들지 않는다고 말하는 것 말고는 달리 해결될 수 없다'.[44] 그러나 이것은 신의 '예지'가 단정적으로 무엇인가를 우리에게 이야기하지는 않는다. '우리가 염두에 두지 않으면 안 되는 것은, 이러한 문제의 어려움은 현재, 과거, 미래 시간을 지시하는 명제에 의하지 않고서는 진술을 표현할 수 없는 인간 언어의 빈곤에서 생겨나거나 또는 항상 시간 안에 포함되어 있는(*qui semper est cum continuo et tempore*) 우리 마음의 조건에서 생겨난다는 사실이다.'[45] 다시 한 번 말한다면, '신이 미래에 대해 가지는 인식을 표현하는 올바른 방식을 발견하는 일은 대단히 어렵다. … 미래에 대해 지시하는 어떤 명제도 신의 예지를 올바로 표현하지 못한다. 실로 그러한 명제는 엄격하게 이야기한다면 거짓이다. … 그러나 우리는 그것(우연적인 사건)이', 비록 이러한 인식이 본래 무엇인가 하는 것을 우리의 지성이 파악할 수 없음에도 불구하고, '그 사건과 구별되는 것도 아니고 그 사건에 선행하는 것도 아닌 인식에 의해서 신에게 영원히 인식되었다고 말할 수 있다'.[46]

주목해야 할 점이지만 페트루스 아우레올리는 성 토마스 아퀴나스의 견해를 채택하지 않는다. 왜냐하면 토마스에서 신은 신의 영원성에 의해서 모든 것을 현재처럼 인식하고 있기 때문이다. 그는 신이 모든 사건을 영원히 안다는 것을 인정한다. 그러나 그는 신이 그것들을 현재처럼 인식한다는 사실을 인정하지 않을 것이다. 신의 인식에 관한 진술들이 신의 인식의 실제적인 양상을 표현하고 있다는 의미로 사용된다면, 그는 '현재', '과거', '미래'와 같은 단어들을 이런 진술들로 끌고 들어오는 것에 대해 반대한다. 그렇다면 결과적으로, 페트루스 아우레올리는 미래의 자유로운 행위에 대한 신의 인식을 긍정하고, 동시에 그런 미래의 사건들에 관련된 어떤 명제도 참

---

44 같은 책, 39, 3, p. 901, a C.

45 같은 책, a F-b A.

46 같은 책, p. 902, a F-b B.

도 아니고 거짓도 아니라고 주장한다. 정확하게 말해서, 그런 행위들에 대해 신이 어떻게 인식하는가에 대해 우리는 말할 수 없다. 신이 자신의 신적 의지의 규정 또는 결정을 통해서 미래의 자유로운 행위를 인식한다고 주장하는 어떤 이론도 페트루스 아우레올리가 단호하게 거부했다는 말을 추가하는 것은 아마 불필요할 것이다. 그의 견해에 따르면 이런 종류의 이론은 인간의 자유와 양립할 수 없다. 페트루스 아우레올리와 정반대의 이론을 주장한 토마스 브래드워딘(Thomas Bradwardine)은 이 점에 관해서 그를 공격하였다.

명시적이건 암시적이건 시간을 언급하면서 신의 인식을 진술하는 것에 관한 페트루스 아우레올리의 논의는 중세철학자들이 아마도 가정되듯이 언어와 의미의 문제에 대해 그렇게 맹목적인 것은 아니었다는 사실에 대한 실례로서 기여한다. 성경에서 신에 관해 사용되었던 언어는 바로 그 초기 시대의 그리스도교 사상가들에게 사용된 용어의 의미를 고려하지 않으면 안 되게끔 만들었다. 우리는 유비적 술어에 관한 중세의 이론들이 이러한 문제에 대한 응답으로서 나왔다는 사실을 알게 된다. 내가 페트루스 아우레올리와 연관해서 언급했던 정확한 요점이, 다른 중세철학자들이 알지 못했던 문제를 이 사상가가 의식했다는 조짐으로서 간주되어서는 안 된다. 우리가 문제에 대한 중세적 논의와 해결에 만족을 하건 하지 않건, 중세는 그 문제가 있다는 것을 낌새조차 못 느꼈다고 주장하는 것은 정당할 수 없다.

—————— 4. 하클레이의 헨리

하클레이의 헨리(Henry of Harclay)는 1270년쯤 탄생해서, 옥스퍼드 대학교에서 배우고 가르쳤다. 그는 1312년에 이 대학교의 총장이 되었다. 그는 1317년에 아비뇽에서 죽었다. 그는 때로는 오컴주의(Ockhamism) 즉 '유명론'의 선구자라고 언급되기도 했었다. 그러나 사실상 그가 옹호했던 보편에 관한 그런 종류의 이론은 성격상 과도하게 실념론적이라고 하여 오컴이 거부하였다. 하클레이의 헨리가 동일한 종의 구성원들 안에 어떤 공통된 본성이 존재한다는 것을 받아들이지 않았다는 것은 분명

사실이다. 그리고 그는 보편개념 그 자체는 마음의 산물이라는 점을 확실하게 주장하였다. 그러나 그의 논쟁은 스코투스의 실념론에 대한 반대를 지향하였다. 그가 거부한 것은 공통 본성(*natura communis*)에 관한 스코투스의 교설이었다. 특정한 인간의 본성은 개별적 본성이며, 결코 '공통적'이지 않다. 그러나 존재하는 사물들은 서로 유사할 수 있고, 보편개념의 객관적 기초가 되는 것은 이러한 유사성이다. 만약 사람들이 사물들을 서로 간의 유사성에 따라서 고려할 수 있다는 생각을 가진다면, 그들은 사물들로부터 '공통적인' 무언가를 추상하는 것에 대해 이야기할 수 있다. 그러나 개념의 보편성은, 즉 그 개념이 많은 개별물들의 술어로 사용될 수 있는 것은, 마음에 의해서 추가된 것이다. 하나의 사물 안에 어떤 다른 사물에 대해서 술어로 사용될 수 있는 것이 객관적으로 존재하는 것은 불가능하다.

다른 한편 헨리가 보편개념을 개별물에 대한 혼란된 개념(a confused concept)이라고 생각했던 것은 확실하다. 예컨대 개별적 인간은 소크라테스나 플라톤처럼 판명하게 이해될 수 있거나 이런저런 개별물로서가 아니라 단지 인간으로서는 '혼란되게' 이해될 수 있다. 이것을 가능하게 하는 유사성은 물론 객관적이다. 그러나 보편개념의 발생은 개별물에 대한 이러한 혼란된 인상에 의거한다. 반면에 그 개념에 대한 형상적으로 고려된 보편성은 마음의 작용에 의거한다.

─────── **5. 위의 사상가들과 오컴주의의 관계**

이 장에서 우리가 그들의 철학적 관념의 일부를 고려했던 세 사람의 사상가들은 그들이 전통 철학의 일반적 흐름에 반대해서 자신을 세운다는 의미에서 혁명가들이 아니었다는 사실은 아주 분명하다. 예컨대 그들은 순수하게 논리적인 물음에 대해 두드러지게 몰두하지도 않았으며, 오컴주의의 특징이었던 형이상학에 대한 불신도 보여주지 않았다. 사실상 그들은 정도에 따라서 다르지만 성 토마스의 이론에 대해 비판적이었다. 그러나 하클레이의 헨리는 도미니코회 수도자가 아니라 수도원 밖의 성직자였다. 어쨌든 그는, 개별화의 원리에 대한 성 토마스의 이론을 거부했음에도 불구하고, 토마스주의에 대해 어떤 특별한 적개심을 보여주지는 않았고, 인간 안에 다수의 형상적 원리가 있다는 옛 이론을 긍정하였으며, '이단의' 아리스토텔레스를 가톨릭 신자로 만들고자 하는 시도에 대해 저항하였다. 또한 페트루스 아우레올리는 도미니코 회원이 아니라 프란치스코 회원이었다. 그는 성 토마스의 가르침을 받아들일 어떤 의무하에 있지도 않았다. 그렇다면 이들 세 철학자 중에서 토마스주의로부터의 일탈을 '혁명적'이라 부를 수 있는 유일한 사람은 두란두스였다. 그의 경우조차도 그의 견해는 도미니코 회원으로서의 그의 입장에 대해서만 그리고 도미니코회의 박사인 성 토마스의 가르침을 따르는 그의 수도회의 구성원들에 대해 지우는 의무에 대해서만 '혁명적'이라 불릴 수 있다. 이 제한된 의미에서 그는 혁명적이라 불릴 수 있다. 그는 확실히 독자적인 인물이었다. 겐트의 헨리와 메츠의 제임스에 대해 반대하는 글을 썼던 도미니코회 신학자인 하브 네델렉은 두란두스와 장기간의 싸움을 벌였던 반면에, 둘 다 도미니코 회원인 나폴리의 요한(John of Naples)과 페투르스 마르쉬(Peter Marsh, 페트루스 드 팔루드, Petrus de Palude)는 두란두스가 아퀴나스의 가르침에 반대했던 점에 대한 긴 목록을 작성하였다.[47] 또 한 명의 도미니코 회원인 롬바르디의 베르나르디노(Bernard of Lombardy)도 두란두스를 공격하였다. 그러나 그의 공격은 하브 네델렉의 그것처럼 지속되지 못했다. 그는 두란두스를 칭찬하였으며, 부분적으로 그의 영향을 받았다. 날카로운 논쟁(두란두스에 반박하는 두란두스의 증거, *Evidentiae Durandelli contra Durandum*)은 한때 오리야크의 두란두스(Durandus of Aurillac)와 동일시되었으나, 코흐(J. Koch)에 따르면 또 다른 도미니코 회원인 성 빅토르의 니콜라우스(Nicholas of St. Victor)였던 두란두스의 글에서 시작되었다.[48] 그러나 우리가 이미 보았듯이 두란두스는 13세기 전통 그 자체를 적대시하거나 거부하지 않았다. 오히려 그는 논리학보다는 형이상학과 심리학에 더 많은 관심을 가졌다. 그는 겐트의 헨리와 같은 사변 철학자들의 영향을 받았다.

그러나 사람들이 두란두스나 페트루스 아우레올리를 오컴주의의 선구자라고

---

[47] 이 주제에 관해서는 J. Koch의 다음을 보라. 『성 푸르상의 두란두스』(*Durandus de S. Porciano O.P.*) in 『중세사를 위한 기고』(*Beiträge zur Gesch. des Mittelalters*), 26, 1, pp. 199 이하, Münster i. W., 1927.

[48] 같은 책, pp. 340-369.

부를 수 없음에도 불구하고, 선구자라는 말이 의미하는 바는 형이상학적 사변 그 자체에 대한 비판적 태도와 결부된, 형이상학에서 논리학에로의 강조점의 이동이 그들 각각의 철학이라는 것이다. 그러나 넓은 의미에서 그들이 유명론을 위한 길을 준비하는 데 도움이 되었다는 것, 그리고 가끔 그렇게 불려왔던 것처럼 과도기의 사상가라고 부를 수 있다는 것은 아마도 사실일 것이다. 이미 언급되었던 것처럼 두란두스가 『명제집』에 관한 오컴의 주해로부터 취해진 다수의 명제들을 비난했던 위원회의 한 구성원이었다는 것은 전적으로 사실이다. 그러나 이러한 사실이 오컴의 가르침에 대한 그의 개인적 반대를 분명하게 보여주고 있음에도 불구하고, 이러한 사실이 오컴주의의 확장이 유리하게 전개되는 데 그 자신의 철학이 아무런 영향을 미치지 않았다는 것을 증명하는 것은 아니다. 페트루스 아우레올리와 하클레이의 헨리는 모두 개별적 사물만이 존재한다고 주장한다. 성 토마스 아퀴나스도 정확하게 동일한 것을 했다는 것은 사실이다. 그러나 페트루스 아우레올리는 이로부터 동일한 종 안의 다수의 개별물 문제는 전혀 문제가 아니라는 결론을 도출하였다. 그러한 문제가 존재하는지 어떤지의 문제는 완전히 별개로 하더라도, 어떤 문제가 있다는 것을 단호하게 거부하는 것은, 나의 생각으로는, 유명론을 향한 진전된 발걸음을 떼는 일을 촉진했지만, 페트루스 아우레올리는 이런 일을 하지 않았다. 오컴은 자신의 보편이론을 단지 개별물만이 존재한다는 진리의 논리적 결론으로서만 간주했다. 다시 한 번 이야기하면, 보편성은 단지 개념에만 속한다는 두란두스의 주장과 보편개념은 마음의 구성이며, 보편성은 단지 개념 안에서만 객관적 존재를 가질 뿐이라는 페트루스 아우레올리와 하클레이의 헨리의 주장이 온건한 실념론(moderate realism)의 거부를 뜻하는 것이 아니라는 점은 사실이라고 말할 수 있다 하더라도, 개별물에 대한 혼란된 또는 덜 명석한 인상에 관해 언급함으로써 보편개념의 기원을 설명하려는, 페트루스 아우레올리와 하클레이의 헨리가 보여준 성향은 토마스 아퀴나스에 의해 주장된 보편이론과의 결별을 촉진한다. 더욱이, 우리는 '오컴의 면도날'로서 알려진 것을 휘두르는 성향을 이들 사상가에서 볼 수 없는지? 두란두스는 토마스주의의 인식적 종(種)(즉 심리적인 의미에서의 '종')을 희생시켰던 반면에, 페트루스 아우레올리는 자신이 불필요한 존재자로 간주했던 것을 제거하기 위하여 필연성 없이 다수가 설정되어서는 안 된다(*pluralitas non estponenda sine necessitate*)는 원리를 종종 사용했다. 오컴주의는 어떤 의미에서 단순화라는 이러한 일반적 운동에 속한다. 게다가 더 나아가서 이 운동은 우리가 메츠의 제임스, 두란두스, 페트루스 아우레올리에서 관찰할 수 있는 비판의 정신을 더 멀리까지 수행하였다. 그리하여 나의 생각으로는 역사적 조사를 통해서 두란두스, 페트루스 아우레올리, 하클레이의 헨리와 같은 사상가들이 '유명론자'라고 불릴 수 없다는 것을 알게 되었지만, 다른 한편 그들의 사상에는 사람들로 하여금 오컴주의의 뻗어나감을 촉진했던 일반적 사상운동을 어느 정도는 그들과 연결시키도록 만드는 측면들이 있다. 사실상 사람들이 자신을 참된 아리스토텔레스주의자라고 했던 오컴의 평가를 받아들였다면, 그리고 사람들이 오컴주의를 비(非)아리스토텔레스주의적 실념론의 모든 흔적을 최종적으로 전복했다고 보았다면, 우리가 고려해왔었던 저 철학자들을 오컴주의에서 정점에 달했던 반(反)실념론 운동을 한 걸음 더 나아가게 만든 철학자들로 간주하는 일은 합리적이라 할 수 있다. 그러나 이 사상가들은 여전히 다소간의 온건한 실념론자였고, 오컴주의자들이 볼 때는 이들 사상가는 반실념론의 길을 따라 충분히 멀리까지 나아가지 못했다고 하는 점을 염두에 두는 것이 좋겠다. 분명 오컴은 이들 사상가들을 오컴주의자들의 시대 이전의 '오컴주의자들'로 보지 않았다.

제3장

오컴(1)

━━━━━ **1. 생애**

윌리엄 오컴(William of Ockham)은 아마도 서레이(Surrey)의 오컴에서 태어났겠지만, 그가 단지 윌리엄 오컴이었고, 그의 이름은 그 마을과는 아무 관계가 없었다고 하는 것도 가능하다. 그의 탄생 시기는 불확실하다. 통상 1290년과 1300년 사이에 위치했다고 하더라도, 다소 그 시기가 빨라지는 것도 가능하다.[1] 그는 프란치스코회에 입회했으며, 옥스퍼드에서 공부하였다. 이것이 옳다면, 그는 1315년부터 1317년까지 성경을 강의하였고, 1317년부터 1319년까지 『명제집』을 강의하였다. 이어서 1319년부터 1324년까지 여러 해를 연구, 저술, 스콜라 논쟁으로 보냈다. 그래서 오컴은 교도권(教導權, magisterium) 또는 박사학위에 필요한 연구를 마쳤다. 그러나 그는 실제로 현직 교수(혹은 지도교수. magister regens)로서 가르치지는 않았다. 의심의 여지없이 그는 1324년 초에 아비뇽의 교황 앞에 소환 출두했기 때문이다. 그에게 붙여진 강사(inceptor, 초학자(初學者))라는 명칭은 그가 결코 실제로 박사나 교수로서 가르치지는 않았다

---

1 그가 1306년 2월에 차부제(次副祭)로 서품되었던 것처럼 보이기 때문에, 1290년 전에 그가 태어났을 가능성이 가장 높다. 보에너(P. Boehner)에 따르면, 대략 1280년이다.

는 이 사실에 기인한 것이다. 그것은 학파의 창시와는 아무런 관련이 없다.[2]

1323년에 옥스퍼드 전임 총장인 존 루테렐(John Lutterell)은 아비뇽에 도착했는데, 그는 『명제집』에 대한 오컴의 주해의 한 판본에서 취해진 56명제의 목록을 가져와 교황청의 주목을 받았다. 1324년에 아비뇽에 출두한 오컴 자신은 몇 가지 수정한, 주해의 다른 판본을 제시한 것처럼 보인다. 어쨌든 그 문제를 다루도록 지명된 위원회는 루테렐이 불평한 모든 명제를 유죄로 받아들인 것은 아니었다. 51명제의 목록에서 위원회는 다소간 신학적인 점들에 국한해서 루테렐의 명제 중 33개를 받아들였고, 위원회 자신의 다른 명제를 추가하였다. 몇몇 명제는 이단적인 것으로 유죄판결을 받았고, 덜 중요한 다른 것들은 이단적인 것이 아니라 오류가 있는 것으로 유죄판결을 받았지만, 판결은 끝까지 유지되지는 않았다. 아마도 오컴이 그 와중에 아비뇽에서 철수하였기 때문이었을 것이다. 또한 추측이긴 하지만, 위원회의 위원이었던 두란두스의 영향력이 적어도 한두 가지 점에서는 오컴에 대한 호의로 작용했을 것이다.

1327년 12월 초에 프란치스코회 총회장인 체세나의 미카엘(Michael of Cesena)은 교황 요한 22세의 소환에 응해서 아비뇽에 도착했으며, 복음서의 청빈에 관한 교황의 규약을 자신이 공격한 점에 대하여 해명을 하였다. 총회장의 의뢰로 오컴은 청빈논쟁에 관심을 가지게 되었으며, 1328년 5월에 프란치스코회 총회장에 방금 재선임되었던 체세나의 미카엘은 베르가모의 보나그라티아(Bonagratia of Bergamo), 아스콜리의 프란시스(Francis of Ascoli), 윌리엄 오컴과 함께 아비뇽에서 철수하였다. 6월에 교황은 피사(Pisa)의 바바리아 황제 루드비히(Emperor Ludwig of Bavaria at Pisa)와 합류하여

---

2 보에너는 *inceptor*를 엄격한 의미로 해석함에 있어 펠스터(Pelster)를 따르고 있다. 즉 여기서 엄격한 의미란 박사학위에 필요한 모든 것을 수행했으나 실제의 교수로서 자신의 의무를 받지 못했던 사람을 가리킨다. 이런 해석이 수용된다면, 공경하올 강사(*Venerabilis Inceptor*)가 때로는 어떻게 해서 박사로, 심지어는 현직 교수로 불릴 수 있었는지를 설명하기는 쉽지만, 나의 생각으로는 *inceptor*란 단어가 그것이 적용되었던 사람이 실제 박사였거나 혹은 박사일 수도 있었다는 것을 함의하기 위해서는 그렇게 설명되어서는 안 된다. 이 단어는 박사 후보, 즉 '훈련된 학사'(formed bachelor)를 지칭하기 위해서 사용되었다. 오컴이 박사학위를 취득할 자격이 있었음에도 불구하고, 실제로 그것을 취득했던 것처럼 보이지는 않는다. 존경하올 강사라는 경칭의 명칭에 관해서는 첫째 단어는 '유명론'의 창시자로서 그에게 적용되었던 반면에, 둘째 단어는, 우리가 보았던 것처럼, 옥스퍼드에서의 그의 연구가 끝나가는 시점에 그의 위치만을 언급한 것이었다. 덧붙여 말하자면, 어쨌든 그가 일찍이 파리에서 공부를 했거나 거기에서 박사학위를 취득했다는 증거는 없다.

그와 함께 뮌헨(Munich)으로 갔던 네 명의 도망자를 파문하였다. 그리하여 오컴은 황제와 교황 간의 투쟁, 또한 파도바의 마르실리우스(Marsilius of Padua)의 도움을 받았던 황제가 연루된 투쟁에 참여하기 시작하였다. 요한 22세에 반대하는 오컴의 논쟁 중 몇몇과 그의 계승자들, 즉 베네딕토 12세(Benedict XII), 클레멘스 6세(Clement VI)는 신학적 문제에 관심을 기울였던 데 반하여, 전 논쟁의 주요 쟁점은 물론 세속의 권력과 교회의 권력 간의 올바른 관계에 관심을 가졌는데, 우리는 이 점으로 되돌아올 것이다.

1347년 10월 11일, 오컴의 보호자였던 바바리아의 루드비히가 갑자기 죽었고, 오컴은 교회와 화해를 위한 조치를 취하였다. 그렇게 한 동기가 그의 신중성 때문이었다고 생각할 필요는 없다. 복종의 양식이 준비되었으나, 오컴이 실제로 그것에 서명을 했는지 또는 화해가 공식적으로 실행되었는지는 알려진 바 없다. 오컴은 1349년에 뮌헨에서 흑사병으로 죽었다.

──────── **2. 저작**

『명제집』제1권에 대한 주해는 오컴 자신이 쓴 것이며, 이 『오르디나티오』(Ordinatio)[3]의 초판은 1318년과 1323년 사이에 구성되었던 것처럼 보인다. 『명제집』의 다른 세 권에 대한 주해도 초기 시대에 속하지만, 이들 주해는 『보고서』(reportationes)이다. 보에너는 이들이 『오르디나티오』 이전에 구성되었다고 생각한다. 『포르피리오스 주해』(The Expositio in librum Porphyrii), 『범주론 주해』(Expositio in librum Praedicamentorum), 『궤변론 주해』(duos libros Elenchorum)는 오컴이 『명제집』에 대한 그의 주해를 작성하던 중에 구성되었고, 그 시기는 비록 『보고서』는 아니더라도 첫째 『오르디나티오』에 앞섰던 것처럼 보인다. 이들 논리적 저술들의 텍스트, 즉 1496년 볼로냐(Bologna)판으로서 『궤변론』이 빠진 이 텍스트는 『고대 예술의 황금 주해』(Expositio aurea I

───────────
3   'Ordinatio'라는 이 낱말은 중세 강의자가 출판을 예상하고 실제로 썼거나 구술했던 텍스트 또는 텍스트의 일부를 지칭하곤 했다.

super artem veterem)란 명칭이 부여된다.『자연학에 대한 여덟 주해』(*Expositio super octo libros Physicorum*)는『명제집』에 관한 주해 이후에 그리고『논리학 대전』(*Summa totius logicae*) 이전에 구성되었다.『논리학 대전』자체는 1329년 전에 구성되었다.『논리학 적요』(*Compendium logicae*)의 권위에 대해서는 의문시되어왔다.

또한 오컴은『자연학 개요』(*Summulae in libros Physicorum*) 또는『자연철학』(*Philosophia naturalis*)과『자연학 문제』(*Quaestiones in libros Physicorum*)를 저술했다.『계기론』(*Tractatus de successivis*)은 오컴의 신뢰할 만한 저술 즉『자연학 주해』(*Expositio super libros Physicorum*)로부터 다른 사람이 편찬한 편집이다. 즉 보에너는 그 책이 오컴 이론의 전거(典據)로서 사용될 수 있음을 분명히 한다. '거의 모든 행(行)은 오컴이 쓴 것이었고, 이런 의미에서『계기론』(*Tractatus de successivis*)은 믿을 만하다.'[4]『자연학 문제』(*Quaestiones in libros Physicorum*)의 신뢰성은 이와 다르다.『관계, 점, 부정』(*De relatione, de puncto, de negatione*)의 신뢰성도 의심된다.

오컴의 신학적 저작들은『자유토론집』(*Quodlibeta VII*),『제대 성사론』(*Tractatus de Sacramento Altaris*) 또는『그리스도의 몸에 관하여』(*De Corpore Christi*)(이것은 두 개의 상이한 저술을 포함하는 것처럼 보인다),『신의 예지, 예언, 미래의 우연적인 것에 관하여』(*Tractatus de praedestinatione et de praescientia Dei et de futuris contingentibus*)를 포함한다.『백 가지 신학 강론』(*Centiloquium theologicum*) 또는『신학적 결론 대전』(*summa de conclusionibus theologicis*)의 신뢰성은 아직 증명되지 않았다. 반면에 저작이 신뢰성이 없다는 것을 증명하기 위하여 인용된 논증들은 결정적인 것처럼 보이지 않는다.[5]『90일 동안의 일』(*Opus nonaginta dierum*),『교황 요한 22세의 오류 개요』(*Compendium errorum Ioannis papae XXII*),『교황의 권력에 관한 여덟 질문』(*Octo quaestiones de potestate papae*),『왕이 교황의 의지에 반(反)하여 전쟁의 목적을 위해서 교회의 재산을 사용할 수 있는지 여부』(*An princeps pro suo succursu, scilicet guerrae, Possit recipere bona ecclesiarum, etiam invito papa*),『결혼의 목적에 관한 문제』(*Consultatio de causa matrimoniali*),『황제와 교황의 권력에 관하여 선생과 학생 간의 대화

---

4   Boehner(edit.),『계기론』(*Tractatus de successivis*), p. 29.
5   다음을 참조. E. Iserloh,『백 가지 강론의 신빙성』(*Um die Echtheit des Centiloquium*), *Gregorianum*, 30 (1949), 78-103.

록』(*Dialogus inter magistrum et discipulum de imperatorum et pontificum potestate*)은 다른 저작들 가운데서 오컴의 뮌헨 시절에 속한 것이다. 마지막에 지명된 저서는 오컴의 주요한 정치적 간행물이다. 그 저서는 각각 다른 시기에 구성된 세 부분으로 되어 있다. 그러나 그것은 조심스럽게 사용되어야 한다. 왜냐하면 그 저서 안에는 오컴 자신이 책임질 수 없는 많은 의견들이 논의되고 있기 때문이다.

──────── **3. 사유의 통일**

오컴은 자신보다 앞선 위대한 스콜라철학자들의 저서에 대한 방대한 지식을 소유하고 있었으며, 아리스토텔레스에 대해 상당히 많은 것을 알고 있었다. 그러나 이들 다른 철학자들에게서 오컴에 대한 예견을 확인할 수 있겠지만, 그의 독창성은 의심의 여지가 없는 것처럼 보인다. 스코투스의 철학이 오컴의 문제 중 어떤 것의 근원이기도 하고, 스코투스의 견해와 경향 중 어떤 것은 오컴에 의해 전개되었지만, 오컴은 계속해서 스코투스의 체계, 특히 그의 실념론을 공격하였다. 그래서 오컴주의는 스코투스주의의 전개라기보다는 강한 반작용이었다. 의심의 여지없이 오컴은 두란두스의 어떤 이론들(예를 들어 관계에 관한 이론들)과 페트루스 아우레올리의 영향을 받았다. 그러나 그러한 영향의 범위는 대단한 것이 못되어 오컴의 근본적인 독창성에 큰 손상을 미치지 못한다. 명사론 또는 유명론 운동의 원천으로서의 그의 명성에 도전할 적절한 이유는 없다. 나의 생각으로는 오컴을 단순한 아리스토텔레스주의자로서(혹은 그 말이 더 선호된다면, 단순한 개연적인 아리스토텔레스주의자로서) 묘사할 하등의 설득력 있는 이유가 없다. 확실히 그는 아리스토텔레스 논리학과 인식론의 도움을 받아 스코투스 실념론을 무너뜨리고자 했으며, 더 나아가서 모든 실념론을 참된 아리스토텔레스주의의 왜곡으로 간주했다. 그러나 그 또한 신의 자유와 전능에 대한 어떤 것도 허용하지 않는 아리스토텔레스의 이론을 수정하려고 노력했다. 파괴적 비판가로서의 그의 명성이 사람들로 하여금 그를 독창적인 사상가로 생각하게 하겠지만, 새로운 것을 창안할 목적으로 새로운 것을 창안했던 사람이라는 의미에서는 '독창적인'

사상가는 아니었다. 그러나 그는 자신의 문제를 독자적으로 생각하였으며, 자신의 해결을 철저하게 그리고 체계적으로 전개해 나갔다는 의미에서 독창적인 사상가였다.

오컴의 학문적 경력이 다소 결합되지 않은 두 부분으로 갈라진 것으로 간주되어야 하는지 어떤지의 문제, 그리고 갈라진 것으로 간주되어야 한다면, 이것이 그의 성격과 관심에서의 분열을 나타내는 것인지 어떤지의 문제가 제기되어왔고 논의되어왔다. 왜냐하면 옥스퍼드에서의 오컴의 순수하게 논리적이며 철학적인 활동과 뮌헨에서의 그의 논쟁적 활동 간의 연관성은 거의 없는 것처럼 보일 수도 있기 때문이다. 냉철한, 논리적이며 학문적인 철학자인 오컴과 정열적인, 정치적이며 교회문제에 관한 논쟁자 사이에는 근본적인 불일치가 존재하는 것처럼 보일 수도 있다. 그러나 그렇게 가정하는 것은 불필요하다. 오컴은 비판에 탁월한 능력을 보여주었던 독자적이고, 대담하며, 원기 왕성한 사상가였다. 그는 용기 있게, 체계적으로, 논리적으로 적용시킬 마음의 준비가 되어 있었던 어떤 분명한 확신과 원리를 간직하고 있었다. 그의 철학적 저작들과 논쟁적 저작들 간의 논조에서의 차이는 사람의 성격에서의 일치하지 않는 모순에 기인한 것이라기보다는, 자신의 원리의 적용 분야에서의 차이에 기인한 것이다. 의심의 여지없이 그의 개인적 역사와 환경은 그의 논쟁적 저술들에서 정서적 영향을 끼쳤다. 그러나 이들 저술에 정서적인 면이 표출되었다고 해서 이들 저술이 『명제집』의 주해를 작성했던, 바로 그 동일한, 원기 왕성하고, 비판적이며, 논리적인 정신의 작품이라는 사실이 감추어질 수는 없다. 그의 경력은 두 단계로 나뉘고, 둘째 단계에서 오컴의 새로운 측면이 드러나는데, 이러한 측면은 첫째 단계에서는 동일한 방식으로 나타날 기회가 결코 없었다. 그러나 논리학자인 오컴과 정치가인 오컴이 거의 다른 인물이었다고 암시하는 것은 나에게는 과장인 것처럼 보인다. 오히려, 동일한 인물과 동일한 독창적인 정신이 오컴의 삶의 상이한 환경과 그가 직면했던 상이한 문제에 따라서 다른 방식으로 자신을 드러냈다. 사람들은 뮌헨으로의 추방, 갑자기 끝난 옥스퍼드의 경력, 자신의 책임으로 인한 파문의 선고 때문에, 그가 옥스퍼드에서 보편의 문제를 다루었던 것과 완전히 다른 방식으로 교회와 국가의 문제를 다루었으리라 생각할 것이다. 그러나 다른 한편, 사람들은 추방된 철학자가 논리학과 원리들의 시야를 잃어버리고 단지 논쟁적인 저널리스트가 되리라고 생각하지는 않을 것이다. 만약 사람들이 오컴의 성격과 기질을 충분히 알았다면, 두 단계에서의 그의 활동 간의 명백한 불일치는 나의 생각으로는 완전히 자연스러운 것처럼 보일 것이다. 문제는 우리가 인간 오컴에 대해 실제로 거의 알고 있지 못하다는 사실이다. 이러한 사실 때문에 사람들은 그가 일종의 분열되거나 이중적인 인물이었다는 단언적 주장을 하지 못한다. 그러나 분열된 인물이 아니었다는 가정에서 그의 학문적 경력에의 상이한 측면을 설명하려는 시도가 보다 분별 있는 것처럼 보인다. 이런 일이 행해질 수 있다면, 우리는 오컴 자신의 면도날을 반대의 가설에 적용할 수 있다.

우리가 보게 되겠지만, 오컴의 사상 안에는 여러 가지 요소나 가닥이 존재한다. '경험주의적' 요소, 이성주의적이고 논리적인 요소, 신학적 요소가 존재한다. 그의 사상의 모든 요소를 종합하는 것은 나로서는 그렇게 쉬운 것처럼 보이지 않는다. 그러나 아마도 철학자로서 오컴이 주로 전념했던 것 중 하나는 그리스도교 신학과 철학으로부터 그리스의 필연론, 특히 본질 이론의 모든 흔적을 제거하는 것이었으리라고 바로 언급하는 것도 좋은 일일 듯하다. 그의 견해로는 이러한 이론은 신의 자유와 전능이라는 그리스도교 교설을 위태롭게 하는 것이었다. 따라서 논리학자로서의 그의 활동과 보편에 관하여 실념론의 모든 형식에 대한 그의 공격은 어떤 의미에서는 그리스도교 신학자로서의 관심사에 종속하는 것으로 간주될 수 있다. 이것이 염두에 두어야 할 핵심이다. 오컴은 프란치스코 수도회의 수사이자 신학자였다. 그를 마치 근대의 철저한 경험주의자였던 것처럼 해석되어서는 안 된다.

제4장

오컴(2)

———— 1. 오컴과 본질의 형이상학

앞장 말미에서 나는 오컴이 신학자로서 신의 전능과 자유라는 그리스도교 교의에 대해 전념했다는 사실을 언급했었다. 그의 생각으로는 이들 교의는 그리스의 수원지에서 그리스도 신학과 철학에 도입되었던 본질의 형이상학을 제거하지 않고서는 지켜질 수 없었다. 성 아우구스티누스의 철학과 13세기 주요 사상가들의 철학에서 신의 이데아들에 대한 이론은 중요한 역할을 담당했다. 플라톤은 영원한 형상들 또는 '이데아들'을 상정했는데, 플라톤은 대체로 이들을 아마 신과 구별되는 것으로 간주했지만, 이들은 원형(原型) 또는 범형(範型)의 역할을 했으며, 이런 원형 또는 범형에 따라서 신은 세계를 지성적인 구조로 만들어내었다. 플라톤적 전통의 후기 그리스 철학자들은 이들 원형적 형상을 신의 마음 안에 있는 것으로 만들었다. 그리스도교 철학자들은 더 나아가 이 이론을 활용하고 각색하여 신이 세계를 자유롭게 창조했다는 설명을 제시하였다. 신의 자유롭고 지적인 행위로서 고려된 창조는 말하자면 지성의 창조적 범형이나 원형이 신 안에 있다는 가정에 근거한다. 당연히 이 이론은 계속해서 다듬어졌다. 성 토마스는 신 안의 이데아들이 실제로 신의 본질과 구별되지 않는다는 점을 보여주려고 애썼다. 우리는 이 양자가 구별된다는 것을 함축하는 언어를 사용하지 않을 수 없다. 그러나 이데아는 존재론적으로 신의 본질과 동일하다. 왜냐하면 이데아들은 신이 상이한 방식으로 외적으로 (즉 피조물에 의해서) 모방될 수 있는 것으로 인식한 신의 본질일 뿐이기 때문이다. 이러한 이론은 13세기를 포함한 중세 시대의 공통된 이론이었다. 창조를 설명하고, 창조를 순수하게 자동적으로 일어나는 생산과 구별할 필요가 있이 이 이론이 고려되었다. 플라톤은 단지 보편적, 실재적인 형상들을 가정했을 뿐이었다. 그러나 그리스도교 사상가들이 개별자에 이르기까지 확장되는 신의 섭리에 대한 자신들의 믿음과 함께 신 안에 개별자들의 이데아를 인정했음에도 불구하고, 보편적 이데아라는 근본적으로 플라톤적 개념을 유지했다. 신은 예컨대 인간본성에 대한 신의 보편적 이데아에 따라서 인간을 창조한다. 이런 사실에서부터 자연적 도덕법칙은 신의 의지에 의해서 변덕스럽게 결정되는 순전히 자의적인 무언가가 아니라는 귀결이 뒤따른다. 인간본성에 대한 이데아가 주어진다면, 자연적 도덕법칙의 이데아가 뒤따라 나온다.

　　신 안에 보편적 이데아가 있다는 이론에 상응해서 우리 자신의 보편적 관념을 설명하는 데 있어 어떤 형식의 실념론이 수용된다. 사실상 전자는 후자 없이는 결코 주장되지 않았을 것이다. 왜냐하면 '인간'과 같은 부류(部類) 단어가 객관적인 지시체를 가지지 않았다면, 그리고 인간의 본성과 같은 그런 것이 없었다면, 인간이라는 보편적 이데아 즉 인간본성의 이데아를 신에 기인하는 것으로 볼 이유가 없을 것이기 때문이다. 이 전집의 제2권에서 아퀴나스 시대에 이르기까지 중세의 보편논쟁의 과정에 대한 설명이 제시되었다. 초기 중세의 극단적 실념론(ultra-realism)이라는 형식이 어떻게 아벨라르두스(Abelard)에 의해서 최종적으로 논박되었던가는 이미 살펴보았다. 단지 개별자만이 존재한다는 것은 승인된 믿음이 되었다. 동시에 아퀴나스와 같이 온건한 실념론자들(moderate realists)은 종(種)의 실재성과 본성의 객관성을 믿었다. 예를 들어 X와 Y가 두 사람이라면, 그들은 동일한 개별적 본성을 소유하고 있지 않다. 그럼에도 각자는 자기 자신의 인간본성 또는 본질을 소유하고 있고, 두 본성은 유사하며, 말하자면 각자의 본성은 인간본성에 대한 신의 이데아의 유한한 모방이다. 둔스 스코투스는 X의 인간본성과 X의 X임(X-ness) 간의 형식적인 객관적 구별과 Y의 인간본성과 Y의 Y임 간의 형식적인 객관적 구별을 발견함으로써 실념론적 방향으로 더 나아갔다. 그러나 그가 '공통본성'에 관해 언급했음에도 불구하고, *X*의 실재적 본성이 *Y*의 실재적 본성과 개별적으로 같은 것임을 그가 의미한 것은 아니었다.

윌리엄 오컴은 본질의 형이상학의 첫째 부분을 공격하였다. 사실상 그는 의심의 여지없이 대체로 성 아우구스티누스와 전통에 대한 존경심에서 신의 이데아에 관한 이론에서 사용된 언어의 일부를 기꺼이 유지하였다. 그러나 그는 본질의 형이상학의 취지에 관한 이론을 없애버렸다. 그는 그 이론이 신의 자유와 전능의 제한을 함축하고 있다고 생각하였다. 이렇게 되면 신은 마치 그의 창조 활동에서 영원한 이데아 혹은 본질에 의해서 말하자면 지배를 받고 제한을 받게 될 것이다. 더욱이 우리가 뒤에 보게 되겠지만 그는 도덕이론을 신의 이데아에 관한 이론과 결합시키는 전통이 신의 자유에 대한 모욕이라고 생각하였다. 오컴에 따르면 도덕법칙은 궁극적으로 신의 의지와 선택에 의존한다. 다른 말로 하면 오컴에 있어서 한편으로는 자유롭고 전능한 신이 존재하고, 다른 한편으로 아주 우연적이고 의존적인 피조물이 존재한다. 참으로 중세의 모든 정통 그리스도교 사상가들은 같은 것을 주장하였다. 그러나 핵심은, 오컴에 따르면 본질의 형이상학이 그리스도교 신학과 철학에서 어떤 장소도 차지하지 않는 비(非)그리스도교적 발명품이었다는 것이다. 본질의 형이상학의 다른 부분에 관해서 말하자면, 오컴은 '실념론'의 모든 형식, 특히 스코투스의 실념론을 공격하였으며, 그는 자신의 공격에서 명사론 논리학(terminist logic)을 활용하였다. 그러나 우리가 보게 될 것이지만, 그의 우주관은 때때로 가정되는 것처럼 상당할 정도로 혁명적인 것은 아니었다.

신 안에 이데아가 있다는 것을 이야기하는 것이 어떤 의미에서 올바른 것인지에 대한 오컴의 답변은 뒤에 언급될 것이다. 현재로서 나는 그의 논리이론과 보편문제에 대한 그의 논의의 윤곽을 그릴 것을 제안한다. 그러나 오컴은 단순성과 명석성을 사랑한 천부적이고 날카로운 논리학자였다는 점이 기억되어야 한다. 신학문제에 관해 그가 전념하였다는 점을 내가 언급했지만, 이 나의 언급은 그의 논리적 탐구가 단지 '변증적'(호교적, apologetic)일 뿐이라는 것을 의미하는 것으로 간주되어서는 안 된다. 나는 오컴의 논리학이 흥미롭고 외재적인 동기에 의해 제공된 정보에 근거했기 때문에 무시될 수 있다고 말하고 싶지는 않다. 오히려 오컴에게 주어졌던 그림 중 일부를 고려할 때 또한 염두에 두어야 할 것은 그가 신학자였고 신학적 문제에 열중했다는 사실이다. 이러한 사실을 기억하면 우리는 그렇지 않았을 경우보다도 그의 지적 작용에 대한 훨씬 통일된 견해를 만들어낼 수 있다.

──────── 2. 페트루스 히스파누스와 명사론 논리학

나는 오컴이 '명사론 논리학을 활용했다'고 언급한 적이 있었다. 이것은 편향적 진술이 아니라, 오컴이 명사론 논리학의 독창적인 창안자가 아니었다는 점을 지적한다는 의미였다. 그리고 나는 오컴 자신의 논리이론의 개요를 보여주기 전에, 그 논리의 발전에 관해 짤막하게 언급하고자 한다.

13세기에 아리스토텔레스 논리학에 관한 다양한 주해서, 다양한 논리학 편람과 논문들이 자연스럽게 나타났다. 영국의 저작자 가운데서 시레스우드의 윌리엄 (William of Shyreswood, 1249년에 사망)을 언급할 수 있겠다. 그는 『논리학 입문』(Introditctiones ad logicam)의 저작자였다. 그리고 프랑스 저작자 가운데는 오세르의 람베르트 (Lambert of Auxerre)와 파리의 니콜라우스(Nicholas of Paris)를 언급할 수 있다. 그러나 논리학에 관한 가장 대중적이고 영향력 있는 저작은 리스본 출생의 페트루스 히스파누스(Peter of Spain)의 『논리학 개요』(Summulae logicales)였다. 그는 파리에서 가르쳤으며, 뒤에 교황 요한 21세(John XXI)가 되었다. 그는 1277년에 죽었다. 이 저서의 시작 부분에서 우리는 '변증법(dialectic)은 기술 중의 기술이고 학문 중의 학문'이라는 구절을 읽게 된다. 변증법은 모든 방법의 원리들에 대한 지식의 길을 연다. 오세르의 람베르트는 변증법의 기본적인 중요성에 대해 유사한 진술을 했다. 페트루스 히스파누스는 계속해서 변증법은 언어를 수단으로 해서만 수행되고, 언어는 단어의 사용을 포함한다고 말한다. 그렇다면 우리는 단어를 첫째, 물리적 실재로서, 둘째, 유의미한 명사 (terms)로서 고려하는 일에서부터 시작하여야 한다. 언어에 대한 이러한 강조는 인문학부의 논리학자와 문법학자의 독특한 측면을 보여주는 것이다.

페트루스 히스파누스가 변증법의 중요성을 강조했을 때, 그가 '변증법'으로써 의미했던 것은 개연적 추리 기술이다. 13세기의 다른 논리학자들이, 한편으로는 입증과학(demonstrative science)과 다른 한편으로는 궤변식 추리와 구별되는, 개연적 추리에 집중하는 경향을 공유했다는 사실을 고려해 볼 때, 그들의 저술들에서 개연적 논증을 강조하는 14세기 모습의 원천을 보고 싶은 유혹에 빠지게 된다. 연관이 있었을 수도 있다는 사실은 의심할 필요가 없다. 그러나 우리는 형이상학적 논증이 확실성을 줄 수 있다는 생각을 페트루스 히스파누스와 같은 사상가가 버리지 않았다는 점을 기억하지 않으면 안 된다. 다른 말로 하면 오컴은 의심할 필요도 없이 앞선 논리학자들이 개연적 결론으로 이어지는 변증법적 추리 또는 삼단논법적 추리에 대해 강조한 점에 의해 영향을 받았다. 그렇다고 해서 이러한 사실에서부터, 논리학과 구별되는 철학의 논증을 입증 논증(demonstrative arguments)이라기보다는 개연(probable) 논증으로 간주하려는 오컴 자신의 경향이 그의 선배들에게서 온 것이라는 결론이 도출되는 것은 아니다.

페트루스 히스파누스의 『논리학 개요』의 다수 논문들은 아리스토텔레스의 논리학을 다루고 있다. 그러나 다른 논문들은 '근대의 논리학' 또는 명사(terms)의 논리학을 다루고 있다. 그리하여 『지칭에 관하여』(De suppositionibus)에서 그는 명사의 의미(significatio)와 명사의 지칭(suppositio)을 구별하였다. 의미로서의 명사 기능은 기호(sign)와 의미를 가진 사물(thing signified)의 관계에서 성립한다. 그리하여 영국어에서 '인간'(man)이라는 명사는 기호인 반면에, 프랑스어에서 '인간'(homme)라는 명사는 동일한 기호-기능을 가진다. 그러나 '그 사람(the man)은 달리고 있다'는 문장에서 '사람'이라는 명사는 이미 자신의 의미를 가지고 있으며, 특정한 사람을 지칭하는(supponere pro) 기능을 획득하는 반면에, '인간은 죽는다'는 문장에서 인간은 모든 인간을 지칭한다. 따라서 페트루스 히스파누스에 따르면 지칭이 의미를 전제하기 때문에 이 양자는 구별되어야 한다.

그런데 이러한 명사론 논리학은 그 논리학의 기호 및 '지칭'(standing-for) 이론과 함께 의심의 여지없이 윌리엄 오컴에게 영향을 미쳤다. 오컴은 사람들이 그의 기술적 장치라고 부를 수도 있는 것 중 많은 부분을 그의 선배들에게서 가져왔다. 그러나 물론 그렇다고 해서 오컴이 명사론 논리학을 그렇게 상당할 정도까지 발전시키지는 못했다는 귀결이 뒤따르는 것은 아니다. 또한 오컴의 철학적 견해와 오컴의 명사론 논리학의 활용이 페트루스 히스파누스와 같은 사상가로부터 차용되었다는 귀결이 뒤따르는 것도 아니다. 거꾸로, 페트루스 히스파누스는 철학에서 보수적인 사람이었고, 오컴의 '유명론'을 예견하게 하는 성향을 보여주는 것과는 거리가 먼 사람이었다. 13세기에서 명사론 논리학의 선배들을 발견하는 일은 오컴의 전 철학을 13세기로 후퇴시키려는 시도와 같은 것이 아니다. 그러한 시도는 무익할 것이다.

그러나 지칭이론(The theory of supposition)은 14세기 논리학의 특징들 중 하나일 뿐이었다. 내가 여기서 그것을 특별히 언급한 것은 오컴이 보편에 관한 자신의 논의에서 그것을 사용했기 때문이다. 그러나 중세 논리학의 모든 역사에서 명제(propositions) 간의 귀결이론 또는 명제들 간의 추론작용이론이 두드러지게 나타날 것이다. 오컴은 『논리학 전서』(*Summa Logicae*)[1]에서 개념, 명제, 삼단논법을 차례로 다룬 후에 이 주제를 다룬다. 그러나 월터 불레이(Walter Burleigh)의 『논리기술의 순수성』(*De puritate artis logicae*)[2]에서 귀결이론이 두드러지게 드러난다. 삼단논법에 대한 그 저자의 언급은 귀결이론에 대한 일종의 부록을 이루고 있다. 또다시 색소니의 알버트(Albert of Saxony)는 『유용한 논리학』(*Perutilis Logica*)에서, 비록 오컴을 따라서 그가 개념을 고려하는 것과 함께 그의 논문을 시작하고 있기는 하지만, 삼단논법을 일반귀결이론의 일부로 다룬다. 14세기에서 귀결이론의 이러한 발전이 가지는 중요성은 이 이론이 성격상 형식주의적인 것으로서의 논리학 개념의 성장을 지탱하고 있다는 증거이다. 왜냐하면 후기 중세 논리학의 이러한 특징은 오랫동안 중세 논리학과 근대 논리학 사이에 경시되었던 혹은 심지어는 있을 성싶지 않았던 유사성을 드러내기 때문이다. 중세 논리학의 역사에 대한 연구는 이 주제에 대한 적절한 설명이 가능해지는 지점까지는 사실상 아직 도달하지 못했다. 그러나 숙고와 탐구에 대한 보다 자세한 윤곽은 사제 보에너의 작은 저서인 『중세 논리학』(*Mediaeval Logic*)에서 나타난다. 이 저서는 인용문헌에서 언급된다. 그리고 더 자세한 정보를 바라는 독자는 이 저서를 참고했으면

---

1   Edited by P. Boehner, O. F. M. The Franciscan Institute, St. Bonaventure, N.Y. and E. Nauwelaerts, Louvain. *Pars prima*, 1951.

2   같은 곳.

한다.

3. 오컴의 논리학과 보편이론

　　이제 나는 모든 실념론적 보편이론에 대한 오컴의 공격에 특히 주목하면서 오컴의 논리학을 다룬다. 앞 절에서 언급되었던 것만으로 여러 논리적 단어들과 개념들을 오컴에 귀속시키는 것이 그가 그것들을 고안해내었다는 것을 반드시 함축하는 것으로 간주되어서는 안 된다는 점을 보여주기에 충분할 것이다.

(i)　　전통적으로 서로 구별되는 여러 종류의 명사들(terms)이 있다. 예를 들어 어떤 명사들은 바로 실재를 지시하고(refer), 그것들이 단독으로 사용될 때조차 의미를 지닌다. 이들 명사(예컨대 '버터')는 독립적(categorematic) 명사라 부른다. 그러나 '결코 아닌', '모든'과 같은 다른 명사들은 '어떤 인간도 결코 아닌', '모든 집'과 같은 구(句)에서처럼 독립적 명사들과 관계할 때만 일정한 지시를 획득하게 된다. 이런 명사들은 부수적(syncategorematic) 명사라 부른다. 또다시, 어떤 개념은 어떤 다른 사물도 지시하지 않고 하나의 사물을 의미하기(signify) 때문에 절대적이다. 반면에 다른 개념은 함축적인(connotative) 개념이라 부른다. 왜냐하면 '아들' 또는 '아버지'처럼 이런 개념은 상호관계 속에서만 고려되는 대상을 지시하기 때문이다.

(ii)　　만약 우리가 '인간'이란 단어를 고려하면, 우리는 그것이 규약적 기호(conventional sign)임을 인정할 것이다. 그것은 무언가를 지시하거나 어떤 의미를 가지지만, 이 특정한 단어가 그 특정한 의미를 가지거나 그 특정한 기호-기능을 수행하는 것은 규약의 문제이다. 이 점이 사실이라는 것은, 만약 우리가 다른 언어들에서 'homme' 와 'homo'가 동일한 의미로 사용된다는 것을 염두에 둔다면, 쉽게 파악된다. 그런데 문법학자들은 당연히 단어들 그 자체에 관해 추리할 수 있다. 그러나 우리 추리의 실제적 재료는 규약적 기호가 아니라 자연적(natural sign) 기호이다. 자연적 기호는 개념

(concept)이다. 우리가 영국인이고 'man'이라는 단어를 사용하든지 아니면 프랑스인이고 'homme'라는 단어를 사용하든지 간에, 그 명사의 개념이나 논리적 의미는 동일하다. 단어들은 다르다. 그러나 그 단어들의 의미는 같다. 그러므로 오컴은 소리 말(*terminus prolatus*)과 적힌 말(*terminus scriptus*), 이 두 가지 말을 개념(*terminus conceptus* 또는 *intentio animae*)과, 즉 그것의 뜻 또는 논리적 의미에 따라서 고려된 명사와 구별했다.

오컴은 개념(*terminus conceptus*)을 '자연적 기호'(natural sign)라 불렀다. 왜냐하면 오컴은 어떤 사물의 직접적인 파악이 인간의 마음에 그 사물에 대한 개념을 자연스럽게 야기한다고 생각했기 때문이다. 짐승과 인간은 둘 다 어떤 자극에 대해 자연적 반응으로 어떤 소리를 발화한다(utter). 이 소리들은 자연적 기호이다. 그러나 '짐승과 사람은 그들 자신 안에 나타나는 어떤 느낌이나 어떤 재난을 의미하기(signify) 위해서만 이런 종류의 소리를 발화'하는 반면에, 지성은 '자연스럽게 그것이 어떤 종류의 것이든 그것을 의미하기 위하여 성질들을 야기할 수 있다'.[3] 젖소를 지각하는 것은 영국인의 마음에서나 프랑스인의 마음에서나 동일한 관념 또는 '자연적인 기호'(*terminus conceptus*)의 형성으로 귀결한다. 그러나 영국인은 이 개념을 단어나 쓰기에서 하나의 규약적인 기호, 즉 'cow'에 의해 표현할 것이고, 반면에 프랑스 사람은 그 개념을 다른 규약적인 기호인 'vache'에 의해 표현할 것이다. 기호를 이런 식으로 다루는 것은 페트루스 히스파누스에 의해서 제시된 것보다 진전된 것이었다. 페트루스 히스파누스는 상이한 언어들에서 상응하는 단어들에 붙여질 수 있는 논리적 의미가 동일하다는 점을 충분하고 분명하게 인지하지 못한 것처럼 보인다.

단박에 예상할 수 있는 일이지만, 사람들은 오컴이 '유명론자'로 불릴 때, 그가 보편성을 정확하게 소리 말 또는 적힌 말(*termini prolati* or *scripti*)로서 고려된 단어들에 귀속시키고 있다는 것, 즉 규약적 기호로서 고려되는 말에 귀속시키고 있다는 것을 의미하지 않고 또는 의미해서도 안 된다는 점을 지적할 수 있겠다. 그가 생각하고 있는 것은 자연적 기호(*terminus conceptus*)였다.

---

3   오컴, 『명제집 1』(*I Sent.*), 2, 8. Q.

(iii)　명사(term)는 명제(propositions)의 구성요소이다. 명사와 명제의 관계는 비복합체(*incomplexum*)와 복합체(*complexum*)의 관계와 같다. 명사는 명제에서만 '지칭'(*suppositio*)의 기능을 획득한다. 예를 들면 '그 인간은 달리고 있다'는 진술에서 '인간'이라는 개념은 특정한 개인을 지시한다. 이것은 개인의 지칭(*suppositio personalis*)의 예이다. 그러나 '인간은 종(種)이다'라는 진술에서 '인간'이란 명사는 모든 인간을 지칭한다. 이것은 단순 지칭(*suppositio simplex*)이다. 마지막으로 '인간은 명사(名詞)이다'라는 진술에서 우리는 단어 그 자체를 언급하고 있다. 이것은 질료 지칭(*suppositio materialis*)이다. 그것만 놓고 본다면 '인간'이란 명사는 이들 기능 중 어떤 것이라도 행사할 수 있다. 그러나 명제 안에서만 그 명사는 문제시되는 기능들 중 일정한 유형을 실제로 획득하게 된다. 그렇다면 지칭(*suppositio*)은 '명사에 속하는 속성이지만, 명제 안에서만 그렇다'.[4]

(iv)　'인간은 죽는다'는 진술에서 우리가 이미 살펴보았듯이 하나의 기호인 '인간'이란 명사는 사물들, 즉 사람들을 지칭하는데, 사물들 또는 사람들은 그 자체 기호가 아니다. 그러므로 인간은 '일차지향'(*primae intentionis*)의 명사이다. 그러나 '종은 류(類)의 하위 부류'라는 진술에서 '종'이라는 명사는 그 자체 기호가 아닌 사물들을 직접적으로 지칭하는 것은 아니다. 그것은 그 자체 기호인 '인간', '말', '개'처럼 부류 이름을 지칭한다. '종'이란 개념은 그리하여 이차지향(*secundae intentionis*)이다. 다른 말로 하면 이차지향의 명사들은 일차지향의 명사들을 지칭하고, '인간'과 '말'은 종이라고 말해질 때처럼 일차지향 명사들의 술어가 된다.

　'일차지향'의 넓은 의미에서 부수적인 명사들은 일차지향이라 부를 수 있다. 그 자체만을 놓고 본다면, 그런 명사들은 사물을 의미하는 것이 아니다. 그러나 이런 명사들이 다른 명사들과 결합되면, 이 명사들은 다른 명사들을 일정한 방식으로 사물을 지칭하도록 한다. 예를 들면, '모든'이라는 명사는 그 단독으로는 일정한 사물을 지칭할 수 없지만, '모든 인간은 죽는다'는 문장에서 '인간'이란 명사를 한정함으로써 그

4　오컴, 『논리학 대전』(*Summa totius logicae*), I, 63.

명사는 '인간'이란 명사를 한정된 사물들의 묶음을 지칭하게 한다. 그러나 '일차지향'의 엄격한 의미에서 일차지향의 명사는 한 명제에서 '끝명사(extreme term)[명제의 주사(主辭) 또는 빈사(賓辭)]'이면서 기호가 아닌 사물 또는 기호들이 아닌 사물들을 지칭하는 명사이다. '비소는 유독하다'의 문장에서 '비소'라는 명사는 명제에서 '끝명사'이면서 그 자체 기호가 아닌 무언가를 지칭하는 명사이다. 따라서 엄격하게 이해된 이차지향의 명사는 명제에서 자연스럽게 일차지향을 의미하는 명사이며, 일차지향을 지칭할 수 있는 명사이다. '유', '종', '종차'는 이차지향의 명사들의 예이다.[5]

(v)　　보편문제에 대한 오컴의 대답은 이미 사실상 암시되었다. 보편은 개별사물들을 의미하면서(signify) 명제들 안에서 그 개별사물들을 지칭하는 명사(*termini concepti*)이다. 개별사물들만이 존재한다. 어떤 사물이 존재한다는 바로 그 사실에 의해서 그 사물은 개별자가 된다. 보편은 존재하지 않고 존재할 수 없다. 마음 바깥에 보편이 존재한다고 주장하는 것은 모순을 주장하는 어리석음을 범하는 것이다. 왜냐하면 보편이 존재한다면, 그것은 개별자여야 하기 때문이다. 그리고 어떤 공통된 실재도 하나의 종의 두 구성원 안에 동시에 존재하지 않는다는 것은 여러 방식으로 입증될 수 있다. 예를 들어 신이 무로부터 어떤 인간을 창조하더라도, 이러한 사실이 어떤 다른 사람에게, 그의 본질에 관한 한, 영향을 미치지는 못할 것이다. 다시 말한다면 하나의 개별사물은 다른 개별사물의 소멸 또는 파괴 없이도 소멸될 수 있다. '한 사람은 어떤 다른 사람이 소멸되거나 파괴되지 않더라도 신에 의해 소멸될 수 있다. 그러므로 둘 사이에는 공통적인 아무것도 존재하지 않는다. 왜냐하면 (공통적인 것이 있다면) 공통된 것은 소멸될 것이고, 따라서 어떤 다른 인간도 그의 본질적 본성을 유지하지 못할 것이기 때문이다.'[6] 공통적 본성과 개별성 사이에 형식적인 구별이 있다는 스코투스의 견해에 관해 말하자면, 그가 '판단의 섬세함에서 다른 사람들을 능가한다'[7]는 것은 맞는 이야기이다. 그러나 그렇게 주장된 구별이 순수하게 사고상의 구별이 아니라 객관

5　　오컴, 『자유토론집』(*Quodlibeta*), 4, 19.
6　　오컴, 『명제집 1』, 2, 4, D.
7　　같은 책, 2, 6, B.

적인 구별이라면, 그 구별은 실재적인 것임에 틀림없다. 그리하여 스코투스의 견해는 옛날의 실념론이 마주쳤던 동일한 난관에 봉착한다.

보편개념이 지성의 작용과 구별되는 성질인가, 아니면 그 작용 자체인가는 단지 이차적 중요성을 갖는 물음에 불과하다. 중요한 점은 다음과 같다. '보편은 어쨌든 영혼의 바깥에 존재하는 것은 전혀 아니지만, 많은 사물의 술어가 될 수 있는 모든 것은 주관적으로든 객관적으로든 본성상 정신 안에 있다. 어떤 보편도 실체가 무엇이 되었든 그 실체의 본질이나 실질에 속하지 않는다.'[8] 오컴은 보편개념이 지성 그 자체와 구별되는 우유성(偶有性)인가, 아니면 단지 그러한 작용 안에 있는 지성 그 자체인가의 문제에 대해서는 큰 비중을 둔 것처럼 보이지는 않는다. 그는 심리학적인 물음보다는 개념과 명제의 의미에 대한 분석에 더 큰 관심을 가졌다. 그러나 그가 보편은 이해(understanding)의 작용으로서 외에 영혼 안에 어떤 존재를 가진다고 생각하지는 않았다는 사실은 아주 분명하다. 보편의 존재는 이해 작용 안에서 성립하고, 단지 그런 것으로서만 존재한다. 그것은 지성의 덕택에 존재할 뿐이다. 개념에 상응하는 보편적 실재는 존재하지 않는다. 그러나 그것은 실재적인 어떤 것도 지칭하지(stand for) 않는다는 의미에서의 허구는 아니다. 그것은 결코 보편적인 것을 지칭하지 않고, 개별적인 실재 사물들을 지칭한다. 요컨대 그것은 개별적인 사물을 납득하거나 인식하는 방식이다.

(vi)　　오컴은 때로는 보편이 명료한(distinct) 개별사물들의 혼란된 또는 명료하지 않은 상(像)이라는 생각을 갖기도 한다. 그러나 그는 보편개념을 상이나 환영과 동일시하는 데 관심을 갖지 않았다. 그의 주요 핵심은 항상, 보편을 설명하기 위하여 마음과 개별자가 아닌 다른 요소를 가정할 필요가 없다는 것이다. 보편개념은 단지 개별사물들 간의 여러 가지 유사성 때문에 생겨난다. 소크라테스와 플라톤은 당나귀에 대해서보다는 서로에 대해 훨씬 유사하다. 이러한 경험의 사실은 인간이라는 종 개념의 형성에 반영된다. 그러나 우리는 우리의 말하는 방식에 대해 주의를 해야 한다. 우리

8　　같은 책, 2, 8, Q.

는 '플라톤과 소크라테스는 어떤 것 또는 어떤 사물들에서 일치한다고(공유한다고) 말해서는 안 되고, '그 둘은 어떤 사물들에 의해서 즉 그들 자신에 의해서 일치하고(유사하고), 소크라테스는 어떤 것 안에서가 아니라 어떤 것에 의해서, 즉 자신에 의해서 플라톤과 일치한다(convenit cum)'[9]고 말해야 한다. 다른 말로 하면 그 **안**에서 소크라테스와 플라톤이 함께하거나 공유하거나 일치하는 공통적인 어떤 본성도 존재하지 않는다. 그러나 소크라테스인 본성과 플라톤인 본성은 유사하다. 일반개념의 기초는 비슷한 방식으로 설명될 수 있다.

(vii) 이러한 개념론(conceptualism)이 성 토마스의 입장과 어째서 다른가의 문제가 충분히 제기될 수 있겠다. 결국 보편개념에 상응하는 보편사물이 존재한다는 개념은 불합리하고 아리스토텔레스의 전 철학과 모든 학문을 파괴한다고 오컴이 말할 때,[10] 성 토마스도 이에 동의할 것이다. 예컨대 사람들의 본성은 유사한 반면에, 모든 개별적인 사람들이 공유하는 사물로서 고려된 어떤 공통된 본성은 존재하지 않는다는 것이 분명 성 토마스의 견해였다. 그러나 성 토마스는 본성들의 유사성에 대한 형이상학적 설명을 부여했다는 것을 기억해야 한다. 왜냐하면 그는 신이 동일한 종에 속하는 사물들, 즉 유사한 본성을 지닌 사물들을 창조한다고 주장하였기 때문이다. 그러나 오컴은 이러한 신의 이데아라는 이론을 버렸다. 결론은 오컴에서 보편개념을 낳는 유사성은 말하자면 사실의 유사성일 뿐이라는 것이다. 신이 선택한다는 것 말고는 이들 유사성에 대한 형이상학적 이유는 전혀 존재하지 않는다. 신의 선택은 신의 이데아에 의존하지 않는다. 다른 말로 하면, 성 토마스와 윌리엄 오컴은 사물 안에 보편(universale in re)이 있다는 것을 부인했다는 점에서는 기본적으로 일치하지만, 성 토마스는 극단적 실념론에 대한 자신의 거부를 사물 앞의 보편(universale ante rem)이라는 아우구스티누스의 이론과 결합시켰던 반면에, 오컴은 그렇게 하지 않았다.[11]

---

9 같은 책, 2, 6, E E. *Respondeo quod conveniunt (Socrates et Plato) aliqiiibus, quia seipsis, et quod Socrates convenit cum Platone non in aliquo sed aliquo, quia seipso.*

10 오컴, 『고대 예술의 황금 주해』(*Expositio aurea*), 3, 2, 90, R.

11 다음을 참조. 본 전집 제2권, p. 154.

좀 덜 중요하기는 하지만 보편개념을 언급하는 방식에 관한 다른 차이도 있다. 우리가 살펴보았듯이 오컴은 보편개념이 이해 작용이라고 주장하였다. '나는 이차지향과 마찬가지로 일차지향도 진실로 이해 작용이라고 말한다. 왜냐하면 허구에 의해 유지되는 것은 무엇이나 작용에 의해 유지되기 때문이다.'[12] 오컴은 페트루스 아우레올리의 이론을 참조하고 있는 것처럼 보인다. 이 이론에 따르면 개념, 즉 마음에 나타나는 대상은 '허구'이다. 오컴은 개념은 단지 이해 작용일 뿐이라고 말하는 것을 더 선호한다. '일차지향은 사물들을 의미하는(signifying) 이해 작용일 뿐이며, 기호를 의미하는 이해 작용이 아니다. 이차지향은 일차지향을 의미하는 작용이다.'[13] 그리고 오컴은 계속해서 일차지향과 이차지향 모두가 참된 실재물(real entities)이고, 이들은 영혼 안에 주관적으로 존재하는 참된 성질(qualities)이라고 이야기한다. 이 성질들이 이해 작용이라면, 그것들이 실재물이라는 것은 분명하다. 그러나 오컴은 그것들을 성질들이라고 불렀는데, 그것은 우리에게 좀 이상스럽게 보인다. 그러나 그의 여러 발언이 서로 일관된 것으로 해석되기 위해서는, 보편개념이 이해 작용과 실제로 구별되는 성질이라는 취지로 그가 말했다고 가정할 수는 없다. '이해 작용과 구별되는 어떤 것의 정립을 통해서 설명되는 모든 것은 그렇게 구별되는 사물의 정립 없이도 설명될 수 있다.'[14] 다른 말로 하면 오컴은 이해 작용에 대해서 말하는 것만으로 만족한다. 그는 가지적 형상(species intelligibiles)을 추상하는 장치를 제거하는 데 경제성의 원리를 적용한다. 그러나 이런 점에서 아퀴나스의 이론과 오컴의 이론 사이에 명백히 어떤 차이점이 존재한다 하더라도, 가지적 형상은 인식의 대상이 아니라는 점을 아퀴나스가 강력하게 주장했다는 사실을 기억해야 한다. 그것은 인식의 수단(id quo intelligitur)이지 인식의 대상(id quod intelligitur)은 아니다.[15]

---

12   오컴, 『자유토론집』, 4, 19.
13   같은 곳.
14   오컴, 『논리학 대전』, 1, 12.
15   다음을 참조. 토마스 아퀴나스, 『신학대전』, I, 76, 2, ad 4; I, 85, 2.

이제 우리는 오컴의 과학이론을 짤막하게 살펴볼 위치에 와 있다. 그는 학문을 두 주요한 유형, 즉 사실학(real science)과 이성학(rational science)으로 분류한다. 전자(*scientia realis*)는 현재 논의되는 의미에서 실재하는 사물에 관계하는 반면에, 후자(*scientia rationalis*)는 실재하는 사물을 직접적으로 지칭하지 않는 명사들에 관계한다. 그리하여 '종', '유'와 같은 이차지향을 다루는 논리학은 이성학이다. 학문의 이 두 유형의 구별을 유지하는 것은 중요하다. 그렇지 않으면 개념 또는 명사는 사물과 혼동될 것이다. 예를 들면 『범주론』에서 아리스토텔레스의 의도가 사물을 다루는 것이 아니라 낱말과 개념을 다루는 것이라는 점을 사람들이 알지 못하면, 어떤 의미에서 그를 그의 사상과 관계없는 것으로 해석할 것이다. 논리학은 이차지향의 명사들에 관계하고, 이 명사들은 이성 없이는(*sine ratione*), 즉 마음의 작용 없이는 존재할 수 없다. 그러므로 논리학은 심적인 '허구'(fabrications)를 다룬다. 내가 앞에서 언급했듯이, 오컴은 보편개념을 허구 또는 허구물이라고 말하는 것을 별로 좋아하지 않았다. 그러나 그때 내가 염두에 두었던 점은 우리가 보편개념에 의해서 인식하는 것이 허구이지 실재하는 사물이 아니라는 것을 의미한다는 점에 대해 오컴이 반대하였다는 사실이다. 그는 논리학의 명제의 요소가 되는 이차지향의 명사들을 '허구'라고 말할 준비가 확실히 되어 있었다. 왜냐하면 이들 명사는 실재하는 사물에 직접적으로 관계하는 것이 아니기 때문이다. 그러나 이성학인 논리학은 사실학을 전제로 한다. 왜냐하면 이차지향의 명사들은 일차지향의 명사들을 전제하기 때문이다.

사실학은 사물들 즉 개별사물들에 관계한다. 그러나 오컴은 또한 '사실학은 직접적으로 인식된 대상으로서의 사물들에 항상 관계하는 것은 아니'[16]라고 언급한다. 이것은 모순인 것처럼 보일 수도 있다. 그러나 오컴은 계속해서 사실학이든 이성학이든 모든 학은 명제에 관계할 뿐이라고 설명한다.[17] 다른 말로 하면 사실학은 사물들에

---

16   오컴, 『명제집 1』, 2, 4, M.
17   같은 곳.

관계한다고 오컴이 말할 때, 학문은 보편에 관계한다는 아리스토텔레스의 이론을 부인하고자 그가 의도한 것은 아니다. 그러나 그는 존재하는 것은 개별자뿐이라는 아리스토텔레스의 다른 이론을 유지하기로 마음먹었다. 이때 사실학은 보편명제에 관계한다. 그는 그러한 명제의 예로서 다음을 제시한다. '사람은 웃을 수 있다', '모든 사람은 훈련할 수 있다'. 그러나 보편개념은 개별사물들을 지칭하지, 마음 바깥에 존재하는 보편적인 실재를 지칭하는 것은 아니다. 이때 오컴이 사실학은 명사들에 의해서 (*mediantibus terminis*) 개별사물들에 관계한다고 말한다면, 개별사물이지만 마음의 작용이 이루어진 존재와 사실학이 무관하다는 것을 오컴이 뜻했던 것은 아니다. 학문은 명제의 참·거짓에 관심을 갖는다. 그러나 사실학의 명제가 참이라고 말하는 것은 그 명제가 모든 개별 사물들에서 검증된다고 말하는 것과 같은 것이며, 이때 이 개별 사물들에 관한 명제의 명사들은 자연적 기호들인 셈이다. 사실학과 이성학 간의 차이는 다음과 같은 점에서 성립한다. '사실학에 의해 인식된 명제들의 부분들 즉 명사들은 사물들을 지칭하지만, 이것은 이성학에 의해 인식된 명제의 명사들의 경우와는 다르다. 왜냐하면 이성학에 의한 명제의 명사들은 다른 명사들을 지칭하기 때문이다.'[18]

──────── **5. 필연적 진리와 입증**

그러므로 개별사물들이 유일하게 존재하는 것이라는 오컴의 주장은 보편명제의 인식으로서 고려되는 학문을 그가 거부한다는 것을 의미하는 것은 아니다. 오컴이 입증 불가능한(indemonstrable) 원리와 입증(demonstration)이라는 아리스토텔레스의 생각을 거부하고 있는 것도 아니다. 입증 불가능한 원리에 관해서 말하자면, 하나의 원리는, 마음이 명사들의 의미를 일단 파악하면 마음이 그 명제에 동의하지 않을 수 없다는 의미에서 입증 불가능할 수 있거나, 아니면 그것이 경험에 의해서만 명확하게 (evidently) 인식된다는 의미에서 입증 불가능하다. '어떤 제1원리들은 자신들을 통해

---

18   같은 책, 2, 4, O.

서(*per se nota* 또는 분석을 통해서) 인식되지 않고, "모든 열은 가열된 것이다"와 같은 명제의 경우에서처럼 경험에 의해서만 인식된다.'[19] 입증에 관해서 말하자면, 오컴은 입증을 인식을 낳는 삼단논법이라고 정의하는 아리스토텔레스의 견해를 받아들인다. 그러나 그는 '인식한다'(*scire*)의 여러 의미를 계속 분석해 나간다. 그것은 진리[참]에 대한 분명한 이해를 의미할 수도 있다. 이런 의미라면 나는 지금 앉아 있다는 사실처럼 우연적인 사실조차 인식될 수 있다. 또는 그것은 우연적 진리와 구별되는, 필연적 진리에 대한 분명한 이해를 의미할 수도 있다. 또는 셋째로, 그것은 '두 개의 필연적 진리의 분명한 이해를 통해서 하나의 필연적 진리를 이해하는 것'을 의미할 수도 있다. … '그리고 "인식한다"는 것이 앞서 언급한 정의에서 이해되는 것은 바로 이런 의미에서이다.'[20]

필연적 진리에 대한 이런 식의 주장이 오컴에서 우연적인 사물들에 대한 학문적 인식은 존재할 수 없다는 것을 의미하는 것으로 간주되어서는 안 된다. 사실상 그는 우연적인 사물들에 관한 그리고 현재의 시간(즉 화자와 관련해서)에 관계하는 긍정적이고 단언적인 명제가 필연적 진리일 수 있다고 생각하지는 않았다. 그러나 그는 우연적인 사물들을 지시하는 개념들을 포함하는 긍정적이고 단언적인 명제는, 만약 그 명제가 가능성에 관한 부정적이거나 가언적인 명제라면 또는 그런 명제와 동등한 것으로 고려될 수 있다면 필연적일 수 있다.[21] 다른 말로 하면, 오컴은 우연적인 사물을 지칭하는 명사들을 포함하는 필연적인 명제를 가언적인 명제와 동등한 것으로 간주했다. 왜냐하면 그 명제는 주어개념이 **그 사물이 존재하는 그 시간에** 지칭하는 각 사물에 대해 참이기 때문이다. 그리하여 '모든 X는 Y이다'라는 명제(여기서 X는 우연적인 사물을 지칭하고 Y는 어떤 속성의 소유를 지칭한다)는 다음의 조건하에서 필연적이다. 즉 '모든 X는 Y이다'라는 명제가 'X가 존재한다면, 그것은 Y이다' 또는 '어떤 것에 대해서든 그것이 X이다라고 말하는 것이 참이라면, 그것에 대해서 그것이 Y라고 말하는 것도 참이다'와 동등한 것이라고 생각된다면, 그 명제는 필연적이다.

---

19   오컴, 『논리학 대전』, 3, 2.
20   같은 곳.
21   같은 책, 3, 2.

오컴에 있어 입증은 주어의 존재의 입증이 아니라 주어의 속성들의 입증이다. 예를 들면 우리는 어떤 종류의 허브가 존재한다는 것을 입증할 수 없다. 그러나 우리는 그것이 어떤 속성을 가지고 있다는 명제를 입증할 수 있다. 참으로 우리는 경험에 의해서 그것이 이런 속성을 가지고 있다는 것을 알 수 있다. 그러나 우리가 그것을 경험했다는 이유만으로 그 사실을 안다면, 우리는 그 사실의 '이유'(reason)를 아는 것이 아니다. 그러나 우리가 그 허브의 본성으로부터 (물론 그것의 인식은 경험을 전제한다) 그것이 필연적으로 이러한 속성을 소유한다는 점을 보여줄 수 있다면, 우리는 입증적 인식을 가지게 된다. 이런 종류의 인식에 오컴은 상당한 중요성을 부여하였다. 그는 삼단논법의 혐오자와는 거리가 먼 사람이었다. '삼단논법의 형식은 모든 분야에서 꼭같이 타당하다.'[22] 오컴은 물론 이것에 의해서 모든 참된 명제가 삼단논법적으로 증명될 수 있다는 점을 뜻하고 있는 것은 아니다. 그는 학문적 인식이 획득될 수 있는 모든 문제에서 삼단논법적 추리가 잘 유지된다고 생각했다. 다른 말로 하면 입증 '학'이라는 아리스토텔레스의 사상을 고수하였다. 오컴이 '경험주의자'라고 불리는 일이 드물지 않았다는 그 사실을 고려하면서, 그의 철학의 '이성주의적' 측면도 함께 염두에 두는 것이 가능하다. 학문은 명제에 관계한다고 그가 말할 때, 학문이 실재와는 완전히 분리되어 있다거나 입증이 사물에 관한 어떤 것도 우리에게 이야기해줄 수 없다는 것을 그가 의미한 것은 아니었다.

---

22   오컴, 『명제집 1』, 2, 6, D.

제5장

오컴(3)

────────── 1. 직관적 인식

오컴에 따르면 학문은 보편명제에 관계하고, 삼단논법의 증명은 엄격한 의미에서 학문에 고유한 추리의 양식이다. 학문에서의 동의는 명제의 진리성에 대한 동의이다. 그러나 그렇다고 해서 오컴에서 학문적 인식은 본유원리나 본유관념의 전개라는 의미에서 아프리오리하다는 것이라는 논리가 성립하는 것은 아니다. 오히려 직관적 인식(intuitive knowledge)이 일차적이고 기본적이다. 예를 들어 전체는 부분보다 크다는 명제를 고려한다면, 우리는 정신이 구성용어들의 의미를 파악하자마자 그 명제의 진리에 동의한다는 점을 인정할 것이다. 그러나 이것이 그 원리는 본유적이라는 것을 의미하는 것은 아니다. 경험이 없다면 그 명제는 언급될 수 없을 것이다. 또한 우리는 그 구성용어들의 의미를 파악할 수 없을 것이다. 다시 말한다면, 어떤 속성이 어떤 주어에 속한다는 것을 증명하는 일이 가능한 경우에, 우리는 그러한 주어가 존재한다는 것을 경험 또는 직관적 인식에 의해서 인식한다. 예를 들어 인간 속성의 증명은 사람들에 대한 직관적 인식을 전제한다. '직관적으로 인식되지 않는다면 그 자체 자연적으로 인식될 수 있는 것은 아무것도 없다.'[1] 오컴은 여기서 우리가 그 자체로 존재하는 바의 신의 본질에 대한 자연적 인식을 가질 수 없음을 논증하고 있다. 왜냐하면 우리는 신의 자연적 직관을 가지고 있지 않기 때문이다. 원리는 일반적인 것이다. 그것은 다름 아니라 모든 인식은 경험에 기초해 있다는 것이다.

직관적 인식이 의미하는 것은 무엇인가? '어떤 사물에 대한 직관적 인식(*notitia intuitiva*)은 사람들이 어떤 사물의 존재 여부를 그것에 의해서 인식할 수 있는 그런 종류의 인식이다. 그 사물이 존재한다면, 어쩌다가 그 인식에서 어떤 불완전성 때문에 지성이 방해받지 않을 경우에는, 지성은 직접적으로 그 사물이 존재한다고 판단하고, 그것이 존재한다고 분명하게 결론 내린다.'[2] 그리하여 직관적 인식은 어떤 사물을 존재하는 것으로 직접적으로 파악하여, 정신에게 그 사물의 존재에 관한 우연적 명제를 형성하도록 한다. 그러나 직관적 인식은 또한 '하나의 사물이 다른 사물 안에 내재해 있거나 하나의 사물이 다른 사물과 위치적으로 떨어져 있거나 하나의 사물이 다른 사물과 어떤 다른 방식으로 관계를 맺고 있는 그런 사물들로 인식될 때, 정신은 곧바로 그 사물들에 대한 단순 파악에 의해서, 그 사물이 내재하는지 그렇지 않은지, 그 사물이 떨어져 있는지 그렇지 않은지, 다른 우연적인 진리들과 그런 식의 관계를 맺고 있는지 어떤지를 인식하는…' 그런 종류의 인식이다. '예컨대 소크라테스가 실제로 백인이라면, 소크라테스와 흼에 의해서 소크라테스는 백인이라는 것이 인식될 수 있는데, 소크라테스와 흼에 대한 바로 그 파악이 직관적 인식이다. 그리고 일반적으로 어떤 구성용어 또는 구성용어들에 대한 모든 단순한 파악은 즉 어떤 사물이나 사물들에 대한 모든 단순한 파악은 직관적 인식인데, 그런 파악에 의해서 어떤 우연적 진리, 특히 존재하는 것에 관한 우연적 진리가 인식될 수 있다.'[3] 그리하여 직관적 인식은 존재하는 사물들에 대한 직접적 파악에 의해서 야기된다. 개별사물의 개념은, 만약 사람들이 그 개념을 인식의 매개(*medium quo*)로 해석하지 않는다면, 그 사물을 파악하는 정신의 자연적 표현이다. '나는 감성적인 것이든 지성적인 것이든 어떤 직관

---

1 오컴, 『명제집 1』, 3, 2, F.
2 오컴, 『명제집 서론』, 1, 2.
3 같은 곳.

적 파악에서도 그 사물이 그 사물과 인식작용 사이의 매개인 존재 상태에 놓여 있는 것은 결코 아니라고 말한다. 즉 다시 언급하건대, 사물 자체는 그 자체와 그것을 보게 하거나 파악하게 하는 작용 사이의 어떤 매개 없이도 직접적으로 인식된다.'[4] 다른 말로 하면 직관은 사물이나 사물들에 대한 직접적인 파악인데, 이런 파악은 그 사물이 존재한다는 판단이나 또는 '그것은 희다'와 같은 그 사물에 관한 어떤 다른 우연적 명제에 자연스럽게 이르게 된다. 그러한 판단들을 보증하는 것은 그 판단에 이르게 되는 과정의 자연적 성격과 더불어, 단순히 증거이며, 직관의 분명한 성격이다. '그러므로 나는 직관적 인식이란 고유한 개별적 인식이라고 말한다. … 왜냐하면 그런 인식은 하나의 사물에 의해서 자연스럽게 야기되며, 다른 사물에 의해 야기되지도, 다른 사물에 의해 야기될 수도 없기 때문이다.'[5]

분명한 점은 오컴이 단순하게 감각에 대해 이야기하고 있는 것은 아니라는 사실이다. 그는 개별사물에 대한 지적 직관(intellectual intuition)에 대해 이야기하고 있다. 그 직관은 그 사물에 의해 야기되지, 어떤 다른 것에 의해서 야기되지 않는다. 더욱이 그에 있어서 직관은 감각적 또는 물질적 사물의 직관에 제한되지 않는다. 분명히 그는 우리가 우리 자신의 작용을 직관적으로 인식한다고 말한다. 그리고 이런 직관은 '지성이 존재한다', '의지가 존재한다'와 같은 명제들의 형성에 이르게 된다.[6] '아리스토텔레스는 외부에 있는 이들 사물 중 어떤 것도, 만약 그것이 처음에 감각 아래 주어지지 않는다면, 이해되지 않는다고 말한다. 그런 사물들은 그에 따르면 단지 감각될 수 있을 뿐이다. 그리고 이러한 권능은 이러한 사물들에 대해 참이지만, 정신에 대해서는 참이 아니다.[7] 오컴에 따르면 직관적 인식은 추상적 인식에 선행하기 때문에, 뒷시대의 언어를 사용하여 말한다면, 우리는 그에 있어서 감각지각(sense-perception)과 내성(introspection)이 존재하는 실재에 관한 우리의 모든 자연적 인식의 두 원천이라고 말할 수 있다. 이런 의미에서 사람들은 그를 '경험주의자'라 부를 수 있다. 그러나 이

---

4   『명제집 1』, 27, 3, K.
5   오컴, 『자유토론집』(*Quodlibet*), 1, 13.
6   같은 책, 1, 14.
7   같은 곳.

점에 관련해서 그는 존재하는 실재에 대한 본유관념이나 순수하게 아프리오리한 인식을 믿지 않는 어떤 다른 중세철학자보다 더 '경험주의자'인 것은 아니다.

━━━━━ 2. 비존재적 대상에 대한 직관적 '인식'을 야기하는 신의 능력

우리는 오컴에 있어서 사물의 직관적 인식이 그 사물에 의해서 야기되며, 어떤 다른 사물에 의해서도 야기되지 않는다는 점을 살펴보았다. 다른 말로 하면 직관, 즉 개별적 존재자의 직접적 파악은 그 자체가 하나의 보증이다. 그러나 잘 알려진 것처럼 신은 실제로 존재하지 않았던 사물의 직관을 우리 안에 야기한다고 오컴은 주장했다. '직관적 인식은 그 대상이 적절한 거리에 있지 않다면, 자연적으로 야기될 수 없다. 그러나 초자연적으로는 야기될 수 있다.'[8] '그것(직관)이 오직 신에 의해서만 야기될 수 있다고 당신이 이야기한다면, 그것은 옳다.'[9] '신의 힘에 의해서 비존재적 대상에 관한 직관적 인식(*cognitio intuitiva*)이 존재할 수 있다.'[10] 오컴을 비난하는 명제들 중에서 '직관적 인식은 그 자체로 그리고 필연적으로 비존재적 사물에 대해서보다는 존재하는 것에 더 관심을 갖는 것도 아니고, 또한 비존재보다 존재에 더 관심을 갖는 것도 아니다'라는 취지의 명제를 발견하게 된다. 이것은 의심의 여지없이 오컴의 입장에 대한 요약적 해석이다. 그리고 그러한 해석은 그가 직관적 인식의 본성을 추상적 인식(명제에서 명사들이 지칭하는 사물들의 존재 또는 비존재를 추상하는 인식이라는 의미에서)과 구별되는 것으로서 설명하는 것과 모순되는 것처럼 보이기 때문에, 아래의 언급들이 그의 입장을 보다 분명히 하는 데 도움을 줄 수 있다.

(i) 신이 비존재적 대상의 직관을 우리 안에 생산할 수 있다고 오컴이 이야기할 때, 오컴은 신이 통상적으로 제2원인들을 매개로 하여 생산하는 모든 것을 신이 직접

---

8   『명제집 2』, 15, E.
9   『자유토론집』, 1, 13.
10   같은 책, 6, 6.

적으로 생산하고 보존할 수 있다는 명제가 가지는 진리성에 의거하고 있다. 예를 들면 별들에 대한 직관은 통상적으로 그리고 자연적으로 별이 실제적으로 나타남으로써 우리 안에 생산된다. 즉 이것은 신이 제2원인에 의해서, 즉 별 자체에 의해서 별에 대한 직관적 인식을 우리 안에 생산한다고 이야기하는 것과 같다. 그렇다면 오컴의 원리에 따르면, 신은 이 직관을 제2원인 없이 직접적으로 생산할 수 있다. 이것이 모순을 포함한다면, 신은 이것을 할 수 없다. 그러나 그것은 모순을 포함하지 않을 것이다. '신이 제2원인을 매개로 하여 생산하는 모든 결과를 신은 스스로 직접적으로 생산할 수 있다.'[11]

(ii)　　　그러나 신은 별이 존재하지 않을 때, 별이 존재한다는 명제에 대한 명백한 (evident[증거가 있는]) 인식을 우리 안에 생산할 수 없다. 왜냐하면 '명백한'이란 단어가 함의하는 바는 별이 실제로 나타난다는 것이기 때문이다. '신은 한 사물이 없는데도 그 사물을 존재하는 것으로 명백히 보게 하는 그런 인식을 우리 안에 생산할 수 없다. 왜냐하면 그러한 명백한 인식은 그 인식이 동의가 이루어진 명제에 의해서 사실상 진술된 것이라는 점을 의미하는 한에서 모순을 포함하기 때문이다.'[12]

(iii)　　　그렇다면, 실제로는 현존하지 않는 대상을 직관하는 작용을 신이 우리 안에 야기할 수 있다는 것이 오컴의 입장인 듯하다. 왜냐하면 신은 사물이 현존한다는 명제에 우리가 통상적으로 동의하도록 하게 하는 생리학적, 심리학적 조건들을 우리 안에 야기할 수 있기 때문이다. 예를 들면 신은 별들의 빛에 의해서 자연스럽게 생산된 모든 결과들을 시각의 기관 안에 직접적으로 생산할 수 있다. 또는 사람들은 문제를 이런 방식으로 설명할 수도 있는데, 하얀 헝겊이 없을 때, 신은 현재의 하얀 헝겊에 대한 실제적인 시각을 우리 안에 생산할 수 없다. 왜냐하면 이것은 모순을 포함하기 때문이다. 그러나 신은 하얀 헝겊이 실제로 존재하지 않는다 하더라도, 하얀 헝겊을

11　　같은 책, 6, 6.
12　　같은 책, 5. 5.

보는 데 연관되는 모든 심리적-물리적 조건을 내 안에 생산할 수 있다.

(iv)　그의 비평가들에게 오컴의 용어 선택은 혼란스럽고 불운한 듯이 보인다. 한 편으로는 신은 한 사물이 현존하지 않을 때 그 사물이 현존한다는 명백한 인식을 야기할 수 없다고 말하고는, '신은 "신뢰할 수 있는" 작용을 생산할 수 있으며, 이런 작용에 의해서 나는 부재하는 것이 현존한다고 믿는다'고 오컴은 덧붙이고 있다. 그리고 '그 "신뢰할 수 있는" 관념은 추상적인 것이지, 직관적인 것은 아닐 것'[13]이라 설명한다. 신뢰할 수 있는 관념이, 별들이 부재한 데도 우리가 별이 현존할 때 자연스럽게 가지게 되는 심리적-물리적인 모든 조건들을 신이 우리 안에 생산할 수 있을 것이라는 의미로서, 그리고 그렇게 함으로써 우리가 별이 무엇인가에 대한 인식(이것이 시각에 의해 획득될 수 있는 한)이 비록 아마도 '직관'이라고 불릴 수 없음에도 불구하고, 그 인식을 가질 것이라는 의미로서 간주될 수 있다면, 비판가들에 대한 오컴의 대응은 아주 적절한 것처럼 보일 것이다. 다른 한편 오컴은, 비존재적 대상에 대한 '직관적 인식'이 '명백'하지 않다 하더라도, 그 인식을 신이 우리 안에 생산할 수 있다고 말하고 있는 것처럼 보인다. 게다가 그는 대상의 본성에 대한 직관적 인식을 신이 우리 안에 생산할 수 있다는 것을 단순히 뜻하고 있는 것처럼 보이지는 않는다. 왜냐하면 '흼이 존재하지 않을 때에도 "이 흼은 존재한다"는 우연적인 명제에 대한 명백한 동의와 같은 종에 속하는 동의를 신이 생산할 수 있다'[14]는 점을 오컴은 인정하기 때문이다. 신이 비존재적 대상의 존재를 긍정하는 명제에 대한 동의를 우리 안에 생산할 수 있다고 말하는 것이 정당하다면, 이러한 동의가 '신뢰할 만한 행위'라고 불릴 뿐 아니라 '직관적 인식'이라고도 불리는 것이 정당하다면, 사람들이 유일하게 가정할 수 있는 것은 사실상 전혀 직관적 인식이 아닌 직관적 인식을 신이 우리 안에 생산할 수 있다고 말하는 것이 정당하다는 것뿐이다. 그리고 이처럼 가정하는 것은 모순을 포함하는 것처럼 보인다. '직관적 인식'을 '명백하지 않은'이라는 말로 한정하는 것은 후자에

13　같은 곳.
14　같은 책, 5. 5.

의해서 전자를 취소하는 것과 같은 의미인 것처럼 보일 것이다.

아마도 이러한 난점들은, 나의 생각으로는, 오컴의 관점에서 보면 만족스럽게 해결될 수 있다. 예를 들면 '키메라(chimera)를 직관적으로 보았다는 것은 모순'이지만, 반면에 '보인 것이 결과일 수 있는 한 또는 한때는 현실적으로 존재했던 한, 보인 것이 영혼 바깥의 현실에서 무(無)라는 것은 모순이 아니다'.[15] 만약 신이 그 별들을 없앴다 하더라도, 신은 한때 존재했던 것을 현재 보는 행위를, 그 행위가 주관적으로 고려되는 한에서, 여전히 우리 안에 야기할 수 있다. 이것은 마치 신이 미래에 있게 될 것을 우리에게 보여줄 수 있는 것과 마찬가지이다. 두 경우 어느 쪽이든 그 행위는 직접적인 파악일 것이다. 첫째 경우에는 존재했던 것의 직접적 파악이고, 둘째 경우에는 존재하게 될 것에 대한 직접적인 파악일 것이다. 그러나 독특한 점은, 그 경우조차도, '이들 사물이 **지금** 존재한다'는 명제에 우리가 동의를 했다면, 그리고 만약 신이 우리를 속일 수 있다고 말할 의도가 우리에게 없었다면, 그 동의는 신에 의해서 생산될 수 있다는 것을 함의하고 있다는 점일 것이다. 추정컨대 이것은 오컴의 신학적 반대자들에 의해 예외로 간주되었던 점이었고, 신이 직접적으로 우리의 감각기관에 작용을 미칠 수 있다는 단순한 주장은 아니다. 그러나 기억해야 할 점은 오컴이 객관적인 증거[명백한 증거]를 심리적 상태로서의 확실성과 구별했다는 점이다. 심리적 상태의 소유는 증거의 소유를 무오류적으로 보증할 수는 없다.

(v) 어쨌든 오컴이 사건들의 자연적 과정에 이야기하고 있는 것은 아니라는 점을 기억해야 한다. 오컴은 신이 사실상 이런 식으로 행동한다고 말하지 않는다. 그가 단지 이야기하고 있는 것은 신이 자신의 전능에 의해서 이런 식으로 했을 수 있다는 것이다. 그러나 신이 전능하다는 것은 오컴에게는 철학적으로 증명될 수 있는 진리가 아니었다. 그런 진리는 오직 신앙에 의해서만 인식될 뿐이다. 그러므로 우리가 순수하게 철학적 관점에서 이 문제를 살펴본다면, 신이 우리 안에 비실재적 대상들의 직관을 만들어내는지 여부의 문제는 결코 나오지 않는다. 다른 한편으로 이 문제에 관

---

15   같은 책, 6.6.

해서 당연히 오컴이 언급해야 하겠지만, 그 언급은 신학적 문제에 몰두했던 사상가로서, 말하자면 순수하게 철학적이고 자연적인 질서를 타개하고, 그 질서를 신의 자유와 전능에 종속시키고자 하는 그의 성향을 찬탄할 정도로 잘 드러낸다. 또한 그의 언급은 두 주요 원리 중 하나, 즉 두 사물이 구별된다면 그 둘 사이에는 결코 절대적으로 필연적인 결합은 존재하지 않는다는 원리를 보여준다. 별들을 보는 우리의 행위는, 그것이 행위로서 고려된다면, 별들 자체와 구별된다. 그러므로 그 행위는 별과 분리될 수 있다. 왜냐하면 신은 전능한 존재이므로 신은 별들을 없애면서도 보는 행위를 하도록 할 수 있기 때문이다. 오컴의 성향은 항상 필연적 결합이라고 가정되는 것을 폐기하는 것이었다. 왜냐하면 이러한 필연적 결합은 어떤 점에서 신의 전능을 제한하는 것처럼 보일 수도 있기 때문이다. 그러한 필연적 결합을 긍정하는 명제를 부정하는 것이 모순율의 부정을 포함하지만, 그렇다고 하더라도 그것에 대해 만족스럽지 않으면, 오컴은 그것을 폐기해버리고자 하였다.

———————— **3. 세계질서의 우연성**

존재하는 것들에 대한 우리의 모든 지식의 근거와 원천이 직관적 인식이라는 오컴의 주장은 우리가 이미 보았듯이 그의 철학의 '경험주의적' 측면을 보여준다. 그의 사상의 이런 측면은 또한 세계의 질서가 신의 선택으로부터 나온다는 그의 주장이 반영된 것이라고 말해진다. 마치 사람들이 신은 '우선' 목적을 의욕하고, '그런 다음' 수단을 선택한다고 말하는 것이 의미 있는 것처럼, 스코투스는 목적에 대한 신의 선택과 수단에 대한 신의 선택을 구별했다. 그러나 오컴은 이런 식으로 말하는 것을 거부하였다. '목적의 명령 이전에 신이 목적을 의욕하다고 말하는 것은 별로 훌륭한 언급인 것처럼 보이지는 않는다. 왜냐하면 (신 안에는) 그러한 행위에 앞서는 것은 없을뿐더러, (신 안에는) 그가 요청하는 그런 순간도 없기 때문이다.'[16] 그런 언어상의 신

---

16   『명제집 1』, 41, 1, E.

인동형설(神人同形說)을 배제한다면, 그것은 세계질서가 전적으로 우연하다는 사실을 훼손하는 것처럼 보인다. 목적의 선택과 수단의 선택은 모두 철저하게 우연적이다. 물론 이것이 매일 또는 매번 세계질서를 쉽게 바꾸어버리는 일종의 변덕스러운 슈퍼맨처럼 우리가 신을 묘사해야 한다는 것을 의미하는 것은 아니다. 신이 세계질서를 선택했다고 가정하면 그 질서는 안정을 유지한다. 그러나 질서의 선택은 결코 필연적이지 않다. 그것은 신의 선택의 결과이고, 오직 신의 선택의 결과일 뿐이다.

이 입장은 물론 신의 전능과 자유에 관한 오컴의 관심과 밀접하게 연결되어 있다. 그 입장을 그의 철학의 '경험주의적' 측면을 어쨌든 반영하고 있다고 말하는 것은 어색하게 보일 수도 있다. 왜냐하면 그것은 신학자의 입장이기 때문이다. 그러나 나의 의도는 다음과 같다. 만약 세계의 질서가 전적으로 신의 선택에 달려있다면[신의 선택에 따라 우연적으로 발생한 것이라면], 그 질서를 아프리오리하게 연역하는 것은 명백히 불가능하다. 만약 그 질서가 어떠한가를 우리가 알고자 한다면, 사람들은 그것이 사실에서 어떠한가를 검토해야 한다. 오컴의 입장은 우선 신학자의 입장이었을 것이다. 그러나 그것의 자연스러운 결과는 현실적인 사실들에 주목하게 할 것이며, 사람들이 순수하게 아프리오리한 추리에 의해서 세계질서를 재구성할 수 있다는 모든 생각을 꺾어버릴 것이다. 이러한 종류의 생각이 '근대' 철학의 고전 시기인 칸트(I. Kant) 이전의 대륙 이성주의에서 출현한 것이라면, 그것의 기원을 14세기의 오컴주의로 보아서는 결코 안 될 것이다. 물론 그러한 생각은 수학과 수학적 자연학의 영향과 연관되어야 한다.

──────── **4. 관계**

그래서 오컴은 세계를 말하자면 '절대자들'로 분할하고자 하였다. 즉 그는 세계를 별개의 실재들로 분할하고자 하였다, 각각의 실재는 신에 의존하지만, 그들 사이에는 필연적인 결합은 존재하지 않는다. 세계의 질서는 신의 선택에 논리적으로 선행하지는 않으며, 개별적이고 우연적인 실재들에 대한 신의 선택에 논리적으로 후속한다. 그리고 동일한 성향이 그의 관계에 대한 논의 안에 반영된다. 일단 개별적인 별개의 실재들만이 존재하고, 마음에 독립해 있는 유일한 종류의 구별은 분리된 또는 분리될 수 있는 실재들 사이의 구별이라는 의미에서의 실재적 구별이라는 것을 인정한다면, 다음의 결론이 도출된다. 만약 하나의 관계가 별개의 실재라면, 즉 그 관계의 항목들과 구별되는 것이라면, 그것은 분리되거나 분리될 수 있다는 의미에서 항목들로부터 실질적으로 구별되지 않으면 안 된다. '만약 하나의 관계가 하나의 사물이라고 내가 주장했다면, 나는 요한(스코투스)과 함께 그 관계는 그것의 기초와 구별되는 하나의 사물이라 말해야 하지만, 그러나 나는 모든 관계가 실질적으로 그것의 기초와 구별된다고 말했기 때문에 (그와는) 다르다. … 왜냐하면 나는 피조물에서 형상적인 구별은 인정하지 않기 때문이다.'[17] 그러나 하나의 관계가 그것의 기초와 실질적으로 구별된다고 주장하는 것은 불합리할 것이다. 만약 실질적으로 구별된다면, 신은 부계(父系)의 관계를 만들 수 있고, 그 관계를 결코 아이를 낳아본 적이 없는 사람에게 부여하는 셈이다. 어떤 사람이 아이를 낳았을 때, 사실상 그 사람은 '아버지'가 된다. 제3의 실재, 아버지와 아이를 연결하는 부계의 관계의 존재를 요청할 필요는 없다. 이와 유사하게 스미스는 브라운과 유사하다고 말해진다. 왜냐하면 예를 들어 스미스는 사람이고 브라운도 사람이기 때문이다. 또는 스미스는 백인이고 브라운도 백인이기 때문이다. '절대적' 실체들과 성질들에 추가해서 제3의 실재, 즉 유사상의 관계를 요청하는 것은 불필요하다. 만약 제3의 실재를 요청한다면, 불합리한 결론이 나타난다.[18] 관계는 절대자들을 나타내는 이름 또는 용어이다. 그런 관계는 마음 바깥에 전혀 실재를 가지지 않는다. 예를 들면 우주의 존재 부분들과 현실적으로 또는 실질적으로 구별되는 우주질서는 존재하지 않는다.[19] 오컴은 관계가 그것의 기초와 동일하다고 말하지 않는다. '나는 관계가 그것의 기초와 실질적으로 같다고 말하지 않는다. 그러나 나는 관계는 기초가 아니라 오직 여러 절대자를 의미하는 영혼 속의 "지

---

17 『명제집 2』, 2, H.
18 다음을 참조. 오컴, 『고대 예술의 황금 주해』, 2, 64, V.
19 『명제집 1』, 30, 1, S.

향" 또는 개념일 뿐이라고 말한다.'[20] 물론 오컴이 취한 원리는 경제성의 원리이다. 관계에 대해 우리가 말하는 방식은 관계를 실재적인 것들로 가정하지 않더라도 만족스럽게 분석되거나 설명될 수 있다. 오컴의 견해로는 이것은 아리스토텔레스의 관점이었다. 예를 들어 아리스토텔레스는 모든 동자(動者)가 반드시 피동자여야 한다는 것을 인정하지 않는다. 그러나 이것은 관계가 절대적인 사물과 구별되는 실재가 아니라는 것을 함축한다. 왜냐하면 관계가 그런 실재라고 한다면, 동자는 관계를 받아들일 것이고, 그리하여 그 자체로 움직일 것이다.[21] 그래서 관계들은 절대자들을 의미하는 '지향들' 또는 명사들(terms)이다. 사람들은 오컴이 이 이론의 적용을 창조된 세계에 제한했다는 점을 덧붙이지 않으면 안 되었음에도 불구하고, 삼위일체 안에 실재적인 관계들이 존재한다.

이 이론은 피조물과 신과의 관계에 대한 오컴의 견해에 자연스럽게 영향을 미쳤다. 신과 피조물의 관계가 단지 정신적 관계임에도 불구하고, 피조물이 신과 실재적 관계를 가진다는 것은 중세의 오컴 선배 학자들의 공통된 이론이었다. 그러나 오컴의 관계에 대한 견해에 따르면 이러한 구별은 결국 헛된 것이 되었다. 관계는 두 존재하는 '절대자들'로 분해될 수 있다. 이 경우 피조물과 신 사이에 다른 종류의 관계들이 존재한다고 말하는 것은, 이렇게 말하는 것이 허용될 수 있다면, 신과 피조물은 다른 종류의 존재라고 말하는 것과 다름없다. 신이 피조물을 생산했고 보존했다는 것은 그리고 피조물이 신과 떨어져서 존재할 수 없다는 것은 완전히 참이다. 그러나 이 것은 피조물이 본질적인 의존 관계라 불리는 신비스러운 실재에 의해 영향을 받는다는 것을 의미하는 것은 아니다. 우리는 피조물을 신과 본질적으로 관계하는 것으로 이해하기도 하고 말하기도 한다. 그러나 현실적으로 존재하는 것은 한편으로는 신이고 다른 한편으로 피조물이다. 그래서 어떤 다른 실재도 가정할 필요가 없다. 오컴은 여러 의미를 구별하고 있고, 그 구별 안에서 '실재 관계', '심적 관계'가 이해될 수 있다.[22] 그리고 그는 피조물과 신의 관계가 '실재' 관계이지 '심적' 관계가 아니라고 말하

---

20 같은 책, 30, 1. R.
21 『고대 예술의 황금 주해』, 2, 64, K.
22 『명제집 1』, 30, 5.

고자 한다. 만약 그 진술이 예를 들어 신이 돌멩이를 생산하고 보존하는 것이 실재적이지 인간의 마음에 의존하는 것이 아니라는 의미로 간주되는 한에서 그렇다. 그러나 그는 즉 돌멩이 그 자체에 추가해서 '실재 관계'라 부를 수 있는 어떤 추가적인 실재가 돌멩이 안에 존재한다는 모든 생각을 배제한다.

실재 관계들의 기초와 무관한 실재 관계의 관념이란 불합리하다는 것을 오컴이 보여주고자 시도한 한 가지 특별한 방법은 특히 언급할 만한 가치가 있다. 만약 내가 나의 손가락을 움직인다면, 그 손가락의 위치는 우주의 모든 부분들과의 관계에서 변화한 것이다. 그리고 그것의 기초와 구별되는 실재 관계가 있다면, '나의 손가락의 운동에서 전 우주, 즉 하늘과 땅은 동시에 우연들로 가득 찰 것이라는 귀결이 뒤따른다'.[23] 게다가 오컴이 말하고 있듯이 만약 우주의 부분들이 수적으로 무한하다면, 우주는 내가 손가락을 움직일 때마다 무한한 수의 새로운 우연성으로 가득찰 것이라는 귀결이 뒤따른다. 이런 결론을 그는 불합리하다고 생각했다.

그래서 오컴으로서는 우주는 '절대자들' 즉 실체와 절대적 우연성으로 구성되어 있고, 이런 절대자들은 서로 다소간 공간적 근접성을 가질 수 있지만, '실재 관계들'이라 부르는 어떤 관련된 실재에 의해 결코 영향을 받지 않는다. 이러한 사실에서부터, 사람들이 말하자면 전 우주의 거울[모습]을 읽어낼 수 있다고 생각하는 것은 무익한 일인 것처럼 보인다. 만약 사람들이 우주에 관해 어떤 것을 알고 싶어 한다면, 그는 우주를 경험적으로 연구해야 한다. 이러한 관점은 세계지식에 대한 '경험주의적' 접근을 선호하는 것으로 간주될 수 있을 개연성이 매우 높다. 물론 그렇다고 해서 근대과학이 실제로 이런 종류의 정신적 배경을 근거로 하여 발전했다는 결론이 나오는 것은 아니다. 그럼에도 불구하고 '절대자들'에 대한 오컴의 주장과 그의 관계에 관한 견해가 다음과 같은 점에서 경험과학의 성장을 촉진했다고 말하는 것은 합리적이다. 만약 피조물이 신과 실재적인 본질 관계를 가지는 것으로 간주된다면, 그리고 피조물을 이러한 관계에 대한 이해 없이 이해하는 것이 적절할 수 없다면, 피조물이 신을 반영하는 방식에 대한 연구는 세계에 대한 가장 중요하고 가치 있는 연구이며, 신

---

23   『명제집 2』, 2, G.

에 대한 언급을 전혀 하지 않고서 피조물을 그 자체로 연구하는 것이 세계에 대한 저급한 인식만을 낳는 오히려 저급한 종류의 연구라고 결론 내리는 것은 합리적이다. 그러나 피조물이 '절대자들'이라면, 피조물은 신을 전혀 언급하지 않고서도 완벽하게 연구될 수 있다. 물론 이미 살펴보았듯이, 오컴이 창조된 사물들을 '절대자들'이라고 말했을 때, 그는 피조물이 신에 전적으로 의존하고 있다는 사실에 대해 의문을 제기할 의도는 없었다. 그의 관점은 대체로 신학자의 관점이었다. 그럼에도 불구하고 신에 대해 유의하지 않고서 창조된 것들의 본성을 인식할 수 있다면, 경험과학은 자율적인 학과라는 귀결이 뒤따른다. 특히 오컴이 주장하듯이 '신'이라는 용어의 완전한 의미에서의 신이 존재한다는 사실이 엄격하게 증명될 수 없다면, 세계는 신을 배제해버리고 그 자체로 연구될 수 있다. 이런 의미에서 오컴주의를 드 라가르드(M. de Lagarde)가 지적하고 있듯이 '세속 정신'의 탄생의 한 요소이자 단계라고 말하는 것은 정당하다. 동시에 우리는 오컴 자신이 세속주의자 또는 근대 '이성주의자'와는 거리가 멀다는 것을 기억해야 한다.

─────── **5. 인과성**

우리가 인과성에 관한 오컴의 설명에 눈을 돌릴 때, 그가 아리스토텔레스의 4원인설을 자세히 다루고 있다는 점을 알게 된다. 오컴의 진술에 따르면 세네카(Seneca)가 제5의 원인으로서 추가했던 원형적(原型的) 원인에 관해서 이야기하자면, '그것이 아리스토텔레스에 의해서 제기된 네 방식에 속하는 원인이 아니라면, 엄격하게 이야기해서 어떤 것도 원인이 되지 않는다고 나는 말한다. 그래서 세네카의 이데아 또는 범형(範型)은 엄격하게 이야기한다면 원인이 아니다. 그럼에도 불구하고 무언가의 생산이 그 인식을 전제하는 모든 것에까지(모든 것을 망라하는 데까지) "원인"이란 명칭을 확장한다면, 세네카의 이데아 또는 범형은 이런 의미에서 원인이다. 그리고 세네카는 이런 확장된 의미로 이야기하고 있다.'[24] 그래서 오컴은 원인을 형상인, 질료인, 목적인, 작용인으로 구분하는 전통적인 아리스토텔레스의 구분법을 받아들인다. 그리고 그는 '모든 유형의 원인에 대해 그 자신의 원인성(의 유형)이 상응한다'[25]고 주장한다.

더욱이 오컴은 어떤 사물의 특성에서부터 그 사물이 어떤 원인을 가지고 있거나 가졌다고 결론 내리는 일이 가능하다는 점을 부정하지는 않았다. 그리고 그 스스로 인과논증을 사용하였다. 그러나 그는 하나의 사물의 단순한 인식(*notitia incomplexa*)이 다른 사물의 단순한 지식을 우리에게 제공할 수 있다는 점을 부정하였다. 우리는 어떤 주어진 사물이 어떤 원인을 가진다고 확정할 수 있다. 그렇다고 해서 그것에 의해서 우리가 원인인 사물의 단순하고도 적합한 인식을 얻는다는 결론이 뒤따르는 것은 아니다. 그 이유는 해당되는 인식이 직관으로부터 나오고, 한 사물의 직관은 다른 사물의 직관이 아니기 때문이다. 물론 이 원리는 자연신학의 결과물이다. 그러나 내가 지금 강조하고자 하는 바는 인과논증이 타당성을 가질 수 있다는 점을 부인하지 않았다는 사실이다. 그에게는 두 사물의 개념들이 구별될 때 두 사물은 언제나 실재적으로 구별되고, 그리고 두 사물이 구별될 때 신이 하나를 다른 것 없이 창조할 수 있다는 것은 참이다. 그러나 있는 그대로의 경험적 실재가 주어진다면, 우리는 인과적 연결을 식별할 수 있다.

그러나 오컴이 전통적 방식으로 네 원인들을 열거하더라도, 그리고 그가 인과논증의 타당성을 부인한다 하더라도, 작용인에 대한 그의 분석은 '경험주의자의' 색채를 띤다. 첫째로, 그는 우리가 비록 주어진 사물이 **하나의** 원인을 가진다는 것을 인식할 수 있다 하더라도, 이 특정한 사물이 저 특정한 사물의 원인이라는 점을 확인할 수 있는 유일한 방식은 경험이라고 주장한다. 우리는 X가 하나의 창조된 사물이고, Y가 또 다른 창조된 사물인 경우 X는 Y의 원인이라는 사실을 추상적 추리에 의해서 증명할 수 없다. 둘째로, 인과관계의 경험적 확인은 존재·부재 방법 또는 배제의 방법의 사용이다. 우리가 만약 X가 존재할 때 Y가 뒤따르고 그리고 X가 부재할 때 다른

---

24   『명제집 1』, 35, 5, N.
25   『명제집 2』, 3, B.

요인들이 모두 존재하더라도 Y가 뒤따르지 않는다는 것을 보여줄 수 없다면, 우리는 X가 Y의 원인이라고 주장할 자격이 없다. 예를 들어 '불이 존재하고 다른 모든 것들 (즉 모든 다른 가능적 인과적 요인들)이 제거되었을 때, 열이 (불) 가까이 가져왔던 발열 대상에서 발생하기 때문에 불이 열의 원인이라는 점이 증명된다. … (마찬가지로) 대상을 제외한 모든 다른 요인들이 제거되었을 때 직관적 인식이 뒤따르기 때문에 그 대상은 직관적 인식의 원인이라는 사실이 증명된다'.[26]

하나의 사물이 다른 사물의 원인이라는 것을 우리가 경험에 의해 알게 된다는 사실은 물론 상식이다. 그 문제에 관해서, A 또는 B 또는 C가 D의 원인인지 아니면 다수의 원인을 우리가 받아들여야 하는지를 확인하기 위해서 적용되어야 하는 검정 (檢定)에 대한 오컴의 생각이 그렇다는 것이다. A가 존재하고 심지어 B와 C가 부재할 때조차도 D가 언제나 뒤따르고 그리고 B와 C가 존재하지만 A가 부재할 때 D가 뒤따르지 않는다는 사실을 우리가 발견한다면, A는 D의 원인이라는 점을 받아들여야 한다. 그러나 A만이 존재할 때 D가 뒤따르지 않고, A와 B가 모두 존재하고 C가 부재하더라도 D가 언제나 뒤따른다는 사실을 우리가 발견한다면, A와 B 양자가 D의 생산에서 원인적 요인이라고 결론 내려야 한다. 이들 입장을 상식적 입장이라고 할 때 나는, 이들 입장이 일상적인 상식에 자연스럽게 일치하는 입장이고, 각 입장 자체에 관해서 획기적인 것은 아무것도 없다고 생각한다. 과학적인 관점에서 볼 때, 그 문제를 오컴이 적절하게 다루었다고 말하고 싶지는 않다. 사건의 가정된 원인이 부재할 때 어떤 일이 일어날 것인가를 알고 싶어도 그 원인이 '제거될' 수 없는 경우들이 존재한다는 것을 아는 데는 대단히 많은 숙고가 필요한 것은 아니다. 예를 들면 달이 조수에 어떤 원인적 영향을 미치는지 여부를 알고 싶더라도 우리는 달을 제거할 수 없으며, 달이 부재할 때 조수의 운동을 살필 수 없다. 그러나 그것은 내가 실제로 주목하고자 하는 점이 아니다. 왜냐하면 실제로 그 문제에 관심을 가지지 않았고, 순수 자연학의 문제에 비교적 적은 관심을 보였던 사상가로부터 과학적 귀납의 적절한 취급을 기대하는 것은 어리석은 일일 것이기 때문이다. 과학적 방법에 대한 탐구가 실제

---

26   『명제집 1』, 1, 3, N.

로 별 효과를 발휘하기 이전에 필요한 것처럼 보이는 발전 단계에 과학이 도달하지 못했을 때는 특히 그렇다. 내가 주목했던 점은 오히려 다음과 같다. 작용인 분석에서 그는 인과관계를 불변의 혹은 규칙적인 계기로서 해석하는 경향을 보여준다. 한 장소에서 그는 원인의 두 가지 의미를 구별한다. 그 말의 둘째 의미에서 후건(後件) 명제와 관련하여 전건(前件) 명제는 '원인'이라 불린다. 둘째 의미는, 전건이 용어의 고유한 의미에서 후건의 원인이 아니라고 오컴이 분명하게 이야기하고 있기 때문에, 우리의 관심사가 아니다. 중요한 것은 첫째 의미이다. '하나의 의미에서 그것(원인)은 다른 것을 자신의 결과로서 가지는 무언가를 의미한다. 이런 의미에서 그것이 정립될 때 다른 사물이 정립되고, 그것이 정립되지 않을 때 그 다른 사물이 정립되지 않는 것을 원인이라 할 수 있다.'[27] 같은 구절에서 오컴은 인과성이 규칙적인 계열을 의미한다는 점을 의도하고 있는 것처럼 보이며, 하나의 사물이 실제로 다른 사물의 원인인지를 확인하는 데 적용되어야 하는 경험적 검사에 대해 단순히 이야기하고 있는 것처럼 보이지는 않는다. 더 이상 따져보지도 않고 오컴이 인과성을 규칙적인 계기로 환원했다고 진술하는 것은 정당하지 않을 것이다. 그러나 그는 작용인을 규칙적인 계기로 환원하는 경향을 보이는 듯하다. 그리고 결국 그렇게 하는 것은 그의 신학적 우주관과 상당히 조화를 이룰 것이다. 신은 개별 사물을 창조했다. 그 사물들 사이를 지배하는 질서는 순전히 우연적이다. 실제로 규칙적인 계기가 존재한다. 그러나 우리가 필연적이라는 말로써, 신의 선택에 의존하는 두 별개의 사물 간의 결합이 언제나 실제로 관찰될 수 있다는 것만을 의미하는 것이 아니라면, 두 별개의 사물 사이에 어떤 결합도 필연적이라 말할 수 없다. 이런 의미에서 우리는 아마도 오컴의 신학적 견해와 작용인에 대한 경험주의적 설명을 제시하려는 그의 성향은 상보적이다. 그러나 어떤 질서가 발생하는 그런 식으로 신이 사물을 창조했기 때문에, 비록 신이 그의 절대적인 힘을 사용함으로써 그 질서에 간섭할 수 있다 하더라도, 우리는 과거에 우리가 경험했던 인과관계가 미래에서 경험될 것이라고 예측할 수 있다. 물론 이러한 신학적 배경은 일반적으로 현대 경험주의에는 없는 것이다.

---

27 같은 책, 41, 1. F.

──────── 6. 운동과 시간

  분명한 것은 오컴이 관계일반에 대한 논의에서처럼 인과성에 대한 논의에서 자신의 면도날을 이용했다는 사실이다. 그는 또한 운동의 문제를 다룰 때도 그것을 이용하였다. 사실상 그의 면도날 또는 경제성 원리의 사용은 종종 그의 철학의 '경험주의적' 측면과 연결되어 있다. 왜냐하면 그의 의견에 의하면 경험적 자료에 의해서 그 존재가 요구되지 않는 (또는 계시가 가르치는), 관찰 불가능한 실재를 제거하기 위해서 그 무기를 사용하였기 때문이다. 그의 성향은 언제나 우리의 우주관의 단순화를 향해 있다. 물론 이렇게 말하는 것은 오컴이 사물들을 감각적 자료 또는 감각적 자료로부터의 논리적 구성물로 환원하려고 시도했다는 것을 말하는 것은 아니다. 이러한 환원을 그는 의심의 여지없이 과도한 단순화라고 생각했을 것이다. 그러나 실체와 절대적 우연성의 존재가 일단 받아들여진다면, 그는 경제성의 원리를 광범위하게 사용하였다.

  운동의 유형에 대한 전통적인 아리스토텔레스의 구분법을 사용하여 오컴은 성질적 변이도 양적 변화도 영원한 사물들에 대해 긍정적으로 추가된 무언가가 아니라고 주장한다.[28] 오컴이 주장하고 있듯이, 성질적인 변이에서 물체는 조금씩 점차적으로 또는 계속해서 형상을 획득한다. 그리고 성질을 획득하는 사물과 획득된 성질 이외에 아무것도 필요가 없다. 형상의 모든 부분들을 일시에 획득한다는 것을 부정하는 일(negation)이 관련되어 있다는 것은 참이다. 그러나 이러한 부정은 하나의 사물(a thing)이 아니다. 부정이 있다고 가정하는 것은 모든 별개의 용어나 이름에 별개의 사물이 대응한다는 잘못된 가정에 의해서 오도된 것이다. 사실상 부정이 운동, 일시성, 연속성 등과 같은 추상적인 낱말들을 위한 것이 아니라면, 운동의 본성과 연결된 문제들은 사람들에게 그러한 어려움을 주지는 않을 것이다.[29] 오컴이 말한 것처럼 양적 변화의 경우에 '영원한 사물들' 이외 어떤 것도 포함되어 있지 않다는 것은 명백한 사

---

28   『명제집 2』, 9, C, D, E.
29   오컴, 『계기론』(*Tractaius de successivis*), ed. Boehner, p. 47.

실이다. 공간 운동에 관련하여 이야기하자면, 물체와 그것의 장소, 즉 그것의 공간적 상황 외에는 어떤 것도 가정될 필요가 없다. 공간적으로 운동한다는 것은 '처음에 하나의 장소를 점하고, 그다음에 어떤 다른 사물을 가정하지 않고 어떤 다른 장소를 점하는 것이며, 중도에 정지하는 상태 없이, … 그렇게 연속해서 진행되는 것이다. … 그리고 결과적으로 운동의 전체 본성은, 아무것도 추가되지 않더라도 물체가 연속해서 별개의 장소에 있고 그들 장소 어느 곳에서도 멈추지 않는다는 사실에 의해서 유지(설명)될 수 있다.'[30] 『계기론』(*Tractatus de siiccessivis*)[31]과 『명제집』[32]에 관한 주해 모두에서, 운동을 다루고 있는 전체에 걸쳐 오컴은 자주 경제성의 원리에 호소한다. 그는 갑작스러운 변화(*mutatio subita*, 즉 실질적 변화)를 다룰 때도 그러했다. 그것은 '절대적' 사물에 추가되는 것은 아무것도 없다는 것이다. 물론 우리 '형상이 변화에 의해서 획득된다' 또는 '변화는 관계의 범주에 속한다'고 이야기하면, '변화'라는 낱말은 실재(entity)를 의미한다고 생각하기 쉽다. 그러나 '갑작스러운 변화를 통해서 하나의 형상은 사라지고 하나의 형상은 생겨난다'와 같은 명제는 '변화하는 사물이 점차적으로가 아니라 함께(동시에) 하나의 형상을 잃고 하나의 형상을 획득한다'와 같은 명제로 해석될 수 있다.[33]

오컴이 장소와 시간을 다룰 때도 경제성의 원리가 활용되었다. 아리스토텔레스의 정의[34]를 상술하면서, 그는 장소가 물체 또는 물체들에 표면 또는 표면들과 구별되는 것이 아니라고 주장하며, 이때 그 물체와 관련하여 어떤 사물은 어떤 장소에 있다고 말해진다. 또한 그는 시간이 운동과 구별되는 사물이 아니라고 주장한다. '나는 시간도 **연속**도 영원한 사물들과 구별되는 사물, 그것이 절대적이건 상대적이건 그런 사물을 지칭하는 것은 아니라고 말한다. 그리고 이것은 그 철학자[아리스토텔레스]

---

30   같은 책, p. 46.

31   이 논고는 편집한 것이다. 그러나 그것은 오컴의 믿을 만한 저술들로부터의 편집이다. 본 저서 71쪽을 참조할 것.

32   『명제집』, 2, 9.

33   다음을 참조. 『계기론』, pp. 41-42.

34   장소와 시간에 대한 아리스토텔레스의 정의에 관해서는 다음을 참조. 예를 들어 본 전집 제1권 『그리스와 로마 철학사』, pp. 321-322.

가 의미하고 있는 것이다.'[35] 사람들이 어떤 식으로 '시간'을 이해하더라도 시간은 운동에 추가된 어떤 사물이 아니다. '비록 시간이 영혼과 영혼의 행위 모두를 의미한다 하더라도, 일차적으로 그리고 주로 "시간"은 "운동"과 같은 것을 의미한다. 그 시간에 의해서 그것(영혼이나 정신)은 운동의 전후를 알게 된다. 그래서 운동에 관해 언급된 것을 전제하고, 그리고 그 진술들이 이해된다는 점을 전제한다면, … "시간"은 직접적으로 운동을 의미하고, 영혼이나 영혼의 행위를 직접적으로 의미하며, 이런 이유 때문에 그것은 운동의 전후를 직접적으로 의미한다고 말해질 수 있겠다.'[36] 시간에 관한 이 장의 전체에서 아리스토텔레스가 의미하는 바는 한마디로 말하면 바로 이것이라고 오컴이 분명히 말하고 있기 때문에, 그 '시간'은 '운동'이 의미하는 것을 넘어서 영혼의 바깥에 있는 어떤 별개의 사물을 지시하지 않으며,[37] 이것이 바로 오컴 자신이 주장한 것이기 때문에, 사람들이 시간과 운동을 구별할 수 있는 한, 시간은 심적인[정신적인] 것 혹은 오컴이 말하는 것처럼 '명사' 혹은 '이름'이라는 결론이 도출된다.

─────── **7. 결론**

이 장의 결론으로서 우리는 오컴의 '경험주의'의 세 가지 특징을 상기할 수 있다. 첫째, 그는 존재하는 세계의 모든 인식을 경험에다 그 기초를 둔다. 예를 들면 우리는 A가 B의 원인이라거나 또는 D가 C의 결과라는 사실을 아프리오리한(a priori) 추리에 의해서 알 수 없다. 둘째, 존재하는 실재와 사물에 대해 우리가 하는 진술에 관한 그의 분석에서 그는 경제성의 원리를 사용한다. 예를 들어 두 요소가 운동을 설명하기에 충분하다면, 우리는 제3자를 추가해서는 안 된다. 마지막으로, 사람들은 언어에 의해 오도되기 때문에, 불필요하고 관찰될 수 없는 실재를 가정하는 일이 자주 발

---

35 『명제집 2』, 12 D.
36 『계기론』, p. 111.
37 같은 책, p. 119.

생한다. 『계기론』[38]에서 이 문제에 관해 인상적인 구절이 나온다. '동사에서 파생된 명사들과 또 부사어, 접속사, 전치사에서, 그리고 일반적으로 부수적 명사들로부터 파생되는 명사들은 … 말하기에서의 간결함을 위해서만 또는 담론의 장식으로만 도입되었다. 그리고 그들 중 많은 것은, 그것들이 그것들을 파생시킨 용어들을 지칭하지 않을 때 의미상 명제들과 동등하다. 그래서 그것들은 그것들을 파생시킨 용어들에 추가된 어떤 것들도 의미하지 않는다. … 이런 종류에는 다음과 같은 종류의 모든 명사들이 포함된다. 부정, 결핍, 조건, 페르사이티(perseity. 옮긴이 주. (중세철학에서) 현실의 대상으로부터 독립된 실체를 가진 사물의 성질), 우연성, 보편성, 행위, 정념 … 변화, 운동 그리고 일반적으로 능동과 수동(*agere, pati*)의 범주에 속하는 동사들로부터 파생되는 모든 동사적 명사들, 그리고 여기서 논할 수 없는 다른 많은 것들.'

---

38   같은 책, p. 37.

제6장

오컴(4)

───────── **1. 형이상학의 주제**

　　오컴은 존재가 형이상학의 주제라고 하는 아리스토텔레스의 진술을 수용한다. 그러나 그는 이 광범위한 의미에서 고려되는 형이상학이 하나의 주제에 기초한 엄격한 통일성을 가지고 있다는 것을 함축하고 있는 것으로 이해되어서는 안 된다고 주장한다. 아리스토텔레스와 아베로에스가 존재는 형이상학의 주제라고 말하는 경우, 그것이 형이상학의 모든 부분들이 존재를 자신들의 주제로서 가지고 있는 것으로 해석된다면, 그 진술은 거짓이다. 그러나 그 진술이 다음을 의미하는 것으로 이해된다면, 그 진술은 참이다. '형이상학의 상이한 부분들의 모든 주제 가운데서 존재가 술어의 우선성에서 으뜸(*primum primitate praedicationis*)이다. 그리고 형이상학 또는 범주론의 주제가 무엇인가의 물음과 누가 세계의 왕인가 또는 누가 그리스도교계의 왕인가의 물음에는 유사성이 있다. 왜냐하면 서로 다른 왕국에는 서로 다른 왕들이 있고, 이들 왕이 때로는 누구는 다른 누구보다 힘이 세거나 부유한 경우처럼 어떤 관계를 맺고 있지만, 전체(세계)의 왕이 없는 것과 마찬가지로, 형이상학의 전체의 주제는 없지만, 여기서 서로 다른 부분들은, 상이한 주제들이 서로 관계를 맺고 있음에도 불구하고, 상이한 주제들을 가지고 있기 때문이다.'[1] 어떤 사람은 존재가 형이상학의 주제라고 말하는 반면에, 다른 사람들은 신이 형이상학의 주제라고 말할 경우, 이 두 진술이 정당화되기 위해서는, 진술들 사이의 구별이 이루어져야 한다. 형이상학의 모든 주제 중에서 완전성이 우선시되는 한 신이 일차적 주제가 되지만, 술어가 우선시되는 한 존재가 일차적 주제가 된다.[2] 왜냐하면 신을 취급할 때 존재에 대해서 일차적으로 서술되는 속성을 신의 술어로 사용하여 '신은 선하다'와 같은 진리를 형이상학자들이 고려하기 때문이다.[3] 그렇다면 형이상학에는 여러 분과가 존재하거나 상이한 주제를 가진 상이한 형이상학적 학문들이 존재한다. 이들이 서로 어떤 관계를 가진다는 것은 참이다. 이 관계는, 형이상학이 단일한 학문, 즉 수적으로 하나의 학문이라는 생각은 정당화하지 못하지만, 예를 들어 존재는 위에서 언급된 의미에서 형이상학의 주제라고 말하는 것은 정당화한다.

2. 일의적 존재개념

형이상학은, 존재로서의 존재에 관한 학문인 한에서, 사물이 아니라 개념에 관계한다.[4] 존재라는 이 추상적 개념은 우리가 특수한 존재자들을 인식할 수 있기 전에 인식되어야 하는 신비적인 어떤 것을 의미하는 것은 아니다. 그 개념은 존재자들이 관여하는 어떤 것을 나타내는 것이 아니라 모든 존재자들을 나타낸다. 그 개념은 현존하는 사물들의 직접적 파악으로 인해 형성된다. '나는 존재와 단일성의 일반개념들이 인식되지 않더라도 특수한 존재자는 인식될 수 있다고 말한다.'[5] 오컴에서는 존재(being)와 현존(existing)은 동의어이다. 본질과 현존라는 이 두 단어는 다른 방식으로

---

1   오컴, 『명제론 서론』, 9, N.
2   같은 곳.
3   같은 책, D. D.
4   오컴, 『명제론 3』(*3 Sent.*), 9, T.
5   오컴, 『명제론 1』, 3, 1, E.

같은 사물을 나타낼 수 있다 하더라도, 본질과 현존은 동일한 것을 나타낸다. '현존'이 명사(名詞)로 사용된다면, '본질'과 '현존'은 문법적으로 그리고 논리적으로 동일한 사물을 나타낸다. 그러나 '존재한다'는 동사가 '현존'이라는 명사 대신에 사용된다면, 우리는 명사인 '본질'을 '존재한다'는 동사로 단순히 대체할 수 없다. 왜냐하면 분명한 문법적 이유 때문에 그렇다.[6] 이러한 문법적 구분은 당연한 일이지만 본질과 현존을 별개의 사물로서 구별하는 기초로 간주될 수 없다. 그 둘은 동일한 것이다. 그렇다면 존재라는 일반개념이 구체적인 현존사물들을 파악한 결과라는 점은 분명하다. 우리가 존재 그 자체라는 일반개념을 형성할 수 있는 것은 오직 우리가 실제적인 현존사물들을 직접적으로 파악할 수 있기 때문이다.

　　존재라는 일반개념은 일의적(一義的)이다. 이 점에 관해 '일의적'이라는 낱말의 사용에 관한 한, 오컴은 스코투스와 의견이 일치한다. '신과 피조물 그리고 피조물의 속성에 공통된 하나의 개념이 존재한다.'[7] '존재'는 모든 현존사물들에 관한 일의적으로 술어화될 수 있는 개념이다.[8] 일의적인 개념이 없다면 우리는 신을 이해할 수 없다. 우리는 현세에서 신의 본질에 대한 직관에 도달할 수 없다. 또한 우리는 신에 대해 간명하고 '적절한' 개념을 가질 수 없다. 단, 우리는 신과 다른 존재자들의 술어가 될 수 있는 공통개념 안에서 신을 이해할 수 있다.[9] 그러나 이 진술은 정확하게 이해되지 않으면 안 된다. 이 진술은 존재라는 일의적인 개념이 피조물에 관한 직접적 파악과 신에 관한 직접적 파악 사이를 연결해 주는 역할을 한다는 것을 의미하는 것은 아니다. 또한 이 진술은 우리가 존재라는 추상적 개념을 형성하고, 그렇게 하여 신 존재를 연역할 수 있다는 것을 의미하는 것은 아니다. 신 존재는 다른 방식으로 인식되는 것이지, 아프리오리한 연역에 의해서 인식되는 것은 아니다. 그러나 존재라는 일의적인 개념이 없다면, 우리는 신 존재를 이해할 수 없을 것이다. '하나의 피조물에 대한 단순한 인식 그 자체가 공통개념에서 다른 사물에 대한 인식으로 나아간다는

6　오컴, 『자유토론집』, 2, 7.: 『논리학 대전』, 3, 2.
7　『명제집 1』, 2, 9, P.
8　같은 책, X.
9　같은 책, P.

것을 나는 인정한다. 예를 들어 내가 본 적이 있는 흼에 대한 단순한 인식에 의해서
내가 결코 본 적이 없는 또 다른 흼의 인식으로 나아간다. 왜냐하면 첫째 흼으로부터
나는 흼의 개념을 추상하는데, 그 흼의 개념은 무차별적으로 이 두 흼에 관계하기 때
문이다. 마찬가지로 내가 본 적이 있는 어떤 우유성(偶有性)에서부터 나는 존재의 개
념을 추상하는데, 이 개념은 우유성과 실체에 꼭 같이 적용될 뿐만 아니라, 피조물과
신에도 꼭 같이 관계한다.[10] 분명한 일이지만 내가 하얀 천을 본다는 것은 다른 하얀
천의 존재를 나에게 보장해주지 못한다. 오컴도 그렇게 할 수 있다고는 상상하지 못
했다. 보장해줄 수 있다고 말하는 것은 그의 철학적 원리와 완전히 모순될 것이다. 그
러나 그에 따르면, 내가 하얀 천을 본다는 것은 내가 다른 하얀 천들을 볼 때 그 천들
에 적용될 수 있는 흼의 관념을 일으킨다. 마찬가지로, 파악된 존재물로부터 존재라
는 개념을 추상해 버리면, 나는 다른 존재자들이 존재한다는 것을 확인할 수 없게 된
다. 그러나 내가 존재라는 공통관념을 가지고 있지 않았다면, 나는 어떤 존재, 즉 신
존재를 이해할 수 없었을 것이다. 신은 하얀 천들과 달리 현세에서 직접적으로 파악
될 수 없다. 예를 들면 내가 이미 신에 대한 인식을 가지고 있지 않고, 그리하여 신이
존재한다는 말을 내가 듣는다면, 나는 존재라는 공통관념에 의해서 신 존재를 이해할
수 있다. 그러나 이렇게 이야기한다고 해서 물론 그것이 내가 신적 존재에 대한 '적절
한' 개념을 가지고 있다는 것을 의미하는 것은 아니다.

오컴은 존재라는 일의적인 개념에 관한 그의 이론을 대단히 조심스럽게 진술
하면서, 범신론적 의미를 배제하고자 한다. 우리는 세 유형의 일의성을 구별해야 한
다. 첫째, 일의적인 개념은 완전히 유사한 다수의 사물들에 공통적인 개념일 수 있다.
둘째, 일의적인 개념은 어떤 점에서는 유사하고, 어떤 점에서는 유사하지 않은 다수
의 사물들에 공통적인 개념일 수 있다. 그래서 사람과 당나귀는 동물이라는 점에서
유사하다. 비록 그들의 형상은 다르지만, 그들의 질료는 유사하다. 셋째, 일의적인 개
념은 우유성에서나 실체에서나 유사하지 않은 다수의 사물들에 공통적인 개념을 의
미할 수 있다. 이렇게 해서 신과 피조물에 공통적인 개념이 일의적인 의미를 가지는

---

10   『명제집 3』, 9, R.

것이다. 왜냐하면 그들은 실체에서나 우유성에서 유사하지 않기 때문이다.[11] 존재라는 개념은 유비적이지 일의적인 것은 아니라는 주장에 관해서 오컴은 유비는 다른 식으로 이해될 수 있다고 이야기한다. 만약 유비가 위에서 언급된 셋째 의미에서 일의적으로 해석된다면, 존재라는 일의적인 개념은 물론 '유비적'이라고 말해질 수 있지만,[12] 존재 그 자체는 개념이지 사물이 아니므로, 범신론을 회피하기 위해서 유비론에 의지할 필요는 없다. 만약 피조물과 마찬가지로 신의 술어로 될 수 있는 존재라는 일의적인 개념이 있을 수 있다고 말하는 것이, 피조물이 말하자면 신과 동일한 존재 양상을 함축한다는 것을 의미하거나, 아니면 신과 피조물이 함께 참여하고 있는 실재적인 무언가로서의 존재를 이 양자가 분유(分有)하는 것을 함축한다는 것을 의미한다면, 우리들은 범신론을 받아들이거나 신과 피조물을 동일한 수준으로 환원할 수밖에 없을 것이다. 그러나 존재가 일의적으로 술어화될 때 '존재'라는 낱말에 대응하는 실재는 존재하지 않기 때문에, 일의성 이론은 그런 종류의 어떤 것도 함축하고 있지 않다. 또는 오히려 대응하는 실재는 현존하는 것으로 이해될 뿐인 다른 존재자들이다. 우리가 이들 존재자를 분리해서 검토한다면, 우리는 수많은 개념들을 가지게 될 것이다. 왜냐하면 신의 개념은 피조물의 개념과 같지 않기 때문이다. 그리고 이런 경우 '존재'라는 낱말은 일의적으로 술어화되지 않고, 다의적으로 술어화될 것이다. 다의적인 것은 개념에 속하는 것이 아니라, 단어들에, 즉 소리 나거나 적힌 낱말들에 속한다. 개념에 관한 한, 우리가 다수의 존재자들을 이해할 때, 우리는 하나의 개념을 가지거나 다수의 개념을 가진다. 하나의 낱말이 하나의 개념에 대응한다면, 그 낱말은 일의적이다. 만약 하나의 낱말이 다수의 개념에 대응한다면, 그 낱말은 다의적인 것으로 사용된다. 그렇다면 개념의 경우에서나 소리 나거나 또는 적힌 낱말에서나 유비의 여지가 없다. '일의적인 술어, 다의적인 술어, 파생된 술어와 대비해서 구별되는 그런 유비적 술어는 존재하지 않는다.'[13] 사실상 파생된 (즉 함축적) 술어가 일의적 술어 또는 다의적 술어로 환원될 수 있기 때문에, 술어는 일의적이거나 다의적이어야

---

11   같은 책, 9, Q.
12   같은 책, R.
13   같은 책, E.

한다고 말하지 않으면 안 된다.[14]

——————— 3. 신 존재

그러나 신이 어떤 방식으로든 인지될 수 있다 하더라도, 신이 존재한다는 것이 철학적으로 증명될 수 있는가? 사실상 신은 인간지성의 가장 완전한 대상, 즉 최상의 지적인 실재이다. 그러나 신은 분명히 말해서 최초로 알려지는 대상이라는 의미에서 인간지성의 최초의 대상은 아니다.[15] 인간정신의 일차적 대상은 물질적인 사물 또는 유형화된 자연이다.[16] 우리는 신의 본질에 대한 자연적 직관을 가지고 있지 못하다. 그리고 신이 존재한다는 명제는 우리 인간에게는 자명한 명제가 아니다. 만약 우리가 신을 보고 '신이 존재한다'는 진술을 하는 어떤 사람을 상상한다면, 그 진술은 신을 보지 못하는, 현세에 있는 어떤 사람의, '신은 존재한다'는 진술과 동일한 것으로 여겨질 수도 있다. 그러나 두 진술이 말로서는 동일하다 하더라도, 개념들은 실제로 다른 것이다. 그리고 둘째 경우에 그 진술은 자명한 명제가 아니다.[17] 그러므로 신에 대한 모든 인식은 피조물들에 대한 숙고에서 도출되어야 한다. 그러나 우리는 피조물로부터 신의 인식에 이를 수 있겠는가? 그리고 만약 인식될 수 있다 하더라도, 이런 인식이 확실한 인식인가?

인과성에 관한 오컴의 일반적인 입장을 감안한다면, 우리는 신 존재가 확실하게 증명될 수 있다는 오컴의 진술을 기대할 수는 없다. 왜냐하면 만약 어떤 사물에 대해 그 사물이 **어떤** 원인을 갖는다는 것이 우리의 유일한 인식이라면, 그리고 A가 B의 원인이라는 사실을 실제적 경험에 의해서 외에는 어떤 다른 방식으로도 확실하게 확립할 수 없다면, 우리는 '신'이라는 용어가 유신론적 의미에서 이해되는 한, 신이 세

14　오컴, 『고대 예술의 황금 주해』, 2, 39, V.
15　『명제집 1』, 3, 1, D.
16　같은 책, F.
17　같은 책, 3, 4. D, F.

계의 원인이라고 하는 사실을 확실하게 확립할 수 없다. 그렇다면 오컴이 신 존재에 대한 전통적 증명들을 비판하고 있다는 사실을 확인한다고 해서 크게 놀랄 일은 아니다. 물론 오컴은 회의주의에 대한 관심에서 그렇게 한 것은 아니고, 오히려 그 증명들이 논리적으로 확실하지 않다고 생각했기 때문에 그렇게 했다. 그렇다고 해서 일단 그의 태도가 주어진다면, 회의주의 또는 불가지론 또는 신앙주의가 경우에 따라 자연스럽게 도출되지 않는다는 법도 없을 것이다.

『백 가지 신학강론』(Centiloquium theologicum)의 신빙성이 의심되기 때문에, 그 책의 저자가 제안한 '제1의 동자(動者)'[원동자(原動者)] 논증의 취급을 논의하는 것은 거의 적절하지 않을 것이다. 그 책의 저자가 이 아리스토텔레스적-토마스적 논증의 기본 원리가 자명하거나 논증될 수 있다는 점을 받아들이지 않았다는 사실을 적시하는 것으로 충분하다.[18] 사실, 천사와 인간의 영혼 또한 스스로 움직이므로, 이 원리에 대한 예외들은 존재한다. 그리고 그러한 예외들은 방금 언급된 원리가 필연적 원리가 될 수 없음을 그리고 그 원리가 신 존재에 대한 어떤 엄격한 증명의 기초가 될 수 없음을 보여준다. 특히 동자들의 계열에서 무한소급이 불가능하다는 점이 증명될 수 없기 때문에 그러하다. 그 논증은 개연적인 논증일 수는 있다. 왜냐하면 그러한 최초의 부동(不動)의 원동자가 존재하지 않는 것보다 최초의 부동의 원동자가 존재하는 것이 훨씬 개연적이기 때문이다. 그러나 그것은 확실성을 가진 논증이 아니다. 이런 비판은 스코투스가 이미 제안한 노선을 따르고 있다. 그리고 그런 내용이 담겨 있는 저술이 오컴의 것이 아니라고 하더라도, 그 비판은 오컴의 사상과 조화를 이루는 것처럼 보인다. 게다가 오컴이 성 토마스의 보다 명백한 방법(manifestior via)을 신 존재에 대한 확실한 논증으로서 수용했다는 것에 대해서는 의문의 여지가 있을 수 없다. 이런 신 존재는 일반적인 의미에서의 최초의 동자의 존재와 구별된다. 우리가 '신'으로써 무한하고, 유일하며, 절대적으로 최상의 존재를 의미한다면, 최초의 동자는 신에 못지 않게 천사나 어떤 다른 존재일 수도 있다.[19]

---

18 이 원리는 움직여지는 모든 것은 다른 것에 의해 움직여진다(quidquid movetur ab alio movetur)는 것이다.
19 다음을 참조. 『자유토론집』, 7, 22-23.

목적으로부터의 증명도 논의된다. 우주가 하나의 목적, 즉 신에 이르기까지 질서정연하다고 증명하는 것은 불가능할 뿐만 아니라,[20] 개별사물들이 목적을 향해서 작용하며 그런 점에서 신에 대한 확실한 논증이 정당화될 것이라는 것은 증명될 수조차 없다. 인식과 의지 없이 작용하는 사물들의 경우에, 우리가 확실하게 이야기할 수 있는 것은 기껏해야 사물들이 자연적 필연성 때문에 작용한다는 것뿐이다. 그것들이 목적을 '향해' 작용한다고 말하는 것은 아무런 의미가 없다.[21] 물론 우리가 신 존재를 전제한다면, 우리는 무생물적 사물들이 목적 즉 그 사물들의 본성을 창조한 신에 의해 결정된 목적을 향해 작용한다고 말할 수 있다.[22] 그러나 어떤 진술이 신 존재를 전제하는 것에 의존한다면, 그 진술은 그 자체 신 존재를 증명하는 데 이용될 수 없다. 지성과 의지를 갖춘 행위자에 관련해서 말하자면, 그들의 자발적 행위의 이유는 그들 자신의 의지 안에서 발견되어야 한다. 그리고 모든 의지가 완전한 선, 즉 신에 의해 움직인다고 하는 것은 증명될 수 없다.[23] 결국 우주 안에 내재적인 목적론적 질서가 존재한다는 것, 신 존재를 주장하는 것을 필연적이게끔 하는 그런 존재가 있다는 것을 증명하는 것은 불가능하다. '절대적' 자연들 그 자체와 구별되는 질서는 존재하지 않는다. 그리고 우리가 신 존재를 증명할 수 있는 유일한 방법은 유한한 사물들 존재의 작용인(作用因)으로서 신 존재를 증명하는 것이다. 그러나 그렇게 하는 것이 가능할까?

『자유토론집』(*Quodlibet*)에서 오컴은 최초의 작용인에서 멈추어야 하며, 무한히 나아가서는 안 된다고 진술한다. 그러나 그는 곧바로 이러한 작용인은 천체일 수 있다는 말을 덧붙인다. 왜냐하면 '우리는 경험에 의해서 천체가 다른 사물들의 원인이라는 것을 알기'[24] 때문이다. 확실하게 그는 '신이 모든 사물의 직접적인 작용인이라는 것은 자연적 이성에 의해서 증명될 수 없다'고 말할 뿐만 아니라, 신이 모든 결과

---

20   같은 책, 4, 2.

21   오컴, 『자연학 개요』(*Summulae in libros Physicorum*), 2, 6.

22   『명제집 2』, 3, NN, 『자유토론집』, 4, 1.

23   『명제집 1』, 1, 4, E.

24   『자유토론집』, 2, 1.

의 간접적 작용인이라고 하는 것도 증명될 수 없다고 말한다. 오컴은 이에 대한 한 가지 이유로서 사멸될 수 있는 사물들 외에 어떤 다른 사물이 존재한다는 것을 증명하는 것이 불가능하다는 점을 제시한다. 예를 들어 인간 안에 정신적이고 불멸적인 영혼이 존재한다는 것은 증명될 수 없다. 그리고 천체들은, 신이 천체 그 자체를 창조했다는 것을 증명하는 일이 가능하지 않더라도, 사멸할 수 있는 사물들의 원인일 수 있다.

그러나 『명제집』 주해에서 오컴은 작용인으로부터의 증명에 대한 자기 나름의 형식을 제시하고 있다. 그의 진술에 따르면 생산으로부터 생산하는 자로 논증하는 것보다 보존으로부터 보존하는 자로 논증하는 것이 더 낫다. 그 이유는 '동일한 종류의 원인들에서 무한소급은 불가능하고, 하나는 다른 것 없이 존재할 수 있다는 것을 철학자들에 대해서 증명하는 것은 어렵거나 불가능하기'²⁵ 때문이다. 예를 들어 오컴은 한 사람이 자신의 전 존재를 그의 양친에게 의존하고 있지 않고, 그 양친은 그 양친의 양친에게 의존하지 않으며, 이런 방식이 무한히 계속된다는 것이 엄격하게 증명될 수 있다고 생각하지 않았다. 이런 종류의 무한계열의 경우에조차 무한계열은 자신의 생산을 위해서 그 자체 그 계열에 내재해 있는 존재에 의존한다는 반론이 제기될 수 있는데, 이에 대해 오컴은 '그 계열은 전 무한계열이 의존해 있는 하나의 영원한 존재가 없다면 가능하지 않다는 것을 증명하는 것은 어렵다'²⁶고 대답한다. 그러므로 그는 존재하게 되는 사물(즉 우연적인 사물)은 그것이 현존하는 한 존재 안에서 보존된다는 논증을 더 선호한다. 이때 보존자 그 자체는 자신의 보존을 위해서 무언가에 의존하는지 어떤지 물어질 수 있겠다. 그러나 이러한 경우에 우리는 무한히 나아갈 수 없다. 왜냐하면 무한한 수의 실제적 보존자는, 오컴의 진술에 따르면, 불가능하기 때문이다. 서로 연속해서 존재하는 존재자들의 경우에 무한소급을 인정하는 것은 가능할 수도 있다. 왜냐하면 이 경우에 현실적으로 존재하는 무한성은 없을 것이기 때문이다. 그러나 여기서 그리고 지금 세계의 현실적 보존자의 경우에 무한소급은 현실적 무한성을 함축할 것이다. 이런 종류의 현실적 무한성이 불가능하다는 것은 '충분히 합리

---

25 『명제집 1』, 2, 10, O.
26 같은 곳.

적인'(satis rationabiles) 철학자들이나 다른 사람들의 논증에 의해서 증명된다.

합리적인 논증이 제1의 세계 보존자로서의 신 존재를 위해서 제시될 수 있다 하더라도, 신의 단일성은 증명될 수 없다.[27] 이 세계 안에서 어떤 궁극적이며 보존하는 존재가 있다는 것은 입증될 수 있다. 그러나 우리는 어떤 다른 세계나 다른 세계들이 있을 수 있다는 것을 배제할 수 없으며, 이 경우 이러한 세계나 세계들에서 상대적으로 최초인 존재자들이 있을 수 있다. 최초의 작용인이 존재하고 이 작용인은 이 작용인의 결과들보다 완전하다는 것을 증명하는 것과, 당신이 먼저 모든 다른 존재가 하나의 유일한 원인의 결과라는 것을 증명할 수 없다면, 모든 다른 존재보다 우월한 존재가 존재한다는 것을 증명하는 것은 동일한 종류의 증명이 아니다.[28] 신의 단일성은 신앙에 의해서만 확실하게 인식된다.

그러므로 오컴이 신 존재에 대한 철학적 증명을 받아들였는지 여부에 대한 물음에 답할 때, 우리는 먼저 다음과 같은 구별을 하지 않으면 안 된다. 만약 '신'이 절대적으로 최상이고, 완전하며, 유일하고, 무한한 존재를 의미한다면, 오컴은 그러한 존재는 엄격하게 말해서 철학자에 의해서 증명될 수 있다고 생각하지 않았다. 반면에 만약 '신'이 이 세계의 최초의 보존하는 원인이라는 것을 의미한다면, 오컴은 그 원인의 본성에 대한 인식을 증명할 수는 없지만, 그러한 존재가 철학적으로 증명될 수 있다고 생각했다. 그러나 '신'이라는 개념에 대한 후자의 이해는 그 개념에 의해 통상 이해되는 모든 것을 뜻하는 것은 아니기 때문에, 우리는 더 이상 애를 쓸 필요도 없이 오컴은 신 존재에 증명 가능성을 인정하지 않았다고 결론 내리는 것이 좋겠다. 신앙에 의해서만 우리는 적어도 확실한 인식에 관한 한, 최상의 그리고 유일한 존재가 그것의 완전한 의미에서 존재한다는 점을 알게 된다. 이런 사실에서부터 역사가들이 주장했듯이 신학과 철학은 분리된다는 결론이 나오는 것처럼 보인다. 왜냐하면 계시가 신앙 위에서 받아들여지는 신 존재를 증명하는 것은 가능하지 않기 때문이다. 그렇다고 해서 물론 오컴 자신이 신학과 철학을 분리하는 데 관심을 가졌다는 결론이 나오

---

27 『자유토론집』, 1, 1.
28 『명제집 1』, 35, 2, C.

는 것은 아니다. 만약 그가 신 존재에 대한 전통적인 증명을 비판했다면, 그는 논리학자의 관점에서 비판한 것이며, 전통적인 종합을 와해하기 위해서 비판한 것은 아니었다. 게다가 근대 철학자가 오컴을 방대한 수의 전통 형이상학의 명제들을 교의신학에 연계시킴으로써 순수하게 '정서적인' 의미를 신학적 명제에 귀속시킨 사람으로 묘사하고 싶은 유혹을 받게 될지라도, 이것은 그의 입장에 대한 부정확한 해석일 것이다. 예를 들어 오컴이 신학은 학문이 아니라고 언급했을 때, 그가 의미한 것은 신학적 명제들이 정보적 명제가 아니라거나 또는 어떤 신학적 삼단논법도 올바른 추리일 수 없다는 것은 아니었다. 그가 의미했던 것은 신학적 논증의 전제들이 신앙에 의해서 알려진 것이기 때문에 그 결론은 또한 동일한 영역 안에 있는 것이며, 그 전제들은 자명한 것이 아니기 때문에 논증은 '과학적 입증'이라는 엄격한 의미에서의 과학적 입증은 아니라는 것이다. 오컴은 개연적인 논증이 신 존재에 대해서 제시될 수 있다는 것을 부인하지 않았다. 그가 부인했던 것은 유일하고 절대적으로 최상인 존재로서의 신 존재가 철학적으로 '입증될' 수 있다는 사실이다.

———— **4. 신의 본성에 대한 우리의 인식**

　　절대적으로 최상인 존재로서의 신 존재가 자연 이성에 의해서 엄격하게 증명될 수 없다면, 모든 사물의 창조자인 무한하고 전능한 존재가 있다는 것을 입증하는 것이 가능하지 않다는 것은 분명하다. 그러나 절대적으로 최상인 존재로서의 신 개념이 일단 제시된다면, 신이 무한하고 전능하다는 것이 증명될 수 있는지의 문제가 제기된다. 이 문제에 대한 오컴의 대답은 전능, 무한성, 영원성 또는 무에서 창조하는 능력과 같은 속성들이 신의 본질에 속하는 것으로 입증될 수 없다는 것이다. 이렇게 말하는 그의 이유는 기술적(技術的)인 것이다. 아프리오리한(*a priori*) 입증은 매개념(媒概念)을 사용하고, 문제가 되는 술어가 이 매개념에 아프리오리한 방식으로 속해 있다. 그러나 무한성과 같은 속성의 경우에는 무한성이 속하게 될 매개념이 있을 수 없고, 따라서 신이 무한하다는 입증은 있을 수 없다. 무한성이나 무로부터의 창조능력과 같은 개념들은 그것들의 정의(定義)를 매개념으로 사용함으로써 신의 본질에 속하는 것으로 입증될 수 있다고 말할 수는 있겠다. 예를 들면 이런 식으로 주장될 수 있다. 무로부터 무언가를 생산할 수 있는 어떤 것도 창조하는 것일 수 있다. 신은 무로부터 어떤 것을 생산할 수 있다. 그러므로 신은 창조할 수 있다. 이런 종류의 삼단논법은 입증의 의미가 아니라고 오컴은 말한다. 적절한 의미에서의 입증은 지식을 증가시킨다. 그러나 방금 언급된 삼단논법은 지식을 증가시키지 못한다. 왜냐하면 신이 무로부터 무언가를 생산한다거나 생산할 수 있다고 하는 진술은 신이 창조한다거나 창조할 수 있다고 하는 진술과 정확하게 동일한 것은 아니기 때문이다. '창조한다'는 개념의 의미를 우리가 알지 못한다면 삼단논법은 무용한 것이다. 그러나 만약 우리가 '창조한다'는 개념의 의미를 안다면, 우리는 신이 무로부터 무언가를 생산할 수 있다는 진술이 곧 신은 창조할 수 있다는 진술이라는 것을 안다. 그리하여 공적으로 입증되는 결론은 이미 가정되고 있다. 이 논증은 선결문제요구의 오류를 범하고 있다.[29]

　　다른 한편, 입증될 수 있는 어떤 속성들도 있다. 예를 들어 우리는 다음과 같이 주장할 수 있다. 모든 존재는 선하다. 신은 존재이다. 그러므로 신은 선하다. 이런 종류의 삼단논법에서 매개념, 즉 신과 피조물에 공통되는 개념이 존재한다. 그러나 '선'이라는 개념은 여기서, 논증이 증명되려면, 의지와의 관계를 함축하는 함축 개념으로서 이해되어야 한다. 왜냐하면 '선'이라는 개념이 함축 개념으로 간주되지 않는다면, 그것은 단순히 '존재'라는 개념과 동의어가 되기 때문이다. 그리고 이 경우 우리는 그 논증으로부터 아무것도 얻는 게 없다. 입증의 결론이 의심스러운(dubitabilis) 것이 아니라면, 즉 속성이 주어에 속하는지 그렇지 않은지의 물음을 우리가 유의미하게 제기할 수 없다면, 어떤 속성도 주어에 속하는 것으로 입증될 수 없다. 그러나 '선'이라는 개념이 함축 개념으로서 간주되는 것이 아니라 '존재'라는 개념과 동의어로서 간주된다면, 우리는 신이 존재라는 것을 인식하지 못하고, 그래서 신이 선한지 선하지 않은지의 문제를 유의미하게 제기할 수 없다. 물론 주어의 술어가 되는 속성이 실제로 주어와 구별되어야 할 필요는 없다. 오컴은 신의 속성들 간의 형상적 구별에 관한 스코

29　『명제집 서론』, 2, D. D.

투스의 이론을 거부했고, 신의 속성에는 어떤 구별도 존재하지 않는다고 주장했다. 그러나 우리는 신의 본질에 대한 직관을 가지고 있지 않다. 그리고 신의 본질과 속성들에 대한 우리의 개념이 나타내고 있는 실재들이 구별되지 않음에도 불구하고, 만약 매개념이 존재한다면, 우리는 하나의 개념에서 다른 개념으로 논증해 갈 수 있다. 신과 피조물에 공통되는 개념들의 경우에 매개념이 존재한다.

그러나 신의 본성에 대한 우리의 인식에서 우리의 인지개념을 구성하는 것은 정확히 무엇인가? 우리는 신에 대한 직관적 인식을 가지지 못한다. 신에 대한 직관적 인식은 인간지성이 자신의 노력에 의해서 도달하는 범위를 넘어서 있다. 또한 신을 그 신이 존재하는 그대로 자연적이고 '추상적으로' 인식하는 것은 있을 수 없다. 왜냐하면 사물에 대한 직관적 인식이 없이는 사물 그 자체를 추상적으로 인식하는 자연적 능력을 우리가 가지는 것은 불가능하기 때문이다. 그러므로 우리의 자연적 상태에서는 신의 본질이 인식 작용의 직접적이고 유일한 개념이라는 식으로 우리가 신을 인식하는 것은 불가능하다는 귀결이 나온다.[30] 둘째로, 우리의 자연적 상태에서는 신에 고유한 단순한 개념 안에서 신을 이해하는 것은 우리에게 불가능한 일이다. 왜냐하면 '어떤 사물이 그 자체로 인식되지 않는다면, 어떤 사물도 그 자신에 고유한 단순한 개념 안에서 우리의 자연적 힘을 통해서 우리에게 인식될 수 없기' 때문이다. '그렇지 않다면 우리는 타고난 맹인이 색깔들에 고유한 개념에서 색깔을 인식할 수 있다고 말하는 셈이기 때문이다.'[31] 그러나 셋째로, 함축적 개념들에서 그리고 존재와 같이 신과 피조물에 공통적인 개념들에서 우리는 신을 이해할 수 있다. 신은 한갓된 존재이기 때문에, 신의 세 위격(Persons)의 구별을 제외하고는 어떤 내적 구별이 없더라도 신의 고유한 본질적 개념들(*conceptus quidditativi*)은 교환 가능할 것이다. 그래서 본질적인 개념들은 구별되는 개념들이 아니다. 우리가 신에 대해 구별된 개념들을 가질 수 있다면, 이것은 우리의 개념들이 신의 고유한 본질적 개념들이 아니라는 사실로 인해 그런 것이다. 그것들은 교환 가능하지 않다. 왜냐하면 그런 개념들은 유한성

---

30 『명제집 1』, 2, 9, P.
31 같은 책, R.

을 부정적으로 함축하는 무한성의 개념처럼 함축 개념이거나 지혜의 개념처럼 신과 피조물에 공통적인 개념이기 때문이다. 단일한 실재에 대응하는 것은 단지 하나의 고유한 본질적 개념일 뿐이다. 함축 개념은 그 개념이 그것의 술어가 되는 주어와는 다른 실재를 함축한다. 공통개념은 그 개념이 실제로 그것의 술어가 되는 주어와는 다른 다수의 실재들의 술어가 될 수 있다. 게다가 우리가 신에 대해 술어로 붙이는 공통개념들은 신과는 다른 실재들에 대한 반성에 근거한 것이며, 그런 개념들은 이들 실재들을 전제하고 있다.

다음과 같은 중요한 결론이 나온다. 마치 우리가 지금 하고 있는 것처럼, 단순 존재자인 신에 대한 구별된 개념들을 우리가 가진다면, 신의 본성에 대한 우리의 개념적 인식은 신을 있는 그대로 인식하는 것이 아니라 개념들을 인식하는 것이다. 우리가 도달하는 것은 신의 본질이 아니라, 신의 본질에 대한 심적인 표상이다. 사실상 우리는 신에 대해서만 술어를 부여할 수 있는 합성개념을 만들 수 있다. 그러나 이 개념은 심적 구성물이다. 우리는 신의 본질을 있는 그대로(충분히, adequately) 반사하는, 신에 대한 단순 개념을 가질 수 없다. '신의 본질도 … 신에 본래적인 어떤 것도 실제로 신인 어떤 것도 신이 대상으로서 포함되어 있다는 것 이외에는 우리에게 알려질 수 없다.'[32] '우리는 그것들 안에서 신의 단일성도 인식할 수 없고 … 신의 무한한 힘이나 신의 선함이나 신의 완전함도 인식할 수 없다. 그러나 우리가 직접적으로 인식하는 대상은 실제로 신이 아니라 우리가 신을 의미하는 명제에서 우리가 사용하는 개념들이다.'[33] 그렇다면 우리는 개념들의 매개를 통해서만 신의 본성을 인식한다. 그리고 이들 개념들은, 그것들은 고유한 본질적 개념들이 아니며, 신의 본질에 대한 직접적 이해를 대신할 수 없다. 우리는 실재(quid rei)에 도달하지 못하고, 이름뿐인 표상(quid nominis)에 도달한다. 이것은 신학이 진리가 아니라거나 신학의 명제들이 의미가 없다는 것을 뜻하는 것이 아니다. 오히려 그것은 신학자가 개념과 심적 표상의 영역에 제한되어 있고, 그의 분석이 신 자신의 분석이 아니라 개념들의 분석이라는 것을

---

32   같은 책, 3, 2, F.
33   같은 책, M.

뜻한다. 예를 들어 스코투스가 했듯이 우리는 신의 속성들을 구별되는 개념들 안에서 이해하기 때문에, 이 속성들이 형식적으로 신과 구별된다고 상상하는 것은 신학적 추리의 본성을 오해하는 것이다.

오컴이 신의 본성에 대한 우리의 인식이라는 주제에 대해 이야기해야 하는 것과 관련하여 앞에서 한 충분하지 못한 설명은 실제 그의 철학적 관념에 대한 설명이 아니라 그의 신학적 관념에 대한 설명에 해당된다. 절대적으로 최상의 존재로서의 신 존재가 철학자에 의해서 확증될 수 없다면, 철학자가 신의 본성에 대한 어떤 확실한 인식도 우리에게 줄 수 없다는 것은 명확하다. 오컴에 의하면 신학자의 추리도 신의 본성에 대한 확실한 인식을 줄 수 없다. 개념의 분석에 관한 한, 무신론자도 믿음을 가진 신학자에 의해 수행되는 것과 동일한 분석을 수행할 수 있다. 우리에게 신학적 명제의 진리에 대한 확실한 인식을 주는 것은 신학자의 추리 그 자체가 아니고, 또한 논증이 신학자에게 가능할지라도 그의 논증도 아니며, 신앙 위에서 수용된 신의 계시일 뿐이다. 신학자는 확실한 전제에서 올바르게 추리할 수 있지만, 그러나 무신론자도 그렇게 할 수 있다. 단, 신학자는 전제와 결론을 신앙 위에서 받아들이고, 또 그는 명제가 참되다는 사실을, 즉 명제가 실재와 일치한다는 사실을 안다. 그러나 그는 이것을 신앙에 의해서 안다. 그리고 그의 인식은 엄격한 의미에서 '과학'이 아니다. 왜냐하면 그의 추리의 기초에 어떤 직관적 인식도 놓여 있지 않기 때문이다. 오컴은 신학적 교의의 진리에 의문을 제기할 의도가 없었다. 그는 신학적 추리와 신학적 개념의 본성을 검토하기를 제안했고, 자신의 문제를 논리학자의 관점에서 다루었다. 그의 신학적 유명론은 그의 생각으로는 불가지론이나 회의주의와 같은 것이 아니었다. 오히려 그것은 의도가 어쨌든 그가 받아들였던 신학의 논리적 분석이었다.

그러나 신의 본성에 대한 우리의 인식을 오컴이 논의한 것이 철학적 영역에 속하기보다는 신학적 영역에 속한다고 보는 것이 보다 적절함에도 불구하고, 만약 선대의 중세철학자들이 형이상학자의 권능 안에 들어온다고 생각했던 문제들을 철학에서 그가 다루고 있다는 단지 그 이유 때문이라면, 그런 논의는 그의 철학의 논의 안에 속하게 된다. 이와 유사하게, 오컴이 보기에는 철학자 그 자체는 신의 '관념들'에 관해 확실성을 가진 어떤 것도 거의 확립할 수 없음에도 불구하고, 이 주제는 전통 중세

형이상학의 현저한 특징이었고, 그 주제에 대한 오컴의 취급은 그의 일반적 철학적 원리와 밀접하게 연결되어 있다. 그러므로 여기에서 그것에 관해 무엇인가 언급하는 것은 바람직하다.

─────────── **5. 신의 관념[이데아]들**

첫째, 신의 지성 안에는 다수성이란 있을 수 없다. 신의 지성은 신의 의지, 그리고 신의 본질과 동일하다. 우리는 '신의 의지', '신의 지성', '신의 본질'에 관해서 이야기할 수도 있다. 그러나 언급된 실재는 단 하나의 단순한 존재이다. 그러므로 '신의 관념들'에 대한 언급은 신 안에 있는 실재들을 지칭하는 것으로 간주될 수 없다. 이 실재들은 어쨌든 신의 본질과 구별되거나 서로서로 구별된다. 만약 도대체 구별이 존재한다면, 그것은 실재적 구별일 것이다. 그리고 실재적 구별은 인정될 수 없다. 둘째, 신의 관념들을 창조에서 일종의 매개적 요소로서 요청하는 것은 매우 불필요하고 또 오해를 불러일으킨다. 신의 관념들이 결코 신의 지성, 즉 그 자체 신의 본질과 동일한 신의 지성과 결코 구별되지 않는다면, 그런 관념들이 창조에서 매개적 요소일 수 없다는 사실은 별문제로 하더라도, 신은 어떤 '관념들'의 매개가 없더라도 피조물을 알 수 있고 피조물을 창조할 수 있다.[34] 오컴은 자신의 견해로는 신의 관념이론이 단지 일종의 신인동형설(神人同形說, anthropomorphism)일 뿐이라는 점을 명확히 하고 있다. 또 그것은 사물(*quid rei*)과 이름뿐인 표상(*quid nominis*)의 혼동을 포함하고 있다.[35] 이 이론의 옹호자는 신의 본질과 신의 관념들의 실재적인 구별 또는 관념들 자체 사이의 실재적인 구별이 없고 단지 그 구별은 심적[사고상의] 구별이라는 사실을 확실하게 받아들인다. 그러나 그들은 마치 신 안에 있는 관념들의 구별이 피조물의 창조에 선행했던 것처럼 이야기한다. 게다가 그들은 신 안에, 사실의 문제로서 어떤 실재와

---

34 다음을 참조. 같은 책, 35, 5, C.
35 다른 말로 하면, 오컴은 이 이론의 옹호자가 말이나 이름을 사물과 혼동함으로써 언어에 의해 오도되었다고 생각했다.

도 상응하지 않는 보편관념들을 요청한다. 결국 오컴은 경제성의 원리를 신 관념들 이론에 적용한다. 그러나 이런 적용은, 신 관념들의 이론이 신 안에 관념들이 있으며, 그 관념들이 실재 관계로서 해석되든 아니면 심적 관계로서 해석되든지 간에 피조물 그 자체와 구별된다는 점을 함의하고 있다는 조건에서 이루어진다. 신의 피조물 창조를 설명하는 것이건 신의 피조물 인식을 설명하는 것이든 그런 설명을 위하여 신 안에 그러한 관념을 요청하는 것은 불필요하다.

그러므로 한 가지 의미에서 오컴은 신 관념 이론을 거부했다고 말해질 수도 있다. 그러나 이것은 성 아우구스티누스가 잘못을 저질렀거나 혹은 그 이론을 허용할 수 있는 해석이 없다고 오컴이 주장할 의향이 있었다는 것을 의미하는 것은 아니다. 그 반대로, 언어적 승인에 관한 한, 그는 그 이론을 승인했다고 말해져야만 한다. 그러나 만약 그가 언어도단의 자기모순을 범했다고 판단되지 않는다면, 그가 그 진술에 부여한 의미는 분명히 이해되어야 한다. 예를 들어 그는 무한한 수의 구별되는 관념들이 존재한다고 주장했으며, 이러한 주장은 처음 듣기에는, 구별되는 관념을 신에 귀속시키는 것에 대한 그의 비난과 명백히 모순되는 것처럼 보인다.

첫째로, '관념'이란 명사는 함축 명사(connotative term)다. 관념은 직접적으로는 피조물 그 자체를 나타낸다(denote). 그러나 그것은 간접적으로는 신의 인식 또는 인식자를 함축한다(connote). '따라서 그것은 피조물 자체에 대해서 즉 관념인 피조물 자체에 대해서 술어로 사용될 수 있지만, 그러나 그것은 인식하는 행위자에 대해서도 인식에 대해서도 술어로 사용될 수 없다. 왜냐하면 인식도 인식하는 자도 관념 또는 범형(範型)이 아니기 때문이다.'[36] 그렇다면 우리는 피조물 자체는 관념이라고 말할 수 있다. '관념들은 신 안에 주관적으로 그리고 실제적으로 있지 않고, 신 안에 객관적으로만 즉 신에 의해서 인식되는 확실한 사물들로서 존재한다. 왜냐하면 관념들은 신에 의해 생산될 수 있는 사물 그 자체이기 때문이다.'[37] 다른 말로 하면, 한편으로는 신을 요청하고, 다른 한편으로는 피조물들을 요청하는 것으로 충분하다. 신에 의해 인식된

---

36   『명제집 1』, 35. 5. E.
37   같은 책, G.

것으로서의 피조물은 '관념들'이고, 그리고 다른 관념들은 존재하지 않는다. 신에 의해서 영원성으로부터 인식된 것으로서의 피조물은 실제로 존재하는 것으로서의 피조물의 범형 또는 전형으로서 간주될 수 있다. '관념들은 어떤 인식된 범형(exempla)이다. 그리고 관념들과 관계함으로써 인식하는 자는 실재적 존재 안에 무언가를 생산할 수 있다. … 이러한 서술은 신의 본질 그 자체에 적합한 것도 아니고 어떤 심적 관계(mental relation)에 적합한 것도 아니지만, 그러나 피조물 자체에는 적합하다. … 신의 본질은 관념이 아니다. … 또한 (관념도 아니고 실재적이거나 심적 관계도 아니다) … 또한 실재적 관계도 아니다. 왜냐하면 신의 부분과 피조물 간의 실재적 관계는 존재하지 않기 때문이다. 그리고 심적 관계도 아니다. 왜냐하면 "관념"이란 명칭이 주어질 수 있는 피조물과 신 사이의 심적 관계는 존재하지도 않을뿐더러, 심적 관계는 피조물의 범형일 수 없기 때문이다. 이것은 마치 사고상의 존재(ens rationis, 심적 존재)가 실재적 존재의 범형일 수 없는 것과 같다.'[38] 그러나 만약 피조물 그 자체가 관념이라면, 다음과 같은 결론이 나온다. '사물들 자체가 서로서로 구별되듯이, 제작 가능한 모든 사물들의 각각의 관념들이 존재한다.'[39] 그리하여 질료와 형상처럼, 생산 가능한 사물들의 모든 본질적이며 필수적인 부분들에 대한 각각의 관념들이 존재한다.[40]

다른 한편 관념들이 피조물 그 자체라면, 다음의 결론이 나온다. 즉 관념들은 개별적인 사물들에 대한 관념들이다. '왜냐하면 개별사물들만이 (마음의) 바깥에서 생산될 수 있지 그 외에 어떤 것도 그렇게 될 수 없기 때문이다.'[41] 예를 들어 류(類)에 대한 신의 관념은 존재하지 않는다. 왜냐하면 신의 관념들은 신에 의해 제작될 수 있는 피조물이고, 류는 실재하는 존재로서 생산될 수 없기 때문이다. 또한 다음의 결론이 나온다. 부정, 결핍, 악, 죄와 같은 것들에 대한 관념은 존재하지 않는다. 왜냐하면 이런 관념들은 개별의 사물도 아니고 그런 사물일 수도 없기 때문이다.[42] 그러나 신이

---

38 같은 책, E.
39 같은 책, G.
40 같은 곳.
41 같은 곳.
42 같은 곳.

무한한 수의 피조물들을 생산할 수 있기 때문에, 우리는 무한한 수의 관념들이 존재한다고 말하지 않으면 안 된다.[43]

신의 관념들 이론에 대한 오컴의 논의는 일반적인 중세적 개관뿐만 아니라 그 자신의 정신구조를 보여준다. 중세에 있어서 성 아우구스티누스에 대한 존경심은 너무나 대단해서, 그의 주요한 이론들 중 단 하나라도 거부하는 것은 신학자로서는 불가능한 일이다. 그렇기 때문에 우리는 아우구스티누스 이론의 언어가 오컴에 의해서 유지되며 사용되고 있다는 사실을 확인하게 된다. 오컴은 기꺼이 개별적인 관념들과 창조의 범형으로서의 이들 관념들에 대해 이야기하였다. 다른 한편 경제성의 원리를 사용하고, 신의 의지를 지배하기 위해서 전능한 창조자와 피조물 사이에 오는 것처럼 보이는 모든 것을 제거하기로 결심하면서, 그는 모든 플라톤주의의 이론을 잘라내었고, 관념들을 피조물들 그 자체와 동일시했다. 이 피조물들은 신에 의해 생산될 수 있고, 영원성으로부터 신에 의해서 생산될 수 있는 것으로 인식된다. 철학적 관점에서 보았을 때, 오컴은 보편관념들을 제거함으로써 그 이론을 그의 일반철학에 일치시킨 반면에, 신학적 관점에서 보았을 때, 그는 신의 전능을 수호했고 그리스 형이상학의 오염이라고 자신이 생각했던 것을 제거했다. (그러나 관념들과 피조물들을 동일시했기 때문에, 그는 플라톤이 관념들과 신을 동일시하지 않았을 뿐만 아니라 관념들을 신의 정신 안에 두지 않음으로써 올바른 면을 보여주었다는 점을 주시할 수 있었다.) 물론 그렇다고 해서 오컴이 아리스토텔레스 이론의 언어를 사용한 일이 앞뒤가 안 맞는다고 말할 수는 없다. 오컴이 그 이론을 가정했던 것은 그 이론이 신에 의해서 피조물이 인식된다는 것만을 의미하는 것으로 간주될 수 있는 한에서이며, 그것은 또한 주요한 전통 이유들 중 하나이기도 하다. 즉 신은 합리적으로 창조하며, 비합리적으로 창조하지 않는다는 것이 바로 그 이유이다.[44] 그러나 동시에 오컴의 손 안에서 그 이론은 플라톤주의에서 벗어났으며, 어떤 점에서 보더라도 그 이론은 그것의 원래의 형식에서 거부되었다는 점은 분명하다. 아벨라르두스는 극단적 실념론(ultra-realism)을 거부했지만 대체로 성 아우구스티

---

43   같은 곳.
44   다음을 참조. 『명제집 1』, 35. 5, E.

누스에 대한 존경심 때문에 보편적 관념들이 신 안에 있다는 이론을 유지하였다. 그러나 오컴은 이러한 보편적 신 관념들을 제거하였다. 그래서 관념이론에 대한 그의 견해는 단지 하나의 개별적인 현존만이 있다는 그의 일반원리와 일치하고, 그리고 제거될 수 있는 모든 다른 요소들을 제거하려는 그의 일관된 시도와 일치한다. 물론 피조물을 신에 의해 모든 영원성에서 인식되는 것이라고 말하는 것은 ('사물들은 영원성에서 나온 관념들이지만, 영원성으로부터 실제적으로 현존하는 그 무엇은 아니다')[45] 관념이론의 본질을 인정하는 것이다. 사실상 이것은 오컴이 생각했던 것이고, 성 아우구스티누스에 호소하면서 자신의 관점에서 자신을 정당화했던 것이다. 그러나 아마도 오컴의 이론이 완전히 일관되는지는 의심의 여지가 있다. 어쨌든 그가 신의 창조적 권능을 제한하지 않았듯이, '관념들'의 범위를 신이 실제로 생산했던 사물들을 넘어서까지 확장해야만 했다. 그러나 이렇게 하는 것은 물론 '관념들'이 현존했던, 현존하는, 그리고 현존하게 될 피조물들과 동일시될 수 없다는 것을 인정하는 셈이다. 또한 이것을 인정하는 것은 보편관념들이 결코 인정되지 않는다는 것을 제외하고는 토마스 아퀴나스의 이론에 대단히 근접하는 것이다. 아마도 도출되어야 하는 결론은 자신이 실제로 폐기한 이론의 언어를 오컴이 앞뒤가 안 맞게 사용했다는 사실이 아니라, 비록 그가 개별자만이 현존하거나 현존할 수 있고, 보편개념은 인간사고의 수준에 속하는 것이지 신에게 귀속되는 것이 아니라는 그의 확신과 일치하는 방식으로 그 이론을 해석했음에도 불구하고, 그 이론을 충심으로 받아들였다는 사실이다.

━━━━━ 6. 미래의 우연적 사건들에 대한 신의 인식

신의 인식을 다루게 되었을 때, 완전히 우리의 경험 바깥에 놓여 있는 인식수준에 관한 주장을 하기 위하여 오컴은 두드러지면서도 사실 상당부분 이해할 수 있을 정도의 주저함을 보여준다.

---

45   같은 책, M.

신이 자신 이외에 모든 사물들을 인식한다는 것은 철학적으로 증명될 수 없다. 모든 증명은 주로 신의 보편적 인과성에 근거할 것이다. 그러나 원인이 그것의 직접적인 결과를 안다는 인과성의 원리에 의해서 그것이 증명될 수 없다는 사실은 별 문제로 하더라도, 신이 모든 것의 직접적인 원인이라는 것은 철학적으로 증명될 수 없다.[46] 신이 자신 이외의 다른 것은 안다는 것을 말하기 위해서는 개연적인 논증들이 주어질 수 있다. 그러나 그 논증들은 절대적으로 확실한 것은 아니다. 다른 한편 신은 자신 이외에 다른 어떤 것도 인식하지 못한다는 것은 증명될 수 없다. 왜냐하면 모든 인식 작용이 그것의 대상에 의존한다는 것은 증명될 수 없기 때문이다.[47] 그럼에도 불구하고 신이 전지(全知)하다는 것, 즉 신이 자신뿐만 아니라 모든 다른 사물도 인식한다는 것이 철학적으로 증명될 수 없다 하더라도, 우리는 신앙에 의해서 신이 전지하다는 것을 인식한다.

그러나, 만약 신이 모든 것들을 인식한다면, 이것은 신이 미래의 우연적 사건들 ── 즉 그것들의 현실성을 위해 자유로운 의지에 의존한다는 의미에서의 우연적인 사건들을 인식한다는 것을 의미하는가? '나는 이러한 의문에 대해 신이 모든 미래의 우연적 사건들에 대해 확실하고도 명확하게 인식한다는 것이 의심할 바 없이 주장될 수 있다고 답하겠다. 그러나 우리의 현재의 상태에서는 신이 모든 미래의 우연적 사건들을 인식한다는 이 사실이나 방식을 명료하게 하는 것은 어떤 지성에게도 불가능하다.'[48] 오컴이 이야기하고 있듯이 아리스토텔레스는 신이 다음과 같은 이유 때문에 미래의 어떤 우연적 사건들에 대해서도 명확한 인식을 가지지 못한다고 주장했을 것이다. 자유로운 선택에 의존하는 미래의 우연적 사건이 발생하거나 발생하지 않으리라는 진술은 결코 참이 아니다. 미래의 우연적 사건이 발생하거나 아니면 발생하지 않으리라는 명제는 참이다. 그러나 미래의 우연적 사건이 발생하리라는 진술도 그것이 발생하지 않으리라는 진술도 참이 아니다. 그리고 두 진술이 모두 참이 아니라면, 두 진술 모두 인식될 수 없다. '이런 이유에도 불구하고, 우리는 신이 모든 미래의 우

---

46   같은 책, 35, 2, D.
47   같은 곳.
48   같은 책, 38, 1, L.

연적인 것들을 명료하게 인식한다고 주장해야 한다. 그러나 (신이 그것을 인식하는) 방식을 나는 설명할 수 없다.'[49] 그러나 오컴은 계속해서 다음의 진술을 한다. 신이 미래의 우연적 사건들을 신 자신에게 현전하는 것으로서 인식하지 못하거나[50] 또는 인식의 매개로서의 관념에 의해서 인식하지 못하지만, 신의 본질 그 자체에 의해서는 인식한다고 주장한다. 그러나 이것은 철학적으로 증명될 수 없다. 이와 유사하게, 『신의 예견, 예언, 미래의 우연적인 것에 관하여』(*Tractatus de praedestinatione et de praescientia Dei et de futuris contingentibus*)[51]에서 오컴은 다음처럼 진술한다. '그래서 나는 신이 미래의 우연적 사건들을 인식하는 방식을 분명히 표현하는 것은 불가능하다고 주장한다. 그러나 신은 비록 우연적이지만 이 사건들은 인식한다고 주장하지 않으면 안 된다.' 신이 미래의 우연적 사실들을 '우연적으로' 인식한다고 주장함으로써 오컴이 의미했던 것은 신은 우연적 사건들을 우연적인 것으로 인식하고, 신의 인식은 우연적 사건들을 필연적인 것으로 만들지 않는다는 것이다. 그의 계속된 주장에 따르면 '신의 본질은 직관적 인식이고, 그 인식은 너무 완벽하고 분명해서 그 자체 모든 과거와 미래의 명확한 인식이며, 따라서 그 본질은 모순의 어떤 부분은 참이고 어떤 부분은 거짓이라는 것을 안다.'[52]

그리하여 신이 예를 들어 나는 내일 산보를 하거나 아니면 집에 머물러 독서를 하기로 선택할 것이라는 사실을 단순히 인식하는 것에 그치는 것이 아니라, 신은 어떤 선택이 참이고 어떤 선택이 거짓인지를 안다고 오컴은 주장한다. 이런 주장은 철학적으로 증명될 수 있는 것이 아니다. 그것은 신학적인 문제이다. 신의 인식방식에 관해 말한다면, 오컴은 신의 본질이 신의 미래의 우연적 사실들을 인식하는 것이라는 진술을 넘어서는 주장은 결코 하지 않았다. 오컴은 신이 미래의 우연적 사건이 참이라고 결정하기 때문에 신이 미래 우연적 사건에 관한 선언명제의 어떤 선언지가 참

---

49 같은 책, 38, 1, M.
50 성 토마스 아퀴나스는 미래의 우연적 사건들은 신의 영원성에 의해서 신에게 현전하고, 신은 그 사건들을 현전하는 것으로 인식한다고 주장했다.
51 오컴, 『신의 예견, 예언, 미래의 우연적인 것에 관하여』(*Tractatus de praedestinatione et de praescientia Dei et de futuris contingentibus*), Ed. Boehner, p. 15.
52 같은 곳.

이라는 진술의 편법에 호소하지 않는다. 오컴은 대단히 분별력 있게 어떻게 신이 미래의 우연적 사건들을 인식하는지 자신이 설명할 수 없다는 점을 시인한다. 그러나 주목해야 할 점은 오컴이 그러한 사건에 관한 선언명제의 한 선언지가 참이고, 신은 그것이 참이라는 것을 인식한다고 확신하고 있다는 것이다. 이것은 순전히 철학적인 관점에서 볼 때 중요한 사실이다. 미래의 자유로운 사건들에 대한 신의 인식과 예정이라는 주제의 관계는 여기에서 우리의 관심사가 아니다. 이것이 중요한 사실인 까닭은 오컴이 배중률에서 예외를 인정하지 않았다는 점을 이것이 보여주기 때문이다. 몇 몇 14세기의 철학자들은 이 예외를 인정했다. 우리가 이미 살펴본 것처럼 페트루스 아우레올리에 있어서 일정한 우연적 사건들이 미래에 일어나리라는 것을 긍정하거나 부정하는 명제들은 참도 아니고 거짓도 아니다. 그는 신이 미래의 우연적 사건들을 인식한다는 것을 부인하지 않았다. 그러나 그는 말하자면 신의 인식이 미래를 향해 있지 않기 때문에, 그 인식은 미래의 일정한 자유로운 활동에 관한 긍정적 또는 부정적 진술이 참이거나 거짓이게 만들지 않는다고 주장하였다. 그렇다면 우리는, 물론 비록 '삼가(三價, three-valued)' 논리를 정교하게 만들었다고 그를 서술하는 것이 시대착오적이긴 하지만, 그가 그러한 논리의 사례를 인정했다고 말할 수 있다. 그러나 윌리엄 오컴의 경우와는 다르다. 오컴은 참도 아니고 거짓도 아닌 명제를 받아들이지 않았다. 얼핏 보기에 아리스토텔레스의 관점을 뒷받침하는 것처럼 여겨지는 한두 구절이 있기는 하지만, 그는 그러한 명제들이 있다는 것을 보여주고자 한 아리스토텔레스의 논증을 거부했다. 게다가 『논리학 대전』(Summa totius logicae)[53]에서 오컴은 아리스토텔레스에 반대하면서 미래의 우연적 사건들에 관한 명제는 참이거나 거짓이라고 분명하게 진술한다. 다시 『자유토론집』(Quodlibet)[54]에서 오컴은 신이 미래의 우연적 사건들에 관한 긍정명제의 인식을 계시할 수 있다고 주장한다. 왜냐하면 그러한 명제는 참이기 때문이다. 신은 이러한 종류의 계시를 예언자에게 주었다. '그것이 나에게는 계시된 적이 없었기 때문에, 그것이 어떻게 행해졌는지 나는 알지 못함'에도 불구

---

53 『논리학 대전』, 2, 32.
54 『자유토론집』, 4, 4.

하고 말이다. 그렇다면 우리들은 오컴이 배중률의 예외를 인정했다고 말할 수 없다. 그리고 그는 예외를 인정하지 않았기 때문에, 배중률의 예외를 신의 전지와 일치시키는 문제들에 직면하지 않았다.

7. 신의 의지와 전능

'의지', '지성', '본질'이라는 용어가 절대적인 의미로 이해된다면, 그 용어들은 동의어이다. '어떤 용어가 신의 본질을 정확하게 나타내고, 그 이외의 것은 아무것도 나타내지 않게 사용되었다면, 그리고 그 외에 어떤 것도 함축하지 않는다면, 그리고 이와 유사하게 어떤 용어가 동일한 방식으로 신의 의지를 나타내는 것으로 사용되었다면, 이 용어들은 단지 동의의 용어일 뿐이다. 전자에 대해 술어로 사용될 수 있는 모든 것은 후자에 대해서도 술어로 사용될 수 있다.'[55] 따라서 '본질'과 '의지'라는 용어가 절대적인 것으로 간주된다면, 신의 의지가 모든 사물들의 원인이라고 말하는 것은 신의 본질이 모든 사람들의 원인이라고 말하는 것과 다를 바 없다. 그것은 동일한 것이다. 그러나 우리가 '신의 본질'을 이야기하건 '신의 의지'를 이야기하건, 신은 모든 것들의 직접적인 원인이다. 그러나 이것은 철학적으로 입증될 수 있는 것은 아니다.[56] 신의 의지(또는 신의 본질)는, 신적 원인성이 없이는 모든 다른 조건과 섭리가 현존하더라도 어떤 결과도 생기지 않을 것이라는 의미에서, 모든 것들의 직접적인 원인이다. 게다가 신의 능력은 신이 가능한 모든 것을 할 수 있다는 의미에서 무제한적이다. 그러나 신이 본질적으로 불가능한 것을 할 수 없다고 말하는 것은 신의 능력을 제한하는 것이 아니다. 왜냐하면 본질적으로 불가능한 것을 하거나 만드는 것에 관해 말하는 것은 무의미하기 때문이다. 그러나 신은 제2원인이 없다고 하더라도 모든 가능한 결과를 생산할 수 있다. 예를 들어 신은 인간 안에 신을 미워하는 행위를 생산할

---

55   『명제집 1』, 45, 1, C.
56   같은 책, G.

수 있다. 그리고 신이 그렇게 했다 하더라도, 신은 죄가 없다.[57] 제2원인의 협력이 없더라도 신이 모든 가능한 결과를 생산할 수 있다는 것은 철학자에 의해서 입증될 수 없다. 그러나 그럼에도 불구하고 그것은 믿어야만[신앙해야만] 하는 것이다.

그렇다면 신의 전능은 철학적으로 증명될 수 없다. 그러나 신의 전능이 일단 신앙의 대상으로 가정된다면, 세계는 특별한 빛 속에서 나타난다. 모든 경험적인 인과관계는 즉 모든 규칙적인 계기는 우연적인 것으로 보인다. 왜냐하면 인과관계는 실험적 검증의 문제이지 아프리오리한 연역의 문제가 아닐 뿐만 아니라, 외적 행위자, 즉 신은 항상 A를 제2원인으로 사용하지 않더라도 B를 언제나 생산할 수 있기 때문이다. 물론 모든 중세 사유체계에서 자연적 과정의 제일성(齊一性)과 규칙성은, 신의 초자연적 개입의 가능성이 모든 그리스도교 사상가들에 의해 인정되는 한, 우연적인 것으로 간주되었다. 그러나 본질의 형이상학은 오컴이 박탈했던 상대적인 안정성을 자연(Nature)에 부여하였다. 자연에서의 관계와 결합은 오컴과 함께 실제로 '절대자들'의 공존 또는 계기적 존재로 환원되었다. 그리고 신앙으로 믿게 되는 신의 전능의 빛 안에서, 자연에서의 관계와 질서의 우연성은 신의 전능한 의지의 표현으로 간주되었다. 오컴의 자연관을, 그것의 신학적 배경과 분리해서 본다면, 형이상학적 관점의 제거를 통해서 자연의 과학적 관점에 이르는 발판으로서 간주하는 것은 합리적일 수도 있다. 그러나 신학적 배경은 오컴 자신에 있어 아무 관계도 없는 무용지물이 아니다. 오히려 신의 전능과 자유의 사상은 명시적으로나 암시적으로 그의 전 체계를 지배했다. 다음 장에서 우리는 이 문제에 대한 그의 확신이 어떻게 그의 도덕이론에 영향을 미쳤는지를 살필 것이다.

57　같은 책, 42, 1, G.

제7장

오컴(5)

━━━━━━━━ **1. 비물질적이며 불멸하는 영혼이 신체의 형상이라는 것은
철학적으로 증명될 수 없다**

오컴이 전통적인 신 존재증명을 비판했던 것과 마찬가지로, 또한 그는 그의 선배들이 심리학에서 제기했던 다수의 증명들을 비판했다. 우리는 지성과 의지의 작용들을 경험한다. 그러나 이들 작용들을 비물질적 형상이나 영혼에 귀속시킬 어떤 강력한 이유도 없다. 우리는 이러한 행위들을 신체의 형상이 작용하는 것으로 경험한다. 경험상으로 보면, 이런 작용들이 연장을 가지고 있고 물질적인 형상의 작용이라고 결론 내리는 것이 합리적일 수도 있다.[1] '지성적 영혼을 비물질적이고 불멸하는 형상 ― 이것은 전적으로 전체 안에 있고 전적으로 (신체의) 모든 부분 안에 있다 ― 으로 이해한다면, 우리 안에 그러한 형상이 존재한다거나 지성의 작용이 우리 안에 있는 이런 종류의 실체에 속해 있다거나 이런 종류의 영혼은 신체의 형상이라는 사실은 논증에 의해서건 경험에 의해서건 분명하게 인식될 수 없다. 나는 아리스토텔레스가 이것에 대해 생각했는지에 대해서는 관심이 없다. 왜냐하면 아리스토텔레스는 항상 애매한 방식으로 이야기하고 있는 듯이 보이기 때문이다. 그러나 이러한 세 가지

---

1   오컴, 『자유토론집』, 1, 12.

것들을 우리는 신앙에 의해서만 유지한다.'² 그 경우 오컴에 따르면 우리는 우리 자신 안에 비물질적이며 불멸의 형상이 있다는 것을 경험하지 못한다. 또한 우리가 경험하는 지성의 작용들은 그러한 형상의 작용이라는 것이 증명될 수도 없다. 우리가 경험하는 지성의 작용들이 비물질적인 실체의 작용이라는 것을 증명할 수 있다 하더라도, 이런 사실에서부터 이 실체가 신체의 형상이라는 귀결이 나오는 것은 아니다. 그리고 우리가 비물질적이고 불멸하는 영혼들을 소유하고 있다는 것이 철학적 추리나 경험에 의해서 증명될 수 없다면, 분명 이들 영혼이 신에 의해 직접적으로 창조된다는 것은 증명될 수 없다.³ 물론 오컴은 우리가 불멸의 영혼을 가지고 있지 않다고 말하지는 않는다. 그가 말하는 것은 우리가 이런 영혼들을 소유하고 있다는 것을 증명할 수 없다는 것이다. 우리가 이런 영혼들을 소유한다는 것은 신앙에 의해서 인식된 계시된 진리이다.

──────── **2. 인간에서 실제로 구분되는 형상의 다수성**

그러나 오컴이 신앙에 입각하여 인간 안에 있는 비물질적이고 불멸하는 형상을 받아들였다고 하더라도, 그는 이러한 형상이 질료에 직접적으로 생명을 부여했다고 말할 준비는 되어 있지 않았다. 질료의 기능은 형상을 뒷받침하는 것이다. 인간 신체의 질료가 하나의 형상을 가진다는 것은 분명하다. 그러나 인간의 신체가 사멸한다는 것은 질료에 직접적으로 생명을 부여하는 것이 하나의 불멸의 형상은 아니라는 점을 보여준다. '나는 우리가 지적인 영혼에 추가해서 사람 안에 또 다른 형상, 즉 감성적 형상(sensitive form)을 요청해야 한다고 말한다. 그런 형상에 의거해서 자연적 작용자는 소멸과 생산의 방식으로 작용할 수 있다.'⁴ 이런 감성적 형상 또는 영혼은 인간의 지성적 영혼과 구분되며, 만약 신이 달리 의지하지 않는다면, 그것은 신체와 함

---

2   같은 책, 1, 10.
3   같은 책, 2, 1.
4   오컴, 『명제집 2』, 22, H.

께 사라진다.[5] 동물이나 인간에 있어 단지 하나의 감성적 형상이 존재한다. 그러나 그 것은 '감성적 영혼의 한 부분이 질료의 한 부분을 완성하는 반면에, 동일한 영혼의 다 른 부분은 질료의 다른 부분을 완성'[6]하는 방식으로 확장된다. 그래서 시각기관을 완 성하는 감성적 영혼의 부분은 시력인 데 반해서, 청각기관을 완성하는 부분은 청력 이다.[7] 그렇다면 이런 의미에서 우리는 실제로 서로 구분되는 감성적 능력들에 대해 이야기할 수 있다. 왜냐하면 '보는 행위를 위해서 필연적으로 요구되는 우연적 성향 은 듣는 행위를 위해서 필연적으로 요구되는 성향과 실제로 다르'기 때문이다.[8] 이것 은 예를 들어 청력을 잃지 않고서 시력을 잃을 수 있다는 사실에서 분명해진다. 그러 나 우리가 '시력이나 청력'을 여러 가지 감각작용의 유발 원리인 형상으로 이해한다 면, 다양한 감각기관에 상응하는 별개의 능력[시력·청력]을 실제로 요청할 필요가 없 다. 경제성의 원리가 적용될 수 있다. 하나의 유발원리는 감성적 형상이거나 영혼 그 자체이고, 이것은 신체 전체로 확장되며, 상이한 감각기관을 통해서 작용한다.

한 장소에서 오컴은 다음처럼 이야기한다. '내가 참된 것이라고 생각하는 의견 에 따르면, 인간 안에는 여러 실체적 형상이 존재하며, 적어도 물체의 형상과 지적인 영혼이 존재한다.'[9] 다른 장소에서 그는, 인간 안에 여러 실체적 형상들이 존재하거나 존재하지 않는다는 것을 증명하는 일은 어렵다 하더라도, '인간 안에 별개의 것인 지 성적인 영혼과 감성적인 영혼에 관해 적어도 다음과 같은 방식으로 (존재한다는 것이) 증명된다'[10]고 이야기한다. 증명의 어려움에 대한 그의 토로는 『자유토론집』에서 설 명된다.[11] 여기에서 그는 감성적 영혼과 지성적 영혼이 인간에서 구분된다는 것을 증 명하기는 어렵다고 이야기한다. '왜냐하면 그것은 자명한 명제들로부터 증명될 수 없 기 때문이다.' 그러나 이것이 경험에 근거한 논증들, 예컨대 우리가 감성적인 식욕을

---

5   『자유토론집』, 2, 10.
6   『명제집 2』, 26, E.
7   같은 곳.
8   같은 책, D.
9   같은 책, 9. C C.
10   오컴, 『명제집 4』(4 Sent.), 7, F.
11   『자유토론집』, 2, 10.

가지고서 어떤 것을 욕구할 수 있는 반면에, 동시에 우리는 이성적 의지를 가지고서 그것을 물리친다는 식의 논증을 오컴이 계속 제시하는 일을 막지는 못한다. 한 장소에서 그가 지성적 영혼과 물질(corporeity, 신체)의 형상을 요구하는 것처럼 보이는 반면에, 다른 장소에서 지성적 영혼과 감성적 영혼이 인간 안에 있다는 것을 요구하는 것처럼 보인다는 사실과 관련하여, 두 문맥에 의해서 겉으로 보이는 불일치성이 해명될 수 있는 것으로 여겨진다. 여하튼 오컴은 인간 안에 세 가지 구분되는 형상들이 존재한다는 점을 분명히 주장하였다. 그는 지성적 영혼과 감성적 영혼이 인간 안에서 구분될 뿐 아니라,[12] 감성적 영혼과 물질의 형상은 사람에게 있어서나 금수에게 있어서 실제적으로 구분된다고[13] 주장한다. 인간 안에 물질의 형상이 있다고 주장하면서 오컴은 물론 프란치스코의 전통을 유지하였다. 그는 전통적인 목적론적 논증을 제시한다. 이 논증에 따르면, 그리스도의 죽은 신체가 그의 살아있는 신체와 수적으로 동일하다는 것을 설명하기 위하여 물질의 형상이 요청되어야 한다. 물론 그는 다른 논증도 제시하고 있기는 하다.

인간 안에 물질의 형상이 존재한다고 말하고, 지성적 영혼이 직접적으로 제1질료에 생명을 불어넣는 것은 아니라고 주장하면서, 오컴은 전통적인 입장을 유지했다. 그는 전통적인 입장을 지지하면서 성 토마스의 입장을 거부했다. 게다가, 비록 그가 실체적 형상들의 다수성 이론을 주장하였지만, 총체성에서 이해된 인간은 단일성임을 부인하지는 않았다. '인간의 단 하나의 전체적 존재만 있지만, 여럿의 부분적인 존재들도 있다.'[14] 비록 오컴은 이것이 철학적으로 증명될 수 있다고 생각하지는 않았지만, 지성적 영혼이 신체의 형상이라는 것을 부인하지도 않았다. 그러므로 오컴이 비엔나 공의회(1311)의 교지에 대해 반대했다고 말하기는 어렵다. 왜냐하면 공의회는 이성적 또는 지성적 영혼이 제1질료에 직접적으로 생명을 불어넣는다는 것을 주장하지 않았기 때문이다. 공의회의 성원들 다수는 물질의 형상론을 유지하였다. 그리고 이성적 영혼이 신체에 직접적으로 생명을 불어넣는다고 천명했을 때, 그들은 이

---

12   같은 책, 2, 10, 『명제집 2』, 22, 11.
13   『자유토론집』, 2, 11.
14   같은 책, 2, 10.

성적 영혼에 의해 생명을 갖게 되는 신체가 물질이라는 자신의 형상에 의해 신체로서 구성되는지 그렇지 않은지의 문제에 대해 전혀 답변하지 않은 채로 남겨두었다. 다른 한편, 공의회는 다음을 분명히 하였다. 즉 올리비(Olivi)의 심리론이 함축하고 있는 의미에 대해 반대하면서 인간의 단일성을 방어하고자 했다.[15] 그리고 오컴의 이론이 이런 요구를 충족시켰는지는 적어도 의심스럽다. 기억해야만 하는 것은 오컴에게서 실질적인 구분은 적어도 신의 능력에 의해서 분리될 수 있는 사물들 간의 구분을 의미했다는 것이다. 그는 스코투스의 형상적인 객관적인 구별들의 이론, 즉 동일한 것의 상이한 '형상들'이 서로 분리될 수는 없지만 객관적인 구분이 이루어진다는 이론을 거부하였다. 감성적 영혼과 지성적 영혼이 인간 안에서 실제로 구분되는지 여부에 관해 논의할 때, 그는 그리스도의 감성적 영혼이 항상 신성과 결합되어 있음에도 불구하고 그리스도의 죽음과 부활 사이의 기간 동안 신이 만족하는 곳에서 그대로 남아 있다고 언급한다. '그러나 그리스도의 감성적 영혼이 신체와 함께 남아있는지 아니면 지성적 영혼과 함께 남아있는지는 신만이 안다. 그러나 두 가지 모두가 충분히 가능하다.'[16] 그러나 만약 감성적 형상이 실제로 인간의 이성적 형상 및 그의 신체로부터 분리될 수 있다면, 인간의 단일성이 어떻게 유지될 수 있는가를 알기는 힘들다. 물론 모든 중세의 그리스도교 사상가들이 이성적 영혼과 신체가 분리될 수 있다는 것을 인정했다는 것은 사실이다. 분명히 그들은 다른 주장을 할 수 없었다. 그리고 감성적 영혼이 이성적 영혼과 분리될 수 있다는 것이 인간의 단일성을 훼손하지 않는다고 주장할 수 있듯이, 인간의 이성적 영혼이 그의 신체와 분리될 수 없다는 주장도 인간의 단일성을 훼손하지 않는다고 논증될 수 있다. 그러나 사람들은 적어도 인간 안에 감성적 영혼과 이성적 영혼이 실제로 구분된다는 오컴의 이론은 스코투스의 형상적 구분론보다 인간의 단일성에 대한 방어를 보다 어렵게 만든다고 충분히 주장할 수 있다. 물론 오컴은 스코투스의 형상적 구분을 경제성의 원리에 의해서 처리했고, 경험에 호소함으로써 자신의 감성적 영혼과 이성적 영혼 간의 실제적인 구분론을

---

15   본 전집의 제2권 참조. pp. 451-453.
16   『자유토론집』, 2, 10.

뒷받침했다. 사실상 스코투스가 형상적 구분론을 주장한 것도 유사한 이유에서이다. 그러나 스코투스는 오컴보다 인간의 지성적 삶과 감성적 삶의 기본적인 단일성을 더 깨달았던 것처럼 보인다. 어떤 측면에서 보면, 스코투스는 오컴보다 아리스토텔레스의 영향을 덜 받은 듯이 여겨진다. 오컴은, 우리가 이미 살펴본 것처럼, 지성적 영혼이 신체의 형상이라는 이론을 신앙 위에서 받아들였지만, 어쨌든 이성적 영혼이 형상으로서보다는 동자(動者)로서의 신체와 결합되어 있을 가능성을 마음속에 그리고 있다.

──────── **3. 이성적 영혼은 실제로 구분되는 능력들을 소유하지 않는다**

오컴이 인간 안에 실제로 서로 구분되는 다수의 형상이 존재한다고 주장하였지만, 그는 주어진 형상의 기능들 간에 실제적 구분이 있다는 것을 인정하지 않을 것이다. 우리는 이미 오컴의 입장을 살펴보았다. 그는 감성적 영혼이나 형상이 감성적 영혼 그 자체와 실제로 구분되고 또 서로 간에 구분되는 능력들을 소유하고 있다는 점을 허용하지 않았다. 물론 '능력들'이란 말이 단지 여러 감각 기관에서의 우연적 성향만을 의미하는 것이라면 예외이지만. 또한 그는 이성적 영혼이나 형상이 이미 실제로 이성적 영혼 그 자체와 구분되고 또 서로 간에 구분되는 기능들을 소유하고 있다는 점을 허용하지 않았다. 이성적 영혼은 연장적이지 않고 정신적이다. 그것은 부분들 또는 존재론적으로 구분되는 기능들을 가질 수 없다. 지성이라고 불리는 것은 단순히 이성적 영혼의 이해 작용일 뿐이고, 우리가 의지라고 부르는 것은 단순히 영혼적 의지 작용일 뿐이다. 이성적 영혼은 작용들을 낳는다. 그리고 지성적 능력이나 기능은 '단순히 영혼의 본질을 의미하는 것에 그치는 것이 아니라, 이해의 작용들을 함축하기도 한다. 그리고 의지의 경우도 이와 유사하다.'[17] 이 경우 어떤 의미에서 지성과 의지는 실제로 구분된다. 즉 우리가 지성과 의지를 함축적인 명사들로 간주한다면, 그렇다는 것이다. 이해의 작용은 실제로 의지의 작용과 구분되기 때문이다. 그러

---

17   『명제집 2』, 24, L.

나 우리가 작용을 낳는 것에 관해 언급한다면, 지성과 의지는 실제로 구분되지 않는다. 경제성의 원리는 실제로 구분되는 기능들과 원리들을 제거하는 데 적용될 수 있다.[18] 서로 다른 활동들을 유발할 수 있는 하나의 이성적 영혼이 존재한다. 수동적 지성과 구별되는 것으로서의 능동적 지성의 존재에 관해 이야기한다면, 그것을 받아들여야 할 강력한 이유는 전혀 없다. 예를 들어 보편개념의 형식은 지성의 어떤 활동을 전혀 가정하지 않더라도 설명될 수 있다.[19] 그러나 능동적 지성의 존재 논증에 대한 답변이 주어질 수 있으되, 어쨌든 개연적 논증 이상이 결코 주어질 수 없다는 사실에도 불구하고, 오컴은 '성인들과 철학자들'[20]의 권위 때문에 능동적 지성을 받아들일 준비가 되어 있다.

——— 4. 인격

인간에 있어 실체적 형상들의 다수성을 주장하고, 동시에 지성과 의지가 실제로 구분되는 능력이라는 것을 거부하면서, 오컴은 프란치스코 전통의 두 특징들에 충실했다. 그러나 인간에 있어 형상들의 다수성 이론은 한 인간영혼에 추가해서 물질의 형상을 받아들인다는 것을 의미했으며, 말하자면 오컴의 구분이라는 의미에서 영혼이 서로 구분되는 형상으로 분해된다는 것을 의미한 것은 아니었다. 스코투스의 형상적이며 객관적 구분을 버리고 오컴이 분리 가능성을 포함하는 충실한 구분을 도입한 것은 인간 존재의 단일성의 주장과 거의 양립할 수 없다. 그러나 인격성을 논의하면서 오컴은 이러한 단일성을 역설하였다. 사람은 지성적 주체(*suppositum intellectuale*)이며, 이것은 창조된 사람과 창조되지 않은 사람 모두에 유효한 정의이다.[21] 주체란 완전한 존재이고, '동일성에 의해 표현될 수 없으며, 어떤 것에도 내재할 수 없고, 어떤

18　같은 책, K.
19　같은 책, 25, O.
20　같은 책, A A.
21　『명제집 1』, 25, J.

것에 의해서도 지지(支持)되지(*sustentatum*) 않는다.'[22] '완전한 존재'(a complete being)라는 낱말은 주체(*supposita*)의 부류에서 본질적이든 필수적이든 모든 부분을 배제하는 반면에, '동일성에 의해 나누어질 수 없다'(incommunicable by identity)는 낱말은 완전한 존재임에도 불구하고 신의 위격들(Persons)에 동일하게 '나누어지는'(communicated) 신의 본질을 배제한다. '어떤 것에도 내재할 수 없다'는 구절은 우연성들을 배제하는 반면에, '어떤 것에 의해서도 지지(오컴은 "채택" 또는 "가정"을 의미했다)되지 않는 것'이라는 구절은 두 번째 위격에 의해 가정되고 결과적으로 인격이 아닌 그리스도의 인간본성을 배제한다. 『명제집』의 주해에서 오컴은 '인격'을 '다른 어떤 것에 의해서도 지지되지 않고(*nec sustentatur*, 즉 가정되지 않고), 부분으로서 다른 것과 함께 하나의 존재를 형성할 수 없는, 지성적이고 완전한 본성'이라고 정의한다.[23] 신의 세 위격의 경우에서 각 지성적 주체 혹은 위격은 신의 본질과 관계에 의해 구성된다.[24]

그렇다면 인간의 인격은 인간의 완전한 존재이고, 이성적 형상이나 영혼만은 아니다. 이성적 형상에 의해서 인간은 어떤 다른 종류의 주체와 구별되는 지성적 주체가 된다. 그러나 인간의 인격을 구성하는 것은 전체 인간이지, 이성적 형상만은 아니다. 그러므로 오컴은 죽은 이후에 신체와 분리된 상태에서의 인간영혼은 인격이 아니라고 주장한 점에서는 성 토마스와 궤를 같이한다.[25]

──────── 5. 자유

이성적 피조물의 주요한 특징 중 하나는 자유이다.[26] 자유는 내가 '그것에 의해 어떤 결과를 무관심하게 그리고 우연적으로 생산하는' 능력인데, 이때 '나는, 그 능력

---

22 『자유토론집』, 4, 11.
23 『명제집 3』, 1, B, 다음을 참조. 『명제집 1』, 23, 1, C.
24 같은 책, 25, 1, J.
25 같은 책, 23, 1, C.
26 같은 책, 1, 3. U.

이 만들어진 것에서 어떤 차이가 없이, 내가 그 결과의 원인일 수 있거나 원인일 수 없는 그런 방식으로 그 결과를 생산한다'.[27] 사람들이 이러한 능력을 소유한다는 것은 아프리오리한 추리를 통해 증명될 수 있는 것이 아니고, 그러나 '그것은 경험을 통해, 즉 그의 이성이 무언가를 아무리 명령하더라도 그의 의지가 그것을 원할 수도 있고 원하지 않을 수도 있다는 것을 모든 사람이 경험한다는 사실을 통해, 명확히 알려질 수 있다'.[28] 게다가 우리가 사람들을 비난하고 칭찬한다는 사실, 즉 우리가 그들의 행위에 또는 행동의 일부에 대한 책임을 그들에 귀속시킨다는 사실은 우리가 자유를 실재로서 받아들인다는 것을 보여준다. '행동이 우리의 능력 안에 있는 것이 아니라면, 그 행동은 비난할 수 없다. 왜냐하면 누구도 그가 맹인으로 태어난 것을 감각적으로 눈이 멀었다(caecus sensu)는 이유로 그 사람을 비난하지 않는다. 그러나 만약 그가 자신의 행위에 의해 맹인이 되었다면, 그는 비난 받아 마땅하다.'[29]

오컴에 따르면, 의지(will)에게는 궁극적인 목적인 행복을 원(will)하거나 원하지 않을 자유가 있다. 의지는 행복을 반드시 원하는 것은 아니다. 이것은 구체적으로 고려된 궁극목적, 즉 신에 관해서 분명하다. '신 말고는 어떤 대상도 의지를 만족시킬 수 없다. 왜냐하면 신 이외의 다른 것을 지향하는 어떤 행동도 모든 걱정거리와 슬픔을 배제하지 못하기 때문이다. 왜냐하면 어떤 창조된 대상을 아무리 소유한다 하더라도, 의지는 걱정거리와 슬픔으로 인해 다른 무언가를 욕구할 수 있기 때문이다.'[30] 그러나 신의 본질을 향유하는 것이 우리에게 가능한지는 철학적으로 증명될 수 없다. 그것은 신앙의 문제이다.[31] 그렇다면 만약 우리가 신을 향유하는 것이 가능하다는 것을 모른다면, 우리는 그것을 원할 수 없다. 그리고 만약 신앙에 의해서 그것이 가능하다는 것을 안다고 하더라도, 경험에서 분명히 알 수 있듯이, 우리는 그것을 여전히 원하거나 원하지 않을 수 있다. 뿐만 아니라 우리는 완전한 행복일반조차도 반드시 원

---

27   『자유토론집』, 1, 16.
28   같은 곳.
29   『명제집 3』, 10. H.
30   『명제집 1』, 1, 4, S.
31   같은 책, E.

하는 것은 아니다. 왜냐하면 지성은 완전한 행복이 인간에게 가능하지 않으며, 우리가 우리의 삶에서 실제로 발견하는 조건이 우리에게 유일하게 가능한 조건이라고 믿을 수도 있기 때문이다. 그러나 완전한 행복이 불가능하다는 것을 지성이 믿을 수 있다면, 불가능하고 인간의 실질적인 삶과 양립될 수 없는 무언가를 원해서는 안 된다고 지성은 의지에 명령할 수 있다. 그리고 이 경우에 의지는 이성이 원해서는 안 된다고 말하는 것을 원할 수 없다. 사실상 지성의 판단은 틀릴 수 있다. 그러나 '의지가 반드시 이성의 판단에 따르는 것은 아니겠지만, 의지는 그 판단이 옳든 틀리든 간에 이성의 판단에 따를 수 있다.[32]

지성의 판단에 직면에서 의지의 자유를 강조하면서 오컴은 프란치스코 철학자들의 일반적인 전통을 따랐다. 그러나 행복일반(*beatitudo in communi*)을 의욕하는 것에 관해서조차 의지의 자유에 대한 그의 견해는 그의 윤리이론과 대단히 일치했다는 것을 주목할 필요가 있다. 의지가 행복을 원하거나 원하지 않거나 자유롭다면, 필연적으로 욕망되는 목적과 연관해서 인간행동의 선을 분석하는 것은 거의 가능하지 않을 것이다. 그리고 사실상 오컴의 윤리이론은 우리가 곧 보게 되겠지만 성격상 분명히 권위주의적이었다.

유일하게 기대할 것은 감각적인 탐욕의 경향을 강하게 보여주는 것에 반대되는 행동을 의지는 자유롭게 한다고 오컴이 주장하리라는 것이다.[33] 그러나 물론 그는 감각적 탐욕과 의지에서의 습관과 경향성이 있다는 것을 인정하였다.[34] 그가 이야기하고 있듯이 감각적 탐욕의 반복된 행위의 결과와 마찬가지로 의지와 같은 자유능력에서 습관이 어떻게 형성되는가를 설명하는 것은 조금 어렵다. 그러나 습관이 형성되는 것은 경험의 문제이다. '의지가 감각적 탐욕에서 고통을 야기하는 대상을 원하지 않는 경향이 왜 더 큰지 그 이유를 제시하기는 어렵다.' 이유는 지성의 명령에서 발견될 수 없다. 왜냐하면 지성은 의지가 그 대상을 원해서는 안 된다는 것과 마찬가지로 그 대상을 원해야 된다는 것을 꼭 같이 말할 수 있기 때문이다. 그러나 '국가의 목

---

32 같은 책, 1, 6, P.
33 『명제집 3』, 10. D.
34 다음을 참조. 『명제집 3』, 4, M.; 같은 책, 10, D.; 『명제집 4』, 12, C.

적을 위해서 죽음을 당해야 한다고 지성이 말하더라도, 의지가 자연스럽게 말하자면 그 반대의 성향을 가진다는 사실은 경험을 통해서 분명하게 된다.' 다른 한편, 감각적 탐욕에 있어 의지의 경향성의 이유는 쾌락이라고 간단하게 말할 수는 없다. 왜냐하면 '감각적 탐욕에서 쾌락의 강도(强度)가 아무리 크더라도, 의지는 자유에 의해서 그 반대를 원할 수 있다'. '그래서 나는 다음처럼 말한다. 그것이 문제의 본성인 것을 제외하고는 의지의 자연적 경향성의 다른 이유는 없는 것처럼 보인다. 그리고 이러한 사실은 우리에게 경험을 통해서 알려진다.'[35] 다른 말로 하면 의지가 감각적 탐욕을 따르는 경향이 있다는 것은 의심의 여지가 없는 경험적 사실이다. 그러나 이것이 사실의 본성을 변경시키지 않는다 하더라도, 사실에 대한 만족스러운 이론적 설명을 제시하는 것은 어렵다. 만약 우리가 어떤 방향으로 감각적 탐욕에 빠진다 하더라도, 어떤 습관은 형성되고, 이 습관은 우리가 의지의 습관이라 부를 수 있는 것에서 반영되며, 의지가 감각적 탐욕에 충분히 대응하지 않는다면 이러한 습관은 강화된다. 다른 한편, 습관과 경향성에 반대해서 행동하는 것은, 그것이 어렵기는 하지만, 의지의 능력 안에 있다. 왜냐하면 의지는 본질적으로 자유롭기 때문이다. 인간의 행위는 습관과 경향성에 간단하게 종속될 수는 없다. 왜냐하면 의지가 습관과 경향성에 반대되는 방식으로 선택하는 것이 가능하기 때문이다.

―――――― **6. 오컴의 윤리이론**

창조된 자유의지는 도덕적 의무에 속한다. 신은 어떤 의무 아래 있지도 않고, 있을 수도 없다. 그러나 인간은 완전히 신에 의존한다. 그리고 그의 자유로운 행동에서 그의 의존은 자신을 도덕적 의무로서 표현한다. 그는 신이 그에게 지향(will)하라고 명령한 것을 도덕적으로 지향해야 할 의무가 있고, 신이 지향해서는 안 된다고 명령한 것을 도덕적으로 지향하지 말아야 할 의무가 있다. 도덕적 질서의 존재론적 기

---

35   『명제집 3』, 13, U.

초는 그리하여 인간이 신에 의존하는 것이고, 이것은 피조물이 창조자에 의존하는 것과 같다. 도덕법칙의 내용은 신의 법령에 의해 제공된다. '악은 해야 할 것을 할 의무 아래에 있을 때, 그 반대를 행하는 것과 같은 것이다. 의무는 신에게 귀속되지 않는다. 왜냐하면 신은 어떤 것을 해야 할 의무하에 있지 않기 때문이다.'[36]

인간의 이러한 도덕법칙 개념은 신의 전능과 자유에 대한 오컴의 주장과 밀접하게 연결되어 있었다. 이러한 진리들이 일단 계시적 진리로서 승인된다면, 도덕법칙을 포함해서 창조된 전체 질서는 오컴에 의해 전적으로 우연적인 것으로 간주된다. 왜냐하면 도덕법칙의 존재뿐만 아니라 도덕법칙의 본질이나 성격은 신의 창조적이고 전능한 의지에 달려있기 때문이다. 인간의 보편관념을 신의 정신 안에서 모두 제거했기 때문에, 오컴은 본질적으로 불변적인 자연법칙의 관념을 제거할 수 있었다. 성 토마스에 있어서 인간은 물론 우연적이었다. 왜냐하면 인간의 존재는 신의 자유로운 선택에 의존하기 때문이다. 그러나 신은 우리가 인간이라 부르는 특수한 종류의 존재를 창조할 수 없었고, 가르침의 내용과는 무관하게 그 법령을 인간에게 부과할 수 없었다. 그리고 비록 성경과 관련된 해석상의 이유 때문에, 신이 특정한 법령의 경우에 자연법을 면제해줄 수 있다고 그가 생각했음에도 불구하고, 스코투스는 근본적으로 성 토마스와 같은 생각이었다.[37] 본래적으로 악하고, 악하기 때문에 금지되는 행위들이 있다. 그 행위들은 금지된다는 이유만으로 악인 것은 아니다. 그러나 오컴에 있어서 신의 의지는 도덕성의 궁극적 규범이다. 도덕법칙은 궁극적으로 신의 본질에 기초해 있는 것이 아니라 자유로운 신의 선택에 기초하고 있다. 무엇보다도 그는 이런 입장에서부터 논리적 결론을 이끌어내는 것을 당연한 것으로 생각했다. 신은 어떤 행위에서도, 심지어는 신을 증오하는 행위에서조차 우주의 창조자이면서 동시에 우주의 보존자이다. 그러나 신은 또한 총체적 원인이면서 동시에 부분적 원인일 수 있다. '그리하여 신은 신을 증오하는 행위의 전적인 원인일 수 있으며, 어떠한 도덕적 적의(敵意) 없이도 그럴 수 있다.'[38] 신에게는 어떤 의무도 없다. 그러므로 신은 인간의

---

36 『명제집 2』, 5, H.
37 스코투스의 도덕이론에 관해서는 이 전집 제2권 pp. 545-550을 참조할 것.
38 『명제집 3』, 19, P.

지에서 나오는 행위의 원인일 수 있다. 이 행위는 만약 인간이 그것에 대해 책임을 져야 한다면, 도덕적으로 악한 행위일 것이다. 만약 인간이 그 행위에 책임을 져야 한다면, 그는, 신을 사랑할 의무가 있지만 신을 미워하기 때문에, 죄를 범한 것이다. 그러나 신이 부과한 것의 결과인 의무는 신 자신에게 영향을 줄 수 없다. '신이 어떤 것을 원(will)한다는 바로 그 사실에 의해서 그것은 당연히 행해져야 한다. … 그러므로 신이 어떤 사람의 의지(will) 안에 있는 신 자신에 대한 미움의 원인이라면, 즉 신이 그 행위의 전체 원인이라면(신은 현 상황에서는 그 행위의 부분적인 원인이다), 그것은 인간의 죄도 아니고 신의 죄도 아니다. 왜냐하면 신에게는 어떤 의무도 없는 반면에, 인간은 그 행위가 그 자신의 능력 안에 있지 않으므로 (그 경우에) 인간에게 의무로 주어지지 않기 때문이다.'[39] 신은 논리적 모순을 포함하지 않는 모든 것을 할 수 있거나 명령할 수 있다. 그러므로 오컴에 따르면 신을 사랑하는 것과 신이 금지했던 방식으로 피조물을 사랑하는 것 사이에는 어떤 자연적 또는 형식적 모순도 존재하지 않기 때문에, 신은 우상숭배를 명령할 수 있다. 신을 사랑하는 것과 부정한 방식으로 피조물을 사랑하는 것 사이에 비본질적인 모순만 존재한다. 즉 신이 피조물을 사랑하는 그 방식을 실제로 금지했다는 사실에서 비롯하는 모순만 존재한다. 따라서 신이 우상숭배를 명령하였다면, 우상숭배는 적법할 뿐만 아니라 칭찬할 만한 것이다.[40] 신을 미워하는 것, 도둑질하는 것, 간음하는 것은 신이 금지한다. 그러나 그런 행위들은 신에 의해 명령될 수 있다. 그리고 그 행위들이 신에 의해 명령된 것이라면, 그 행위들은 칭찬할 만한 것이다.[41] 그 자신의 윤리론에서부터 논리적 귀결을 도출할 용기가 오컴에게 없다고 어느 누구도 말할 수 없다.

말할 필요도 없이, 오컴에게는 간음, 우상숭배, 도둑질, 신에 대한 미움은 현재의 도덕적 질서에서는 합법적인 행위라고 말할 의도가 없었다. 더욱이 오컴이 그러한 행위들을 저지르라고 권장할 의도는 없었다. 그가 정립하고자 한 것은 신이 금지하였기 때문에 그러한 행위들이 나쁘다는 것이었다. 그리고 그의 의도는 신의 전능과 자

---

39 『명제집 4』, 9, E-F.

40 『명제집 3』, 12, AAA.

41 『명제집 2』, 19. O.

유를 강조하는 것이었지, 부도덕성을 권장하는 것은 아니었다. 그는 신의 절대적 권능(*potentia absoluta*)과 질서 지어진 권능(*potentia ordinata*)을 구별하여 사용하였다. 절대적 권능에 의해서 신은 신이 사실상 금지한 행위의 반대를 명령할 수 있으며, 질서 지어진 권능에 의해서 신은 실제로 분명한 도덕적 규약을 실제로 확립할 수 있었다. 그러나 그는 신이 다른 도덕적 명령을 확립할 수 있을 뿐만 아니라 신이 실제로 금지한 것을 언제라도 명령할 수 있다는 점을 분명히 하는 방식으로 그 구별을 설명하였다.[42] 그렇다면 신의 **명령** 말고 도덕법칙의 보다 궁극적인 이유를 찾는 것은 의미가 없다. 의무는 창조된 자유의지와 외적인 법령의 만남을 통해서 생겨난다. 신의 경우 외적인 법령의 문제는 존재할 수 없다. 그래서 신에게는 어떤 종류의 행위를 명령하고 그 반대의 행위를 명령하지 않을 의무가 없다. 신이 이것을 명령하고 저것을 금지하는 것은 신의 자유로운 선택에 의해서 설명될 수 있다. 그리고 이것은 이유로서 충분하다.

　　오컴의 도덕이론에서 권위주의적 요소는, 대단히 자연스러운 일이지만, 가장 큰 관심을 끌었던 요소이다. 그러나 또한 언급되어야 할 다른 요소도 있다. 오컴이 아리스토텔레스의 분석에 의거해서 도덕적 덕을 분석한다는 사실과는 별개로, 그는 '올바른 이성'(*recta ratio*)이라는 스콜라 철학의 개념을 자주 사용한다. 올바른 이성이란 도덕성의 규범으로서, 적어도 근사치의 규범으로서 묘사된다. 모든 올바른 의지는 올바른 이성과 일치한다고 말해질 수 있다.[43] 다시 이야기한다면, '올바른 의지가 올바른 이성과 일치하지 않는다면, 어떤 도덕적 덕도 어떤 유덕한 행위도 불가능하다. 왜냐하면 올바른 이성은 『윤리학』의 제2권에서 덕의 정의 안에 포함되어 있기 때문이다.'[44] 게다가 하나의 행동이 유덕하기 위해선, 그 행동은 올바른 이성과 일치해야 할 뿐만 아니라, 올바른 이성과 일치한다는 이유에서 그 행동은 행해져야 한다. '행동을 할 때, 완전하게 유덕한 행동은 올바른 이성에 의해 명해지므로, 의지가 올바른 이성에 의해 명해지는 것을 원하지 않는다면, 그 행동은 결코 완전히 유덕한 것은 아니

42　다음을 참조. *Qpus nonaginta dierum*, c. 95를 참조할 것.

43　『명제집 1』, 41, K.

44　『명제집 3』, 12, NN. 아리스토텔레스 윤리학 인용은 『니코마코스 윤리학』(*Nicomachean Ethics*), 1107, a 를 참조할 것.

다.'[45] 왜냐하면 만약 어떤 사람이, 올바른 이성이 명하는 것과 관계없이, 그것이 쾌락적이거나 다른 동기라는 이유만으로 올바른 이성이 명하는 것을 원한다면, 그의 행동은 '올바른 이성과 일치해서 나온 것이 아니므로 유덕하지 못하기 때문이다. 그 행동은 올바른 이성과 일치해서 나오는 것이 아니기 때문이다. 왜냐하면 어떤 행동을 올바른 이성에 일치하게 한다는 것은 그것이 올바른 이성에 의해 그렇게 명해졌다는 근거에서 올바른 이성에 의해 명해진 것을 원하는 것이기 때문이다.'[46] 동기에 대한 이러한 주장은 물론 오컴의 측에서는 '엄격주의'(puritanism)의 갑작스러운 돌출이 아니었다. 아리스토텔레스는 하나의 행동이 완전히 유덕하기 위해서는 그 행동은 그 행동 자체를 위해서 행해져야 한다고 주장했다. 즉 그것은 행동하기에 옳은 것이기 때문이다. 그에 의하면, 우리가 어떤 행동을 정의롭다고 하는 것은 정의로운 사람이 그것을 할 것이라는 이유에서이다. 그러나 여기에서부터, 정의로운 사람이 그러한 사정이 있어서[우연히] 하게 되는 행동을 누군가가 한다는 단순한 이유에서 그 사람이 정의롭다는, 즉 그 사람이 정의의 덕을 가지고 있다는 귀결이 나오는 것은 아니다. 그 사람은 그것을 마치 정의로운 사람이 그것을 하는 것처럼 행해야 한다. 그리고 이것은 그것을 행하는 것이 정의로운 것을 행하는 것이기 때문에 그것을 행하는 것을 포함한다.[47]

그렇다면 올바른 이성은 도덕성의 규범이다. 어떤 사람이 올바른 이성의 명령이라고 자신이 생각한 것에서 실수를 범할 수도 있다. 그러나 그가 실수를 하더라도, 그는 자신이 올바른 이성이 명령한다고 믿는 것과 그의 의지를 일치시켜야 한다. 다른 말로 하면 양심이 잘못을 범했더라도, 언제나 양심을 따라야 한다. 물론 어떤 사람이 잘못된 양심을 가졌다면 그는 그것에 대해 책임을 져야 한다. 그러나 또한 그가 '극복할 수 없는 무지' 속에 있을 수도 있다. 그리고 이 경우 그는 자신의 잘못에 대한 책임을 질 수 없다. 그러나 어쨌든 그는 그의 양심의 판단이라고 판단한 것을 따라야 한다. '극복할 수 없을 정도로 잘못된 양심을 따르는 창조된 의지는 올바른 의지이다.

---

45   『명제집 3』, 12, CCC.
46   『명제집 3』, CCC-DDD.
47   다음을 참조. 『니코마코스 윤리학』, 1105, a b.

왜냐하면 신의 의지는 이 이성이 질책될 수 없을 때 그 이성을 따라야 한다고 하는 것을 의욕하기 때문이다. 만약 의지가 그 이성(극복할 수 없을 정도로 잘못된 양심)에 반해서 행동한다면, … 그 의지는 죄를 범하는 것이다. …'[48] 사람은 자신이 좋은 신앙 안에서 옳다고 믿는 것을 도덕적으로 해야 할 의무가 있다. 사람이 자신의 양심을 도덕적으로 따라야 할 의무가 있다는, 그리고 극복할 수 없을 정도로 잘못된 양심을 따르는 것이 죄이기는커녕, 오히려 의무라고 하는 이 이론은 중세에서 새로운 이론이 아니다. 그러나 오컴은 그것을 명료하고 분명하게 표현했다.

그렇다면 적어도 얼핏 보기에는 우리가 오컴 철학에서 두 가지 도덕이론에 직면하는 것처럼 보인다. 한편으로는 도덕법칙에 대한 그의 권위주의적 개념이 있다. 이 개념에서 단지 하나의 계시된 도덕적 법전이 도출되는 듯이 보인다. 왜냐하면 그렇지 않다면 계시를 통하지 않고서 인간이 신의 자유로운 선택에 전적으로 의존하는 도덕적 법전을 어떻게 알 수 있겠는가? 합리적 연역은 우리에게 도덕적 법전에 대한 인식을 줄 수 없다. 다른 한편, 올바른 이성에 대한 오컴의 주장은 이성이 올바른 것과 잘못인 것을 구별할 수 있다는 것을 함축하고 있는 듯이 보인다. 도덕성의 권위주의적인 개념은 자유와 신의 전능에 대한 오컴의 확신을, 마치 이것들이 그리스도교 안에서 계시되는 것처럼 표현하고 있는 반면에, 올바른 이성에 대한 주장은 아리스토텔레스의 윤리적 가르침에 대한 그의 생각과 그의 중세의 선배들의 도덕적 이론이 그의 사상에 끼친 영향을 보여주고 있는 듯이 여겨진다. 그렇다면 오컴은 신학자로서 한 유형의 윤리이론을, 철학자로서 다른 유형의 윤리이론을 제시하는 것처럼 보인다. 그리하여 일반적으로 주장된 바에 따르면, 도덕법칙에 대한 그의 권위주의적인 개념에도 불구하고, 이성을 도덕성의 규범으로서 주장함으로써, 사람들이 좋은 신앙 안에서 해야 할 올바른 것이라고 믿는 것을 행하는 의무를 주장함으로써, 그는 '세속 정신'을 가진 도덕이론의 성장을 전진시켰다.

두 도덕이론이 오컴의 윤리적 가르침 안에 함축되어 있다는 생각 안에 진실이 있다는 것은 나의 생각으로는 거의 부정될 수 없다. 그는 그리스도교적-아리스토텔

---

[48] 『명제집 3』, 13, O.

레스적 전통의 하부구조에 근거해 있으며, 마치 그가 덕, 올바른 이성, 자연권 등에 관해 이야기하는 것이 보여주듯이 그러한 전통의 상당한 부분을 유지했다. 그러나 그는 이런 하부구조에 도덕법칙의 초인격적 개념에서 성립했던 상부구조를 추가했다. 그리고 그는 이 상부구조의 추가가 그가 실제로 수행했던 것 이상으로 하부구조의 철저한 개조를 요구했다는 점을 충분히 깨닫지 못한 듯이 보인다. 도덕법칙에 대한 그의 개인적 개념은 그리스도교 사상 안에서 그 선례가 없었던 것은 아니었다. 그러나 핵심은 12세기와 13세기의 도덕이론이 형이상학과 밀접하게 연결되어 상론되어 왔다는 것이다. 이 형이상학은 도덕이론을 신의 의지에 단지 그리고 오로지 의존해 있는 것으로 보는 어떤 견해도 배제했다. 이전의 도덕이론의 상당 부분을 유지하면서 동시에 도덕법칙의 권위주의적 해석을 주장하면서 오컴은 불가피하게 어려움에 빠졌다. 다른 그리스도교 중세사상가들과 마찬가지로, 오컴은 당연히 현실적인 도덕질서의 존재를 수용하였다. 이성의 기능 또는 자연권의 존재[49]와 같은 주제에 관한 논의에서, 그는 이성이 실제로 통용되는 도덕법칙의 법령 또는 적어도 도덕법칙의 기본적 법령을 분별할 수 있다고 생각했다. 동시에 그는 실제로 통용되는 도덕질서가 신의 선택에 의존한다고 주장하였다. 왜냐하면 신은 다른 도덕질서를 확립할 수 있고, 자신이 확립한 도덕법칙과 반대되는 어떤 것을 심지어는 지금 인간에게 하라고 명할 수 있기 때문이다. 그러나 현재의 도덕질서가 신의 선택에 전적으로 의존한다면, 신의 계시를 통하지 않고서는 신의 선택 내용이 무엇인가를 우리가 어떻게 알 수 있겠는가? 오직 계시된 윤리학만 존재할 수 있는 것처럼 보인다. 그러나 오컴은 계시된 윤리학만이 존재할 수 있다고 이야기한 것처럼 보이지는 않는다. 그는 사람들이 계시가 없더라도 어떤 의미에서 도덕법칙을 식별할 수 있다고 생각한 것처럼 보인다. 이러한 경우에 사람들은 추측할 수 있는 일이지만 영리(怜悧)의 법전 또는 일련의 가언명령을 식별할 수 있다. 계시가 없더라도 사람들은 어떤 행동들이 인간의 본성과 인간사회에 적합하다는 것을, 그리고 다른 행동들은 해롭다는 것을 알 수 있다. 그러나 그들은 불변의 자연법을 식별할 수 없다. 왜냐하면 계시가 없다면, 그러한 불변의 자

---

49   이 주제에 관련해서는 이 책의 제8장 참조.

연법은 존재하지 않고, 사람들은 그들이 옳다고 생각한 행동들이 실제로 신이 명령한 행동인지 여부를 알 수 없기 때문이다. 이성이 신 존재를 결정적으로 증명할 수 없다면, 분명히 이성은 신이 그것이 아니라 이것을 명령했다는 것을 증명할 수 없다. 그래서 만약 우리가 오컴의 신학을 논외로 본다면, 우리에게 남는 것은 비형이상학적이면서 비신학적인 도덕성, 즉 필수적이거나 불변적인 법령으로 인식될 수 없는 그런 법령뿐인 것으로 보인다. 그러므로 아마도 오컴은 양심에 따를 것을, 심지어는 잘못된 양심을 따를 것을 강조하고 있다. 그에게 남겨진 것만으로도 즉 계시가 없더라도 사람들은 아마도 아리스토텔레스식의 윤리학을 상세하게 설명할 수도 있다. 그러나 사람들은 성 토마스가 직시한 유형의 자연법을 식별할 수 없다. 왜냐하면 도덕법칙에 대한 오컴의 권위주의적 개념은 그의 '유명론'과 짝을 이루지만, 이 개념은 이 자연법을 배제할 것이기 때문이다. 그렇다면 이런 의미에서 사람들은 아마도 오컴의 가르침에서 두 도덕성이 포함되어 있다고 말한 점에서 정당하다. 여기에서 두 도덕성이란 권위주의적 윤리학과 '세속 정신의' 윤리학 또는 비신학적 윤리학이다.

그러나 두 가지 윤리적 체계가 오컴의 도덕적 가르침에 포함되어 있다고 말하는 것과, 그가 신학에서 분리된 윤리학을 권장할 의도가 있었다고 말하는 것은 별개의 것이다. 그가 정반대를 의도했다고 말하는 것이 오히려 더 정당할 것이다. 왜냐하면 분명히 그는 자신의 선배들이 불변적인 자연법에 대한 그들의 이론을 통해서 신의 전능과 자유의 이론을 흐리게 만들었다고 생각했기 때문이다. 오컴 자신의 정신을 해석해본다면, 그것은 강조되어야 하는 그의 도덕이론의 개인적 측면이라고 하는 점이 분명히 드러난다. 우리는 반드시 다음과 같은 구절을 살펴보아야 한다. 그 구절에서 그는 어떤 행위가 양심의 명령에 반대되게 도출된 행동이 잘못된 행동인 이유가 '그 행동이 신의 법령에 반대되게 도출되었기 때문이라고, 그런 행동을 의욕하는 신의 의지가 올바른 이성과 일치되게 도출되어야 하기 때문이라고 이야기하고 있다'.[50] 다른 말로 하자면, 왜 우리가 올바른 이성 또는 양심을 따라야 하는가에 대한 궁극적이고 충분한 이유는 우리가 그렇게 해야 한다는 것을 신이 원하고 있기 때문이다. 권

---

50   『명제집 3』, 13, C.

위주의는 최종적인 단어를 가진다. 다시 말하면, 오컴은 '신의 질서에서(*stante ordina-tione divina*) 본질적으로 그리고 필연적으로 유덕한' 행위에 대해 이야기한다.[51] 같은 절에서 그는 다음처럼 이야기한다. '현재의 질서에서(*stante ordinatione quae nunc est*) 올바른 이성에 일치되게 도출되지 않은 어떤 행위도 완벽하게는 유덕하지 않다.' 그러한 언급들은 흥미로운 사실을 드러낸다. 필연적으로 유덕한 행동은 단지 상대적으로 그럴 뿐이며, 즉 신이 그 행동이 유덕하다고 명령하는 한에서 그럴 뿐이다. 신이 설정한 명령이 주어질 경우에만 어떤 행동은 선하고 어떤 행동은 악하다는 것이 논리적으로 귀결된다. 그러나 질서 자체는 신의 선택에 의존한다. 그것은 확실한 안정성을 소유하고 있고, 오컴은 신이 말하자면 자신의 질서를 계속 변경한다고 생각하지 않았다. 그러나 오컴은 그러한 안정성이 절대적인 것이 아니라고 주장하였다.

그렇다면 우리는 오컴의 입장을 대략 다음과 같은 방향으로 요약할 수 있다. 전적으로 신에 의존하는 자유로운 피조물인 인간은 도덕적으로 자신의 의지를 신의 의지에 일치시켜야 한다. 신의 의지는 신이 명령하거나 금지하는 것에 관련되어 있다. 절대적으로 말한다면, 신은 모순이 없다면 어떤 행동도 명령하거나 금지할 수 있다. 실제로 신은 특정한 도덕법칙을 확립했다. 이성적 존재로서의 인간은 자신이 이 법칙을 준수해야 한다는 것을 알 수 있다. 그러나 인간은 신이 무엇을 명령했는지 알 수 없다. 그리고 이 경우 인간에게는 자신이 신의 명령에 일치하는 것이라고 정직하게 믿고 있는 내용을 해야 할 도덕적인 의무가 있다. 달리 행동하는 것은 신의 명령이라고 믿어지는 내용에 반대되게 행동하는 것이다. 그리고 이렇게 행동하는 것은 죄를 짓는 것이다. 계시에 대해 인식하지 못하는 또는 심지어는 신 존재를 인식하지 못하는 사람의 도덕적 상황에 대해 오컴이 어떻게 생각했는지는 분명하지 않다. 오컴은 이성이 현재의 도덕질서를 분별할 수 있다고 생각하는 것처럼 보이지만, 그가 이것을 의미했다면, 이러한 관념이 도덕성에 관한 권위주의적 개념과 어떻게 일치할 수 있는가를 알기는 어렵다. 만약에 도덕법칙이 단지 신의 선택에 달려 있다면, 도덕법칙의 내용이 어떻게 계시와 무관하게 알려질 수 있는가? 도덕법칙의 내용이 계시와 무관

---

51   같은 책, 12, CCC.

하게 알려질 수 있다면, 도덕법칙이 단지 신의 선택에 달려있다는 것이 어떻게 가능한가? 이러한 난점에서 벗어날 수 있는 유일한 방법은 비신학적 고려에 기초하고 있는 도덕성의 일시적인 법전일 뿐이라고 말하는 것처럼 보인다. 그러나 오컴이 이러한 개념 ─ 신이 부과하고 의무를 지우는 윤리학과 구별되는, 순수하게 철학적이고 제2등급의 윤리학의 가능성을 함축하고 있는 개념을 실제로 염두에 두고 있었다는 것을 확정하는 데 나는 관심이 없다. 오컴은 윤리적 법전이 자유로운 신의 선택에 달려있다고 주장하였지만, 그가 생각한 것은 통상 그리스도인들이 수용한 측면에서의 윤리적 법전이었다. 아마도 필시 오컴은 자신의 권위주의적 개념이 만들어낸 난점들을 분명히 깨닫지 못했을 것이다.

제8장

오컴(6)

—————— **1. 복음서에 나오는 가난에 대한 논쟁과 자연권론**

오컴을 정치적 사회, 주권, 정부의 본성에 대해 체계적으로 숙고한 사람이라는 의미에서 정치철학자로 생각하는 것은 잘못이다. 오컴의 정치 관련 저술은 추상적인 정치론을 제공하기 위해서 쓰인 것은 아니었다. 그 저술들은 성좌(聖座, 옮긴이 주. 교황의 직책과 권한)를 포함하는 당대의 논쟁들이 직접 이유가 되어 집필되었다. 오컴의 직접적인 목적은 교황의 공격과 정당화되지 못한 절대주의라고 그가 생각했던 것에 저항하고 그것을 비난하는 것이었다. 그는 정치적 사회와 정권 그 자체의 관계보다는 교황과 황제 간의 관계, 교황과 교회의 구성원들의 관계에 더 관심을 가지고 있었다. 오컴은 법과 관습을 존중하였고, 중세철학자와 신학자의 공통된 특징인 자의적이고 변덕스러운 절대주의를 싫어하였다. 오컴이 중세사회를 혁명화하려고 했다고 가정하는 것은 잘못이다. 물론 오컴이 교회와 정부의 관계에 관한 일반적인 원리 그리고 정권에 관한 일반적인 원리를 제시하고자 했다는 것은 사실이다. 그러나 그는 이러한 일을 주로 구체적이고 특수한 쟁점에 관한 논쟁 과정에서 했다. 예를 들어 그는 1332년 쯤 복음서에 나오는 가난에 관련된 논쟁에 대해 체세나의 미카엘(Michael of Cesena)의 태도를 옹호하면서 『90일 동안의 일』(*Opus nonaginta dierum*)을 출판하였다. 교황 요한

22세(Pope John XXII)는 많은 프란치스코 수사들이 주장한 복음서에서의 가난에 관한 이론을 이교적인 것으로 비난하였고, 미카엘의 프란치스코 수도회 총장 직위를 박탈하였다. 미카엘은 베르가모의 보나그라티아(Bonagratia of Bergamo), 오컴과 함께 바이에른의 루드비히 황제에게 피신하였으며, 교황의 처사에 반박하였다. 이로 인해 교황은 『교황의 칙서』(Quia vir reprobus, 1329)를 발표하였다. 이 칙서에서 미카엘의 이론은 다시 비난받았으며, 프란치스코 수도사들은 교황의 선언을 비판하는 논문을 감히 출판한 데 대해 비난을 받게 되었다. 오컴은 『90일 동안의 일』에서 칙서를 면밀히 검토하고 신랄하게 비판하는 방식으로 응수하였다. 그러므로 이 출판은 성좌의 지위에 대한 순수하게 이론적인 고려에 의해서가 아니라 복음서에 나온 가난에 관한 구체적인 논쟁에 의해서 야기되었다. 이 출판은 정치 철학자에 의해서 차분한 반성의 시간 속에서 구성된 것이 아니라, 뜨거운 논쟁에 참여함으로써 구성되었다. 오컴은 교황의 선언 그 자체를 이단적이라고 비판하였고, 지복직관(至福直觀)에 관한 요한 22세의 잘못된 견해에 대해 언급할 수 있었다. 그래서 그는 본래는 신학자로서 글을 썼다.

그러나 비록 오컴이 『90일 동안의 일』을 교황의 비난을 반박하는 그의 프란치스코 동료들을 옹호할 특정 목적으로 저술하였음에도 불구하고, 그리고 그가 교황의 선언에서 이단적 요소와 잘못을 발견하려고 상당히 관심을 기울였음에도 불구하고, 오컴은 사람들이 철학자에게, 즉 면밀하고 주의 깊게 추리하는 것에 익숙한 사람에게 기대하는 방식으로 가난의 문제를 논의하였다. 그 결과는, 비록 논의된 의견들 중 정확하게 어느 것이 오컴 자신의 의견인지에 대한 물음을 해결하는 것이 쉽지 않다는 점을 자인할 수밖에 없지만, 우리는 예컨대 소유권에 관한 오컴의 일반적인 관념들을 그의 저서에서 확인할 수 있다는 것이다. 왜냐하면 그는 뜨거운 논쟁에 관여하는 논쟁적인 작가에서 우리가 기대할 수도 있는 것보다 훨씬 억제되고 냉정한 방식으로 글을 쓰고 있기 때문이다.

인간은 소유에 대한 자연권(natural right)을 가지고 있다. 신은 인간에게 올바른 이성에 의해 지시되는 방식으로 지상의 재화들을 처분할 힘을 주었다. 그리고 아담과 하와의 타락 이래로 올바른 이성은 현세의 재화의 개인적 전유(專有)가 필수적이라는 점을 보여준다.[1] 그래서 사적 소유권은 자연권이다. 이 자연권은 신이 바라는 것이고, 그 자체로 신성불가침한 것이다. 왜냐하면 어떤 사람도 지상의 권력에 의해 이 권리를 박탈당할 수 없기 때문이다. 국가는 사적 소유권의 행사를 통제할 수 있다. 예컨대 소유권이 사회에 이전되는 방식을 통제할 수 있다. 그러나 국가는 사람들에게 그들의 의지에 반하는 권리를 박탈할 수 없다. 오컴은 예를 들어 범죄자가 소유를 획득하고 가지게 되는 그의 자유를 박탈당하는 일이 합법적임을 부인하지 않는다. 그러나 소유권은, 그의 주장에 따르면, 그 본질상 사회의 실정적(實定的)인 관습에 의존하지 않는 자연적 권리이다. 그리고 스스로의 잘못이 없거나 어떤 합리적인 이유 없이는 인간은 권리 행사를 뺏길 수 없다. 하물며 권리 그 자체는 결코 뺏길 수 없다.

오컴은 권리(ius)를 합법적인 권력(potestas licita), 즉 올바른 이성에 일치하는(conformis rationi rectae) 권력이라고 말한다. 그리고 그는 인간 관습에 선행하는 합법적 권력을 인간 관습에 의존하는 권력과 구별하였다. 사적 소유권은 인간 관습에 선행하는 합법적 권력이다. 왜냐하면 올바른 이성은 [아담과 하와의] 타락 이후 인간의 도덕적 조건의 치료책으로 사적 소유의 제도를 명령하였다. 인간에게 소유를 하는 것이, 그것을 사용하는 것이, 그의 소유를 그에게서 탈취하려는 누군가에 대해 저항하는 것이 허용되는 한에서, 인간은 사적 소유권을 가진다. 왜냐하면 그러한 허용(licentia)은 자연법에서 나오는 것이기 때문이다. 그러나 자연권이라고 해서 모두 같은 종류의 것은 아니다. 첫째, 반대의 관습이 만들어지기 전까지 타당한 자연권이 있다. 예를 들어 오컴에 따르면 로마인들은 자신들의 주교를 선출할 권리가 있다. 이것은 그들에게 주교가 있어야 할 의미가 있다는 사실에서 귀결한다. 그러나 로마인들은 이러한 추기경의 선출권을 양도할 수 있다. 그러나 어떤 이유로든 추기경의 선출이 불가능하거나 실행될 수 없는 경우에, 로마인들의 권리가 다시 행사될 수 있다. 이러한 종류의 조건적 자연권은 오컴이 셋째 의미에서 이해된 자연권에서 나오는 권리라고 부르는 것의 예시이다.[2] 둘째, 이런 의미에서의 '자연권'이 한때는 존재했지만 이제는 더 이상 존재

---

1 오컴, 『90일 동안의 일』(*Opus nonaginta dierum*), c. 14.
2 오컴, 『황제와 교황의 권력에 관하여 선생과 학생 간의 대화록』(*Dialogus*), 22, 6.

하지 않는 완전성의 귀결을 단순히 의미한다 하더라도, 타락 이전에 인간성의 상태에서 획득된 자연권은 존재한다. 자연권은 인간 완전성의 어떤 상태를 조건으로 하고 있다. 셋째, 도덕적 법령의 불변성을 공유하는 권리가 존재하며, 사적 소유권의 권리는 이들 권리 중 하나이다. 『단편』(*Breviloquium*)에서 오컴은 '앞서 진술한, 현세의 것들의 소유권은 법령에 속하는 것이고, 도덕성의 영역에 속하는 것으로(*inter pure moralia computatur*) 간주된다'는 점을 분명히 한다.

그러나 그 이상의 구분이 필요하다. 권리의 포기는 도덕법칙에 대해서 죄를 짓는 것과 같은 것이기 때문에, 어느 누구도 자연권을 포기할 자격이 없다는 도덕적 명령과 밀접하게 연결되어 있는 세 번째 의미에서의 자연권(오컴의 제1기준(*primus modus*))이 있다. 그래서 모든 사람은 자기 자신의 생명을 보존할 의무를 가지고, 스스로 굶어 죽는 선택을 하면 그는 도덕법칙에 위배되는 죄를 범하는 것이다. 그러나 만약 자신의 생명을 유지해야 할 인간의 의무가 있다면, 그는 그렇게 해야 할 권리, 즉 그가 단념할 수 없는 권리를 가진다. 그러나 사적 소유권은 이런 종류의 것이 아니다. 사실상 현세의 재화는 사람들에 의해 사유화되고 소유되어야 한다는 올바른 이성의 법령이 존재한다. 그러나 모든 개인이 사적 소유권을 행사해야 하고, 정당하고 합리적인 이유 때문에 소유권의 재산에 대한 모든 권리를 단념할 수 있다는 것은 법령의 이행에 반드시 필요한 것은 아니다. 이와 연관해서 오컴의 주요한 핵심은 재산에 대한 모든 권리의 단념이 자발적이어야 한다는 것, 그리고 그것이 자발적일 때 합법적이라는 것이다.

교황 요한 22세는 현세적인 것들을 단지 사용하는 것과 그것들을 사용할 권리를 가지는 것 사이의 구별은 비현실적이라고 주장하였다. 교황의 원리는 '권리가 없는데도 무언가를 사용하는 사람은 그것을 부당하게 사용하는 것이다'이다. 그런데, 프란치스코 수도사들은 음식이나 의복과 같은 현세적인 것들을 당연히 사용할 자격이 있다. 그래서 그들은 그것들의 권리, 즉 그것들을 사용할 권리를 가지고 있음에 틀림없고, 그렇다면 프란치스코 수도사에게는 어떤 권리도 없고 이 모든 것들을 소유하는 것은 교황청이라고 주장하는 것은 비현실적이다. 대답은 소유를 단념하는 것도 가능하고 동시에 소유를 단념했던 그런 것들을 합법적으로 사용하는 것도 분명 가능

제1부 14세기

하다는 것이었다. 프란치스코 수도사들은 사용권은 있지만 모든 소유권은 단념하였다. 그들은 땅을 소유하지는 않지만 그것을 사용할 권리를 가지고 그곳의 과실을 따먹는 소작인과는 다르며, 그들은 단순히 소유권을 전혀 가지지 않은 현세적인 것들에 대한 '불안정한' 사용만을 가지고 있다. 오컴의 주장에 따르면, 우리는 사용권(*usus iuris*), 즉 현세적인 것들의 재산에 대한 권리 없이 그것들을 사용하는 권리와, 사용사실(*usus facti*), 즉 다른 사람의 것들을 사용하는 것을 단순히 허락하는 데에서부터 나오는 — 그 허락은 어느 순간이든 폐지될 수 있다 — 사이를 구별해야 한다.[3] 교황은 프란치스코 수도사들이 예를 들어 음식을 사용할 권리를 가지지 않고서는, 즉 사용권을 가지지 않고서는 합법적으로 음식을 사용할 수 없다고 말했다. 그러나 오컴이 말했듯이 이것은 옳지 않다. 프란치스코 수도사들은 사용권은 없으나 단지 사용행위는 가지고 있다. 그들은 단순 사용(*usus nudus*) 또는 현세적인 것들의 단순한 사용을 가진다. 그것들을 사용할 수 있게 하는 단순 허락은 그것들을 사용할 권리를 부여하지 않는다. 왜냐하면 허락은 언제나 폐지될 수 있기 때문이다. 프란치스코 수도사들은 엄격한 의미에서 단순 사용자(*usuarii simplices*)이다. 그들의 현세적인 것들의 사용은 교황청에 의해서 허락되거나 묵인된 것이다. 교황청이 이것들에 대한 완전 소유권(*dominium perfectum*)과 사용 소유권(*dominium utile*, 오컴의 구절에서에서는 사용권(*usus iuris*)) 모두를 가진다. 프란치스코 수도사들은 모든 소유권을 포기했으며, 이것은 어떤 세속적인 것도 개인적으로든 공동적으로든 소유하지 않았던 그리스도와 사도들의 예에 입각한 진정한 복음주의적 가난이다(요한 22세가 이단적이라고 선언한 의견).

복음주의적 가난에 관한 실제적 논쟁은 철학의 역사에 관심을 갖지 않는다. 그러나 그런 논쟁이 언급되었던 까닭은, 구체적인 논쟁에 대한 오컴의 깊은 관심이 어떻게 해서 그를 일반적으로는 권리, 특수적으로는 소유권에 관한 탐구를 시작하게 했는지를 보여주기 위해서이다. 그의 주요 논점은 소유권은 자연권이라는 것, 그러나 그것은 사람들이 자발적으로 단념할 수 있는 권리라는 것, 그리고 이런 단념은 심지어 사용권까지도 포함할 수 있다는 것이다. 철학적 관점에서부터 보면 이 논의의 주

---

3   다음을 참조. 오컴, 『90일 동안의 일』(*Opus nonaginta dierum*), c. 2.

요한 관심은 특히 인간이 신의 의지에 근거해서 자연법을 만들었다는 사실에 비추어서, 오컴이 인간의 관습에 앞서는 자연권의 타당성을 주장했다는 사실에 놓여 있다. 한편으로 자연법이 신의 의지에 근거한다고 말하면서, 다른 한편으로 자연법의 불변성을 공유하는 어떤 자연권이 있다고 말하는 것 사이에는 엄청난 모순이 있는 듯이 보이며, 오컴이 실제로 하고 있듯이 자연법이 불변적이고 절대적이라고 말할 때, 그는 자기모순을 범하고 있는 것처럼 보일 것이다. 그러나 사실을 따져보면, 도덕법칙이 신의 의지에 근거한다고 오컴이 주장할 때, 그는 일차적으로는 신이 실제로 확립했던 것과는 다른 도덕질서를 창조했을 가능성에 관해서 언급했고, 만약 이것이 그가 의미한 모든 것이었다면, 도덕법칙이 현재의 질서에서 절대적이고 불변적인 것이라고 말함으로써 자기모순은 피해질 수 있다. 그러나 오컴은 그 이상을 의미하였다. 그가 의미했던 것은 신은 자연법에서 자유로울 수 있거나 혹은 현재의 도덕질서가 이미 확립되었다 하더라도, 자연법에 반대되는 행위들을 명령할 수 있다는 것이다. 도덕법칙이 신의 의지에 근거한다는 착상은 오컴의 정치학 저술들에서보다 『명제집』에 대한 주해에서 더 분명하게 나타나며, 도덕법칙의 불변성에 대한 착상은 『명제집』에 대한 주해에서보다 정치학의 저술들에서 더 분명하다. 그러나 앞의 착상은 주해에서뿐만 아니라 정치학 저서에서도 나타난다. 예를 들어 『황제와 교황의 권력에 관하여 선생과 학생 간의 대화』(*Dialogus*)에서 그는 '신이 특별히 누군가를 면제해 주지 않는다면'[4] 엄격한 의미에서의 자연법의 법령에는 어떤 예외도 있을 수 없다고 말한다. 동일한 주제가 『교황의 권력에 관한 여덟 질문』(*Octo quaestionum decisiones*)[5]과 『단편』에서 되풀이된다. 그렇다면 그의 일관성의 유무에 관련하여 오컴을 변호하면서 우리가 말할 수 있는 것은 단지 그에 있어서 자연법은, 신이 어떤 특수한 사례에서 그것을 바꾸기 위해서 개입한 것이 아니라면, 그리고 현재의 질서가 신에 의해 창조되었다면, 불변적이라는 것이다. 순수 철학자로서의 오컴은 때때로 절대적인 도덕법칙과 인간의 권리가 마치 존재하는 것처럼 이야기한다. 그러나 신학자로서의 오컴은 신의 전능

---

4   『대화록』, 1, 3, 2, 24.
5   같은 책, 1, 13.

을 자신이 이해하는 바대로 주장하기로 결정했다. 그리고 신학자이자 철학자이기 때문에, 그로서는 도덕법칙의 절대적 특성과 신의 전능에 대한 그의 해석을 일치시키는 것은 거의 가능하지 않았다. 왜냐하면 전능은 계시에 의해 알려지지만, 그것은 철학자에 의해서 증명될 수 없기 때문이다.

─────────── **2. 정치적 주권은 영적인 힘에서 나오는 것이 아니다**

복음주의적 가난에 관한 논쟁은 오컴이 참여한 유일한 논쟁은 아니었다. 그는 교황청과 황제 사이의 논쟁에도 관여했다. 1323년 교황 요한 22세는, 교황의 승인이 필요하다고 주장하면서 황제 선출에 개입하려 했고, 바바리아(Bavaria)의 루드비히(Ludwig)가 선출되었을 때, 교황은 선출을 무효라고 주장하였다. 그러나 1328년 루드비히는 스스로 로마에서 왕관을 썼으며, 그 후 그는 아비뇽의 교황이 면직되었다고 선언하고, 니콜라우스 5세(Nicholas V)를 교황으로 지명하였다. (그러나 대립 교황은 루드비히가 독일로 갔던 1330년 사임했어야 했다.) 교황과 황제 사이의 싸움은 1334년 요한 22세가 죽은 이후, 베네딕토 12세(Benedict XII)의 치세를 거쳐 클레멘스 6세의 치세에 이르기까지 계속되었다. 오컴은 클레멘스가 재위했던 1349년에 죽었다.

이 논쟁에서 직접적으로 문제가 되는 것은 교황으로부터 황제의 독립이었다. 그러나 당연히 논쟁은 황제의 선출이 교황의 승인을 필요로 하는지 어떤지의 문제에 집착하는 것보다 더 큰 중요성을 가졌다. 교회와 국가의 적절한 관계라는 더 포괄적인 문제가 불가피하게 포함되었다. 더욱이, 교회에서의 교황의 지위에 관하여 문제가 제기되었음에도 불구하고, 주권자와 신민의 올바른 관계의 문제도 제기되었다. 이 논쟁에서 오컴은 교회에 대해서는 국가의 독립성을 강력하게 지지하였고, 교회 그 자체에 대해서는 교황의 '절대론'을 강하게 공격하였다. 그의 가장 중요한 정치적 저술은 『대화록』이다. 그것의 제1부는 요한 22세의 치세 중에 구성되었다. 베네딕토 12세의 치세 중인 1338년에 쓰인 『로마 황제의 권력과 지배에 관하여』(*De potestate et iurihus romani imperii*)는 그 후 『대화록』 안에 제3부의 제2논문으로서 편입되었다. 제3부의 제

1논문, 즉『교황과 사제의 권력에 관하여』(De potestate papae et cleri)는 파도바의 마르실리우스(Marsilius of Padua)에서부터 오컴 자신을 분리하려는 목적에서 쓰였다. 그리고 그 논문은 마르실리우스로부터『평화의 수호자 요약본』(Defensor minor)이라는 책을 쓰게 만들었다.『교황 권력의 결정에 대한 여덟 질문』(Octo quaestionum decisiones super potestatem summi pontificis)은 바벤베르크의 레오폴트(Leopold of Babenberg)의『왕과 황제의 법』(De iure regni et imperii)에 대해 적어도 부분적으로 비판하였다. 반면에『전제 국가에 관한 짤막한 담론』(Breviloquium de principatu tyrannico)에서 오컴은 그의 정치적 견해를 분명하게 개진하였다. 그의 마지막 작품인『교황과 황제의 권력』은 아비뇽의 교황을 비난하였다. 다른 논쟁적 저술들은『교황의 오류 개요』를 포함한다. 이 책은 요한 22세에 대한 오컴의 불만을 요약한 초기 출판물이며,『왕이 교황의 의지에 반(反)하여 전쟁의 목적을 위해서 교회의 재산을 사용할 수 있는지 여부』(An princeps pro suo succursu, scilicet guerrae, Possit recipere bona ecclesiarum, etiam invito papa)는 아마도 1338년 8월과 1339년 말 사이에 쓰였고, 영국의 에드워드 3세가 프랑스와의 전쟁에서 성직자의 보조금을 편취했고 심지어 교황의 소망 또는 지시에 대해 반대한 것이 정당했다는 점을 보여주기 위해서 기획되었다.

교회와 국가 간의 관계에 관한 논쟁에 우선 눈을 돌리면, 우리는 오컴 사상이 대부분 옛날의 중세의 정치적 조망 내에서 움직였다고 말할 수 있다. 다른 말로 하면 그는 국가의 군주와 황제 간의 관계에 대해서는 거의 관심을 두지 않았으며, 그는 교회와 국가일반의 관계보다는 교황과 황제 간의 특별한 관계에 더 많은 관심을 가졌다. 바바리아의 루드비히 궁정으로 도피한 그의 입장을 고려할 때, 자신의 관심을 보다 넓고 보다 일반적인 이슈로 확장하지 않고는 개인적인 관심사인 직접적인 이슈를 논의할 수 없다는 것이 사실이라 하더라도, 이 점은 충분히 예상될 수 있는 것이었다. 그리고 우리가 오컴의 논쟁술을 그 논쟁술의 영향의 관점에서 고려하고, 유럽의 역사적 발전과 관련하여 고려한다면, 결과적으로 오컴 자신은 교회와 국가의 관계에 관심을 가졌다고 말할 수 있겠다. 왜냐하면 영국의 왕과 같은 국가의 군주와 관련하여 황제가 갖는 지위는 명예의 고귀함 외에 다른 것이 아니었기 때문이다.

영성권력과 세속권력의 분명한 구별을 주장하면서 오컴은 당연히 어떤 혁명적

이론도 제시하지 않았다. 그는 영적인 영역에서 최고의 우두머리, 즉 교황은 황제의 권력과 권위의 원천이 아니며, 황제의 선출을 유효한 것으로 만들기 위해서 교황의 비준이 반드시 요구되는 것이 아니라고 주장하였다. 만약 교황이 세속적 영역에서의 권력을 사칭하거나 아니면 당연한 것으로 여기려 한다면, 교황의 관할권이 없는 영지를 침해하는 것이다. 황제의 권위는 교황에게서 오는 것이 아니라, 그의 선출에서, 즉 신민을 대신하는 선제후들로부터 오는 것이다. 오컴이 정치적 권력을 신민을 통하여, 즉 주권자를 직접적으로 선출하는 신민들의 경우에는 직접적으로, 신민들이 명시적이든 암시적이든 정치적 권위를 이양하는 어떤 다른 방식에 동의했다면 간접적으로, 신에게서 나온 것으로 간주하였다는 것은 의심의 여지가 없다. 국가는 정부를 필요로 하고, 신민은 그것이 황제든, 군주든, 행정장관이든 어떤 종류의 주권자를 선출하는 일을 피할 수 없다. 그러나 어떤 경우든 권위는 영성권력에서 나오는 것도, 영성권력에 의존하는 것도 아니다. 오컴이 세속 문제에서 오직 황제 편에 서서 교황의 최고 권력을 부정할 의도가 없었다는 것은 아주 분명해진다. 예를 들면,『왕이 교황의 의지에 반(反)하여 전쟁의 목적을 위해서 교회의 재산을 사용할 수 있는지 여부』에 의해서 분명해진다. 모든 합법적인 주권자들은 교황에게 나오지는 않는 권위를 가진다.

──────── **3. 신민과 그들의 통치자의 관계**

그러나 이미 살펴본 것처럼 만약 오컴이 교회와의 관계에서 세속적 문제에 관한 한 세속적 왕들의 독립을 지지했다면, 정치적 절대주의를 지지하기 위해서 그는 교황의 세속적 권위를 거부할 수 없었다. 모든 사람은 자유에 대한 권리를 가지고 있다는 의미에서 자유롭게 태어났고, 비록 사적 소유권의 원리와 같이 권위의 원리도 자연법에 속하지만, 그들은 자신들의 통치자를 선택할 자연권을 유지한다. 통치자를 선택하고 한 통치자로부터 그의 후계자에게 권위를 이양하는 방법은 세속법(human law)에 의거하고 있고, 분명히 말해서 계승된 통치자 모두가 선출되어야 할 필요는 없다. 그러나 세속의 권위를 선출하고 지정하는 인간의 기본적인 자유는 지상의 어떤 권력도 그에게서 빼앗을 수 없는 권리이다. 물론 공동체는 자신의 자유로운 의지를 가지고서 세습 군주제를 확립할 수 있다. 그러나 이 경우 공동체는 자발적으로 군주와 그의 합법적 계승자에게 종속되며, 군주가 그의 신뢰를 어기고 자신의 권위를 남용한다면, 공동체는 그를 비난함으로써 자신의 자유를 주장할 수 있다. '전 세계가 자진해서 로마의 지배와 로마의 제국에 동의한 후에는, 동일한 제국이 참되고, 정의로우며, 훌륭한 제국이었다.' 로마 제국의 합법성은 신민들이 자유롭게 승인한 것에 의거한다.[6] 누구도 공동체의 선택과 동의를 제외하고는 그 공동체 위에 군림할 수 없다. 모든 신민과 국가는 그렇게 원한다면 자신의 우두머리를 선출할 자격이 있다.[7] 세속적인 일에서 통치자 없는 신민이 있다고 하더라도, 신민들이 자신의 통치자를 지명하기를 원한다면, 교황은 그 신민들의 통치자를 지명할 의무도 권력도 없을 것이다.[8]

─────── 4. 오컴의 정치적 견해는 얼마나 참신한가 또는 혁명적인가?

이 두 중요한 요소, 즉 세속권력에 독립되어 있다는 것과 신민들이 자신들의 정부형태를 선택하여 결정할 자유가 있다는 것은 그 자체 참신한 것은 아니었다. 예를 들면 두 개의 검(劍)이라는 관념은 공통된 중세의 견해를 나타내었고, 몇몇 교황들이 보편적인 세속 군주들의 지위와 권리들을 스스로 침해하는 것에 대해서 오컴이 저항했을 때, 그는 영적인 영역과 세속적인 영역은 분명히 구별되어야 한다는 대부분의 중세사상가들의 확신을 단지 표현했을 뿐이었다. 다시 말하자면, 모든 위대한 중세 신학자와 철학자들은 어떤 의미에서 자연권을 믿었고, 군주들이 절대적이고 제한받지 않은 권력을 소유하고 있다는 점을 거부했다. 중세 사람들은 법, 관습에 대한 존경을 가지고 있었고, 임의의 권력을 철저하게 싫어했다. 통치자가 법의 일반적 테두리 안에서 통치해야 한다는 생각은 일반적인 중세적 견해를 표현하였다. 성 토마스 아퀴

---

6 같은 책, 2, 3, I, 27.
7 같은 책, 2. 3. 2, 6.
8 『90일 동안의 일』, 2, 4.

나스가 주권자의 권위가 어디서 유래하는지의 문제를 얼마나 정확하게 고려했는지 이야기하기는 어렵다. 그러나 그는 분명히 그 유래를 제한된 것으로서, 즉 일정한 목적을 가지고 있는 것으로서 생각했고, 또한 분명히 신민은 전제적 정부에 속해서는 안 된다고 생각하였다. 어떤 정부들은 그들의 권위를 신민으로부터 (궁극적으로 신으로부터) 직접적으로 획득하거나 획득할 수 있다. 그리고 그가 모든 정부를 이런 식으로 자신들의 권위를 획득하는 것이 필연적이라고 간주했다는 아주 분명한 증거는 없지만, 그는 폭정에 대한 저항이 정당화되고, 폭동으로 치부되어서는 안 된다고 주장하였다. 통치자는 책임을 다해야 하고, 만약 그가 책임을 다하지 못하고 책임을 방기한다면, 공동체는 그를 추방할 권리가 있다. 그렇다면 이미 언급된 것처럼 임의적인 권력에 대한 반감에 관련해서 그리고 법의 준수에 관련해서, 오컴의 원리가 성 토마스의 원리와 실질적으로 다르지 않다고 진술할 충분한 이유가 있다.

그러나 영적인 권력과 세속적인 권력에 대한 오컴의 주장과 정치 공동체에서의 신민들의 기본권에 대한 오컴의 주장이 참신한 것은 아니지만, 추상적인 원리를 표현한 것에 불과하다는 점이 고려된다면, 더욱이 혁명적인 것도 아니지만, 그렇다고 해서 그가 교황과 논쟁을 벌인 방식이 혁명적이라 부를 수 있는 일반적인 운동의 일부가 아니었다는 결론이 나오는 것은 아니다. 왜냐하면 바바리아의 루드비히 황제와 교황 간의 논쟁은 공정왕(恭靖王) 필립 4세와 보니파키우스 8세 교황 간의 논쟁에서 비롯되었던 일반적 운동의 일환이었기 때문이다. 그리고 구체적인 역사적인 전개의 관점에서 본다면, 운동은 비록 영적인 문제에서조차도 국가가 교회로부터 완전히 독립하는 방향으로 진행되었다. 오컴의 사상은 교황과 황제의 낡은 카테고리 안에서 움직였지만, 그러나 중앙 집중 국가로의 점진적인 고착은 두 권력 간 균형의 균열로 이어졌고, 종교개혁에서 부분적으로 표현된 정치의식의 상승으로 이어졌다. 게다가 통치자들과 신민의 관계에 대한 그의 일반적 언급을 고려해보았을 때, 영적 영역 안에서조차 교황의 절대주의에 대한 오컴의 적개심은, 정치적 사상의 영역에서도 몇몇 함의들을 가질 수밖에 없다. 이제 나는 교회 안에서의 교황의 지위에 대한 그의 사상을 다루겠다. 그러나 오컴의 교회 정부에 대한 생각들이 교회 영역에 관한 것이었고, 대분열시대(Great Schism, 1378-1417)에서 비롯되었음직한 교회평의회 운동(Conciliar

Movement)을 예고한 것이었음에도 불구하고, 오컴의 생각들도 중세 그리스도교계의 분열로 종결된 보다 광범위한 운동의 일부였다는 것을 미리 주목하는 것은 가치 있는 일이다.

───────── **5. 교회 내에서 교황의 지위**

교회 내에서의 교황의 지위에 대한 오컴의 논쟁에 대해 두세 마디 하는 것 이상을 이야기하는 것은 전혀 불필요하다. 왜냐하면 이러한 주제는 교회의 역사에 속하는 것이지 철학의 역사에 속하는 것이 아니기 때문이다. 그러나 이미 언급된 것처럼 이 주제에 대한 그의 생각들이 가지고 있는 그 이상의 함의들은 그의 생각들에 대해 무언가를 이야기하는 것을 바람직하게 만든다. 오컴의 주요한 주장은 교회 내에서 교황의 절대주의가 정당화되지 않는다는 것, 그리고 그리스도교계의 선에 해롭다는 것, 그리고 억제되고 제한되어야 한다는 것이었다.[9] 오컴이 교황의 권력을 제한하기 위해서 제시한 수단은 교회 총회(General Council)의 설립이었다. 아마도 탁발 수사회(mendicant Orders)의 구성에 대한 그의 경험과 지식에 의거해서 그는 본당(parishes), 총회(chapters), 수도원(monasteries)과 같은 종교적 연합체를 구상했는데, 이러한 기구들은 대표자들을 뽑아서 지역 대표자회의(provincial synods)에 보냈다. 이들 지역 대표자회의는 교회 총회의 대표자들을 선출할 것이고, 이 교회 총회는 신부뿐만 아니라 평신도를 포함해야 한다. 교회 총회가 교황 혼자보다 더 옳을 가능성이 크다고 생각했음에도 불구하고, 오컴이 교회 총회를 무오류의 교리적 판결의 기관으로 보지 않았지만, 교황의 절대주의에 대한 제한과 억제로 보았다는 점에 주목해야 한다. 오컴은 순수하게 신학적인 주제들보다는 교회의 정치체제, 즉 교황권의 입헌제도에 관심을 가졌다. 그는 교황이 성 베드로이자 그리스도의 대리인(Vicar of Christ)의 후계자라는 것

───────────

9   오컴이 교황의 지상권(supremacy, 至上權)을 부인한 것은 아니었다. 그가 부인한 것은 그가 '전제적' 지상권이라고 불렀던 것이었다.

을 부인하지도 않았고, 원칙적으로 교회의 교황 통치를 파괴하는 것을 원하지도 않았다. 그러나 그는 아비뇽의 교황권을 소위 교황권의 훈령을 넘어서 있는 것으로, 그리고 확실한 억제와 제한 없이 통치하는 무자격으로 간주하였다. 의심의 여지없이 그는 이단의 견해를 가지고 있었지만, 이런 제한을 하는 그의 동기는 임의적이고 제한되지 않는 권력의 실제적인 행사와 맞서는 것이었고, 이 점이 바로, 교황권의 입헌제도에 관한 그의 생각이 비록 직접적인 미래와 관련해서 살펴볼 때 교회평의회 운동을 예고하는 것으로 간주되어야 함에도 불구하고, 그의 이러한 생각이 왜 정치적 영역에서 함축된 의미를 담고 있는지의 이유이다.

제9장

오컴주의 운동:
미르쿠르의 장과 오트르쿠르의 니콜라우스

1. 오컴주의 운동 또는 유명론 운동

'오컴주의 운동'(Ockhamist Movement)이라는 구절은 아마도 틀린 명칭이다. 왜냐하면 윌리엄 오컴이 '근대적' 흐름, 14세기 사상의 유일한 원천이라는 점, 그리고 그 운동의 사상가들이 모두 자신들의 사상을 오컴으로부터 가져왔다는 점을 이 명칭이 함의하고 있는 것으로 이해될 수 있기 때문이다. 프란치스코의 아담 워댐(Adam Wodham) 또는 고담(Goddam, 1358년 사망)과 같은 사상가들 중 일부는 사실상 오컴의 제자들이었던 데 반해서, 도미니코회의 홀코트(Holkot, 1349년 사망)는 실제로 오컴의 제자인 적은 없었지만 오컴의 저술들에 영향을 받았다. 그러나 다른 경우에는 몇몇 철학자들의 사상이 어느 정도까지 오컴의 영향을 받았는지는 발견하기 어렵다. 그러나 한 가지 관점에서 보면 '오컴주의 운동'이라기보다는 '유명론 운동'이라고 말하는 것이 더 선호될는지 모르지만, 오컴이 그 운동의 가장 영향력 있는 저술가였다는 점은 부인할 수 없다. 바로 그 이유 때문에 그 운동은 오컴의 이름과 연관되어야 한다. '유명론'과 '명사론'(terminism)이라는 이름은 근대로의 길을 가리키기 위해서 사용된 동의어였다. 그리고 명사론의 현저한 특성은 명제에서 명사(名辭)의 기능을 분석하는 것, 즉 지칭(*suppositio*)이론이다. 이미 지적되었던 것처럼 지칭이론은 오컴 이전의 논리학자들에게서 발견될 수 있다. 예컨대 페트루스 히스파누스의 저술들에서 발견될 수 있다. 그러나 우리가 유명론과 연결하는 개념주의적이고 '경험주의적인' 방향에서 명사론 논리학을 개발한 사람은 오컴이었다. 그래서 내 생각으로는, 그 용어가 그 운동의 모든 발전의 직접적인 원천이 오컴이라는 점을 함의하고 있다는 것을 의미하지 않는다는 점을 우리가 기억한다면, '오컴주의 운동'이라고 부르는 것은 정당하다.

명사론 논리학의 발전은 그 운동의 여러 측면 중 하나이다. 이와 연관해서 우리들은 리처드 스와인시드(Richard Swineshead)와 윌리엄 하이츠베리(William Heytesbury)를 언급할 수 있는데, 이 둘은 옥스퍼드의 머튼 칼리지(Merton College)와 연결되어 있다. 하이츠베리는 1371년에 옥스퍼드 대학교의 총장이 되었는데, 그전에 그의 논리학 저술은 널리 보급되었다. 14세기의 다른 한 명의 인기 있는 논리학자는 리처드 빌링햄(Richard Billingham)이었다. 그러나 유명론자들과 유명론 운동에 영향을 받은 사람들의 전문적인 논리적 연구들은 오컴 자신의 연구가 그랬던 것처럼 전통 형이상학에 대한 파괴적 공격 또는 오히려 전통 형이상학에서 제안된 증명들에 대한 파괴적 공격과 자주 결부되었다. 때로는 이들 공격은 전통 증명 노선이 개연적인 논증 이상에 이르지 않았다는 견해에 근거하고 있었다. 그래서 러처드 스와인시드에 따르면 신의 단일성을 증명하기 위해서 사용되었던 논증들은 증명이라기보다는 변증법적 논증, 즉 반대가 진리일 가능성을 배제하지 않는, 혹은 시간의 언어로 모순율로 환원될 수 없는 논증이었다. 때로는 어떤 실체도 알 수 있는 능력이 우리에게 없다는 점을 강조하였다. 우리가 그러한 실체에 대한 인식을 가질 수 없다면, 우리는 신 존재를 증명할 수 없다고 리처드 빌링햄은 주장하였다. 일신론은 신앙의 문제이지 철학적 증명의 문제가 아니다.

'신은 존재한다'와 같은 명제 — 여기서 '신'이란 용어는 최고의 유일무이한 존재를 지칭하는 것으로 이해된다 — 를 신앙의 영역으로 분류하는 것은, 철학자들이 모두 이들 명제의 진리를 의심했다는 것을 의미하는 것은 아니며, 그것이 의미하는 바는 단지 철학자들이 이런 명제들이 증명될 수 있다고 생각하지 않았다는 것이다. 그럼에도 불구하고 형이상학적 논증들에 관한 이 회의적인 태도는 의심의 여지없이 신앙의 우위성과 결합되었지만, 그 결합은 철학자에 따라서 그 정도가 달랐다. 인문학부의 강사나 교수는 형이상학적 논증들의 타당성에 대해 순수하게 논리적 바탕 위에서 의문을 제기했던 반면에, 신학자는 인간이성의 취약성, 즉 신앙의 우위성과 계시적 진리의 초월적 성격을 강조하는 데 관심을 가질 수도 있었다. 예를 들어 로버트 홀코트(Robert Holkot)는 자연논리와 구별되면서 자연논리보다 우월한 '신앙의 논리'를 요청하였다. 그는 일신론 논증들의 증명적 성격을 확실히 부인하였다. 분석명제만이 절대적으로 확실하다. 신 존재에 대한 전통적인 논증에서 사용된 인과성의 원리는 분석명제가 아니다. 이러한 사실에서부터 신 존재의 철학적 논증은 개연적인 논증 이상의 것에 이를 수 없다. 그러나 신학은 철학보다 우위에 있다. 교의신학의 영역에서 우리는 철학에서 사용되는 자연논리보다 우위에 있는 논리의 작용을 볼 수 있다. 특히 신학에서 모순의 원리 이상의 것이 있다는 사실은 홀코트가 생각했듯이 삼위일체의 교의에서 분명해진다. 그래서 나의 요점은 형이상학적 '증명들'의 유명론적 비판의 영향을 받았던 신학자들이 비판을 위해서 논리에 호소하지 않았다는 것이 아니라, 오히려 철학에서의 이러한 상대적 회의주의가 사실의 진술이라고 생각된 신학적 진술에 대한 회의적 태도를 포함한다고 손쉽게 치부되어서는 안 된다는 것이며, 또는 의도적으로 교의신학을 추측의 영역으로 분류되어야 하는 것으로 손쉽게 치부되어서는 안 된다는 것이다.

다양한 유명론의 입장을 수용하는 것은 어떤 사상가가 윌리엄 오컴에 의해서 주장된 모든 입장을 채택했다는 것을 의미하는 것은 당연히 아니었다. 예컨대 영국 프란치스코 수도원의 대교구장이 되었던 로딩톤의 존(John of Rodington, 1348년 사망)은 신이 유일무이하다는 논증들의 증명적 성격을 의심하였다. 그러나 그는 도덕법칙이 신의 의지에만 근거해 있다는 개념을 거부하였다. 또 다른 프란치스코 수도사인 바솔리스의 존(John of Bassolis, 1347 사망)도 역시 신 존재, 유일 무이성, 무한성에 대한 형이상학 증명들의 증명적 성격에 의심을 품었다. 그러나 그는 이러한 비판적 태도를 다양한 스코투스주의 입장의 수용과 결합시켰다. 스코투스주의는 프란치스코 수도회에서 자연스럽게 강력한 영향력을 가졌었고, 메이로네스의 프란시스(Francis of Meyronnes, 1328년경 사망), 유창(流暢)박사(*Doctor dulcifluus*)인 안토이네 안드레(Antoine André, 1320년경 사망), 간략박사(*Doctor succinctus*)인 프란시스 데 마르시아(Francis de Marcia)

와 같은 철학자들을 낳았다. 그래서 유일하게 기대되는 것은 우리가 14세기 후반의 초입에 파리 대학교에서 강의하였던 리파의 장(John of Ripa), 칸디아의 페트루스(Peter of Candia, 1410년 사망)와 같은 사상가들 안에서 스코투스주의와 오컴주의 사상 노선이 만나고 혼합되고 있음을 발견해야 한다는 것이다. 더 나아가 어떤 사상가가 성 아우구스티누스의 저작들과 오컴주의의 영향을 함께 받았던 경우에, 어떤 주어진 점에 대해 어느 영향이 더 강력한지를 판단하는 일은 언제나 쉬운 일이 아니었다. 예를 들면, 토마스 브래드워딘(Thomas Bradwardine, 1290-1349년경)은 자신의 신학적 결정론을 뒷받침하기 위해 성 아우구스티누스에 호소하였다. 그러나 아우구스티누스의 저작들이 단독적으로 어느 정도까지 그에게 영향을 끼쳤는지, 그리고 아우구스티누스를 해석하면서 신의 전능과 신의 의지에 관한 오컴주의의 강조에 의해 어느 정도까지 그가 영향을 받았는지를 진술하는 것은 어려운 일이다. 다시 이야기한다면, 성 아우구스티누스의 은수사회의 총장이 되었던 리미니의 그레고리오(Gregory of Rimini, 1358년 사망)는 자신의 직관의 우위성 이론과 보편개념의 '기호' 기능 이론을 견지하기 위해 아우구스티누스에 호소하였다. 그러나 그가 단순하게 오컴주의의 입장을 어느 범위까지 채택했는지, 그런 다음 그 자신이 아우구스티누스회의 일원이었기에 성 아우구스티누스의 덮개를 가지고서 오컴주의 입장들을 덮으려고 시도하였는지를 결정하는 데에는, 그리고 그가 오컴의 철학에 의해서 그에게 제시되었던 입장들을 성 아우구스티누스의 저술들에서 발견했다고 실제로 믿은 범위가 어느 정도인지를 결정하는 데에는 어려움이 있다. 도미니코 수도회의 로버트 홀코트조차 그의 분명히 오컴주의적 기조의 일부가 실제로는 성 토마스 아퀴나스의 정신과 이질적이지 않다는 점을 보여주고자 노력하였다.

수도원 밖의 성직자와 특히 결부되었던 오컴주의나 유명론은 종교 수도회에 깊이 있게 침투해 들어갔다는 것을 보여줄 만큼 충분히 언급되었다. 오컴주의의 영향은 오컴 자신이 속했던 프란치스코 수도회에서뿐만 아니라 도미니코 수도회와 다른 수도회에서도 느껴졌다. 물론 동시에 전통적인 사상노선은 여전히 유지되었고, 성 토마스를 배출한 도미니코 수도회처럼 공식 박사를 배출한 수도회에서 특히 유지되었다. 로마의 에지디오(Giles of Rome)를 자신들의 박사로 간주하였던 성 아우구스티누스의 은수사회를 예로 들어보기로 한다. 1357년에서 1358년까지 수도회의 총장이었던 리미니의 그레고리오는 오컴주의의 영향을 받았다. 그러나 그레고리오보다 먼저 총장을 역임(1345-1357)했던 스트라스부르의 토마스(Thomas of Strasbourg)는 로마의 에지디오의 이름으로 수도회를 유명론의 영향으로부터 지켜내고자 노력하였다. 그것은 사실상 유명론의 영향을 차단하거나 억누르는 것을 가능하게 하지는 못하였다. 그러나 수도회가 공식 박사를 배출했다는 사실은 의심의 여지없이 정도에 따라 완급을 조절하였는데, 그렇지 않았더라면 근대에의 길에 동조한 사람들은 보다 극단적인 유명론의 입장을 수용했을 것이다.

유명론자들 또는 오컴주의자들의 공통적인 요소는 우리가 이미 살펴본 것처럼 지칭이론 ─ 명제의 개념들이 사물들을 지칭하는 여러 방식에 대한 분석 ─ 을 그들이 강조했다는 것이다. 그러나 오컴처럼, 일반 명사나 부류 명칭이 명제에서 개별사물들 그리고 개별사물들만을 지칭한다는 것을 주장했던 철학자들의 경우에서만 '유명론' 또는 선호한다면 '개념론'을 이야기하는 것이 정당하다는 점이 분명해진다. 이 이론, 즉 보편성은 단지 그들의 논리적 기능에서 개념에만 속한다는 이론과 함께, 또한 유명론자들은 모순의 원리로 환원될 수 있는 명제들만이 절대적으로 확실하다고 주장하는 경향이 있었다. 다른 말로 하면, 그들의 주장에 따르면 진술의 진리는 그 반대가 모순 없이 진술될 수 있다면, 절대적으로 확실하지 않다. 그런데 인과관계의 진술은, 그들이 생각하고 있듯이, 결코 이런 종류의 진술이 아니다. 다른 말로 하면, 그들의 보편이론은 유명론자들을 인과관계의 경험주의적 분석으로 유도했다. 게다가 현상에서 실체를 추론하는 것이 결과에서 원인을 추론하는 것인 한에서, 이러한 분석은 실체-우유성 형이상학의 유명론적 견해에도 영향을 미쳤다. 그래서 한편으로 명제들을 모순의 원리로 환원할 수 있다는 의미에서의 분석명제만이 절대적으로 확실한 반면에, 다른 한편 인과관계에 관한 진술이 경험적이거나 대단히 높은 정도의 개연성만을 기껏 확보하는 귀납적 일반화라면, 인과성의 원리의 사용에 의거하고, 실체-우유성 형이상학에 의존하는 전통적인 형이상학적 논증은 절대적으로 확실할 수 없다는 귀결이 나온다. 그렇다면 예를 들어 신 존재에 대한 진술의 경우에, 유명론자들은 자신들이 우호적으로 예시될 수 있는 철학적인 논증들에 그들의 확실성을 빚지고 있는 것이 아니라, 그 진술들이 그리스도교 신학에 의해서 가르쳐졌던 신앙의 진리라는 사실에 빚지고 있다고 주장하였다. 이러한 입장은 자연스럽게 철학과 신학 간의 예리한 구별을 가져오는 경향이 있었다. 물론 한 가지 의미에서 철학과 신학의 예리한 구별은 항상 인정되었다. 왜냐하면 구별은 언제나, 어떤 진술을 자신의 추리과정의 결과로서만 받아들이는 것과 신적인 권위에 근거해 어떤 진술을 받아들이는 것 사이에 있어왔기 때문이다. 그러나 아퀴나스와 같은 사상가는, 계시를 만들 수 있는 신이 존재한다는 진술과 같은 '신앙의 전제'를 증명하는 것이 가능하다고 확신하였다. 또한 아퀴나스는 당연히 신앙의 행위는 초자연적 은총을 포함한다는 점도 확신하였다. 그러나 핵심은, 신이 존재한다와 같은 증명들을 사람들이 이해하기 전에도 대개 현실적으로는 초자연적 신앙이 작동하고 있었지만, 만약 사람들이 그런 증명에 눈을 돌리거나 혹은 그런 증명을 이해한다면, 신앙의 행위에 의해서 논리적으로 전제된 어떤 진리들을 엄밀하게 증명할 수 있다는 것을 아퀴나스가 인정하였다는 사실이다. 그러나 유명론 철학에서 '신앙의 전제'는 엄밀하게 증명할 수 있는 것으로 간주되지 않았고, 철학과 신학 사이의 다리는 (즉 신앙이 초자연적 은총을 요구할 때 우리가 '다리'라고 이름 붙일 자격이 있는 한에서) 부서졌다. 그러나 유명론자들은 '변증론적'(apologetic) 고려에는 관심이 없었다. 중세 그리스도적인 유럽에서 변증론자들은 훗날 신학자가 되고 가톨릭 철학자가 되었기 때문에 그런 문제에 관심을 갖지 않았다.

앞에서 유명론자들의 입장을 요약하면서 나는 '유명론자'라는 단어를 철저한 유명론자, 유명론의 잠재성을 발전시킨 사상가 또는 진짜 유명론자인 '이상적' 유명론자를 의미하는 것으로 사용하였다. 앞에서 나는 오컴주의 운동에 의해 긍정적으로 영향을 받은, 그리고 어떤 관점에서 유명론자라고 불릴 수 있는 사상가들 모두가 오컴의 모든 견해를 채택한 것은 아니라는 점을 언급하였다. 그러나 바라건대, 이 운동과 연결된 두 사상가들의 철학적 관념에 대해 몇 가지 설명을 할 것이다. 이 두 사상가는 다름 아니라 미르쿠르의 장과 오트르쿠르의 니콜라우스였다. 이 중 후자는 특히 극단적 유명론자였다. 중세철학에는 중요한 주제들에 관해 다양한 견해가 존재하지 않았다고 보는 것은 환상이다. 이것을 환상이라고 보고 그것을 불식시키려고 하는 수단을 찾는다면, 오트르쿠르의 니콜라우스의 철학을 알아보면 좋을 것이다. 이 두 사람의 사상을 개관한 후에 나는 보편, 특히 14세기 후반에서 그리고 15세기 동안 발견되었던 새로운 보편에 대해 유명론이 가지는 영향을 약간 언급하면서 이 장을 끝낼 것이다.

─────────── **2. 미르쿠르의 장**

시토 수도회 수사(그는 '하얀 수사'(*monachus albus*)라 불렸다)였던 것으로 여겨지는 미르쿠르의 장(John of Mirecourt)은 파리의 성 베르나르디노(St. Bernard)의 시토 수도회 대학교에서 페트루스 롬바르두스의『명제집』에 대해 강의하였다. 1344-1345년 사이에 이루어졌던 이 강의는 두 판본이 존재한다. 그의 다수의 명제들이 곧바로 공격을 받았기 때문에, 미르쿠르는 자신의 입장을 설명하고 그것을 정당화하고자 하였다. 그러나 그럼에도 41개 정도의 명제들이 1347년에 대학교 총장과 신학부에 의해 고발되었다. 이로 인해 장은 그의 입장을 방어하는 다른 책을 출판하였다. 이 두 변론은 스테그뮐러(F. Stegmüller)[10]에 의해 편집된 적이 있는데, 그중 첫째는 63개의 의심되는 명제를 설명하거나 방어하는 것이었고, 둘째는 41개의 고발된 명제들에 대해 설명하고 방어하는 것이었다.

미르쿠르는 상이한 명제들에 대한 우리의 동의의 성질에 따라서 이 두 유형의 인식을 구별하였다. 어떤 때는 우리의 동의는 '명백한' 것인데, 이것은 그의 주장에 의하면 현실적이건 잠재적이건 잘못에 대한 두려움 없이 주어진다는 것을 의미한다. 어떤 때는 우리의 동의는 실수에 대한 현실적이거나 잠재적 두려움과 함께 주어진다. 예를 들어 막연한 느낌이나 의견의 경우에서의 동의이다. 그러나 그 이상의 구별이 필요하다. 때때로 우리는 우리가 동의하는 명제들의 명백한 진리를 분명히 알기 때문에, 잘못에 대한 두려움 없이 동의를 한다. 이것은 모순율과 모순율로 궁극적으

---

10 F. Stegmüller,『고대와 중세 신학의 탐구』(*Recherches de théologie ancienne et médiévale*, 1933), pp. 40-79. 192-204.

로 환원될 수 있는 결론의 경우에 생겨난다. 만약 어떤 명제가 모순율에 의존하거나 모순율로 환원될 수 있다는 점을 확인한다면, 우리는 그 명제의 반대가, 즉 그 명제의 부정이 이해될 수 없으며 불가능하다는 것을 알게 된다. 그러나 어떤 때는 우리는, 그 진리가 비록 논박할 수 없는 증거에 의해서 보증됨에도 불구하고, 그 진리가 본질적으로 명백하지 않은 그런 명제들에 대해서, 잘못에 대한 두려움 없이 동의를 한다. 신앙의 계시된 진리들은 이런 종류에 해당한다. 예를 들어 우리는 한 분의 신 안에 세 위격이 있다는 사실은 단지 계시에 의해서만 인식한다.

그렇다면 지금까지 신앙의 계시적 진리를 고려하지 않는다면, 우리는 두 종류의 명제를 가지고 있다. 하나는 제1의 자명한 원리, 모순율로 환원될 수 있기 때문에 잘못의 두려움 없이 동의를 하는 명제와 잘못의 두려움을 가지고 동의한 명제들(예를 들어 '나는 저 멀리 있는 저 대상이 소라고 생각한다')을 가지고 있다. 미르쿠르에 의하면 첫째 종류의 명제에 대한 동의는 명증성을 가진 동의(*assensus evidentes*)이고, 둘째 종류의 명제에 대한 동의는 명증성을 갖지 못한 동의(*assensus inevidentes*)이다. 그러나 이제 우리는 두 종류의 명증성을 가진 동의를 구별해야 한다. 무엇보다도 그 구절의 가장 엄격하고도 가장 적절한 의미에서의 명백한 동의가 있다. 이런 종류의 동의는 모순율, 모순율로 환원될 수 있는 원리들, 그리고 모순율에 의존하는 결론들에 주어진다. 그러한 명제의 경우에 우리는 가장 탁월한 명증성(*evidentia potissima*)을 가진다. 둘째, 사실상 잘못의 두려움 없이 주어지지만, 모순율과 밀접한 관계를 가지는 명제들에 의해서 주어지지 않는 동의가 있다. 내가 경험에 기초해서 어떤 명제에 동의한다면(예를 들어 '돌들이 있다'), 나는 잘못의 두려움 없이 동의하지만, 그 명제를 모순율로 환원시킬 수 없기 때문에, 외적 세계에 대한 나의 경험에 의해 그것에 동의를 한다. 이러한 명제의 경우 우리는 가장 탁월한 명증성이 아니라 자연적 명증성(*evidentia naturalis*)을 가진다. 미르쿠르의 장은 이러한 '자연적 명증성'을 잘못에 대한 어떤 두려움도 없이 사물들의 존재에 대해 동의를 하는 명증성으로 정의한다. 이러한 동의는 자연적으로 우리에게 동의를 강요하는 원인들에 의해서 야기된다.

장의 인간의 동의 이론에 대한 위에서의 설명은 그의 첫째 변론에서 나온다. 거기에서 그는 공격의 대상이 되었던 제44 명제를 설명하고 있다. 그 명제는 다음과 같다. '신이 존재한다는 것, 혹은 가장 완전한 존재자가 존재한다는 것, 또는 하나의 사물이 다른 사물의 원인이라는 것, 또는 어떤 창조된 사물도 원인을 가지지만 제1원인은 자기원인을 가지지 않으며, 그래서 무한성에 이르게 된다는 것, 또는 사물은 총체적 원인으로서 자기 자신보다도 더 고상한 무엇인가를 생산할 수 없다는 것, 또는 (현재) 존재하는 어떤 것보다도 더 고상한 그 무언가가 생산되는 것은 불가능하다는 것은 자명한 명제들로부터 또는 우리에 의해서 제1원리의 확실성으로 환원될 수 있는 명증성을 소유하는 명제들로부터 입증적으로 증명된 적이 없다.' 그렇다면 특히 신 존재증명은 자명한 명제들이나 혹은 우리가 제1의 자명한 원리인 모순율로 환원할 수 있는 명제들에 의존하지 않는다. 장의 반대자들은 그의 이론을 어떤 신 존재증명도 그것이 일단 이해되었을 때 동의를 강요하는 그런 종류의 것이 아니라는 것을 의미한다고 그리고 철학적인 논의에 국한한다면 신 존재에 대해 우리는 결코 확신을 가지지 못한다고 해석했다. 답변 속에서 장은 신 존재증명들은 경험에 의거하며, 세계 경험의 결과인 어떤 명제도 우리가 모순율로 환원할 수 없다고 주장했다. 그러나 그가 이 일반적인 규칙에 즉 사고하는 자나 말하는 자의 존재를 주장하는 명제의 경우에 하나의 예외를 두었다는 것은 그의 가르침 일반에서 분명해진다. 만약 내가 나 자신 존재를 부정하거나 심지어 의심한다고 말한다면, 나는 자기모순을 범하고 있는 셈이다. 왜냐하면 나는 나의 존재를 긍정하지 않고서 나의 존재를 부정하거나 심지어 의심할 수 없기 때문이다. 이런 점에서 미르쿠르는 성 아우구스티누스를 따르고 있다. 그러나 이 특수한 명제는 독립적이다. 우리는 감각경험의 결과인 혹은 외적 세계 경험의 결과인 어떤 명제도 모순율로 환원할 수 없다. 그래서 이러한 종류의 어떤 명제도 탁월한 명증성을 유지할 수 없다. 그러나 장은 자신이 모든 그러한 명제들이 의심될 수 있다는 것을 의도한 적이 없다고 부인하였다. 그 명제들은 탁월한 명증성을 유지하지 못하지만, 자연적 명증성은 유지한다. 외적 세계의 경험에 의존하는 명제들은 모순율이 명증한 것과 같은 방식으로 명증한 것은 아니지만, '이러한 사실에서부터 우리가 제1원리를 의심할 수 없는 것처럼 그들 명제를 의심할 수 없다는 결론이 뒤따르는 것이 아니다. 이러한 사실에서부터 내가 어떤 경험이나, 어떤 지식이나, 어떤 증거도 부인하려는 의도가 없다는 점이 분명해진다. 또한 분명한 점은, 인간이나 돌이 실제로 그렇게 존재하지 않는데도 그렇게 존재하는 것으로 그들에게 보인다는 이유를 대고서 인간이 존재한다거나 돌이 존재한다는 것이 자신들에게 분명하지 않다고 말하는 사람들과 완전히 반대 의견을 내가 제시하고 있다는 것이다. 나는 이런 사물들이 우리에게는 명증적이고 우리에 의해 인식된다는 점을 부인할 뜻은 없고, 단지 그런 사물들이 최상의 종류의 인식(scientia potissima)에 의해 우리에게 인식되는 것은 아니라는 점을 뜻하고자 한다.'

분석명제 즉 분석에 의해서 자명한 모순율로 환원될 수 있는 명제들은 그리하여 절대적으로 확실하다. 그리고 이러한 절대적 확실성은 또한 그 자신 존재에 대한 각자의 긍정과 결합되어 있다. 이 마지막 긍정과는 별개로 세계의 경험적 인식의 결과이자 그런 인식을 표현하고 있는 모든 명제는 단지 '자연적 명증성'을 유지한다. 그러나 미르쿠르의 장이 '자연적 명증성'에 의해 의미한 바가 무엇인가? 단지 이것은 우리가 동의에 대한 자연적인 불가피한 성향에 의해서 자발적으로 동의한다는 것을 의미하는가? 만약 그러하다면, 우리가 이런 종류의 동의를 하는 명제들이 확실하다는 귀결이 뒤따르는가 그렇지 않은가? 장은 어떤 경험적 명제의 경우에 잘못이 있을 수 있다는 점을 인정한다. 그는 그 외의 것은 인정할 수 없었다. 다른 한편 그는 '우리가 우리의 경험과 일치하는 많은 것들(명제들)에서 잘못을 범할 수 없다'고 주장한다. 다시 말하면, 만약 그의 반대자들이 자신의 이론을 올바로 해석했다는 것을 수용할 준비가 자신에게 없다면, 그는 그 밖의 어떤 것도 말할 수 없었을 것이다. 그러나 미르쿠르의 장이 대상이 없는데도 외적 세계의 감각적 인식이 신에 의해서 기적적으로 생겨나고 유지될 수 있다고 하는 오컴의 이론을 수용했다는 것은 명백한 것처럼 보인다. 이 주제는 『명제집』에 관한 그의 주해의 서두에서 다루어졌다. 그렇다면 다음처럼 말하는 것이 아마 안전할 것이다. 그에 있어서 '자연적 명증성'이란, 신이 기적을 만든다면 우리가 잘못을 범할 수도 있겠지만, 우리가 감각하는 것의 존재를 자연적으로 동의한다는 것을 의미한다. 그러한 기적을 신이 이룰 수 있다는 관념 안에는 모순이 없다. 그래서 만약 우리가 '확실성'이란 단어를 확실하게 느낀다는 의미에서뿐 아니라 객관적이고 명증적인 확실성을 가진다는 의미로 사용한다면, 우리는 모순율과 모순율로 환원될 수 있는 명제들에 대해 확실성을 가지고 있고, 각자는 자신 존재에 대해 확실성을 가지고 있다. 왜냐하면 자기 자신의 존재에 대한 직관의 무오류적 성격은 모순율에 따라서 자신의 존재를 긍정하는 명제의 결합에 의해서 증명되기 때문이다. 그러나 우리는 외적 대상의 존재에 대해서는 아무리 그것에 대해 확실하게 **느낄** 수 있다 하더라도 확실성을 가지지 못한다. 우리가 데카르트(Descartes)의 '악마'의 가설을 조심스럽게 가져온다면, 우리는 미르쿠르에서, 만약 신이 그것이 존재한다는 것을 우리에게 보증하지 않는다면, 외적 세계의 존재에 대해 확실성을 가지지 못한다고 말할 수 있다. 그러면 외적 세계의 인식에 의존하는, 신 존재에 대한 모든 증명들은 불확실하다. 최소한 그런 증명들은 '입증적'이지 않다. 왜냐하면 그런 증명들은 모순율이나 모순율에 의존하는 원리로 환원될 수 없기 때문이다. 첫째 변론에서 장은 '신이 존재한다'는 명제의 반대는 모순을 함의한다고 공개적으로 언급한다. 그러나 그의 계속된 고찰에 의하면 이런 종류의 명제는 제1원리와 결합해 있는 명증성을 유지하지 못한다. 왜 유지하지 못하는가? 우리는, 비록 '우리가 우리의 경험과 일치하는 많은 것들(명제들)에서 잘못을 범할 수 없음'에도 불구하고, 우리가 잘못을 범할 수 있는 감각경험의 자료에 대한 반성을 통해서 그러한 명제로 표현되는 인식에 도달하기 때문이다. 우리는 특수한 경험적 판단들에서 실수를 할 수 있지만, 특수한 경험적 판단들에 따르기보다는 감각경험의 총체성에 따르는, 신 존재와 같은 결론에 관해서 실수를 저지를 수 없다는 것을 그가 의미하고 있는가? 이 경우에 어떤 대상도 존재하지 않는다면 우리가 감각경험을 가지는 일이 도대체 가능하겠는가? 즉 의심할 바 없이 이것은 제한적 가능성이고, 감각경험에 관한 한 그것이 현실성이라고 가정할 하등의 이유도 없다. 그럼에도 그것은 가능성으로 남는다. 신 존재의 전통적 증명들이 어떻게 도덕적 확실성 이상을 또는, 여러분이 그렇게 그렇게 말하기를 좋아한다면, 장의 전제들의 대단히 높은 정도의 개연성 이상을 가질 수 있는지를 알지 못한다. 그의 변론에서 그는 두 가지 방식에 의거해서 자신의 입장을 정당화하려는 시도를 할 수는 있으나, 그로서는 신 존재증명이 그가 이해하는 방식의 논증일 수는 없다는 점이 분명해지는 듯이 보인다. 장이 그의 말에서 옳은지 그른지의 문제는 무시한다 하더라도, 나의 생각으로는, 만약 그가 자신에 있어서 감각경험에 의존하는 신 존재증명이 절대적으로 확실하지 않다고 공개적으로 인정했다면, 그는 훨씬 더 일관성을 유지했을 것이다.

장에 따르면 인과율은 분석적이지 않다. 즉 그것은 모순율로 환원될 수 없거나 인과율의 부인이 모순을 포함하는 방식으로 모순율에 의존해 있다는 점이 입증될 수 없다. 다른 한편, 그렇다고 해서 인과율의 진리를 의심해야 한다는 결론이 나오는 것은 아니다. 우리는 비록 탁월한 명증성을 얻지는 못하지만 '자연적 명증성'을 갖는다. 다시 말하면, '자연적 명증성'이 무엇을 의미하는지의 문제가 곧바로 생겨난다. 그런 문제는 객관적으로 논박될 수 없는 명증성을 의미할 수는 없다. 왜냐하면 인과율의 진리가 객관적으로 너무나 명료해서 부인될 가능성이 없고 그것의 반대가 이해될 수 없다면, 그것의 명증성은 모순율의 명증성으로 환원될 수 있다는 귀결이 분명히 따라 나오기 때문이다. 장이 '자연적으로 동의를 강요하는 원인들'에 대해 이야기한다면, 상당 부분 그가 의미했던 점은, 우리가 인과율의 가능성이 참이지 않다는 것을 이해할 수 있다고 하더라도, 마치 그것이 참인 것처럼 본성상 구체적으로 생각하고 행동해야 할 의무가 우리에게 있는 것으로 보인다는 것이다. 이로부터 모든 실천적인 목적을 위해 인과율의 타당성에 의존하는 신 존재증명은 '명증적'이지만, 그럼에도 그런 증명들이 강제적인 것은 아니라는 점을 우리가 이해할 수 있다는 결론이 나온다. 아마도 이것은 신 존재증명이 예를 들면 수학적 정리(定理)가 동의를 강요할 수 있는 것과 같은 방식으로 동의를 강요할 수는 없다는 것 이외에 다름 아님을 의미한다. 장의 반대자들은 사람들이 신 존재를 증명할 수 없으며 그러므로 신 존재는 불확실하다는 것을 장이 의미하고 있다고 보았다. 그러나 증명들이 입증적(demonstrative)이라는 점을 부정했을 때, 그는 '입증'이란 말을 특별한 의미로 사용하고 있었으며, 만약 그의 변론이 그의 실제적인 가르침을 나타낸 것이라면, 우리가 반드시 신 존재에 관해 회의적이어야 한다고 말할 의도가 그에게는 없었다. 사실상 그가 회의주의를 가르칠 의도가 있었다고 의미할 이유는 거의 없다. 그러나 다른 한편 그가 신 존재증명을 성 토마스가 그런 증명에 돌렸던 것과 같은 정도의 강제성을 가지고 있었다고 생각하지 않았다는 것은 분명하다.

신 존재증명을 이런 식으로 비판하면서 미르쿠르의 장은 자신이 오컴주의 운동에 일정 위치를 차지한 사상가라는 점을 보여주었다. 그는 도덕법칙에 관한 자신의 이론에 의해서 동일한 점을 보여주었다. 첫째 변론에 포함되어 있는 명제 51은 다음과 같다. '신은 의지 안에 있는 어떤 의지 작용도 일으킬 수 있고, 심지어 자신에 대한 증오까지도 일으킬 수 있다. 그러나 나는 다음과 같은 의문을 갖는다. 만약 신의 의지가 자신에 대한 증오를 능동적이고 효과적으로 유지하지 않는다면, 신의 의지만으로 창조된 그 무언가가 과연 신을 향한 증오일는지 의심스럽다. 장이 주장하고 있듯이, 박사들이 공통적으로 언급하는 방식에 따르면, 신을 증오하는 것은 의지 안의 결함을 포함하고, 그래서 우리는 총체적인 원인으로서의 신이 자신을 증오하는 것을 인간 의지 안에서 유발할 수 있도록 해서는 안 된다. 그러나 절대적으로 말한다면, 신은 자신에 대해 증오하는 것을 의지 안에서 유발할 수 있었고, 만약 신이 그럴 수 있었다면, 문제가 되는 그 인간은 신이 나쁘다는 이유로 증오하지는 않았을 것이다. 다시 말하면 둘째 변론에서 제25의 기소된 명제는 다음과 같은 취지를 지닌다. '이웃을 증오하는 것은 신이 그것을 금지했던 경우가 아니라면 비난될 수 없다.' 장의 계속된 설명에 따르면, 그가 의미한 것은 이웃을 증오하는 것이 자연법에 어긋나지 않는다는 것이 아니라, 이웃을 증오하는 사람은 영원한 처벌의 위험을 감수해야 한다는 것이다. 유일한 이유는 신이 이웃을 증오하는 것을 금지했기 때문이다. 첫째 변론의 제41 명제에 관하여 장은 이와 유사하게 신이 금지하지 않았다면 어떤 것도 '비난의 대상이 될' 수 없다고 생각했다. 그러나 그것은 비난될 수는 없더라도 도덕법칙에 어긋날 수는 있다.

말할 것도 없이 미르쿠르의 장에게 우리가 도덕법칙을 준수해야 한다는 의무를 부정할 의도는 없었다. 그의 주장은 신의 지고(至高)와 전능을 강조하는 것이었다. 마찬가지로 그는 극단적으로 모호하기는 하지만 성 페트루스 다미안(St. Peter Damian)의 견해를 선호한 것처럼 보인다. 다미안에 의하면 신은 이 세계가 결코 존재한 적이 없게 만들 수 있었고, 즉 과거가 결코 일어나지 않게 만들 수 있었다. 그가 인정하듯이 사실의 이러한 파기는 신적 명령의 권능에서는(de potentia Dei ordinata) 생겨날 수 없다. 그러나 과거의 파기가 절대적으로 불가능하다는 점을 보여주기 위해서 다미안이 모순율에 호소하기를 우리가 기대할 수 있지만, 그는 이러한 절대적 불가능성은 자신에게 분명하지 않다고 말한다. '나는 내가 가지고 있지 않았던 인식에 대해 주장할 의도가 전혀 없다'(첫째 변론, 명제 5). 그는 신이 과거가 존재하지 않도록 만드는 일이 가능하다고 말하지 않는다. 그는 신이 이런 일을 하는 것이 불가능하다는 것이 자신에게 분명하지 않다고 이야기한다. 미르쿠르의 장은 항상 자신의 진술에서 신중을 기하였다.

그는 신학적 결정론을 가르치는 것으로 보이는 이들 진술, 그리고 토마스 브래드워딘(Thomas Bradwardine)의 『신의 옹호』(De Causa Dei)의 영향을 거부하는 이들 진술에 대한 대비책을 세우는 방식에서 비슷한 신중함을 보여준다. 장에 따르면 신은 자연적 결함의 원인인 것과 마찬가지로 신은 도덕적 결함, 즉 죄의 원인이다. 신은 시력을 주지 않았기 때문에 눈이 먼 것의 원인이다. 그리고 신은 도덕적인 정직함을 주지 않았기 때문에 도덕적 결함의 원인이다. 그러나 장은, 자연적 흠이 자연적 결함의 총체적 원인일 수 있는 반면에, 도덕적 흠은, 도덕적 결함(죄)이 존재하기 위해서 그것이 의지로부터 나와야(첫째 변론 명제 50) 하기 때문에, 도덕적 결함의 총체적 원인이 아니라고 진술하는 것이 참이라고 생각함으로써, 이 진술의 의미를 제한하고 있다. 『명제집』[11]에 대한 그의 주해에서 그는 우선 신이 도덕적 결함의 원인이라는 것을 자신이 용인할 수 있는 것처럼 고찰하고, 그런 다음 박사들의 공통 가르침은 그것과는 정반대라고 언급한다. 그러나 박사들은 그 반대를 이야기한다. 왜냐하면 그들이 보기에는 신이 죄의 원인이라고 말하는 것은 신이 죄를 행한다고 이야기하는 것이며, 신이 죄를 행한다고 하는 것은 불가능하다는 점이 장에게도 분명하기 때문이다. 그러나 장이 주장하듯이, 이로부터 신이 도덕적 결함의 원인일 수 없다는 결론이 나오는 것은 아니다. 신은 도덕적 정직함을 제공하지 않았기에 도덕적 결함을 야기할 수 있다. 그러나 죄는 의지로부터 나오며, 죄를 범하는 자는 인간이다. 그러므로 신이 죄의 전적인 원인이 아니라고 장이 말했다 하더라도, 인간이 올바른 질서의 결핍을 일으키는 원인인 반면에, 신은 의지의 행위에서 적극적인 요소의 원인이라는 것을 장이 의미했다고 보아서는 안 된다. 장의 입장에서 볼 때, 비록 올바른 질서의 결핍이 의지 안에서가 아니라면 그리고 의지를 통하지 않고서는 실현될 수 없음에도 불구하고, 신은

---

11   미르쿠르, 『명제집』, 2, 3, concl. 3.

둘 다의 원인이라고 말해질 수 있다. 신이 비록 의지 안에 정직함이란 전혀 없다는 것을 유효하게 원한다는 점에서, 신이 '유효한'(efficacious) 원인이라고 불릴 수 있겠지만, 신이 아니라 의지가 '실질적인'(effective) 원인이다. 신이 그것을 원하지 않으면, 어떤 것도 일어날 수 없으며, 신이 그것을 원한다면, 신은 그것을 유효하게(efficaciously) 원할 것이다. 왜냐하면 신의 의지는 항상 완수되기 때문이다. 신은 하나하나의 죄 있는 행동에 이르기까지 그것이 일종의 죄 있는 행동이 되는 것의 원인이다. 그러나 신은 그 행동을 죄 있게 하는 원인은 아니다.

장은 우유성과 실체(accidents and substances) 간의 실제적 구별이 신앙에 의해서만 인식된다고 생각하였다. '나의 생각으로는 신앙이 아니었더라면 많은 사람들은 아마도 모든 것이 실체라고 말했을 것이다.'[12] 분명히 그는 다음을 단언하였다(적어도 그는 단언한 것으로 이해되었다). '이성의 자연적 빛에 관한 한 실체와 구별되는 우유성이란 존재하지 않는다는 것, 모든 것이 실체라는 것은 개연적이다. 신앙이 없다면 이것은 개연적일 것이거나 개연적일 수 있다'(첫째 변론의 제43 명제). 예를 들면, 사고 작용이나 의지 작용이 영혼과 분리된 어떤 것이 아니라 영혼 그 자체라고 하는 것이 개연적이라고 말하는 것은 가능하다(명제 42). 장은 자신을 옹호하기 위하여 실체와 우유성의 구별을 단언하는 이유가 구별을 부정하기 위해서 주어질 수 있는 이유보다 더 강력하다고 말한다. 그러나 그는 그것을 단언하기 위한 논증이 올바로 입증이라고 불릴 수 있는지 여부를 자신이 알지 못한다는 말을 추가한다. 분명한 것은 이들 논증이 입증에 이르렀다고 그가 생각하지 않았다는 사실이다. 그는 그런 구별을 단지 신앙 위에서만 확실한 것으로 받아들였다.

미르쿠르의 장 개인 의견이 실제로 무엇이었는지를 어느 정도 확실하게 확인하기는 어렵다. 『명제집』에 대한 그의 강의에서 했던 말을 변명을 하면서 설명하는 그의 방식으로 인해 이런 일이 발생했다. 자신은 단지 다른 사람들의 의견을 그대로 옮기고 있을 뿐이라고 장이 항변할 때, 또는 자신은 그것이 참되다는 것을 단언하지 않고 가능한 관점을 제시하고 있을 뿐이라고 언급할 때, 그는 완벽하게 성실한 사람

---

12 같은 책, 1, 19, concl. 6, ad 5.

인가 아니면 책략에 능한 사람인가? 우리는 거의 단정적인 대답을 줄 수 없다. 그러나 나는 이제 새로운 운동의 보다 극단적이고 철저한 지지자에 눈을 돌린다.

──────────── **3. 오트르쿠르의 니콜라우스**

오트르쿠르의 니콜라우스(Nicholas of Autrecourt)는 1300년쯤 베르둔(Verdun)의 주교관구에서 태어났고, 1320년과 1327년 사이에 소르본(Sorbonne)에서 수학하였다. 의무과정으로 그는 『명제집』, 아리스토텔레스의 『정치학』 등을 강의하였다. 1338년에 그는 메츠의 주교좌 성당의 성직자 지위를 획득했다. 페트루스 롬바르두스의 『명제집』에 대한 서론적 강의에서 니콜라우스는 선배 철학자들에게서 독립했음을 암시하였고, 이러한 태도의 유지는 1340년 11월 21일 교황 베네딕토 12세가 파리의 주교에게 보낸 편지에서 드러났다. 파리의 주교는 니콜라우스가 어떤 다른 위반자와 함께 한 달 안에 아비뇽에 개인적으로 출두하는지를 확인하라는 명령을 받았다. 교황의 죽음은 니콜라우스의 의견에 대한 조사의 연기로 이어졌다. 그러나 1342년 5월 19일 클레멘스 6세가 즉위한 후 문제가 다시 제기되었다. 새 교황은 니콜라우스의 견해에 대한 검토를 윌리엄 커티 추기경(Cardinal William Curti)이 주재하는 위원회에 위임하였다. 그래서 니콜라우스는 자신의 생각을 설명하고 방어하기 위해서 소환되었다. 교황의 면전에서 자신을 방어할 기회가 그에게 주어졌고, 그의 이론에 대해 제기된 반대에 대해 그는 답변하였다. 그러나 어떤 평결이 나올지 분명해졌을 때 니콜라우스는 아비뇽에서 도망갔다. 확실한 것은 아니지만 그가 그때 바바리아의 루드비히 궁정을 도피처로 삼았을 가능성이 있다. 1346년에 그는 아마도 파리에서 그의 저술들을 공개적으로 불태우라는, 그리고 제소된 명제를 철회하라는 선고를 받았다. 그는 1347년 11월 25일에 이런 선고를 따랐다. 또한 그는 파리 대학교의 교수부에서 추방되었다. 그의 후기 삶에 관해서는 거의 알려져 있지 않다. 다만 그가 1350년 8월 6일 메츠의 성당 행정관이 되었다는 사실만 알려져 있다. 추정컨대 그는 '그 후에도 계속 행복하게' 살았다.

니콜라우스의 저술 중 우리가 소유하고 있는 것은 그가 프란치스코 수사인 아레조의 베르나르디노(Bernard of Arezzo)에게 썼던 일련의 아홉 통의 편지 중 앞 순서의 두 편지인데, 이것은 그의 주요한 비판들 중 하나와 그가 에지디오(Aegidius)라는 인물(질(Giles))에게 썼던 편지의 상당 부분이다. 또 우리는 에지디오가 니콜라우스에게 쓴 편지를 소유하고 있다. 추가해서 유죄를 받은 명제들의 목록은 몇몇 다른 단편과 함께 니콜라우스가 아레조의 베르나르디노에게 썼던 다른 편지들의 발췌를 포함한다. 이 모든 문건은 요셉 라페(Joseph Lappe) 박사에 의해 편집되었다.[13] 니콜라우스가 착수한 또 한 권의 저작은 『보편론』(*Exigit ordo executionis*)이다. 그것은 니콜라우스의 신학적 저술인 『자연적 사물에 대한 시각은 자연적으로 강화될 수 있는가?』(*Utrum visio creaturae rationalis beatificabilis per Verbum possit intendi naturaliter*)와 함께 돈넬(J. R. O'Donnell)에 의해 편집되었다.[14] 또한 니콜라우스의 인과론에 대한 미르쿠르의 주해가 있다.[15]

베르나르디노에게 보낸 둘째 편지의 서두에서 니콜라우스는 '모순되는 것들은 동시에 참일 수 없다'가 규정된 제1원리라고 언급한다.[16] 모순율 또는 오히려 무모순율은 제1원리이고, 그것의 우위성은 두 가지 의미로 받아들여져야 한다. 즉 소극적 의미에서는 더 이상 궁극적인 원리는 없다는 의미로, 적극적 의미에서는 그 원리는 모든 다른 원리들에 확실히 선행하고 다른 원리들에 의해 전제되어야 한다는 의미로 받아들여져야 한다. 니콜라우스는 무모순율이 모든 자연적 확실성의 궁극적 기초라고 주장하며, 또한 확실성의 기초로서 제시되는 어떤 다른 원리도 무모순율로 환원되는 반면에, 무모순율은 어떤 다른 원리로 환원될 수 없다고 주장한다. 무모순율 외에 어떤 원리가 확실성의 기초로서 제시된다면, 즉 무모순율로 환원될 수 없는 원리가 확실성의 기초로 제시된다면, 제시된 원리는 확실한 듯이 보이지만, 그 반대가 모순을 포함하지 않을 것이다. 그러나 이 경우 겉으로 보이는 확실성은 결코 순수한 확실

---

13   Joseph Lappe, 『중세철학사』(*Beiträge zur Geschichie der Philosophic des Mittelalters*), VI, 2. 니콜라우스 철학에 대한 다음 설명에서 '라페'에 대한 인용은 1908년도의 이 판본에 대한 인용이다.

14   J. R. O'Donnell, 『중세연구』(*Mediaeval Studies*), vol. 1, 1939, pp. 179-280. 다음 쪽들의 『보편론』(*Exigit*)에 대한 인용은 이 편집본의 인용이다.

15   Lappe, 『중세철학사』, p. 4.

16   같은 책, 6, 33.

성으로 이행될 수 없다. 즉 완전하게 자기 자신을 보증하는 것은 오직 무모순율뿐이다. 무모순율을 우리가 의심하지 않아야 하는 이유는 그것이 모순 없이는 부인될 수 없다는 것 그것뿐이다. 그래서 어떤 다른 원리가 확실하기 위해서는 그것의 부인이 모순을 포함하여야 한다. 그러나 그 경우 그 원리는 무모순율로 환원될 수 있다. 왜냐하면 그 원리는 무모순율에 의해서 확실하기 때문이다. 그러므로 무모순율은 반드시 제1원리여야 한다. 문제가 되는 것은 무모순율의 진리성이 아니라 그것의 우위성이라는 점이 언급되어야 한다. 니콜라우스는 어떤 순수한 확실성도 궁극적으로 모순율에 의거한다는 점을 보여주려고 시도하였고, 모순율에 의존하지 않거나 모순율로 환원될 수 없는 어떤 원리도 순수하게 확실하지 않다는 점을 보여줌으로써 이런 일을 했다.

　니콜라우스에 의하면 모순율에 비추어 우리가 가지는 확실성은 순수한 확실성이고, 신의 힘조차도 모순율에서 이 성격을 박탈할 수 없다. 더 나아가서 모든 순수하게 확실한 명제들은 동일한 정도의 명증성을 가진다. 하나의 명제가 무모순율에 직접적으로 환원될 수 있는가 아니면 간접적으로 환원될 수 있는가는 별문제가 안 된다. 만약 어떤 명제가 무모순율로 환원될 수 없다면, 그 명제는 확실하지 않다. 만약 무모순율로 환원될 수 있다면, 그것이 직접적으로 환원될 수 있든 간접적으로 환원될 수 있든, 그 명제는 동등한 정도의 확실성을 갖는다. 예를 들어 기하학에서 하나의 명제는, 그것이 제1원리에 비추어 올바로 입증된다면, 그것이 추리의 긴 연쇄의 결론이라고 해서 덜 확실한 것은 아니다. 신앙의 확실성을 별도로 한다면, 무모순율과 그 무모순율로 환원될 수 있는 명제들의 확실성 이외 다른 확실성은 없다.

　그렇다면 삼단논법에서 결론은 그것이 무모순율로 환원될 수 있을 때에만 확실하다. 이 환원 가능성의 필요조건은 무엇인가? 니콜라우스에 의하면 그 결론은, 그것이 전제가 의미하는 것과 동일하거나 그것이 의미하는 것의 일부와 동일할 때에만, 제1원리로 환원될 수 있다. 사정이 이러하다면 전제를 긍정하고 결론을 부정하거나 결론을 부정하고 전제를 긍정하는 것은 모순 없이 불가능하다. 전제가 확실하다면, 결론도 확실하다. 예를 들어 '모든 X가 Y이며, 따라서 이 X는 Y이다'는 추리에서 결론은 전제가 의미하는 것의 부분과 동일하다. 모순 없이 전제를 긍정하면서 결론을 부정하는 것은 불가능하다. 즉 모든 *X*가 *Y*라는 것이 확실하다면, 어떤 특정한 *X*가 *Y*라는 것은 확실하다.

확실성의 이 기준은 사실적인 인식에 어떤 영향을 미치는가? 베르나르디노의 주장에 따르면 신은 제2원인의 협력 없이도 인간 안에 직관적 작용을 낳을 수 있기 때문에, 우리는 어떤 사물이 보이기 때문에 그것이 존재한다고 논증하게 된다. 이 견해는, 비록 베르나르디노가 신은 존재하지 않는 사물의 존재에 동의하는 명증성을 그것이 모순된다는 이유로 우리 안에 생산할 수 없다는 오컴의 제한을 분명히 추가하지 않았음에도 불구하고, 오컴의 견해와 유사했다. 그러나 니콜라우스는 베르나르디노의 견해가 회의주의로 귀결한다고 주장했다. 왜냐하면 베르나르디노의 견해에 따른다면 우리는 무언가의 존재에 관한 확실성에 도달할 어떤 수단도 가지지 못하기 때문이다. 직접적인 지각의 경우에 지각작용은 그 작용과 구별되는 무언가의 존재를 추론하게 하는 기호가 아니다. 예를 들면 내가 어떤 색깔을 지각한다고 말하는 것은 그 색깔이 나에게 나타난다고 말하는 것일 뿐이다. 나는 그 색깔을 보지 못한다면, 나는 그 색깔의 존재를 추론한다. 어떤 색깔을 지각하는 작용과 내가 어떤 색깔을 지각한다는 것을 의식하는 작용은 동일한 작용이다. 나는 어떤 색깔을 지각하지 못하고, 그렇다면 내가 실제적으로 어떤 색깔을 지각하고 있다는 어떤 보증을 발견해야 한다. 직접적인 인지가 그 자신의 보증이다. 색깔이 나타남과 동시에 그것이 나타나지 않는다고 이야기하면 모순이다. 그러므로 베르나르디노에게 보낸 첫째 편지에서 니콜라우스가 말하기를, 자신의 견해로는 '나는 오감(五感)과 나의 작용의 대상들을 분명하게 확신한다'.[17] 니콜라우스는 자신이 회의주의로 보았던 것에 반대해서, 직접적인 인지는, 그것이 감각지각 형식을 취하든 우리의 내적 작용의 지각형식을 취하든 간에, 확실하고 명증적이라고 주장했다. 그리고 그는 지각의 직접적인 작용과 이 지각작용의 자기의식적인 앎을 동일시함으로써 이런 인식의 확실성을 설명하였다. 이 경우 모순은, 내가 지각작용을 하고 있다는 사실을 긍정하고 또한 내가 지각작용을 하고 있다는 것을 안다는 사실을 부정할 때 생겨난다. 어떤 색깔을 지각하는 작용은 나

---

17   같은 책, 6, 15-16.

에게 그 색깔이 나타나는 것과 같은 것이며, 색깔을 지각하는 행위는 내가 색깔을 지각한다는 것을 아는 작용과 동일하다. 내가 어떤 색깔을 지각한다고 말하는 것과 그 색깔이 존재하지 않는다거나 나는 내가 어떤 색깔을 지각한다는 것을 알지 못한다고 말하는 것은 나를 모순에 빠뜨릴 것이다.

그리하여 니콜라우스는 분석명제뿐만 아니라 직접적인 지각도 확실하고 명증적인 것으로 인정했다.[18] 그러나 니콜라우스는 어떤 사물의 존재에서 우리가 다른 사물의 존재를 확실성을 가지고 추론할 수 있다고 생각하지 않았다. 우리가 이것을 할 수 없는 이유는 실제로 서로 다른 두 사물의 경우에 하나의 사물의 존재를 긍정하고 다른 사물의 존재를 부정하는 것이 논리적 모순 없이 가능하기 때문이다. 만약 B가 A의 전체 또는 A의 일부와 동일하다면, A의 존재를 긍정하면서 B의 존재를 부정하는 것은 모순 없이는 가능하지 않다. 그리고 A의 존재가 확실하다면, B의 존재도 확실하다. 그러나 B가 실제로 A와 구별된다면, A의 존재를 긍정하면서 그러나 동시에 B의 존재를 부정하는 것에는 어떤 모순도 포함되지 않는다. 베르나르디노에게 보낸 둘째 편지에서 니콜라우스는 다음의 주장을 편다. '무언가가 존재한다는 것이 인식된다는 사실로부터, 다른 사물이 존재한다는 것은 명증적으로 추론될 수 없다. 즉 그것은 제1원리로 환원될 수 있는 명증성 또는 제1원리의 확실성으로 환원될 수 있는 명증성을 가지고서 추론될 수 없다.'[19]

베르나르디노는 자신이 상식에 어긋나는 것으로 분명히 간주했던 것에 의해서 니콜라우스의 주장을 반격하려고 시도하였다. 예를 들면, 흰 색깔이 있다. 그러나 흰 색깔은 하나의 실체 없이는 존재할 수 없다. 그러므로 실체는 있다. 이 삼단논법의 결론은 베르나르디노에 따르면 확실하다. 니콜라우스의 대답은 다음과 같다. 흼이 우연적인[우유적인] 것이라고 가정된다면, 그리고 우연적인 것이 실체 안에 내재해 있고 실체가 없으면 존재할 수 없다고 가정된다면, 결론은 사실상 확실하다. 그러나 첫째로 그 예는 이 논의와는 무관할 것이다. 왜냐하면 니콜라우스가 주장했던 것은 우리

---

18   다음을 참조. 오트르쿠르, 『보편론』(*Exigit*), p. 235.

19   Lappe, 『중세철학사』, 9, 15-20.

가 하나의 사물의 존재로부터 다른 사물의 존재를 확실성을 가지고서 추론할 수 없다는 것이기 때문이다. 둘째로 힘이 우연적인 것이고 우연적인 것은 반드시 실체 안에 내재해 있다는 가정은 논증을 가정적인 것이 되게 한다. 힘이 우연적인 것이고, 우연적인 것이 반드시 실체 안에 내재해 있다면, 이 힘이 있을 경우 그것이 내재해 있는 실체는 존재한다. 그러나 니콜라우스는 이러한 가정들이 받아들여지지 않으면 안 되는 이유가 있다는 것을 인정하지 않을 것이다. 베르나르디노의 논증은 그러한 가정을 숨기고 있다. 그것은 우리가 한 사물의 존재로부터 다른 사물의 존재를 확실성을 가지고서 논증할 수 있다는 것을 보여주지 못한다. 왜냐하면 베르나르디노는 힘이 실체 안에 내재해 있다는 것을 가정하고 있기 때문이다. 우리가 어떤 색깔을 본다는 사실은, 우리가 어떤 색깔이 우연적인 것이고, 우연적인 것은 반드시 실체 안에 내재해 있어야 한다고 가정할 때만 실체가 존재한다고 하는 결론을 보장해준다. 그러나 이것을 가정하는 것은 증명되어야 하는 것을 가정하는 것이다. 베르나르디노의 논증은 그래서 순환논증을 감추고 있다.

니콜라우스는 베르나르디노가 하나의 사물의 존재로부터 다른 사물의 존재를 확실성을 가지고 논증할 수 있다는 점을 보여주기 위해서 가져온 다른 예에 대해 유사한 방식으로 설명하고 있다. 아마(亞麻)에 불을 붙이고, 방해물이 없다면, 열이 생겨날 것이다. 니콜라우스에 따르면 한편으로는 전제와 동일하거나 아니면 전제의 일부와 동일하거나, 다른 한편으로는 귀결은 전제와 동일하지 않다. 첫째 경우에 예는 논의와 무관할 것이다. 왜냐하면 논증은 하나의 사물의 존재로부터 다른 사물의 존재로 나아가는 논증이 아닐 것이기 때문이다. 둘째 경우에 하나는 긍정될 수 있고 다른 하나는 모순 없이 부정될 수 있는 상이한 두 명제들이 있을 것이다. '아마에 불을 붙이고, 방해물이 없다'와 '열이 발생하지 않을 것이다'는 모순된 명제들이 아니다. 그리고 그것들이 모순된 명제가 아니라면, 결론은 환원 가능성에서부터 제1원리에 이르게 되는 확실성을 가지고 확인될 수 없다. 그러나 이 확실성이야말로 앞에서 인정된 것처럼 유일한 확실성이다.

니콜라우스의 이러한 입장에서 보면, 즉 하나의 사물의 존재가 다른 사물의 존재로부터 확실성을 가지고서 추론될 수 없다는 입장에서 보면, A가 일어나기 때문에 B는 일어날 것이라거나 B가 존재하기 때문에 A가 존재한다고 주장하는 어떤 명제도, A와 B가 상이한 사물일 경우, 확실하지도 않고 확실할 수도 없다는 귀결이 나온다. 그렇다면 감각자료(예컨대 색깔)의 직접적인 지각과 우리의 작용에 대한 직접적인 지각을 별개로 한다면, 어떤 경험적 인식도 확실하지도 확실할 수도 없다. 어떤 인과논증도 확실할 수 없다. 의심의 여지없이 우리는 자연에서의 필연적인 결합을 믿고 있다. 그러나 논리학은 그 결합들을 발견할 수 없고, 그 결합들을 진술하는 명제는 결코 확실할 수 없다. 그렇다면 인과적 결합에 대해 우리가 믿음을 가지는 이유는 무엇인가? 분명히 니콜라우스는, B가 과거에 A를 뒤따랐다면, 미래에서도 그런 일이 일어날 것이라는 기대를 일으키는 반복된 연속의 경험에 의해서 이것을 설명하였다. 사실상 니콜라우스는, 만약 우리가 과거 어떤 때에 B가 A를 뒤따랐다는 명증적인 확실성을 우리가 가지고 있지 않다면, 미래에 우리는 B가 A를 뒤따를 것이라는 개연적인 지식을 가질 수 없다는 점을 주장하였다. 그러나 그는 만약 우리가 A와 B 사이의 필연적인 인과적 결합에 대한 과거의 명증적 확실성을 가지고 있지 않다면, 미래에서 B가 A를 뒤따를 것이라는 개연적인 지식을 우리가 가질 수 없다는 것을 주장하는 것은 아니다. 그가 베르나르디노에게 보낸 둘째 편지에서 자신의 예에 의해서 주장했던 것은, 만약 내가 과거에 나의 손을 불에 가까이 한 후에 나의 손이 따뜻하게 된다는 명증적 확실성을 내가 가지고 있지 않다면, 내가 불에 가까이 할 경우 나의 손이 따뜻해질 것이라는 개연적 인식을 가질 수 없다는 것이다. '내가 손을 불에 가까이 할 때 내가 따뜻하게 된다는 것이 일단 나에게 명증적이라면, 나의 손을 불에 가까이 할 경우에 내가 따뜻하게 되리라는 것은 이제 나에게 개연적이다.'[20] 니콜라우스는 두 사물의 공존(共存)에 대한 반복된 경험이 또는 상이한 사건들의 규칙적인 계기들에 대한 반복된 경험이, 미래에 유사한 경험에 대해 주관적 관점에서 개연성을 증가시킨다고 생각하였다. 그러나 반복된 경험이 객관적인 명증성에 어떤 것을 추가하는 것은 아니다.[21]

---

20   같은 책, 13, 9-12.
21   오트르쿠르, 『보편론』, p. 237.

니콜라우스가 다음과 같이 생각했다는 것은 분명하다. 신이 인과적 작용인으로서 즉 제2원인을 사용하지 않고 직접적으로 행위할 가능성은 하나의 창조된 사물의 존재로부터 다른 창조된 사물의 존재로 절대적 확실성을 가지고서 논증하는 것을 불가능하도록 만든다. 또 그는 베르나르디노에 반대해서 베르나르디노에 의해서 공표된 원리에 따를 경우 그것 또한 마찬가지로 불가능하다는 것을 주장하였다. 그러나 인과율에 대한 논의에서 니콜라우스의 주 관심은 그가 신의 전능에 관한 보편적으로 인정된(어쨌든 신학적 이론으로서 보편적으로 인정된) 이론으로부터 단순히 논증하는 것에 그치는 것이 아니라, 순수하게 철학적 수준에서 그 문제에 접근했다는 사실에 있다.

주목해야 할 점은 니콜라우스가 A와 B의 현상들의 공존에 관한 확실성이 우리에게 있을 수 있다는 점을 거부하지 않았다는 사실이다. 필요한 것은 다만 우리가 실제로 두 지각을 동시에 가지고 있어야 한다는 점이다. 그러나 그는 우리가 어떤 현상의 존재로부터 드러나지 않는 존재를 확실성을 가지고 추론할 수 있다는 점을 부인하였다. 그렇다면 그는 우리가 어떤 실체의 존재도 확실성을 가지고 추론할 수 있다는 점을 허용하지 않을 것이다. 어떤 물질적 실체의 존재를 확실성을 가지고서 인식하기 위해서 우리는 그것을 직접적으로, 직관적으로 지각해야 하거나 아니면 그것의 존재를 현상으로부터 확실성을 가지고서 추론해야 한다. 그러나 니콜라우스에 따르면 우리는 물질적 실체를 지각하지 못한다. 만약 우리가 지각했다면, 무지한 자(시골 사람)조차도 그것들을 지각할 것이다. 이것은 사실이 아니다. 게다가 우리는 그들의 존재를 확실성을 가지고 추론할 수 없다. 왜냐하면 하나의 사물의 존재는 다른 사물의 존재로부터 논리적으로 연역될 수 없기 때문이다.

베르나르디노에게 보낸 아홉 번째 편지에서 니콜라우스는 '다음과 같은 추론들은 명증적이지 않다. 이해 작용이 있다. 그러므로 지성은 존재한다. 의욕하는 작용이 있다. 그러므로 의지가 있다'[22]고 주장했다. 니콜라우스에 따를 경우 이 진술은 우리가 물질적 실체에 대해 가지는 확실성만큼 실체로서의 영혼의 존재에 대한 확실성을 가지지 못한다는 점을 제시한다. 그러나 그 이외의 장소에서는 그는 '아리스토텔

---

22   Lappe, 『중세철학사』, 34*. 7-9.

레스는 결코 자신의 영혼 외에 어떤 다른 실체에 대한 명증적인 인식도 가지지 않았다. 여기서 "실체"는 우리의 오감(五感)의 대상과 다르며 또한 우리의 형상적 경험과 다른 무언가로 이해된다'[23]고 진술한다. 다시 말한다면, '우리는 우리의 영혼과는 다른 물질에 연결되어 있는 실체에 관해 어떤 확실성도 가지지 않는다'.[24] 이러한 진술들은 몇몇 역사가에게 우리가 정신적 실체로서의 영혼 인식에 관한 확실성을 가지고 있다는 점을 니콜라우스가 인정했다고 결론 내리도록 유도했다. 따라서 이 역사가들은 이해 작용의 존재로부터 지성의 존재를 추리하고 의욕하는 작용의 존재로부터 의지의 존재를 추론할 수 없다고 하는 니콜라우스의 언급을 기능 심리학(faculty psychology)에 대한 공격으로 해석한다. 니콜라우스가 예를 들면 윌리엄 오컴에 의한 비판에 이미 굴복된 적이 있었던 구분되는 능력들에 관한 기능론에 대해 단순하게 공격을 했던 것이라면, 이것은 좀 이상하기는 하지만 가능한 해석임에 틀림없다. 그러나 『보편론』(Exigit)[25]은 우리가 영혼에 대한 직접적인 의식을 가지고 있지 않다는 점을, 그렇게 분명하게 이야기하고 있지는 않지만, 함축하고 있는 것처럼 보인다. 그리고 이 경우에 니콜라우스의 전제들에 따르면 우리는 실체로서의 영혼의 존재에 대한 자연적 인식을 전혀 가지고 있지 않다는 결론이 나오는 듯이 여겨진다. 아리스토텔레스가 자기 자신의 영혼 이외에 어떤 실체에 대한 확실한 인식도 가지고 있지 않다는 진술은 베르나르디노에게 보낸 다섯 번째 편지 속에 있는 주장, 즉 우리는 신 이외에 어떤 작용인이 존재한다는 것을 확실성을 가지고 인식하지 못한다는 주장과 유사할 수도 있다. 왜냐하면 그의 일반적인 입장은 니콜라우스의 견해에 의거할 경우 우리는 신조차 작용인이라는 자연적 또는 철학적으로 확실한 인식을 가지지 못한다는 점을 보여주고 있기 때문이다. 사실상 두 진술 사이의 유사성이 추구된다면, 니콜라우스에 따를 경우 아리스토텔레스는 정신적 실체로서의 자신의 영혼의 존재에 관한 신앙의 확실성을 가졌다는 결론이 나오는 것처럼 보인다. 니콜라우스는 이 점을 언급하고자 의도한 것은 아닐 수 있다. 그의 진술을 그렇게 엄격하게 해석할 필요는 없다. 그러나

---

23   같은 책, 12, 20-23.

24   같은 책, 13, 19-20.

25   오트르쿠르, 『보편론』, p. 225.

우리가 현상과 구별되는 것으로서 고려되는 실체의 존재에 대한 어떤 확실한 인식도 가지고 있지 않다는 그의 일반적인 견해로부터 우리 자신의 영혼에 대한 우리의 인식을 지지하면서 그가 예외를 두었는지 두지 않았는지 확신하기는 어렵다.

인과성과 실체에 대한 비난에 관해 니콜라우스가 흄(D. Hume)의 입장을 앞질렀다는 것은 분명하다. 물질적 또는 정신적 실체의 존재에 대한 확실한 인식을 우리가 가지고 있다는 점을 그가 실제로 부인했다면, 두 사람 사이의 유사성이 한층 두드러진다. 그러나 나의 생각으로는 니콜라우스가 현상주의자가 아니라고 지적한 점에서 와인버그 박사는 의심의 여지없이 옳다. 니콜라우스는 현상의 존재로부터 비현상적 실재의 존재를 확실성을 가지고서 추론할 수 없다고 생각하였다. 그러나 확실히 그는 이것이 그러한 비현상적 실재의 비존재를 추론할 수 있다는 것을 의미한다고 생각하지 않았다. 베르나르디노에게 보낸 여섯 번째 편지에서 그는 '하나의 사물이 존재한다는 사실에서부터 다른 사물이 존재하지 않는다는 것이 확실성을 가지고서 추론될 수 없다'[26]는 점을 제시하였다. 현상만이 존재한다거나 초현상적 실재의 존재에 대한 주장은 난센스라고 니콜라우스는 말하지 않았다. 그가 말한 것은 단지 현상의 존재가 우리로 하여금 확실성을 가지고서 초현상적인 혹은 비현상적인 존재를 추론하게 할 수 없다는 것일 뿐이었다. 예를 들면 감각에 현상하는 것 외에 다른 물질적 대상 안에 어떤 것이 있다는 점을 우리가 증명할 수 없다고 말하는 것과 실제로 실체가 전혀 없다고 말하는 것은 다르다. 니콜라우스는 독단적인 현상론자가 아니었다. 나로서는 이것에 의해서 흄이 독단적 현상론자였다는 점을 함축할 의도는 없다. 왜냐하면 인과성과 실체에 대한 흄의(그리고 니콜라우스의) 비판적 분석에 반대하는 것이 무엇이든, 흄은 현상론자가 아니었기 때문이다. 내가 하고자 한 말은 단지 다음일 뿐이다. 우리는 실체의 존재의 증명 가능성을 니콜라우스가 부인했다는 사실에서부터 그가 실제로 모든 실체의 존재를 부정했다고 또는 그들의 비존재가 증명될 수 있다는 말을 했다고 결론 내려서는 안 된다.

아주 분명한 일이지만 인과성과 실체와 관련된 니콜라우스의 비판은 전통적인

---

26   Lappe, 『중세철학사』, 31. 16-17.

철학적 신학에 대한 그의 태도와 관련해서 중요한 반발을 초래하였다. 니콜라우스가 분명하고 명시적인 용어로 그렇게 말하지는 않았지만, 그의 일반원리로부터 신 존재를 작용인으로 증명하는 것이 가능하지 않다는 귀결이 뒤따르는 것처럼 보인다. 베르나르디노에게 보낸 다섯 번째 편지에서 그는, 자연적인 작용인이 있다는 것을 누구도 증명할 수 없기 때문에, 신이 유일한 작용인일 수도 있다고 언급하였다. 그러나 신이 유일한 작용인일 수 있다고 말하는 것은 신이 유일한 작용인이라거나 실로 신이 어쨌든 작용인이라는 것이 증명될 수 있다고 말하는 것과 다르다. 니콜라우스가 단지 의미했던 것은 우리가 그 반대를 인식하거나 확립할 수 있는 모든 것에 대해 신이 유일한 작용인일 수도 있다는 것이다. 신이 실제로 작용인이라는 것을 우리가 증명할 수 있는 것과 관련해서 이야기한다면, 이것은 우리가 확실성을 가지고서 하나의 사물의 존재를 다른 사물의 존재로부터 추론할 수 없다는 일반원리에 의해 배제된다.

신 존재에 대한 인과적 또는 우주론적 논증은 그 때문에 니콜라우스의 전제들에 근거할 때 입증적 논증일 수 없다. 성 토마스의 넷째 또는 다섯째 논증은 확실한 결론을 도출하는 증명으로서 받아들여질 수 없다. 베르나르디노에게 보내는 다섯 번째 편지에서 니콜라우스가 말하기를, 우리는 하나의 사물이 다른 사물보다 더 고귀하다거나 고귀하지 않다는 점을 증명할 수 없다. 하나의 사물을 검사한다거나 둘 또는 그 이상의 사물들을 비교하더라도, 가치론적 관점에서 존재의 등급의 서열은 증명될 수 없다. '무엇을 거론하든, 어느 누구도 그것이 가치에서 다른 모든 것을 능가할 수 없다는 것을 명증적으로 알지는 못한다.'[27] 그리고 니콜라우스는 망설임 없이, 만약 우리가 '신'이라는 용어에 의해서 가장 고귀한 존재로 이해한다면, 누구도 확실성을 가지고서 어떤 주어진 것이 신이 될 수 없는지에 대해 알지 못한다는 결론을 도출한다. 그 경우 만약 우리가 확실성을 가지고서 완전성의 객관적 규모를 확립할 수 없다면, 성 토마스의 넷째 논증은 분명히 입증적 논증으로 간주될 수 없다. 합목적성으로부터의 논증, 즉 성 토마스의 다섯째 논증에 관해서 이야기한다면, 이 논증은 '어느 누구도 하나의 사물이 다른 사물의 목적(즉 목적인)이라는 사실을 명증적으로 인식하

---

27   같은 책, 33, 12-14.

지 못한다'는[28] 동일한 편지에서의 니콜라우스 진술에 의해서 배제된다. 우리는 어떤 사물의 검사에 의하건 분석에 의하건 그것이 다른 사물의 목적인이라는 점을 확립할 수 없고, 또한 확실성을 가지고 그것을 입증할 방도도 없다. 우리는 일련의 사건을 보지만, 목적인은 입증될 수 없다.

그러나 니콜라우스는 신 존재에 관한 개연적 논증은 인정한다. 사물들 간의 우연적인 관계에 관한 판단 기준으로서 우리가 선의 관념을 가진다는 점을 개연적인 것으로 가정함으로써,[29] 그리고 우주의 질서는 선함과 적합함의 기준과 함께 작동하는 정신을 그 질서가 만족시키는 그런 것이라고 가정함으로써, 우리는 첫째, 모든 사물은 상호관계를 맺고 있어서 하나의 사물이 다른 사물을 위해서 존재한다고 말해질 수 있다고 논증할 수 있으며, 둘째, 사물들 간의 이런 관계는 모든 사물이 궁극적인 목적, 즉 최고선 또는 신에게 종속된다는 가설에 비추어볼 때만 이해될 수 있다고 논증할 수 있다. 다음처럼 여겨질 수도 있다. 이런 종류의 논증은 완전히 근거가 없는 가설 이외에 다름 아닐 것이며, 니콜라우스 자신의 원리에 따르면 그런 논증은 개연적 논증에 해당할 수 없다. 그러나 니콜라우스는 우리가 가지고 있는 어떤 종류의 증거가 우리로 하여금 다소 개연적일 수 있는 추측적인 가설을 형성하게 할 수 있다는 점을 부인하지는 않았지만, 이러한 증거는 우리와 관련하여 확실할 수 없다. 그것은 참일 수도 있다. 그것은 심지어 필연적인 진리일 수도 있다. 그러나 우리는 그것이 참이라는 것을 믿을 수는 있지만 참이라는 것을 인식할 수 없다. 즉 신학적 신념, 즉 계시진리의 신앙 이외에 다소 개연적인 논증들에 근거한 신념이 있을 여지가 있다.

신 존재에 대한 니콜라우스의 개연적 논증은 그가 개연적인 것으로 제시했던 긍정철학(the positive philosophy)의 일부였다. 나의 견해로는 이 철학을 상세하게 논할 가치는 없다. 그것이 개연적인 가설로서 제안되었다는 사실을 제외한다면, 그것의 여러 부분들은 결코 항상 서로서로 일치하는 것은 아니다. 그러나 우리는 니콜라우스에 있어서 사물의 소멸(corruption) 가능성이 아마도 우주의 선함과 일관성을 가지지 않

---

28   같은 책, 33, 18-19.
29   오트르쿠르, 『보편론』, p. 185.

는다는 점을 언급할 수 있다. 긍정적으로 표현한다면 이것은 사물들이 개연적으로 영구적이라는 것을 의미한다. 이러한 가정이 관찰에 의해서 배제될 수 없다는 점을 보여주기 위해서 니콜라우스는 B가 A를 뒤따른다는 것을 우리가 본다는 사실이 A가 존재하는 것을 끝냈다는 결론을 보증하는 것은 아니다. 우리는 A를 더 이상 볼 수는 없지만, A가 더 이상 존재하지 않는다는 것을 우리가 본 것은 아니다. 그리고 우리는 추리에 의해서 그 A가 더 이상 존재하지 않는다는 것을 확립할 수 없다. 우리는 추리에 의해서 관찰되지 않은 어떤 것도 존재하지 않는다는 점을 확립할 수 있다고 가정할 수 있지만, 확립할 수는 없다. 아리스토텔레스의 변화이론은 결코 확실하지 않다. 게다가 실체들의 소멸은 아리스토텔레스의 원리에서보다 원자론적 가설에서 더 잘 설명될 수 있다. 실체의 변화는 원자들의 하나의 배열이 다른 배열로 이어진다는 것을 의미할 뿐이지만, 이에 반해 우연적인 변화는 원자적 복합체에 새로운 원자들이 추가된다는 것 또는 원자적 복합체에서 어떤 원자들이 이탈된다는 것을 의미할 수 있다. 원자들이 영원하다는 것, 그리고 영원히 반복되는 주기적인 순환에서 동일한 결합이 엄밀하게 일어난다는 것은 개연적이다.

인간영혼에 관하여 니콜라우스는 불멸성의 가설을 주장하였다. 그러나 이 주제에 대한 그의 제안은 인식에 대한 기묘한 설명과 밀접하게 연결되어 있다. 모든 사물들이 영원하듯이, 인식 안에서는 영혼이나 정신이 인식대상과 일시적으로 결합한다고 가정될 수 있다. 그리고 동일한 점이 상상력에 대해서 언급될 수 있다. 영혼은 상(像)들과의 결합 상태 안으로 들어가지만, 상들 그 자체는 영원하다. 니콜라우스의 견해에 따르면 이러한 가설로 인해 불멸성의 본성이 밝혀진다. 우리는 좋은 영혼에 대해서는 고귀한 사고들이 죽음 이후에도 오는 반면에, 나쁜 영혼에 대해서는 악한 사고가 온다고 가정할 수 있다. 또는 우리는 선한 영혼이 보다 나은 원자들의 집합과 결합하게 되고, 선한 영혼이 그 이전의 육신의 상태에서 받았던 것보다 더 나은 경험에 처하게 되는 반면에, 나쁜 영혼은 더 나쁜 원자들과 결합하게 되고, 이전의 신체적 상태에서보다 더 악한 경험과 사고를 받아들이게 된다고 가정할 수 있다. 니콜라우스는 이러한 가설이 죽음 이후의 보상과 처벌에 관한 그리스도적 교리를 감안했다고 주장하였다. 그러나 그는 신중한 제한을 가했다. 그의 주장에 따르면 자신의 진술은 오랫동안 개연적인 것으로 여겨졌던 진술보다 더 개연적이다. 그럼에도 불구하고, 그 자신의 진술에서 개연성을 박탈하는 사람이 나타날 수도 있다. 이런 가능성을 고려할 때 가장 바람직한 일은 보상과 처벌에 관해 성경의 가르침을 고수하는 것이다. 이러한 방향의 논증은 『커티 추기경 논집』(*Articles of Cardinal Curti*)에서 '여우의 변명'(foxy excuse, *excusatio vulpina*)[30]이라 불렸다.

니콜라우스의 긍정철학은 분명히 가톨릭 신학과 몇몇 점에 관해서는 일치하지 않았다. 그리고 사실상 니콜라우스는 머뭇거리지 않고 자신의 진술이 모순적인 주장들보다 더 개연적이라고 말하였다. 그러나 우리는 이러한 태도를 약간 신중하게 해석해야 한다. 니콜라우스는 자신의 이론들이 참이고 반대의 이론이 거짓이라고 말하지 않았다. 그는 자신의 진술과 모순되는 명제들이 그것의 개연성에 관련해서만 고려된다면, 즉 이성의 개연적 결론들로서 고려된다면, 그 명제들은 자신의 진술에 비해 덜 개연적이라고 말했다. 예를 들어 세계가 영원성으로부터 존재하지 않았다는 신학적 교의는, 만약 그것이 계시진리로서 간주된다면, 그에게는 확실히 참이다. 그러나 우리가 단지 그것의 진리를 위해서 예시될 수 있는 철학적 논증에 주목한다면, 우리는 니콜라우스에 따라서 그 논증들이 모순명제를 위해 예시될 수 있는 철학적 논증보다 덜 개연적이라는 점을 인정해야 한다. 그러나 우리는 모순된 명제가 참이 아니라고 결론 내려서는 안 된다. 우리가 아는 모든 것에 대해서 그 명제는 심지어 필연적 진리일 수 있다. 개연성은 어떤 주어진 순간에 우리에게 이용될 수 있는 자연적 명증성에 의해서 해석되어야 하며, 어떤 명제는, 만약 그것이 실제로 거짓이며 그것의 모순이 참이라고 할지라도, 그 명제는 우리에게 있어 그것의 모순보다 더 개연적일 수 있다. 니콜라우스는 이중 진리론을 제안하지 않았다. 그는 그리스도교의 어떤 확정된 교의도 부인하지도 않았다. 그의 주관적 태도가 어떠했는가 하는 것은 우리가 확실히 할 수 없는 문제이다. 페트루스 달리(Peter d'Ailly)는 다수의 니콜라우스 명제들이 시기나 악감정 때문에 유죄를 선고받았다고 주장하였다. 니콜라우스 자신은 자신이 전혀 주장하지 않았던 혹은 유죄판결을 받을 그 정도의 의미로 주장하지 않았던 어떤 진술

---

30   Lappe, 『중세철학사』, 39. 8.

들이 자신의 것으로 씌어졌다고 강변하였다. 그의 주장들을 액면가대로 받아들일 경우 얼마나 정당한지 그리고 그의 비판가들이 이들 주장을 '여우의 변명'으로 폄하하는 것이 얼마나 정당하다고 생각할 수 있는지 판정하는 것은 어려운 일이다. 나의 생각으로는 그가 '개연적'이라고 제시했던 철학이 교회의 가르침과 충돌하는 한에서 진리가 아니라고 말한 점에서 그가 성실한 사람이었다는 사실은 거의 의심할 수 없다. 적어도 이 점에 관한 한 그가 성실했다는 점을 받아들이는 데 실제로 어려움은 존재하지 않는다. 왜냐하면 어떤 다른 사항들을 고려하지 않을 경우, 그가 자신의 긍정철학의 결론을 확실한 것으로 간주했다면, 그것은 그의 철학의 비판적 측면과 매우 모순되었을 것이기 때문이다. 다른 한편 베르나르디노에 대한 그의 서신에서 상론되었던 비판적 관점이 추리에서의 일종의 실험으로 개진되었다는 니콜라우스의 단언은 받아들이기 쉽지 않다. 베르나르디노에게 보낸 그의 편지들은, 비록 그의 재판관들에게 그가 제시한 설명이 그의 진정한 마음을 나타냈을 가능성을 배제할 수 없다고 하더라도, 그런 인상을 거의 주지 않는다. 결국 가장 멀리까지 나아갔지만, 그가 전통 형이상학에 대한 비판적 태도를 수용한 동시대의 유일한 철학자는 결코 아니었다.

그러나 아주 분명한 점은 니콜라우스가 아리스토텔레스 철학을 공격할 의도가 있었다는 것, 그리고 그가 자신의 긍정철학이 아리스토텔레스의 체계에 비해서 더 개연적인 가설이라고 간주했다는 사실이다. 그가 천명했듯이 그 자신은 몇몇 사람들이 아리스토텔레스와 그 주석가(즉 아베로에스)를 낡아빠진 옛 시대에 이르기까지 연구하고, 아리스토텔레스의 연구를 위해서 도덕적 문제와 공통성에 대한 배려를 포기하였다는 점에 대해서 매우 놀랐다. 진리의 친구가 봉기하고, 잠든 자를 깨우기 위해서 트럼펫을 울렸을 때, 그들은 크게 괴로워하면서 마치 무장한 사람들이 맹렬하게 싸우는 것처럼 진리의 친구에게 돌진할 정도로 그들은 이와 같은 일을 벌였다.[31]

'도덕적 문제'와 '공동선'의 언급을 통해서 사람들은 니콜라우스의 윤리적이고 정치적인 가르침이 무엇이었던가를 탐구하게 된다. 우리는 여기서 너무 많이 나아가지 않는다. 그러나 분명한 듯이 여겨지는 것은 그가 도덕법칙의 임의적인 성격에 대

---

31 다음을 참조. 오르트쿠르, 『보편론』, pp. 181-182.

한 오컴주의의 이론을 주장했다는 사실이다. '신은 이상적 피조물에게 자신을 증오하라는 명령을 내릴 수 있고, 이성적 피조물은 이 법령에 복종해서 신을 사랑하기보다는 이 법령에 복종해서 보다 유덕하게 된다'는 의미 때문에 유죄 선고를 받은 명제가 있다. '왜냐하면 그는 보다 큰 노력을 기울이고 그의 성향에 반(反)해서 그렇게 하기 (즉 신을 증오하기) 때문이다.'[32] 정치학에 관련해서 니콜라우스는 정의와 불의에 관한 논의들, 즉 사람들로 하여금 새로운 법률을 제정하게 하거나 기존의 법률을 개정하게 하는 그런 논의들과 함께 아리스토텔레스의 『정치학』(Politics)에 관한 강의들을 듣고자 하는 누구라도 이 모든 것을 그에게 가르칠 오트르쿠르의 니콜라우스 선생님을 발견하게 될 그 장소로 가야 한다고 포고했다는 말이 전해진다.[33] 공공의 복지에 대해 니콜라우스가 진지한 관심을 가졌다는 증거를 이러한 포고가 얼마만큼 성립시키는지, 그리고 그것이 어느 정도 악평에 대한 사랑의 표현인지 말하기 어렵다.

나는 '오컴주의 운동'에 관한 장에서 미르쿠르와 니콜라우스의 철학적 관념들에 대한 설명을 하였다. 이러한 절차는 정당한가? 그가 개연적이라고 제시한 니콜라우스의 긍정철학은 분명히 말해서 오컴의 철학은 아니었다. 이 점에서 그를 '오컴주의자'라고 부르는 것은 매우 잘못일 것이다. 니콜라우스의 비판철학에 관해서 이야기한다면, 그것은 오컴의 비판철학과 같은 것이 아니었으며, 만약 이 용어가 오컴의 학생을 의미한 것이라면, 니콜라우스가 '오컴주의자'라 불리는 것은 적절할 수 없다. 게다가 니콜라우스 저작의 논조는 프란치스코 신학자들의 그것과 다르다. 그럼에도 불구하고 니콜라우스는 14세기 철학의 현저한 특징이 되었고, 오컴주의의 한 측면에서 그 표현을 발견한 비판적 사상운동의 극단적인 대표자가 되었다. 앞에서 지적했듯이 나는 '오컴주의 운동'이라는 용어를 부분적으로는 전통 형이상학의 전제와 논증들에 대한 비판적 태도의 특징을 지닌 철학적 운동을 의미하는 것으로 사용하고 있으며, 만약 그 용어가 이런 의미로 사용된다면, 나의 생각으로는 미르쿠르와 니콜라우스를 오컴주의 운동에 속하는 사람으로 말해도 정당하다.

---

32   Lappe, 『중세철학사』, 41, 31-34.
33   같은 책, 40. 26-33.

만약 이 용어가 어떤 확실한 인식에 도달할 가능성을 부인하거나 의심하는 철학자를 의미한다면, 니콜라우스는 회의주의자가 아니었다. 그는 논리학과 수학에서 그리고 직접적인 지각에서 확실성이 획득될 수 있다고 주장하였다. 현대적 용어로 그는 분석명제(현재 때때로 '동어반복'이라고 부르는 명제)와 기본적인 경험적 진술을 동시에 확실한 것으로 인정했지만, 우리는 니콜라우스의 주장에서 명증적인 직접적 인식이 명제로 표현되지 않더라도 그런 명증적인 직접적 인식을 가질 수 있다는 단서를 추가해야 한다. 다른 한편, 형이상학적 의미에서 인과적 관계에 관한 주장을 포함하는 명제 또는 하나의 존재에서 다른 존재로 추론하는 것에 근거한 명제들을 그는 확실한 명제가 아니라 오히려 경험적 가설로서 간주하였다. 그러나 우리는 니콜라우스를 '논리실증주의자'로 간주해서는 안 된다. 그는 형이상학적 또는 신학적 진술의 유의미성을 부인하지 않았다. 오히려 그는 신앙의 확실성을 전제하였고, 계시를 절대적 확실성의 원천으로서 인정하였다.

4. 보편 문제에서의 유명론

나는 대학교, 특히 14세기 후반과 15세기에 걸쳐 세워졌던 대학교에서의 새로운 운동의 영향에 대해 몇 마디 언급하면서 이 장을 끝내겠다는 나의 의도를 밝혔다.

1389년에 비엔나 대학교에서 인문학부 학생들이 페트루스 히스파누스의 논리학 저술들에 관한 강의를 들어야 한다는 학생들의 요구를 반영하는 학칙이 통과되었다. 반면에 그 후 윌리엄 하이츠베리(William Heytesbury)와 같은 오컴주의 저자들의 논리적 저술들에 관해 유사한 의무를 부과한 학칙이 통과되었다. 독일의 하이델베르크(Heidelberg) 대학교(1386년에 설립), 에르푸르트(Erfurt) 대학교(1392년 설립), 라이프찌히(Leipzig) 대학교(1409년 설립), 그리고 폴란드의 크라코프(Cracow) 대학교(1397년 설립)에서 유명론이 또한 강력하게 나타났다. 라이프찌히 대학교의 기원은 프라하에서 유명론자들이 대거 유입되었다는 사실에 힘입은 바 있다고 전해지며, 프라하(Prague) 대학교에서 얀 후스(John Hus)와 프라하의 제롬(Jerome of Prague)은 스코투스주의적 실념론을 가르쳤는데, 이들은 이러한 실념론을 존 위클리프(John Wycliffe, 약 1320-1384)에게서 배웠다. 사실상 콘스탄츠 공의회(Council of Constance)가 1415년에 얀 후스의 신학적 오류를 기소했을 때, 유명론자들은 스코투스주의 실념론도 기소된 적이 있다고 재빨리 주장하였지만, 이것은 사실이 아니었다.

15세기의 전반에 성 알베르투스 마그누스(St. Albert the Great) 철학의 오히려 놀랄 만한 부흥이 일어났다. 유명론자들은 부분적으로 15세기 초반에 백년전쟁(Hundred Years War)이 야기한 상황들 때문에 파리를 떠난 것처럼 보이지만, 그러나 에를레(Ehrle)가 '알베르투스주의'의 부활을 1403년 도미니코 수도회가 파리로 귀환한 것과 연결시킨 점에서 옳았다는 것은 의심의 여지가 없다. 유명론자들은 1387년에 그 도시를 떠났었다. 그러나 1437년 영국으로부터 그 도시가 자유를 찾았을 때 유명론자들이 그 도시로 되돌아왔기 때문에, 알베르투스주의의 우위는 그렇게 오래 지속하지는 못했다. 1474년 3월 1일 루이 11세(Louis XI) 국왕은 유명론의 가르침을 금지하는 법령을 공포하였고, 유명론적 서적의 몰수를 명하였다. 그러나 1481년 그 금지령은 철회되었다.

그 후 15세기에 유명론은 파리 대학교, 옥스퍼드 대학교, 그리고 많은 독일의 대학교에서 강력하게 확립되었다. 그러나 옛 전통은 자신들의 기반을 몇몇 장소들에서 계속 유지하였다. 이것이 바로 쾰른 대학교의 경우였다. 이 대학교는 1389년에 설립되었다. 쾰른 대학교에서는 성 알베르투스와 성 토마스의 이론들이 지배적이었다. 얀 후스의 기소 이후에 엘렉토(Electors) 왕자는 쾰른 대학교에 유명론을 받아들일 것을 요구했다. 왜냐하면 보다 낡은 형태의 실념론은 비록 그 자체가 나쁜 것은 아니지만 쉽게 이단으로 진행하기 때문이다. 그러나 1425년 그 대학교는 원한다면 누구라도 유명론을 받아들일 수 있도록 개방되어 있지만, 성 알베르투스, 성 토마스, 성 보나벤투라, 로마의 에지디오(Giles of Rome), 둔스 스코투스의 가르침은 정당했다고 대답하였다. 어쨌든 그 대학교의 주장에 따르면, 얀 후스의 이단은 철학적인 실념론에서 기인한 것이 아니라 위클리프의 신학적 가르침에서 기인한 것이다. 더욱이 실념론이 쾰른 대학교에서 금지되었다면, 학생들은 대학교를 떠났을 것이다.

쾰른(Cologne) 대학교와 함께 우리는 1425년에 설립된 루뱅 대학교를 떠올려야 한다. 1427년의 학칙은 박사학위 후보자들에 대해서 그들이 뷔리당(Buridan), 잉겐의 마리실리우스(Marsilius of Inghen), 오컴 혹은 그의 추종자들의 학설을 가르치지 않겠다는 서약을 할 것을 요구했다. 그리고 1480년에 아리스토텔레스를 오컴주의 이론에 비추어서 해설했던 교수들은 공직에서 물러나야 한다는 위협을 받았다.

그래서 '고대의 길'을 고집하는 사람들은 결코 완전히 유명론자들에 의해 파괴된 것은 아니었다. 사실상 14세기 중반에 실념론은 하이델베르크 대학교에서 기반을 획득하였다. 게다가 그들은 몇몇 저명한 이름들을 자랑할 수 있었다. 그들 중 우두머리는 요한 카프레올루스(John Capreolus, 약 1380-1444)였으며, 그는 한때 파리 대학교에서 가르치다, 후일 뚤루즈(Toulouse) 대학교에서 가르친 도미니코회 수도사였다. 그는 스코투스, 두란두스, 겐트의 헨리 그리고 유명론자를 포함한 적대 세력 일반의 반대 견해를 논박하고 성 토마스의 견해를 옹호하기 시작하였다. 그의 대저작은 『성 토마스 아퀴나스 신학의 옹호』(*Libri IV defensionum theologiae divi Thomae de Aquino*)인데, 이 저작은 로데즈(Rodez)에서의 그의 죽음 직전에 완성되었고, 그에게 토마스주의의 으뜸(*Princeps thomistarum*)이라는 명칭을 받게 했다. 카프레올루스는 탁월한 도미니코의 수도원 토마스주의자이면서 성 토마스에 대한 주석가의 노선을 걸었던 최초의 인물이었다. 이러한 노선을 걸은 사람 중에는 후대의 카예타누스(Cajetan, 1534년에 사망), 성 토마스의 요한(John of St. Thomas, 1644년에 사망) 등이 있었다.

이탈리아의 대학교들에서 아베로에스주의적 아리스토텔레스주의의 흐름을 대표한 사람은 14세기 초반에 볼로냐 대학교에서 파르마의 타데우스(Thaddaeus of Parma), 아레조의 안젤로(Angelo of Arezzo)와 같은 사상가들이었고, 이런 흐름은 파도바와 베니스(Venice)로 건너갔으며, 이곳의 대표적인 인물은 베니스의 파울루스(Paul of Venice, 1429년 사망), 티에네의 카예타누스(Cajetan of Thiene, 1465년 사망), 알렉산드로스 아칠리니(Alexander Achillini, 1512년 사망), 아고스티노 니포(Agostino Nipho, 1546년 사망)였다. 아베로에스의 최초 인쇄된 판본은 1472년 파도바에서 나왔다. 르네상스 철학과 관련하여, 아리스토텔레스의 아베로에스 해석을 따르는 사람들과 아프로디시아스의 알렉산드로스(Alexander of Aphrodisias)에 의해 주어진 해석을 추종하는 사람들 사이의 논쟁에 관해 그리고 1513년의 고소 사건에 관해서는 뒤에 언급될 것이다. 아베로에스주의자들은 여기서 다음과 같은 사실의 예시로서 간단하게 언급되었다. 즉 근대의 길(*via moderna*)이 14세기와 15세기에 이 근대의 길에 앞서서 모든 것을 휩쓸고 지나간 것으로 간주되어서는 안 된다는 사실의 예시로서 언급되었다.

그럼에도 유명론은 근대성과 참신성에서 온 매력을 소유하였으며, 우리가 본 것처럼 광범위하게 뻗어나갔다. 15세기 유명론자들 중 눈에 띄는 인물은 가브리엘 비일(Gabriel Biel, 1425-1495년경)이었다. 그는 튀빙겐(Tübingen) 대학교에서 가르쳤으며, 페트루스 롬바르두스의『명제집』에 대한 오컴의 주해들의 요약본을 편집하였다. 비일의 저서는 오컴주의에 대한 방법론적이면서 명쾌한 해설이었다. 그가 오컴의 추종자와 해설자 이상인 척 하지는 않았지만, 상당한 영향력을 미쳤다. 사실상 에르푸르트 대학교와 비텐베르크(Wittenberg) 대학교에서의 오컴주의자들은 가브리엘주의자(*Gabrielistae*)라고 불렸다. 비일이 오컴의 도덕이론을 자연적 도덕적 질서가 없다는 것을 의미하는 것으로 해석하지 않았다는 것을 주목하는 것은 아마 흥미로운 일이다. 올바른 이성에 따라서 선택될 수 있는, 신 이외의 목적이 존재한다. 그리고 아리스토텔레스, 키케로, 세네카와 같은 이교도 철학자들은 선하고 유덕한 행동을 도덕적으로 성취할 수 있었다. 신은 자신의 '절대적 힘'에 의해서 실제로 자연적 이성의 명령에 반대되는 행동을 명할 수 있다. 그러나 그렇다고 해서 이들 이성의 명령이 계시 없이 인식될 수 있다는 사실이 변경되는 것은 아니다.

──────── **5. 결론적 고찰**

마지막으로 우리는 오컴주의 운동 또는 유명론이 다양한 측면을 가졌다는 점을 상기할 수 있다. 순수하게 논리적 측면에서 보면 그것은 부분적으로 명사논리(logic of terms)의 전개였고, 페트루스 히스파누스와 같은 오컴주의 이전의 논리학자들에서 발견되는 지칭(*suppositio*) 이론의 전개였다. 이 명사논리는 모든 형식의 실념론을 배제하기 위해서 오컴이 사용했던 것이다. 보편의 문제는 존재론적 관점에서보다는 논리적 관점에서 다루어졌다. 보편은 그것의 논리적 내용에 따라서 고려된 추상적 명사이고, 이 명사는 개별 사물들에 대한 명제에서 성립하며, 이 개별 사물들이야말로 존재하는 유일한 것들이다.

이러한 명사논리는 그 자체로는 인식에 관해서 어떤 회의적 귀결도 갖지 않을 뿐 아니라, 오컴은 명사논리가 그러한 귀결을 갖는다고 생각하지도 않았다. 그러나 유명론의 논리적 측면과 함께 우리는 인과성의 분석과 경험적 가설의 인식론적 위상에 관해서 이루어지는 이런 분석의 귀결을 고려하지 않으면 안 된다. 오트르쿠르의 니콜라우스와 같은 사람의 철학에서 우리는 확실성이 있는 분석적 또는 형식적 명제와 확실하지도 않고 확실할 수도 없는 경험적 가설들 사이가 날카롭게 구별된다는 사실을 보았다. 오컴과 함께 이러한 견해는, 그가 이러한 견해를 주장한 한에서, 신의 전능에 대한 그의 주장과 밀접하게 결합되었다. 오트르쿠르의 니콜라우스와 함께 신학적 배경의 증거는 그렇게 많지 않았다.

또한 우리는 유명론자들(어떤 사람들의 경우는 특히)은 옛 철학자들의 형이상학적 논증을 향해 어떤 비판적인 태도를 취하려는 경향이 있었는지를 살펴보았다. 이러한 태도는 오트르쿠르의 니콜라우스와 같은 극단주의자에게서 충분히 드러났다. 왜냐하면 그러한 태도는 하나의 사물의 존재로부터 다른 사물의 존재를 확실성을 가지고 추론할 수 없다는 그의 일반적 입장에 근거해서 만들어진 것이기 때문이다. 형이상학적 논증들은 입증적인 것이라기보다는 개연적이다.

그러나 사람들이 한두 경우에 대해 아무리 생각이 기울어진다 하더라도, 형이상학적 사변에 대한 이러한 비판적 태도는 항상 확고한 신학적 신앙, 그리고 확실한 인식의 원천으로서의 계시에 대한 확고한 믿음과 언제나 실제적으로 결합되었다. 이러한 확고한 믿음은 특히 오컴 자신의 경우에서 두드러진다. 심리학적 관점에서 보면 비존재적 사물에 대한 직관을 가지는 일이 가능하다는 그의 견해와 도덕법칙이 궁극적으로 신의 선택에 의존한다는 그의 이론은 회의주의의 표현이 아니라 그가 신의 전능에 대해 부여한 엄청난 강조의 표현이었다. 만약 우리가 유명론자들을 이성론자나 심지어 현대적 의미에서의 회의주의자로 되게 하려 시도한다면, 유명론자들을 역사적 틀에서 끄집어내는 것이며, 유명론자들을 그들의 정신적 배경에서 잘라내어 버리는 것이다. 시간이 흐름에 따라 유명론자들은 스콜라 사상에서 정규적인 사조의 하나가 되었다. 살라망카(Salamanca) 대학교에서 유명론의 신학 학장이 선출될 정도였다.

그러나 유명론은 대부분의 철학사상 학파의 운명에 시달렸다. 분명히 그것은 새로운 그 무엇으로 시작하였다. 유명론자들의 여러 가지 교의에 관한 우리의 의견이 무엇이든, 유명론자들이 할 말은 했다는 사실은 거의 부인할 수 없다. 그들은 논리적 연구를 발전시키는 도움을 주었고, 중요한 문제들을 제기하였다. 그러나 시간이 흐름에 따라 '당치 않는 이유를 내세우는' 경향이 나타났으며, 이것은 아마도 형이상학에 대한 그들의 유보적 태도와 연결될 수 있다. 논리적 정교함과 과장된 세련됨은 후기 유명론자들의 에너지를 소모시키는 모습을 드러냈다. 철학이 르네상스시대에 신선한 동력을 받아들였을 때, 이러한 동력은 유명론자에게서 온 것은 아니었다.

제10장

과학운동

중세시대에는 경험이 중시되지 않았으며, 중세가 가졌던 유일한 과학관념은 아리스토텔레스와 다른 비그리스도 저술가들에게서 무비판적으로 채택되었던 것이라는 가정이 오랜 기간 광범위하게 퍼져 있었다. 수세기 동안의 거의 완벽한 휴면 이후 르네상스시대에 과학이 다시 출발했다는 생각이 팽배했다. 과학문제에 대한 상당한 관심은 14세기 동안에 이루어졌고, 몇몇 중요한 발견들이 그 시기에 이루어졌으며, 아리스토텔레스에서 유래하지 않은 다양한 이론들이 꽤나 광범위하게 유지되었고, 르네상스의 과학자들과 통상 연관된 어떤 가설들은 중세 후기에 제안되었다는 점이 발견되었다. 같은 시기에 후기 중세철학의 보다 나은 인식은 14세기의 과학운동이 오컴주의나 유명론과 연결되어야 한다는 점을 제시하였다. 대체로 그 이유는 오컴과 다소간 유사한 사상운동에 속하는 사람들이 사실적 인식의 획득에서 직관의 우위성 또는 직접적인 경우의 우위성을 주장하였기 때문이다. 사실상 오컴 자신은 과학문제에 대해 많은 관심을 보여주었다고는 생각되지 않았지만, 사실적 인식의 유일한 기초로서 직관을 그가 강조한 것과 그의 철학의 경험적 측면은 과학적 관심과 탐구의 강력한 추진력을 준 것으로 생각되었다. 이러한 문제 인식은 오컴과 유명론자들이 강력한 반-아리스토텔레스주의자였다고 가정되는 한에서 전통적인 개관과 일치할 수 있다.

사실들에 대한 이러한 해석에 진실이 있다는 것을 부인하려는 것은 결코 나의 의도가 아니다. 몇몇 문제에서 오컴이 자신을 진정한 아리스토텔레스 해석가라고 자부하고 있었기 때문에, 오컴이 아마도 제한을 두지 않고 단지 '반-아리스토텔레스주의자'라고 불릴 수 없음에도 불구하고, 그의 철학은 의심의 여지없이 어떤 중요한 점에 관해서는 아리스토텔레스의 철학과 달랐고, 그래서 유명론 운동에 속했던 몇몇 사상가들은 극단적으로 아리스토텔레스주의에 적대감을 가졌다는 것은 분명한 사실이다. 더욱이 오컴주의자들이 존재하는 사물들에 대한 우리 인식의 기초로서 경험을 강조했다는 사실이 경험과학의 성장을 촉진했다고 이야기하는 것은 아마도 사실일 것이다.

과학의 성장에 대한 인식론적 이론의 긍정적 영향을 평가하는 일은 어려울 수 있다. 그러나 직관의 우위성에 관한 이론이 과학의 성장을 억제했다기보다는 자연스럽게 촉진했을 것이라고 생각하는 것은 합리적이다. 더욱이 원인들은 아프리오리한 이론화에 의해서 발견될 수 없고, 그런 원인들을 발견하기 위해서는 경험에 의존하지 않으면 안 된다고 가정한다면, 이러한 가정은 정신을 경험적 자료의 탐구로 돌리기 위한 것이다. 의심의 여지없이 과학이 '직관' 속에 성립하지 않거나 단순히 경험적 자료의 관찰에 성립하지 않는다고 말하는 것이 정당할 수 있다. 그러나 핵심은 오컴주의가 과학적 방법론을 제공했다는 것이 아니라, 그것이 과학적 탐구를 촉진했고 조장하는 성향을 가졌던 지적인 분위기를 만드는 데 도움을 주었다는 것이다. 왜냐하면 과학적 탐구는, 인식의 획득에서 인간의 정신을 사실이나 경험적 자료에 돌림으로써, 동시에 인간의 정신을 과거의 저명한 사상가들의 견해에 대한 수동적 수용에서 벗어나도록 했기 때문이다.

그러나 14세기 과학과 오컴주의의 연관성을 평가절하 하는 것이 부적절한 것과 꼭 마찬가지로, 14세기의 과학의 성장에 오컴주의가 충분한 조건으로서 역할을 했다고 주장하는 것은 꼭 같이 부적절할 것이다. 첫째로, 우리가 '오컴주의자들'라는 용어를 광범위한 의미로 사용한다고 하더라도, 14세기의 자연학자들을 '오컴주의자들'이라고 말하는 것이 어느 정도까지 합당할 수 있는지는 분명하지 않다. 자연학 이론에 관심을 가졌던 선도적인 인물 중의 한 사람인 장 뷔리당은 잠시 파리 대학교의 학장을 지냈고, 1360년경 사망했다. 신학자이자 철학자이자 자연학자인 뷔리당은 명사론[유명론] 논리학(terminist logic) 및 오컴이 주장했던 몇몇 견해들의 영향을 받았다. 그러나 그는 전적인 의미에서의 유명론자는 아니었다. 학장으로서 그가 가진 공적인 자격으로 그는 1340년에 유명론을 기소하는 데 결부되었다는 사실과는 별개로, 그는 예를 들어 자신의 저작들에서 하나의 사물로부터 다른 사물의 존재를 증명하는 것이 가능하며, 결과적으로 신 존재를 증명하는 것이 가능하다는 주장을 하였다. 색소니의 알버트(Albert of Saxony)가 오히려 오컴주의자였다. 1353년 파리 대학교의 학장이었던 그는 1365년 비엔나 대학교의 초대 학장이 되었다. 같은 해에 그는 할버슈타트(Halberstadt)의 주교로 임명되었다. 그는 1390년에 사망하였다. 논리학에서 그는 오컴을 추종하였지만, 근대의 길에 대한 극단적인 지지자는 분명 아니었다. 경험에 의해서 주어진 확실성은 절대적일 수 없다고 그가 주장했다는 것은 사실이다. 그러나 경험적 진술의 가설적 성격에 대한 그의 견해는 어떤 다른 고려보다도 신이 자연적 질서에 초자연적으로 '간섭했다'는 확신에 더 많이 기인한 것처럼 보일 것이다. 잉겐의 마르실리우스(Marsilius of Inghen, 1396년 사망)는 1367년과 1371년에 파리 대학교의 학장직을 역임하였고, 1386년 하이델베르크 대학교의 초대 학장을 역임하였는데, 그는 실로 근대의 길을 공공연하게 지지한 사람이었다. 그러나 그는 보편에 대해 유명론적 입장을 다소간의 실념론으로 완화시킨 것처럼 보였고, 형이상학자가 신의 실재성과 단일성을 증명할 수 있다고 생각하였다. 파리 대학교에서 가르치고 1382년 리지외(Lisieux)의 주교직을 지내다 사망한 니콜라우스 오렘(Nicholas Oresme)은 비록 당연히 신학적이고 철학적인 관심을 가지고 있었지만 철학자라기보다는 자연학자였다.

그렇기 때문에 나의 생각으로는 사람들이 14세기 과학운동의 선도적 인물들이 대부분의 경우에 오컴주의 운동에 대해 동조했다고 생각할 수 있다. 그리고 사람들이 '유명론자'라는 용어를 오컴주의 논리학 또는 명사론 논리학을 채택한 사람들을 지칭하는 것으로 사용하고자 할 의도가 있다면, 그들을 '유명론자'라고 부를 수 있다.

그러나 그들 모두가 형이상학에 대한 오컴의 견해를 지지했다고 가정하는 것은 잘못일 것이다. 그들이 오트르쿠르의 니콜라우스와 같은 사상가의 극단주의적 철학적 입장을 공유했다고 가정하는 것도 역시 잘못일 것이다. 사실상 뷔리당과 알버트는 모두 니콜라우스를 공격하였다. 그러나 철학에서 근대의 길이 14세기의 과학발전을 야기한 것은 아니지만 고무시켰다고 하는 것은 아주 분명하다.

유명론 운동이 14세기 과학성장의 충분한 조건이라고 간주될 수 없다는 점은 14세기 과학이 상당 부분 13세기 과학의 연속 및 그로부터의 성장이었다는 사실로부터 분명해진다. 나는 근대 탐구가 14세기에 과학적 발전의 실제 모습을 밝혀냈다는 점을 언급하였다. 그러나 이 탐구는 역시 13세기에 추구되었던 과학적 연구를 밝혀내고 있다. 13세기의 이러한 연구들은 그리스의 과학저술들과 아라비아 과학저술들의 번역에 의해서 자극을 받았다. 그럼에도 이러한 연구들은 현실적으로 존재하였다. 의심의 여지없이 중세의 과학은 우리가 그것을 르네상스시대 이후의 과학과 비교한다면 초보적이고 미숙하였다. 그러나 중세시대에는 신학과 철학의 영역 이외에 어떤 과학도 존재하지 않았다고 말하는 것은 더 이상 변명의 여지도 없다. 중세에는 과학적 발전이 있었을 뿐만 아니라 역시 중세 말기의 과학과 르네상스의 과학 사이에 어느 정도 연속성이 있었다. 르네상스과학자들의 성취를 축소하거나 그들의 가설과 발견들이 모두 중세에서 예견되었다고 말하는 것은 바보스러운 일이다. 그러나 르네상스과학을 역사적 선례와 혈통 없이 존재하는 것으로 묘사하는 것도 바보스러운 일이다.

13세기 몇몇 사상가들은 과학연구에서 관찰 또는 '경험'의 필요성을 주장하였다. 이와 연관하여 이 전집 앞 권에서 알베르투스 마그누스(Albert the Great, 1206-1280), 마리쿠르의 페트루스(Peter of Maricourt, 생몰 연대 미상), 로버트 그로스테스트(Robert Grosseteste, 약 1175-1253), 로저 베이컨(Roger Bacon, 약 1212-1292년 이후)에 대해 언급되었다. 마리쿠르의 페테루스는 과학문제에 대한 베이컨의 관심에 영향을 주었는데, 16세기 후반에 윌리엄 길버트에 의해 이용되었던 『자석에 관한 서한』(Epistola de magnete)으로 유명하다. 그로스테스트는 광학에 대해 글을 썼고, 그리스와 아라비아 문헌에 담겨 있는 굴절이론을 개선하고자 시도하였다. 광학은 또한 베이컨의 특별한 관심의 대상 중 하나였다. 실레시아(Silesia)의 과학자, 수학자, 철학자인 비텔로(Witelo)는『원근법』(Perspectiva)에서 동일한 주제에 대해 서술하였다. 이 저작은 이슬람의 과학자인 알하이심(Alhazen)의 저술들에 의존해서 구성되었다. 그리고 케플러는『비텔로가 빠뜨린 것들에 관하여』(Ad Vitellionem paralipomena, 1604)에서 후에 비텔로의 아이디어에 대한 몇 가지 발전을 이룩했다. 도미니코 수도사인 프라이베르크의 테오도릭(Theodoric of Freiberg, 약 1311년 사망)은 실험을 기초로 하여 무지개를 설명하면서 하나의 이론을 발전시켰다.[34] 이 이론은 데카르트에 의해서 채택되었고, 역학 분야에서 발견을 이룩한 다른 도미니코 수도사인 요르다누스 네모라리우스(Jordanus Nemorarius)에 의해서 채택되었다.

그러나 13세기의 자연학자들이 과학탐구에서 관찰의 필요성을 주장했고, 로저 베이컨 같은 사람은 과학발견이 제시할 수 있는 실제적인 목적을 잽싸게 알아챘음에도 불구하고, 13세기의 자연학자들은 과학적 방법의 이론적 측면에 눈을 감고 있었던 것은 아니다. 그들은 과학을 경험적 자료의 단순한 축적에서 성립한다고 보지 않았으며, 또한 실질적이거나 상상적인 실제 결과에만 집중한 것도 아니었다. 그들은 자료들을 설명하는 데 관심을 가졌다. 아리스토텔레스의 주장에 따르면 과학적 지식은 사람들이 관찰된 결과들이 그 결과들의 원인에서 어떻게 따라 나오는가를 보여주는 위치에 있을 때만 획득된다. 그리고 그로스테스트와 베이컨에 있어서 이것은 상당 부분 결과들의 수학적 연역을 제공할 수 있다는 것을 의미하였다. 그래서 베이컨은 수학을 다른 과학들의 열쇠라는 점을 크게 강조하였다. 더 나아가 아리스토텔레스는 '원인들'에 대한 인식이 어떻게 실제로 획득되는가를 그렇게 분명하게 보여주지 못했던 반면에, 그로스테스트와 베이컨은 사실들과 일치하지 않는 설명이론의 배제가 사람들이 이러한 지식에 도달하는 일을 어떻게 돕게 되는가를 보여주었다. 다른 말로 하면 그들은 설명적 가설이 탐구되고 있는 현상들의 여러 다른 예들에서 공통된 요소들을 검토함으로써 도달될 수 있다는 것을 알았을 뿐만 아니라, 이러한 가설이 참이라면 어떤 결과들이 도출되는가를 고려함으로써 그리고 그다음에 이러한 기

---

34 테오도릭이 무지개의 색깔을 설명하는 데는 실패했지만, 무지개의 활 모양에 대한 설명은 정확하였다.

대들이 실제로 충족되는지 어떤지를 알기 위해 실험을 함으로써 이 가설을 검증하는 일이 필요하다는 점도 알았다.

그러므로 14세기 과학은 전적으로 새로운 발전은 아니었다. 이 발전은 앞선 세기의 과학적 작업의 연속이었다. 이 발전은 그 자체가 마치 그리스와 아라비아의 자연학자와 수학자들에 의해서 이룩된 과학적 연구의 연속이었던 것과 같다. 그러나 14세기에 다른 문제들이, 특히 운동의 문제가 돌출하였다. 그리고 14세기에 이 문제에 대한 숙고는 과학적 가설의 개념을 암시하고 있었는지도 모른다. 이 과학적 가설은, 그 후 갈릴레오에 의해서 수용되었더라면, 아마도 갈릴레오와 신학자들 간의 충돌을 막는 데 큰 도움이 되었을 수도 있었다.

2. 운동의 문제: 임페투스와 중력

운동에 관한 아리스토텔레스의 설명에서 자연적 운동과 비자연적 운동의 구별이 이루어졌다. 불과 같은 원소는 자연적으로 가볍고 그것의 자연적 성향은 그것의 자연스러운 장소인 위로 향하여 운동하는 것이다. 반면에 흙은 무겁고 그것의 자연적인 운동은 아래로 향한다. 그러나 사람들은 예를 들어 돌과 같은 자연적으로 무거운 사물을 들고 위로 던질 수 있다. 돌이 위를 향하여 그 운동을 하는 한, 그 운동은 비자연적이다. 아리스토텔레스는 이러한 비자연적 운동이 설명을 필요로 한다고 생각했다. 왜 돌이 위로 운동하는가의 문제에 대한 아리스토텔레스의 분명한 대답은 그것이 위로 던져졌다는 것이다. 그러나 돌이 그것을 던진 사람의 손을 일단 떠나고 나면, 한동안 위를 향하여 계속 운동한다. 왜 이런 일이 발생하는가의 문제에 대한 아리스토텔레스의 대답은 돌을 던진 그리고 그 돌을 위의 방향으로 향하도록 만든 사람이 돌뿐 아니라 주위의 공기를 움직인다는 것이다. 이 공기는 공기를 더 높이 움직이게 하고, 움직여지는 공기의 각 부분은 공기의 연속적 운동들이 약해져서 돌의 아래로 향해서 운동하는 자연적 성향이 드디어 스스로의 위치를 다시 찾을 때까지 돌을 움직인다. 결국 돌은 자신의 자연적 위치를 향해서 움직이기 시작한다.

운동에 대한 이러한 비자연적 또는 억지의 설명은 윌리엄 오컴에 의해 거부되었다. 날고 있는 화살을 움직이는 것이 공기라면, 그 후 두 화살이 날고 있는 중에 부딪친다면, 그 순간 동일한 공기가 서로 반대되는 방향으로의 운동을 야기한다고 우리는 이야기해야 할 것이다. 이것은 있을 수 없는 일이다.[35] 반면에 위로 던져진 돌이 그 돌에 부여된 어떤 힘이나 성질에 의해서 계속 운동한다고 생각할 수는 없다. 발사체와 구별되는 그러한 성질이 존재한다는 사실에 대한 경험적 증거는 없다. 만약 그러한 성질이 있다면, 그러한 성질은 발사체와는 별개로 신에 의해서 보존될 수 있다. 그러나 이러한 일이 이루어질 수 있다고 가정하는 것은 불합리할 것이다. 공간 운동은 '영구적인 사물'과 운동의 한계를 넘어선 어떤 것도 포함하지 않는다.[36]

그래서 오컴은 동인(agent)에 의해서 발사체에 압력을 가하는 성질이라는 관념을 운동에 대한 잘못된 설명으로 보고 있다. 이 정도까지는 오컴이 관성의 법칙을 예견했다고 말해질 수 있다. 그러나 14세기의 자연학자들은 사물이 운동 안에 있기 때문에 운동한다고 말하는 데 만족하지 못했다. 그들은 임페투스(impetus) 이론을 채택하는 것을 선호하였다. 이 이론은 6세기 초기에 필로포누스(Philoponus)에 의해 제안되었으며, 이미 프란치스코회 피에르 장 올리비(Peter John Olivi, 1248-1298년경)에 의해 채택되었다. 올리비는 움직이는 동인에 의해서 발사체에 주어진 임페투스(impulsus) 또는 '경향'에 대해 언급하였다. 예를 들어 돌을 던진 사람의 손을 떠난 이후에 공기의 저항과 돌의 무게에 의해서 운동이 멈출 때까지 계속 움직이게 만드는 성질이나 에너지는 14세기 자연학자들에 의해서 임페투스라 불렸다. 그들은 그 이론이 아리스토텔레스의 이론보다 '현상들의 절약'(saving the appearances)을 위해서 더 적합했다고 주장한 점에서 경험적으로 이 이론을 지지했다. 예를 들면 장 뷔리당은 아리스토텔레스의 운동이론은 팽이 돌리기 운동을 설명할 수 없는 반면에, 임페투스 이론에서는 이것의 설명이 가능하다고 주장하였다. 그의 진술에 의하면 팽이 돌리기는 한 장소에 머물러 있고, 그 장소를 떠나지 않으며, 이 장소는 팽이를 움직이는 공기에 의해서

---

35 오컴, 『명제집』, 18, J.
36 같은 책, g, E.

채워질 수 있다. 그러나 14세기의 자연학자들이 임페투스 이론을 경험적으로 지지하려고 시도하였거나 그 이론을 검증하려고 시도했음에도 불구하고, 그들은 순수하게 자연적인 고려에 자신들을 제한하지 않았고, 전통 범주들에서 진술된 철학적 문제들을 끌어들였다. 예를 들어 잉겐의 마르실리우스가 그의 『자연학 축약본』(*Abbreviationes super VIII libros physicorum*)에서 임페투스가 어떤 범주(praedicamentum)에 속하는가에 대한 문제를 제기하였다. 그는 이 문제에 대해 그렇게 분명한 답을 주지 않았다. 그러나 그는 다른 종류의 임페투스가 존재한다고 분명히 생각하였다. 왜냐하면 어떤 발사체들은 위를 향해 움직이고, 어떤 발사체들은 아래를 향해 움직이며, 어떤 발사체들은 직진 운동을 하고, 어떤 발사체는 순환운동을 하기 때문이다. 다시 말하면, 색소니의 알버트는 임페투스가 실체인가 아니면 우유성인가의 문제는 자연학자의 문제라기보다는 형이상학자의 문제라고 주장했지만, 그 자신은 그것이 성질 즉 우유성이라고 단언하였다. 어쨌든 이들 자연학자는 임페투스를 발사체 또는 움직이는 물체에 힘을 가하지만 이런 발사체 및 물체와는 구별되는 그 무엇으로 간주했다는 것은 분명하다. 그들은 그러한 구별되는 실재를 오컴이 거부한 점에 대해 오컴을 따르지 않았다.

임페투스 이론에 대한 흥미로운 적용은 천체운동과 관련하여 이루어졌다. 뷔리당은 아리스토텔레스의 『형이상학』[37]에 대한 자신의 주해에서 신은 지구를 운동하게 하는 임페투스와 종류에서 같은 근원적인 임페투스를 천체에 부여했다고 주장하였다. 천체가 특별한 원소(가장 순수한 형태의 제5의 원소)로 구성된다고 가정할 필요는 없다. 제5의 원소는 단지 순환운동을 하면서 움직일 수 있을 뿐이다. 천체의 운동을 설명하기 위하여 천체의 지성(Intelligences)을 상정할 필요도 없다. 지구에서의 운동과 천체에서의 운동은 동일한 방식으로 설명될 수 있다. 인간이 공기 중으로 던진 돌에 임페투스를 부여한 것과 꼭 마찬가지로, 신은 천체를 창조했을 때 그 천체에 임페투스를 부여하였다. 신이 부여한 운동은 계속되는 반면에 돌은 결국 땅으로 떨어지는 이유는 천체는 저항과 마주치지 않는 반면에 돌은 저항과 마주친다는 것일 뿐이다. 돌의 임페투스는 공기의 저항에 의해서 그리고 중력의 힘에 의해서 점차 종결된

---

37   아리스토텔레스, 『형이상학』, 12, 9.

다. 그리고 이러한 요소들의 작용은 돌이 결국 자신의 자연적 위치로 움직이는 것으로 귀결된다. 그러나 천체가 자신들의 어떤 특별한 물질로 구성되지는 않았지만, 이들 요소는 천체의 경우에는 작용하지 않는다. 물체를 그것의 자연적 장소로서의 지구를 향하게 만드는 경향이 있는 요소라는 의미에서 중력은 지구 안에 있는 물체에 대해서만 작용한다.

이 임페투스 이론은 거의 완전히 색소니의 알버트, 잉겐의 마르실리우스, 니콜라우스 오렘에 의해서 채택되었다. 그러나 이 명칭을 처음 사용한 사람은 중력이 무엇인가에 대한 분명한 설명을 제시하고자 노력하였다. 그는 물체에서의 중력의 중심과 그 물체의 체적의 중심 간을 구별하였다. 이 양자는 반드시 같은 것은 아니다. 지구의 밀도가 균일하지 않기 때문에 지구의 경우에 이 두 중심은 서로 다르다. 우리가 중력에 관련해서 '지구의 중심'에 관해 말할 때, 그것이 의미하는 바는 지구 중력의 중심이다. 물체가 자신의 자연적 위치를 향해서 움직이는 경향은 그 경우 물체 자신의 중력 중심을 지구의 중력 중심 또는 '지구의 중심'과 결합하는 물체의 경향을 의미하는 것으로 간주될 수 있다. 물체의 '중력'은 이 경향을 의미한다. 이런 '설명'이 자연학적 설명이라는 것을 주목할 필요가 있다. 그것은 '궁극적 목적'에 의한 설명이 아니라, 일어나는 것 또는 일어난다고 생각되는 것에 대한 적극적 설명이다.

───────── **3. 니콜라우스 오렘: 지구자전의 가설**

임페투스 이론의 보다 광범위한 함의는 이 장의 뒤에 짤막하게 논의될 것이다. 지금은 운동의 문제와 연관된 한두 가지 다른 발전들에 대해 언급하기를 원한다.

중세 자연학의 가장 독자적이면서도 걸출한 사람 중 하나인 니콜라우스 오렘은 역학의 영역에서 여러 가지 발견들을 이루었다. 예컨대 하나의 물체가 일정하게 증가하는 속도와 함께 운동할 때, 그것이 이동한 거리는 그 과정의 중간 시점에서 첫째 물체가 도달한 것과 같은 정도의 등속 운동을 하는 물체가 같은 시간에 이동한 거리와 같다는 사실을 그가 발견했다. 게다가 그는 강도(强度) 연속적인 변화들 ── 그

강도에 의해서 이들 변화를 이해하고 비교하는 일은 쉬울 것이다 ─ 을 표현하는 방식을 발견하고자 하였다. 그가 제안한 방식은 직교 좌표(rectangular co-ordinates)를 사용하여 만든 그래프를 가지고서 그러한 변화들을 나타내는 방식이었다. 공간이나 시간은 직선기선(直線基線, straight base line)에 의해 표시될 것이다. 이 직선기선 위에 니콜리우스는 수직선을 세웠는데, 이것의 길이는 변화의 위치나 강도와 일치한다. 그래서 그는 수직선의 양 끝을 연결시켰고, 그래서 그는 강도에서의 변화를 표현했던 곡선을 얻을 수 있었다. 분명히 이러한 기하학적 장치는 계속된 수학적 발전을 위한 길을 준비하였다. 그러나 니콜라우스를 해석기하학의 기초자로 표현하는 것은 데카르트가 이룩한 발전을 그에게 돌린다는 의미에서 본다면 과장된 것이다. 왜냐하면 니콜라우스가 제시한 기하학적 표현방식은 수적 등가로 치환되어야 하기 때문이다. 그러나 이러한 진술은 그의 작업이 중요하지 않다는 것을 의미하는 것도 아니고, 그 작업이 응용수학의 발전에서 중요한 위치를 보여주지 못했다는 것을 의미하는 것도 아니다. 그러나 그는 상징(symbol)과 실재 사이의 차이를 대단히 분명하게 깨닫지는 못했다. 그래서 논문 『강도의 균일성과 불균일성』(*De uniformitate et difformitate intensionum*)에서 그는 다양한 강도의 열은 실제로는 피라미드 구조의 기하학적인 조각들로 구성된다고 말한다. 피라미드 구조의 기하학적 미립자(微粒子)라는 그 개념은 플라톤의 『티마이오스』(*Timaeus*)의 진술을 연상시키는데, 이 진술에 따르면 불의 미립자는, 마치 피라미드가 '모든 방향에서 매우 예리한 절단면과 매우 예리한 꼭짓점'을 가지고 있듯이, 피라미드 형태를 소유하고 있다.[38] 사실상 『천체와 세계』(*Du ciel et du monde*)[39]에서 그는 플라톤에 대해 경도되어 있음을 명백히 보여준다.

니콜라우스가 논의한 문제 중 하나는 지구의 운동 문제였다. 그 문제는 분명히 말해서 이미 니콜라우스 이전에 논의되었다. 왜냐하면 14세기 초기에 썼던 스코투스주의자인 메이로네스의 프란시스(Francis of Meyronnes)는 만약 움직이는 것이 천체가 아니라 지구라면, 그것이 '더 나은 배열'(*melior dispositio*)일 것이라고 '어떤 박사'가 주장

---

38 플라톤, 『티마이오스』(*Timaeus*), 56a.
39 오렘, 『천체와 세계』(*Du ciel et du monde*), 62d., p. 280.

했다는 사실을 언급하고 있다. 색소니의 알버트는 지구가 매일 자전한다는 가설을 옹호하면서 제시된 논증을 불충분한 것으로 간단하게 처리해버렸다. 그러나 니콜라우스 오렘은 그 가설을 결국에는 수용하지는 않았지만, 그 가설을 약간 길게 다루었으며, 그것에 대해 보다 호의적으로 받아들였다.

그의 논문 『천체와 세계』에서 무엇보다도 직접적인 관찰로는 지구는 정지해 있고, 천체나 하늘은 매일 회전한다는 증명이 제시될 수 없다고 주장하였다. 왜냐하면 회전하는 것이 천체가 아니라 지구였더라도 정확하게 동일한 현상이 나타날 것이기 때문이다. 이런저런 이유 때문에 '사람들이 어떤 경험에 의해서도 천체가 매일 운동하고 지구는 이런 방식으로 운동하지 않는다는 것을 보여줄 수 없었다고 나는 결론 내린다.'[40] 지구의 자전 가능성에 반대하는 예증으로서 제시된 다른 논증들에 관련해 이야기한다면, 그런 논증들 모두에 대해 답해질 수 있다. 예를 들면 하강 운동을 할 때 지구의 부분들이 자신의 '자연적 장소'로 향한다는 사실로부터 전체로서의 지구가 회전할 수 없다는 결론이 도출되지는 않는다. 전체로서의 물체는 그 부분들이 다른 운동을 하는 반면에 하나의 단순한 운동을 할 수는 없다는 사실은 증명될 수 없다.[41] 다시 말한다면, 천체가 비록 회전한다 하더라도, 그 때문에 지구가 정지해 있다는 결론이 반드시 나오는 것은 아니다. 물레방아가 회전할 때, 수학적 점을 제외하고는 그 중심은 정지해 있지 않다. 이때 수학적 점은 전혀 물체가 아니다.[42] 성경에서 인용된 주장들에 대해서 말하자면, 우리는 성경이 일상적인 양식의 말에 따라서 이야기하고 있으며, 성경이 특수한 경우에서의 과학적 진술을 하고 있는 것으로 반드시 간주되어서는 안 된다는 사실을 기억해야 한다. '신이 유감스럽게 생각한다'와 같은 구절에서부터 신은 실제로 인간과 같이 자신의 마음을 변경시킬 수 있다는 결론을 끌어낼 자격이 우리에게 없는 것과 마찬가지로, 해는 하늘 한가운데에 멈추어서[43]라는 성경 구절에서부터, 천체는 움직이고 지구는 움직이지 않는다는 과학적 결론을 도출

---

40   같은 책, 140a, p. 273. A. D. Menut와 A. J. Denomy의 편집본 참조.
41   같은 책, 140d-141a, p. 275.
42   같은 책, 141b, p. 276.
43   『여호수아』, 제10장 제13절.

할 자격이 우리에게 없다.[44] 코페르니쿠스적 가설이 검증되었고 더 이상 거부될 수 없을 때에만, 관련된 성경 진술의 이러한 해석을 신학자들이 날조했다는 점이 때때로 말해지거나 그런 취지로 언급된다는 사실을 고려한다면, 14세기에 니콜라우스 오렘이 이에 대해 분명한 진술을 했다는 것을 주목하는 것은 흥미로운 일이다.

더욱이 지구가 회전한다는 가설을 지지하는 적극적인 이유를 우리는 제시할 수 있다. 예컨대 다른 물체로부터 영향을 받는 하나의 물체는 마치 고깃덩어리가 불에 구워지는 것처럼 영향을 받기 위해 스스로 운동한다고 가정하는 것은 합리적이다. 그런데 지구는 태양에서부터 열을 받는다. 그렇다면 지구가 이러한 영향을 받기 위해서 운동한다고 가정하는 것은 합리적이다.[45] 다시 말하면, 우리가 지구의 자전을 요청한다면, 그 반대의 가설에 대해서보다 훨씬 멋지게 '현상들을 절약할' 수 있다. 왜냐하면 우리가 지구의 운동을 거부한다면, 경험적 자료를 설명하기 위해서 보다 많은 수의 다른 운동들을 요청해야 하기 때문이다.[46] 니콜라우스는 헤라클레이토스 폰티쿠스(Heraclitus Ponticus)가 지구의 운동이라는 가설을 제시하였다는 사실에 주목하였다. 그래서 그것은 새로울 것도 없었다. 그럼에도 불구하고 오렘 자신은 '그것에 반대되는 것에 대한 이유들에 대해 반대하지 않음으로써' 결국 이 가설을 거부하였다. 왜냐하면 그 이유들은 명백하게 결정적이지 않은 결론들이기 때문이다.[47] 다른 말로 하면 그는 결정적으로 증명되지 않은 가설을 위해 당시의 일반 견해를 버릴 준비가 되어 있지 않았다.

니콜라우스는 비판적 정신의 소유자였고, 분명코 아리스토텔레스의 맹목적인 신봉자는 아니었다. 그는 그 문제가 '현상들의 절약' 문제라고 보았다. 그는 어떤 가설이 가장 경제적인 방식으로 경험적 자료를 설명하는지를 물었다. 그가 결국 공통적으로 견지된 의견을 받아들였음에도 불구하고, 그가 지구자전의 가설을 그 반대의 가설보다 더 나은 요구들을 충족시킬 목적으로 고려했다는 것은 나에게는 매우 공정한

---

44 오렘, 『천체와 세계』, I41d-142a, pp. 276-277.
45 같은 책, 142b, p. 277.
46 같은 책, 143c-d, p. 278.
47 같은 책, 144b, p. 279.

듯이 보인다. 그러나 색소니의 알버트에 대해서는 동일한 진술을 할 수 없다. 그는 지구의 자전이 현상을 절약하지 못했기 때문에, 지구의 자전 이론을 거부하였다. 메이로네스의 프란시스처럼 그는 지구가 회전하는 것으로 간주된다면 천체의 모든 운동이 제거될 수 있다는 점을 그 이론이 주장했다고 생각했던 듯하다. 그는 행성운동이 이런 방식으로 제거될 수 없다는 점을 지적하였다. 비록 뷔리당이 대단히 호소력 있게 지구자전을 다루기는 했지만, 그 또한 그 이론을 거부하였다. 이 이론이 '붙박이' 별의 주간(週間) 회전을 제거할 뿐이며, 여전히 행성운동을 허용할 것이라는 점을 분명히 본 사람은 니콜라우스 오렘이었다. 이 이론을 지지하면서 그가 제안한 몇 가지 이유는 훌륭했지만, 나머지 이유는 그렇지 못했다. 니콜라우스가 르네상스의 천문학자인 피에르 뒤엠(Pierre Duhem)보다 지구 운동의 가설에 대한 더 명백하고 더 깊이 있는 설명을 한 사람으로 묘사하는 것은 터무니없는 일일 것이다. 그러나 색소니의 알버트와 니콜라우스 오렘과 같은 사람들이 르네상스 자연학자, 천문학자, 수학자들의 선구자라고 불릴 수 있다는 것은 분명한 일이다. 그들을 그렇게 부를 때 뒤엠도 상당한 정당성을 얻게 되었다.

━━━━━━ 4. 다른 세계들의 존재 가능성

『천체와 세계』에서 논의된 문제들 중 하나는 이 세계 이외에 다른 세계들이 존재할 수 있느냐 하는 것이다. 니콜라우스에 따르면, 아리스토텔레스뿐만 아니라 그 누구도 신이 다수의 세계를 창조할 수 없었다는 점을 증명하지는 못했다. 신의 단일성에서부터 세계의 단일성에로 논증을 펴나가는 것은 소용없는 일이다. 신은 하나이면서 유일할 뿐만 아니라 무한하며, 다수의 세계가 존재한다면, 그들 중 어떤 세계도 말하자면 신의 현전과 힘 바깥에 있지 않을 것이다.[48] 다시 말한다면, 만약 다른 세계가 있다면, 다른 세계 안에 있는 흙(earth)의 원소는 그것의 자연적 장소로 끌려오듯

---

48   같은 책, 38b-c, p. 243.

이 지구(earth)로 끌려온다고 말하는 것은 결코 올바른 반대가 될 수 없다. 다른 세계 안에 있는 흙의 원소의 자연적 장소는 이 세계가 아니라 다른 세계에 있을 것이다.[49] 그러나 니콜라우스는 아리스토텔레스나 다른 어떤 사람도 이 세계에 추가해서 다른 세계가 있을 수 없다는 것을 보여줄 만큼 예증을 통해서 충분히 증명할 수 없었음에도 불구하고, 어떤 다른 물질적 세계는 존재한 적도 없고, 존재하지도 않고, 존재하지도 않을 것이라고 결론 내린다.

─────── 5. 유명론의 몇 가지 과학적 함의, 그리고 임페투스 이론의 함의들

　　13세기 동안 과학연구에 대해 관심이 있었다는 것은 이 장의 앞에서 언급되었다. 이때 다음 세기의 과학적 작업이 14세기의 일부 자연과학자들과 오컴주의 운동의 연합에만 기인할 수는 없다는 결론이 도출되었다. 당연한 일이지만, 오컴 자신이나 근대의 길의 다른 추종자들이 주장했던 몇몇 철학적 입장들이 과학적 방법의 개념과 자연학 이론이 가지는 지위의 개념에 영향을 끼쳤다고 볼 수 있다. 보편에 대한 '유명론적' 또는 개념론적(conceptualist) 견해와 하나의 사물의 존재에서부터 다른 사물의 존재에로 확실성을 가지고서 논증해 나갈 수 없다는 명제를 결합시키는 일은 자연학 이론이 다소 개연적일 수는 있지만 확실성을 가지고서 증명될 수는 없다는 결론으로 자연스럽게 나아간다. 다시 이야기한다면, 어떤 철학자들이 경험과 관찰을 세계에 대한 우리의 인식의 필연적 기초라고 강조하였다는 사실은 경험적 가설의 개연성이 그것의 검증 범위에 달려 있다는 견해 또는 경험적 자료에 대한 설명 능력에 달려 있다는 견해를 촉진할 수도 있다. 아마도 사람들은 유명론 운동의 철학이, 자연학 이론이 경험적 가설이라는 결론으로 귀결될 수 있다고 제안하고픈 유혹에 빠질 수도 있다. 여기서 경험적 가설이란 자연에 대한 어느 정도의 '독재'와 아프리오리한 구성을 포함하지만, 그 가설들의 개연성과 효용성은 그것들의 검증 가능성의 범위

49　같은 책, 38a–b, p. 243.

에 달려 있다. 흔히 언급되듯이 하나의 이론은 경험적 자료를 기초로 해서 구성되지만, 그 구성은 경험적 자료에 기초한 사고상의(mental) 구성이다. 그러나 이론의 목적은 현상들을 설명하는 것이고, 그리고 그것은 사고상의 구성에서부터 일상적인 삶에서 실제로 관찰되는 현상들을 연역하는 것이 가능한 한에서 또는 인위적이고 목적의식을 가지는 실험에 의해 얻어지는 현상들을 연역하는 것이 가능한 한에서 검증된다. 더욱이 가정과 전제들의 수를 가장 적게 가지고서 현상들을 설명하는 데 성공하고, 그리하여 경제성의 원리를 가장 잘 만족시키는 그러한 설명 이론이 바람직할 것이다.

그러나 이런 종류의 결론들이 14세기 동안 철학에서의 새로운 운동에 의해 제안되었다고 말하는 것과 결론들이 실제로 도출되었다고 말하는 것은 별개이다. 한편으로 오컴과 같은 철학자들은 과학이론과 방법 그 자체의 문제에 대해 별로 특별한 관심을 보여준 것처럼 여겨지지 않는 반면에, 다른 한편으로 자연학자들은 이론과 방법의 토대에 대한 반성보다는 자신들의 실제적인 과학적 탐구와 사변에 더 관심을 가졌던 듯하다. 이론과 방법에 대한 반성은 결국 사람들이 기대한 것에 불과하다. 자연과학 그 자체가 상당한 정도로 진전하기 전까지는 그리고 사용방법과 그 방법의 이론적 전제들을 고무하고 북돋우는 단계에 이르기 전까지는, 과학적 방법과 이론에 대한 반성으로는 상당한 정도의 발전을 이루는 것이 거의 가능하지 않았다. 우리는 14세기 자연학자들의 사상 속에서 당시의 철학적 발전이 제안했을 수도 있었던 과학이론의 몇몇 요소들을 확실하게 발견한다. 예컨대 분명히 니콜라우스 오렘은 세계의 회전에 관한 모든 가설의 기능을 '현상들의 절약' 기능으로 또는 관찰 가능한 자료에 대한 설명의 기능으로 간주했으며, 또한 분명히 그는 경제성의 원리를 가장 만족시켰던 가설이 선호될 수 있다고 생각하였다. 그러나 14세기의 자연학자들은 오컴주의 운동이 촉진한 것으로 보이는, 철학과 자연과학 간의 그러한 종류의 구별을 그렇게 분명히 방식으로 다루지 못했다. 이미 살펴본 것처럼, 많은 자연학자들이 철학의 유명론 운동에 참여한 것은 흔히 상상된 것만큼 엄밀한 수단에 의해서 항상 이루어진 것은 아니었다. 게다가 예를 들어 니콜라우스 오렘의 자연학적 사변에서 발견되는 것과 같은 경제성 원리의 사용은 13세기에 이미 알려졌던 것이다. 예를 들어 로버트 그로스테스트(Robert Grosseteste)는 보다 경제적인 가설이 덜 경제적인 가설보다 선호되어야 한다는 점을 매우 잘 알고 있었다. 또 그는 천체 자연학이 형이상학적 의미에서 원인들에 대한 인식을 제공하지 않는다는 점에서, 이 자연학에서의 수학적 설명에는 독특한 무언가가 있다는 점을 알고 있었다. 그렇다면 사람들은 14세기 과학에서의 오컴주의 운동의 관념들 — 추상적으로 보면 이 관념들은 아마도 그 운동의 결과였을 가능성이 있다 — 만이 영향을 끼쳤다고 생각하지 않도록 주의해야 한다. 아프리오리한 정신적 구조를 포함한다는 과학이론의 관념은 칸트 이후의 지적인 풍토가 아니라면 거의 일어날 수 없다. 그리고 '현상들의 절약'에 관심을 갖는 자연학 이론의 관념조차도 14세기 유명론으로부터 특별한 주목을 한 것처럼 보이지 않거나 또는 14세기 유명론에 의해서 특별히 발전한 것처럼 보이지 않는다.

그러나 14세기에 새로운 세계관이 탄생한 것을 사람들이 목격할 수 있다는 것과 이것이 운동의 설명에서 임페투스 이론의 채택에 의해서 촉진되었다는 것은 사실이다. 이미 살펴본 것처럼 이 이론에 따르면 천체 역학은 지구 역학과 같은 원리에 근거해 설명되었다. 어떤 임페투스가 그 돌에 전달되었기 때문에, 돌이 던진 사람의 손을 떠난 후에도 계속 운동하는 것처럼, 천체도 최초로 신에 의해서 천체에 전달된 임페투스에 의해서 운동한다. 이러한 견해에 따르면, 제1의 원동자(原動者), 즉 신은 목적인이라기보다는 작용인인 듯이 보인다.

이렇게 이야기한다고 해서 내가 니콜라우스 오렘, 색소니의 알버트와 같은 사람들이 신이 작용인과 마찬가지로 목적인이라는 사실을 부인했다는 점을 함축하고 있다고 말하는 것은 아니다. 오히려 내가 말하고자 하는 것은 다음과 같다. 그들이 채택한 임페투스 이론은 신 관념에서 강조점의 변화를 용이하게 했다. 다시 말하면 아리스토텔레스적 신 관념, 즉 천체들의 운동을 목적인으로서 '묘사'하는 방식에 의해서 천체들의 운동을 야기하는 신 관념으로부터, 창조할 때 저항에 직면하지 않고서 이 천체들을 계속해서 움직이게 하는 어떤 임페투스를 부여하는 신 관념으로 강조점이 변화되는 것을 용이하게 했다. 이러한 견해는 세계가 기계론적 또는 유사 기계론적 체계라는 점을 쉽게 암시한다. 신은 말하자면 기계를 창조했을 때 기계를 돌렸고, 그 후 기계는 보존과 협력 작용을 제외하고는 더 이상 신의 '간섭' 없이 그 스스로 계속 작동한다. 이러한 생각이 발전된다면, 신의 기능은 우주에서 운동의 근원을 설명하기 위한 가설의 관념인 듯이 여겨질 것이다. 그리고 예를 들어 데카르트가 주장했듯이, 목적인의 고려가 작용인의 고려를 위해서 자연과학에서 배제되어야 한다고 주장하는 것은 자연스러운 일일 것이다.

반복되어야 할 점은, 위에서 언급된 관념들 모두가 14세기의 자연학자들에 기인한 것이라는 점을 내가 보여주고자 하는 것은 아니라는 사실이다. 14세기의 자연학자들은 운동의 문제에서부터 광범위한 결론들을 도출하는 것에 관심을 가졌다기보다는 운동의 문제를 특수한 문제로 간주하는 일에 관심을 가졌다. 그리고 그들은 결단코 이신론자는 아니었다. 그럼에도 우리는 물질세계에 대한 새로운 개념에로 나아가는 발걸음을 임페투스 이론의 채택에서 발견할 수 있다. 혹은 그것은 형이상학과 구별되어 자연과학이 발전하고 있는 발걸음이었다고 말하는 것이 더 나을지도 모른다. 그것은 물질세계가 임페투스 또는 에너지가 물체에서 물체로 전달되는 반면에, 에너지의 총량은 항상성을 유지한다는 그런 물체의 운동체계로 간주될 수 있다는 사상의 성장을 촉진시켰다.

그러나 자연학자들이 고려한 세계가 이런 측면에서 고려될 수 있다고 진술하는 것과 자연학자들이 자신의 능력 안에서 전체로서의 세계에 대한 적절한 설명을 부여할 수 있다고 진술하는 것은 별개이다. 우리가 자연과학자와 천문학자라고 부르는 사람들이 목적인에 대한 고려를 배제하였다고 그 뒤 데카르트가 주장하였을 때, 목적인에 대한 고려가 철학에서 어떤 위치도 가지지 못한다고 자연과학자와 천문학자가 말한 것은 아니었다(혹은 그렇게 생각한 것도 아니었다). 그리고 14세기의 자연철학자들은 결단코 이와 같은 이야기를 한 적이 없었다. 그들의 과학이론에 대한 반성이 그들로 하여금 그들이 실제로 했던 것보다 자연학자들의 세계와 철학자들의 세계에 대한 보다 명료한 구별을 하도록 촉진할 수 있었다는 것은 이해할 만하다.

그러나 사실을 살펴볼 때 과학과 철학 사이에 엄격한 구별이 있다는 생각은 훨씬 뒤에 성장한 것이었다. 이러한 생각이 발달하려면, 과학 자체가 더 풍부하고 충분할 정도의 발전을 이루어야 한다. 13세기와 14세기에 우리는 그리스도적 유럽에서 경험과학의 단초를 목격했지만, 단지 단초를 목격했을 뿐이다. 그럼에도 근대과학의 기초들이 중세에서 시작되었다 점을 깨닫는 것이 중요하다. 그리고 경험과학의 발전이 중세시대의 정신적 배경을 형성했던 그리스도교 신학과 원리상 결코 낯설지 않다는 점을 깨닫는 것도 중요하다. 왜냐하면 세계가 신의 작품이라면, 세계는 분명히 정당하고 가치 있는 연구대상이기 때문이다.

제11장

파도바의 마르실리우스

1. 교회와 국가, 이론과 실천

중세시대의 표준적인 정치관념은 두 개의 검(劍), 즉 교회와 국가라는 두 개의 본질적으로 독립적인 권력이라는 관념이었다. 다른 말로 하면 성 토마스가 제시한 정상적인 중세 이론은 교회와 국가는 구별되는 사회였다는 것이다. 전자는 인간의 초자연적 행복과 그의 궁극목적의 성취와 연관되어 있고, 후자는 인간의 일시적인 행복에 연관되어 있다. 인간은 단지 하나의 궁극목적, 즉 초자연적인 목적을 가지고 있기 때문에, 교회는 가치와 존엄이라는 관점에서 국가보다 우위에 있는 것으로 여겨져야 한다. 그렇다고 해서 이것이 교회는 특정한 국가들의 세속적 사안에서 직접적인 관할권을 가지고 있는 영광의 국가라는 것을 의미하는 것은 아니다. 왜냐하면 한편으로는 교회는 국가가 아니며, 다른 한편으로는 그것들의 각각은, 즉 교회와 국가는 '완전한' (perfect) 사회[1]이기 때문이다. 인간에 대한 인간의 모든 권위는 궁극적으로 신에게서 나오는 것이다. 그러나 신은 교회의 존재만큼이나 국가의 존재를 바란다. 국가는 교

---

1   '완전한' 사회는 자족적인(self-sufficing) 사회이며, 자신의 목적에 도달하기 위해서 필요한 모든 수단들을 자신 안에 소유하고 있는 사회이다.

회 이전에 존재했으며, 그리스도에 의한 교회의 설립 때문에 국가가 폐기되는 것도 아니고, 자신의 일에 대해 교회의 지도를 받으면서 교회에 종속되어 있는 것도 아니다.

교회와 국가에 대한 이런 견해는 13세기에 성취된, 그리고 특히 성 토마스 아퀴나스의 이름과 연결된 조화로운 철학적 구조의 부분이자 꾸러미이다. 그러나 실제로 두 권력의 조화는 본래부터 불안정한 것이고, 사실상 교황권과 통치권, 즉 교회와 국가의 분쟁이 중세역사의 무대에서 크게 다가온 것은 아주 분명하다. 비잔틴의 황제들도 그것에 못지않게 순수하게 교의적인 문제들에 대해 자주 개입하려고 하였으며, 자신들의 결정에 의해 이런 문제들을 해결하려고 하였다. 서구의 황제들은 교회의 가르치는 기능을 빼앗으려고 시도하지 않았지만, 관할권, 성직서임(聖職敍任) 등의 문제에 관하여 교황과 자주 다투었다. 우리는 먼저 한 면을 보게 되고, 그다음에는 다른 면을 보게 된다. 즉 우세함을 얻게 되거나 우세함을 잃게 되는 것을 보게 된다. 이러한 일은 여건에 따라서 그리고 우세함의 획득이든 우세함의 상실이든 지도자들의 개인적 힘과 역량에 따라서, 그리고 실제적인 요구를 제안하고 유지하는 데 대한 지도자들의 개인적 관심에 따라서 이루어진다. 그러나 우리는 여기서 교황과 황제 또는 왕들 사이의 불가피한 마찰과 실제적인 논쟁에는 관심이 없다. 우리가 관심을 갖는 것은 오로지 이러한 실제적인 논쟁이 일부의 측면에서 징후로 나타났던 더 광범위한 주제들이다. (내가 '일부의 측면에서'라고 이야기하는 이유는 중세시대의 구체적인 역사적 삶에서 교회와 국가의 논쟁은 실제로 불가피했고, 이런 일은 두 권력의 관계에 관한 근본적으로 충돌하는 이론들이 없었을 때도 일어났다.) 우리가 이러한 더 광범위한 주제들을 '이론적'이라 부르는가 아니면 '실천적'이라 부르는가는 사람들의 관점에 크게 의존한다. 내가 의미하는 바는 그것이 정치이론을 구체적인 역사적 발전의 이데올로기적 반성으로만 사람들이 보는지 여부에 달려 있다는 것이다. 그러나 나는 이 물음에 대해 간단하게 대답하는 것은 가능하다고 생각하지 않는다. 이론은 단지 실천의 어렴풋한 반영일 따름이어서 실천에 어떤 영향도 미치지 못한다고 말하는 것은 과장이다. 그리고 정치이론이 실제의 실천에 대한 반영이 결코 아니라고 말하는 것도 과장이다. 정치이론은 실천을 반영하기도 하고 실천에 영향을 주기도 한다. 그리고 우리가 능동적 요인을 강조해야 하는지 아니면 수동적인 요인을 강조해야 하는지는 논의되고 있는 경우에 대한 편견

없는 검토에 의해서만 결정될 수 있다. 파도바의 마르실리우스의 그것과 같은 정치이론은, 즉 국가의 독립과 주권을 강조했고, 교황 보니파키우스 8세(Boniface Ⅷ)의 태도에 대한 로마의 에지디오(Giles of Rome)의 이론적 정당화를 반대하였던 이론은 후기 중세시대의 구체적인 삶에서 경제적이고 정치적인 변화의 어렴풋한 반영에 불과하였다고 연역적인 논법으로(a priori) 주장하는 것은 결코 정당할 수 없다. 또한 파도바의 마르실리우스의 그것과 같은 이론들은, 실천의 영역에서 지금까지 조화로운 균형이 있었지만 이제 권력들 간의 조화로운 균형을 실제로 교란에 빠뜨린 것에 대해 책임을 져야 할 주요한 요인이었다고, 그리고 완전한 자율성의 그것에 상당하는 청구를 하는 날카롭게 규정된 민족국가의 출현에 대해 책임을 져야 할 주요한 요인이었다고 아프리오리하게 주장할 자격은 아무에게도 없다. 사람들이 이들 두 가지 입장 중 어느 하나라도 아프리오리하게 진술한다면, 그는 그 자체 정당화를 필요로 하는 이론을 진술하는 셈이고, 아마도 주어질 수 있는 유일한 정당화는 실제적인 역사적 자료를 검토하는 형식을 취하지 않으면 안 될 것이다. 나의 의견으로는 두 이론에는 어느 정도 진리의 면들이 있다. 그러나 제시된 정치이론이 어느 정도까지 구체적인 역사적 변화의 이데올로기적 부수현상인지 또는 그 이론이 어느 정도까지 역사의 과정에 실제로 영향을 미치는 데 역할을 했는지의 문제를 적절하게 논의하는 것은 철학사에서 가능하지 않다. 그래서 이하에서 나는 파도바의 마르실리우스의 관념들을 개관하기를 원한다. 나는 이 관념들의 실제적인 영향에 관해서 또는 이 관념들이 실제적으로 영향을 못 미치는 것에 관해서 어떤 결정적인 의견도 제시하지 않는다. 선입견을 가진 일반이론에 의해서 의견을 결정하는 것은 나의 생각으로는 적절한 절차가 아니다. 충분히 세세한 항목에서 실제적인 검토를 논의하는 것은 일반적인 저술에서 가능하지 않다. 그렇다면 만약 내가 오히려 '추상적 방식'으로 마르실리우스의 관념들을 상술했더라도, 이것으로 인해 이러한 관념들의 형성에서 실제적인 역사적 조건들의 영향을 평가절하 할 의도가 나에게 있었다고 간주되어서는 안 된다. 마르실리우스의 사상에 대한 역사적 조건들의 영향에 관한 부수적인 언급을 했다고 해서 그런 언급이 정치철학의 본성에 관한 마르크스주의의 주장에 대해 내가 동의할 의사가 있는 것으로 간주되어서도 안 된다. 나는 대체로 역사적 사실들을 거기에 끼워 맞추는 연역적 방식의 해석 원리들을 믿지 않는다. 이것은 마르크스주의의 이론뿐 아니라 반 마르크스주의에 대해서도 타당하다.

─────────── **2. 마르실리우스의 생애**

파도바의 마르실리우스가 태어난 해는 분명하지 않다. 그는 의학 공부를 했던 것으로 보인다. 그러나 어쨌든 그는 파리 대학교로 갔고, 거기에서 1312년 9월부터 1313년 5월까지 대학교의 학장을 역임했다. 그 뒤로 어떤 사건들이 일어났는지는 분명하지 않다. 그는 이탈리아로 귀국하였고, 1313년부터 1315년 말까지 아바노의 피에트로(Peter of Abano)와 함께 '자연철학'을 연구하였던 듯이 보인다. 그다음에 그는 아비뇽을 방문했으며, 1316년 중반에서 1318년까지 파도바에서 성직을 부여받은 것처럼 보인다. 파리 대학교에서 그는 친구인 잔둔의 장(John of Jandun)과 협력하여 『평화의 수호자』(Defensor pacis)의 저술을 착수하였고, 그 책은 1324년 6월 24일에 완성되었다. 교황권과 '성직자들'에 대한 그의 증오는 당연히 상당히 이른 시기에 시작되었음에 틀림없다. 그러나 어쨌든 그 책은 고발되었고, 1326년에 파도바의 마르실리우스와 잔둔의 장은 파리에서 달아났으며, 바바리아의 루드비히와 함께 누렘베르크(Nuremberg)에 은신했다. 루드비히가 이탈리아로 갈 때 마르실리우스는 수행원의 자격으로 동행하여, 1327년 1월에 그와 함께 로마에 입성하였다. 1327년 4월 3일의 교황 칙서에서 마르실리우스와 장은 '지옥의 자식들과 저주의 열매들'로 매도되었다. 마르실리우스가 법정에 등장한 것은 루드비히가 우선은 요한 22세, 그다음으로는 베네딕토 12세와 화해하려는 시도가 성공하는 데 방해가 되었다. 그러나 루드비히는 『평화의 수호자』의 저자를 높이 평가하였다. 프란치스코 수도회는 이런 견해에 동의하지 않았고, 오컴은 자신의 『대화록』에서 그 책을 비판하였다. 이러한 비판은 『평화의 수호자 요약본』(Defensor Minor)으로 이어졌다. 또 마르실리우스는 그의 아들의 결혼 계획에 관한 실제적인 어려움 때문에 황제에 도움이 되도록 기획된 저술인 『결혼 사건에 대한 황제의 사법권』(De iurisdictione imperatoris in causis matrimonialibus)을 출판하였다.

마르실리우스는 황제가 자신의 권능으로 기존의 결혼을 해소시킬 수 있으며, 또 혈족에 의한 혼인 장애에 대해 면제부를 줄 수 있다고 주장하였다. 이 두 저서는 1341-1342년쯤 작성되었다. 클레멘스 6세는 1343년 4월 10일자 강론에서 '이교도들의 수괴'인 파도바의 마르실리우스와 잔둔의 장, 둘 다 죽었다고 주장한다. 그러나 마르실리우스가 죽은 정확한 날짜는 알려져 있지 않다. (잔둔의 장은 마르실리우스보다 상당히 일찍 죽었다.)

━━━━━━ 3. 교황의 요구에 대한 적대감

파도바의 마르실리우스에 관한 저서[2]에서 조르주 드 라가르드(Georges de La-garde)는 마르실리우스의 정신세계의 핵심을, 종교개혁에 대한 열정에서도 아니고, 민주주의에 대한 열정에서도 아니며, 세속국가의 관념에 대한 열광적인 사랑에서 또는 부정적으로 말한다면 국가의 일에 대한 교회의 간섭에 대한 증오에서, 말하자면 교황의 우위성과 교회의 독립된 사법권이라는 교의에 대한 증오에서 발견한다. 나의 생각으로는 이것은 정확한 지적이다. 자율적인 국가에 대한 불타는 열의, 즉 그가 아리스토텔레스를 자주 언급하면서 지지했던 관념에 대한 불타는 열의에 사로잡혀서, 마르실리우스는 교회법에 명시된 교황의 주장과 교회의 사법권이 국가의 참된 관념의 왜곡을 포함하고, 그것들이 성경에서 어떤 기초도 가지지 못한다는 점을 보여주고자 하였다. 교회와 국가의 본성 그리고 그것들의 상호관계에 대해 검토하면서 그는 권력들의 계급제도를 이론적으로 파기하려고 시도하였다. 즉 국가는 완전히 자율적이고 지고한 것이다.

그러나 마르실리우스는 단순히 추상적인 이론을 추구한 것은 아니었다. 한때 그는 베로나 공작인 델라 스칼라(Can Grande della Scala)의 권유와 밀라노의 마테오 비스콘티(Matteo Visconti of Milan)에 의해서 학문의 조용한 길에서 벗어나는 일을 스스로

---

2   Georges de Lagarde, *Naissance de l'esprit laique*, 제2장, 파도바의 마르실리우스.

용인했던 것처럼 보인다. 어쨌든 그는 황제당(Ghibelline party, 기벨린파)에 대해 공감하였고, 교황의 정책과 요구들이 북이탈리아의 전쟁과 참혹상에 대해 책임이 있었다고 생각하였다. 그는 파문과 금지로 평화를 교란했던 교황들의 문전에서 전쟁, 수천 명의 충실한 신자들의 참혹한 죽음, 증오와 다툼, 도덕적 타락과 범죄, 황폐화된 도시와 방치된 시골, 성직자들에 의해 버려진 교회들, 이탈리아 도시국가들을 괴롭혔던 악들의 모든 목록에 대한 책임을 추궁하였다.[3] 의심할 바 없이 그는 상황을 침소봉대하였다. 그러나 내가 말하고자 하는 핵심은 마르실리우스가 단순히 추상적으로 이론화한 것에 그친 것이 아니라, 그의 출발점이 구체적인 역사적 상황이었으며, 이러한 구체적 상황에 대한 그의 해석이 그의 정치이론에 반영되었다는 것이다. 이와 유사하게 당연한 일이지만 국가에 대한 그의 설명에서 우리는 당시의 북이탈리아 공화국의 이상화된 반성을 보게 된다. 이는 플라톤과 아리스토텔레스의 정치이론들이 다소간 그리스 도시국가의 이상화였던 것과 같다. 단테의 정치사상에서 특히 두드러진 제국의 이상은 결코 마르실리우스의 사상에 실제적인 영향을 미치지 못했다.

  그러므로『평화의 수호자』의 첫 구절에서 마르실리우스가 국가의 본성을 논의하고 아리스토텔레스의 가르침에 의지할 때, 그의 사상은 순수하게 추상적인 영역에서 움직이고 있는 것이 아니라, 이탈리아 도시국가에 대한 그의 해석과 열망을 반영하고 있다는 점을 기억해야 한다. 보다 추상적인 구절들과 보다 아리스토텔레스적인 부분들은 그의 협력자인 잔둔의 장의 영향 때문일 수도 있다. 다시 말한다면,『평화의 수호자』의 둘째 구절에서 그가 교황의 주장에 대한, 그리고 교회법이 요구하고 있는 독립적인 교회의 사법권에 대한 성경적 기반이나 기반의 결여를 논할 때, 몇몇 저자들의 주장과는 달리, 사실상 교회법과 교황의 판결에 대한 그의 지식은 위 이시도리우스의 교회법 전집(a Collection of Canons of the pseudo-Isidore)과 보나파키우스 8세, 클레멘스 5세, 요한 22세의 칙서에 대한 지식 이상을 넘어서지 못했다는 점을 기억하는 것이 좋겠다. 그는 그라티아누스 칙령(Decree of Gratian)을 알고 있었을 수는 있지만, 그라티아누스에 대한 지식의 증거로서 인용된 구절들은 너무나 모호해서 '지식'이라

---

3   『평화의 수호자』(*Defensor pacis*), 2, 26, 19.

고 진정 불릴 수 있는 무언가에 대한 증거의 역할을 할 수 없었다. 마르실리우스가 교황의 주장을 비난했을 때, 일차적으로 그가 염두에 둔 것은 보니파키우스 8세와 그의 견해를 함께했던 사람들이 이해한 교황의 우위성이었다. 물론 이것은 마르실리우스가 교회와 교회의 주장들에 대한 일반적인 공격을 하지 않았다는 것을 말하는 것은 아니다. 그러나 이 공격이 특수한 성직자의 특수한 주장들에 대한 증오에 뿌리를 두고 있다는 것을 기억하는 것이 좋겠다. 사람들이『평화의 수호자』의 셋째 구절과 결론의 구절에서 마르실리우스 입장의 요약을 읽을 때, 역사적 상황과 추상적인 이론을 염두에 두어야 한다. 역사적 상황은 그의 이론적 진술을 야기하였고, 그런 진술 속에 반영되어 있다. 그리고 추상적 이론은 역사적으로 제약되어 있음에도 불구하고, 어떤 일반적인 정신세계와 견해를 주입하는 데 영향을 미쳤다.

━━━━━ 4. 국가와 법의 본성

첫째 구절은 평화를 찬양하고 있는 카시오도루스(Cassiodorus)를 인용하면서 시작한다. 고전 저술로부터의 인용과 성경으로부터의 인용은 아마도 추상(抽象)과 고색(古色)이라는 첫인상을 낳는다. 그러나 곧바로 아리스토텔레스가 국가에 있어서 다툼의 거의 모든 원인을 서술했다고 말한 후에, 마르실리우스는 아리스토텔레스나 자신의 동료나 선배들이 보지도 않았고 볼 수도 없었던 다른 원인이 있다고 주장한다.[4] 이것은 마르실리우스의 특별한 글쓰기 이유에 대한 비밀스러운 언급이다. 그래서 이 책의 실체는, 앞의 저자들로부터 차용한 것임에도 불구하고, 단번에 느껴지게 된다.

마르실리우스는 국가의 본성을 삶을 위해서 존재하게 되지만 선한 삶을 위해서 존재하는 완전한 또는 자족적인 공동체라고 설명하고,[5] 국가의 '부분들'을 설명하는데,[6] 이러한 설명은 아리스토텔레스에 근거하고 있다. 그러나 마르실리우스는 성직

---

4   같은 책, 1, 3.
5   같은 책, 1, 4.
6   같은 책, 1, 5.

에 관련된 '부분'이나 질서에 대한 설명을 추가한다.[7] 이때 성직은 국가의 부분이고, 비록 그리스도교적 계시가 가르침에서의 오류를 바로잡아주었고, 유익한 진리의 지식을 제공했음에도 불구하고, 그리스도교적 성직은 국가의 부분으로 남는다. 마르실리우스의 기본적인 '국가 만능론'(Erastianism)의 주장은 『평화의 수호자』의 상당히 앞부분에서 주장된다.

신이 직접 통치자를 지명하는 경우에 대한 설명을 제쳐둔다면, 상이한 정부형태는 두 가지 근본적인 형태로 환원될 수 있다. 그중 하나는 신민의 동의에 의해서 존재하는 정부이고, 다른 하나는 신민의 의지에 반하는 정부이다.[8] 후자의 정부형태는 전제적이다. 전자의 정부형태는 반드시 선거에 의존하는 것은 아니지만, 선거에 의존하는 정부는 선거에 의존하지 않는 정부에 비해 우월하다.[9] 세습하지 않는 통치가 선출 정부의 최선의 형태라고 말할 수 있지만, 그렇다고 해서 이러한 형태의 정부가 모든 특수한 국가에 가장 적합하다는 결론이 나오는 것은 아니다.

그다음으로 『평화의 수호자』에서 논의되고 있는 마르실리우스의 법사상은 성 토마스와 같은 13세기 사상가들의 태도와 다른 점을 포함한다. 첫째, 법은 자신의 기원을 국가의 적극적 기능에서 가지는 것이 아니라 논쟁과 투쟁을 방지할 필요에서 가진다.[10] 성문법은 재판관 측과 중재자 측에서 원한을 품게 되는 것을 방지할 필요에서 만들어진다.[11] 사실상 마르실리우스는 법의 다양한 정의를 제시한다. 예를 들어 법은 국가의 생활에 정당하고 유용한 것들에 관한 지식이나 교의나 보편적 판단이다.[12] 그러나 이들 문제에 대한 지식은, 만약 위압적인 법령이 그들의 준수와 관련하여 추가되지 않는다면, 실제로 법으로까지 이어지지는 못한다. '완성된 법'이 있기 위해서는 무엇이 정당하고 유용한가와 무엇이 부당하고 해로운가에 대한 지식이 있어야 한다. 그러나 그러한 지식의 단순한 표현은, 만약 그것이 제재에 의해서 보장되는 법령

---

7   같은 책, 1, 5-6.
8   같은 책, 1, 9, 5.
9   같은 책, 1, 9, 7.
10   같은 책, 1, 5, 7.
11   같은 책, 1, 11.
12   같은 책, 1, 10. 3.

으로서 표현되지 않는다면, 적절한 의미에서의 법이 아니다.[13] 그러므로 법은 법령적이고 강압적인 규칙이며, 현세에서 적용될 수 있는 제재에 의해서 강화된다.[14]

이러한 사실에서부터, 법률은 객관적으로 정의롭고 유용한 것, 즉 그 자체로 정의롭고 유용한 것에 관계하기 때문에 모든 실정적 규정에 논리적으로 선행한다는 사실, 그리고 마르실리우스가 암묵적으로 자연법 관념을 수용한다는 사실이 귀결되는 것처럼 보인다. 그는 어느 정도 제한을 두고서 그런 식의 입장을 취하고 있다. 둘째 구절[15]에서 그는 자연법을 두 가지 의미로 구별한다. 첫째, 자연법은 모든 사람들이 실제로 동의하는 옳음과 의무 성격에 대한 입법자의 법규를 의미한다. 예를 들어 부모는 존경받아야 한다. 이러한 법규들은 인간의 관습에 의거한다. 그러나 이 법규들은 그것들이 모든 나라에 의해서 법규화되기 때문에 자연법이라 불린다. 둘째, '인간 행동과 관련하여 올바른 이성의 명령을 "자연법"이라 부르는 사람들이 있으며, 이들은 이러한 의미에서의 자연법을 신법 아래 포섭시키고 있다'. 마르실리우스에 의하면 이 두 가지 의미에의 자연법은 동일한 것이 아니다. 이 용어는 다의적으로 사용된다. 첫째 경우에서 자연법은 모든 국가에서 법령화되고, 그것의 옳음이 모두에 의해 인정되기 때문에 실제로 당연한 것으로 간주되는 법률을 나타낸다. 둘째 경우에서 자연법은 올바른 이성의 명령을 나타내는데, 이러한 명령은 보편적으로 인정되는 것이 아닌 명령을 포함한다. 이로부터 '어떤 것들은 세속법에 따를 경우 합법적이지만 신법에 따를 경우 합법적이지 않고, 그 역도 마찬가지'[16]라는 귀결이 도출된다. 마르실리우스는 신법과 세속법이 서로 충돌할 때 세속법보다는 신법에 따라 합법성과 불법성이 해석되어야 한다는 점을 추가하고 있다. 다른 말로 하면 그는 성 토마스가 이해한 의미에서의 자연법의 존재를 부정했을 뿐 아니라, 그런 개념에 대해서 거의 관심을 보이지 않았다. 그의 법철학은 성 토마스적 의미에서의 자연법을 거부하는 변천과정을 나타낸다.

---

13   같은 책, 1, 10, 5.
14   같은 책, 2, 8, 5.
15   같은 책, 12, 7-8.
16   같은 책, 2, 12, 9.

강조의 변화와 태도의 변화가 있다는 것은 다음과 같은 사실을 고려할 때 분명해진다. 이미 지적되었다시피, 마르실리우스에게는 이 세상에서 적용될 수 있는 제재에 의해서 뒷받침되지 않는 어떤 법령에도 엄격한 의미에서 '법'이라는 단어를 적용할 의도가 없었다. 이런 이유 때문에 그는 그리스도의 법(*Evangelica Lex*)은 진정한 의미에서의 법이라는 사실을 인정하기를 거부하였다. 오히려 그 법은 사변적이거나 또는 작동하는 교의이거나 아니면 그 둘 다이다.[17] 그는 『평화의 수호자 요약본』에서 동일한 어조로 신법은 의사의 처방에 비견된다고 말한다. 그것은 적절한 의미에서 법이 아니다. 마르실리우스가 명백하게 이야기하고 있는 것처럼 토마스주의 철학의 의미를 가진 자연법은 신법 아래에 있는 것으로 판단되기 때문에, 자연법은 국가의 법을 법이라고 할 때 그 법과 같은 의미에서의 법이라고 말해질 수 없다. 그래서 마르실리우스가 비록 토마스주의적 자연법 개념을 공공연하게 거부한 것은 아니지만, 그는 표준적인 법의 유형은 국가의 법이라는 것을 함축하고 있고, 그의 이론이 지향하고 있는 결론은 국가의 법이 자율적이면서 최고의 법이라는 것이다. 마르실리우스가 교회를 국가에 종속시켰던 것처럼, 주어진 법이 신법과 일치하는지 어떤지를, 그리고 그 법이 신법의 적용인지 어떤지를 판단할 수 있는 것은 국가뿐이라는 사상을 지향했던 것처럼 보일 것이다. 그러나 다른 한편 그가 적절한 의미에서의 법의 이름을 국가의 실정법에 넘겨주었고, 그 이름을 신법과 토마스주의적인 의미에서의 자연법에 부여하는 것을 거부했기 때문에, 사람들은 동시에 그의 사상은 법과 도덕을 분리하려는 경향을 가졌다고 말하기도 한다.

─────── 5. 입법과 법의 집행

적절한 의미에서의 법은 세속법, 즉 국가의 법이기 때문에, 그렇다면 정확하게 말해서 누가 입법자인가? 입법자 또는 법의 최초의 작용인은 국민, 즉 전체 시민

---

17   같은 책, 2, 9, 3.

이거나 다수의 시민(*pars valentior*)이다.[18] 다수는 사람들의 분량과 성질에 따라서 산정된다. 그것은 반드시 숫자에서의 다수를 의미하는 것은 아니지만, 당연히 전체 국민의 합법적 대표성을 가져야 한다. 그것은 실제로 통용되는 국가의 관습에 따라서 이해될 수도 있고, 아니면 『정치학』제6권에서 아리스토텔레스가 표현한 의견들에 따라서 규정될 수도 있다.[19] 그러나 다수에 의한 법률 입안 방식에는 현실적인 어려움이 있기 때문에, 법률의 입안은 위원회에 의해서 위임되어야 하는 것이 적절하고 유용하며, 그 이후 이 위원회는 이것을 입법자가 승인하거나 거부할 수 있도록 법률을 제안할 것이다.[20] 마르실리우스의 이러한 생각들은 이탈리아의 공화국들의 이론을 대부분 반영하지만, 공화국들의 실천을 항상 반영한 것은 아니다.

그다음 고려할 것은 국가에서의 집행권(*pars principans*)의 본성, 기원, 범위이다. 왕의 임무는 입법자가 만든 규범에 따라 공동체를 지도하는 것이다. 그의 임무는 법률을 적용하고 집행하는 것이다. 이처럼 왕을 입법자에 종속시키는 것은 집행권이 선출에 의해서 계승되는 각각의 왕에게 수여될 때 가장 잘 드러난다. 선출은 적어도 그 자체로는 세습적인 계승보다 바람직하다.[21] 각 국가에는 최고의 집행권이 있어야 하지만, 이러한 집행권이 한 사람의 손에 반드시 있을 필요는 없다.[22] 지상권(至上權)은 집행권이든 사법권이든 모든 다른 권력들이 왕에게 종속되어야 한다는 것을 의미한다. 그러나 지상권은, 왕이 법률을 어기거나 또는 그의 직책의 의무를 심각할 정도로 게을리했을 경우에, 또는 필요한 경우에, 입법자나 이 일을 위해서 입법자가 지명한 사람에 의해서 그 왕의 잘못이 지적되어야 하거나, 왕의 직위에서 제거되어야 한다는 주장에 의해서 제한된다.[23]

마르실리우스가 폭정을 혐오하고, 집행인의 선출을 선호하는 것은 이탈리아 도시국가의 행복에 대한 그의 관심을 반영한 반면에, 왕의 손에 최고의 집행권과 사

---

18   같은 책, 1, 12, 3.
19   같은 책, 1, 12, 4.
20   같은 책, 1, 13, 8.
21   같은 책, 1, 15, 3. 다음을 참조. 1, 16.
22   같은 책, 1, 17, 2.
23   같은 책, 1, 18.

법권을 집중시키는 것은 유럽국가에서의 일반적인 권력 강화를 반영한다. 마르실리우스가 권력의 명백한 분리를 예견했다는 주장이 있었다. 그러나 그는 집행권과 입법권을 분리하였지만, 사법권을 집행권에 종속시켰다. 다시 말한다면, 마르실리우스가 국민들의 주권을 어떤 의미에서 인정했다는 것은 사실이지만, 후대의 사회계약론은 마르실리우스의 정치이론에서 명료하고 명시적인 근거를 가지고 있지 못하다. 집행권을 입법권에 종속시키는 것은 철학적 사회계약론에 의해서 지지되기보다는 국가의 선을 다루는 실질적인 고려에 의해서 지지된다.

──────── **6. 교회의 사법권**

국가의 본성을 논의하면서 마르실리우스는 당연히 교회에 대한 공격을 고려한다. 예를 들면, 예외 없이 왕의 손에 집행권과 사법권을 집중시키는 것은 교회의 요구에 대한 모든 '자연적' 토대를 교회로부터 박탈하도록 기획된다. 교회가 계시의 자료에서부터 자신의 요구를 뒷받침할 수 있는지 여부를 살펴보아야 한다. 그리고 이러한 주제는 『평화의 수호자』의 둘째 부분에서 다루어진다. 첫째 부분에서 둘째 부분으로 이행하는 내용[24]은, 국가가 평화와 평온의 조건 안에 있을 때에만 국가가 기능할 수 있고 국가의 부분들이 자신의 고유한 임무를 이행할 수 있다는, 다시 말한다면 왕이 간섭을 받거나 공격을 받는 경우에 국가는 이러한 조건에 있지 않다는, 즉 교회는 신성로마제국의 황제와 다른 사람들의 권리들을 간섭함으로써 사실상 평화를 방해했다는 진술들로 구성되어 있다.

'교회', '현세적', '영적', '심판관', '심판'이라는 낱말의 다양한 정의나 의미를 고려한 후에, 마르실리우스는 그리스도가 이 세상에 있을 때 세속적인 사법권을 요구했던 것이 아니라 자신을 시민권에 종속시켰으며, 사도들이 이런 점에서 그리스도를

24　같은 책, 1, 19.

따랐다고 주장하였다.[25] 그래서 성직자에게는 세속적인 권력이 전혀 없다. 마르실리우스는 그다음 장들에서 계속해서 '사죄권'(power of the keys)과 성직자의 사법권을 최소화하고자 한다. 이단에 관해서 말한다면, 세속적인 입법자는 국가의 세속적 행복을 보장할 목적으로 이단을 범죄로 만들 수 있다. 그러나 이러한 점에 대해 입법하고, 강제를 행사하는 것은 국가에 속할 일이지, 교회에 속할 일은 아니다.[26]

절대빈곤에 관해 추가 언급을 하고 나서는[27] ─ 그는 추가 언급으로부터 교회의 기부들이 기증자의 재산으로 남아 있으며, 따라서 교회는 기부들을 사용할 뿐이라는 결론을 도출한다 ─, 마르실리우스는 계속해서 신성한 교황권을 공격하였다. 성경을 참조하면서 교황의 주장을 반박하려는 마르실리우스의 시도에 대한 논의에 들어가는 것은 불가능할 것이다. 또한 그의 교회 총회지상주의 이론에 대한 세부적인 고려의 공간은 허용되지 않는다. 그러나 첫째, 마르실리우스가 성경만이 신앙의 규칙이라고 가정하고 있다는 사실을, 둘째, 마르실리우스가 교회 총회(General Councils)의 결정이, 세속적 입법자가 비준하지 않는다면, 어떤 강제력도 가지지 않는다고 보았다는 사실을 고려하는 것이 중요하다. 교회법은 어떤 무게도 가지지 않는 것으로 처리된다. 교황의 개입에 대한 역사적 취급은 요한 22세와 바바리아의 루드비히 사이의 논쟁에 대한 고려로 이어진다.[28] 여기서 이탈리아의 상황에 대한 언급과 마테오 비스콘티(Matteo Visconti)의 파문에 대한 언급이 이루어진다.

셋째 부분에서 마르실리우스는 『평화의 수호자』에서 도달했던 결론에 대해 간략히 요약한다. 그는 자신이 일차적으로 관심을 가진 것은 민주주의의 진전도 아니고, 정부의 특수한 형태도 아니며, 오히려 교황의 지상권과 교회의 사법권에 대한 거부라는 점을 분명히 한다. 더욱이 이 작업의 전 과정은 교회가 세속사에 간섭하는 것을 거부하는 것에 대해 마르실리우스가 단순히 만족하지 않았고, 모든 문제에서 교회를 국가에 종속시키려고 계속 노력한다는 점을 보여준다. 그의 입장은 영적인 사안

---

25   같은 책, 2, 4.
26   같은 책, 2, 10.
27   같은 책, 2, 14.
28   같은 책, 2, 26.

에서 자율적인 '완전한 사회'로서 교회를 인정하면서 국가의 영역에 대한 교회의 개입에 저항하는 그런 사람의 입장은 아니었다. 오히려 그의 입장은 솔직하게 '국가 만능론자'였으며, 동시에 혁명적 성격을 띠고 있었다. 프리바이트 오튼(Previte-Orton)은 다음을 지적한 점에서 분명히 아주 정당하였다. 『평화의 수호자』가 균형을 잃었음에도 불구하고, 그 책은 목적과 관념에서 통일성을 가진다. '모든 것은 주요한 목적, 즉 교황권과 교회권력의 파괴라는 목적에 종속된다.' 국가의 본성을 다루고 있는 이 저작의 첫째 부분에서 이런 주제들이 논의되고, 둘째 부분의 기초 역할을 하는 결론들이 도출된다. 다른 한편 마르실리우스는 교황의 지상권과 교회의 사법권에 대한 혐오를 위한 혐오에 의해 움직인 것은 아니었다. 우리가 보았던 것처럼 그는 그가 북이탈리아의 비참한 조건으로서 간주했던 것에서부터 실제로 출발했다. 그는 물론 때때로 제국에 대해서 언급하고 있고, 분명히 황제를 교회 총회의 결정을 비준하는 사람으로 생각한다. 그러나 그는 무엇보다도 도시국가 또는 공화국에 관심을 가지고 있었고, 이러한 국가나 공화국을 영적이고 세속적인 사안에서 최고인 것으로 그리고 자율적인 것으로 간주하였다. 사실상 그를 프로테스탄티즘의 선구자로 간주하려면 몇 가지 구실이 필요하다. 성경과 교황에 대한 그의 태도도 동일한 점을 보여준다. 그러나 교황과 교회의 사법권에 대한 그의 공격을 종교적인 신념이나 열망에서 나온 것으로 보는 것은 큰 잘못이다. 물론 우리는 저술 과정에서 마르실리우스가 '종교적 논객'이 되었다는 것을 인정할 수 있지만, 그의 종교적 논쟁은 종교를 위해서가 아니라 국가에 대한 관심에서 비롯되었다. 그를 규정짓는 것은 완벽하게 자율적인 국가의 개념이다. 그는 사실상 신법을 인정했다. 그러나 그는 세속법이 신법과 충돌할 수도 있다는 것도 인정했으며, 이 경우에 국가의 주체, 즉 성직자와 평신도 모두는 세속법을 준수해야 한다. 그러나 앞에서 언급되었던 하나의 구절은, 국가의 법이 명백하게 그리스도의 법과 모순된다면, 그리스도인은 후자를 따라야 한다는 것을 함축하고 있는 듯이 보인다. 그러나 마르실리우스에 의하면 교회는 성경을 해석할 전적으로 독립된 권위를 갖지 못하기 때문에, 그리스도인들이 교회의 가르침에 호소하는 것은 거의 불가능할 것이다. 당대의 역사에 그 뿌리가 있음에도 불구하고, 마르실리우스의 정치이론은 성격상 근대적이며, 인류에게 거의 행복을 주지 못했던 국가의 본성과 기능의 개념을 고려하고 있다.

──────── 7. 마르실리우스와 '아베로에스주의'

 마르실리우스의 정치이론은 성격상 '아베로에스주의적'이라는 주장이 있어 왔다.『평화의 수호자』에 대해 논하면서 에띠엔느 질송(Étienne Gilson)은 이 책이 '사람들이 바랄 수 있을 만큼의 완벽한 정치적 아베로에스주의의 예시'[29]라고 언급한다. 이 아베로에스주의는 신앙의 영역과 이성의 영역 사이의 아베로에스주의적 이분법을 정치학에 적용하는 데서 성립한다. 인간은 두 가지 목적, 즉 국가가 그 역할을 하면서 철학의 가르침을 활용하는 자연적 목적과, 교회가 그 역할을 하면서 계시의 자료를 활용하는 초자연적 목적을 가진다. 두 가지 목적이 구별되는 것처럼, 국가는 완전히 독립적이고, 교회는 정치 사안에 대한 어떤 개입의 자격도 없다. 그러나 질송이 잔둔의 장의 아베로에스주의를 강조하고 있지만, 그는『평화의 수호자』가 주로 파도바의 마르실리우스에 의거하고 있음을, 마르실리우스의 아베로에스주의에 대해서 사람들이 실제로 알고 있는 것이 '이성과 신앙의 이론적 분리를 정치학의 영역에 적용하는 것 이상을 넘어서지 못하고 있음을' 인정한다. 그러나 질송에 의하면 '정치학의 영역에서 마르실리우스는 이성과 신앙의 이론적 분리를 영적인 것과 세속적인 것의 엄격한 분리, 즉 교회와 국가의 엄격한 분리로 변형시키고 있다'.[30]

 다른 한편 모리스 드 울프(Maurice De Wulf)는『평화의 수호자』에서 잔둔의 장이 협력한 모든 것이 배제되어야 한다고 주장했다. 왜냐하면 그 저서의 계획상의 통일성과 스타일상의 동질성이 유지되어야 하기 때문이다. 또한 울프는 마르실리우스가 아베로에스 학단(學團)과 교류했음에도 불구하고, 마르실리우스가 아리스토텔레스의 정치적 저술들에 의해서 더 많은 영향을 받았다는 견해를 피력했다.[31] 교회는 참된 사

---

29 Étienne Gilson,『중세철학』(*La philosophie an moyen âge*) (1944), p. 592.

30 같은 책, p. 691.

31 Maurice De Wulf,『중세철학사』(*Histoire de la philosophie médiévale*), III (1947), p. 142.

회가 아니다. 적어도 '완전한 사회'가 아니다. 왜냐하면 교회는 교회법을 임의대로 집행할 수 있는 세속적인 제재의 권한을 가지고 있지 않기 때문이다. 교회는 국가 안에서 자신들의 참된 통일체를 발견하는 그리스도인들의 연합체에 불과하다. 그리고 성직은 신적인 제도이지만, 현세에 관한 한 교회의 임무는 국가의 업무를 촉진시키는 도덕적이고 영적인 조건들을 창출함으로써 국가에 봉사하는 것이다.

잔둔의 장이 마르실리우스에 일정 부분 협조했다는 사실을 드 울프가 부인했다는 것은 별도로 하더라도, 내가 보기에는 그 문제에 대한 울프의 견해는 『평화의 수호자』가 분명히 아베로에스주의의 영감을 받았다는 생각을 가지고는 있었지만, 그것보다는 『평화의 수호자』의 독자적인 논조와 정신을 더 반영하는 듯이 보인다. 교회의 요구들과 활동이 국가의 평화를 방해했다는, 그리고 자신이 자율적이고 자족적인 국가라는 아리스토텔레스의 개념에서 문제해결의 열쇠를 발견했다는 마르실리우스의 생각에 따르면, 교회는 국가에 종속된다. 내가 보기에는 마르실리우스는 인간의 목적에 관한 이론적인 고려에 의해서보다는 국가의 행복이라고 자신이 생각했던 것을 고려함으로써 고무되었다. 그럼에도 이 점이 마르실리우스의 사상에 아베로에스주의가 영향을 끼쳤다는 것을 결코 배제하는 것은 아니며, 결국 아베로에스주의는 철저한 아리스토텔레스주의였거나 아니면 순전한 아리스토텔레스주의라고 공언되었다. 아베로에스는 '주석가'로 간주되었다. 마르실리우스는 아바노의 피에트로(Peter of Abano)의 영향을 받았고, 잔둔의 장과 교류하였다. 이 두 사람 모두 아리스토텔레스에 대한 아베로스주의적인 경외에 의해 고무되었다. '아베로스주의'라 불릴 수 있는 어떤 동질적인 이론이나 이론들의 조합이라는 것은 실제로 없었다. 그리고 '아베로스주의'가 이론이라기보다는 태도라는 것이 사실이라 한다면, 우리는 마르실리우스의 '아베로스주의'를 충분히 받아들일 수는 있겠지만, 그렇게 함으로써 마르실리우스의 영감이 아리스토텔레스에게서보다는 아베로에스에게서 나왔다는 결론을 반드시 내려야 할 필요는 없다.

8. 『평화의 수호자』의 영향

『평화의 수호자』(*Defensor pacis*)는 1327년 4월 27일 엄중하게 유죄의 판결을 받았다. 그러나 그 저서가 실제로 마르실리우스의 동시대인들에 의해서, 심지어는 그 저서에 반대해서 글을 썼던 사람에 의해서조차 실제로 연구된 것처럼 보이지는 않는다. 그러나 클레멘스 6세는 그가 추기경일 때 그 저서를 깊이 있게 검토하였으며, 그 곳에서 240개의 오류들을 발견했다는 점을 인정하였다. 클레멘스 6세는 자신의 주장을 1343년에 발표하였고, 우리에게는 그의 출판물이 없다. 1378년 그레고리오 11세(Gregory XI)는 1327년의 유죄판결을 갱신하였다. 그러나 다수의 필사본이 15세기의 초엽에 만들어졌다는 사실은 『평화의 수호자』가 14세기에 광범위하게 유포된 것은 아니었다는 추측을 확인하는 것처럼 보인다. 14세기에 그 저서에 반대해서 서술했던 사람들은 그 저서 안에서 교황직의 독자성에 대한 공격과 성직자의 책임 면제에 대한 공격 말고는 별것이 없다고 보는 경향이 있었다. 그들은 그 저서의 역사적 중요성을 깨닫지 못했다. 다음 세기에 대분열은 자연스럽게 마르실리우스의 이론의 확산을 추동했다. 이러한 사상들은 정확하게 말해서 파도바의 마르실리우스의 사상으로서보다는 그의 '정신'으로서 긴 세월 영향을 끼쳤다. 『평화의 수호자』가 처음으로 인쇄된 판본이 1517년에 출간되었고, 그 저서가 크랜머(Cranmer)와 후커(Hooker)에 의해서 분명히 유용하게 이용되었다는 점은 의미가 있다.

제12장

사변적 신비주의

──────── 1. 14세기의 신비주의적 저술들

사람들은 특히 신비주의적 저술들이 현저하게 나타났던 시대로서 아마도 16세기, 즉 위대한 스페인 신비주의자들의 세기를 생각하곤 한다. 사실상 충분히 그렇게 생각될 수 있는 일이지만, 신비주의적 신학의, 즉 신에 대한 실험적 인식을 가능한 한 이론적으로 설명하는 것의 최고 성취는 성 데레사(St. Teresa)와 성 십자가의 요한(St. John of the Cross)의 저술들이다. 그러나 우리는 초기 그리스도교의 시대부터 신비주의에 대한 저술가들이 있어 왔다는 사실을 기억해야 한다. 우리는 성 니사의 그레고리오(St. Gregory of Nyssa), 교부시대의 위 디오니시우스(Pseudo-Dionysius), 성 베르나르디노(St. Bernard), 후고(Hugh)와 리처드(Richard), 12세기의 성 빅토르(St. Victor), 13세기의 성 보나벤투라(St. Bonaventure)와 성 게르트루다(St. Gertrude)에 대해서만 생각했다. 그리고 14세기와 15세기에 신비주의적 저술들이 활짝 꽃을 피웠다. 이러한 사실은 에크하르트(Eckhart, 1260-1327), 타울러(Tauler, 1300년경-1361), 복자 하인리히 수조(Bl. Henry Suso, 1295년경-1366), 뤼스브루크(Ruysbroeck, 1293-1381), 시에나의 성 카타리나(St. Catherine of Siena, 1347-1380), 햄폴의 리처드 롤(Richard Rolle of Hampole, 1300년경-1349), 월터 힐튼(Walter Hilton, 1396년 사망), 장 게르송(John Gerson, 1363-1429), 카르투지오 수도회의 데니스(Denis the Carthusian, 1402-1471), 볼로냐의 성 카타리나(St. Catherine of Bologna, 1413-1463), 제노바의 성 카타리나(St. Catherine of Genoa, 1447-1510)와 같은 저술가들의 작품에 의해 입증된다. 내가 이 장에서 관심을 갖는 것은 14세기와 15세기 초기의 이 신비주의적 저술들이다. 그러나 나는 이런 저술들 모두가 아니라 철학사와 관련되는 것에만 관심을 가질 것이다. 나는 신비주의적 신학 그 자체에는 관심이 없다. 이것이 의미하는 바는 나의 관심을 신비주의적 삶에 관한 반성이 영향을 주었던 것으로 보이는 철학적 사변에 제한하겠다는 것이다. 또한 이것이 실제로 의미하는 바는 두 가지 주제, 즉 하나는 유한한 존재일반과 신의 관계, 그리고 다른 하나는 특수한 존재로서의 인간영혼과 신의 관계라는 두 주제가 특별히 고려될 것이라는 사실이다. 더 구체적으로 본다면, 논의되어야 할 사상을 펼친 사람은 리처드 롤과 같은 저술가들이 아니라 에크하르트와 같은 저술가들이다. 신비주의적 신학 그 자체에 관한 저술에서는 작가들이 주목의 대상이 될 터이지만 우리는 여기서 이런 작가들을 다룰 수 없다. 그러나 철학사에 관한 저술에서는 용어의 전통적인 용법에 따르든 그것의 표준적인 용법에 따르든 '철학자'로서 생각하는 것이 합리적인 사람들만 주목의 대상이 될 수 있다. 그렇다고 해서 나로서는 이 장에서 논하고자 하는 저술가들이 일차적으로는 이론에 관심을 가졌다고 그렇게 이야기하고 싶은 생각은 없다. 예를 들어 수조보다 더 사변에 관심을 가졌던 에크하르트조차 종교적 삶의 실천적인 강화에 깊이 관심을 가졌다. 신비주의적 저술들의 이러한 실천적 정향은 부분적으로는 자국어의 사용에 의해서 드러난다. 에크하르트는 독일어와 라틴어를 모두 사용했는데, 그의 보다 사변적인 저술은 라틴어로 쓰였다. 수조도 두 언어를 모두 사용했으며, 타울러는 독일어로 전도하였다. 뤼스브루크는 플랑드르어(Flemish. 옮긴이 주. 현재의 벨기에 서부, 네덜란드 남서부, 프랑스 북부를 포함한 북해에 면한 중세의 국가 언어)로 저술하였다. 그리고 게르송은 주로 라틴어로 저술하였지만, 게르송의 방대한 양의 프랑스어 설교집이 남아 있다. 다른 사람들을 신과 밀접하게 하나가 되게끔 하고자 하는 바람에서 나오는, 깊은 감동을 주는 경건성은 이러한 신비가들의 특징이다. 신비적 삶에 대한 그들의 분석은 후기 스페인의 신비주의 저술가들만큼 상세하고 완전하지는 않다. 그러나 그들은 신비주의 신학의 발전에서 중요한 단계를 형성하고 있다.

논리적이고 추상적인 형이상학적 연구들에 대한 반발, 즉 일부의 사람들이 필요에 따라 한쪽에 치우쳐 신과의 일치를 통한 구원을 '객관적 사고'라 부르는 것에 대한 반발을 사람들이 14세기에 꽃핀 신비주의 저술들에서 보려고 하는 것은 합리적일 수 있다. 그리고 그러한 반발은 충분히 사실인 것으로 여겨진다. 한편으로는 보다 오래된 철학적 전통과 학파들이 있었던 반면에, 다른 한편으로는 근대의 길, 즉 유명론 운동이 있었다. 학파들의 논쟁은 가슴을 움직일 수 없다. 그리고 그러한 논쟁은 인간을 신에게 데려다주지 못했다. 그렇다면 진정 그리스도적인, 그리고 자연적 지성의 무미건조한 역할에 기대기보다 신의 은총의 역사(役事)에 기대는 '철학' 또는 지혜의 추구를 종교적 자각으로 삼는 것보다 더 자연스러운 것이 무엇이겠는가? 이 문제에 대한 토마스 아 켐피스(Thomas à Kempis)의 언급은 잘 알려져 있고, 자주 인용되었다. 예를 들어 '나는 양심의 가책에 대한 정의를 아는 것보다는 양심의 가책을 느끼고 싶다', '신에 봉사하는 비천한 시골농부는 자신을 무시하면서 하늘의 운동을 생각하는 잘난 척하는 철학자보다 훨씬 낫다', '우리가 은폐되어 있고, 모호한 문제들에 대해 무지하다는 이유로 심판 때 힐책 당하지 않는다면, 그런 것들에 대해 쓸데없이 시시비비하는 것이 무슨 소용인가?', '유나 종이 우리와 무슨 상관인가!'[1] 토마스 아 켐피스(1380-1471)는 뤼스브루크의 생각들이 강력하게 영향을 미쳤던 게라드 그루트(Gerard Groot, 1340-1384)가 설립한 조직인 공동생활형제단(Brethren of the Common Life)의 일원이었다. 형제단은 교육분야에서 중요한 역할을 하였으며, 형제단은 위탁된 아이들의 종교적, 도덕적 양육에 특별한 관심을 가졌다.

그러나 추상적 문제에 대한 스콜라 철학의 무미건조하고 이론적인 논쟁들만이 신비주의적 저술가들의 반발을 불러일으킨 것은 아니다. 이들 저술가 중 일부는 오컴주의적 성향에 영향을 받아 전통적인 자연신학의 타당성을 부정하였고, 신에 대한, 심지어는 신 존재에 대한 모든 형태의 지식까지도 신앙의 영역으로 분류하였다. 이에 대한 답변은 신비주의자들 또는 그들 중 일부에 의해서 경험 관념을 확대한 데서 발견되었다. 그래서 비록 수조가 신에 대한 철학적 접근의 타당성을 부인하지 않았지

---

1   『그리스도의 모방』(*Imitation of Christ*), 1, 1; 1, 2; 1, 3.

만, 그는 내적 경험이 신앙의 계시된 진리와 일치할 때, 이 내적 경험에 어떤 확실성이 근거하고 있다는 점을 보여주고자 시도했다. 그리고 실제로, 지식의 획득에서 실험적 방법에 대해 그렇게 많이 강조하였던 로저 베이컨(Roger Bacon)이 신에 대한 영적 경험을 경험이라는 일반적 항목 하에 포함시키지 않았던가? 결국 신비주의자들은 '경험'을 감각경험이나 사람들의 내적 작용의 의식에 제한해야 할 이유가 없다고 보았다.

그러나 신비주의적 저술가들에 대해 철학적 측면에서의 주 관심사는 신비주의적 저술가들이 종교적 경험을 사변적으로 합리화하는 것, 즉 특수하게는 영혼과 신의 관계에 관해, 일반적으로는 피조물과 신의 관계에 관해 그들이 공개적으로 언급하는 것이다. 초기나 후기의 신비주의적 저술가들에게 드문 일은 아니지만, 그들 중 일부는 분명히 대담한 진술, 그리고 그런 진술의 문자적 의미를 고려했던 신학자들의 적대적 관심을 불러일으킬 것 같았던 진술을 하였다. 이런 측면에서 아주 무례한 사람은 에크하르트였는데, 그의 명제들 중 다수는 그 뒤에 유죄판결을 받았지만, 그의 제자인 수조는 에크하르트가 정통임을 방어하였다. 뤼스브루크와 게르송이 제안한 진술들에 관한 논쟁도 있었다. 다음에 나는 짤막하지만 신비주의자들의 저술들의 사변적 측면에 대해 특별히 고려할 것이다. 비록 몇몇 진술은, 특히 에크하르트의 경우에, 오직 문자적 의미로만 이해된다면 정통성을 갖지 않음에도 불구하고, 나는 관련 저술가들이 의도했던 바가 정통적이지 않은 것이라고는 생각하지 않는다. 그들의 의심스러운 명제들 중 다수는 보다 초기 저술가들에서 같은 목적에서 진술되었으며, 신플라톤 전통이라는 관점에서 고려되어야 한다. 어쨌든 나는 몇몇 진영이 에크하르트와 그의 제자들에서 신(new) '독일 신학'을 발견하고자 했던 것은 공허한 시도라고 생각한다.

2. 에크하르트

마이스터 에크하르트(Meister Eckhart)는 1260년경에 고타(Gotha) 인근의 호흐하임(Hochheim)에서 태어났다. 도미니코 수도회에 가입하여 파리에서 배웠고 가르쳤다. 색소니의 대교구장을 마치고, 뒤에 수도회의 총대리를 역임하였으며, 1311년 파리로 돌아와서, 그곳에서 1314년까지 가르쳤다. 이후 파리를 떠나 쾰른으로 갔다. 쾰른의 대주교는 1326년에 에크하르트의 이론에 대한 조사를 착수하였다. 에크하르트는 교황청에 항소하였다. 그러나 그가 죽은 지 2년 뒤인 1329년에 그의 라틴어 저술들에서 선택된 28개의 명제들이 요한 22세 교황에 의해서 유죄판결을 받았다.

『파리문제집』(*Quaestiones Parisienses*)[2]에서 에크하르트는 신에서 존재(*esse*)와 지성[사고, 사상](*intelligere*)이 같은지 어떤지 문제를 제기한다. 당연히 그의 대답은 긍정적이다. 그러나 계속해서 그는 신이 존재하기 때문에 신이 이해하는 것[지성]이 아니라, 신이 지적이고 이해하기[지성] 때문에 신이 존재한다고 주장한다.[3] 지성[사고]은 '신 존재의 근거' 또는 존재의 근거다. 성 요한(St. John)은 '존재는 시작 안에 있었고, 신은 존재였다'고 말하지 않았다. 그는 '말씀이 시작 안에 있었고, 말씀은 신과 함께 있었으며, 말씀이 신이었다'고 말했다. 또한 그래서 그리스도는 '나는 진리다'라고 말하였다. 게다가 성 요한은 또한 모든 사물은 말씀을 통해서 만들어졌다고 말한다. 『원인론』(*Liber de causis*)의 저자는 이에 따라서 '창조된 것들 중 최초의 것은 존재다'라는 결론을 내린다. 창조자인 신은 '사고와 지성이지만, 존재나 실존은 아니다(*non ens vel esse*)'. 지성은 존재보다 더 완전하다.[4] 그렇다면 신에서는, 형상적으로 말한다면, 존재도 없고 실존도 없다. 왜냐하면 신은 존재의 원인이기 때문이다. 물론 사람들이 지성을 '존재'라고 부르고 싶어 한다면, 문제될 게 없다. 그러나 이 경우에 신은 지성이기 때문에 존재는 신에 속한다고 이해하지 않으면 안 된다.[5] '피조물 안에 있는 어떤 것도 신이 그것의

2   Ed. A. Dondaine, O.P., 1936, p. 1.
3   같은 책, p. 3.
4   같은 책, p. 5.
5   같은 책, p. 7.

원인이라고 말한다면 몰라도 신 안에 존재하지는 않는다. 피조물은 거기에 형상적으로 존재하지 않는다. 그렇다면, 존재는 피조물에 속하기 때문에, 피조물은 그것의 원인에서 존재하는 것으로서가 아니라면 신 안에 존재하지 않는다. 그러므로 신 안에는 존재가 존재하지 않고, 존재의 순수성이 존재한다.[6] 이 '존재의 순수성'은 지성이다. 신은 모세(Moses)에게 '나는 있는 나다'(I am who am)라고 말했다. 그러나 그렇다면 신은 우리가 어둠 속에서 만나고, 그의 신분에 대해 묻고, 자신을 드러내기를 원치 않으면서 '나는 나다'라고 대답을 하는 사람처럼 말하고 있었다.[7] 아리스토텔레스는 시력이 모든 색깔을 보는 것이라면, 시력은 그 자체 색깔을 가지고 있어서는 안 된다고 생각하였다. 그래서 신은, 만약 신이 모든 존재의 원인이라면, 그 자신 존재를 넘어서야 한다.[8]

　　존재보다 지성이 더 근본적이라고 함으로써 에크하르트는 분명히 성 토마스와 대립했다. 그러나 신은 초존재이거나 존재를 넘어선 것이라는 의미에서 신은 존재가 아니라는 일반적인 개념은 신플라톤주의적 전통의 상투어였다. 이 이론은 예컨대 위-디오니시우스(Pseudo-Dionysius)의 저술들에서 발견될 수 있다. 이미 우리가 보았듯이, 에크하르트는 『원인론』의 저자(먼 의미에서의 저자), 즉 프로클로스(Proclus)를 인용하고 있다. 그는 또 한 명의 독일 도미니코 수도사인 프라이베르크의 테오도릭(Theodoric (or Dietrich) of Freiberg)의 영향을 받은 듯이 보인다. 테오도릭은 신플라톤주의자인 프로클로스를 상당히 활용했었다. 알베르투스 마그누스(Albert the Great)의 가르침의 신플라톤주의적 측면은 프라이베르크의 테오도릭, 무스부르크의 베르톨드(Berthold of Moosburg)와 마이스터 에크하르트과 같은 도미니코 수도회 수도사들의 사상 속에 살아 있었다. 그러나 이때 추가되어야 하는 것은 말하자면 성 알베르투스 마그누스에게는 과거의 유물이었던 것이 어떤 후기 사상가들에게는 그들의 사상의 주요하고도 과장된 요소가 되었다는 사실이다. 프로클로스의 『신학요강』(Elementatio theologica)의 (출판되지 않은) 주해에서 베르톨드는 분명한 어조로 알베르투스 마그누스에

6　　같은 곳.
7　　같은 책, pp. 7-8.
8　　같은 책, p. 9.

게 호소하였다.

초기 저술들에서 신은 지성이지 존재가 아니라고 주장한 뒤에, 에크하르트는 자신의 입장을 변경하여 신은 존재라고 주장하였다고 이의를 제기한 사람이 있었다. 이것은 예를 들어 모리스 드 울프의 견해였다. 그러나 질송(M. Gilson)과 같은 다른 사람들은 에크하르트가 이론을 변화시켰다는 점을 인정하지 않았다. 에크하르트가 신은 존재(esse, existence)라고 선언했다는 것은 분명한 사실이다. 그래서 『3부작』(Opus tripartitum)[9]에서 에크하르트의 첫째 명제는 '신은 존재다'(Esse est Deus)이다. '신과 존재는 동일한 것이다.'[10] 그리고 그는 『탈출기』(the book of Exodus)의 말들을 언급한다. '나는 있는 나다', '신만이 올바로 이야기해서 존재(ens), 일자, 진리, 선이다.'[11] '신에 관해서 신이 무엇이고, 누구인가를 묻는 누구에게도 그 대답은 존재(Existence)이다.'[12] 이 점이 앞에서 말한 변화처럼 보인다는 것은 거의 부인할 수 없다. 그러나 질송은 에크하르트가 항상 신의 단일성을 강조했으며, 그에게 있어 실재적 단일성은 지적 존재만의 속성이라고 주장한다. 그래서 신의 최상의 단일성은 신에게 속한다고 주장한다. 왜냐하면 신은 모든 사물을 넘어서 지성이기 때문이다. 에크하르트는 분명히 위격들의 구분을 초월하는 신에서의 단일성을 모색하고 있는 것으로 이해되었다. 유죄판결을 받은 명제들 중 하나(24명제)는 다음과 같다. '모든 구분은 자연에서든 위격에서든 신에게는 용납되지 않는다. 증명. 자연 그 자체는 하나, 즉 하나의 사물이다. 그리고 위격들 중 어떤 위격도 하나이고 자연과 같은 것이다.' 이런 명제의 진술과 유죄판결은 물론 다음을 의미한다. 여기서 에크하르트의 저술들을 검토한 신학자들의 이해에 의하면, 에크하르트는 삼위일체로서의 신 안에 있는 위격들의 구분이 자연의 단일성에 논리적으로 뒤에 온다고 가르치고 있으며, 그들의 이해에 따른다면 이것은 마치 단일성이 세 가지 위격을 초월하는 것과 같은 것이다. 수조는 신적인 위격들의 각각이 신적인 자연[본성]과 동일하다고 말하는 것은 정통 교의라고 주장함으로써 에크하르트를

---

9 『3부작』(Opus tripartitum), 「일반 서문」(Prologus generalis). ed. H. Bascour, O.S.B., 1935.
10 같은 책, p. 12.
11 같은 책, p. 21.
12 같은 책, p. 22.

옹호했다. 이것은 완벽하게 올바르다. 그러나 검토를 담당하고 있는 신학자들의 이해에 따르면, 에크하르트에서 위격들을 서로 구분하는 것은 말하자면 삼위일체로서의 신 안에 있는 이차적인 '단계'를 의미하는 것이다. 그러나 나는 에크하르트의 삼위일체설이 정통인지 아닌지에 대해 별 관심이 없다. 나는 단지 그가 신의 단일성을 강조했다는 사실에만 관심을 기울이고자 한다. 그리고 질송은 에크하르트의 일관된 견해에 따를 경우 이 완전한 단일성은 신이 일차적으로 사고라는 사실에 의해서 신에게 속한다고 주장한다. 순수한 신적 본질은 사고이다. 그 사고는 성부이며, 이 순수한 본질의 다산성에서 성자(*vivere*)와 성령(*esse*)이 나온다.

문제의 진실에 따르면 에크하르트의 사상에는 여러 가지의 갈래가 있는 듯이 보인다. 에크하르트가 『탈출기 해설편』(*Expositio libri Exodi*)에서 '나는 있는 나다'는 말에 대해 주해를 달 때, 그는 신 안에 본질과 존재가 동일하고, 본질과 존재의 동일성은 신에게만 속한다고 보았다. 모든 피조물에서는 본질과 존재는 구별되고, 어떤 사물의 존재(*de annitate sive de esse rei*)에 관해 묻는 것과 그것의 본질 또는 본성을 묻는 것은 별개이다. 그러나 신의 경우에는 존재와 본질이 동일하며, 신이 누구이고 또는 무엇인가를 묻는 사람에 대한 적절한 대답은 신은 존재한다 또는 신은 있다는 것이다. '왜냐하면 존재는 신의 본질이기 때문이다.'[13] 이 이론은 분명히 도미니코 수도회에서 배웠고 수용했던 토마스주의 이론이다. 그러나 언급된 바로 그 구절에서 에크하르트는 신에서 위격들이 '유출된다'고 이야기하고 있으며, 바로 신플라톤주의적 표현인 '모나드는 모나드를 낳는다'(*monas monadem gignit*)를 사용한다. 더욱이 위격의 구분을 초월하여, 구분 없이 신 안에서 단일성을 발견하려는 성향은, 즉 내가 위에서 언급했던 어떤 성향은 또한 신은 사물을 넘어서 있다는 이론이 그런 것처럼 신플라톤주의의 영감이다. 다른 한편, 사고는 최상의 신적인 완전성이라는 개념은 독창적인 것처럼 보인다. 플로티노스의 도식에서 일자(One)는 사상을 넘어선다. 아마도 이러한 다른 갈래들을 완벽하게 조화시키기란 불가능하다. 그러나 에크하르트가 신 안에서 존재와

---

13   Meister Eckhart, 『라틴어 저술, 제1권』(*Die lateinischen Werke: erster Band*), fasc. 2, pp. 98-100, Stuttgart-Berlin, 1938.

본질의 동일성을 강조했을 때 그는 의식적으로 신은 존재라기보다는 사고라는 '초기의' 관점을 단념했다고 가정할 필요는 없다. 『창세기 해설편』(*Expositio libri Genesis*)에서 그는 다음처럼 말한다. '신의 본성은 사상이며, 신에 있어서 존재하는 것은 이해하는 것[지성]이다(*natura Dei est intellectus, et sibi esse est intelligere*).[14]

그러나 그가 자신의 견해를 변경했건 안 했건 간에, 에크하르트는 신을 존재로 규정짓는 것과 관련해서 오히려 대담한 진술을 했다. 예를 들면 '신 바깥에는 아무것도 존재하지 않는다. 왜냐하면 그렇게 되면 그것은 현존 바깥에 있을 것이기 때문이다'.[15] 신은 창조자이지만, 신은 자신의 '바깥에서' 창조하지 않는다. 건축가는 자신의 바깥에 집을 만들지만, 말하자면 신이 자기 바깥에 어떤 무한한 공간 또는 진공(*vacuum*)에서 피조물을 던졌다고 또는 창조했다고 상상해서는 안 된다.[16] '그러므로 신은 다른 기술자들과는 달리 모든 사물을 자신의 바깥에 서 있지 않은 또는 자신의 근처와 주변에 있지 않은 모든 사물들을 창조하였다. 그러나 신은 그런 사물들을 무로부터, 즉 비현존으로부터 현존으로 불러내었다. 사물들은 현존을 신 안에서 발견했고, 받아들였으며, 소유하였다. 왜냐하면 신 자신이 현존이기 때문이다.'[17] 제1원인 바깥에는 아무것도 없다. 왜냐하면 제1원인 바깥에 무언가가 있다는 것은 현존 바깥의 존재를 의미할 것이기 때문이다. 제1원인은 신이고, 신은 존재이자 현존이기 때문이다. 신 '바깥에'는 아무것도 없다는 이론은, 만약 말하자면 그 이론이 피조물이 신에게서 독립되었다는 것을 부인하는 것과 같은 의미로 간주된다면, 분명 정통적인 해석으로 볼 수 있다. 더욱이, 피조물이 그들의 특수한 본성들을 그것들의 형상에서 가지게 되고, 그 형상들은 그 피조물들을 이러저러한 종류의 존재로 만듦에도 불구하고, 그들의 존재는 형상에서 나온 것이 아니라 신에서 나왔다고 에크하르트가 주장했을 때, 그는 신의 창조와 신의 보존이라는 사실들을 단순히 주장하고 있는 듯이 보인다. 그러나 이보다 더 나아가서 그는, 신이 피조물에 대해 갖는 관계는 작용이 잠재

14　같은 책, fasc. 1, p. 52, Stuttgart-Berlin, 1937.

15　『3부작』(*Opus tripartitum*), 「총체적인 서문」(*Prologus generalis*). ed. H. Bascour, O.S.B., p. 18.

16　같은 책, p. 16.

17　같은 곳.

성에 대해 갖는 관계와 같고, 그리고 형상이 질료에 대해 갖는 관계와 같으며, 그리고 본질이 존재에 대해 갖는 관계와 같고, 이것은 피조물이 신 현존에 의해 존재한다는 것을 명백하게 함축하고 있다고 주장한다. 이와 유사하게 그는 어떤 것도 구분되지 않은 것은 없다고 말한다. 여기서 구분이라고 하는 것은 구성되어 있는 것과 그것으로부터 그리고 그것을 통해서 그리고 그것에 의해서 그것이 구성되고 존속하는 것의 구분과 같은 것이다. 그래서 그는 결론내리기를, 어떤 것도 구분되지 않은 것은 없다 (*nihil tarn indistinctum*). 이것은 마치 한 분인 신 또는 단일성과 피조물의 다수성(*creatum numeratum*)이 구분되는 것과 같은 것이다.

그런데 이들 명제가 따로따로 다루어진다면, 에크하르트가 어떤 형식의 범신론을 가르친 것으로 간주되어야 한다는 것은 놀랄 일이 아니다. 그러나 만약 우리가 말하자면 에크하르트가 의미했던 바를 발견하고자 원한다면, 이러한 텍스트들을 따로따로 다루어야 할 어떤 정당성도 없다. 그는 정립을 진술하고 그것의 이유를 제시하고 난 다음 반정립을 진술하고 그것의 이유를 제시하기 위해서 이율배반을 사용하곤 했다. 만약 에크하르트의 의미와 의도가 이해되려면, 분명히 말해서 이러한 두 조합의 진술들[정립과 반정립] 모두가 고려되어야 한다. 딱 들어맞는 사례를 예로 든다면, 아무것도 신이 창조된 것과 구분되는 것처럼 창조된 것과 구분되지 않는다는 것이 정립이다. 제시된 이유 중 하나는 어떤 것도 그것의 반대에 있는 사물만큼 그렇게 멀리 떨어져 있는 사물은 없다는 것이다. 그런데, '신과 피조물은, 일자이자 열거될 수 없는 것이 열거되고 열거될 수 있는 숫자에 대립하고 있는 것만큼, 서로 대립해 있다. 그러므로 어떤 것도 어떤 피조물과 (신만큼) 구분되지는 않는다.' 반정립은 어떤 것도 신만큼 피조물과 '구분되지 않는' 것은 없다. 이를 언급하게 위해 제시된 이유는 다음과 같다. 에크하르트의 사고노선이 다음과 같다는 것은 매우 분명하다. 신과 피조물이 완전히 다르고 대립해 있다고 말할 필요가 있다. 그러나 우리가 이것만을 말한다면, 우리는 참되지 않은 것을 의미하고 있다. 적어도 우리는 전체적 참이 아닌 것을 이야기하고 있다. 왜냐하면 피조물은 단지 신에 의해서 그리고 신을 통해서 존재하고, 신이 없다면 피조물은 전혀 존재하지 않기 때문이다.

에크하르트의 이율배반을 이해하기 위해서 우리는 오토 카레(Otto Karrer)의

『마이스터 에크하르트』(*Meister Eckhart*)[18]의 충고를 듣는 것이 유리할 수 있다. 그 책에서 카레는 에크하르트의 원전을 인용하고, 주해를 추가한다. 카레는 과장된 방식으로 에크하르트의 가르침을 성 토마스의 가르침과 일치시키려고 노력하고 있지만, 그의 언급은 에크하르트의 성 토마스와의 결별이라는 과장된 견해를 정정하는 역할도 한다. 예를 들면 에크하르트는 신만이 존재하고, 피조물은 무이며, 또한 신은 존재가 아니라고 진술하고 있고, 모든 피조물은 신이고 또한 모든 피조물은 무라고 진술하고 있으며, 어떤 사물도 창조자와 피조물만큼 유사하지 않은 것도 없고, 어떤 사물도 창조자와 피조물만큼 유사한 것도 없다고 진술한다. 더 나아가서 신은 모든 사물 속에 있으며, 또한 신은 모든 사물을 넘어서 있다고 진술하고, 신은 사물들의 존재로서의 모든 사물들 속에 있으며 또한 신은 모든 사물들 바깥에 있다고 진술한다. 신만이 존재한다는 것 그리고 피조물은 무라는 것은 신과 비교해서 피조물이 무와 같은 것이라는 것만을 의미할 뿐이다. 아우구스티누스의 『독백론』(*Soliloquies*)[19]에서 '우리는 신만이 불멸하다고 실제로 말할 수 있다'는 진술이 나타난다. 그리고 성 안셀무스 (St. Anselm)는 어떤 의미에서는 신만이 존재한다고 진술한다.[20] 모든 피조물이 신이라는 진술은 일차적으로는 신 안에 있는, 즉 신의 사상 안에 있는 피조물들의 영원한 현존에 관한 것이다. 반면에 피조물은 무라는 진술은 피조물이 신과 떨어질 경우 무라는 것을 의미한다. 신과 피조물이 둘 다 유사하면서 유사하지 않다고 하는 이론은 유비론을 함축하고 있고, 이 이론은 위 디오니시우스의 『신명론』(*Divine Names*)에 근거를 두고 있다.[21] 성 토마스는 피조물은 신과 유사하지만, 신이 피조물인 것처럼 언급되어서는 안 된다고 주장하였다.[22] 내재적인 것으로서의 신은 '권능, 현존, 본질'에 의해서 모든 사물들 안에 존재한다. 그러나 신은 무로부터 그것들을 창조한 분이며, 결코 그것들에 의존하지 않기 때문에, 모든 사물들을 초월한다. 그리하여 아홉째 독일

---

18 『마이스터 에크하르트』(*Meister Eckhart*), Munich, 1926.

19 Augustine, 『독백론』(*Soliloquies*), 1, 29.

20 Anselm, *Proslog.*, 27, and *Monol.*, 31.

21 Pseudo-Dionysius, 『신명론』(*Divine Names*), 9, 6.

22 Aquinas, 『신학대전』(*Summa theologica*), 1, 4, 3, ad 4.

어 설교[23]에서 에크하르트는 다음처럼 말한다. '신은 모든 피조물 안에 있으며 ⋯ 그러나 신은 모든 피조물을 넘어서 있다.' 다른 말로 하면, 비록 상당한 수의 진술들이, 각각 고려하면 그가 범신론자인 것을 의미하는 것처럼 보이지만, 그의 사상에서 범신론을 발견할 적절한 어떤 이유도 없다. 그의 사상에서 주목할 점은 독립적인 진술들보다 그가 정립과 반정립을 병렬시켜 대담한 방식이며, 독립적인 진술들은 자주 중세 철학의 상투적인 표현이고, 아우구스티누스나 위 디오니시우스에서나 빅토르 학파(Victorines)에서나 심지어 성 토마스에서조차도 발견될 수 있다. 카레가 고찰하고 있듯이, 우리는 성 토마스에서조차 명백한 이율배반을 발견할 수 있다. 예컨대『신학대전』에서[24] 성 토마스는 신이 모든 사물을 넘어서 있지만(*supra omnia*), 모든 사물들 안에(*in omnibus rebus*) 있다고 말한다. 그리고 신은 사물 속에 있지만 모든 사물은 신 안에 있다고 말한다. 그리고 어떤 것도 신에게서 떨어져 있지 않지만 그러나 사물들은 신에게서 떨어져 있다고들 말한다. 유죄판결을 받은 에크하르트의 명제 중 하나는 '모든 피조물은 하나의 순수한 무이다'라는 진술로 시작한다. 그리고 그의 의도가 이단은 아니었다고 말하더라도, 그것은 취해진 교회의 행동이 정당한지를 문제 삼는 것은 아니다. 왜냐하면 문제가 되는 그 명제들은 쉽게 오도될 수 있는 것임이 아주 명백하기 때문이다. 그리고 유죄판결을 받은 것은 그것의 글자상의 또는 자연적인 의미에서 취해진 그런 명제들이었지, 반드시 그 저자가 그것을 이해하고 의미했던 그런 명제는 아니었기 때문이다. 문제가 되는 그 명제는 '나쁜 소리로 들리고 경솔해서 이단이 아닌지 의심이 된다고 해서' 유죄판결을 받았으며, 그 명제가 신학적 언급과 판단을 위해서 제시되었을 때, 로마 교황청은 그것 말고 다른 방식으로 거의 판단할 수 없었다. 이것을 알기 위해서 우리는 넷째 독일어 설교[25]의 다음 구절을 읽는 것으로 충분하다. '모든 피조물은 순수 무이다. 나는 그것들이 조그만 그 무엇이라고도 이야기하지 않는다. 그것들은 순수 무이다.' 그러나 그는 계속해서 자신이 의미하고 있는 바를 설명

---

23   『독일어 저술, 제1권, 에크하르트의 설교』(Meister Eckhart, *Die deutschen Werke: erster Band, Meister Eckhart's Predigten*), fasc. 2, p. 143.

24   같은 책, 1, 8, 1, ad 1 이하.

25   같은 책, fasc. 1, pp. 69-70.

한다. '모든 피조물은 존재를 가지지 않는다. 왜냐하면 그들의 존재는 신의 현존에 의존하기 때문이다. 신이 한순간이라도 피조물을 외면한다면, 피조물은 무가 되어버릴 것이다.' 그러나 철학사가들은 저자의 의도된 의미에 관심을 갖고 있으며, 독립된 명제들에 붙인 신학적 '주해'에 관심을 갖지 않는다. 나의 생각으로는 어떤 역사가들이 에크하르트의 명제들 중 일부가 갖고 있는 대담성이 일반적인 문맥과 의미에 대해서, 그리고 문제가 된 명제들의 역사에 대해서 맹목적이라고 분명히 본 것은 유감스러운 일이다.

　　에크하르트도 창조행위에 대한 몇 가지 생소한 진술을 했다. 『창세기 해설편』에서 그는 신이 '태초에' 창조했다는 구절을 참조하면서 이 '태초'는 영원성의 '지금', 즉 그 안에서 신은 영원히 신이고, 신의 위격들의 영원한 유출이 일어나는 그런 불가분의 '지금'(nunc)이라고 말한다.[26] 계속해서 그는 만약 누군가가 신이 세계를 창조하기 이전에 그 신이 왜 그 세계를 창조하지 않았는지를 묻는다면, 신이 그렇게 할 수 없다는 것이 그 답이라고 말한다. 그리고 신은 신이 그 안에서 영원히 신인 바로 동일한 '지금' 세계를 창조하고 있기 때문에 신은 그 이전에 세계를 창조할 수 없다. 말하자면, 신이 세계를 창조할 때를 기다렸다고 상상하는 것은 잘못이다. 그 문제를 투박하게 이야기한다면, 성부인 신이 존재하고, 성부의 공존하는 성자를 낳는 그 동일한 '지금' 신 또한 세계를 창조한다. 적어도 얼핏 듣기에는 이것은 마치 에르하르트에게 창조는 영원에서 오고, 창조는 성자의 낳음과 공존하며 성자의 낳음과 결합되어 있다고 가르칠 뜻이 있었던 것처럼 여겨진다. 사실상 유죄판결을 받은 첫 세 명제들은 그 명제들을 검토하고 있는 신학자들이 그를 이런 의미로 이해했다는 점을 분명하게 보여준다.

　　당연한 일이지만, 에크하르트는 신 안에서 존재하는 바의 창조행위를 단지 언급하기 위해서만이 아니라, 창조행위의 대상, 즉 현실적 세계를 언급하기 위해서 창조의 영원성을 의도했을 수도 있다. 이것은 그가 한 진술들의 중 상당수에 대한 자연적 해석임이 분명하다. 그러나 이 경우에도 우리는 신의 '창조'와 모든 사역(事役)이

26　『라틴어 저술, 제1권』, fasc. 1, p. 50.

동시에 완벽하며 창조가 시작되는 바로 순간에 끝이 난다는 그의 진술을 완전히 글자 그대로 받아들여야 할까?[27] 만약 그렇다면, 이것은 시간은 존재하지 않으며, 예컨대 육화(肉化)는 창조의 초기에 일어난다는 것을 의미하지 않는가? 내가 보기에는 에크하르트는 창조를 시간 속에 없는 신의 사역으로 생각하고 있었던 듯하다. 에크하르트의 진술에 따르면 신 자신은 원리(Principium)이기 때문에, 신은 태초에, '즉 자신 안에서' 창조했다.[28] 신에게는 과거도 미래도 없기 때문이다. 신에게 모든 것들은 현재이다. 그래서 신은 창조의 순간에 자기의 사역을 완수하였다고 말하는 것이 옳을 것이다. 신은 모든 것들의 시작이자 끝이다. '최초이자 마지막이다.' 그리고 신은 영원하고, 하나의 영원한 '지금'에 존재하기 때문에, 신은 그 영원한 '지금' 안에 모든 것들을 영원히 창조하고 있는 것으로 이해되어야 한다. 나는 있는 그대로 취해진 에크하르트의 진술들이 신학적 관점에서 정당했다는 것을 말하고 있는 것은 아니다. 그러나 나에게는 그는 우리가 신의 관점이라 부를 수도 있는 것에서 세계의 창조를 고려했던 것으로 여겨지고, 그리고 세계가 존재하지 않았던 시간 '뒤에' 신이 세계를 창조했다고 상상해서는 안 된다고 주장했던 것으로 여겨진다. 창조가 성자의 낳음과 결합해 있다는 것에 관련해서는, 에크하르트는 성 요한의 다음과 같은 진술을 생각하고 있었다. '모든 것이 그분을 통하여 생겨났고 그분 없이 생겨난 것은 하나도 없다.'[29] 성 요한의 이러한 말과 『창세기』의 제1장 제1절에 포함된 진술, '태초에 신이 하늘과 땅을 창조했다'를 함께 연결 지으면서, 그리고 신과 관련해서 '태초'를 말하자면 신의 영원한 '지금'으로 이해하면서, 에크하르트는 신이 세계를 성자의 낳음과 동시에 창조했으며, 그리고 그 성자에 의해서 '모든 것들이 만들어졌다'고 말한다. 분명히 이것은 시간의 시초는 없었다는 것을 의미하는 것처럼 보이고, 이것은 결국 시간 안 창조의 부정을 의미하는 것처럼 보인다. 그러나 『창세기 해설편』[30]에서 플라톤의 이데아(rationes rerum)를 언급하고, 말씀은 이상적 근거(ratio idealis)라고 이야기한 후에, 그는 계

---

27   『3부작』(Opus tripartitum), 「서문」(Prologi), p. 18. ed. H. Bascour, O.S.B.

28   같은 책, p. 14.

29   『요한복음서』, 1, 3.

30   『라틴어 저술들: 제1권』, fasc. 1, pp. 49-50.

속해서 보이티우스(Boethius)를 인용하고 있으며, 신은 모든 사물들을 이성적으로 그리고 이상적 근거에 따라서(*in ratione et secundum rationem idealem*) 창조했다고 말한다. 다시 말한다면 신이 하늘과 땅을 창조했던 그 '시작'은 이해 혹은 사상이다. 그래서 에크하르트가 창조행위의 대상 즉 현실적 세계는 영원하다고 한 것이 아니라, 오히려 신은 말씀 안에서 그리고 말씀을 통해서 창조를 영원히 인식하고 그것을 의도했다고 하는 것이 가능해진다. 어쨌든 이것이 그가 뒤에 자신이 의도했다고 말했던 것이다. '사실상 창조는 그리고 신의 모든 행위는 신의 바로 그 본질이다. 그러나 이런 사실에서부터, 무지한 자가 생각하고 있는 결론, 즉 신이 세계를 영원성에서 창조했다면 세계는 이런 이유로 영원성에서 존재한다고 하는 결론이 도출되는 것은 아니다. 왜냐하면 수동적 의미에서의 창조는 영원하지 않다. 이것은 마치 창조된 것 자체가 영원한 것이 아닌 것과 같다.'[31] 분명히 에크하르트는 성 알베르투스 마그누스의 말, 즉 '신은 영원성에서 창조했지만, 창조된 것은 영원성에서 온 것이 아니다'[32]라는 표현, 그리고 성 아우구스티누스의 '영원한 말씀 안에서 신이 말씀하는 모든 것을 신은 영원히 말씀하지만, 신이 말씀 속에서 가져오는 모든 것이 즉시 그리고 영원성에서 존재하는 것은 아니다'[33]라는 것과 같은 표현들을 활용했다.

　　아마 우리는 신비주의자인 에크하르트에서 너무 벗어난 것처럼 보인다. 그러나 신비주의자는 신과의 일치를 목표로 하고, 에크하르트와 같은 사변적 신비주의자가 피조물 안에 신이 내재해 있고 신 안에 피조물이 거주한다는 점을 강조했다는 사실은 자연스러운 일이다. 에크하르트는 신의 초월성을 부정하지 않았으며, 오히려 그것을 긍정했다. 그러나 그가 피조물 일반과 신의 관계를 진술하면서 과장되고 애매한 표현을 사용한 것은 분명하다. 유사한 대담성과 과장의 경향은 특히 인간의 영혼과 신의 관계에 관한 그의 진술에서 목격될 수 있다. 인간영혼에는 그가 아르챠(*archa*)라

31　다음을 참조. Daniels, 『마이스터 에크하르트의 라틴어 저술』(*Eine lateinische Recktfertigungsschrift des Meister Eckhart*), p. 10, n. 8. 『기고』(*Beiträge*), 23, 5, Münster i.W., 1923.

32　Albert the Great, Commentary on the *Celestial Hierarchy* of the Pseudo-Dionysius, 4.

33　Augutine, 『고백록』, 11, 7.

불렀던, 그리고 창조되지 않은 요소가 존재한다. 이 요소가 지성이다.[34] 신 자신은 이해하는 것이기 때문에, 이해하는 것에 의해서 영혼은 신의 모습을 하고 있다. 그러나 신과의 최상의 신비적 일치는 사랑과 인식의 작용들을 통해서 생겨나는 것이 아니다. 이런 작용들은 영혼의 작용이지, 영혼의 본질은 아니다. 그러한 일치는 영혼의 가장 내면의 마음속에서 일어난다. 이것은 '영혼의 불꽃'(scintilla animae)인데, 그곳에서 신은 비밀스럽고 말로 표현할 수 없는 방식으로 영혼과 자신을 결합한다. 지성은 신을 진리(Truth)로 이해하고, 의지를 선(Good)으로 이해한다. 그러나 영혼의 본질, 영혼의 성채(城寨)(bürgelin)는 성령으로서의 신과 결합한다. 영혼의 '불꽃'(vünkelin 또는 scintilla)이라 불리기도 하는 영혼의 본질은 단순하다. 신의 모상이 그 위에 각인되어 있다. 그리고 신비적 일치에서 그것은 하나이자 단순한 것으로서의 신과, 즉 위격들의 구분을 초월해 있는 하나의 단순한 신적 본질과 결합해 있다.[35] 그리하여 에크하르트는 신비적 일치를 설파하고 있다. 이러한 일치는 '단독으로서의 인간 자신이 단독으로서의 신에게로 비상하는 것'이라는 플로티노스의 일치를 떠올린다. 그래서 사람들은 에크하르트의 심리학과 그의 형이상학 사이의 병행론을 간파할 수 있다. 영혼은 단순하고, 단일한 근거 또는 본질을 가지며, 신은 위격들의 구분을 초월하는 단순한 본질을 갖는다. 최상의 신비적 일치는 둘 간의 일치이다. 그러나 능력으로서의 지성보다 영혼이 우월하다는 이 영혼의 근거 이론에서부터 영혼의 현전(現前)이 고도의 의미에서는 지성이 아니라는 귀결이 반드시 나오는 것은 아니다. 그리고 영혼의 근거가 존재로서의 신과 결합해 있다는 이론에서부터 존재가 지성이 아니라는 귀결이 반드시 나오는 것도 아니다. 다른 말로 하면, 나는 에크하르트의 신비주의적 가르침이 질송의 견해, 즉 신은 곧 존재라는 진술이 신은 곧 지성이라고 하는 초기의 진술과 불일치하지 않는다는 질송의 견해와 반드시 모순된다고 보지는 않는다. 설교집에 따르면, 에크하르트가 자신의 견해를 바꾸지 않았다는 점이 명료해지는 것처럼 보인다. 그는 지적인 것을 영혼의 근거로 이야기한다.

34 　다음을 참조. 『열두 번째 독일어 설교』(twelfth German sermon), pp. 197-198.
35 　다음을 참조. 『독일어 저서, 제1권, 마이스터 에크하르트의 설교』, fasc. 1, pp. 24-45.

신과 영혼 사이에 신비적으로 결과하는 일치에 관해 에크하르트는 극히 대담한 방식으로 이야기한다. 그리하여 독일어로 된 설교 텍스트의 내용은 다음과 같다. '의인은 영원히 살 것이다. 그들의 보상은 주(主)와 함께 하는 것이다.'[36] 에크하르트는 '우리는 전적으로 신으로 변해간다'라고 선언하였다. 그리고 그는 계속해서, 빵[성체]이 그리스도의 몸으로 변화하는 것과 같이, 영혼은 어떤 구분도 없이 신으로 변해간다고 이야기한다. '신과 나, 즉 우리는 하나다. 앎에 의해서 나는 신을 나에게로 가져오고, 사랑에 의해서 나는 신에게로 들어간다.' 불이 나무를 불 자신으로 변화시키는 것과 마찬가지로, '우리는 그런 식으로 신으로 변화된다'. 그래서 또한 다음의 설교에서[37] 에크하르트는 내가 먹는 음식이 나의 본성과 하나가 되듯이, 우리는 신의 본성과 하나가 된다.

자연스러운 일이지만, 이러한 종류의 진술들은 주목받지 않은 채로 넘어가지는 않았다. 영혼 안에 창조되지 않은 그 무언가가 있다는 진술은 비난받았고, 빵이 그리스도의 몸으로 변화되는 것과 같은 방식으로 우리가 온전히 신으로 변화된다는 진술은 이단으로 고발되었다. 자신을 변호하면서 에크하르트는 영혼이 또는 영혼의 일부가 창조되지 않았다고 말한 것은 잘못이라는 점을 인정하였다. 그러나 그는 자기를 고발한 사람들이 영혼의 최상 능력이 영혼 안에서 그리고 영혼과 함께 창조되었다고 자신이 이전에 선언한 것을 보지 못했다고 항변하였다.[38] 사실상 에크하르트가 의도했던 것은 영혼 안에 창조되지 않은 어떤 것이 있다는 것이었으며, 그의 말들이 혼란을 일으켰다는 것은 놀랄 만한 일이 아니다. 그러나 '창조되지 않은'이라는 말을 통해서 그는 '그 자체로 창조된 것이 아니라 (영혼과) 함께 창조된' 것을 의미했다고 주장했다. 게다가 그는 영혼이 창조되지 않았다고 말하지 않았고, 온전한 영혼이 본질적으로 그리고 총체적으로 지성이었다면, 그 영혼은 창조되지 않았을 것이라고 말했다. 그러나 '지성'이란 말에 의해서 그가 신의 모상(模像)인 영혼의 근거를 의미했던 것이

---

36 『지혜서』(*Wisdom*), 6, 16. 다음을 참조. 『독일어 저서, 제1권, 마이스터 에크하르트의 설교』, fasc. 2, pp. 99-115.

37 같은 책, p. 119.

38 Daniels, p. 5, n. 4, p. 17, n. 6.

아니라면, 그가 이것을 어떻게 주장할 수 있었는지 알기는 어렵다. 이 경우 그는 영혼이 만약 총체적으로 그리고 본질적으로 신의 모상(*imago Dei*)이라면, 그 영혼은 말씀과 구별될 수 없을 것이라는 점을 의미했을 수도 있다. 이것은 그것의 개연적인 의미인 듯이 보인다.

　'우리가 신으로 변하고 변화된다'는 진술에 대하여 에크하르트는 그것이 잘못이라는 점을 인정한다.[39] 그에 따르면 인간은 '신의 모상, 즉 신의 독립적으로 존재하는 성자(聖子)가 아니라 신의 모상을 가진다(모상에 따라서 만들어진다)'. 계속해서 이야기하기를 많은 제대(祭臺)의 많은 주인들이, 각 주인의 우유성(偶有性)이 남아 있기는 하지만, 그리스도의 하나의 몸으로 변환되는 것과 같이, '우리는 신의 참된 성자와 결합해 있으며, 그리스도인 교회의 한 우두머리의 구성원들이다'. 다른 말로 하면, 에크하르트는 자신의 원래의 진술이 과장되었으며 부정확했다는 점과, 영혼과 신의 일치를 성변화(聖變化)와 비교하는 것은 유비이지 유사성이 아니라는 점을 인정한다. 그러나 사실상 신과의 신비적 일치에 관한 그의 설교에서 에크하르트의 진술이 이른바 진부한 표현(*male sonantes*)이라 하더라도, 그런 진술들이 신비주의 작가들 중 결코 예외가 아니며, 심지어는 정통성이 결코 심각하게 문제시되지 않았던 작가들 중에서도 예외가 아니다. 사람이 신이 된다는 것과 같은 혹은 영혼이 신으로 변화된다는 것과 같은 표현들은 매우 정통한 작가들의 작품들에서 발견될 수 있다. 신비주의자가 영혼과 신과의 신비적 일치와 그것의 결과들을 묘사하기를 원한다면, 그는 그런 것을 표현할 의도가 없는 단어들을 사용하여야 한다. 예를 들면 일치의 친밀성, 즉 영혼의 작용에서의 영혼의 고양(高揚)과 일치의 결과를 표현하기 위해서, 신비주의자는 '변화하다' 또는 '~으로의 변화'와 같은 동사를 사용한다. 그러나 '~으로의 변화'는 (음식물의) 소화, 불에 의한 물질의 소진, 물에서 증기가 생산됨, 에너지에서 열의 발생 등과 같은 그런 과정을 나타낸다. 반면에 신과 영혼의 신비적 일치는 특유한 것(*sui generis*)이고, 실제로 그것을 서술하기 위하여 완전히 새롭고도 특별한 단어를 필요로 한다. 그러나 신비주의자가 이런 목적을 위해서 신조어를 상표로 만든다면, 그것은 관련된 경험이

39　같은 책, p. 15, n. 1.

부족한 사람에게는 어떤 의미도 전달하지 못할 것이다. 그러므로 그는 다소간의 일상적인 용법의 단어들이 그가 서술하고자 시도하는 경험에 엄격하게 해당하지 않는 묘사와 유사성을 불가피하게 보여줌에도 불구하고, 그런 용법의 단어들을 사용할 수밖에 없다. 그래서 신비주의적 진술들의 일부가, 글자 그대로 받아들일 경우 부적절하거나 심지어는 부정확하다고 해서 결코 놀랄 만한 일이 아니다. 그리고 에크하르트가 그랬던 것처럼, 신비주의자가 또한 신학자이자 철학자라면, 그리고 적어도 그가 적절하게 표현할 수 없는 경험을 신학적이고 철학적 진술로 표현하기 위해서 엄격하게 유사하지 않은 유사성을 제안하거나 아니면 신학과 철학에 일정한 의미를 이미 가지고 있는 단어와 구절들을 사용함으로써 그런 진술을 표현하려고 시도한다면, 그의 보다 추상적인 진술조차 부정확함에 의해 영향을 받을 가능성이 높다.

더욱이 에크하르트의 사상과 표현은 다수의 상이한 출처에 의해서 영향을 받았다. 예를 들어 그는 성 토마스의, 성 보나벤투라의, 성 빅토르 학파(the Victorines)의, 이븐 시나(Avicenna)의, 위 디오니시우스의, 프로클로스의, 그리스도교 교부들의 영향을 받았다. 또한 그는 우선적으로 신에 대한 인간의 태도와 경험에 관심을 가졌던 매우 종교적인 인물이었다. 그는 일차적으로는 체계적인 철학자가 아니었고, 『성경』에 대한 그 자신의 성찰들에서 그에게 나타났던 관념들과 구절들을 결코 체계적으로 사유하지도 않았고, 그것들에 일관성을 부여하지도 않았다. 그래서 에크하르트가 한 어떤 진술들이 독립적으로 그리고 그것들의 '자연적' 의미에 따라서 취해질 때 신학적으로 정통인지 아닌지에 대해 묻는다면, 부정적인 대답 말고는 달리 대답될 수는 거의 없다. 에크하르트는 표현의 정확성과 엄밀성이 기대되었던 시대에 살았다. 그가 설교에서 대담하고 과장된 진술을 했다는 사실로 인해, 그의 설교를 듣는 사람들은 그의 진짜 의도를 쉽게 오인할 수도 있고, 어떤 명제들의 신학적 비난이 쉽게 이해될 수도 있다. 다른 한편 에크하르트가 이단이 될 것을 의도했는지 그리고 '독일 신학'을 정초할 의도가 있었는지 묻는다면, 그 대답은 역시 부정적이지 않으면 안 된다. 수조와 같은 제자들은 이단이라는 비난에 대해서 그 선생을 열렬히 옹호했다. 그리고 수조와 같은 사람들은 에크하르트의 개인적인 정통성을 의심할 어떤 이유를 알았더라면, 이런 옹호를 결코 하지 않았을 것이다. 에크하르트를 가톨릭 정통에 반기를 든

'독일 사상가'로 몰고 가거나, 아니면 그의 진술들의 일부를 예외로 했던 신학자들을 향해 마치 이 진술들 안에 예외를 둘 자격이 있는 것은 아무것도 없는 것처럼 공격하는 것은 어느 것이든 나로서는 불합리해 보인다.

─────── 3. 타울러

존 타울러(John Tauler)는 1300년경 스트라스부르(Strasbourg)에서 태어났고, 어린 나이에 도미니코 수도회에 입회하였다. 그는 파리 대학교에서 공부했다. 그러나 그는 당대 철학자들의 논리적 탐구 또는 스콜라철학자들의 순수하게 추상적인 형이상학적 사변들보다는 이미 신비주의 작가들과 신플라톤주의의 영향을 받은 작가들에 매료되었다. 그는 신학자 혹은 철학자이기보다는 설교자로서 유명하며, 그의 설교는 특히 종교가와 성직자의 영성적 삶의 개혁과 깊이에 특히 관심을 가졌던 것처럼 보인다. 흑사병이 창궐하던 시기에 그는 환자와 죽어가는 사람들을 영웅적으로 돌보았다. 그의 저술들은 그 당시 여러 단체들에 의해서 격렬하게 퍼져나갔던 이단적이고 범신론적인 신비이론과는 구별되는, 정통 가톨릭적이며 그리스도 중심적인 신비주의를 보여준다. 그는 1361년 그가 태어난 도시에서 죽었다.

타울러의 저술들에서 우리는 에크하르트의 저술들에서와 같은 영혼의 '불꽃' 또는 '토대'에 대한 심리학적 이론을 발견한다. 신의 모상은 영혼의 정점에 거주한다. 그리고 인간이 신을 발견하는 것은 모상과 형상을 초월하여 자기 자신 안에 침잠함으로써 이루어진다. 인간의 '심정'(Gemüt)이 영혼의 바로 이 토대를 향한다면, 말하자면 그것이 신을 향한다면, 그의 지성과 의지 능력은 당연히 그렇게 기능할 것이다. 그러나 그의 '심정'이 영혼의 토대, 즉 내재하는 신에게서 멀어진다면, 그의 능력 또한 신에게서 멀어진다. 다른 말로 하면 타울러는 영혼의 토대와 능력 사이에 연결고리, 즉 심정을 발견하는데, 이 심정은 그것의 토대 또는 정점 또는 '불꽃'을 향한 영혼의 영원한 마음가짐이다.

타울러는 성 아우구스티누스, 성 보나벤투라, 성 빅토르 학파의 저술들을 활용했을 뿐 아니라, 위 디오니시우스의 저술들도 활용하였다. 그는 프로클로스 저술의 일부를 읽었던 것으로 보인다. 또한 그는 에크하르트의 가르침의 영향을 깊게 받았다. 그러나 에크하르트가 정통을 의심받을 정도로 자주 언급되었던 반면에, 타울러에 대해서 그런 의문을 제기하는 것은 불필요할 것이다. 왜냐하면 타울러는 계시적 진리를 곧이곧대로 주장하였고, 그의 사상은 지속적으로 성격상 그리스도 중심적이기 때문이다.

━━━━ 4. 복자(福者) 하인리히 수조

수조(Henry Suso)는 1295년경 콘스탄츠(Constance)에서 태어났다. 그는 도미니코 수도회에 입회하였고, 콘스탄츠에서 (아마도 일부는 스트라스부르(Strasbourg)에서) 공부하였고, 그 후 쾰른으로 갔다. 거기서 그는 에크하르트와 개인적인 친분을 맺었으며, 그에 대해 지속적으로 탄복하고, 그에게 호의를 가졌으며, 성실하게 대했다. 콘스탄츠로 돌아가서 몇 년을 보내면서 저술활동을 하였고, 대단한 금욕과 참회를 실천하였다. 그러나 마흔의 나이에 스위스에서뿐 아니라 알사스(Alsace)와 라인란트(Rhineland)에서도 설교의 사도직 생활을 시작하였다. 1348년 콘스탄츠에서의 수도회를 울름(Ulm)에서의 수도회로 변경하였고(게다가 중상모략에 몰렸다), 그는 울름에서 1366년 1월에 죽었다. 그는 1831년 교황 그레고리오 16세에 의해서 복자로 추증되었다.

작가로서의 수조의 주 관심사는 신과의 최상의 일치를 향한 영혼의 길이 인식되도록 하는 것이었다. 그는 무엇보다도 실천적인 신비주의 저술가였다. 그의 사상 중 보다 사변적인 부분은 『진리에 관한 작은 책』(Büchlein der Wahrheit)과 그의 자서전의 마지막 8개의 장에 포함되어 있다. 『영원한 지혜에 관한 작은 책』(Büchlein der ewigen Weisheit)은 실천적인 신비주의에 관한 책이다. 수조는 그 책의 라틴어판, 즉『지혜의 시계』(Horologium Sapientiae)를 썼는데, 이 책은 단순한 번역이 아니라, 이론의 전개이다. 몇몇 편지와 적어도 두 개의 확실히 인증된 설교도 보전되었다.

수조는 신과 피조물을 혼동하고 있다는, 에크하르트에 대한 비난에 대해 에크하르트를 열렬히 옹호하였다. 그 자신은 신과 피조물 간의 구별에 관해 완벽하게 분명하고 단호한 태도를 보였다. 사실상 그는 피조물이 영원히 신 안에 있으며, 신 안에 있기 때문에 피조물은 신이라고 말한다. 그러나 그는 이런 진술에 의해서 자신이 의미하는 바가 무엇인지 조심스럽게 설명한다. 피조물의 관념들은 신의 마음 안에 영원히 현존한다. 그러나 이러한 관념들은 신의 본질과 동일하다. 그것들은 서로서로 구별되는 형상이나 신의 본질과 구별되는 형상이 아니다. 더 나아가 신 안에 이런 식으로 피조물이 존재한다는 것은 신 바깥에 피조물이 존재하는 것과 완전히 다르다. '피조물'이 존재한다는 것은 창조를 통하지 않으면 안 된다. 사람들은 피조물들이 신 안에 있기 때문에 창조성을 피조물에 귀속시킬 수 없다. 그러나 '어떤 성질을 가진 창조성도 그 성질이 신 안에 가지는 존재보다 더 고상하고 그 성질에 더 유용하다.'[40] 이 모든 것에 수조는 성 토마스가 가르쳤던 것과 다른 어떤 것도 이야기하고 있지 않다. 마찬가지로 그는 창조가 신의 자유로운 행위라는 사실을 분명히 가르치고 있다.[41] 확실히 그는 위 디오니시우스적인(즉 신플라톤주의적인), 신의 선함이 유출한다는 관념을 사용한다. 그러나 그는 이러한 유출이 신 안에서만 필연적 과정으로 생겨난다는 점을 조심스럽게 주장하였다. 신 안에서 유출은 '내적이고, 실질적이며, 인격적이고, 자연적이며, 강제는 없지만 필연적이고, 영원하며 완벽하다.'[42] 창조에서의 유출은 신의 편에서 보면 자유로운 행위이고, 신의 위격들의 영원한 진행과는 구별된다. 그렇다면 수조의 사상에는 범신론의 문제는 존재하지 않게 된다.

이와 유사한 방식으로 범신론적 성향에서부터 벗어났다는 사실은 영혼과 신의 신비적 일치에 관한 수조의 이론에서 분명해진다. 에크하르트와 타울러에서와 같이 신비적인 일치는 영혼의 '본질', 즉 영혼의 '불꽃'에서 일어난다고 이야기된다. 영혼의 본질이나 중심은 영혼의 힘의 토대가 되는 원리이며, 그 원리 안에 신의 모상이 거주한다. 초자연적으로 각인된 인식과 사랑에 의해서 일어나는 신비적 일치를 통해서 신의 이러한 모상은 더욱 현실화된다. 이 현실화는 영혼 안에서의 '신의 탄생'(Gottesge-

---

40 『진리에 관한 작은 책』(*Book of Truth*), 332, 16.

41 *Vita*, 21-24, p. 178.

42 같은 책, 178, 24-179, 7.

burt) 또는 '그리스도의 탄생'(Christusgeburt)이라 불린다. 이러한 탄생에 의해서 영혼은 그리스도 안에서 그리고 그리스도를 통해서 신과 더 유사해지고 더 일치를 이루게 된다. 수조의 신비주의는 본질적으로 그리스도 중심적이다. 그는 영혼이 신으로 '되어가는 것'에 대해 언급한다. 그러나 그는 영혼의 근거 또는 본질이 신적인 존재(the divine Being)와 존재론적으로 완벽하게 하나가 되는 것은 있지도 않고 있을 수도 없다는 사실을 강조한다. 인간은 비록 신의 모상을 가진다 하더라도 인간에 불과하다. 피조물이 신 안으로 들어가는 범신론적 흡수는 없다.[43] 내가 말한 것처럼 수조는 에크하르트에 의해 상당히 영향을 받았지만, 에크하르트의 가르침을 가톨릭 정신의 교의와 분명한 조화를 이루게 하는 데 항상 주의를 다하였다. 그의 신비주의적 가르침이 가톨릭 영성의 전통에서 나왔다고 이야기하는 것, 그리고 에크하르트에 관한 한 수조가 에크하르트의 가르침을 정통의 의미로 해석했다고 말하는 것이 사실상 오히려 더 나을 것이다.

수조의 사상이 그 방향에서 에크하르트의 사상과 다르다는 주장이 있었다. 에크하르트는 신에서 출발하는 것을 선호하였다. 그의 사상은 단순한 신의 본질에서부터 위격들의 삼위일체, 특히 그 안에서 그가 창조의 원형을 보았던 말씀 또는 로고스(logos)로 나아갔으며, 그래서 말씀 속에 있는 피조물로 나아갔다. 영혼과 신의 일치는 영혼에게는 말씀 안에 있는 피조물의 거주 장소로 피조물이 귀환하는 것으로 보였다. 그리고 영혼의 최고 수준의 신비적 경험은 영혼의 중심이 신성의 단순한 중심이나 본질과 일치하는 것이다. 그러나 수조는 덜 사변적으로 기울었다. 그의 사상은 인간의 인격에서부터 출발하여, 인격이 그리스도와 역동적으로 일치를 이루는 것으로, 즉 신-인간(God-Man)으로 나아갔다. 그는 영혼이 신을 향해 상승하는 가운데 그리스도의 인간성이 자리 잡고 있다는 점을 아주 강조하였다. 다른 말로 하면 비록 가끔 에크하르트가 사용하였던 동일한 구절들을 그가 다소 사용했음에도 불구하고, 그의 사상은 에크하르트의 사상보다 덜 신플라톤적이었으며, 에크하르트보다 그는 성 베르나르디노의 정서적 영성과 그리스도 중심적인 '결혼 신비주의'(bride-mysticism)에 의해

43　다음을 참조. *Vita*, 50과 51, p. 176.

강력한 영향을 받았다.

─────────   **5. 뤼스브루크**

뤼스브루크(Ruysbroeck)는 1293년 브뤼셀(Brussels) 근방의 뤼스브루크 마을에서 태어났다. 브뤼셀에서 몇 년을 보낸 후 그는 브뤼셀 근처의 소이그네스(Soignes) 숲의 그로에넨델(Groenendael=Green Valley) 아우구스티누스회 수도원의 원장이 되었다. 그는 1381년에 죽었다. 그의 저술들은 『영적 혼례의 장식품』(*The Adornment of the Spiritual Mar-riage*), 『12명의 베긴 수도사들의 책』(*The Book of the Twelve Beguines*)을 포함한다. 그는 플랑드르어로 저술하였다.

에크하르트의 저술에서부터 강한 영향을 받았던 뤼스브루크는 피조물이 신 안에 원초적으로 현존하고 있다는 주장을 폈으며, 피조물이 신과의 그런 통일 상태로 귀환한다는 점을 주장하였다. 우리는 인간 안에서 세 겹의 통일을 구별할 수 있다.[44] '인간의 첫째이면서 최고인 통일은 신 안에 있다.' 피조물들은 자신들의 존재와 보존을 위하여 이러한 통일에 의존하며, 이러한 통일이 없다면 무로 되어버릴 것이다. 그러나 신과의 이러한 관계는 피조물에게 본질적이고, 그 자체로 인간을 실제로 선하게도 악하게도 만들지 못한다. 둘째의 통일도 자연적이다. 이러한 통일은 인간의 보다 높은 능력들이 인간 마음이나 정신의 일체에서 나온다는 점에서 이러한 능력들의 통일이다. 정신의 이러한 기본적인 통일은 첫째 유형의 통일, 즉 신에 의존하는 통일과 같은 것이다. 그러나 이러한 통일은 그것의 본질에서보다 그것의 작용에서 고려된다. 셋째 통일도 역시 자연적인데, 그것은 감각의 통일이면서 신체적 작용들의 통일이다. 둘째의 자연적 통일에 관해서 이야기한다면, 영혼은 '정신'이라 불린다. 반면에 셋째 통일에 관해서 이야기한다면, 그것은 '영혼'이라 불리는데, 이것은 생명의 원리이자 감각의 원리이다. 영혼의 '장식품'은 세 통일의 초자연적 완벽함에서 성립한다. 첫째

─────────────────

44   *Adornment*, 2, 2.

는 그리스도인의 도덕적 완벽함을 통해서, 둘째는 성령의 신학적인 덕과 선물들을 통해서, 셋째는 신과의 신비적이고 표현 불가능한 일치를 통해서. 최고의 통일은 '신과 사랑하는 정신이 매개 없이 결합되는 가장 높은 수준의 통일'이다.

에크하르트와 마찬가지로 뤼스브루크는 '신의 본성의 가장 높은 수준의 그리고 초본질적인 통일'에 대해 언급한다. 이런 표현은 위-디오니오스의 저술을 상기시킨다. 신비적인 삶의 최고 활동 안에서 영혼이 이 최고의 통일과 결합될 수 있다. 그러나 일치는 이성의 능력을 넘어선다. 그러한 일치는 사랑에 의해 성취된다. 사랑 안에서 영혼의 근거는 말하자면 신성의 표현할 수 없는 심연 속에서, 즉 '위격들과 신 안에 살고 있는 모든 것이 바로 자리를 내어주는'[45] 본질적 통일(Essential Unity) 속에서 사라진다.

뤼스브루크의 이론이 특히 게르송에 의해 공격받았다는 것은 결코 부자연스러운 것이 아니었다. 그러나 뤼스브루크가 범신론을 가르칠 의도가 없었다는 점은 『영원한 구원의 거울』(The Mirror of Eternal Salvation)과 『12명의 베긴 수도사들의 책』에서 분명해졌다. 신비주의자인 얀 반 슌호벤(Jan van Schoonhoven, 1432년 사망)은 뤼스브루크를 옹호했고, 카르투지오 수도회의 수사인 데니스(Denis the Carthusian)는 뤼스브루크의 저술을 받아들이기를 주저하지 않았다.

---

6. 카르투지오 수도회의 데니스

데니스는 1402년 리첼(Rychel)에서 태어났으며 1471년 로어몬드(Roermond)의 카르투지오 수도회의 수사로서 죽었다. 그는 연대기적으로는 이 책의 제1부에서 다루어지는 시대에 속하지 않지만, 편의상 여기서 몇 마디 그에 대해 언급하고자 한다.

데니스 즉 '황홀(恍惚)박사'(ecstatic Doctor)는 퀼른 대학교에서 높은 수준의 연구를 수행하였고, 신비주의 저술가로 놀라울 정도로 스콜라 철학의 주제에 관심을 가졌

---

45   *Adornment*, 3, 4.

다. 그는 페트루스 롬바르두스의 『명제집』에 대해, 보이티우스에 대해, 그리고 위 디오니시우스의 저술들에 대해 주해를 했고, 성 토마스의 저술들에 따라서 정통 신앙의 요약본, 즉 『철학과 신학 요강』(*Elementatio philosophica et theologica*)과 다른 신학 저술들을 썼다. 여기에 더하여 그의 순수하게 금욕주의적이며 신비주의적인 논문들이 있다. 그가 처음에는 성 토마스의 헌신적인 추종자였다는 것은 분명하다. 그리고 유명론자들뿐 아니라 스코투스주의자들에 대한 그의 적개심은 그의 일생을 통해 계속된 것처럼 보인다. 그러나 그는 점차적으로 토마스주의자들의 진영에서부터 성 알베르투스의 추종자들의 진영으로 옮겨갔으며, 도미니코 수도사인 스트라스부르의 울릭(Ulric of Strasbourg, 1277년 사망)의 저술들의 영향을 상당히 받았다. 울릭은 쾰른 대학교에서 성 알베르투스의 강의를 들었다. 데니스가 본질과 존재 사이의 실제적 구별을 거부했을 뿐만 아니라(처음에 그는 이러한 구별을 옹호하였다), 울릭 또한 인간 인식에서의 환영(幻影)에 대한 토마스주의의 견해를 버렸다. 데니스는 이 환영의 필요성을 낮은 단계의 인식에 제한했으며, 영혼은 환영에 의지하지 않고 자신의 활동, 천사, 신을 인식할 수 있다고 주장하였다. 그러나 신적 본질에 대한 우리의 인식은 소극적이다. 마음은 신의 불가해성(不可解性)을 명백히 깨닫게 된다. 신에 대한 소극적이지만 직접적인 인식을 이런 식으로 강조한 점에서 데니스는 위 디오니시우스의 그리고 울릭의 저술들의 그리고 성 알베르투스의 다른 추종자들의 영향을 받았다. 카르투지오 수도회의 수사인 이 박사는 신비주의적 관심과 스콜라적 관심을 결합한 현저한 예시이다.

─────── 7. 독일의 신비적 사변

중세의 독일 신비주의자들(나는 뤼스브루크가 플랑드르 사람이지만 그를 여기에 포함시켰다)은 자신들의 신비주의를 그리스도교 신앙의 뿌리에서 이끌어내었다. 그것은 자료들을 나열하는, 또는 교부, 성 베르나르디노, 빅토르 학파, 성 보나벤투라의 영향을 보여주는, 또한 표현과 심지어는 관념에 대한 신플라톤주의의 영향을 최소화하려고 시도하는 문제가 아니라, 그리스도를 통해서 오는 초자연적인 은총의 필연성에 대한 신비주의의 공통된 믿음을 실현하는 문제이다. 예를 들면 그리스도의 인성(The Humanity of Christ)은 에크하르트의 사상에서보다는 수조의 사상에서 더 큰 역할을 할 수도 있다. 그러나 에크하르트는 그의 모든 과장적 표현에도 불구하고, 그리스도인임에 틀림없다. 그렇다면 이것이 가톨릭적인 것이 아니라 혈통과 인종에서 오는 신비주의를 의미한다면, 에크하르트, 타울러, 수조와 같은 독일 중세의 신비주의자들의 저술들에서 '독일의 신비주의'를 발견하려는 시도를 할 하등의 근거가 없다.

다른 한편 14세기의 독일 신비주의자들은 스콜라주의와 신비주의 — 독일 신비주의자들에게 그들 자신의 인장을 찍은 신비주의 — 간의 동맹을 보여준다. 그래프만(Grabmann)은 실천적 신비주의와 사변의 결합은 궁극적으로 성 안셀무스의 강령인 '알기 위해서 믿는다'(Credo, ut intelligam)의 연속이라고 주장하였다. 그러나 독일 신비주의의 사변이 중세 스콜라 철학자들에게 영감을 주었고, 13세기에 여러 방식으로 체계화되었던 사상의 흐름들에서 성장했음에도 불구하고, 그들의 사변은 그들의 실천적 신비주의의 빛 속에서 고려되어야 한다. 이런저런 신비적 저술가의 사변 틀을 형성했고, 그의 이론적인 관념들의 선택에 영향을 주었던 것이 부분적으로 이 신비적 저술가의 교육 환경이었다면, 그의 사변의 방향에 영향을 주었던 것은 또한 부분적으로 그의 실천적 신비적 삶과 그의 영적인 경험에 대한 그의 반성이었다. 영혼의 불꽃 또는 영혼의 정수 또는 대지(大地) 또는 정점의 이론은 선배들로부터 기계적으로 채용된 그리고 신비주의자에서부터 신비주의자로 전달된 상투적인 관념에 불과하다고 생각하는 것은 잘못일 것이다. 양심의 불꽃(scintilla conscientiae or synderesis)이라는 용어는 성 제롬(St. Jerome)에서 나오고,[46] 그리고 그 용어는 예를 들면 성 알베르투스 마그누스에서 다시 나타나는데, 알베르투스에서 그 용어는 인간에게 선을 촉구하고 악에 반대하는 모든 사람들 안에 존재하는 능력을 의미한다. 성 제롬을 언급하고 있는[47] 성 토마스는 양심의 불꽃이라는 은유적 표현으로 양심을 이야기한다.[48] 영혼의 불꽃 또는 대지를 말할 때 신비주의자들은 분명히 양심 이상의 다른 어떤 것을 의미했다. 그러

---

46   *P.L.*, 25. 22 AB.
47   *De Veritate*, 16, 1, obj. 1.
48   *Ibid.*, 17, 2. *ad* 3.

나 그것을 인정한다 하더라도, 데니플(Denifle)에 의하면 그들이 영혼의 대지라고 규정했던 모든 표현들은 실제로 성 빅토르의 리처드(Richard of St. Victor)의 저술들 안에서 이미 발견되었다. 여심의 여지없이 데니플의 논점은 옳다. 그러나 독일 신비주의자들은 영혼의 대지 혹은 불꽃이라는 관념을 그들의 주요 관념들 중 하나로 삼았다. 왜냐하면 그들은 그 관념을 어떤 존경받는 선배의 저술들에서 발견했을 뿐만 아니라, 그 관념은 지성이나 의지의 행위들의 의식적(意識的) 작용을 초월하는 신과의 신비적 일치에 대한 그들의 경험에 적합했기 때문이다. 그들의 선배들에게서 발견되는 것처럼, 그 관념은 의심할 바 없이 그들에게 이러한 밀접한 일치를 암시하였다. 그러나 그 관념에 대한 그들의 성찰은 그들의 경험과 일치하여 전개되었다.

아마도 어떤 독일 작가들은 독일 신비주의자들의 독특한 특징을 사변과 실천적 신비주의 간의 결합 속에서 발견하는 일에 너무 멀리까지 가버렸다. 이러한 결합은 다소간 이론적 사변에 물들지 않은 어떤 신비주자들과 이러한 신비주의자들을 구별하는 역할을 한다. 그러나 유사한 결합이 12세기의 빅토르 학파의 경우에서 그리고 실로 게르송이, 적어도 그가 그렇게 해석했듯이, 에크하르트와 뤼스브루크가 채택했던 사변의 노선에 대해 불충분한 공감을 가졌음에도 불구하고, 게르송 자신의 경우에서 보일 수 있다. 그러나 에크하르트와 타울러와 수조가 모두 도미니코 수도회(Friars Preachers)의 구성원들이라는 사실과 연결된 추가적인 특징이 존재한다. 그들은 그들의 설교를 통해서 신비주의적인 교의를 퍼뜨렸고, 내가 이미 언급한 것처럼, 이런 방식으로 일반적인 영적인 삶을 특히 종교 가운데서 심화하려고 노력하였다. 의심의 여지없이 사람들은 예를 들어 성 베르나르디노에 대해 유사한 관찰을 할 수 있지만, 그러나 특히 에크하르트의 경우에는 사변적인 분위기와 구조가 있는데, 이런 분위기와 구조는 성 베르나르디노의 설교에서는 결코 발견되지 않는, 중세철학의 중간 과정의 발달에 기인한다. 게다가 독일 사람들은 더 '엄격'하지만, 덜 화려하다. 독일의 사변적 신비주의는 도미니코 수도회와 너무나 밀접한 관계를 가지고 있기 때문에, 사람들은 이런 의미에서 중세의 '독일 신비주의'에 대해 말할 수 있게 된다. 그렇다고 해서 사람들은 독일의 도미니코 수도사들이 독일의 종교 또는 독일의 세계관(Weltanschauung)을 구축하려는 시도를 했을 것이라고 생각해서는 안 된다.

——— 8. 게르송

1363년에 태어났던 장 게르송(John Gerson)은 페트루스 달리(Peter d'Ailly)를 계승하여 1395년 파리 대학교의 총장이 되었다.[49] 그는 유명론자로 알려졌다. 그러나 어떤 유명론적 입장을 그가 선택한 것은 그가 유명론 철학을 고수한 데서 나온 것이 아니었다. 그는 철학자라기보다는 신학자이자 신비주의적인 저술가였다. 그리고 그가 유명론적 교의에 대한 어떤 문제에 경도된 것은 신앙과 신학에 대한 관심에서 비롯된 것이었다. 게르송의 총장직은 대분열 시기(1378-1417)에 시작되었고, 그는 콘스탄츠 공의회(Council of Constance)의 업무에서 탁월한 역할을 하였다. 교회의 여건뿐만 아니라, 대학교에서의 연구조건으로, 그리고 게르송이 보기에 후스(Hus)의 것과 유사한 이론들의 융성으로 이어지거나 그런 융성을 촉진하는 교의의 확산으로 지쳐 있었기 때문에, 그는 유명론 그 자체의 전파를 통해서가 아니라 신을 향한 올바른 태도를 사람들이 가지도록 촉구함으로써 해결책을 찾았다. 그의 생각에 따르면 철학체계들의 갈등, 신학자들의 호기심과 오만이 많은 악들의 원천이었다. 『명제 의미 방식 50』(*De modis significandi propositiones quinquaginta*)에서 게르송은 다양한 연구 분과가 진리를 훼손하는 혼란을 야기하였고 주장하였다. 왜냐하면 논리학자들은 논리학에 해당하는 의미 방식(*modus significandi*)에 의해서 형이상학적 문제를 해결하려고 노력했고, 형이상학자와 논리학자는 계시진리를 증명하려고 노력했거나 아니면 신학의 대상을 다루기에 적합하지 않은 방법에 의해서 신학적 문제를 해결하려고 노력했기 때문이다. 게르송이 보기에 이러한 혼란은 지적 세계에서 무정부 상태로 이어졌고, 옳지 않은 결론으로 이어졌다. 더욱이 스콜라 신학자들의 오만으로 인해 호기심이 생겨났으며, 새로운 것 또는 기이한 것을 추구하게 되었다. 게르송은 『신앙 문제에서의 헛된 호기심에 대한 반대』(*Contra vanam curiositatem in negotio fidei*)라는 두 개의 강의록을 출판하였는데, 이 강의록에서 그는 스콜라 철학의 논쟁에서 나타나는, 자기 자신의 견해를 고

---

49 게르송은 1429년에 사망하였다. 상세한 연대기에 대해서는 다음을 참조. *La vie et les asuvres de Gerson* by P. Glorieux (Archives d'histoire doctrinale et litteraire du moyen âge, t. 18, pp. 149-192; Paris, 1951).

집하고, 질투를 하며, 말다툼하기를 좋아하고, 교육을 받지 못하고 경험이 없는 사람들에 대해 경멸하는 태도에 대해 주목하였다. 잘못의 뿌리는 자신의 경계를 넘어서고 자신이 해결할 수 없는 문제를 해결하려고 노력하는 자연적 이성의 오만이다.

실념론(realism)에 대한 게르송의 공격을 주목해야 하는 것은 이러한 시각 때문이다. 신 안에 있는 이념들의 개념은 먼저 논리학과 형이상학의 혼동, 그다음에는 형이상학과 신학의 혼동을 포함한다. 둘째, 이러한 시각은 신이 단순하지 않다는 점을 함축하고 있다. 왜냐하면 실념론자들은 신 안의 이러한 이념들의 형상들(rationes ideales)이 마치 서로 구별되는 것처럼, 어떤 사람들은 심지어 피조물들이 신 안에서 이미 존재하고 있는 것처럼, 즉 신의 이념들이 신 안에 존재하는 피조물인 것처럼 이야기하는 성향이 있기 때문이다. 셋째, 창조를 설명하는 데 사용되는 신적 이데아들에 관한 교의는 신의 자유를 제한하는 역할을 할 뿐이다. 그리고 무엇 때문에 철학자들과 신학자들이 신의 자유를 제한하는가? 그리고 이해될 수 없는 것을 이해하려는 욕구, 즉 오만으로부터 나오는 욕구에서 제한하는가? 플라톤적 전통의 사상가들 역시 신을 일차적으로 자유로서가 아니라 선으로서 이야기하고, 창조를 설명하기 위해서 자신을 유출하는 선의 자연스러운 경향성의 원리를 활용한다. 그러나 그렇게 함으로써 그들은 창조를 신의 본성의 필연적 결과로 만드는 성향이 있다. 다시 말한다면, 실념론적 형이상학자들과 신학자들은 도덕법칙이 결코 신의 의지에 의존하지 않고, 그래서 그 법칙이 신의 자유를 제한했다고 주장했지만, 실제로는 '신은 행위들이 선하기 때문에 그 행위들을 의욕하지는 않으며, 그런 행위들은 신이 그것들을 의욕하기 때문에 선한데, 이것은 마치 신이 그 행위들을 금지하기 때문에 그 행위들이 나쁜 것과 같다.'[50] '올바른 이성은 의지에 선행하지 않고, 신은 이성적 피조물에 법칙을 부여하기로 결정하지 않는다. 왜냐하면 신은 최초에 자신의 지혜(Wisdom) 안에서 자신이 그렇게 해야(ought to) 한다는 점을 보았기 때문이다. 일어나는 것은 오히려 정반대이다.'[51] 그래서 도덕법칙은 불변하는 것이 아니라는 결론이 나온다. 게르송은 도덕법칙에 관

---

50   *Opera*, 3, col. 13.
51   같은 책, col. 26.

한 이러한 오컴주의적 입장을 취했다. 왜냐하면 그는 그런 입장이 신의 자유와 부합하는 유일한 입장이라고 생각했기 때문이다. 게르송에 따르면, 플라톤 철학을 지지하는 철학자들과 신학자들은 지성의 오만 때문에 신앙, 겸허한 복종의 원리를 버렸다. 무엇보다도 그는 얀 후스(John Hus)와 프라하의 제롬(Jerome of Prague) 사상의 실념론적 측면에 주목하지 않은 것은 아니었다. 그는 실념론자들이 주장한 지성의 오만함이 결국 이단으로 끝나버렸다는 결론을 도출하였다.

그래서 실념론에 대한 게르송의 공격은, 비록 그 공격이 유명론자들에 의해서 실제로 주장되었던 몇몇 입장들 안으로 그를 끌어들였음에도 불구하고, 근대의 길 그 자체에 대한 특별한 열망에서보다는 종교적인 몰입에서 나왔다. '회개하고 복음을 믿어라'[52]는 게르송이 신앙문제에서의 헛된 호기심을 논박하는 두 개 강의록의 근거로 삼았던 텍스트였다. 대학교수와 강사들의 마음에 충만한 오만은 그들로 하여금 회개의 필요성과 신앙의 단순성에 안중이 없도록 만들었다. 이러한 관점은 자신들을 위해서 학구적인 문제들에 정열적으로 관심을 보인 사람들의 특징이라기보다는, 신에 대한 영혼의 태도에 관심을 가지고 있는 사람의 특징임이 분명하다. 실념론자들의 형이상학과 신학에 대한 게르송의 적개심은 아브라함과 이삭과 야곱의 신을 '철학자들의 신'으로 대체한 사람들에 대한 파스칼(Blaise Pascal)의 적개심과 약간 유사하다.

이러한 관점에서 문제를 들여다본다면, 프란치스코 수도사들이 지성계에서의 성공(*parvenus*) 때문에 성 보나벤투라를 버렸던 것에 대해 게르송이 경악을 금하지 못하고 있다는 것을 발견하는 일은 놀랄 만한 일이 아니다. 성 보나벤투라의 『신을 향한 여정』(*Itinerarium mentis in Deum*)을 게르송은 모든 찬사를 넘어서는 책으로 간주하였다. 다른 한편, 만약 우리가 실념론에 대한 게르송의 적개심을 고려한다면, 뤼스브루크에 대한 그의 공격과 실념론을 얀 후스와 프라하의 제롬의 이단과 연결시키려고 하는 그의 시도는, 즉 성 보나벤투라에 대한 그의 열광은, 성 보나벤투라가 아우구스티누스적 성격의 플라톤적 이데아론을 크게 강조했고, 아리스토텔레스가 플라톤의 이데아를 '비난한' 것에 대해 노골적으로 힐난했다는 사실을 기억한다면, 다소 놀라

---

52 *St. Mark* I. 15.

운 듯이 보인다. 게르송은 그의 시대의 신학자들이 신학의 진정한 원천인 성경과 교부들을 무시했으며, 이교 사상가들을 그리고 신앙의 단순함을 훼손했던 형이상학에 기인한 의미들을 선호했다는 점을 확신하였다. 그러나 그는 위 디오니시우스를 성 바오로의 제자이자 개종자로 간주하였으며, 디오니시우스의 저술들이 참다운 지혜의 원천의 일부를 형성한다고 생각하였다. 그는 성 보나벤투라를 이러한 순수한 물을 일관되게 마셨고, 예수 그리스도를 통한 신에 대한 인식인 참된 지혜에 대해 무엇보다도 관심을 가졌던 사람으로 존경하였다.

그래서 실념론에 대한 공격에도 불구하고, 게르송의 신비주의 이론은 위 디오니시우스의 가르침으로부터 깊은 영향을 받았다. 위 디오니시우스의 저술 및 사상과 게르송의 관계에 관해 매우 흥미로운 연구[53]를 한 콤베(M. André Combes)는, 『디오니시우스의 「천계의 위계」에 나오는 그의 몇몇 단어들에 대한 짤막한 주해』(*Notulae super quaedam verba Dionysii de Caelesti Hierarchia*)의 출처를 밝히고, 그 작품이 게르송의 『오페라』(*Opera*)에서 나온 '헛된 호기심'을 논박하는 첫 번째 강연에 앞선다는 점을 주장한 후에, 게르송이 결코 단순히 한 명의 '유명론자'가 아니라는 것, 그리고 그의 생각들이 단순히 결코 그의 '스승'인 달리(1350-1420)의 생각들과 동일한 것이 아니라는 점을 분명히 한다. 콤베가 보여주었듯이 사실상 게르송은 위 디오니시우스에게서 용어들의 창고를 빌려왔을 뿐만 아니라, 중요한 '회귀'(return) 이론도 빌려왔다. 피조물은 신으로부터 나와서 신에로 회귀한다. 어떻게 이러한 회귀가 성취되는가? 각각의 본성에 의해서 그 본성에 적합한 그런 행위들을 수행함으로써 성취된다. 엄밀히 말하자면 게르송이 말했던 것처럼(자신의 『성목요일 설교』(*Sermo de die Jovis sancta*)에서), 비록 보이티우스(Boethius)가 모든 사물들은 자신의 시초 또는 원리에로 회귀한다고 말했지만, 신에게로 회귀하는 것은 오직 이성적 피조물뿐이다. 그러나 게르송의 '회귀' 이론에서 중요한 점은 그 회귀가 피조물과 신의 존재론적 합체를 의미하는 것은 아니라는 사실을 그가 강조했다는 것이다. 그가 위 디오니시우스를 성 바오로의 개인 제자로 간주했기 때문에, 그는 디오니시우스의 가르침이 완벽히 '안전한' 것이었다고 확신하

---

53   *Jean Gerson,* 『디오니시우스 주해』(*Commentateur Dionysien*), Paris, 1940.

였다. 그러나 그것이 잘못 해석될 수 있다는 점을 깨닫고는, 신학자는 아레오파구스 (Areopagite. 옮긴이 주. 고대 아테네의 최고 재판소)의 참된 의미를 밝혀야 한다고 그는 생각했으며, 그 자신 생 빅토르의 후고와 알베르투스 마그누스의 저술들을 활용하였다. 이러한 사실에서부터 두 가지 관련된 그리고 중요한 점들이 분명해진다. 첫째, 게르송은 스콜라 신학 그 자체를 결코 비난하지도 않았고, 거부하지도 않았다. 그 신학을 그는 성경, 교부들, 성 바오로의 제자의 올바른 해석을 위해 필요하다고 생각하였다. 둘째, 그가 뤼스부르크를 공격하였을 때, 위 디오니시우스의 가르침에 의존했다는 이유로 공격한 것이 아니라, 그 이론을 잘못 이해하고 왜곡했다는 이유로 공격했던 것이다. 당연하게도 우리는 위 디오니시우스가 성 바오로의 제자가 아니었다는 사실과 그가 프로클로스(Proclus)에 상당히 의존했다는 사실을 안다. 그러나 핵심은 게르송이 위 디오니시우스를 마치 플라톤주의자가 아닌 것처럼 해석했다는 사실이다. 이것은 그가 어떻게 해서 플라톤주의자들에 대한 대단한 적개심과 위 디오니시우스에 대한 대단한 편애를 동시에 보이고 있는가를 설명한다.

게르송은 위 디오니시우스가 제안한 신학의 세 구분, 즉 상징신학, 본래의 의미에서의 신학, 신비주의 신학이라는 구분을 수용했다. 세 가지 구분은 성 보나벤투라의 『신을 향한 여정』에서 발견된다.[54] 그러나 게르송은 성 보나벤투라보다는 위 디오니시우스의 저술에서 그 구분을 도출했던 것처럼 보인다. 적어도 그는 위 디오니시우스를 참고했고, 그를 자신의 권위로서 인용한다. 그는 말하기를 신비주의 신학은, 물론 최상의 지적 기능도 포함되어 있지만, 추상적이고 사변적인 지성보다 사랑이 작동하는, 신에 대한 실험적 인식이다. 순수지성(*intelligentia simplex*)과 양심의 불꽃(*synderesis*) 또는 최고의 사랑의 힘은 신비적 경험에 작동하고, 이 경험은 영혼의 최고 능력의 거부가 아니라 실현이다. 신비적 일치는 영혼의 기초에 영향을 미친다. 그러나 그 일치는 인간의 인격을 신격으로 용해(溶解)시키지 못하는 일치이다. 신비주의 신학은, 적어도 만약 그것이 신비주의 이론으로서보다는 그 자체 신비주의로서 이해된다면, 신학의 왕좌가 된다. 왜냐하면 그 신학은 영혼의 궁극적 목적인 지복직관(至福直觀)에 가

---

54   Bonaenture, 『신을 향한 여정』(*Itinerarium mentis in Deum*), 1, 7.

장 가까이 가기 때문이다.

게르송의 사상에서 이 세 구분이 있다는 것은, 그가 신비주의 신학의 우위성을 강조하였지만 일상적인 의미에서의 신학을 거부하지 않았다는 사실을 분명히 하는 데 도움을 준다. 그는 철학을 거부하지도 않았다. 만약 위 디오니시우스, 성 보나벤투라, 성 알베르투스가 없었더라면, 그의 성향이 그로 하여금 신비주의 신학 이외의 모든 것을 거부하도록 했을는지 어떤지 여부는 별개의 물음이고 대단히 유익하지 않은 물음이다. 확실히 그는 성경과 교부들의 가르침을 강조하였으며, 또한 확실히 그는 신학자들이 이러한 근거들에 더 많은 주의를 충분히 기울였을 것이라고 생각하였다. 게다가 확실히 그는 사변 신학이 오만과 헛된 호기심에 용기를 가졌다고 의심되는 철학자들로부터 나온, 정당화되지 않은 의미 차용에 의해 오염되었다고 생각하였다. 그러나 그가 성서와 교부들의 가르침의 모든 스콜라적 발전을 거부했다거나 혹은 그런 가르침이 가지고 있는 당연한 한계를 고찰하는 철학을 거부했다고 말할 아무런 참된 증거도 없다. 몇 가지 점에서 게르송은 후기 중세의 사변적 신비주의 운동의 가장 흥미로운 대표자이다. 그는 우리에게 그 운동이 일차적으로 그 시대의 악을 제거하고자 하는 열망과 인간의 종교적 삶에 몰입하려는 열망에 의해서 고무되었다는 점을 보여준다. 그것은 결코 유명론적 회의주에 대한 단순한 반발에 그치는 것이 아니다. 게르송 자신의 유명론에 관해 언급하자면, 그는 유명론자라기보다는 자신의 기본적 목표를 다함에 있어 어떤 유명론적 입장들을 채택했으며, 그런 입장들을 활용하였다고 말하는 것이 더 옳다. 게르송이 유명론적 철학자이자 동시에 신비주의자였다고 말하는 것은 그의 목적, 그의 이론적 입장과 그의 정신에 대한 거짓된 인상을 줄 것이다.

제2부

르네상스의 철학

THE PHILOSOPHY OF THE RENAISSANCE

A HISTORY OF PHILOSOPHY
OCKHAM TO SUÁREZ

제13장

플라톤주의의 부활

1. 이탈리아의 르네상스

르네상스의 첫 국면은 이탈리아에서 시작하였고 북유럽으로 퍼져나갔던 인문주의 운동이었다. 그러나 르네상스가 사람들이 그것의 시작과 끝의 정확한 연대를 줄 수 있는 명확하게 그어진 시간적 제한을 가지고 있는 역사적 시대인 것처럼 말하는 것은 적절하지 않을 것이다. 르네상스가 문학의 재탄생과 고전학습과 양식에 대한 열망을 의미하거나 포함하는 한, 그것은 12세기, 예를 들어 솔즈베리의 요한(John of Salisbury)이 라틴 스타일의 야만성을 비난했던 세기, 샤르트르 학파(School of Chartres)의 인문주의를 목격했던 세기 바로 그 시기에 시작했다고 말할 수 있다. 13세기의 위대한 신학자들과 철학자들이 문어적인 양식과 표현의 우아함보다는 말해졌던 내용이 **무엇인가**와 진술의 엄격함에 더 관심을 가졌다는 것은 사실이다. 그러나 성 토마스 아퀴나스가 그 아름다움에서 뛰어난 찬가를 쓸 수 있었다는 사실, 그리고 둔스 스코투스가 그의 다소 대담하고 거친 주해를 썼던 동일한 시기에 단테가 이탈리아어의 가장 위대한 업적 중의 하나를 창조하고 있었다는 사실을 잊어서는 안 된다. 단테(Dante, 1265-1321)는 분명히 중세의 관점에서 글을 썼다. 그러나 단테가 죽은 세기, 즉 14세기에 우리는 페트라르카(Petrarch, 1304-1374)가 아리스토텔레스의 변증법의 숭배에 대해 저항하고 고전적 양식, 특히 키케로 양식의 부활을 진척시켰을 뿐만 아니라, 인문주의적 개인주의 정신의 성장을 그의 자국어로 쓴 단시(短詩)를 통해서 지지했다는 사실을 발견한다. 보카치오(Boccaccio, 1313-1375)도 14세기에 속하는 인물이었다. 이 세기의 마지막, 즉 서양에서 고전 그리스어의 최초의 실질적인 교사인 마누엘 크리솔로라스(Manuel Chrysoloras, 1415년 사망)는 1396년 피렌체(Florence)에서 강의를 시작했다.

이탈리아의 정치적 환경은, 왕, 공작, 교회의 후원자들이 필사본(筆寫本)의 구입과 필사와 도서관 설립에 거액을 지출할 수 있었기 때문에, 인문주의적 르네상스의 성장에 유리했다. 그리고 북유럽에서 르네상스가 감지될 시기에 그리스어와 라틴어 고전의 상당 부분이 발견되었고 알려졌다. 그러나 이탈리아 르네상스는 원전의 복원과 전파에 결코 제한되지 않았다. 가장 중요한 특징은, 비토리노 다 펠트레(Vittorino da Feltre, 1378-1446)와 베로나의 구아리노(Guarino of Verona, 1370-1460)와 같은 교사들로 대표되는 교육의 새로운 양식과 이상의 흥기였다. 최상의 인문주의적 교육 이상은 인간 인격을 완전하게 발전시킨다는 것이었다. 고전문헌은 교육의 주요 수단으로 간주되었다. 그러나 도덕적 훈련, 품성의 개발, 신체적 발육, 미학적 감수성의 각성은 무시되지 않았다. 또한 자유교육의 이상은 그리스도교의 수용 및 실천과 어떤 점에서 양립할 수 없는 것으로 간주되지 않았다.[1] 그러나 이것은 최상의 인문주의적 이상이었다. 실제로 이탈리아의 르네상스는 도덕적 또는 도덕과 무관한 개인주의의 성장 및 명성의 추구와 어느 정도 결합되었다. 반면에 르네상스의 후기 국면에서 고전문헌에 대한 숭배는 '키케로주의'로 변질되었고, 이것은 아리스토텔레스의 참주(僭主)를 키케로의 참주가 대신했음을 의미한다. 변화는 더 이상 좋은 것으로의 변화가 아니었다. 게다가 펠트레와 같은 사람이 확신에 찬 독실한 그리스도인인 데 반해, 르네상스의 많은 인물들은 회의주의 정신의 영향을 받았다. 최상의 이탈리아 르네상스의 성취를 폄하하는 것은 어리석은 반면에, 다른 측면들은 앞선 문화적 국면을 비옥하게 하기보

---

1   뒤에 교황 피우스 2세(Pius II)가 된 아에네아스 실리비우스 피코로미니(Aeneas Sylvius Piccolomini)가 1450년에 출판한 『자유교육에 관하여』(*De liberorum educatione*)는 1416년에 발견되었던 퀸틸리안(Quintilian)의 『웅변에 관하여』(*De Oratore*)와 플루타르크가 쓴 교육서에서 많은 부분을 차용하였다.

다는 분열의 징후를 보였다. 그리고 '키케로주의'의 퇴락 국면은 신학적, 철학적 교육에 의해서 길러진 광범위한 조망에서 보면 결코 개선이 아니었다.

────── **2. 북유럽의 르네상스**

이탈리아 르네상스에서 자기발전과 자기계발의 관념들은 두드러진 특징이다. 사회적이고 도덕적인 개혁의 이상은 눈에 띄지 않았다는 의미에서 이탈리아 르네상스는 상당 부분 개인주의적 운동이었다. 사실 인문주의자 중 일부는 '이교도'의 견해를 가진 사람들이었다. 개혁의 이상은, 그것이 도래했을 때, 성격에 있어 탁월하게 문화적이고 미학적이며 문예적인 르네상스 그 자체에서 온 것은 아니었다. 그러나 북유럽에서 문예적인 르네상스는 도덕적 개혁과 사회적 개혁을 성취하려는 노력과 결합되었다. 그리고 이 르네상스는 대중교육을 크게 강조하였다. 북유럽의 르네상스는 이탈리아 르네상스의 화려함 중 상당 부분을 결여하였으며, 성격상 덜 '귀족주의적'이었다. 그러나 그 르네상스는 보다 분명히 종교적이고 도덕적인 목적과 결합되었고, 이탈리아 운동보다 늦은 시기에 탄생하면서 종교개혁과 일치하는 경향을 띠었다. 적어도 '종교개혁'이 대단히 광범위한 의미로 이해되고, 단지 분파적 의미로만 해석되지 않는 한에서 그러하였다. 그러나 비록 북유럽의 르네상스와 이탈리아의 르네상스 운동이 그들 자신의 특이한 강점을 가지고 있다 하더라도, 이 두 운동은 시간이 경과함에 따라 본래적인 영감을 잃어버리는 경향이 있었다. 즉 이탈리아의 운동은 '키케로주의'로 변질되었고, 북유럽의 운동은 현학적이고 '문법지상주의'로 흐르는 경향이 있었으며, 이는 고전문헌과 문화의 인문주의적 측면들의 생생한 음미와 동떨어진 것이었다.

여기서 북유럽의 르네상스와 결합된 학자들 중 루돌프 아그리콜라(Rudolf Agricola, 1443-1485)와, 공동생활형제단(Brethren of the Common Life)이 14세기에 설립한 데벤테르(Deventer) 학교의 교장을 역임한 헤기우스(Hegius, 1420-1495), 서부 독일의 인문주의 중심지인 하이델베르크 대학교를 설립한 야코프 빔펠링(Jacob Wimpfeling,

1450-1528)에 대해 언급할 필요가 있다. 그러나 북유럽 르네상스의 위대한 인물은 성경과 교부들의 저작들을 포함하여 그리스와 라틴 문학 연구를 촉진하였고, 인문주의 교육의 발전에 큰 자극을 준 에라스무스(Erasmus, 1467-1536)였다. 영국에서는 웨인 플레테의 윌리엄(William of Waynflete, 1395-1486년경), 에라스무스를 케임브리지(Cambridge) 대학교로 보낸 성 존 피셔(St. John Fisher, 1459-1535), 1512년 성 바오로 학교를 설립한 존 콜렛(John Colet, 약 1467-1519), 토마스 리나크레(Thomas Linacre, 약 1460-1524)와 같은 성직자들, 그리고 성 토마스 모어(St. Thomas More, 1478-1535)와 같은 평신도도 있었다. 윈체스터 대학교(Winchester College)가 1382년에, 이튼 학교(Eton)가 1440년에 설립되었다.

종교 개혁가들은 교육의 필요성을 강조하였다. 그러나 그들은 인문주의적 이상 그 자체에 대한 열망보다는 종교적 동기에 의해 이끌렸다. 프랑스에서 인문주의를 연구했던 장 칼뱅(John Calvin, 1509-1564)은 제네바의 학교들을 위한 교육과정을 편성했고, 그는 그 도시의 종교적 독재자였기 때문에, 칼뱅주의 노선에 따른 교육체계를 집행할 수 있었다. 그러나 가장 인문주의적인 성격의 유명한 대륙 종교 개혁가들 중 가장 인문주의적 마음을 가진 사람은 필립 멜란히톤(Philip Melanchthon, 1497-1560)이 었는데, 그는 마르틴 루터(Martin Luther, 1483-1546)의 수석 제자였다. 1518년에 멜란 히톤은 비텐베르크(Wittenberg) 대학교의 그리스어 교수가 되었다. 그러나 엄격한 프로테스탄티즘의 종교적 교의에 의해서 촉진되기보다는 방해가 되었던 종교 개혁가들의 인문주의는 그들 자신이 발견한 것이 아니었다. 그것은 이탈리아 르네상스의 자극에서 유래하였다. 그리고 반(反)종교개혁에서 인문주의 이상은 1540년에 설립되어 1599년에 일정한 형식을 갖춘 연구계획(*Ratio Studiorum*)을 세웠던 예수회(Society of Jesus)에 의해 발전된 교육체계에서 두드러지게 나타났다.

3. 플라톤주의의 부활

플라톤주의의 부활이 그리스와 로마의 문헌에 일으켰던 관심과 열정을 통해서 르네상스의 인문주의적 국면은 자연스럽게 고대철학의 부활을 다양한 방식으로 고무시켰다. 이들 부활된 철학 중에 가장 영향력 있었던 것 중 하나는 플라톤주의 또는 좀 더 엄밀히 말한다면 신플라톤주의였다. 이탈리아에서 플라톤 연구의 가장 두드러진 중심지는 피렌체에 있는 플라톤 아카데미였다. 이 아카데미는 1438년 비잔티움에서 이탈리아로 이주한 게오르기오스 게미스토스 플레톤(George Gemistus Plethon, 1464년 사망)의 영향을 받아 코시모 데 메디치(Cosimo de' Medici)가 설립하였다. 플레톤은 플라톤적 또는 신플라톤적 전통의 열광적인 신봉자였으며, 그는 플라톤 철학과 아리스토텔레스 철학 사이의 차이에 관한 책을 그리스어로 작성하였다. 일부만이 남게 되었던 그의 주저는『법률』(νόμων συγγραφή)이었다. 그와 마음이 맞는 사람인 요안니스 아르기로풀로스(John Argyropoulos, 1486년 사망)는 1456년부터 그가 로마로 떠났던 1471년까지 피렌체 대학교의 그리스어학과의 장을 역임하였으며, 그 대학교에서 그는 요하네스 로이힐린(Reuchlin)을 자신의 학생으로 삼았다. 우리는 또한 트레비존드의 요하네스 베사리온(John Bessarion of Trebizond, 1395-1472)을 언급해야 한다. 그는 플레톤과 함께 비잔티움에서 피렌체 공의회(Council of Florence, 1438-1445)에 참석하기 위해 파견되었다. 그는 이 공의회에서 동방교회와 로마교회의 재결합을 성취하기 위해서 노력하였다. 베사리온은 추기경이 되었고, 플레톤에 대한 응답으로『아리스토텔레스와 플라톤의 비교』(Comparatio Aristotelis et Platonis)를 저술한 트레비존드의 아리스토텔레스주의자인 게오르기오스(Aristotelian George of Trebizond)에 반대하여 플레톤과 플라톤주의를 옹호했던『플라톤에 대한 비방을 반대함』(Adversus calumniatorem Platonis)을 저술하였다.

이들 플라톤주의자들 모두가 단호한 스콜라주의 혐오자들이었다고 생각해서는 안 된다. 아르기로풀로스는 성 토마스 아퀴나스의『존재와 본질』(De ente et essentia)을 그리스어로 번역하였고, 베사리온도 천사박사(Angelic Doctor. 옮긴이 주. 토마스 아퀴나스를 지칭)에 대해 큰 존경심을 가지고 있었다. 이러한 플라톤주의자에게는 한 철학자를 다른 철학자에 대항케 하는 것, 예를 들어 플라톤을 아리스토텔레스에 대항케 하는 것은 별 문제가 없었지만, 오히려 플라톤주의적 실념론 또는 신플라톤주의적 실념론을 새롭게 해석하는 것이 문제였다. 이 실념론은 자신 안에 이교적인 고대인의 가치 있는 요소들을 결합했지만, 그러나 동시에 그리스도교적이었다. 특히 플라톤주의자들에 호소했던 것은 신플라톤주의의 종교적 측면이었고 동시에 미와 조화에 관한 신플라톤주의의 철학이었다. 신플라톤주의자들이 아리스토텔레스주의 안에서 특히 싫어했던 것은 그들이 그 안에서 간파하였던 자연주의에의 경향이었다. 플레톤은 삶을 새롭게 하기 위해서 또는 교회와 국가에서의 개혁을 위해서 플라톤적 전통의 부활을 기대하였다. 그리고 플라톤주의에 대한 플레톤의 열망 때문에 그는 베사리온조차 다소 무모하다고 간주하였던 아리스토텔레스에 대한 공격을 감행했는데, 이때 그를 고무시켰던 것은 예를 들면 이데아론에 대한 플라톤의 긍정과 아리스토텔레스적 부정에 대한 순수하게 학구적인 관심이라기보다는 그가 플라톤주의 정신 및 이 정신의 영성적이고 도덕적이며 문화적인 부활의 잠재성이라고 간주하였던 것이었다. 플라톤주의자들은 인문주의적 르네상스의 세계가 인간을 소우주로 이해하고 정신적인 것과 물질적인 것 사이에 있는 존재론적 연대로 이해하는 이론에 열중함으로써 실제로 큰 이익을 얻게 될 것이라고 생각하였다.

신플라톤주의 운동의 가장 저명한 학자들 중 하나는 마르실리우스 피치노(Marsilius Ficinus, 1433-1499)였다. 젊은 시절 그는 『철학예찬론』(De laudibus philosophiae)과 『플라톤의 가르침』(Institutiones platonicae)을 썼으며, 이어서 『신의 사랑』(De amore divino), 『쾌락에 관하여』(Liber de voluptate)가 1457년 출간되었다. 그러나 1458년 그의 아버지가 그를 볼로냐 대학교로 보내어 의학을 공부하게 하였다. 그러나 코시모 데 메디치는 그를 피렌체로 불러서, 그에게 그리스어를 가르치게 했다. 1462년에 마르실리우스는 『오르페우스 찬가』(Orphic Hymns)를 번역하였고, 그 이후 몇 년간 코시모의 요청에 따라 플라톤의 대화편과 서간집을 번역하였으며, 헤르메스 트리스메기스투스(Hermes Trismegistus)의 저술, 이암블리쿠스(Iamblichus)의 『피타고라스학파』(De Secta Pythagorica), 스미르나의 테온(Theo of Smyrna)의 『수학』(Mathematica) 및 다른 사람들의 책을 번역하였다. 1469년에 플라톤의 『향연』(Symposium)에 대한 그의 주해의 제1판과 『필레보스』

(*Philebus*), 『파르메니데스』(*Parmenides*), 『티마이오스』(*Timaeus*)의 주해들이 세상의 빛을 보았다. 1474년에 그는 자신의 『그리스도교론』(*De religione Christiana*)과 그의 가장 중요한 철학 저서인 『플라톤의 신학』(*Theologia platonica*)을 출간하였다. 그다음 해에 『파에드로스』(*Phaedrus*)의 주해, 『향연』 주해의 제2판이 나타났다. 플로티노스의 『엔네아데스』(*Enneads*)의 번역과 주해가 1485년과 1486년에 출판되었다. 1489년에 마르실리우스의 마지막 저작인 『인생에 대한 세 권의 책』(*De triplici vita*)이 출판되었다. 마르실리우스는 지치지 않는 일벌레였고, 그의 번역들에서 그는 무엇보다도 원본에 대한 문헌적 충실성을 기하였다. 비록 그가 때로는 번역에서 실수를 했지만, 그의 시대의 사람들에게 혜택을 베풀었다는 사실은 의심의 여지가 없다.[2]

마르실리우스 피치노는 40살이 되어서 사제가 되었으며, 플라톤 철학에 의해서 무신론자와 회의주의자들을 그리스도교에 귀의하도록 하는 열망을 가지고 있었다. 『파에드로스』의 주해에서 그는 플라톤이 언급한 사랑과 성 바오로가 언급한 사랑은 하나이면서 동일하다고, 즉 절대적 미(Beauty), 즉 신에 대한 사랑이라고 주장하였다. 신은 절대적 미이면서 절대적 선(Good)이다. 이러한 주제에 대해 플라톤과 디오니시우스 아레오파기타(Dionysius the Areopagite, 즉 위 디오니시우스)는 일치된 견해를 가졌다. 다시 말하면 플라톤이 우리는 현세적이고 물질적인 모방을 봄으로써 영원한 대상, 즉 이데아를 '상기한다'고 주장했을 때, 그는 신의 비가시적(invisible) 사물들은 피조물을 수단으로 이해된다고 성 바오로가 언급했을 때와 같은 것을 말하고 있는 것이 아닌가? 『플라톤의 신학』에서 우주는 신플라톤적 정신에 따라 조화롭고 아름다운 체계로 묘사되고 있으며, 이러한 체계는 물질적인 사물들에서 신, 즉 절대적 통일 또는 일자에 이르기까지 확장되는 존재의 여러 등급들로 구성되어 있다. 정신적인 것과 물질적인 것의 연대로서의 인간의 지위가 강조된다. 그리고 마르실리우스가 아리스토텔레스주의를 플라톤과 같은 철학적 전통과 영감에서 나온 것으로 생각했음에도 불구하고, 그는 그리스도인으로서 그리고 플라톤주의자로서 인간영혼의 불멸성

---

2 플라톤과 플로티노스에 대한 마르실리우스의 번역의 가치에 대한 몇 가지 언급들에 대해서는 다음을 참조. J. Festugière, *La philosophie de l'amour de Marsile Ficin*, Appendix I, pp. 141-152.

과 신의 소명에 대해 주장하였다. 그는 자연스럽게 성 아우구스티누스에서 나온 주요한 관념들을 채택하였고, 아우구스티누스적 의미에서의 플라톤의 이데아(형상이란 말이 좀 더 적절하지만)론을 전개하였으며, 조명설을 주장하였다. 우리는 영혼의 빛인 신 안에서 그리고 신을 통해서가 아니라면 아무것도 배우지 못한다.

혼합주의적 요소가 가장 두드러진 점은 마르실리우스의 철학에서 나타나는데, 이는 플레톤과 같은 다른 플라톤주의자들에서도 나타난다. 그 사상이 성 요한, 성 바오로, 성 아우구스티누스의 사상과 종합을 이룬 사람은 플라톤, 플로티노스, 이암블리코스, 프로클루스만이 아니었고, 헤르메스 트리스메기스투스,[3] 다른 이교도적 인물들도, 아름다움의 원초적이고 일차적인 계시에서 나왔고, 조화로운 질서를 가지고 계층을 이룬 실재 체계로부터 나왔던 영성 운동의 사자(使者)로서 등장한다. 마르실리우스 피치노는 이탈리아 르네상스의 다른 그리스도교 플라톤주의자들과 마찬가지로 (매우 광범위한 의미에서의) 플라톤주의에 의해서 개인적으로 현혹되었을 뿐만 아니라, 또한 그리스도교에서 소외된 그런 사람들이 플라톤주의를 신의 계시에 이르는 단계로 간주하도록 인도됨으로써 그리스도교로 회복될 수 있다고 생각하였다. 다른 말로 하면 한편으로는 고전적인 사유의 아름다움과 다른 한편으로는 그리스도교 사이에서 어떤 선택을 할 필요가 없었다. 사람들은 이 둘을 모두 누릴 수 있다. 그러나 사람들이 아리스토텔레스를 플라톤에 반대했다고 설정한 사람들이 해석한 대로 아리스토텔레스주의의 희생양으로 전락하여 자연주의적 의미로 플라톤을 이해하고 인간영혼의 불멸성을 부정한다면, 그들은 플라톤-그리스도교적 유산을 누릴 수 없다.

마르실리우스 피치노의 영향을 받았던 학파의 가장 잘 알려진 일원은 아마도 조반니 피코 델라 미란돌라(John Pico della Mirandola, 1463-1494)였을 것이다. 조반니는 그리스어와 헤브라이어 모두에 능통했고, 24살이 되던 해에 로마에서 모든 신입자들을 상대로 900개의 논제를 방어하기로 계획을 세웠다. 그의 목적은 헬레니즘과 (유대

---

3   그리스-로마 세계에서 종교적, 신지학(神智學)적, 철학적, 의학적, 천문학적, 연금술적인 주제들을 다루는 주목할 만한 문헌은 헤르메스주의(Hermetic) 문헌으로 인식되었다. 그것은 어떤 점에서는 이집트의 신(神) 토트(Thoth)였던 '세 번 위대한 헤르메스(thrice-great Hermes)'의 보호에 기여하였으며, 보호 아래 놓여있었다. 즉 이 신은 그리스에서는 헤르메스신과 동일시되었다.

신비주의 형식에서의) 유대교(Judaism)가 어떻게 해서 플라톤적 그리스도교적 체계로 종합될 수 있는가를 보여주는 일이었다. 그러나 이 논쟁은 교회의 권위에 의해 금지되었다. 종합주의를 지향하는 조반니의 성향은 (미완성의) 『플라톤과 아리스토텔레스의 일치』(*De concordia Platonis et Aristotelis*)의 저술에서 나타났다.

미란돌라는 신플라톤주의와 위 디오니시우스의 '부정신학'(negative theology)의 영향을 강하게 받았다. 신은 일자(the One)이다. 그러나 신은 존재자가 아니라 존재자를 넘어선 것이다.[4] 신은 실로 모든 사물들이다. 왜냐하면 신은 자신 안에 모든 완전함들을 포함하고 있기 때문이다. 그러나 신은 이러한 완전함들을 우리의 지성을 능가하는 형용할 수 없는 방식으로 자신의 불가분의 통일안에 포함한다.[5] 우리와 관련해서 말한다면, 신은 어둠 속에 있다. 우리는 창조된 완전함의 한계를 부정하는 방식으로 철학적으로 신에게 다가간다. 삶은 하나의 완전함이다. 지혜는 또 다른 완전함이다. 이들 완전함과 모든 다른 완전함들의 특수성과 한계에 대해 생각하라. 그러면 없어지지 않고 있는 것은 신이다. 당연히 이것은 범신론적으로 이해되어서는 안 된다. 신은 일자이며, 신이 창조한 세계를 초월한다.

세계는 상이한 수준의 실재에 속해 있는 존재들로 구성되어 있는 조화로운 체계이다. 미란돌라는 신이 세계의 본성을 사변하도록, 세계의 아름다움을 사랑하도록, 세계의 위대함을 찬탄하도록 사람들을 창조하고 싶어 했다고 말한다. '그러므로 모든 사물은 (모세와 티마이오스(Timaeus)가 증명하고 있듯이) 이미 완벽하게 창조되었고, 신은 최종적으로 인간을 창조하기로 마음먹었다.'[6] 그러나 신은 인간이 위반할 수 없는 우주에서의 일정하고 특이한 장소 또는 법들을 인간에게 부여하지 않았다. '나는 세계 한가운데에 그대를 위치시켰다. 그러므로 그대는 세계 안에 있는 모든 것들을 보다 쉽게 볼 수 있다. 우리는 그대를 천계의 존재자로도 지상의 존재자로도, 가사적(可死的)으로도 불멸적으로도 만들지 않았으며, 그래서 그대는 그대 자신에 대한 자유롭고도 주권적인 기술자로서 그대가 선호하는 형태로 그대 자신을 주조하고 조각할 수

---

4   다음을 참조. 『존재와 일자』(*De ente et uno*), 4.
5   같은 책, 5.
6   『인간의 존엄에 관한 연설』(*Oratio de hominis dignitate*), ed. E. Garin, 104.

있다. 그대는 열등한 것으로, 즉 금수로 (열등한 것의 수준으로) 떨어져버릴 수도 있을 것이고, 너의 의지에 따라서 보다 우월한 것, 즉 신으로 (그런 수준으로) 재탄생할 수도 있을 것이다.[7] 인간은 소우주이다. 그러나 그는 자신을 타락시키거나 상승시킬 수 있는 자유라는 선물을 얻었다. 그래서 조반니는 점성술가들의 결정론에 대해 적대감을 가지고 있었고, 점성술가들에 반대해서 『천문서』(In astrologiam libri XII)를 저술했다. 더욱이 그의 인간관은 그리스도교적이다. 세계 또는 우주에는 세 개의 '세계들', 즉 금수와 인간이 거주하는 달 아래의 세계, 행성들이 그 안에서 빛을 발하는 천체적 세계, '천사들의 주소지'인 초천체적 세계가 존재한다. 그러나 그리스도는 십자가의 수난을 통해서 인간이 초천체적 세계, 심지어는 신 자신에게로 나아가는 길을 열어주었다.[8] 인간은 저급한 하등동물의 머리이자 종합이고, 그리스도는 인류의 머리이다.[9] 또한 그리스도는 신의 언어로서 말한다면 '신이 하늘과 땅을 만든 시작'[10]이다.

　점성술가들에 반대하는 자신의 저술에서 미란돌라는 자연의 마법적 개념에 반대하였다. 점성술이 자연의 조화로운 체계와 모든 사건들의 상관성(相關性)에 대해 믿는 한, 그것은 참이든 거짓이든 간에 합리적 체계이다. 그러나 점성술은 합리적 근거를 가지고 있지 못하며, 더욱이 모든 지상의 사건이 천체에 의해서 결정되어 있다는 믿음과 어떤 상징들의 인식을 소유하는 사람이 이런 상징들을 올바로 사용함으로써 사물들에 영향을 미친다는 믿음을 가지고 있었다. 조반니가 반대하는 것은 인간 행위에 대한 결정론적 시각과 마술에 대한 믿음이었다. 사건들은 인과법칙에 의해 지배받는다. 그러나 원인들은 자연 안에서 그리고 세계 안에 있는 여러 사물들의 형태 안에서 찾아져야 하며, 별에서 찾아져서는 안 되고, 마법적 인식과 상징들의 사용은 무지한 미신에 불과하다.

　마지막으로 사람들은 플라톤에 대한 조반니의 열광과 그리스와 이슬람 저자들뿐 아니라 동방의 인물들에 대해 인용하기를 좋아하는 그의 태도는 그가 아리스토텔

7　같은 책, 106.
8　『헵타플루스』(Heptaplus), ed. E. Garin, 186-188.
9　같은 책, 220.
10　같은 책, 244.

레스를 존중하지 않았다는 것을 의미하는 것은 아니었다는 점을 지적할 수 있다. 이미 언급된 것처럼 그는 플라톤과 아리스토텔레스의 일치에 관해 저술하였으며, 『존재와 일자』(*De ente et uno*)의 「서문」(*Proœmium*)에서 이러한 일치를 자신이 믿고 있음을 주장하였다. 예컨대 이 책의 제4장에서 존재는 일자에 종속하고 신을 포함하지 않는다는 사실을 플라톤은 알았으나 아리스토텔레스는 알지 못했다고 생각하는 사람은 '아리스토텔레스를 읽지도 않은 사람'이라고 언급했다. 왜냐하면 아리스토텔레스는 이러한 진리를 '플라톤보다 훨씬 더 분명하게' 표현하였기 때문이다. 물론 조반니가 아리스토텔레스를 정확히 해석하고 있는지 여부는 별개의 문제이지만, 그는 분명히 광신적인 반(反)아리스토텔레스주의자는 아니었다. 스콜라철학자들에 관해서 그는 그들을 인용하고 있으며, 그는 성 토마스에 대해 '우리 신학의 광채'[11]라고 말한다. 조반니는 배타적이라 불리기에는 너무나 융합주의적이다.

미란돌라는 그의 만년에 사보나롤라(Savonarola, 1452-1498)의 영향을 받았는데, 사보나롤라는 미란돌라의 조카인 조반니 프란치스코 피코 델라 미란돌라(John Francis Pico della Mirandola, 1469-1533)에게도 영향을 미쳤다. 조반니 프란치스코는 『예지(豫知)』(*De praenotionibus*)에서 신의 계시 기준을 논하고 있으며, '영적인 빛'(inner light) 속에서 주요한 기준을 발견한다. 철학 그 자체에 관해서 말한다면 그는 아리스토텔레스와 플라톤을 일치시키려고 시도한 그의 삼촌의 예를 따르지 않았다. 반대로 그는 『그리스도인에 대한 참된 가르침과 거짓된 가르침의 검토』(*Examen vanitatis doctrinae gentium et veritatis Christianae disciplinae*)에서 아리스토텔레스의 인식이론을 예리하게 공격하였다. 그의 주장에 따르면 아리스토텔레스주의자들은 그의 철학을 감각경험에 기초 짓고 있는데, 이 경험은 증명의 과정에서 사용되는 가장 일반적인 원리들의 원천이기도 한 것으로 가정된다. 그러나 감각경험은 사람들에게 대상 자체들에 대해서보다는 지각하는 주관의 조건에 대해 알려주고, 그래서 아리스토텔레스주의자는 자신의 경험주의적 기반에서부터 실체 또는 본질의 인식에로 결코 나아갈 수 없다.

다른 플라톤주의자들 중에 우리는 레오 헤브라에우스(Leo Hebraeus, 1460-1530

---

11   같은 책, 222.

년경)를 언급할 수 있다. 그는 포르투갈 출신의 유대인으로 이탈리아에 와서 신의 지성적 사랑에 관해『사랑의 대화』(Dialoghi d'amore)를 저술하였다. 사람들은 신의 지성적 사랑에 의해서 아름다움을 절대적 아름다움의 반영으로서 파악한다. 일반적으로는 사랑에 대한 그의 견해는 이 주제에 관련하여 르네상스 문학에 영향을 주었고, 반면에 특수하게는 신의 사랑에 대한 그의 생각은 스피노자에게 영향을 끼쳤다. 요하네스 로이힐린(John Reuchlin, 1455-1522)도 여기에서 언급될 수 있겠다. 이 박학한 독일인은 라틴어와 그리스어에 통달했을 뿐 아니라. 헤브라이어를 독일에 소개하여 헤브라이어의 연구를 촉진했고, 프랑스와 이탈리아에서 학문 연구를 했으며, 그곳에서 로마로 와서 조반니 피코 델라 미란돌라의 영향 아래 있게 되었다. 1520년에 그는 잉골슈타트(Ingolstadt) 대학교에서 헤브라이어와 그리스어의 교수가 되었으나, 1521년 튀빙겐(Tübingen) 대학교로 옮겨 갔다. 현세와 내세에서 행복의 승리로서의 철학 기능을 추구하면서 그는 아리스토텔레스의 논리학과 자연철학을 거의 활용하지 않았다. 유대 신비주의(Jewish Cabbala)에 강력하게 끌려서 그는 신적인 신비들에 대한 깊은 인식이 그 원천에서부터 획득되어야 한다고 생각하였다. 그리고 그는 유대 신비주의에 대한 자신의 열망과 신피타고라스주의의 수 신비주의(number-mysticism)에 대한 열망을 결합하였다. 그의 견해에 따르면 피타고라스(Pythagoras)는 그의 지혜를 유대적 원천에서 이끌어내었다. 다른 말로 하면 로이힐린은 비록 저명한 학자이긴 하지만 유대 신비주의의 매력과 수 신비주의의 환상이 가져다주는 매력의 희생물이 되었다. 이러한 관점에서 그는 이탈리아의 플라톤주의자보다는 독일의 신지론(神智論)과 르네상스의 비학(祕學)에 더 가깝다. 그러나 그는 피렌체의 플라톤 학파의 영향과 피타고라스주의에 대해서도 높이 생각했던 조반니 피코 델라 미란돌라의 영향을 분명히 받았으며, 이런 이유 때문에 그는 이탈리아의 플라톤주의와 연관되어 있다고 언급할 수 있다.

이탈리아에서 부활된 플라톤주의가 신플라톤주의라고 불리는 것은 정당하기도 하고 더 적절하기도 하다는 점이 분명해진다. 그러나 이탈리아 플라톤주의의 영감은 일차적으로는 학문에 대한 관심, 예를 들면 플라톤의 이론과 플로티노스의 이론을 구별하고 그들의 관념들을 비판적으로 재구성하고 해석하는 데 대한 관심을 가지지 않았다. 플라톤적 전통은 인간의 최고의 잠재성들을 가능한 완전하게 발전시켜야 한다는 르네상스 플라톤주의자들의 믿음, 그리고 자연을 신의 표현이라고 보는 그들의 믿음에 대한 틀을 촉진하였고 제공하였다. 그러나 그들이 인간의 인격성 그 자체의 가치와 가능성에 대한 강한 믿음을 가지고 있었지만, 그들은 인간을 신이나 그의 동료 인간으로부터 분리하지 않았다. 그들의 인문주의는 무신앙을 포함하지도 않았고 과장된 개인주의도 포함하지 않았다. 그리고 비록 그들이 자연과 아름다움에 대해 강한 감정을 가지고 있었지만, 그들은 자연을 신격화하지도 않았고 자연을 신과 동일시하지도 않았다. 그들은 범신론자들이 아니었다. 인문주의와 자연에 대한 그들의 감정은 르네상스의 특징이었다. 그러나 자연에 대한 범신론적 견해에 대해서 우리는 르네상스 사상의 다른 국면에 눈을 돌려야 하고, 피렌체 아카데미에 눈을 돌려서는 안 되며, 일반적으로 말하면 이탈리아 플라톤주의에 눈을 돌려서는 안 된다. 또한 우리는 이탈리아 플라톤주의자들에서 그리스도의 계시 관념과 교회의 관념을 폐기하는 개인주의를 발견하지 못한다.

제14장

아리스토텔레스주의

──────── **1. 아리스토텔레스 논리학에 대한 비판자들**

스콜라철학의 방법과 아리스토텔레스의 논리학은 다수의 인문주의자들에 의해 공격의 대상이 되었다. 그리하여 로렌초 발라(Laurentius Valla) 또는 로렌초 델라 발레(Lorenzo della Valle, 1407-1457)는 아리스토텔레스의 논리학을 구체적이고 사실적인 인식을 표현할 수도 그런 인식에로 나아갈 수도 없는 난해하며, 인위적이고, 추상적인 기획이라고 공격하였다. 『아리스토텔레스에 대한 변증법적 논박』(*Dialecticae disputationes contra Aristotelicos*)에서 그는 자신이 아리스토텔레스적 · 스콜라주의적 논리학과 형이상학의 공허한 추상이라고 간주하였던 것에 대해 논박을 수행했다. 발라의 견해에 따르면 아리스토텔레스의 논리학은 대체로 언어적인 야만주의에 의존하고 있기 때문에 궤변적이다. 생각의 목적은 사물들을 인식하는 것이고, 사물들의 인식은 말로 표현되며, 낱말의 기능은 사물들의 규정에 대한 통찰을 명확한 형식으로 표현하는 것이다. 그러나 아리스토텔레스 논리학에서 사용되는 많은 용어들은 사물들의 구체적인 성격에 대한 통찰을 표현하지 않고, 실재에 대해서는 전혀 표현하지 못하는 인위적 구성물이다. 말의 개혁은 필요하고 논리학은 '수사학'에 종속하는 것으로 인식되어야 한다. 웅변가는 혼란되고 냉혹하며 무미건조한 변증론자보다 모든 주제를 훨씬 더 분명하고, 심원하고 숭고한 방식으로 다룬다.[1] 발라에 있어서 수사학은 단순히 생각을 아름답거나 적절한 언어로 표현하는 기술이 아니다. 하물며 그것은 다른 사람들을 '수사학적으로' 설득하는 기술은 더더욱 아니다. 그것은 구체적인 실재에 대한 실제적인 통찰의 언어적 표현을 의미한다.

플라톤과 아리스토텔레스보다는 스토아철학자들이나 에피쿠로스철학자들에 더 주목하면서 발라는 『쾌락』(De voluptate)에서 에피쿠로스 철학자들은 인간이 쾌락과 행복을 추구하고 있다는 점을 강조한 점에서 옳다고 주장하였다. 그러나 그리스도인으로서 그는 인간의 완전한 행복은 현세에서 발견되는 것이 아니라는 점을 추가하였다. 신앙은 삶을 위해서 필요하다. 예를 들면 인간은 자유를 의식한다. 그러나 『자유의지』(De libero arbitrio)에서 발라가 주장한 바에 따르면 인간의 자유는 이성의 자연적 빛이 볼 수 있는 한에서 신의 전능과 일치할 수 없다. 이 양자의 일치는 신앙에 근거해서 받아들이지 않으면 안 되는 신비이다.

논리학에 대한 발라의 사상은 루돌프 아그리콜라(Rudolf Agricola, 1443-1485)의 『변증법적 발견』(De inventione dialectica)에 의해 수용되었으며, 다소 유사한 견해가 스페인의 인문주의자인 루이스 비베스(Luis Vives, 1492-1540)에 의해 주장되었다. 비베스에 대해서 주목할 만한 가치가 있는 점은 아리스토텔레스의 과학, 의학, 수학 사상들의 무조건적 수용을 그가 거부하였다는 것, 그리고 과학에의 과정이 현상의 직접적인 관찰에 의존한다고 그가 주장한 것이다. 『영혼과 생명』(De anima et vita)에서 그는 심리학에서 관찰의 가치를 인정할 것을 요구하였다. 사람들은 고대인이 영혼에 관해 말했던 것에 만족해서는 안 된다. 그 자신의 독자적인 방식으로 기억, 감정 등을 다루었으며, 예를 들어 연상의 원리를 진술하였다.

일반학으로서 '수사학'의 중요성은 유명한 『키케로 사전』(Thesaurus Ciceronianus)의 저자인 마리우스 니졸리우스(Marius Nizolius, 1488-1566 또는 1498-1576)에 의해 크게 강조되었다. 『반(反)야만 철학 또는 거짓 철학에 반대하는 철학의 참된 원리와 참된 본성』(the Antibarbarus philosophicus sive de veris principiis et vera ratione philosophandi contra pseudo-

---

1 　　『쾌락』(De voluptate), 1, 10.

philosophos)과 같은 철학 저술들에서 그는 판단의 독립을 선호하면서, 앞선 철학자들에 지나칠 정도로 따르는 것을 일체 거부하였다. 좁은 의미에서의 철학은 사물들의 특성들에 관심을 가지고, 자연학과 정치학을 포함하지만, 수사학은 일반학으로서 낱말들의 의미와 올바른 사용에 관심을 갖는다. 그래서 수사학은 영혼이 신체에 대해 관계하는 것과 같은 방식으로 다른 학문들과 관계한다. 수사학은 다른 학문들의 원리이다. 그것은 니졸리우스에 있어서 공적인 연설의 이론과 기술을 의미하지 않는다. 수사학은 '의미'의 일반학이다. 그리고 수사학은 모든 형이상학과 존재론에 독립해 있다. 예를 들어 수사학은 일반적인 낱말의 의미, 즉 보편개념의 의미가 어떻게 해서 보편의 객관적 존재에서 독립해 있는지 또는 그런 존재를 요구하지 않는지를 보여준다. 보편개념은 인간의 정신으로 하여금 어떤 부류의 모든 개별적 구성원들을 '포괄'하도록 만드는 정신작용을 나타낸다. 마음으로 하여금 사물들의 형이상학적 본질을 보편개념에서 파악하도록 하는 정신작용이란 의미에서의 추상이란 존재하지 않는다. 오히려 마음은 보편개념 안에서 같은 부류의 개별자들에 대한 정신의 경험을 나타낸다. 연역 삼단논법에서 정신은 일반 또는 보편에서 특수로 추리하는 것이 아니라, 전체에서 부분으로 추리한다. 그리고 귀납법에서 정신은 특수에서 보편으로 나아가는 것이 아니라 부분에서 전체로 나아간다. 1670년 라이프니츠는 사고의 일반적 형식을 존재론적인 전제에서 벗어나게 하려는 이 저자의 시도를 칭찬하지만, 귀납에 대한 그 저자의 부적절한 개념을 비판하면서 니졸리우스의 저서인『거짓 철학에 반대하는 철학의 참된 원리와 참된 본성』을 재출간하였다. 그러나 니졸리우스가 논리학을 형이상학으로부터 순수하게 하려는 시도를 했고, 논리학을 언어적 관점에서 다루려고 시도했음에도 불구하고, 나로서는 추상(*abstractio*) 대신에 포괄(*comprehensio*)을 선택한 그의 시도 그리고 특수와 보편의 관계 대신에 부분과 전체의 관계를 선택한 그의 시도가 보편에 관한 논의에 별로 도움이 되지 않은 것처럼 보인다. 존재하는 것은 단지 개별자들일 뿐이라는 점은 모든 중세의 반-실념론자들의 일치된 견해였다. 그러나 보편이 포괄이라고 불리는 심적 행위에 의해서 일어나는 집합 개념들이라고 말하는 것은 계몽적이지 못하다. 일정한 부류에 속하는 것으로서의 개별자들의 모임들을 정신에 '포괄'하게 만드는 것은 무엇인가? 그것은 단지 유사한 성질들의 나타남에 불과한

가? 이것이 나졸리우스가 의미했던 것이라면, 명사론(terminism)에 이미 존재하지 않았던 것에 무언가를 그가 추가했다고 말해질 수는 없다. 그러나 그는 사실 인식에서 우리는 사물들 그 자체로 나아가야 한다고 주장했으며, 사물들의 본성이나 특성에 관한 정보를 위해서는 형식 논리학을 고려하는 일은 쓸모없는 일이라고 주장하였다. 이런 식으로 그의 논리적 견해는 경험주의 운동의 성장에 기여하였다.

아리스토텔레스적-스콜라적 논리학의 인위적 성격은 유명한 프랑스 인문주의자인 페트루스 라무스(Petrus Ramus 또는 Pierre de la Ramée(피에르 드 라뮈), 1515-1572)에 의해서도 주장되었다. 그는 칼뱅주의자가 되었고, 성 바르톨로뮤 전야(Bartholomew's Eve)의 대량 학살 때 살해되었다. 참된 논리학은 자연 논리학이다. 그것은 올바른 발언에서 표현되는 인간의 자발적이고 자연스러운 사고와 추리를 지배하는 법칙들을 형식화한다. 그리하여 참된 논리학은 논쟁술(ars disserendi)이며, 수사학과 밀접한 연관을 가진다. 『변증법론』(Institutionum dialecticarum libri III)에서 페트루스 라무스는 이 자연 논리학을 두 부분으로 구분했는데, 첫째는 '발견'(De inventione)에 관한 것이고, 둘째는 판단(De iudicio)을 다루고 있다. 자연 논리학의 기능은 사람에게 사물들에 관한 물음에 대답할 수 있도록 만들기 때문에, 논리적 사고과정의 첫째 단계는 탐구하는 정신으로 하여금 제기된 물음을 해결하게 할 수 있는 관점 또는 범주를 발견하는 데서 성립한다. 이러한 관점 또는 범주들(라무스는 그것들을 로치(loci)라 칭한다)은 원인과 결과와 같은 원래적 또는 비파생적 범주들과 유, 종, 구분, 정의 등과 같은 파생적 또는 이차적 범주들을 포함한다. 둘째 단계는 제기된 물음에 대답하는 판단에 정신이 도달할 수 있는 그런 방식으로 이 범주들을 적용하는 것에서 성립한다. 판단의 취급에서 페트루스 라무스는 세 단계를 구분한다. 첫째는 삼단논법이고, 둘째는 체계, 즉 결론들의 체계적 연쇄의 형성이며, 셋째는 모든 학문과 지식을 신과의 관계 안으로 가져오는 것이다. 그래서 라무스의 논리학은 중요한 두 개의 부분으로 구성되는데, 하나는 개념에 관한 것이고, 다른 하나는 판단에 관한 것이다. 그는 새로운 것을 거의 제시하고 있지 못하며, 그의 이상은 연역 추리의 이상이었기 때문에, 그는 발견의 논리학의 발전에 대단히 긍정적인 기여를 할 수 없었다. 그러나 그가 실제적인 독창성을 결여했음에도 불구하고, 그의 논리적 저술들은 폭넓은 대중성을 특히 독일에서 획득했다. 독일에서, 라무스 지지자, 라무스 반대자, 반(¥) 라무스주의자들은 활발하게 논쟁을 벌였다.

발라, 니졸리우스, 라무스와 같은 사람들은 고전들, 특히 키케로의 저작들의 독서를 통해서 강력한 영향을 받았다. 키케로의 화법과 비교했을 때 아리스토텔레스의 논리적 저술들과 스콜라류의 저술들은 무미건조하고 난해하고 작위적인 것처럼 보였다. 다른 한편 키케로의 연설에서 인간정신의 자연적 논리학은 구체적인 질문과 연관하여 표현되었다. 그러므로 그들은 '자연적' 논리학과 수사학 또는 연설과 이 논리학이 밀접한 연관을 가진다는 사실을 강조하였다. 그들은 플라톤의 변증법을 아리스토텔레스의 논리학과 분명히 대비시켰다. 그러나 스콜라주의에 대한 인문주의적 반동의 표현으로서 간주되어야 한다는 논리학에 대한 그들의 견해를 구축하는 데 있어 키케로는 플라톤보다 실제로 더 중요한 인물이었다. 그러나 수사학에 대한 그들의 강조는 그들이 실제로 형식 논리학자들의 견해를 상당 부분 유지했다는 사실과 결부되면서, 그들이 과학의 방법이나 논리를 거의 발전시키지 못했다는 것을 의미했다. 그들의 슬로건 중 하나가 추상적인 개념들보다는 '사물들'이었다는 것은 사실이다. 이런 관점에서 그들은 경험주의적 견해를 촉진했다고 말해질 수 있다. 그러나 일반적으로 그들의 태도는 과학적이라기보다는 심미적이었다. 그들은 인문주의자들이었고, 그들의 기획된 논리학 개혁은 경험과학에 대한 관심에서라기보다는 인문주의, 즉 문화적 표현 그리고 더 깊은 수준에서 인간성의 고양에 대한 관심으로 이해되었다.

──────── **2. 아리스토텔레스주의**

아리스토텔레스적-스콜라적 논리학에 대한 반대자로부터 아리스토텔레스주의자들에게로 관심을 돌릴 때, 우리는 먼저 아리스토텔레스의 저술들에 대한 연구를 촉진했고 이탈리아의 플라톤주의자들에 반대했던 한두 학자를 언급할 수 있다. 트레비존드의 게오르기오스(George of Trebizond, 1395-1484)는 예를 들어 다수의 아리스토텔레스 저술들을 번역하였고 주해하였으며, 플레톤을 신플라톤주의적인 이교도 종교의 기초자가 되기를 희망하는 사람으로 공격하였다. 게오르기오스와 마찬가지로 가자의 테오도르(Theodore of Gaza, 1400-1478)는 가톨릭으로 개종하였으며, 역시 플레톤의 반대자였다. 그는 아리스토텔레스와 테오프라스투스(Theophrastus)의 저술들을 번역하였다. 그리고『자연은 숙고하지 않는다는 것』(ὅτι ἡ φύσις οὐ βουλεύεται)에서 그는 아리스토텔레스에 따를 경우 자연 안에 존재하는 목적성이 실제로 자연에 귀속되는지 어떤지에 대한 문제를 논의했다. 헤르몰라우스 바바루스(Hermolaus Barbarus, 1454-1493)도 아리스토텔레스의 저술들과 테미스티오스(Themistius)의 주해들을 번역하였다. 이런 종류의 아리스토텔레스주의 학자들은 대부분 플라톤주의에 대한 반대자들이면서 동시에 스콜라주의의 반대자들이었다. 예를 들어 바바루스의 견해에 따르면, 성 알베르투스 마그누스, 성 토마스 그리고 아베로에스는 모두 철학적인 '야만인'이었다.

아리스토텔레스주의 진영은 아베로에스의 정신에 따라서 아리스토텔레스를 해석한 사람들과 아프로디시아스의 알렉산드로스(Alexander of Aphrodisias)의 정신에 따라서 아리스토텔레스를 해석한 사람들로 나누어졌다. 당대 사람들의 큰 주목을 받았던 두 진영 사이의 차이는 아베로에스주의자들이 모든 인간 안에 오직 하나의 불멸의 지성만이 존재한다고 주장하였던 반면에, 알렉산드로스주의자들은 인간 안에는 불멸의 지성이 존재하지 않는다고 주장하였다는 사실에 있다. 두 진영 모두 인간의 불멸성을 그런 식으로 부인하였기 때문에, 그들은 플라톤주의자들의 적개심을 불러일으켰다. 예를 들어 마르실리우스 피치노(Marsilius Ficinus)는 두 진영이 불멸성과 신의 섭리를 부정함으로써 종교를 죽여 버렸다고 선언하였다. 제5차 라테란 공의회 (the fifth Lateran Council, 1512-1517)에서 인간의 이성적 영혼에 관한 아베로에스주의자들과 알렉산드로스주의자들의 이론들이 유죄판결을 받았다. 그러나 시간이 지남에 따라 전자는 아베로에스주의에서 신학적으로 반대될 수 있는 면들을 크게 수정하였다. 아베로에스주의는 아베로에스의 독특한 철학적 사상들을 엄격하게 고수하는 문제가 아니라 학문의 문제가 되려는 경향을 가졌다.

아베로에스주의 진영의 본거지는 파도바였다. 1471년에서 1499년까지 파도바 대학교에서 강의하였던 니꼴레또 베르니아스(Nicoletto Vernias)는 처음에는 모든 인간 안에 하나의 불멸적 이성이 있다는 아베로에스 이론을 주장하였으나, 뒤에 신학적으로 정통하지 않은 자신의 견해를 포기하였고, 각 인간이 개인의 불멸적인 이성적 영혼을 가진다는 입장을 옹호하였다. 동일한 점이 베르니아스의 학생이었으며, 아리스토텔레스의 저술들에 대한 주해들의 저자인 아고스티노 니뽀(Agostino Nipho or Augustinus Niphus, 1473-1546)에 대해서도 적용될 수 있다. 니뽀는 처음에는 자신의 『지성과 데몬』(*De intellectu et daemonibus*)에서 아베로에스주의 이론을 옹호했으나, 나중에 그것을 버렸다. 1518년 폼포나치(Pomponazzi)에 반대하여 저술하였던 『영혼의 불멸성』(*De immortalitate animae*)에서 그는 아프로디시아스의 알렉산드로스가 제시한 해석에 반대해서 아리스토텔레스의 이론을 토마스주의적으로 해석한 것이 진리라고 주장하였다. 또 우리는 처음에는 파도바 대학교에서 가르쳤고, 뒤에 볼로냐 대학교에서 가르쳤던 알렉산드로스 아칠리니(Alexander Achillini, 1463-1512)와 마르쿠스 안토니우스 찌마라(Marcus Antonius Zimara, 1460-1532)를 언급할 수 있다. 아칠리니는 아리스토텔레스가 교회의 정통적인 가르침에서 벗어날 경우 아리스토텔레스는 정정되어야 한다고 주장한 반면에, 아리스토텔레스와 아베로에스를 주해하였던 찌마라는 인간지성에 관한 아베로에스의 이론을 모든 인간이 공통적으로 인지하고 있는 가장 일반적인 지식원리의 통일성에 대한 언급으로서 해석했다.

알렉산드로스주의자 진영의 가장 중요한 인물은 만투아(Mantua) 출신의 피에트로 폼포나치(Pietro Pomponazzi, 1462-1525)로서, 그는 파도바 대학교, 페라라(Ferrara) 대학교, 볼로냐 대학교에서 성공적으로 강의를 하였다. 그러나 우리들이 폼포나치를 아프로디시아스의 알렉산드로스의 계승자로 묘사하고 싶어 한다면, 그에 대해 분명하게 영향을 끼쳤던 것은 알렉산드로스의 아리스토텔레스적 요소들이었지, 알렉산드로스 자신이 발전시킨 아리스토텔레스 이론이 아니었다는 점을 추가해야 한다. 폼포나치가 마음속에 품었던 것처럼 보이는 목표는 비아리스토텔레스적인 부속물들을 제거하고 아리스토텔레스를 순수하게 하는 것이었다. 그래서 그는 자신이 진정한 아리스토텔레스주의의 곡해라고 생각하였던 아베로에스주의를 공격하였다. 그리하여 『영혼의 불멸성』(1516)에서 그는 영혼을 신체의 형상 또는 엔텔레키(entelechy)로서 간주하는 아리스토텔레스의 사상을 견지하였고, 그것을 아베로에스주의에 대해 반대하는 데 사용했을 뿐만 아니라, 토마스주의자들처럼 인간영혼이 신체와 자연스럽게 분리될 수 있으며 불멸한다는 것을 보여주려고 했던 사람들에 반대하는 데도 그것을 사용하였다. 그의 핵심은 인간의 영혼이 그것의 감성적 작용에서와 같이 그것의 이성적 작용에서도 신체에 의존한다는 것이다. 자신의 논증과 자신이 그 논증에서 도출한 결론을 지지하면서 그는 아리스토텔레스의 실천에 따라서 관찰 가능한 사실들에 호소한다. 물론 이것은 폼포나치가 끌어들였던 관찰 가능한 사실들에서부터 아리스토텔레스가 동일한 결론을 도출하였다고 말하는 것은 아니다. 그러나 폼포나치는 경험적 증거에 호소한 점에서 아리스토텔레스를 따랐다. 왜냐하면 대체로 그 증거는 관찰 가능한 사실들과 양립할 수 있고, 이 관찰 가능한 사실들에 근거해서 그는 인간의 이성적 영혼에 관한 아베로에스적 가설을 거부했기 때문이었다.

폼포나치는 모든 지식이 감각지각에 기원하고, 인간의 지성은 항상 상(image) 또는 환영(phantasm)을 필요로 한다는 것은 경험적으로 확인된 사실이라고 주장하였다. 다른 말로 하면 동물의 능력을 초월하는 지성적 작용조차도 신체에 의존한다. 그리고 동물의 감성적 영혼이 본질적으로 신체에 의존하는 반면에, 인간의 이성적인 영혼은 단지 비본질적으로 그것에 의존한다는 것을 보여주는 증거는 없다. 동물의 영혼이 구사할 수 없는 기능들을 인간의 영혼이 구사할 수 있다는 것은 전적으로 참이다. 그러나 인간영혼의 그러한 고차적인 기능들이 신체와 무관하게 구사될 수 있다는 것을 보여주는 증거는 없다. 예를 들어 인간의 정신은 확실히 자기의식 능력이라는 특징을 지닌다. 그러나 인간의 영혼은 독립되어 있는 지적인 실체가 그 능력을, 즉 직접적이고 즉각적인 자기직관의 능력을 소유하는 방식으로 그런 능력을 소유하고 있는 것은 아니다. 인간의 정신은 그 자신을 인식한다기보다는 어떤 사물을 인식할 때만 자기를 인식한다.[2] 심지어 짐승들도 어느 정도의 자기인식을 가진다. '짐승들이 자신을 인식한다는 점을 부인해서는 안 된다. 왜냐하면 짐승들은 자신과 자신의 종족들을 사랑할 때, 짐승들이 자신을 인식하지 못한다고 말하는 것은 완전히 멍청하고 불합리한 것처럼 보이기 때문이다.'[3] 인간의 자기의식은 금수(禽獸)들의 원시적인 자기의식

---

2   『영혼의 불멸성』(*De immortalitate animae*), 10; *Apologia*, 1, 3.
3   같은 곳.

을 넘어선다. 그럼에도 불구하고 인간의 자기의식은 영혼과 신체의 일치에 의존한다. 폼포나치는 지적 작용 자체가 분량과 관련되어 있는 것이 아니고, 또한 물질과 관련되어 있는 것이 아니라는 점을 부인하지는 않았고, 반대로 그는 그 점을 주장하였다.[4] 그러나 그는 인간영혼이 '비물질성에 개입하는' 것이 영혼이 신체와 분리되어 있다는 점을 의미하는 것은 아니라고 주장하였다. 토마스주의자들에 대해 그가 취한 중요한 반대는, 그의 관점에서 볼 때 토마스주의자들은 영혼이 형상이라는 것 그리고 영혼이 신체의 형상이 아니라는 것, 이 두 가지를 주장하였다는 것이다. 그가 생각하기에 토마스주의자들은 자신들이 받아들이기로 공언하였던 아리스토텔레스 이론을 진지하게 받아들이지 않았다. 그들은 아리스토텔레스의 이론을 위의 두 가지 방식으로 생각하려고 노력하였다. 플라톤주의자들은, 비록 그들이 심리학의 사실들에 충분히 주목하지 못했기는 하지만, 적어도 일관성은 유지하였다. 그러나 폼포나치 자신의 이론이 일관성을 유지하고 있다고 간주되기는 힘들다. 이성적 영혼의 물질주의적 견해를 거부하면서도,[5] 그는 사람들이 영혼의 지성적 삶에 대한 비물질적 특성에서부터 신체와 분리된 상태에서 존재할 능력을 그 영혼이 가지고 있다는 사실로 나아가는 논증을 펴는 것을 허용하지 않았다. 또한 '비물질성에 개입하는 것'(*immaterialis secundum quid*)과 같은 구절들이 의미하는 것을 정확하게 이해하는 것은 쉽지 않다. 만약 근대적 용어로 번역될 수 있다면, 아마도 폼포나치의 견해는 부수현상론(epiphenomenalism, 附隨現象論)이라 할 수 있겠다. 어쨌든 그의 주된 관점은, 경험적 사실들을 탐구해보면 인간의 영혼이 신체와 독립해서 구사할 수 있는 인지 또는 의욕의 양태를 이 영혼이 소유한다는 진술은 허용되지 않는다는 것, 그리고 신체의 형상으로서의 영혼의 위상이 영혼의 자연적 불멸성을 배제한다는 것이다. 자연적 불멸성을 소유하기 위해서 신체에 대한 영혼의 관계는 플라톤주의자들에 의해서 수용되어야 하는 것이지만, 플라톤 이론이 진리라는 어떤 경험적 증거도 없다. 여기에다 폼포나치는 존재자들의 등급의 개념을 수용하면서 이로부터 연역된 몇몇 고려들을 추가하였다. 인간의 이성적 영

---

4 『영혼의 불멸성』, 9.
5 다음을 참조. 같은 책, 9-10.

혼은 그 등급에서 중간을 차지한다. 낮은 수준의 영혼과 다르게 인간의 이성적인 영혼은 그것의 보다 높은 작용에서 물질을 초월함에도 불구하고, 이 낮은 단계의 영혼들과 마찬가지로 이 이성적인 영혼은 신체의 형상이다. 이성적인 영혼은 독립적인 지성들(Intelligences)과 달리 구체적인 특수자와 관계 속에서 그리고 특수자와 함께할 때만 그렇게 할 수 있음에도 불구하고, 이 지성들과 마찬가지로 본질들을 이해한다.[6] 인간의 이성적 영혼은, 감각지각에 의해 공급된 인식의 재료를 사용하면서 물질을 초월함에도 불구하고, 이 영혼은 인식의 재료를 위해 신체에 의존한다.

폼포나치의 이론이 일관성이 없다는 점은 위에서 언급되었다. 그리고 이러한 비일관성이 어떻게 부정될 수 있는지에 대해서는 나는 알지 못한다. 그러나 그가 이성적으로 확립된 영혼의 불멸성을 인정하기 전에, 두 가지 조건들의 충족이 그에게 필요했다는 점은 기억해야 한다.[7] 첫째로 지성 그 자체는 지성으로서의 자신의 본성에서 물질을 초월하다는 점이 밝혀져야 한다. 둘째로 이 지성이 인식의 재료를 획득할 때 신체에 독립해 있다는 점이 밝혀져야 한다. 첫 번째 입장을 폼포나치는 수용하였다. 두 번째 입장을 그는 경험적 사실과 반대되는 것으로 간주하였다. 그러므로 영혼의 자연적 불멸성은 이성만으로 증명될 수 없다. 왜냐하면 그것이 증명되기 위해서는 두 입장 모두가 확립되어야 하기 때문이다.

폼포나치는 자신의 이론에 대해 제기된 도덕적 반대들에 대해 고찰하였다. 도덕적 반대들에 의하면 폼포나치의 이론이 첫째, 내세에서의 상벌을 부정함으로써, 둘째, 신적 정의가 현세에서 분명히 항상 실현되는 것이 아님에도 불구하고 신적 정의의 작용을 현세에 제한함으로써, 셋째, 이것은 가장 중요한 것인데, 인간에게서 인간의 궁극적인 목적의 실현 가능성을 박탈함으로써, 도덕성을 파괴했다는 것이다. 첫째 점에 관하여 폼포나치는 덕이 그 자체 다른 모든 것들보다 선호될 수 있으며, 그 자체가 보상이라고 주장하였다. 자신의 나라를 위해서 죽건 불의나 죄의 행동을 범하기보다 죽음을 택하건, 인간은 덕을 획득한다. 죽음의 장소에서 죄나 불명예를 선택한다

---

6   보편에 대한 인간정신의 인식에 관해서는 예컨대 다음을 참조, *Apologia*, I. 3.
7   『영혼의 불멸성』, 4.

면, 그는 비록 불가피한 죽음이 다가오는 것이 약간 뒤로 연장된다 하더라도, 아마도 후대의 정신에서 부끄러움과 경멸의 불멸성을 빼고는 불멸성을 얻지 못한다.[8] 많은 사람들이 죽음은 모든 것을 종결 짓는다고 생각한다면, 그들이 죽음보다는 불명예나 악덕을 더 선호할 것이라는 것은 분명하다. 그러나 이것은 그들이 덕과 악덕의 참된 본성을 이해하지 못한다는 점을 보여줄 뿐이다.[9] 게다가 이것은 입법자와 통치자가 왜 상벌에 의존해야 하는가의 이유이다. 폼포나치에 따르면 어떤 경우에서건 덕은 그 자체로 보상이고, 덕 그 자체인 본질적 보상(*praemium essentiale*)은 우연적 보상(*praemium accidentale*, 덕 그 자체와 무관한 보상)이 증가하는 것에 반비례한다. 아마도 이것은 덕이 덕 그 자체보다는 다른 어떤 것을 획득할 목적으로 추구되는 데 반비례해서 덕이 감소한다는 것을 말하는 서투른 방식이다. 신의 정의에 대한 난점에 관해서 말한다면, 그는 어떤 선한 행위도 보상되지 않은 적이 없었고, 어떤 사악한 행위도 처벌되지 않았던 적이 없었다고 주장한다. 왜냐하면 덕은 그 자체로 보상이고, 악덕은 그 자체로 처벌이기 때문이다.[10]

인간의 목적 또는 인간 존재의 목적에 관해서 폼포나치는 인간의 목적이 도덕적 목적이라고 주장한다. 그것은 소수자에게만 허락되는 이론적인 관조(contemplation)일 수는 없다. 또한 그것은 기계적 기술에서 성립할 수 없다. 철학자가 되는 것 또는 건축가가 되는 것은 모든 사람의 능력 안에 있는 것이 아니다.[11] 그러나 유덕해지는 것은 모든 사람의 능력 안에 있는 것이다. 도덕적 완전성은 인류의 공통 목적이다. '만약 모든 사람들이 열성적이고 완전히 도덕적이라면, 그러나 모든 사람들이 철학자 또는 대장장이 또는 건축가인 것이 아니라 하더라도, 우주는 완전하게 보존될(*perfectissime conservaretur*) 것이기 때문이다.'[12] 이 도덕적 목적은 유한한 삶의 테두리 안에서 충분히 도달될 수 있다. 인간의 완전선의 도달이 불멸성을 요청한다는 칸트의 착상은

---

8   같은 책, 14.

9   같은 곳.

10   같은 책, 13-14.

11   같은 책, 14.

12   같은 곳.

폼포나치의 정신에는 낯선 것이었다. 인간은 불멸성의 자연적 욕구를 지닌다는 그리고 이러한 욕구는 좌절로 귀결될 수 없다는 논증에 대해서 그는 다음처럼 대답한다. 인간 안에 죽지 않으려는 자연적 욕구가 실제로 존재하는 한에서, 죽지 않으려는 동물의 본능과 그것이 근본적으로 다르지 않은 반면에, 파생적 또는 지성적인 욕구의 의미에 관한 한, 그러한 욕구가 비이성적일 수가 없다는 점이 우선 밝혀져야 하기 때문에, 그러한 욕구가 있다고 해서 그것이 불멸성의 논증으로서 사용될 수는 없다. 사람들은 모든 종류의 신적 은혜를 향한 욕구를 이해할 수 있다. 그러나 이로부터 그러한 욕구가 충족될 것이라는 점이 귀결되지는 않는다.[13]

『경이로운 원인의 자연적 결과에 관하여 또는 마법에 관하여』(*De naturalium effeduum admirandorum causis sive de incantationibus*, 일반적으로 *De incantationibus*로 알려져 있다)에서 그는 기적과 경이에 대한 자연적 설명을 제시하려고 노력했다. 그는 별의 영향에 대해 많이 다루었다. 그의 천문학적 설명은 당연히 그 성격상 자연주의적이었지만, 그러나 그 설명은 오류투성이였다. 그는 또 역사와 역사적 제도의 주기이론(週期理論), 즉 그가 분명히 그리스도교 자체에도 적용했던 이론을 수용하였다. 그러나 자신의 철학적 사상에도 불구하고, 폼포나치는 자신을 참된 그리스도인이라고 생각하였다. 예를 들어 철학은 인간영혼의 불멸성에 대한 증거가 없다는 점을 보여준다. 반대로 철학은 우리로 하여금 영혼의 유한한 성격을 요청하도록 한다. 그러나 우리는 계시에 의해서 인간영혼이 불멸이라는 사실을 안다. 이미 언급한 바와 같이, 인간의 유한성에 관한 폼포나치의 이론은 제5차 라테란 공의회에서 유죄판결을 받았고, 니푸스(Niphus)와 다른 사람들의 저술에서 비판받았다. 그러나 그는 더 이상의 심각한 어려움에 처하지는 않았다.

나폴리의 시몬 포르타(Simon Porta of Naples, 1555년 사망)는 『자연적 사물의 원리』(*De rerum naturalibus principiis*)와 『인간의 영혼과 정신』(*De anima et mente humana*)에서 인간영혼의 유한성에 관한 폼포나치의 이론을 계승하였다. 그러나 폼포나치의 모든 제자들이 그렇게 한 것은 아니었다. 그리고 우리는 아베로에스 학파도 자신의 원래 입장

---

13   같은 책, 10.

을 수정하려는 경향이 있었다는 점을 보았다. 마지막으로 우리는 아베로에스주의자들이라고도 알렉산드로스주의자라고도 분류할 수 없는 일단의 아리스토텔레스주의자들을 목격한다. 그리하여 안드레이 케살피노(Andrew Cesalpino, 1519-1603)는 아베로에스주의 진영과 알렉산드로스주의 진영을 화해시키려고 노력하였다. 아마 그는 그의 식물학 저술로 주로 알려진 인물이다. 1583년 그는 『식물론』(De plantis libri XVI)을 출간하였다. 야코부스 자바렐라(Jacobus Zabarella, 1532-1589)는 비록 열렬한 아리스토텔레스주의자였지만 많은 중요한 문제들을 결정하지 않은 채 남겨두었다. 예를 들어 만약 사람들이 운동의 그리고 세계의 영원성을 받아들인다면, 그들은 영원한 제1의 원동자를 받아들일 수 있다. 그러나 만약 사람들이 운동의 그리고 세계의 영원성을 부인한다면, 그들은 영원한 제1의 원동자를 받아들일 합당한 철학적 이유를 가지지 못한다. 어떤 경우에서든 천체 자체가 최고의 존재가 아니라는 것은 입증될 수 없다. 이와 유사하게 사람들이 영혼의 본성을 신체의 형상으로 간주한다면, 그들은 그 본성이 유한하다고 판단할 것이다. 그러나 사람들이 영혼의 지성적 작용을 인정한다면, 그들은 그 영혼이 물질을 초월한다고 볼 것이다. 다른 한편 능동적 지성은 신 자신이며, 이 신은 인간의 수동적 지성을 도구로서 사용한다. 그리고 인간의 영혼이 불멸인가 아닌가의 문제는 철학에 관한 한 결정되지 않은 채로 남겨진다. 자바렐라에 이어서 케이사르 크레모니누스(Caesar Cremoninus, 1550-1631)는 파도바 대학교의 교수직에 취임하였다. 크레모니누스도 사람들이 확실성을 가지고서 천체의 운동에서 원동자(原動者)로서의 신 존재를 논증할 수 있다는 점을 받아들이지 않았다. 다른 말로 하면 자연이 다소 독립적인 체계라는 관념은 점점 더 확고해졌다. 그리고 사실상 크레모니누스는 자연과학의 자율성을 주장하였다. 그러나 그 자신의 과학적 견해들은 아리스토텔레스의 견해에 의존했으며, 코페르니코스의 천문학을 포함하여 자연학의 보다 새로운 사상들을 거부하였다. 그는 아리스토텔레스 천문학을 버려야 할 경우를 대비해 망원경을 통해 들여다보는 것을 거부한, 갈릴레오의 친구였다고 한다.

폼포나치의 영향은 루실리우스 바니니(Lucilius Vanini, 1585-1619)에 의해 강하게 전해졌다. 바니니는 이교도란 이유로 툴루즈에서 교살되었고 불태워졌다. 그는 『신의 섭리의 원형극장』(Amphitheatrum aeternae providentiae, 1615), 『자연의 경이로운 비밀,

죽음의 여왕과 여신』(*De admirandis naturae reginae deaeque mortalium arcanis libri quatuor*, 1616)의 저자였다. 그는 비록 첫째 저술에서 감추었다고 전해졌던 무신론으로 인해 피소되었음에도 불구하고 일종의 범신론을 포용한 것처럼 보인다.

아리스토텔레스의 저술과 연관이 있는 학자들이 수행했던 연구와는 별개로, 내가 생각하기에는, 르네상스의 아리스토텔레스주의자들이 가치 있는 많은 것을 철학에 기여했다고 말할 수 없다. 폼포나치의 경우와 폼포나치와 가까운 인물들의 경우에 그들은 '자연주의적' 조망을 촉진했다고 말해질 수 있다. 그러나 새로운 자연학의 성장은 아리스토텔레스주의자들의 영향에 거의 속할 수 없다. 그것은 수학적 발전에 의해 크게 가능해졌고, 아리스토텔레스주의자들 때문이 아니라, 아리스토텔레스주의자들에도 불구하고 성장하였다.

북유럽에서 필리프 멜란히톤(Philip Melanchthon, 1497-1560)은, 스콜라적 아리스토텔레스주의의 결정적인 적이었던 마르틴 루터의 동료이자 협업자였음에도 불구하고, 자신을 인문주의자로서 돋보이게 하였다. 인문주의 운동의 정신 안에서 교육을 받았던 그는 결국 루터의 영향 아래 들어갔고, 인문주의를 거부하였다. 그러나 조망의 이런 협소함이 오래 지속되지 못했다는 사실은 그가 언제나 심정적으로는 인문주의자였다는 점을 보여준다. 그는 초기의 프로테스탄트 운동의 주도적 인문주의자가 되었으며, 그의 교육에 관련된 저술로 인해서 독일어 교사(*Praeceptor Germaniae*)로 알려졌다. 아리스토텔레스의 철학에 대해서, 비록 사상가로서는 다소 절충적인 입장을 가지고 있었지만, 그의 이상이 고전 저술가들과 복음의 연구를 통해서 도덕적 진보를 이루는 것이었기 때문에, 그는 아리스토텔레스의 철학을 찬양하였다. 그는 형이상학에는 별 관심이 없었고, 그의 논리 저술들에서 나타난 것처럼 그의 논리학에 대한 사상은 루돌프 아그리콜라(Rudolf Agricola)의 영향을 받았다. 아리스토텔레스를 그는 유명론적 의미로 해석하였다. 『영혼론 주해』(*Commentarius de anima*) (그 책에서 갈레노스(Galen)에서부터 간접적으로 도출된 관념들이 그 모습을 드러낸다), 『도덕철학 개요』(*Epitome philosophiae moralis*), 『윤리학 원론』(*Ethicae doctrinae elementa*)에서 그가 자유롭게 아리스토텔레스를 활용하였음에도 불구하고, 그는 아리스토텔레스주의를 계시와 조화시키고 아리스토텔레스를 그리스도의 가르침에 의해 보완하려고 노력하였다. 멜란히톤의 가르침의 두드러진 측면은 본유원리(innate principles), 즉 도덕원리에 관한 그리고 신의 관념의 본유적 성격에 관한 이론이었는데, 이 두 가지는 자연의 빛(*lumen naturale*)에 의해 직관된다. 이 이론은 마음이 백지(*tabula rasa*)라는 아리스토텔레스의 마음 이론에 반대되는 것이었다.

멜란히톤의 아리스토텔레스 활용은, 비록 그것이 모든 프로테스탄트 사상가들에게 격찬된 것은 아니었으나, 루터 대학교에서 영향력을 가지고 있었고, 격렬한 논쟁들이 발생했는데, 그 논쟁들 중에 의지의 자유에 대한 플라시우스(Flacius)와 스트리겔(Strigel) 사이의 1560년에 있었던 바이마르의 주간 논쟁을 언급할 수 있겠다. 멜란히톤은 의지의 자유를 주장하였다. 그러나 플라시우스는 스티레겔이 지지한 이 이론이 참된 원죄 이론과 다르다고 생각하였다. 멜란히톤의 커다란 영향에도 불구하고, 완고한 프로테스탄트 신학과 아리스토텔레스 철학 사이에 어떤 긴장이 항상 있었다. 루터 자신은 모든 인간의 자유를 부인하지 않았다. 그러나 루터는 아담과 하와의 타락 이후에 인간에게 남겨진 자유가 인간으로 하여금 도덕적 개혁을 성취하도록 하는 데 충분하다고 생각하지 않았다. 그래서 루터의 성실한 제자들이라고 스스로 자처한 사람들과 다소간 정통 루터주의(Lutheranism)의 낯선 동지인 아리스토텔레스주의 관점에서 멜란히톤을 추종했던 사람들 사이에 논쟁이 발생한 것은 단순히 자연스러운 일이었다. 물론 추가하자면, 앞에서 언급되었듯이 라무스주의자, 반라무스주의자, 라무스 절충주의자들 간에 논쟁이 있었다.

3. 스토아주의와 회의주의

고대의 철학적 전통의 부활을 기도한 다른 철학자 중 우리는 『스토아 철학 입문』(*Manududio ad stoicam philosophiam*)과 『스토아 철학의 생리학』(*Physiologia Stoicorum*)의 저자인 유스튀스 립시위스(Justus Lipsius, 1547-1606)를 언급할 수 있는데, 이 사람은 스토아 철학을 부활시켰고, 또한 유명한 프랑스 문필가인 미셸 드 몽테뉴(Michel de Montaigne, 1533-1592)를 언급할 수 있는데, 이 사람은 퓌론의 회의주의를 부활시켰다. 『수

제2부 르네상스의 철학

상록』(Essais)에서 몽테뉴는 고대의 회의주의 논증들을 부활시켰다. 즉 감각경험의 상대성, 지성이 이러한 상대성을 넘어서 절대적 진리에 확실하게 도달하는 것이 불가능하다는 점, 객관과 주관 이 모두에서 지속적으로 변화가 일어난다는 점, 가치판단의 상대성 등등이 이에 해당한다. 결국 인간은 비천한 종류의 피조물로서 동물보다 우월하다고 떠들고 다니지만, 상당 부분 그 우월성은 헛되고도 내실이 없다. 그러므로 인간은 유일하게 확실성을 부여하는 신의 계시에 종속해야 한다. 동시에 몽테뉴는 '자연'의 관념에 상당한 중요성을 부여하게 되었다. 자연은 각 인간에게 근본적으로 변화할 수 없는 지배적인 유형의 성격을 부여한다. 그리고 도덕교육의 임무는 스콜라주의의 방법들에 의해서 진부해진 범형으로 이 자연의 재능을 짜 맞추려는 시도를 하는 것이 아니라, 이 재능의 자발성과 독창성을 일깨우고 보존하는 것이다. 그러나 몽테뉴는 결코 혁명적인 사람은 아니었다. 그는 오히려 한 나라의 사회적이고 정치적인 구조에서 구현된 삶의 형식이 우리가 복종해야 하는 자연법을 드러낸다고 생각했다. 동일한 것이 종교에 대해서도 타당하다. 어떤 주어진 종교의 이론적 기초는 합리적으로 확립될 수 없다. 그러나 도덕적 의식과 자연에 대한 순종은 종교의 핵심을 이루고 있고, 이것들은 종교적 무정부주의에 의해만 손상될 뿐이다. 이러한 실천적인 보수주의에서 몽테뉴는 당연히 퓌론의 회의주의 정신에 충실했다. 이 정신은 인간의 무지에 대한 의식 안에서 전통적인 사회적, 정치적, 종교적 형식들을 고수하기 위한 추가적인 이유를 발견하였다. 형이상학 일반에 대한 회의적인 태도는 경험과학에 대한 강조로 이어진다고 생각되는 것처럼 보인다. 그러나 몽테뉴 자신에 관한 한, 그의 회의주의는 오히려, 비록 그가 소크라테스의 도덕적 이상에 의해서 그리고 평정과 자연에 대한 순종이라는 스토아 이상에 의해서 상당히 영향을 받았음에도 불구하고, 교양 있는 문필가의 회의주의였다.

몽테뉴의 친구들 가운데 법률가였다가 뒤에 성직자가 된 피에르 샤론(Pierre Charron, 1541-1603)이 있다.『모든 무신론자, 우상숭배자, 유대인, 무슬림, 이교 및 세속주의자에 대한 세 가지 진리』(Trois vérités contre tous les athées, idolâtres, juifs, Mohamétans, hérétiques et schismatiques, 1593)에서 그는 신 존재는 하나라는 것, 그리스도교의 진리, 특히 가톨릭의 진리는 세 가지 증명된 진리라고 주장하였다. 그러나 그의 주저인『지혜에 관하여』(De la sagesse, 1601)에서 그는, 비록 제2판에서 수정하였지만, 몽테뉴로부터 회의주의 입장을 받아들였다. 인간은 형이상학적이고 신학적인 진리들에 관하여 확실성에 도달할 수 없다. 그러나 우리에게 우리의 무지를 자각시키는 인간의 자기인식은 또한 우리에게 우리가 자유의지를 소유하고 있다는 사실을 드러내며, 이 의지에 의해서 우리는 도덕적 자립과 정념에 대한 지배를 획득할 수 있다. 도덕적 이상의 인식과 깨달음은 참된 지혜이며, 이 참된 지혜는 독단적 종교로부터 독립해 있다. '나는 사람들이 천국과 지옥 없이도 선한 사람이 되길 바란다. 나의 견해로는 다음과 같은 단어들은 끔찍하고 혐오스럽다. "만약 내가 그리스도인이 아니라면, 만약 내가 신과 천벌을 두려워하지 않는다면, 나는 아무 행동이나 해도 된다."'[14]

또 한 사람의 퓌론주의자(Pyrrhonist)인 프랑소아 산체스(Francis Sanchez, 1552-1632년경)는 포르투갈에서 태어나서 보르도(Bordeaux) 대학교와 이탈리아에서 공부하였으며, 처음에 몽펠리어(Montpellier) 대학교에서 그리고 나중에는 뚤루즈 대학교에서 의학을 가르쳤다. 1580년에 세상에 나온 『아무것도 존재하지 않는다는 것을 안다』(Quod nihil scitur)에서 산체스는, '안다'는 단어가 그것의 완전한 의미에서 이해된다면, 즉 인식의 완전한 이상을 언급하는 것으로서 이해된다면, 인간은 아무것도 알 수 없다고 주장하였다. 모든 것들을 창조한 신만이 모든 것들을 안다. 인간의 인식은 감각지각이나 내성(內省)에 기초하고 있다. 전자는 신뢰할 수 없는 반면에, 후자는 비록 우리로 하여금 자신 존재를 보장함에도 불구하고 그것에 대한 어떤 명석한 관념도 줄 수 없다. 우리의 자기인식은 불명하고 규정되어 있지 않다. 내성은 우리에게 자신에 대한 어떤 그림도 주지 못하고, 그림 또는 심상이 없이는 우리는 어떤 명석한 관념도 가질 수 없다. 반면에 감각지각이 우리에게 명료한 심상을 제공함에도 불구하고, 이러한 심상들은 사물들에 대한 완전한 인상을 주지 못한다. 게다가 사물들의 다양성은 통일된 체계를 이루고 있기 때문에, 만약 전 체계가 인식되지 않는다면, 하나의 사물이 완벽하게 인식될 수는 없다. 그리고 이 사실을 우리가 인식할 수 없다.

그러나 인간정신이 무언가에 대한 완전한 인식에 도달할 수 있다는 점을 산체

---

14   『지혜에 관하여』(De la sagesse), 2, 5, 29.

스가 부정했음에도 불구하고, 그는 인간정신이 어떤 사물들에 대한 근사(近似)의 인식에 도달할 수 있으며, 그것은 아리스토텔레스적-스콜라적 논리학보다는 관찰을 통해서 이루어진다고 주장하였다. 아리스토텔레스적-스콜라적 논리학은 순전히 말뿐인 정의(定義)를 사용하고 있으며, 삼단논법의 증명은 그것의 진리가 결코 명석하지 않은 원리들을 전제한다. 주도적인 회의주의자들 중 산체스는 아마도 철학과 과학이 취했던 방향을 예견하는 데 가장 가까이 갔던 사람이다. 그러나 그는 그의 회의주의 태도 때문에 긍정적이고 구성적인 제안들을 이루는 데 실패하였다. 예를 들어 옛날의 연역논리학에 대한 그의 비난은 사람들로 하여금 자연에 대한 경험적 탐구에 대한 분명한 강조를 기대하게 만들었다. 그러나 감각지각에 관한 그의 회의적 태도는 자연철학을 발전시키는 데 있어 그가 가치 있고 긍정적인 기여를 하는 데 장애가 되었다. 이러한 르네상스 사상가들의 회의주의는 의심의 여지없이 중세사상과 '근대' 시대의 구성적 체계 사이에 있는 변환 시기의 징후였다. 그러나 그 자체로 보면 그것은 막다른 골목이었다.

제15장

니콜라우스 쿠자누스

───────── **1. 생애와 저작**

니콜라우스 쿠자누스(Nicholas of Cusa)는 분류하기 쉬운 인물이 아니다. 그의 철학은 자주 '중세철학'의 항목 아래에 포함되고, 그런 분류에는 당연히 몇 가지 훌륭한 이유가 있다. 그의 사상의 배경은 가톨릭의 교의와 스콜라주의 전통에 의해 형성되었으며, 그는 의심의 여지없이 다수의 중세사상가들로부터 강한 영향을 받았다. 그래서 모리스 드 울프(Maurice De Wulf)가 자신의 중세철학사 제3권에서 쿠자누스의 관념들을 개관할 때 쿠자누스에 대해서 다음처럼 말하는 것이 가능했다. '그의 이론이 대담했음에도 불구하고, 그는 과거의 계승자에 불과하고,'[1] 그는 '여전히 중세철학자와 스콜라 철학자로 남아 있다.'[2] 다른 한편, 쿠자누스는 15세기에 살았으며, 약 30년간 그의 생애는 마르실리우스 피치노스의 생애와 겹쳤다. 게다가 그의 철학의 전통적 요소들을 사람들이 강조하여 그를 말하자면 중세(Middle Ages)로 밀쳐버릴 수 있음에도 불구하고, 이와 마찬가지로 사람들은 그의 사상의 미래를 향한 요소들을 충분히 강조

---

1   『중세철학사』(*Histoire de la philosophie médiévale*), tome III (1947), 207.
2   같은 책, 211.

할 수 있으며, 그를 '근대' 철학의 개척자와 연관 지을 수 있다. 그러나 나로서는 그 안에서 변환기의 사상가, 즉 옛것과 새것을 결합한 르네상스의 철학자를 발견하는 것이 오히려 나은 것처럼 보인다. 그를 단지 중세의 사상가로 다루는 것은 나로서는 그의 철학에서 다음의 요소들을 부정하는 것을 포함하는 것으로 여겨진다. 즉 그의 철학의 요소들은 분명히 르네상스시대 사상의 철학적 운동과 친화성을 가지고 있으며, 후대에 라이프니츠와 같은 사상가의 체계에서 다시 나타나고 있다. 그러나 사람들이 쿠자누스를 르네상스 철학자로 분류하기로 결정하더라도, 그의 철학이 르네상스 철학사상 중 어느 흐름에 속하는지를 결정하는 것은 여전히 난점이다. 그는 신플라톤주의 전통의 영향을 받았기 때문에 플라톤주의자로 연결되어야 하는가? 아니면 어떤 의미에서 '무한한' 것으로 보는 그의 자연관은 오히려 그가 조르다노 브루노(Giordano Bruno)와 같은 철학자와 연결되어야 한다는 것을 암시하는가? 만약 우리가 플라톤주의자라는 용어를 충분히 관대한 방식으로 이해한다면, 의심의 여지없이 그를 플라톤주의자라고 부를 근거가 존재한다. 그러나 우리가 그를 이탈리아 플라톤주의자들과 같은 장에 분류한다면, 그것은 특이한 일이 될 것이다. 그리고 의심의 여지없이 그를 자연철학자라고 부를 근거가 존재한다. 그러나 그는 무엇보다도 그리스도인이었다. 그리고 그는 브루노와 같은 범신론자는 아니었다. 그는 결코 자연을 신으로 보지 않았다. 그리고 그는, 비록 수학에는 관심이 있었지만, 과학자로 분류될 수 없다. 그래서 나는 그를 독립된 하나의 장으로 소개하기로 결심하였다. 그리고 나의 견해로는 이것이 그가 받아야 마땅한 평가이다. 많은 사상들과 연결되어 있음에도 불구하고, 그는 어느 정도는 독자적인 사상가였다.

쿠자누스 크리프트(Kryfts) 또는 크렙(Krebs)은 1401년 모젤(Moselle)의 쿠자에서 태어났다. 소년기에 데벤테르의 공동생활형제단(The Brothers of the Common Life)에 의해 교육을 받았고, 뒤이어서 하이델베르크 대학교(1416)와 파도바 대학교(1417-1423)에서 공부하였으며, 교회법 박사학위를 취득하였다. 1426년에 성직자로 서임되었으며, 코블렌츠(Coblenz)에서 사역하였다. 그러나 1432년 그는 트리어(Trier)의 주교가 되고자 했던 만더시드의 백작(Count von Manderscheid)의 업무로 바젤 공의회(Council of Basle)에 파견되었다. 공의회의 심의에 참여하게 된 쿠자누스는 심의기관

측 온건 지지자임을 자임하였다. 그러나 뒤에 그는 자신의 태도를 교황의 입장 쪽으로 바꾸었으며, 교황청의 편에 서서 많은 임무를 수행하였다. 예를 들어 그는 동방교회와 로마교회의 재결합을 위한 협상과 연관해서 비잔티움(Byzantium)에 갔으며, 이 재결합은 피렌체 공의회에서 (일시적으로) 완수되었다. 1448년에 그는 추기경으로 추대되었고, 1450년에 브릭센(Brixen)의 주교에 지명되었지만, 1451년에서 1452년까지 독일에서 교황 특사로 활동하였다. 그는 1464년 8월에 움브리아 지방 토디(Todi in Umbria)에서 죽었다.

쿠자누스는 교회의 여러 활동에도 불구하고, 상당한 분량의 책을 썼으며, 그 책들 중 최초의 중요한 책은 『가톨릭 일치론』(*De concordantia catholica*, 1433-1434)이었다. 그의 철학적 저술들은 다음과 같다. 『박학한 무지』(*De docta ignorantia*), 『추정에 관하여』(*De coniecturis*, 1440), 『감추어진 신에 관하여』(*De Deo abscondito*, 1444), 『신을 찾아서』(*De quaerendo Deum*, 1445), 『창조에 관하여』(*De Genesi*, 1447), 『박학한 무지에 대한 변론』(*Apologia doctae ignorantiae*, 1449), 『문외한』(*Idiotae libri*, 1450), 『신의 직관』(*De visione Dei*, 1453), 『실현 가능성에 관하여』(*De possest*, 1460), 『다른 것이 아닌 것에 관하여』(*Tetralogus de non aliud*, 1462), 『지혜의 추구』(*De venatione sapientiae*, 1463), 『최상의 명상에 관하여』(*De apice theoriae*, 1464). 추가해서 그는 『기하학의 변화』(*De transmutationibus geometricis*, 1450), 『수학적 보충 설명』(*De mathematicis complementis*, 1453), 『수학의 완전성』(*De mathematica perfectione*, 1458)과 같은 수학의 주제들과 신학의 주제들에 관한 책들을 썼다.

─────────── **2. 니콜라우스 쿠자누스의 주요 관념이 그의 실천적 활동에 끼친 영향**

쿠자누스의 사상은 통일성의 관념이 지배적이었다. 이 통일성은 차이들의 조화로운 종합이다. 형이상학적 수준에서 이 관념은 그의 신 관념에서 나타나는데, 이 관념은 대립하는 것들의 일치(*coincidentia oppositorum*), 즉 대립하는 것들의 종합이다. 그리고 이러한 종합은 피조물들의 개별적 완전성들을 초월하지만 그러나 이런 완전성들을 포함한다. 그러나 조화로운 일치 또는 대립하는 것들의 종합으로서의 통일성 관넘은 사변철학의 영역에 제한되어 있지는 않았다. 그러한 관념은 쿠자누스의 실천적 활동에 강력한 영향을 주었고, 교황청 교회에서의 지위에 관한 그의 전선(戰線)의 변화를 설명하는 데 크게 도움이 된다. 이것이 어떻게 해서 이루어지는지를 보여주는 것이 나는 가치 있다고 생각한다.

쿠자누스가 바젤 공의회에 참석하고 자신의 『가톨릭 일치론』를 출간했을 그때, 그는 그리스도교의 통일성이 위협받고 있음을 목격했고, 그 통일성의 보존이라는 이상에 의해 고무되었다. 다수의 다른 진지한 가톨릭교도들과 마찬가지로 그는 그러한 통일을 보전하거나 회복하는 최선의 방법은 교회 총회(General Councils)의 위상과 권리들을 강조하는 데 놓여 있다고 믿었다. 회의파의 다른 구성원들과 마찬가지로, 그리스도교계를 분열시켰고, 그렇게 많은 추문들을 야기했던 교회의 대분열(Great Schism)을 종식하는 데 있어 콘스탄츠 공의회(Council of Constance, 1414-1418)가 했던 역할로 인해 그의 믿음은 고무되었다. 그는 그 당시 국가에서뿐 아니라 교회에서 대중들의 주권의 자연적 권리를 확신하였다. 사실상 전제와 무정부는 항상 그와는 상극이었다. 국가에서 군주는 자신의 권위를 신으로부터 직접적으로 받은 것이 아니라, 오히려 신민들로부터 또는 신민들을 통해서 받은 것이다. 그의 생각에 의하면 교회에서 신앙을 대표하는 교회 총회는, 단지 행정적인 수위성을 소유하고 있을 뿐이며, 적합한 이유들 때문에 공의회에 의해서 탄핵될 수도 있는 교황보다 우위에 있다. 비록 그가 제국이라는 관념을 유지했음에도 불구하고, 그의 이상은 민족국가의 군주들과 왕자들의 권리와 의무를 유린하거나 무력화시키는 획일적인 제국이라는 이상은 아니었다. 오히려 그 이상은 연방이라는 이상이었다. 이와 유사하게, 비록 그가 교회의 통일성에 대해 열성적인 신념을 가진 사람이었음에도 불구하고, 그는 이 통일성의 이유가 교황청의 최상의 위상에 대한 주장에 의해서보다는 온건한 총회지상주의의 이론에 의해 보다 더 잘 제기될 것이라고 믿었다. 이렇게 이야기한다고 해서 나는 다음을 주장할 의도를 가지고 있지 않다. 즉 쿠자누스가 그 당시에 총회지상주의 이론이 이론적으로 정당화된다고 믿지 않았다거나 아니면 그가 단지 실제적인 이유만으로 그것을 지지했다고 주장할 의도를 가지고 있지 않다. 왜냐하면 그는 그렇게 해야 교회의 통일성이 가장 잘 보존되고, 교회 총회의 우위성이 인정될 때 교회의 개혁이 실현될 기회가 더 많아진다고 생각하였기 때문이다. 그러나 이러한 실제적인 고려들은 분명하게 그에게는 중요했었다. 더욱이 다수성 속에서의 조화로운 통일성이라는 '민주주의적' 교회관은 총회지상주의 이론에서의 사법권을 표현하였으며, 의심의 여지없이 그에게 강한 매력을 주었다. 그는 교회의 통일성, 국가의 통일성, 교회와 국가 간의 통일성을 목표로 하였다. 그러나 그가 목표로 한 통일성은 교회에서나 국가에서나 교회와 국가 간에서나 차이들의 무력화에서 나오는 통일성은 아니었다.

쿠자누스는 총회지상주의 이론을 버리게 되었고, 교황청의 전사로서 행동하였다. 관점에서의 이런 변화는 분명히 최상의 교회 권위와 사법권을 소유한 신성한 제도로서의 교황에 관한 그의 이론적 확신들에서의 변화를 표현한 것이었다. 그러나 동시에 그는 분명하게 그가 마음속에 간직하였던 이유, 즉 교회의 통일성은 실제로 교회에서의 교황의 위상을 축소한다고 해서 증진되는 것은 아니라는 확신에 의해 영향을 받았다. 그는 총회지상주의 이론의 효율적인 이행이 통일성으로 이어지기보다는 또 다른 분열로 이어질 가능성이 높을 것이라고 생각하기에 이르렀으며, 교회의 본질적 통일성의 표현으로서 교황청이 갖는 최상의 위상을 고려하기에 이르렀다. 교회 안에서의 모든 제한된 권위들은 자신들의 권위를 절대적이거나 주권적인 권위, 즉 교황청에서 부여받는데, 이것은 유한하고 한정된 존재자들이 절대적인 무한자로서의 신에게서 그들의 존재를 부여받는 방식과 유사하다.

관점에서의 이러한 변화는 로마의 에지디오(Giles of Rome)의 이론들과 마찬가지로 터무니없는 이론들의 수용을 포함하지는 않았다. 예를 들면 쿠자누스는 국가가 교회에 종속하는 것을 구상한 것이 아니라, 오히려 두 권력 사이의 조화롭고 평화로운 관계를 구상하였다. 그가 목표로 하였던 것은 항상 차이들에서의 화해, 조화, 통일성에 있었다. 차이들에 대한 억압을 배제한 통일성이라는 이러한 이상에서 그는 라이프니츠와 유사하다. 쿠자누스가 조화로운 통일성을 확보하고자 한 시도가 항상 성공적인 것은 아니었다. 자신의 교구에서 조화를 유지하려는 그의 시도는 완벽하게 적절한 것은 아니었다. 그가 추진한 동방교회와 로마교회의 재결합은 얼마 지나지 않아 다시 분열하였다. 그러나 라이프니츠의 다소 비현실적이고 때로는 실제로 피상적인 통일성의 계획과 이상 역시 실제로 실현되지는 않았다.

제2부 르네상스의 철학

3. 대립하는 것들의 일치

쿠자누스에 있어서 신은 대립하는 것들의 일치, 유일하고 절대적으로 무한한 존재에서의 대립하는 것들의 종합이다. 유한한 사물들은 다수이며 개별적이고, 각각 다른 본성과 성질들을 가지는 데 반하여, 신은 피조물에서 발견되는 모든 구별과 대립들을 초월한다. 그러나 신은 불가해한 방식으로 자신 안에 이러한 구별과 대립들을 통일시킴으로써 이것들을 초월한다. 예를 들어 모든 피조물에서 발견되는 본질과 존재의 구별은 신 안에서는 구별로서 있을 수 없다. 현실적인 무한자에서 본질과 존재는 일치하고 하나이다. 다시 말하면 피조물들에서 우리는 큼과 작음을 구별하고, 그것들은 다른 등급의 성질들을, 즉 상위의 또는 하위의 등급의 성질들을 소유하고 있다고 말한다. 그러나 신 안에서는 이 모든 구별은 일치한다. 만약 우리가 신은 최대(*maximum*)라고 말한다면, 우리는 마찬가지로 신은 최소(*minimum*)라고 말해야 한다. 왜냐하면 신은 크기 또는 우리가 일상적으로 '큼'이라고 부르는 어떤 것을 소유할 수 없기 때문이다. 신 안에서 최대와 최소는 일치한다.[3] 그러나 우리는 구별과 대립의 이러한 종합을 이해할 수 없다. 만약 우리가 신은 대립하는 것들의 접음과 그것들의 일치(*complicatio oppositorum et eorum coincidentia*)라고 말한다면,[4] 우리는 이것이 무엇을 의미하는지에 대한 명확한 이해에 도달할 수 없다는 점을 깨달아야 한다. 우리는 유한한 사물을 이미 알려진 것과 관계시킴으로써 또는 그것과 비교함으로써 그 사물을 인식하게 된다. 우리는 비교, 유사성, 비유사성, 구별에 의해서 어떤 사물을 인식하게 된다. 그러나 무한한 신은 어떤 유한한 사물과 결코 유사하지 않다. 일정한 술어들을 신에게 적용하는 것은 신을 사물과 유사하게 만드는 것이고, 신을 사물들과의 유사성의 관계로 가져오는 것이다. 실제로 우리가 유한한 사물들에 적용하는 개별적인 술어들은 신 안에서는 우리의 인식을 능가하는 방식으로 일치한다.

3 　『박학한 무지』(*De docta ignorantia*), 1, 4.
4 　같은 책, 2, 1.

4. '박학한 무지'

그렇다면 쿠자누스가 신에 대한 우리의 지성적 접근에서 부정의 길(*via negativa*)을 강조했다는 사실은 분명하다. 만약 어떤 사물을 인식하거나 알게 되는 과정이 지금까지 알려진 것과 그것을 관계시키는 것 또는 그것과 비교하는 것을 포함한다면, 그리고 신이 모든 피조물과 다르다면, 논변적인 이성은 신의 본성을 파악할 수 없다는 결론이 나온다. 우리는 신에 대해서 신이 무엇인지보다는 무엇이 아닌지를 인식한다. 그러므로 신의 본성에 대한 긍정적인 인식에 관해서 말하자면 우리의 정신은 '무지'의 상태에 있다. 다른 한편 쿠자누스가 언급한 이러한 '무지'는 신에 대한 인식을 전혀 가지지 않은 또는 신이 무엇인지를 이해하려고 노력한 적이 없는 사람의 무지는 아니다. 당연히 이 무지는, 경험적으로 주어진 대상이 아닌 무한한 대상에 직면할 때 유한한 정신에 필연적으로 영향을 끼치는 인간 심리의 결과이며, 한계의 결과이다. 그러나 참된 가치를 소유하기 위해서 그것은 이러한 요소들의 귀결로서 또는 어쨌든 신의 무한성의 귀결로서 그리고 인간정신의 유한성으로서 이해되어야 한다. 문제가 되고 있는 '무지'는 지적 노력을 기울이는 것을 거절한 결과 또는 종교적 무관심의 결과가 아니다. 그러한 무지는 신의 무한성과 초월성을 깨닫는 데서 나아간다. 그래서 그것은 '박학한' 혹은 '교육받은 무지'이다. 그러므로 쿠자누스의 가장 유명한 저작은 『박학한 무지』(*De docta ignorantia*)이다.

'부정의 길'을 강조하면서 동시에 신이 대립하는 것들의 일치라는 점을 긍정적으로 주장하는 것은 일관되지 못한 것으로 여겨질 수도 있다. 그러나 쿠자누스가 '긍정의 길'을 완전히 거부한 것은 아니었다. 예를 들어 신은 다수성의 영역을 초월하기 때문에, 신은 상호 구별되는 유한한 사물이 '하나'라고 불리는 그런 의미에서의 '하나'라고 불릴 수는 없다. 다른 한편 신은 무한한 존재이며, 창조된 세계 내의 모든 다수성의 원천이다. 그리고 신 자체는 무한한 통일성이다. 그러나 우리는 이러한 통일성이 그 자체 무엇인지에 대한 확실한 이해를 가질 수 없다. 우리는 신에 대해 긍정적인 주장을 하고 있고, 그렇게 하는 것은 정당하다. 그러나 신의 본성에 관하여 부정을 배제하고 긍정적으로만 주장을 펴는 것은 있을 수 없다. 우리가 단순히 피조물로부터

제2부 르네상스의 철학

도출된 관념들에 의해서 신을 생각하는 것은 신이 우리의 모든 신 개념들을 초월한다고 인식하는 것보다 덜 적절하다. 부정신학은 긍정신학보다 우월하다. 그러나 '결합'신학은 이 두 신학보다 우월하다. 결합신학에 의해 신은 대립하는 것들의 일치로 파악된다. 신이 최상의 존재로서 그리고 절대적으로 가장 위대한 존재로서 인식되는 것은 정당하다. 신은 신이 현재 있는 것보다 더 위대할 수는 없다. 그리고 가장 위대한 존재로서의 신은 완전한 통일성이다.[5] 그러나 또한 우리는 신에 대해 신은 신이 현재 있는 것보다 더 작을 수 없다고 말할 수 있다. 그러므로 우리는 신은 최소라고 말할 수 있다. 사실상 신은 대립하는 것들의 완전한 일치에서 최대이면서 최소이다. 모든 신학은 '순환적'이다. 왜냐하면 우리가 신에 대해 정당하게 서술하는 속성들은 인간정신의 이해를 능가하는 방식으로 신의 본질에서 일치하기 때문이다.[6]

인간인식의 가장 낮은 단계는 감각지각이다. 감관은 단지 단독으로 확언할 뿐이다. 우리가 이성(*ratio*)의 수준에 이를 때 긍정과 부정 둘 모두가 존재한다. 논변적인 이성은 모순율, 대립하는 것들의 양립 불가능성 또는 배중률에 의해 지배된다. 그리고 이성의 활동은 우리에게 신에 대한 어림짐작 이상의 것을 우리에게 줄 수 없다. 수학적 유비들을 선호하기 때문에 쿠자누스는 신에 대한 이성의 인식을 원에 내접(內接)하는 다각형에 비유한다. 아무리 많은 면들이 다각형에 추가된다 하더라도, 비록 그렇게 함으로써 다각형이 점점 더 원에 가까이 간다 하더라도, 다각형은 원과 일치할 수 없다. 아무리 보태더라도 피조물들에 대한 우리의 인식은 단지 근사치일 뿐이다. 왜냐하면 그것들의 '진리'는 신 안에 감추어져 있기 때문이다. 결국 논변적 이성에 의한 모든 인식은 근사치이며, 모든 과학은 '추정'이다.[7] 이러한 인식이론은 『추정에 관하여』에서 발전되었다. 쿠자누스는 신에 관한 최고의 가능한 자연인식은 논변적 이성에 의해서가 아니라 지성(*intellectus*), 즉 정신의 상급 작용에 의해서 도달된다. 감각지각은 긍정하고, 이성은 긍정하면서 부정하는 데 반해서, 지성은 이성의 대립들을 부정한다. 이성은 X는 긍정하고, Y는 부정하지만, 지성은 X와 Y를 선언적으로 부

---

5   같은 책, 1, 5.
6   같은 책, 1, 21.
7   같은 책, 1, 3.

정하기도 하고 그리고 그 둘을 함께 부정하기도 한다. 지성은 신을 대립하는 것들의 일치라고 이해한다. 그러나 이러한 파악 또는 직관은 지성의 도구라기보다는 이성의 도구인 언어로 당연히 진술될 수 없다. 지성으로서의 정신작용에서 정신은 의미를 진술하기보다는 의미를 떠올리게 하기 위해서 언어를 활용한다. 쿠자누스는 이러한 목적을 위해서 수학적 유비와 상징들을 사용한다. 예를 들어 만약 삼각형의 한 변이 무한히 연장된다면, 나머지 두 변은 확장되는 한 변과 합치할 것이다. 다시 말한다면 원의 지름이 무한히 확장된다면, 원의 둘레는 결국 지름과 합치할 것이다. 그래서 무한한 직선은 동시에 하나의 삼각형이자 하나의 원이다. 말할 것도 없이 쿠자누스는 이러한 수학적 사변들을 단지 상징으로서 간주하였다. 수학적 무한과 절대적으로 무한한 존재는, 비록 전자가 후자의 상징으로의 역할을 할 수 있고, 또한 형이상학적 신학에서 사유에 대한 도움을 줄 수 있다 하더라도, 동일한 것은 아니다.[8]

『박학한 무지』의 주요 관념들은 『문외한』을 구성하는 글들에서 요약되었고, 『지혜의 추구』에서 쿠자누스는 '박학한' 또는 '교육받은 무지'에서의 자신의 신념을 재확인하였다. 후자의 책에서 그는 『다른 것이 아닌 것에 관하여』에 포함된 이론도 재확인하였다. 신은 다른 용어들에 의해서 정의될 수 없다. 신은 신 그 자신의 정의이다. 다시 말하면 신은, 신만이 모든 사물들의 존재의 원천이자 보존자라는 의미에서 다른 모든 것을 정의하기 때문에, 다른 어떤 것과도 다르지 않다.[9] 또 쿠자누스는 『실현 가능성』에서 자신이 전개했던 중심 개념을 재확인하였다. '신만이 가능성이다. 왜냐하면 신은 자신이 할 수 있는 것을 행하기 때문이다.'[10] 신은 영원한 작용이다. 이러한 사상을 그는 다시 한 번 그의 마지막 작품인 『최상의 명상에 관하여』에서 다루었다. 이 책에서 신은 힘 그 자체(*posse ipsum*)로서, 즉 피조물 안에서 자신을 드러내는 절대적인 힘으로서 표현된다. 이러한 사상에 강조점이 주어졌다는 사실은 쿠자누스 저술들의 연구가들에게 저자 측의 관점이 바뀌었음을 시사하였다. 사실상 이런 해석을 지지하는 언급들이 다수 있다. 쿠자누스는 분명히 『최상의 명상에 관하여』에서 신에

---

8   같은 책, 1, 12.
9   『지혜의 추구』(*De venatione sapientiae*), 14.
10   같은 책, 13.

관한 진리는 명료함에서보다는 어둠과 불명료함에서 더 잘 발견된다고 생각한 적이 있다고 말하고 있으며, 부가해서 가능성의 관념, 즉 힘 또는 가능함의 관념은 쉽게 이해된다고 덧붙인다. 소년 또는 청년이, 자신이 먹고, 달리고, 말할 수 있다는 사실을 충분히 알 수 있음에도 불구하고, 가능성의 본성에 대해 무지한 이유가 무엇인가? 그리고 그가 어떤 것을 할 수 있는지, 예컨대 그렇게 할 힘이 없는데도 돌을 운반할 수 있는지 여부의 질문을 받았을 때, 그는 그러한 질문이 완전히 불필요한 것이라 판단할 것이다. 그런데 신은 '절대적인 힘 그 자체'이다. 그다음 쿠자누스는 이전에 그렇게 강조했던 부정신학을 균형 있게 할 필요성을 느꼈던 것으로 보인다. 그리고 아마도 우리는 가능성의 관념이, 그가 자신의 자연신학에서 사용하였던 빛의 관념과 같은 다른 긍정적인 관념들과 함께, 신의 내재성에 대한 그의 확신을 표현했던 데 반해서, 부정신학에 대한 강조는 오히려 신의 초월성에 대한 그의 믿음을 표현했다고 말할 수 있겠다. 그러나 쿠자누스가 긍정적인 길을 위해서 부정적의 길을 포기하였다고 말하는 것은 잘못일 것이다. 그는 그의 마지막 저서에서 신의 절대적 힘은 그 자체로 불가해하다는 점과 그것이 창조된 힘과 비견할 수 없을 정도로 엄청나다는 점을 분명히 하고 있다. 그가 『최상의 명상에 관하여』를 쓰기 바로 1년 전에 썼던 『요약집』 (*Compendium*)[11]에서 그는 불가해한 존재는 비록 항상 동일한 채로 남아 있으면서도 스스로를 다양한 방식으로, 즉 다양한 '기호들'로 보여준다고 말한다. 그것은 마치 하나의 얼굴이 여러 개의 거울 속에서 다른 방식으로 나타나는 것과 같다. 얼굴은 하나이면서 동일하지만, 얼굴과 모두 구별되는 얼굴의 현상들은 다양하다. 쿠자누스는 신의 본성을 다양한 방식으로 기술하였을 수도 있었고, 자신이 부정의 길을 과장했다고 충분히 생각했을 수도 있었다. 그러나 그의 관점에서 근본적인 변화가 있었던 것처럼 보이지는 않는다. 비록 신이 내재적이기도 하고 니콜라우스가 신의 이러한 측면을 보다 위대한 탁월함으로 가져가는 것이 바람직하다고 생각했음에도 불구하고, 그에게 있어 신은 언제나 초월적이고 무한하며 불가해하다.

---

11   같은 책, 8.

　　신과 세계의 관계를 언급하면서 쿠자누스는 몇몇 독자들에게 범신론적 해석을 암시했던 구절들을 사용하였다. 신은 모든 사물들의 접음(*omnia complicans*)이다. 모든 사물들은 신의 단순성 안에 포함되고, 신이 없다면 모든 사물들은 아무것도 아니다. 또한 신은 신의 무언가를 드러내는 다양한 사물들의 원천이다. 즉 모든 것의 펼침(*omnia explicans*)이다. 그러므로 모든 것이 신 안에 있다는 점에서 신은 모든 것의 접음이며, 신이 모든 것 안에 있다는 점에서 신은 모든 것의 펼침이다(*Deus ergo est omnia complicans, in hoc quod omnia in eo; est omnia explicans, in hoc quia ipse in omnibus*).[12] 그러나 쿠자누스는 자신이 범신론자가 아니라고 항변하였다. 신은 모든 사물들의 원인이라는 점에서 모든 사물들을 포함한다. 신은 신의 신적이고 단순한 본질 속에 있는 하나로서 접혀(*complicative*) 그 사물들을 포함한다. 신은 모든 사물에 내재되어 있고, 모든 사물은 본질적으로 신에 의존한다는 의미에서 신은 모든 사물 안에서 펼쳐진다(*explicative*). 신은 세계의 중심이자 둘레라고 쿠자누스가 진술할 때,[13] 이는 범신론적 의미로도 우주와 신을 별개로 본다는 의미(acosmistic sense)로도 해석되어서는 안 된다. 쿠자누스에 따르면 세계는 일정한 중심과 둘레를 가지고 있는 한정된 구형(球形)이 아니다. 모든 점이 다 세계의 중심으로 간주될 수 있으며, 또한 중심으로 고려될 수 있다. 세계는 둘레를 가지지 않는다. 그렇다면 신은 신이 모든 곳에 존재한다거나 편재한다는 사실을 고려할 때 세계의 중심이라고 불릴 수 있으며, 신은 어느 특정한 장소에 존재하지 않는다는 의미에서 세계의 둘레라고 불릴 수 있다. 쿠자누스는 요하네스 스코투스 에리우게나(John Scotus Eriugena)와 같은 작가들에 영향을 분명히 받았으며, 마이스터 에크하르트가 채택했던 동일한 유형의 담대한 구절들 및 진술들을 채택하였다. 그러나 그의 진술들 중 일부의 문자 그대로의 의미에 관한 한 무(無)우주론(acosmism. 옮긴이 주. 물질계가 신과는 별개로 존재한다는 것을 부정하는 주장)에 대한 강한 경향성에도 불구하고,

---

12　『박학한 무지』, 2, 3.
13　같은 책, 2, 11.

쿠자누스가 유한한 피조물과 무한한 신격(神格) 사이의 구별을 강하게 주장하고 있었다는 점은 분명하다.

　　요하네스 스코투스 에리우게나의 이론을 연상시키는 구절들에서 쿠자누스는 세계가 신의 현현(顯現, theophany), 즉 신적 존재의 '한정'(contraction)이라고 설명한다. 우주는 절대적 최대(*absolutum maximum*)로부터 유출(流出)을 통해서 존재하게 되었던 한정된 최대(*contractum maximum*)이다.[14] 말하자면 모든 피조물은 창조된 신(*quasi Deus creatus*)[15]이다. 심지어 쿠자누스는 신이 세계 또는 우주의 절대적 본질이라고 이야기하기도 하고, 우주는 '한정'의 상태에 있는 바로 그 본질이라고 이야기하기도 한다(*Est enim Deus quidditas absoluta mundi sen universi. Universum veto est ipsa quidditas contracta*).[16] 이와 유사하게 『추정에 관하여』(*De coniecturis*)[17]에서 쿠자누스는 신이 세계 안에 있다고 말하는 것은 또한 세계는 신 안에 있다는 것을 이야기하는 것이라고 설명하는 반면에, 『신의 직관』(*De visione Dei*)[18]에서 그는 신을 신 자신에서는 비가시적(非可視的)이라고 언급하지만, 피조물인 경우(*uti creatura est*) 가시적이라고 언급한다. 이러한 종류의 진술들은 분명히 범신론적 해석에 기여한다. 그러나 쿠자누스는 이런 진술들을 그런 식으로 해석하는 것이 잘못이라는 점을 종종 이야기한다. 예를 들면, 『추정에 관하여』[19]에서 그는 다음처럼 주장한다. '인간은 신이지만 절대적으로 신인 것은 아니다. 왜냐하면 인간은 인간이기 때문이다. 그러므로 신은 인간인 신(*humanus est igitur Deus*)이다.' 그는 계속해서 '인간은 또한 세계'라고 주장하고, 인간은 소우주 또는 '어떤 인간인 세계'라고 설명한다. 사실상 그의 진술들은 담대하다. 그러나 비록 절대적으로는 아니지만 인간이 신이라고 말함으로써 그는 다른 작가들이 인간을 신의 모상(模像)이라고 불렀을 때 의미했던 것 이상을 의미한 것은 아닌 듯이 보인다. 분명한 점은 쿠자누스가 신과 별개인 세계는 무라고 깊게 확신했다는 사실이며, 신에 대한 세계의 관계를 신의

14　같은 책, 2, 4.
15　같은 책, 2, 2.
16　같은 책, 2, 4.
17　같은 책, 2, 7.
18　같은 책, 12.
19　같은 책, 2, 14.

거울로서 깊게 확신했다는 사실이다. 세계는 한정된 무한(*infinitas contracta*)이며 한정된 단일성(*contracta unitas*)[20]이다. 그러나 이것이 세계가 글자 그대로의 의미에서 신이라는 것을 의미하는 것은 아니다. 『박학한 무지에 대한 변론』에서 쿠자누스는 범신론의 혐의를 분명하게 거부한다. 신의 펼침(*explicatio Dei*) 또는 세계의 창조에서 단일성은 다수성으로, 즉 무한성은 유한성으로, 단순성은 복잡성으로, 영원성은 연속성으로, 필연성은 가능성으로 '한정'된다.[21] 창조의 층위에서 신의 무한성은 유한한 사물들의 다수성에서 자신을 표현하거나 드러내는 반면에, 신의 영원성은 자신을 시간적 연속성 안에서 자신을 표현하거나 드러낸다. 피조물과 창조자 사이의 관계는 우리의 이해를 능가한다. 그러나 쿠자누스는 그의 습관에 따라서 자주 기하학과 산술의 유비를 제시한다. 그의 믿음으로는 이러한 유비가 사태를 약간 명료하게 해준다.

──────── **6. 세계의 '무한성'**

그러나 비록 세계가 유한한 사물들로 구성되어 있다 하더라도, 세계는 어떤 의미에서 무한하다. 예를 들면 세계는 시간과 관련해서 끝이 없거나 결정되어 있지 않다. 쿠자누스는 시간이 영원성의 상(像)이라는 플라톤의 주장에 동조한다.[22] 그리고 그는 창조에 앞서 시간은 존재하지 않았기 때문에 우리는 시간이 영원성에서 나왔다고 말하지 않으면 안 된다고 주장한다. 그리고 만약 시간이 영원성에서 나왔다면, 그것은 영원성에 참여한다. '나는 이해력을 가진 어떤 사람도 세계는 영원성은 아니지만 세계는 영원하다는 점을 부인하리라 생각하지 않는다.'[23] '그래서 세계는 영원성에서 나온 것이지 시간에서 나온 것이 아니기 때문에 영원하다. 그러나 세계의 지속이 시간에 의존하지 않기 때문에 "영원"이라는 명칭은 시간에 속한다기보다는 세계

---

20   같은 책, 2, 4.
21   같은 곳.
22   『지혜의 추구』, 9.
23   『구(球)의 운동』(*De ludo globi*), 1.

에 속한다. 왜냐하면 천체의 운동과 운동의 척도인 시간이 멈춘다 하더라도, 세계는 존재하기를 멈추지 않을 것이기 때문이다.'[24] 그리하여 쿠자누스는 비록 그 주제를 더 논의하지는 않았지만 시간과 지속을 구별하였다. 시간은 운동의 척도이고, 그래서 시간은 척도가 되는 정신의 도구이며, 정신에 의존한다.[25] 운동이 사라진다면 시간은 없다. 그러나 여전히 지속(持續)은 남는다. 계기적 지속은 영원인 절대적 지속의 모사(模寫) 또는 상(像)이다. 우리는 영원성을 단지 끝이 없는 지속으로만 이해할 수 있다. 따라서 세계의 지속은 신적 영원성의 상이고, 어떤 의미에서 '무한성'이라 불릴 수 있다. 이것은 좀 이상한 논증이며, 그것이 무엇을 의미하는지 정확하게 알기는 쉽지 않다. 그러나 추정컨대 세계의 지속이 잠재적으로 끝이 없다는 것이 적어도 쿠자누스의 부분적 의미였다. 세계는 신의 절대적 영원성은 아니지만, 저절로 세계가 어떤 필연적 한계를 가지는 것은 아니다.

우주는 하나이며, 어떤 다른 우주에 의해 한정되어 있지 않다. 그러므로 우주는 어떤 의미에서 공간적으로 '무한'하다. 우주는 어떤 고정된 중심이 없고, 세계의 중심이라고 간주하기로 선택할 수 없는 어떤 점도 존재하지 않는다. 당연히 절대적인 '위'도 없고 절대적인 '아래'도 없다. 지구는 세계의 중심도 아니고 세계의 가장 낮은 부분도 아니며 조금도 명예로운 부분도 아니다. 또한 태양이 어떤 우월적 위치를 가지는 것도 아니다. 이러한 주제들에서 우리의 판단은 상대적이다. 우주에서의 모든 것은 운행하고 있고, 지구도 역시 그러하다. '중심이 될 수 없는 지구는 운동이 없이는 존재할 수 없다.'[26] 우리가 일식과 월식의 관찰에서 알게 되는 것처럼, 지구는 태양보다 작지만, 달보다 크다.[27] 쿠자누스는 지구가 태양 주위를 돈다는 것을 명료하게 이야기하고 있는 듯이 보이지 않지만, 태양과 지구가 모두 다른 모든 천체들과 함께, 비록 그것들이 속력은 각자 다르지만, 운행한다는 점을 분명히 하고 있다. 지구가 운동한다는 것을 우리가 지각하지 못한다고 하는 사실은 지구의 운동에 반대하는 논증이

---

24   같은 곳.
25   같은 책, 2.
26   『박학한 무지』, 2, 11,
27   같은 책, 2, 12.

유효하다는 것을 의미하는 것은 아니다. 우리는 운동을 고정된 지점들과 연관해서만 지각한다. 그리고 강에서 배에 타고 있는 어떤 사람이 강둑을 볼 수 없고, 물 그 자체가 운동한다는 것을 알지 못한다면, 그는 그 배가 정박해 있다고 상상할 것이다.[28] 지구에서 움직이지 않는 사람은 지구가 고정되어 있고 다른 천체들이 운동하고 있다고 생각할 수도 있지만, 만약 그가 태양이나 달 또는 화성에 있다면, 그는 그가 정지해 있었던 천체에 대해 동일하게 생각했을 것이다.[29] 운동에 관한 우리의 판단은 상대적이다. 우리는 이러한 천문학적 주제들에서 '절대적인 진리'를 획득할 수 없다. 천체들의 운동을 비교하기 위해서 우리는 선택된 고정 지점들과의 관계에서 그렇게 해야한다. 그러나 실제로 고정된 점들은 존재하지 않는다. 그러므로 우리는 단지 천문학에서 근사치의 또는 상대적인 지식만을 획득할 수 있을 뿐이다.

──────── **7. 세계체계와 세계영혼**

물질에서부터 유기체, 동물, 인간을 거쳐 순수정신으로 상승하는, 실재의 수준들의 계층이라는 관념은 아리스토텔레스주의와 플라톤주의 전통의 모두에게 나타나는 두드러진 특징이다. 그러나 쿠자누스는 이러한 관념을 유지했지만 신의 독특한 현현인 개별사물에 대해 특히 강조했다. 우선 어떤 두 개별적인 사물들도 정확하게 같지는 않다. 이 점을 이야기함으로써 쿠자누스는 종들의 실재성을 거부할 의도는 없었다. 그에 따르면[30] 페리파토스학파의 사람들은 보편이 실제로 존재하지 않는다고 말한 점에서 옳았다. 개별적인 사물들만 존재하고, 보편 그 자체는 개념적 질서에 속한다. 그럼에도 불구하고 어떤 종의 구성원들은 그들의 각각에서 '한정된 상태'로 존재하는 즉 개별적 본성으로서 존재하는 공통의 종적인 본성을 가지고 있다.[31] 그러나 어

---

28   같은 곳.
29   같은 곳.
30   같은 책, 2, 6.
31   같은 곳. 다음을 참조, *De comecturis*, 21, 3.

떤 개별사물도 그 종의 완벽함을 충분히 실현하지 못한다. 그리고 어떤 종의 각각의 구성원들은 그 자신의 독특한 성질들을 가진다.[32]

둘째로, 각각의 개별사물은 전 우주를 반영한다. 모든 존재하는 사물은 모든 다른 사물들을 '한정'하고, 그래서 우주는 각각의 유한한 사물 안에 한정적으로(contracte) 존재한다.[33] 더욱이 신은 우주 안에 있고, 우주는 신 안에 있으며, 우주가 각 사물 안에 있기 때문에, 모든 것이 각 사물 안에 있다고 말하는 것은 신이 각각의 사물 안에 있으며, 각각의 사물은 신 안에 있다고 말하는 것이기도 하다. 다른 말로 해서 우주는 신적 존재의 '한정'이며, 각 유한 사물은 우주의 '한정'이다.

그러므로 세계는 조화로운 체계이다. 세계는 유한한 사물들의 다수성으로 구성되어 있다. 그러나 그것의 구성원들은 서로 관계를 맺고 있으며, 또한 '다수성 안에서의 단일성'이 존재하는 전체와 관계를 맺고 있다.[34] 하나인 우주가 절대적이고 단순한 신적 단일성의 전개이며, 전 우주는 각각의 개별적 부분들에 반영되어 있다. 쿠자누스에 따르면 세계영혼(anima mundi)이 존재한다. 그러나 그는 이러한 영혼에 대한 플라톤의 견해를 거부한다. 영혼은 한편으로는 신과 구별되는 실제적 존재가 아니고, 다른 한편으로는 세계 안에 있는 유한한 사물들과 구별되어 있는 실제적 존재가 아니다. 만약 세계영혼이 자신 안에 모든 형상들을 포함하는 보편적 형상으로 간주된다면, 그것은 자신의 독립된 존재를 가지지 못한다. 형상들은 실제로는 신의 말씀(Word)에서 존재하고, 신의 말씀과 동일하며, 사물들 안에서 한정되어,[35] 즉 사물들의 개별적 형상들로서 존재한다. 분명히 쿠자누스는 플라톤주의자들이 보편적 형상들은 세계영혼 안에서 존재한다는 점을 가르치고 있다고 이해했다. 그는 이러한 견해를 거부했다. 『문외한』에서[36] 그는 플라톤이 '세계영혼'이라 불렀던 것을 아리스토텔레스는 '자연'이라고 불렀다고 이야기하며, 거기에 부가해서 '세계영혼' 또는 '자연'은 '모든

---

32 『박학한 무지』, 3, 1.
33 같은 책, 2, 5.
34 같은 책, 2, 6.
35 같은 책, 2, 9.
36 같은 책, 3, 13.

사물들 안에서 모든 사물들을 작동하는' 신이라는 자신의 견해를 피력했다. 그래서 비록 쿠자누스가 플라톤주의로부터 '세계영혼'이라는 구절을 빌려오고 있음에도 불구하고, 그가 이 말에 의해서 신과 구별되어 존재하는 사물과 신과 세계 사이의 매개로 이해한 것은 아니라는 점은 분명하다. 그의 우주론에서 현실적 무한성인 신과 잠재적 무한성인 창조된 세계 사이에 창조의 매개 단계는 존재하지 않는다.

─────────── **8. 인간, 소우주: 그리스도**

각각의 유한한 사물들이 전 우주를 반영하더라도, 이것은 자신 안에 물질, 유기적 생명체, 감각적인 동물적 생명체, 영적인 합리성을 결합하고 있는 인간에 대해 특히 참이다. 인간은 소우주, 작은 세계이며, 자신 안에 실재의 지성적이고 물질적인 영역들을 포괄한다. [37] 우리는 인간이 소우주, 즉 작은 세계라 불리는 것을 부정할 수 없다. 거대한 세계, 즉 우주가 자신의 영혼을 가지는 것과 꼭 마찬가지로, 인간도 자신의 영혼을 가진다.[38] 우주는 각각의 부분들 안에 반영되어 있고, 이것은 작은 우주 또는 작은 세계인 인간에게도 유비적으로 참이다. 인간의 본성[자연]은 손과 같은 부분 안에서 반영되어 있지만, 그것은 머리 안에서 더 완전하게 반영되어 있다. 그래서 우주는, 비록 모든 부분 안에서 반영되어 있다 하더라도, 인간 안에서 더 완벽하게 반영되어 있다. 그러므로 인간은, '비록 작은 세계이고 거대한 세계의 작은 부분임에도 불구하고, 완벽한 세계'라 불릴 수 있다.[39] 사실상 다른 존재자들 안에서 독립적으로 발견되는 속성들을 자신 안에서 결합하고 있듯이, 인간은 신적인, 대립하는 것들의 일치의 유한한 재현이다.

우주는 구체적 최대(*concretum maximum*)인 반면에, 신은 절대적 최대(*absolutum maximum*), 절대적인 큼이다. 그러나 우주는 개별사물들과 별개로 존재하지 않는다.

---

37   같은 책, 3, 3.
38   『구(球)의 운동』, 1.
39   같은 곳.

그리고 어떤 개별사물도 그것의 종의 모든 완전성을 구현하지 않는다. 그래서 절대적인 큼은 결코 완전하게 '한정'되지 않거나 또는 '구체화'되지 않는다. 그러나 우리는 한정된 최대 혹은 구체화된 최대를 이해할 수 있다. 이런 결합이 '모든 우리의 이해를 능가할' 것이지만, 이러한 위대함은 자신 안에, 인간이 그러하듯이 창조된 존재의 다양한 수준들을 결합하고 있을 뿐만 아니라, 창조된 자연과 신격 그 자체를 함께 결합하고 있다.[40] 그러나 비록 결합의 양상이 신비할지라도, 우리는 그리스도 안에서 신의 본성과 인간의 본성이 본성들의 혼동이나 인격들의 구별 없이 결합되었다는 점을 안다. 그래서 그리스도는 구체화된 최대(maximum concretum)이다. 또한 그리스도는 자신 안에 창조되지 않은 본성[자연]과 창조된 본성[자연], 신적 본성[자연]과 인간적 본성[자연]의 독특하고 완벽한 결합이라는 의미에서뿐 아니라, 그리스도는 인간 존재로 하여금 신과 결합하게 할 수 있는 독특하고 필연적인 수단들이라는 의미에서 절대적 매개(medium absolutum)이다.[41] 그리스도가 없다면 인간이 영원한 행복을 얻는 것은 불가능하다. 그리스도는 우주의 궁극적인 완전함이며,[42] 특수하게는 그리스도와의 일치를 통해서만 자신의 최고의 잠재성들을 실현할 수 있는 인간의 궁극적인 완전함이다. 그리고 우리는 그리스도의 몸인 교회를 통하지 않고서는 그리스도와 하나가 될 수도 없고 그리스도의 형상으로 변화될 수도 없다.[43] 『신앙의 평화로운 통일에 관한 대화』(Dialogus de pace seu concordantia fidei)는 쿠자누스가 그의 안목에서 결코 편협하지 않았다는 점과 통일성을 위해서 동방교회에 대한 양보를 위한 준비가 쿠자누스에게 철저하게 준비되어 있었다는 점을 보여준다. 그러나 그의 작품들은 일반적으로, 그가 통일에 관해 깊은 관심을 보여주었으며, 그러한 통일이 평화로운 일치를 통해서만 얻어질 수 있다는 것을 깊이 의식하고 있었음에도 불구하고, 그가 외형적인 통일을 얻기 위해서 가톨릭 신앙의 고결성을 희생시킬 의도가 결코 없었다는 점을 보여주었다.

---

40 『박학한 무지』, 3, 2.
41 『신의 직관』(De visione Dei), 19-21.
42 같은 책, 21.
43 『박학한 무지』, 3, 12.

9. 니콜라우스 쿠자누스의 철학이론과 앞선 철학자들의
철학이론의 연관성

쿠자누스가 앞선 시기의 철학자들의 저술들을 풍부하게 활용했다는 것은 아주 분명하다. 예를 들면 그는 종종 위 디오니시우스를 인용한다. 그리고 그가 부정신학과 상징들의 사용을 위 디오니시우스가 고수했다는 사실에 의해 상당히 영향을 받았다. 또한 그는 요하네스 스코투스 에리우게나의 『자연의 구분』을 알고 있었고, 비록 그의 사상에 대한 에리우게나의 영향이 의심의 여지없이 위 디오니시우스(물론 쿠자누스는 그를 성 바오로의 제자로 생각했다)에 의한 영향보다 적었음에도 불구하고, 신이 피조물에서 '가시적'이 되었던 방식에 대한 그의 대담한 진술들이 이 9세기 철학자[에리우게나]의 저술을 읽음으로써 진작되었다고 가정하는 것은 합리적이다. 다시 말해서 쿠자누스는 분명히 마이스터 에크하르트의 저술들의 영향을 받았고, 또한 에크하르트가 놀라운 이율배반들을 사용한 것에 의해 영향을 받았다.

사실상 쿠자누스 철학의 상당한 부문, 박학한 무지에 대한 그의 이론, 예를 들면 대립하는 것들의 일치로서의 그의 신 관념, 신의 자기 현현으로서의 그리고 신의 펼침으로서의 세계라는 그의 주장, 소우주로서의 그의 인간 개념은 앞선 철학자들, 특히 넓은 의미에서 플라톤적 전통에 속하는 철학자들 그리고 어떤 의미에서 '신비주의적인' 것으로 분류될 수 있는 철학자들의 발전으로서 간주될 수 있다. 수학적 유비와 상징주의에 대한 그의 취향은 고대세계의 플라톤주의자들과 피타고라스주의자들의 저술들뿐만 아니라 성 아우구스티누스와 다른 그리스도교 저술가들의 저술들을 떠올리게 한다. 쿠자누스를 중세사상가로 분류하는 사람들에게 상당한 정당성을 제공하는 것은 이런 종류의 고려들이다. 신에 대한 우리의 인식 그리고 세계가 신과 관계를 맺고 있다는 것에 대한 그의 집착은 그렇게 주장되는 것처럼 오히려 중세로 퇴행하는 모습을 보여준다. 몇몇 역사가들이 언급하듯이 그의 전 사상은 중세의 범주 안에 있으며, 중세 가톨릭의 흔적을 가지고 있다. 사람들을 놀라게 하는 그의 발언들은 모든 사람이 중세 사람으로서 분류하는 작가들의 경우와 유사할 수 있다.

다른 한편 반대의 극단으로 가서 쿠자누스를 근대로 편입시키려고 하는 시도도 가능하다. 예를 들어 부정신학에 대한 그의 주장과 그의 대립하는 것들의 일치로서의 신 이론은 모든 차이와 구별의 소멸점으로서의 절대자에 관한 셸링(Schelling)의 이론과 융화될 수 있는 반면에, 그의 신의 펼침으로서의 세계관은 자연을 신의 타자(God-in-His-otherness)로 보는, 즉 추상적 이념의 구체적 현현이나 구현으로 보는 헤겔(Hegel)의 견해의 전조로서 간주될 수 있다. 즉 그의 철학은 독일 관념론의 예고로서 고려될 수 있다. 추가하면 우주가 각각의 유한한 사물 속에 반영되어 있다는 쿠자누스의 사상 그리고 어떤 두 사물 사이에도 존재하는 성질의 차이에 관한 쿠자누스의 사상은 라이프니츠 철학에서 재현되었다는 것은 분명하다.

나의 생각으로는 이러한 두 가지 충돌하고 있는 견해들 안에 진실이 있다는 것은 거의 부인할 수 없다. 쿠자누스의 철학은 의심의 여지없이 이전의 체계들에 의존해 있거나 이런 체계들을 상당히 활용하고 있다. 다른 한편 그의 사상의 어떤 측면들과 라이프니츠의 철학 사이의 유사성들을 지적하는 것은 부자연스러운 유비에 함몰되는 것은 아니다. 쿠자누스와 칸트 이후의 독일 사변적 관념론의 결합에 대해서 이야기한다면, 그 연결고리는 분명 아주 미약하고, 시대착오적인 우연에 불과하다. 그러나 그의 저술들에 대한 관심이 19세기에 보이기 시작했다는 것 그리고 이것은 크게 독일 사상에 의해 19세기에 취해진 방향에 의거하고 있다는 것은 사실이다. 그러나 두 관점 안에 진실이 있다면, 나의 생각으로는 르네상스의 특징인 과도기 사상가로 인정할 이유가 훨씬 더 많다.

예를 들어 그의 자연철학은 분명히 과거에서 온 요소들을 포함하고 있지만, 마찬가지로 자연의 체계에 대한 점증하는 관심을 재현했으며, 우주가 발전하고 있고 자신을 펼치는 체계로 바라보는 느낌의 성장이라고 아마도 사람들이 부를지도 모르는 것을 재현했다. 세계의 '친화성'이라는 쿠자누스의 사상은 다른 르네상스 사상가들, 특히 조르다노 브루노(Giordano Bruno)에게, 비록 브루노는 쿠자누스의 정신과 확신과는 다른 방향으로 쿠자누스의 사상을 전개했음에도 불구하고, 영향을 끼쳤다. 다시 한 번 이야기한다면, 신의 펼침이라는 쿠자누스의 자연사상이 아무리 플라톤적 또는 신플라톤적 전통에 의존해 있었다 하더라도, 우리는 그 이론에서 개별 사물에 대한 주장 그리고 개별 사물들의 체계로서의 자연에 대한 주장을 발견한다. 그런 주장

중 어떤 것도 이미 언급된 것처럼 미래에 있어서 라이프니츠의 철학과 정확하게 닮은 점은 없다. 더 나아가서 세계 안에 있는 어떤 것도 적절하게 고정된 위치를 가진다는 관념에 대한 그의 거부, 그리고 절대적 '중앙' 혹은 절대적 '위' 혹은 절대적 '아래'와 같은 개념들에 대한 그의 거부는 쿠자누스를 중세시대보다는 르네상스 시대의 우주론자들 및 과학자들과 연결 짓게 한다.

세계와 신의 관계에 대한 쿠자누스의 개념이 유신론적 개념이라는 것은 너무도 당연하게 참이다. 그러나 자연이 어떤 의미에서 '무한한' 그리고 신의 발전하는 또는 진보하는 현현인 조화로운 체계로서 간주된다면, 바로 그 때문에 이러한 사상은 자연 그 자체를 위한 자연의 탐구를 촉진하고 고무하는 것이지, 단순히 신에 대한 형이상학적 인식에 대한 디딤돌로서의 자연의 탐구를 촉진하고 고무하는 것은 아니다. 쿠자누스는 범신론자가 아니었지만, 적어도 어떤 측면에서는 그의 철학은 브루노와 다른 르네상스 자연철학자들의 철학과 같은 부류에 속할 수 있다. 르네상스의 과학자들은 이러한 사변적 철학자들을 배경으로 해서 생각했고 연구했다. 이와 연결해서 우리는 쿠자누스의 수학적 사변들이 레오나르도 다빈치(Leonardo da Vinci)에게 자극을 주었다고 말할 수 있겠다.

결론적으로 우리는 아마도 자연의 무한한 체계라는 쿠자누스의 사상이 조르다노 브루노와 같은 철학자들에 의해서 발전되었음에도 불구하고, 그리고 이러한 사변적 자연철학들이 자연에 대한 과학적 탐구에게 자극을 주는 배경이 되었음에도 불구하고, 쿠자누스 자신은 그리스도인이었을 뿐만 아니라, 본질적으로 그리스도교 사상가였다. 왜냐하면 그는 감추어진 신에 대한 탐구에 몰두하였고, 그 사상은 성격상 분명히 그리스도적이었기 때문이다. 인간을 소우주로 보는 그의 이론을 다루면서 나는 최대한의 축소 그리고 절대적 매개로서 그리스도를 보는 그의 이론을 언급한 것은 이 마지막 점을 예시하기 위한 것이었다. 그의 인문주의적 관심에서, 개별에 대한 그의 주장에서, 그가 새로운 수학적이고 과학적인 연구에 부여한 가치에서, 그리고 비판정신을 두드러진 신비주의적 성향과 결합하는 데에서, 그는 다른 르네상스 사상가들 다수와 유사했지만, 중세의 위대한 사상가들을 움직였고 그들에게 영감을 주었던 신앙을 르네상스에까지 이어가게 했다. 어떤 의미에서 그의 정신은 그 시대를 들끓게

했던 새로운 사상들에 흠뻑 빠져 있었다. 그러나 그의 사상을 투과하였던 종교적 관점은 그를 몇몇 르네상스 철학자들이 빠졌던 과격한 무절제에서 그를 구해 내었다.

제16장

자연철학(1)

──────── 1. 일반적 개관

앞의 장에서 다루었던 것은 쿠자누스의 자연 관념과 르네상스시대에 나타난 다른 자연철학들 사이의 연관성이었다. 쿠자누스의 자연 관념은 신 중심적이었다. 그의 철학의 이러한 측면에서 그는 중세의 선도적 철학자들과 가까이 있었다. 그러나 우리는 그의 사상에서 지구가 결코 특권적 지위를 갖지 못하는 무한한 체계로서의 자연 관념이 어떻게 해서 주목을 받게 되었는지를 살펴보았다. 다수의 다른 르네상스 사상가들과 함께, 모든 곳에 퍼져 있는 인력의 힘에 의해서 통일되고, 세계영혼에 의해 살아 있는 체계로서의 자족적인 통일체로서 간주되는 자연 관념이 생겨났던 반면에, 쿠자누스와 함께 신의 외적인 현현으로서 간주되는 자연 관념이 생겨났다. 이 철학자들에 의해서 자연은 실제로 유기체로서 간주되었으며, 그와 관련하여 생명체와 비생명체, 정신과 물질 사이에, 중세사상의 특징을 이루는 날카로운 구별은 그것의 의미와 적용을 잃어버렸다. 이런 유형의 철학들은 성격상 범신론적인 경향이 있었다. 어떤 측면들에서 이러한 철학들은 르네상스의 부활된 플라톤주의 또는 신플라톤주의 측면들과 친화성을 가지고 있었다. 그러나 플라톤주의자들이 초자연적인 것과 신에게로 영혼이 상승하는 것을 강조했던 반면에, 자연철학자들은 오히려 자족적인 체계로서의 자연 그 자체를 강조하였다. 이것은 통상 '자연철학자들'로서 간주되는 모든 르네상스 사상가들이 그리스도 신학을 포기했다거나 스스로를 혁명가로 보았다고 말하는 것이 아니다. 그렇지만 그들 사상이 지향하는 바는 자연과 초자연을 묶는 유대를 느슨하게 하는 것이었다. 그들은 '자연주의'의 경향을 띤다.

그러나 역사학자들이 '자연철학자' 또는 '자연의 철학자'로 분류하는 데 습관이 된 그런 르네상스 사상가들에 대해 일반적 판단을 내리기는 오히려 어렵다. 또는 오히려 아마도 그렇게 하는 것은 위험한 일이라고 말해야 한다. 예를 들어 우리는 이탈리아인 가운데 조르다노 브루노(Giordano Bruno)의 철학과 19세기 독일의 낭만주의 철학 사이의 유사성을 분명히 발견할 수 있다. 그러나 '낭만주의'는 정확하게 말해서 지롤라모 프라카스토로(Girolamo Fracastoro, 1483-1553)의 사상에 우리가 자연스럽게 귀속시키고 있는 특성은 아니다. 그는 교황 바오로 3세(Paul III)의 시의(侍醫)였고, 의학적 주제에 관해 썼으며, 또한 천문학에 관한 저술, 『동심성(同心性) 또는 별』(*Homocentricorum seu de stellis liber*, 1535)을 썼다. 그의 『공감과 반감』(*De sympathia et antipathia rerum*, 1542)에서 그는 대상들 사이에 물질들의 상호관계에서 물질들의 운동을 설명하기 위하여 '공감'과 '반감', 즉 인력과 척력의 존재를 요청했다. '공감'과 '반감'이라는 명칭은 아마도 낭만주의 관점의 특징을 가지고 있는 듯이 보인다. 그러나 프라카스토로는 신체가 발산하는 그리고 다른 신체의 세공(細孔)을 통해서 들어가는 미립자 혹은 감각체를 요청함으로써 이들 힘의 작동 양식을 설명했다. 이러한 사고노선을 지각(知覺)의 문제에 적용하면서 그는 지각하는 주체로 들어가는 종(*species*) 또는 상(像)의 발산을 요청하였다. 이 이론은, 비록 프라카스토로가 데모크리토스(Democritus)의 일반적인 원자론을 채택하지는 않았지만, 고대 엠페도클레스(Empedocles), 데모크리토스, 에피쿠로스(Epicurus)에 의해서 제시된 지각의 기계론을 반복한 것은 분명하였다. 이런 종류의 관점은 외적 대상들의 지각에서 주관이 수동적임을 강조하였고, 『투리우스 또는 인식에 관하여』(*Turrius sive de intellectione*, 1555)에서 그는 인식(*intellectio*[이해])은 정신에 나타난 대상의 표상 즉 대상의 종(*species*)을 받아들인 결과에 불과하다고 이야기한다. 이로부터 그는 인식[이해]이 아마도 순수하게 수동적이라는 결론에 도달하였다. 또한 그가 서브노티오(*subnotio*)라 칭한 특수한 힘을 요청했다는 것은 사실이다. 이 힘은 사물의 여러 인상들을 대상 그 자체 안에 있는 관계들을 소유하는 총체성 또는 의미 있는 전체로서 경험하거나 포착한다. 그래서 우리들은 그가 정신의 모든 작용을 부인하였다고 말할 수는 없다. 그는 정신의 반성적 힘을 부인하지도 않았고 보편개념 이나 용어를 구성하는 정신의 힘도 부인하지 않았다. 게다가 종(*species*)이라는 용어를 사용하였다는 것을 볼 때, 이러한 사용이 아리스토텔레스적-스콜라적 전통에서 유래하였다는 것은 분명하다. 그럼에도 불구하고 프라카스토로의 지각이론은 매우 두드러진 '자연주의적' 성격을 가진다. 아마도 그것은 그의 의사로서의 관심과 연관되어 있을 것이다.

프라카스토로는 의사였던 데 반해 카르다노(Cardano)는 수학자였고, 텔레시오(Telesio)는 과학적 문제들에 대해 광범위한 관심을 가지고 있었다. 그러나 텔레시오와 같은 사람이 과학에서 경험적 탐구와 연구가 필요하다는 점을 강조하였음에도 불구하고, 분명히 그는 경험적으로 검증될 수 있는 가설에 국한되지 않았고, 자신의 철학적 사변들을 전개하였다. 르네상스 사상가들을 철학자로 분류해야 할지 아니면 과학자로 분류해야 할지 결정하는 것이 언제나 쉬운 일은 아니었다. 당시의 많은 철학자들은 과학과 과학적 탐구에 대해 관심을 가졌던 데 반해, 과학자들은 철학적 사변에 대해 항상 꺼려한 것은 결코 아니었다. 그러나 개인의 과학적인 연구가 과학연구의 발전에서 중요한 역할을 했던 인물들이 과학자로서 분류된 것은 대단히 합리적인 반면에, 과학적 연구에 대해 개인적으로 공헌한 것으로 주목받기보다는 오히려 그들의 사변으로 주목받은 사람들은 과학자들이 검증하려고 시도했던 가설들의 일부를 사변적으로 예상함으로써 간접적으로 과학발전에 기여했음에도 불구하고, 그들은 자연철학자로 분류된다. 그러나 철학적 사변과 과학적 문제에 대한 관심의 결합은 때로는 연금술 그리고 심지어는 마술에 대한 관심과 결합했으며, 그것은 르네상스 사상가들의 특징이었다. 그들은 인간의 자유로운 발달과 인간의 창조적 능력에 대한 깊은 믿음을 가졌으며, 인간의 발달과 힘을 여러 수단에 의해서 증진시키려고 노력하였다. 그들은 자유로운 지성적인 사변, 새로운 가설들의 발전, 세계에 대한 새로운 사실들의 확인을 기뻐하는 정신의 소유자였다. 연금술에 대한 공통적인 관심은 단순한 미신에 의존했다기보다는 인간의 힘, 통제, 부를 확장하려는 희망에 근거했다. 분명 제한

이 수반되기는 했지만, 르네상스 정신이 저 세계에서 이 세계로, 초월에서 내재로, 인간의 의존성에서 인간의 창의적 능력으로 강조점이 이동되었음을 표현했다는 것은 분명한 사실이다. 르네상스는 신학이 정신적 배경을 형성했고 인간의 정신을 고무했던 시대에서부터 특수한 자연과학의 성장이 인간정신과 인간문명에 점점 더 많은 영향을 끼치는 시대로 이행하는 시기였다. 그리고 적어도 르네상스 철학의 일부분은 우리가 철학으로서 대단히 심각하게 다룰 것을 기대할 수 있는 사상의 체계라기보다는 과학의 성장에 도움을 주는 동인이었다.

　　이 장에서 나는 이탈리아의 자연철학자들의 일부와 피에르 가상디(Pierre Gassendi)와 같은 프랑스 철학자를 간략하게 다룰 것을 제안한다. 다음 장에서 나는 별도로 다루었던 쿠자누스를 제외한 독일의 자연철학을 다룰 것이다.

─────────　　**2. 지롤라모 카르다노**

　　지롤라모 카르다노(Girolamo Cardano, 1501-1576)는 저명한 수학자이자, 1547년 파비아 대학교의 의학교수가 되었던 유명한 의사였다. 전형적으로 르네상스의 인물인 그는 자신의 수학적 연구와 의학적 진료를 점성술에 대한 관심 및 철학적 사변에 대한 강한 성향과 결합시켰다. 그의 철학은 물활론이었다. 원초적이며 무규정적인 물질이 존재하며, 이것이 모든 공간을 채운다. 추가해서 생산과 운동의 원리를 요청할 필요가 있는데, 이것은 다름 아니라 세계영혼이다. 운동은 '따뜻함' 또는 빛의 형상을 가진 경험세계의 요소가 되었으며, 물질 안에 있는 세계영혼의 작용에서부터 경험적 대상들이 생겨났고, 모든 경험적 대상에 영혼이 스며들었으며, 경험적 대상 사이에 공감(sympathy)과 반감(antipathy)의 관계들이 존재하였다. 세계형성의 과정에서 따뜻함의 자리인 하늘은 우선 습하고 차가운 원소들의 장소인 지상의 세계와 최초로 분리되었다. 점성술에 대해 카르다노가 열정을 표시한 것은 하늘이 지상세계의 사건과정에 영향을 끼친다는 그의 확신에 기인한 것이었다. 금속은 흙, 물, 공기 이 세 원소의 상호작용을 통해서 지구의 내부에서 생산되고, 금속은 살아 있는 것일 뿐만 아니라 금속 모두는 금의 형상을 향하고 있다. 우리가 통상 살아 있는 것이라고 부르는 것에 관해서 동물은 벌레에서 생겨났으며, 벌레의 형상은 지구의 자연적 따뜻함으로부터 생겨났다.

세계를 살아 있는 유기체 또는 세계영혼에 의해서 생명이 주어진 통일된 체계로 보는 이러한 견해는 분명히 플라톤의『티마이오스』(*Timaeus*)에 상당 부분 기인하고 있다. 반면에 무규정적인 물질과 '형상'과 같은 관념들은 아리스토텔레스의 전통에서 나왔다. 아마도 카르다노가 이러한 관념들을 순수하게 자연주의적 방향으로 전개했을 것이라고 기대할 수도 있지만, 그러나 그는 유물론자가 아니었다. 인간 안에 불멸의 이성적인 원리, 즉 정신이 존재하고, 이것은 죽을 수밖에 없는 영혼 및 신체와 일시적으로 결합된다. 신은 유한한 수의 이러한 불멸의 영혼을 창조했으며, 불멸성은 윤회를 포함한다. 인간의 유한한 영혼과 분리될 수 있는 그 무엇으로서의 불멸의 정신이라는 이러한 견해에서 우리는 아베로에스주의의 영향을 목격할 수 있다. 그리고 아마도 우리는 신이 자유롭게 세계를 창조했다는 사실을 카르다노가 인정하기를 거부했다는 점에서도 아베로에스주의의 영향이 있음을 개연적으로 확인할 수 있다. 만약 창조가 신의 선택에 단순하고도 오롯이 의존했다면, 창조의 이유 또는 근거는 존재하지 않았다. 그것은 신의 선택의 결과였다기보다는 필연적인 과정이었다.

그러나 카르다노의 철학에는 물활론적인 체계를 형성하기 위하여 과거의 다른 철학자들로부터 취해진 단순한 수준의 원소들의 집합 또는 짜맞춤 이상의 무언가가 존재했다. 그가 자연법칙의 관념과 법칙 지배적인 체계로서의 자연의 통일을 상당히 강조했다는 것은 분명하다. 그리고 이런 점에서 그의 사상은, 비록 그가 자연법칙에 대한 자신의 믿음을 과거 철학들에서 취해진 관념과 이론에 의해서 표현했지만, 르네상스의 과학운동과 잘 어울렸다. 법칙의 힘에 대한 이러한 확신은 신이 천체와 물체 일반을 수학적 법칙들에 종속시켰다는 사실, 그리고 수학적 지식의 소유는 참된 지혜의 형상이라는 그의 주장에서 분명하게 드러난다. 그것은 심지어 '자연적 마술'이라는 그의 믿음에 의해서 표현되기도 한다. 왜냐하면 마술의 힘은 존재하는 모든 것의 통일에 의존하기 때문이다. 당연한 일이지만, '존재'한다는 말이 어떤 의미인지 그리고 원인들의 영역에 속한다는 말이 어떤 의미인지는 카르다노가 시도했던 것보다 더

제2부 르네상스의 철학

명료한 분석을 필요로 한다. 그러나 몇몇 르네상스 사상가들의 특징 중 하나였던 마술에 대한 관심은, 비록 그것이 우리에게 환상적인 것처럼 보일 수는 있겠지만, 우주의 인과적 체계에 대한 그들의 믿음을 표현한다.

---

3. 베르나르디노 텔레시오

칼라브리아 지방 코젠차(Cosenza in Calabria)의 베르나르디노 텔레시오(Bernardino Telesio, 1509-1588)도 물활론을 주장하였다. 그는 『사물 그 자체의 원리에 따른 사물의 본성』(De natura rerum iuxta propria principia)의 저자이며, 나폴리의 아카데미아 텔레지아나(Academia Telesiana) 또는 코센티나(Cosentina)의 설립자였다. 텔레시오에 따르면 자연적 사건들의 근본적인 원인들은 따뜻함과 차가움의 원소이며, 그것 간의 대립은 구체적으로 하늘과 땅의 전통적인 대조에 의해서 표현된다. 이 두 원소에 추가해서 텔레시오는 제3의 수동적인 물질을 요청했는데, 이것은 따뜻함의 작용에 의해서 팽창하거나 희박해지고, 차가움의 원소의 작용에 의해서 수축된다. 동물과 인간의 신체에는 '영(靈, spirit)', 즉 따뜻함의 원소의 순수한 발산이 나타나고, 이 원소는, 비록 당연히 두뇌에 위치함에도 불구하고, 신경에 의해서 신체 곳곳으로 움직인다. 이 '영의 관념'은 그 자체 그리스의 의학 학파에서 유래하였던 영(pneuma)에 대한 스토아 이론으로 거슬러 올라간다. 그 영은 데카르트의 철학에서 '동물적 영혼'이란 이름으로 다시 등장한다.

일종의 심리적인 실체인 '영'은 외부의 사물들에 의해서 생산된 인상들을 받아들일 수 있고, 그 인상들을 기억 속에 재생할 수 있다. 그래서 영은 감각인상을 받아들이고, 그 이상의 감각인상들을 예상하는 기능을 가지고 있으며, 그리고 경우에서 경우로의 유비추리는 감각지각과 기억에 기반을 둔다. 그러므로 추리는 감각지각과 함께 시작하고, 그것의 기능은 감각지각을 예견한다. 즉 미래 경험에 대한 그것의 결론 또는 예견은 경험적으로 검증되어야 한다. 텔레시오는 더 나은 이해가 감각보다 훨씬 불완전하다(*intellectio longe est sensu imperfectior*)는 결론을 주저하지 않고 도출하였다.[1] 그는 예를 들면 기하학을 이 이론의 관점에서 즉 감각지각에 기초한 유비추리의 이상화된 형식으로 해석하였다. 다른 한편 그는 공허한 공간의 관념을 인정하였다. 이 공간은 사물이 아니라 오히려 사물들 간의 관계들의 체계이다. 장소들은 이러한 관계들의 일반적 질서 혹은 체계의 변양(modifications)이다.

　　인간의 기본적 자연적 충동 또는 본능은 자기보존의 충동 또는 본능이다. 이것은 동물에서도 지배적인 본능이며, 심지어는 비유기적 물질에서도 지배적인 본능이다. 비유기적 물질은 상대적인 의미에서만 살아 있지 않은 것일 뿐이다. 이러한 사실은 생명의 징후 즉 운동이 편재해 있다는 사실에 의해 증명된다. (사실상 모든 사물들은 어느 정도 '지각'을 가지고 태어났으며, 이러한 생각은 후에 라이프니츠에 의해 발전되었다.) 텔레시오가 인간의 정서적 삶을 분석한 것은 이러한 기본적인 본능에 의해서였다. 그래서 사랑과 미움은 각각 자기보존을 증진하고 방해하는 쪽으로 향해 있는 감정이다. 이에 반해 기쁨은 자기보존에 수반되는 감정이다. 기본적인 덕들, 예를 들어 사려와 용기는 기본적인 본능이 자신의 수행에서 자신을 표현하는 모든 다양한 형식인 반면에, 슬픔과 이와 유사한 정서는 생명 충동의 취약성을 반영한다. 우리는 여기서 감정에 관한 스피노자 분석의 앞선 예들을 명백하게 목격하게 된다.

　　그러나 텔레시오는 사람이 생물학적인 항목들로만 분석되고 설명될 수 있다고 생각하지 않았다. 왜냐하면 사람은 자기보존의 생물학적 충동을 초월할 수 있다. 심지어 자신의 행복을 거절할 수 있고, 스스로 자유롭게 죽음을 선택할 수 있다. 또한 사람은 신과의 일치를 추구할 수 있고, 신을 관조할 수 있다. 그러므로 우리는 인간에 있어서 추가되는 형상(*forma superaddita*)의 존재, 즉 불멸의 영혼을 요청해야 한다. 이 불멸의 영혼은 신체와 '영'으로 충만하고, 신과의 일치를 이룰 수 있다.

　　텔레시오가 공언한 방법은 경험적 방법이었다. 왜냐하면 그는 세계에 대한 지식을 위해서 감각경험을 찾았고, 추리를 지나간 경험을 기초로 해서 그 이상의 감각경험을 예상하는 과정 이외에 다름 아니라고 간주하였다. 그래서 그는 다소 거칠지만

1　　『사물의 본성』(*De rerum natura*), 8, 3.

과학적 방법의 한 측면을 개요적으로 묘사한 사람으로 간주될 수 있었다. 동시에 그는 감각지각에 의해서 경험적으로 검증될 수 있는 것을 훨씬 넘어섰던 철학을 제안하였다. 이 점은 파트리찌에 의해 강조되었는데, 이 사람을 나는 곧 다룰 것이다. 그러나 스콜라적 추상들에 대한 적개심을 직접적 감각경험에 대한 열광과 결합시킬 뿐만 아니라 불충분한 근거를 가진 철학적 사변과 결합시키는 것은 많은 점에서 르네상스 사상의 정확한 특징이었다. 르네상스 사상은 많은 부분에서 풍부하기도 하였지만 미숙하기도 하였다.

━━━━━ 4. 프란치스코 파트리찌

파트리찌(Francesco Patrizzi, 1529-1597)는 비록 텔레시오가 그의 철학적 사변에서 그의 검증 규준과 일치하지 않는다고 보았음에도 불구하고, 그 자신은 텔레시오보다 훨씬 더 사변적이었다. 텔리시오 철학의 본질은 자연주의적 측면으로 해석될 가능성이 충분히 있었다. 달마티아(Dalmatia)에서 태어난 파트리찌는 오랜 방랑을 거쳐 로마 대학교의 플라톤 철학 교수로서 그의 삶을 마쳤다. 그는『페리파토스학파의 논의』(*Discussionum peripateticarum libri XV*, 1571)와『신 보편철학』(*Nova de universis philosophia*, 1591)의 저자였으며, 기하학에 관한 15권의 책을 포함하여 다수의 책을 저술하였다. 아리스토텔레스에 대해 단호한 적개심을 가진 그는 플라톤주의가 그리스도교와 훨씬 더 잘 어울리고, 자신의 체계가 이교도를 그리스도교로 돌아오게 하는 데 탁월하게 적합하다고 생각하였다. 그는 자신의『신 보편철학』을 교황 그레고리오 14세에게 헌정하였다. 그래서 파트리찌는 플라톤주의의 부활이라는, 앞서 논의한 장에서 소개하는 것이 매우 적합할 수도 있었다. 그러나 그는 자연에 대한 일반철학을 상세하게 논의하였고, 그래서 나는 그의 사상을 여기에서 짤막하게 다루기로 결정하였다.

파트리찌는 플라톤 전통에서 나온 고대의 빛이라는 주제에 의존하였다. 신은 원초적이고 창조되지 않은 빛이며, 그 빛으로부터 가시적인 빛이 나온다. 이 빛은 자연에서 능동적이고 형성적인 원리이다. 그리고 빛 자체는 전적으로 물질이라고 불릴 수 없다. 사실상 그것은 일종의 순수하게 정신적인 것과 순수하게 물질적이며 불활성의 것 사이의 유대를 구성하는 매개적 존재이다. 그러나 빛 이외에 자연에서 다른 근본적인 요소들을 요청할 필요가 있다. 이들 중 하나는 공간이다. 파트리찌는 이 공간을 오히려 이해할 수 없는 방식으로 기술한다. 공간은 무(無) 안에 내재하는 실재적 존재이다. 그렇다면 공간은 실체인가? 파트리찌에 의하면 그것은 질료와 형상으로 구성된 개별적인 실체가 아니다. 그리고 그것은 실체의 범주 안에 들어오지 않는다. 반면에 그것은 어떤 의미에서는 실체이다. 왜냐하면 그것은 그렇지 않으면 어떤 것에도 속하지 않기 때문이다. 그러므로 그것은 분량과 동일시될 수 없다. 또는 그러하다면 그것은 분량의 범주에 속하는 어떤 분량과도 동일시될 수 없다. 공간은 모든 경험적 분량의 원천이자 기원이다. 공간에 대한 파트리찌의 기술은 『티마이오스』에서 플라톤이 제안 것을 떠올리게 한다. 그것은 한정적인 어떤 것이라 불릴 수 없다. 또한 그것은 순수하게 정신적인 실체도 아니고, 또한 다른 한편 물질적 실체도 아니다. 오히려 그것은 '비물질체'이고, 적어도 논리적으로 한정된 물체의 생산에 앞서는, 그리고 최소의 것(minima) 또는 점들로 논리적으로 구성될 수 있는 추상적 연장이다. 크지도 않고 작지도 않은 그러나 가능성으로는 둘 다인 최소의 것(minimum)이라는 관념은 조르다노 브루노에 의해 활용되었다. 파트리찌에 의하면 공간은 세계를 구성하고 있는 다른 기본적인 요소, 즉 '유체'(fluidity)에 의해 채워진다. 빛, 따뜻함, 공간, 유체는 네 가지 원소적 요소 또는 원리이다.

파트리찌의 철학은 신플라톤주의적 사변의 기묘하고 좀 별난 혼합물이며, 어떤 기본적인 물질적 또는 유사 물질적 요소들을 언급함으로써 경험세계를 설명하려는 시도이다. 빛은 그에 있어서 부분적으로는 가시적 빛이지만, 또한 그것은 신에게서 유출되고 모든 사물들을 움직이는 형이상학적 원리 또는 존재이기도 하다. 그것은 다수를 존재하게 하는 다수성의 원리이다. 그러나 또한 그것은 모든 사물들을 단일성으로 묶는 단일성의 원리이다. 그리고 정신은 바로 이 빛에 의해서 신에게로 상승할 수 있다.

제2부 르네상스의 철학

여러 원소들의 또 다른 이상한 혼합은 캄파넬라(Tommaso Campanella, 1568-1639)에 의해 제시되었다. 그는 도미니코 수도회의 일원이었으며, 유명한 정치적 유토피아, 즉 『태양의 도시』(*Civitas solis*, 1623)의 저자였다. 이 책에서 그는 진지하든 그렇지 않든 간에 플라톤의 『국가』가 명확하게 보여준 사회의 공산주의적 배치를 제안하였다. 캄파넬라는 주로 이단의 혐의로 생의 상당 부분을 감옥에서 보냈으나, 『감관에 의해 입증된 철학』(*Philosophia sensibus demonstrata*, 1591), 『사물의 감각』(*De sensu rerum*, 1620), 『무신론 정복』(*Atheismus triumphatus*, 1631), 『보편철학 또는 형이상학』(*Philosophia universalis seu metaphysica*, 1637)을 포함한 다수의 철학 관련 서적을 저술하였다. 정치학에서 그는 교황의 영적 지도력 및 스페인 군주의 세속적 지도 아래 보편 군주의 이상을 지지하였다. 스페인 왕에 대한 반란 음모로 감옥의 처분을 받아야 했던 바로 그 사람이 자신의 『스페인 군주제』(*De monarchia hispanica*, 1640)에서 스페인 군주제를 찬양하였다.

캄파넬라는 텔레시오에게서 강한 영향을 받았으며, 세계에 대한 우리의 지식의 원천으로서 자연에 대한 직접적인 탐구를 주장하였다. 또한 그는 텔레시오가 제기했던 것과 같은 노선에 따라서 추리를 해석하는 성향이 있었다. 그러나 그의 사상의 착상은 달랐다. 만약 그가 감각지각과 자연의 경험적 연구를 강조했다면, 그가 그렇게 한 것은 그가 설명한 자연이 신의 살아있는 모습, 즉 신의 거울 또는 모상이기 때문이다.

신에 대해 알게 되는 방식은 두 가지가 있다. 첫째, 감각의 도움을 받아 자연 안에서 드러나는 신의 자기계시에 대한 연구를 통해서, 둘째, 성경을 통해서. 자연이 신의 현현으로서 간주되는 것은 당연히 중세사상에서는 익숙한 주장이다. 물질세계를 신의 흔적 또는 그림자(*vestigium* or *umbra Dei*)로서 간주하는 성 보나벤투라의 이론을 생각하는 것만으로, 그리고 캄파넬라에게 영향을 주었던 쿠자누스가 이런 사상 노선을 전개했다는 사실을 생각하는 것만으로 충분하다. 그러나 르네상스시대의 도미니코회는 자연에 대한 실제적인 관찰을 강조하였다. 그것은 일차적으로 성 보나벤투라에서 그렇듯이 자연에 대한 신비주의적 유비를 발견하는 문제가 아니라, 감각지각에 열려 있는 자연의 책을 읽는 문제이다.

신 존재가 증명될 수 있다는 것은 캄파넬라가 대단히 분명하게 느꼈던 문제였다. 그리고 그가 신 존재를 증명하는 것에 관해서 제시한 방법은, 만약 그것이 17세기 데카르트의 가르침과 명백히 유사하기 때문이라면, 흥미롭다. 회의주의에 반대하면서 캄파넬라는 우리가 무지하다는 것에 대해서 적어도 알 수 있으며, 이것인지 저것인지를 의심한다는 것을 적어도 알 수 있다고 주장하였다. 게다가 의심하는 그 행위 속에서 자신의 존재가 드러난다. 이러한 점에서 캄파넬라는 '나는 방황하기 때문에 존재한다'(*Si fallor, sum*)는 아우구스티누스의 진술과 '나는 생각하기 때문에 존재한다'(*Cogito, ergo sum*)는 데카르트의 진술을 연결하는 고리이다. 다시 말한다면, 나 자신 존재에 대한 의식에서도 나 이외에 다른 것에 대한 의식이 주어진다. 유한성의 경험에서 다른 존재가 존재한다는 인식이 주어진다. 사랑에서도 타자의 존재에 대한 의식이 주어진다. (아마도 데카르트는 이러한 장점을 채택하여 활용하였을 것이다.) 나는 그러므로 존재한다, 그리고 나는 유한하다. 그러나 나는 무한한 실재의 관념을 소유하고 있고 또는 소유할 수 있다. 이러한 관념은 나 자신의 자의적인 구성일 수가 없다. 또는 사실상 전혀 나의 구성일 수가 없다. 그것은 내 안에 신이 작용한 결과이어야 한다. 무한하고 독립된 존재의 관념에 대해 반성함으로써 나는 신이 실제로 존재한다는 것을 안다. 이런 식으로 유한한 존재로서의 나 자신 존재에 대한 인식과 무한한 존재인 신 존재에 대한 인식은 밀접하게 연결되어 있다. 그러나 인간이 신과 직접적인 접촉을 하는 것은 가능하다. 그러한 접촉은 인간에게 지고의 가능한 지식을 열어두고, 동시에 신에 대한 사랑을 포함한다. 그리고 이러한 신의 인식에 대한 사랑은 신을 인식하는 최상의 길이다.

신은 모든 유한한 존재자들의 창조자이고, 이러한 유한한 존재자들은 캄파넬라에 따르면 존재와 비존재로 구성되어 있으며, 완전성의 수준이 하강하는 데 반비례해서 비존재의 부분이 증가한다. 이것은 분명히 대단히 독특한 화법이지만, 주요한 착상은 플라톤의 전통에서 유래했고, 캄파넬라의 창작은 아니었다. 존재의 주요한 속성(*primalitates*)은 힘, 지혜, 사랑이다. 비존재가 존재와 혼합되면 될수록 이러한 속성들에 대한 참여가 더 약해진다. 그러므로 완전성의 수준이 떨어질 때, 우리는 무력 또는 힘의 결핍, 지혜롭지 못함, 그리고 증오함의 정도가 증가함을 발견하게 된다. 그러나 모든 피조물은 어떤 의미에서 작용하고 있고, 지각과 감정의 정도가 없이는 존재하지 않는다. 게다가 모든 유한한 사물들은 함께 체계를 이루고 있고, 그것의 선 조건은 공간에 의해 제공된다. 그리고 유한한 사물들은 상호 공감과 반감에 의해서 서로 관계를 맺는다. 어디에서나 우리는 자기보존이라는 근본적인 본능을 발견한다. 그러나 이러한 본능 또는 충동은 편협하고 배타적으로, 즉 이기주의적 의미로 해석되어서는 안 된다. 예를 들어 인간은 사회에서의 삶에 적응된 사회적 존재이다. 더욱이 그는 편협한 의미에서의 자기에 대한 사랑을 넘어서 신에 대한 사랑으로 나아갈 수 있으며, 신에 대한 사랑은 그의 기원과 원천으로 회귀하려는 그의 경향을 표현한다.

우리는 존재의 제1 속성들을 우리 자신에 대한 반성을 통해서 인지하게 된다. 모든 사람은 자신이 행동할 수 있다는 것 또는 자신이 힘(*posse*)을 가지고 있다는 것, 또는 자신이 무언가를 알 수 있다는 것, 또는 자신이 의욕하거나 사랑을 가진다는 것을 알고 있다. 그래서 우리는 힘, 지혜, 사랑의 속성들을 무한한 존재인 신에게 최고로 가능한 정도로 귀속시키며, 우리는 그것들을 인간이 아닌 유한한 사물들에서 다양한 정도로 발견한다. 이것은 우리가 자연을 우리와의 유비에 따라서 해석한다는 것을 함의하는 캄파넬라의 경향을 보여주기 때문에 흥미로운 점이다. 어떤 의미에서 모든 인식은 우리 자신에 대한 인식이다. 우리는 사물들이 우리 자신에 미치는 결과를 지각한다. 우리는 우리 자신보다는 사물들에 의해서 우리 자신이 한정되어 있고 제약되어 있음을 발견한다. 그러므로 우리는 우리가 우리 자신 안에서 지각하는 것들과 유사한 작용과 기능들을 이런 사물들에 귀속시킨다. 이러한 관점이 자연에 대한 직접적인 감각인식에 관해 텔레시오의 영향 아래 있는 캄파넬라의 주장과 일치하느냐 여부는 아마도 의문의 여지를 남긴다. 그러나 우리 자신과의 유비에서 우리가 자연을 해석하는 것에 대한 정당화를 그는 소우주로서의 인간을 보는 관점 안에서 발견했다. 인간이 소우주 또는 작은 세계, 즉 축소판 세계라면, 인간 안에서 발견된 것으로서의 존재의 속성들은 또한 존재일반의 속성들이다. 이러한 사고방식이 실제로 캄파넬라의 생각을 나타낸 것이라면, 인간을 소우주로서 간주하는 이론은 결론이어야 하지 전제여서는 안 된다는 분명한 반대에 봉착한다. 그러나 캄파넬라는 당연히 신이 마치 거울에서처럼 모든 피조물에서 나타난다는 견해에서 출발했다. 만약 이런 관점이 채택된다면, 우리에게 가장 잘 알려져 있는 존재에 대한 인식은 존재일반에 대한 인식을 위한 핵심이라는 결론이 나온다.

───────── ## 6. 조르다노 브루노

이탈리아 자연철학자 중 가장 유명한 사람은 브루노(Giordano Bruno)이다. 그는 1548년 나폴리 인근의 놀라(Nola. 따라서 때로는 '놀란 사람'(the Nolan)이라 불린다)에서 태어나 나폴리의 도미니코 수도회에 입회하였다. 그러나 1576년 그는 이단의 견해를 가졌다고 비난을 받은 후에 로마에서의 습관을 버렸다. 그런 다음 그는 이탈리아에서 제네바로, 제네바에서 프랑스로, 프랑스에서 그가 옥스퍼드 대학교에서 몇몇 강의를 했던 영국으로, 영국에서 다시 프랑스로, 그런 다음 독일로 떠도는 방랑 생활을 시작하였다. 경솔하게 이탈리아로 돌아와서 1592년에 베네치아 종교재판소에 의해 체포되었고, 그다음 해에 로마 종교재판소로 넘겨졌으며, 감옥에서 몇 년을 보냈다. 결국 자신의 견해를 계속 고집했기 때문에 1600년 2월 17일 로마에서 화형당했다.

브루노의 저술에는 『관념들의 그림자』(*De umbris idearum*, 1582)와 이어서 대화체 형식의 글들인 『재의 수요일 만찬』(*La cena de le ceneri*, 1584), 『원인, 원리, 통일성에 관하여』(*Delia causa, principio e uno*, 1584), 『무한한 우주와 세계들에 관하여』(*De l'infinito universo et mondi*, 1584), 『승리한 짐승의 추방』(*Spaccio della bestia trionfante*, 1584), 『페가수스 집의 음모』(*Cabala del cavallo pegaseo con l'agguiunta dell'asino cillenico*, 1585), 『영웅적인 광란』(*Degl'eroici furori*, 1585)이 포함된다. 그의 다른 저작들 중 다음의 라틴어 시집 세 권이 1591년 출판되었다. 『최솟값과 측정값의 세 배』(*De triplici minimo et mensura ad trium speculativarum scientiarum et multarum activarum artium principia libri V*), 『모나드, 수, 도형』(*De monade, numero et figura, secretions nempe physicae, mathematicae et metaphysicae elementa*), 『측량 불가능한 것, 헤아릴 수 없는 것, 또는 우주와 세계』(*De immenso et innumerabilibus, seu de universo et mundis libri VIII*).

당연하지만 브루노 사상의 출발점과 전문용어는 선배 철학자들이 제공한 것이었다. 그는 이탈리아 플라톤주의자들과 쿠자누스에 의해 매개된 신플라톤주의 형이상학의 도식을 넘겨받았다. 그래서 『관념들의 그림자』에서 그는 존재자들의 다양성을 가진 자연을 신의 초실체적 통일성에서 나오는 것으로 보았다. 자연 안에는 물질에서 비물질로 나아가는, 어둠에서 빛으로 나아가는 체계가 존재한다. 그리고 자연은 그것이 신의 관념들의 표현인 한 지성적이다. 그러나 비록 정신이 감각지각의 대상에서 신과 원초적인 통일성으로 나아가는 정도에 따라서 인간의 인식이 진전되고 심오해질 수 있음에도 불구하고, 인간의 관념들은 단지 신의 관념들의 그림자 또는 반영일 뿐이다. 여기서 신적이고 원초적인 통일성은 그 자체 인간의 지성으로는 이해될 수 없다.

그러나 이러한 전통적인 도식은 브루노 사상의 배경만을 형성했을 뿐이며, 브루노의 철학은 그것을 배경으로 하여 진전되었다. 신플라톤주의가 항상 세계를 신적인 '유출' 또는 창조로서 그리고 신의 반영으로서 표현했음에도 불구하고, 신플라톤주의는 언제나 신의 초월성과 이해할 수 없음을 강조하였다. 그러나 브루노의 사변의 내적 운동은 신의 내재성의 관념을 향해 있었고, 그래서 범신론을 향해 있었다. 그는 결코 두 관점의 완전한 조정을 완수하지 못했으며, 또한 그는 한쪽에 대한 단호한 배제를 통해서 다른 쪽을 선호하는 식으로 나아가지 않았다.

『원인, 원리, 통일성에 관하여』에서 브루노는 신의 초월성, 이해할 수 없음, 신과 구별되는 사물들을 신이 창조하였음을 주장하였다. '모든 의존적인 사물들에 대한 인식에서부터 우리는 다소 흔적(de vestigio)의 효과 없는 방식에 의거하는 것 이상으로는 제1원인과 원리의 어떤 다른 인식도 추론할 수 없다. … 그래서 우주를 아는 것은 제1원리의 존재와 실체에 대해 아무것도 모르는 것과 같다. … 그렇다면 신의 실체를 보라. 그것이 무한하기 때문에, 그리고 동시에 그것의 존재가 그것의 결과에서 극단적으로 멀리 떨어져 있기 때문에 … 우리는 플라톤주의자들이 말하는 것처럼 흔적의 방식에 의거하지 않고서는, 페리파토스주의자들이 말하는 것처럼 멀리 떨어진 결과의 방식에 의거하지 않고서는 아무것도 알 수 없다. …'[2] 그러나 얼마 안 가서 관심은 세계 안에서의 원리들과 원인들로 옮겨 갔으며, 브루노는 내재적인 원인이 되고 움직이는 작용으로서의 세계영혼의 관념을 두드러지게 나타내었다. 세계영혼의 일차적이며 주요한 능력은 보편적 지성이며, 이 지성은 '보편적인 자연적 작용인'이고 세계의 '보편적 형상'이다.[3] 세계영혼이 세계 안에서 자연적 형상들을 생산하는 반면에, 우리의 지성은 이러한 형상들에 대한 보편적 관념들을 생산한다. 그것은 모든 곳에 나타나고 모든 것을 움직인다는 점에서 세계의 보편적 형상이다. 가죽으로서의 가죽, 유리로서의 유리는, 브루노에 의하면 그 자체로 일상적인 의미에서 움직이는 것이 아니다. 그러나 그것은 세계영혼에 의해 결합되고 그 영혼에 의해서 알려지며, 또한 그것은 물질로서 유기체의 부분을 형성하는 잠재성이다. 질료는 아리스토텔레스의 제1질료의 의미에서 사실상 한 가지 관점에서 고려될 때, 형상 없는 그리고 잠재적인 기질(基質)이다. 그러나 형상들의 수원(水源)이자 원천으로서 고려될 때, 세계영혼은 비지성적인 기질로서 간주되어서는 안 된다. 궁극적으로 순수질료는 순수작용과 같은 것이다. 브루노는 세계에 관한 쿠자누스의 대립하는 것들의 일치(coincidentia oppositorum)론을 활용하였다. 구별들의 주장과 함께 출발하여 그는 그것들의 상대적 성격을 보여주는 것으로 나아갔다. 세계는 구별되는 사물들과 요소들로 구성되어 있다. 그러나 결국 그것은 '일자, 무한자, 부동자'(즉 공간적인 운동일 수 없는 것)인 것, 즉 하나의 존재, 하나의 실체로 간주된다.[4] 쿠자누스로부터 이어받은 이 사상, 즉 세계는 무한하다는 사상은 『무한한 우주와 세계들에 관하여』의 논증들에 의해 뒷받침된다. '나는 우주를 무한의 계속(tutto infinito)이라고 한다. 왜냐하면 그것은 끝, 한계, 표면이 없기 때문이다. 나는 우주를 무한의 총합(totalmente infinito)이라 하지 않겠다. 왜냐하면 우리가 취하는 어떤 부분도 유한하며, 그것이 각각 포함하는 무수한 세계의 어떤 부분도 유한하기 때문이다. 나는 신을 무한의 계속이라고 부른다. 왜냐하면 신은 그 자신에게서 모든 한계를 배제하기 때문이고, 신의 속성들의 각각은 하나이자 무한하기 때문이다. 그리고 나는 신을 무한의 총합이라고 부른다. 왜냐하면 신은 전적으로 전체 세계 안에 있으며, 무한하고도 총합적으로 그 세계의 각각의 부분들 안에 있기 때문이다.

---

2 『둘째 대화』(Dialogo secondo, Opere), 1, 175-176.
3 같은 책, 179.
4 『다섯째 대화』(Dialogo quinto), 247 이하.

이 부분들은 총합적으로 전체 안에 있으나, 부분들이 사실상 무한성과 관련하여 부분들이라 불릴 수 있는 한에서 그 부분들 안에 있지 않은 우주의 무한성과 구별된다.[5]

여기서 브루노는 신과 세계 사이의 구별을 끌고 온다. 그는 또한, 쿠자누스의 표현을 빌려서, 신은 무한한 접음과 총합(*complicatamente e totalmente*)이라고 말하는 반면에, 세계는 무한한 펼침과 비총합(*explicatamente e non totalmente*)이다. 그러나 그의 사상의 경향은 언제나 이러한 구별을 약화시키는 것이거나 '반정립들'을 종합하는 것이다. 『최소값과 측정값의 세 배』에서 그는 수학적이고, 자연학적이며, 형이상학적인 수준에서 발견되는 최솟값(*minimum*)에 대해 언급한다. 수학적 최소는 모나스(*monas*) 또는 단위이고, 자연학적 최소는 더 이상 나누어질 수 없으며, 어떤 의미에서 활동적인 원자 또는 모나드(monad)이며, 불멸의 영혼들은 '모나드들'(monads)이다. 자연은 원자들과 모나드들이 그들의 상호관계에서 조화롭게 자기 전개하는 체계이다. 여기서 우리는 다원론적 우주관을 가지게 되고, 이 우주는 모나드들에 의해서 이해되며, 각각의 모나드는 어떤 의미에서는 지각과 욕구를 가진다. 브루노 철학의 이러한 측면은 라이프니츠의 모나드론을 예상케 한다. 그러나 우리는 이미 사람들이 무한한 세계와 관계하고 있는 '부분들'에 대해 거의 말할 수 없다는 그의 언급을 주목했었다. 그의 철학을 보충하는 측면은 그의 유한한 사물들의 관념에 의해 표현된다. 그의 관념에 의하면 유한한 사물들이란 하나의 무한한 실체의 우유성들(*circonstanzie*)이다. 다시 말하면, 신은 그의 현현들과 구별되어 고려되는 한에서 생산하는 자연(능산적 자연, *Natura naturans*)이라고 불리는 반면에, 신의 자기현현들에서 고려되는 한에서 생산된 자연(소산적 자연, *Natura naturata*)이라 불린다. 여기서 우리는 스피노자 철학을 예견하게 하는 브루노 사상의 일원론적인 측면을 보게 된다. 그러나 이미 언급했듯이 브루노는 일원론을 지지하고 다원론을 적극적으로 포기한 사람이 결코 아니었다. 그의 사상의 경향이 일원론의 방향에 있다고 말하는 것은 합리적이다. 그러나 실제로 그는 초월적인 신을 계속 믿었다. 그렇지만 그는 철학이 자연을 다루며, 신 자신은 무엇보다도 부정신학의 방법을 통하여 신학에서만 적절하게 다루어질 수 있는 주제라고 생각하였다. 브루

---

5   『첫째 대화』(*Dialogo prima*), 298.

노는 범신론자였다고 두리뭉실하게 진술하는 것은 정당화되지 못한다. 우리들이 원한다면 그의 정신은 신플라톤주의의 범주와 쿠자누스의 범주에서부터 신의 내재성에 대한 보다 위대한 주장으로 나아가는 경향이 있었다고 말할 수 있다. 그러나 신의 초월성의 이론을 그가 유지한 것이 단지 형식적이었을 뿐이라고 가정할 이유는 없다. 그의 철학은 쿠자누스에서 스피노자에로 나아가는 도상에 있었다고 생각되지만, 브루노 자신은 그 길의 마지막까지 가보지는 못했다.

그러나 브루노의 사상은 단지 범신론적 의미의 신플라톤주의 전통에 의해서만 고무되지는 않았다. 그의 사상은 또한 코페르니쿠스의 천문학적인 가설에 의해서 깊이 영향을 받았다. 브루노는 과학자가 아니었고, 그는 그 가설을 과학적으로 검증하는 데 기여했다고 말할 수 없다. 그러나 그는 그 가설에서부터 담대함의 성격을 가지고서 사변적인 결론을 전개하였고, 그의 생각들은 다른 사상가들에게 자극으로서 작용했다. 그는 무한한 공간 안에 있는 다수의 태양계를 상상하였다. 우리의 태양은 단지 다른 태양들 가운데 있는 하나에 불과하고, 어떤 특권적 지위도 가지지 못한다. 하물며 지구는 더 말할 나위가 없다. 쿠자누스에 따른다면 사실상 지위에 관한 모든 판단은 상대적이다. 어느 별이나 행성도 절대적 의미에서 우주의 중심이라 불릴 수 없다. 중심이란 존재하지 않으며, 절대적인 위나 아래는 없다. 게다가 지구에 이성적 존재자들이 거주한다는 사실로부터 지구가 존엄에서 독보적이라는 것 또는 지구가 가치론적 관점에서 우주의 중심이라는 결론을 이끌어낼 자격이 우리에게는 없다. 왜냐하면 우리가 알고 있는 모든 것, 즉 생명체의 존재, 심지어는 우리와 같은 이성적 존재자조차도 지구에 한정될 수 없기 때문이다. 태양계들은 생겨났다가 사라지지만, 태양계들 모두가 합쳐져서 하나의 발전하는 체계, 실로 세계영혼에 의해서 활동하게 되는 하나의 유기체를 형성한다. 브루노는 지구가 운동하고, 위치의 판단들은 상대적이라고 주장하는 데 그치지 않는다. 그는 태양의 주위를 지구가 돈다고 하는 코페르니쿠스의 가설을 자신의 형이상학적 우주론과 연결시킨다. 그래서 그는 천문학적 관점에서뿐 아니라 사변철학의 광범위한 견해에서 우주에서의 지구중심주의와 인간중심주의의 개념을 완전히 거부했다. 그의 체계 안에서 그림의 중심에 서 있는 것은 유기체 전체로서 고려된 자연이며, 지구상의 인간들이 아니다. 인간들은 다른 관점에서

제2부 르네상스의 철학

보았을 때 각각 우주 전체를 반영하는 모나드이겠지만, 하나의 살아 있는 세계 실체의 우유성들에 불과하다.

몇몇 초기 저술들에서 브루노는 라몬 유이(Raymond Lull, 1315년 사망) 이론의 영향을 받아 기억과 논리에 관한 문제들을 다루었다. 우리는 보편적 지성 안에 있는 관념들, 형상들로서의 물리적 질서 안에 있는 관념들, 상징 또는 개념으로서의 논리적 질서 안에 있는 관념들을 구별할 수 있다. 발전된 논리학의 임무는 다수의 관념들이 어떻게 해서 '하나'에서 나오는가를 보여주는 것이다. 그러나 그가 어떤 의미에서 유이와 라이프니츠 사이의 연결로서 고려될 수 있다 하더라도, 브루노는 무한한 세계 실체와 모나드 이론으로 그리고 코페르니쿠스적 가설의 사변적 사용으로 가장 잘 알려져 있다. 첫째 이론에 관해 말한다면, 그는 아마도 스피노자에게 몇 가지 영향을 미쳤을 것이며, 확실히 그는 야코비(Jacobi, F. H.)나 헤겔 같은 후기 독일 철학자들에 의해 예언자로 갈채를 받았다. 그의 후기 저술들에서 보다 명백하게 되는 모나드론에 관해 말하자면, 비록 라이프니츠가 그의 사상의 형성에서 브루노의 실질적이고 직접적인 영향을 받았을 가능성은 별로 없는 것처럼 보인다 하더라도, 그는 몇몇 중요한 점에서 라이프니츠를 예견하게 했다.[6] 브루노는 그리스, 중세, 르네상스시대의 사상가들에게서, 그리고 특별하게는 쿠자누스에게서 취한 많은 관념들을 채택했고 활용하였다. 그러나 그는 강한 사변적 성향을 가진 독창적인 정신의 소유자였다. 비록 그가 자신의 관념들과 사고를 선택했을 때 방법론적인 사고를 분명히 할 수 있었음에도 불구하고, 그의 관념들은 종종 억지스러운 것이었고 환상적인 것이었으며, 그의 사상은 미숙하였다. 말하자면 그는 철학자의 역할뿐 아니라 시인과 선각자의 역할을 했었다. 우리는 그가 제한 없이 범신론자라 불릴 수 없다는 것을 보았다. 그러나 이것은 그리스도교 교의에 대한 그의 태도가 호의적이었거나 존경했다는 점을 의미하는 것은 아니다. 그는 가톨릭 신학자들뿐만 아니라 칼뱅주의자들과 루터주의자들의 불만과 적개심을 불러 일으켰고, 그의 행복하지 못한 종말은 코페르니쿠스적 가설의 옹호에 기인하는 것도 아니었고, 아리스토텔레스적 스콜라주의에 대한 공격에 기인하

---

6   본 저서 357쪽 참조.

는 것도 아니었으며, 오히려 몇몇 핵심적인 신학적 교의들에 대한 그의 명백한 거부에 기인하였다. 그는 일종의 '이중진리'론과 같은 것을 언급함으로써 자신의 비정통성을 해명하려는 시도를 하였으나, 이단으로 그가 고발된 것은, 우리가 아무리 그에게 부과된 신체적인 처분에 대해 생각한다 하더라도, 완벽하게 이해될 수 있는 것이었다. 물론 그의 궁극적인 운명은 몇몇 저술가들로 하여금 그에게 그가 실제로 가졌던 것보다 더 위대한 철학적 중요성을 부여하게 만들었다. 그러나 때때로 무비판적인 방식으로 그에게 찬사를 보냈던 몇몇 아첨꾼들의 과장된 표현에도 불구하고, 그는 르네상스시대의 선도적이고 가장 영향력 있는 사상가들 중 하나로 남아 있다.

━━━━━━ 7. 피에르 가상디

피에르 가상디(Pierre Gassendi)가 죽은 1655년은 그가 데카르트와 논쟁을 벌였던 사실과 연결되어 그의 철학을 후기 국면으로 고려하는 대단히 좋은 이유를 제공한다. 다른 한편 그의 에피쿠로스주의 부활을 르네상스 철학이라는 일반적인 표제 하에 포함시키는 것은 내가 볼 때는 정당하다.

1592년 프로방스에서 태어난 피에르 가상디는 액상(Aix) 대학교에서 철학을 연구했다. 신학으로 관심을 돌리면서 그는 한때 그 주제에 대해서 강의를 하였고, 성직자로 지명되었다. 1617년 그는 자신이 다소간의 전통적인 아리스토텔레스주의를 상론했던 액상 대학교의 철학과 학과장직을 수락하였다. 그러나 르네상스과학자들의 발견에 흥미를 가짐으로써 그의 사상은 다른 길로 접어들었으며, 1624년 자신의 첫 저술인 『아리스토텔레스주의자들에 반대하는 역설(逆說) 훈련』(*Exercitationes para-doxicae adversus Aristotelicos*)이 나왔다. 그는 그 당시 그레노블(Grenoble)의 신부였다. 이 책은 전체 7권으로 구성되어야 했지만, 1659년 사후에 출간되었던 제2권에 해당하는 부분은 빠졌고, 단지 제1권만 쓰였다. 1631년 그는 쿠자누스와 파라켈수스(Paracelsus)의 영향을 받았던 영국의 철학자 로버트 플러드(Robert Fludd, 1574-1637)에 반대하는 한 권의 책을 출간하였고, 1642년에 데카르트의 체계에 대한 그의 반대 글들이 출간되었다.[7] 1645년에 그는 파리의 왕립 대학교의 수학 교수로 지명되었다. 이 직을 수행하는 동안 그는 몇 권의 자연학과 천문학의 문제들에 대해 글을 썼지만, 그를 가장 유명하게 한 것은 에피쿠로스 철학의 영향 아래에서 썼던 저서들이다. 1647년에 그의 저술 『에피쿠로스의 삶, 도덕, 견해』(De vita, moribus et doctrina Epicuri libri VIII)가 출판되었다. 이 책 다음으로 1649년에 『에피쿠로스의 삶, 도덕, 쾌락에 대한 주해 또는 디오게네스 라에르티오스의 저술에 대한 고찰』(Commentarius de vita, moribus et placitis Epicuri seu animadversiones in decimum librum Diogenis Laertii)이 출판되었다. 이 책은 디오게네스 라에르티오스의 책 『철학자들의 생애』(Lives of the Philosophers)의 제10권에 관한 라틴어 번역과 주해였다. 같은 해에 그는 『에피쿠로스 철학 총서』(Syntagma philosophiae Epicuri)를 출간하였다. 그의 『철학 총서』(Syntagma philosophicum)는 사후(1658)에 그의 저술들의 편집본으로 출판되었다. 추가해서 그는 예컨대 코페르니쿠스(Copernicus)나 티코 브라헤(Tycho Brahe)와 같은 사람들의 생애에 관한 다수의 책들도 썼다.

가상디는 철학을 논리학, 자연학, 윤리학으로 분류함으로써 에피쿠로스주의자들을 따랐다. 그의 인식론을 포함했던 그의 논리학에서 그의 절충주의의 특징이 분명하게 드러났다. 당시의 다른 많은 철학자들과 교제하면서 그는 모든 자연적 인식의 감각적 기원을 주장하였다. 즉 우선 감각 속에 있지 않다면, 아무것도 지성 속에 있지 않다(nihil in intellectu quod non prius fuerit in sensu). 그가 데카르트를 비판했던 것은 경험주의적 관점에서부터 나온 것이었다. 그러나 그가 마치 감각기관들이 유일한 증거기준인 것처럼 말하고 있기는 하지만, 우리가 수학자들에게 기대할 수 있는 것처럼 그는 연역추리의 증거를 인정했다. 그의 '자연학'에 대해 말하자면, 자연학이 매우 상이한 요소들의 결합인 것은 분명하였다. 한편으로 그는 에피쿠로스 원자론를 부활시켰다. 크기, 형태, 무게(운동의 내적 성향으로 해석되는)를 가지고 있는 원자들은 텅 빈 공간에서 운동한다. 가상디에 따르면, 이러한 원자들은 모든 생성의 기체인 물질적 원리에서 온다. 이 원리를 아리스토텔레스에서와 같이 그는 '제1질료'라 기술한다. 원자들, 공간, 운동의 도움을 받아 그는 자연에 대한 기계론적 설명을 제시했다. 예를 들어 감각

---

7   이 글들은 데카르트의 전집으로 출판되었던 일련의 반대들 중 다섯 번째에 해당한다.

은 기계론적으로 설명되어야 한다. 다른 한편 인간은 이성적이고 불멸의 영혼을 소유하며, 이런 영혼의 존재는 자기의식이라는 사실들에 의해서 그리고 일반관념을 형성하고 정신적인 대상들과 도덕적인 가치들을 이해하는 인간의 능력에 의해서 드러난다. 게다가 자연의 체계, 조화, 아름다움은 비물질적이고, 무한하며, 완전한 신 존재에 대한 증명을 보여준다. 정신적이면서도 물질적인 존재인 인간은 그리고 물질적인 것과 정신적인 것을 모두 알 수 있는 존재인 인간은 소우주이다. 마지막으로 인간의 윤리적인 목적은 행복이며, 이것은 신체에서의 고통의 부재와 영혼에서의 평온으로 이해되어야 한다. 그러나 이런 목적은 현세에서 완전히 도달될 수는 없다. 그것은 사후의 세계에서만 완전히 도달될 수 있다.

가상디의 철학은 정통 그리스도교의 요구에 에피쿠로스주의를 각색한 것으로 간주될 수도 있다. 그러나 그의 철학의 정신적인 부분은 단순히 외교적인 신중함이라는 동기들에 의해서만 고무되었을 뿐이며, 그는 일신론의 수용과 영혼의 정신성과 불멸성의 수용에서 불성실했다고 말할 어떤 훌륭한 이유도 없다. 그의 철학이 역사적 중요성을 가지는 한, 그의 철학의 역사적 중요성은 그의 철학이 자연에 대한 기계론적 견해에 부여했던 추진력에 놓여 있다고 할 수도 있다. 그러나 이로 인해, 그 자체로 고려된 그의 철학이 에피쿠로스주의의 유물론과 정신주의와 일신론의 기묘한 합성이라는 점이, 즉 경험주의와 이성주의의 오히려 미숙한 합성물이라는 점이 바뀌지는 않는다. 그의 철학은 17세기에 주목할 만한 영향력을 발휘하였지만, 그것은 지속적인 영향을 미치기에는 너무나 비체계적이고, 너무나 짜깁기의 모습을 가지고 있으며, 너무나 독창성이 없었다.

제17장

자연철학(2)

이 장에서 나는 자연철학자라고 자연스럽게 불리는 파라켈수스와 같은 사람들 뿐만 아니라 야코프 뵈메와 같은 독일 신비주의자들의 사상을 개괄할 것을 제안한다. 후자는 아마도 철학자로서보다는 신지학자(神智學者)로서 분류되는 것이 더 정확할 수 있을 것이다. 그러나 분명 그는 어떤 측면에서 브루노의 자연철학과 닮은 자연철학의 연구가였다. 의심의 여지없이 뵈메는 브루노보다는 훨씬 더 종교적인 마음을 가졌으며, 그를 자연철학자로 분류하는 것은 잘못된 장소에 방점을 찍는 것일 수도 있다. 그러나 우리가 이미 보았듯이 '자연'이라는 용어는 르네상스 철학자에게는 가끔은 체계적으로 탐구될 수 있는, 경험적으로 주어진 개별 사물들보다 더 중요한 것을 의미했다.

1. 아그리파 폰 네테스하임

이탈리아의 자연철학에서 소우주와 대우주라는 두드러진 주제는 르네상스시대의 독일철학에서 현저한 위치를 점유한다. 쿠자누스의 체계에서 중요한 점들 중 하나였던 신플라톤적 전통의 특징과 조르다노 브루노에 끼친 쿠자누스의 깊은 영향은 이미 언급된 바가 있다. 그의 영향은 자연스럽게 독일 사상가들에 의해서도 느껴졌다. 그래서 하인리히 코르넬리우스 아그리파 폰 네테스하임(Heinrich Cornelius Agrippa von Nettesheim, 1486-1535)에 따르면, 인간은 세 세계, 즉 원소들로 구성된 지상세계, 천체세계, 정신세계를 자신 안에서 결합한다. 인간은 이러한 세계들 사이의 존재론적 유대이며, 이 사실은 인간이 이 세 세계 모두를 알 능력을 가지고 있다는 것을 설명해 준다. 인간의 인식범위는 그의 존재론적 성격에 의존한다. 더 나아가 인간, 즉 소우주 안에서 이 세 세계의 조화로운 통일은, 대우주 안에 이 세계 사이에 존재하는 조화로운 통일을 반영한다. 인간은 자신의 영혼을 가지고 있고, 우주는 모든 생산에 대해 책임지는 자신의 영혼 또는 영적 세계(*spiritus mundi*)를 소유하고 있다. 사실상 개별적인 사물들 간에는 공감과 반감이 있으나, 그것들은 우주의 정신에서 방출되는 내재적인 생명원리를 가진 사물들의 존재에 기인한다. 마지막으로, 사물들 간의 유사성과 연관성 그리고 그들 안에 있는 잠재적인 힘들의 존재는 마법적인 기술의 기초를 이루고 있다. 인간은 이들 힘들을 발견하고 자신에게 활용할 수 있다. 1510년 네테스하임은 『비의(秘義) 철학』(*De occulta philosophia*)을 출판하였고, 비록 그가 『과학의 공허함과 불확실함에 관하여』(*Declamatio de vanitate et incertitudine scientiarum*, 1527)에서 마술을 포함한 과학들을 공공연히 비난하였음에도 불구하고, 그는 1533년에 재판(再版)의 형식으로 신비주의에 대한 저술을 출판하였다. 카르다노(Cardano)처럼 그는 의사였고, 또한 카르다노처럼 마술에 흥미를 느꼈다. 그것은 우리가 근대의 박사들과 연관 짓는 그런 종류의 흥미가 아니지만, 초기에 의학과 마술을 결합시키는 것은 이해될 수 있는 일이다. 그 의사는 허브와 미네랄의 효험과 치료적 속성들을 알고 있었고, 또한 자신에게 그것들을 어느 정도 활용할 능력이 있다는 것을 알고 있었다. 그러나 이로부터 그 자신이 사용했던 과정들에 대한 과학적 이해를 그가 가지고 있다고 결론 내려서는 안 된다. 그가 신비적인 수단을 사용하여 자연에서 자연의 비밀들과 씨름하고 그렇게 발견된 숨어 있는 효험과 힘들을 사용한다는 착상에 매력을 느낀 것처럼 보였다는 것은 별로 놀라운 일이 아니다. 그에게 마술은 일종의 '과학'의 연장(延長), 즉 그 이상의 지식과 솜씨를 획득하는 지름길로 보였을 것이다.

───── 2. 파라켈수스

물질에 대한 이러한 견해는 생소한 인물의 예에 의해서 입증된다. 그는 통상 파라켈수스(Paracelsus)로 알려진 테오프라스투스 봄바스트 폰 호헨하임(Theophrastus Bombast von Hohenheim)이다. 그는 1493년 아인지델른(Einsiedeln)에서 태어나, 한때 바젤(Basle) 대학교의 의학부 교수였다. 그는 1541년 잘츠부르크(Salzburg)에서 죽었다. 인간의 행복과 복리를 증진하는 의학은 그에게는 과학 중 최고였다. 사실상 의학은 관찰과 실험에 의존한다. 그러나 경험적 방법은 그것만으로는 의학을 과학으로 만들지 못한다. 경험의 자료들은 체계화되어야 한다. 더 나아가 진정한 의사는 철학, 점성학, 신학과 같은 다른 과학들의 설명을 취할 것이다. 의학의 연구 대상인 인간은 세 세계에 참여한다. 그의 가시적 신체를 통해서 그는 원소들의 세계인 지상의 세계에 참여하고, 그의 별세계의 신체를 통해서 별자리 세계에 참여하며, 그의 불멸적인 영혼(*mens or Fünklein*)을 통해서 정신적이고 신적인 세계에 참여한다. 그래서 인간은 소우주, 즉 대우주를 구성하는 세 세계들의 만남의 장소이다. 그리고 의사는 이 점을 설명해야 할 것이다. 큰 규모의 세계는 그것의 내재적인 생명원리(*archeus*)에 의해서 움직이고, 인간과 같은 개별적인 유기체는 그것 자신의 생명원리의 충동 아래서 발전한다. 의학적 처치는 본질적으로 생명원리의 작용을 자극하는 데서 성립한다. 그리고 이 원리는 자연이 자신의 일을 하는 데 도움을 주는 것이 의사의 임무라는 진리를 분명히 포함한다. 사실상 파라켈수스는 어떤 완벽하게 분별력 있는 의학적 견해들을 제안하였다. 그리하여 그는 질병의 처치에서 개인들과 개별적인 요소들을 상당히 강조하였다. 그의 생각에 따르면 어떤 질병도 두 개인에게서 정확하게 동일한 형태로 발견되거나 정확하게 동일한 경과를 나타내지 않는다. 그 문제에 관련하여 의사는 자신의 관심 영역을 확장해야 하고 다른 과학들을 설명해야 한다는 그의 착상은 전혀 가치가 없는 것은 아니었다. 왜냐하면 그 착상은 본질적으로 의사가 인간을 전체로서 고려해야 하고, 자신의 관심을 단지 자연의 징후와 원인 그리고 치료에 국한해서는 안 된다는 것을 의미하기 때문이다.

그래서 어떤 점에서 파라켈수스는 계몽된 이론가였고, 당시의 의학적 관행을 거칠게 공격하였다. 특히 그는 갈레노스(Galen)의 가르침에 맹목적인 지지를 보내는 것을 거부하였다. 그 자신이 지향하는 절차의 방법들은 매우 경험적이었고, 비록 그가 화학적인 처방과 약물들에 관심을 가지기는 했지만, 과학적인 의미에서 화학자로 불릴 수는 없다. 그러나 그는 적어도 독창적인 정신의 소유자였고 의학의 진보에 대해 열정을 가지고 있었다. 그러나 그는 의학에 대한 이러한 관심을 점성학과 연금술에 대한 관심과 결합시켰다. 원 물질은 세 가지 기본적인 원소들 또는 실체들로 구성되거나 그것들을 포함하고 있다. 그런 이 세 가지 원소들은 다름 아니라 황(黃), 수은, 염(鹽)이다. 금속들은 이러한 원소를 통해서보다는 이 원소의 우월함을 통해서 서로 구별된다. 그러나 금속은 모두 궁극적으로 같은 원소로 구성되어 있기 때문에, 어떤 금속도 다른 금속으로 변환시키는 것이 가능하다. 그래서 연금술의 가능성은 원 물질의 구성의 결과이다.

파라켈수스가 비록 철학적 사변을 '과학' 그리고 또한 점성술 및 연금술과 공상적인 방식으로 결합시키려는 경향을 가졌을 수도 있었지만, 그는 신학과 철학을 날카롭게 구별하였다. 후자는 자연에 대한 연구일 뿐 신 자신에 대한 연구가 아니다. 그러나 자연은 신의 자기 현현이다. 그래서 우리는 신에 대한 철학적 지식에 도달할 수 있다. 자연은 근원적으로 신 안에, 즉 '위대한 신비' 또는 '신의 심연' 안에 나타났다. 그리고 세계가 만들어지는 과정은 차별화의 과정 즉 구별과 반대의 생산 과정이다. 우리는 반대를 통해서만 인식에 도달할 수 있다. 예를 들면 우리는 기쁨을 그 반대인 슬픔 속에서 알게 되고, 건강을 그 반대인 질병에서 알게 된다. 이와 유사하게 우리는 선을 그 반대인 악에서만 알게 되고, 신을 그 반대인 사탄(Satan)에서 알게 된다. 세계의 발전의 끝은 최후의 심판을 이루고 있는 선과 악 사이의 절대적인 구별일 것이다.

━━━━━━ **3. 2명의 판 헬몬트**

파라켈수스의 사상은 벨기에의 화학자이자 의사인 얀 밥티스타 판 헬몬트(John Baptist van Helmont, 1577-1644)에 의해 발전되었다. 두 가지 기본적인 원소들은 물과 공기이며, 근본적인 실체, 즉 황, 수은, 염은 물에서 나와서 물로 변형될 수 있다. 그러나 판 헬몬트는 그가 대기와는 다른 기체가 있다는 것을 깨달았을 때 실질적인 발견을 이루었다. 그는 자신이 이산화탄소(*sylvestre* 기체)라 불렀던 것, 즉 석탄이 탈 때 방출되는 가스는 발효하는 곰팡이에서 나오는 가스와 같은 것이라는 것을 발견하였다. 그러므로 그는 화학사에서 조금 중요한 인물이다. 게다가 이 과학에 대한 그의 관심은 그로 하여금 생리학과 의학에 대한 관심과 합해져서 약의 조제에서 화학적 방법을 적용하는 실험으로 나아가게 했다. 이 문제에서 그는 파라켈수스가 한 작업을 수행하였다. 판 헬몬트는 파라켈수스보다는 훨씬 더 주의 깊은 실험가였다. 그러나 그는 연금술에 대한 파라켈수스의 신념과 열정을 함께하였다. 추가해서 그는 파라켈수스의 생기론적(生氣論的) 이론을 취급했고 발전시켰다. 각 유기체는 유기체의 상이한 부분들 또는 상이한 구성원들의 생명원리들이 의존하는 그 자신의 일반적인 생명원리(*archeus*) 또는 생명기운(*aura vitalis*)을 가진다. 그러나 그는 생명원리에 만족하지 않고, 그가 또한 블라스(*blas*)라고 부른 운동의 힘을 요청하였다. 이것은 여러 종류이다. 예를 들면 천체에 특유한 운동의 힘(*blas stellarum*)과 인간 안에서 발견되는 다른 운동의 힘이 있다. 그리고 훨씬 불분명한, 인간의 운동의 힘(*blas humanum*)과 인간의 생명원리(*archeus*) 사이의 관계가 존재한다.

헬몬트는 사실상 인간의 타락[아담과 하와의]과 그것이 인간의 심리에 미치는 결과들에 대한 사변에 몰두하였다. 그러나 그는 우선 화학, 의학, 생리학에 관심을 가졌으며, 우리는 거기에다 연금술을 추가해야 한다. 그러나 라이프니츠와 교분이 있었던[1] 그의 아들 프란시스 머큐리 판 헬몬트(Francis Mercury Van Helmont, 1618-1699)는 유한한 수의 불멸의 모나드들이 존재한다는 모나드론을 발전시켰다. 각각의 모나드는 그것이 수동적인 한 물질적이라 불릴 수 있고, 그것이 능동적이고 어느 정도의 지각이 부여되는 한 정신적이라 불릴 수 있다. 모나드들 간의 내적인 공감(共感)과 인력은 그것들을 무리로 만들어 복합구조를 형성토록 하며, 각각의 복합구조는 중심적인 모나

---

1   아마도 '모나드'라는 용어는 아들 판 헬몬트로부터 또는 판 헬몬트가 암시한 브루노에 대한 독서를 통해서 어쨌든 라이프니츠가 채택한 듯이 보인다.

드에 의해서 지배된다. 예를 들면 인간 안에 중심 모나드인 영혼이 존재하며, 그 영혼은 전 유기체를 지배한다. 이 영혼은 모든 모나드들의 불멸적 특성을 공유한다. 그러나 그 영혼은 현세에서 즉 그 영혼이 하나의 특정한 모나드군 또는 군들에서 제어하고 지시하는 능력을 가진 시기에 그것의 발전에서의 완전함에 도달할 수는 없다. 그래서 그 영혼은 그 자체로 완전해지기까지는 다른 신체들 또는 모나드군들과 결합한다. 그리고 난 다음 그 영혼은 모나드 중의 모나드(*monas monadum*) 그리고 창조의 우주적 조화의 창조자인 신에게로 회귀한다. 신과 피조물 사이의 매개자는 그리스도이다.

아들 판 헬몬트는 자신의 철학을 데카르트가 (물질세계에 관해서) 제시한 그리고 토마스 홉스(Thomas Hobbes)의 철학이 제시한 자연에 대한 기계론적 해석에 대한 가치 있는 대안으로서 간주하였다. 그의 모나드론은, 비록 그 이론이 의심의 여지없이 파라켈수스의 생기론과 아버지 판 헬몬트에 의해 영향을 받았음에도 불구하고, 브루노의 사상을 발전시킨 것이었다. 분명한 점은, 라이프니츠가 자신의 근본개념들에 독자적으로 도달했던 것처럼 보인다는 사실에도 불구하고, 그 이론이 많은 점에서 훨씬 유능한 사람인 라이프니츠의 모나드론에 앞섰다는 것이다. 그러나 판 헬몬트와 라이프니츠 사이에는 두 번째의 연결고리가 있었고, 그것은 신비주의와 연금술에 대한 공통적인 관심사이었지만, 라이프니츠의 경우 이러한 관심은 아마도 단순히 그의 끊임없는 호기심과 자신을 드러나는 한 가지 방법이었을 것이다.

────── 4. 세바스찬 프랭크와 발렌틴 바이겔

독일의 신비주의적인 전통은 프랭크(Sebastian Franck, 1499-1542)와 바이겔(Valentine Weigel, 1533-1588)과 같은 사람들과 함께 개신교에서 계속 이어지고 있었다. 그러나 전자는 통상적인 의미에서 철학자라 불릴 수 없을 것이다. 처음에는 가톨릭신자였으나, 그는 개신교 목사가 되었으며, 단지 자신의 책임을 포기했을 뿐, 끊임없이 방황하는 삶을 영위하였다. 그는 가톨릭뿐만 아니라 공식적인 개신교에 대해서도 적대적이었다. 신은 영원한 선이고 모든 인간에 나타나는 사랑이며, 참된 교회는 그의 생각에 따르면 자신들 안에서 신이 작동하기를 허용하는 모든 사람들의 영적인 모임이다. 소크라테스나 세네카 같은 사람들은 '교회'에 속했다. 구원은 역사적 사건이 아니며, 인간의 타락과 십자가 수난에 기인한 그리스도의 구원과 같은 교의들은 영원한 진리의 모습 또는 상징에 다름 아니다. 이 관점은 분명 성격상 신학적이었다.

그러나 바이겔은 파라켈수스가 기초한 자연철학을 신비주의 전통과 결합하려고 시도하였다. 그는 신이 접힌(*complicite*) 모든 것들이며, 피조물에서 발견되는 구별과 대립은 신 안에서 하나라는 것을 가르친 점에서 쿠자누스의 뒤를 따랐다. 그러나 여기에다 그는, 인간이 그의 이기주의를 극복하고 신적인 삶을 공유하는 한에서 신이 인간 안에서 그리고 인간을 통해서 자신을 알게 된다는 의미에서, 신이 창조 안에서 그리고 창조를 통해서 인격을 가지게 된다는 이상한 개념을 추가하였다. 인간을 포함한 모든 피조물은 신에게서 자신 존재를 받아들이지만, 모두는 비존재, 즉 어두움의 혼합물을 소유하며, 이것은 신을 거부하는 인간의 능력을 설명한다. 인간의 존재는 반드시 신을 향하게끔 되어 있고, 그의 원천과 기원과 근거로 되돌아간다. 그러나 의지는 신에게 등을 돌릴 수 있다. 이것이 일어난다면, 결과적으로 생겨나는 내적인 긴장은 '지옥'이라 알려진 것이다.

파라켈수스에게서 우주를 세 세계, 즉 지상의 세계, 별들의 세계, 천상의 세계로 구별하는 것을 수용한 후에, 바이겔은 인간이 별세계의 신체를 가진다는 이론도 수용하였다. 인간은 감관의 자리인 가사적인 신체를 가지지만, 또한 이성의 자리인 별세계의 신체를 가지고 있다. 추가해서 인간은 또한 불멸의 영혼을 가진다. 또는 불꽃(*Fünklein*)이나 심정(*Gemüt*), 즉 지성의 눈이나 마음의 눈(*oculus intellectualis* or *oculus mentis*)이 속하는 부분을 가진다. 이것은 비록 인식이 바깥에서 온다는 것을 의미하는 것은 아니지만 신에 대한 초자연적 인식을 수용한 것이다. 초자연적 인식은 영혼 안에 존재하는 신에게서 나오는 것이고, 인간 안에서 그리고 인간을 통해서 신을 인식하게 된다. 그리고 영적 재생은 이러한 인식의 수용에서 성립하는 것이며, 외적인 의식이나 역사적 사건에서 성립하는 것이 아니다.

그래서 분명한 점은, 바이겔이 쿠자누스의 형이상학과 파라켈수스의 자연철학을 종교적 신비주의, 즉 어떤 점에서 마이스터 에크하르트가 제시한 전통(불꽃

(*Fünklein*), 즉 영혼의 불꽃이라는 용어 사용에서 보인 것처럼)에 의존하고 있지만, 그러나 개신교 경건주의의 개인주의적이고 비교회적 유형에 의해 강하게 채색된 그리고 범신론적 방향으로 향하는 그런 신비주의와 융합하려고 시도했다는 사실이다. 몇 가지 점에서 그의 철학은, 비록 후기 독일의 사변적 관념론의 경우에 바이겔의 현저하게 종교적이며 경건주의적인 요소가 비교적 없음에도 불구하고, 후기 독일의 사변적 관념론의 주제를 떠올리게 한다.

————— 5. 야코프 뵈메

훨씬 더 완전하고 영향력 있는 방식으로 자연철학과 독일 개신교에서 나타난 신비주의 전통을 결합하려고 시도했던 사람은 주목할 만한 인물인 뵈메(Jakob Böhme)였다. 실레지아의 알트자이덴베르크(Altseidenberg in Silesia)에서 1576년에 태어난 뵈메는, 비록 그가 자인덴베르크의 도심지 학교에서 교육을 받았음에도 불구하고, 처음에는 소떼를 돌보았다. 방랑시기를 거쳐 그는 1599년 자신이 신발 장사를 했던 괴를리츠(Görlitz)에 정착하였다. 그는 결혼을 하였고, 상당한 정도의 부유함을 획득했으며, 그것으로 인해 그는 비록 계속해서 모직 장갑을 만드는 일을 했지만 제화업에서는 은퇴하였다. 그의 첫 번째 책인 『아우로라』(*Aurora*)는 1612년에 쓰였으나, 그 당시에는 출판되지 않았다. 사실상 그의 생애에서 출판된 유일한 책들은 1624년 초에 나왔던 신앙 관련의 저서들이었다. 그러나 그의 『아우로라』는 필사본으로 유포되었고, 이것이 그로 하여금 지역적인 명성을 얻게 한 반면에 또한 개신교 목사들로부터 이단의 혐의를 받게 만들었다. 그의 다른 저술들에는 예를 들어 『신적 존재의 세 원리』(*Die drei Prinzipien des göttlichen Wesens*), 『사람들의 삼중 생활』(*Vom dreifachen Leben der Menschen*), 『예정설』(*Gnadenwahl*), 『모든 것들의 서명』(*Signatura rerum*), 『대신비』(*Mysterium magnum*) 등이 있다. 그의 저술들의 편집본은 뵈메가 죽은 1624년을 상당히 지나서 1675년에 암스테르담(Amsterdam)에서 출판되었다.

그 자체로 고려된 신은 모든 차이와 구별을 넘어서 있다. 신은 원 근거

(Ungrund),[2] 즉 모든 것들의 근원적 근거이다. 신은 '빛도, 어둠도 아니고, 사랑도 복수도 아니며, 오히려 영원한 일자이다'.[3] 즉 악도 선도 아닌 불가해한 의지이다. 그러나 만약 신이 원 근거 또는 심연(Abyss), 즉 '무(無)이자 모두'[4]라면, 다수, 즉 구별되어 존재하는 사물들이 어떻게 해서 나왔는가를 설명해야 하는 문제가 생겨난다. 무엇보다도 뵈메는 신의 내적인 생명 안에서 자기 현현의 과정을 요청한다. 근원적 의지는 자기직관에의 의지이고, 자신의 중심을 지향한다. 이러한 자신의 중심을 뵈메는 의지의 '심장' 또는 '영원한 정신'이라고 부른다.[5] 이런 식으로 신(Deity)은 자신을 발견한다. 이 발견에서 의지로부터 유출되는 힘과 의지의 심장이 생겨난다. 의지의 심장은 근원적 의지 안에서 그리고 근원적 의지의 심장으로부터 생겨나지만 근원적 의지와 동일한 힘(제2의 의지) 안에서 움직이는 생명이다. 신의 내적인 생명의 세 운동은 뵈메에 의하면 삼위일체의 세 위격과 서로 관련된다. 근원적 의지는 성부이고, 성부의 '발견과 힘'은 성자이며, 성부와 성자에서 유출되는 '움직이는 생명'은 성령이다. 대단히 모호한 방식으로 이들 모호한 문제들을 다룬 후에, 뵈메는 어떻게 자연(Nature)이 가시적인 다양성에서 신의 표현 또는 현현으로 존재하게 되었는지를 계속 보여주고자 한다. 자기 계시를 향한 신적 의지의 충동은 신 안에 존재하는 바의 자연의 탄생으로 이어진다. 이러한 이념적 또는 정신적 상태에서 자연은 대(大)신비(*mysterium magnum*)라 불린다. 그것은 신에게는 영원하고, 정신세계(*spiritus mundi*)에 의해 살아 있는 현실 세계 안에서는 가시적이자 유형적인 형식으로 나타난다. 계속해서 뵈메는 세계의 궁극적인 원리들과 파라켈수스의 황, 수은, 염을 포함한 다양한 원소들에 대해 정신적인 해석을 부여한다.

　　신 자신이 선하고 또한 대신비도 선하다고 확신했기 때문에, 뵈메는 현실 세계의 악을 어떻게 설명해야 하는가에 대한 문제에 직면하게 되었다. 이 문제에 대한 그의 해결이 항상 동일한 것은 아니었다. 『아우로라』에서 뵈메는 선한 것만 신에서 나

2　　『예정설』(*Von der Gnadenwahl*), 1, 3.
3　　같은 책, 1, 3-5.
4　　같은 책, 1, 3.
5　　같은 책, 1, 9-10.

온다고 주장하였다. 그러나 불변하는 선(그리스도)이 존재하고, 사탄(Satan)으로 특징 지어지는 선성(善性)에서 이탈하는 선이 존재한다. 그러므로 역사의 종말은 이 이탈을 바로 세우는 것이다. 그러나 뒤에 뵈메는 신의 영원한 현현이 삶의 자연적 수반물인 대립적인 것들 안에서 표현되어야 한다고 진술하였다. 대신비는 자신을 가시적 다양성에서 전개할 때 반대되는 성질들 안에서 자신을 표현한다.[6] 그 반대되는 성질들인 빛과 어둠, 선과 악은 상대적이다. 그렇다면 세계 안에 이원론이 존재한다. 그리스도는 인간을 신과 화해시키지만, 사람들이 구원을 거부하는 것도 가능하다. 마지막으로 뵈메는 악을 그가 신의 복수라고 부르는, 신 안에 있는 운동과 연결시키려고 노력했다. 그래서 역사의 종말은 선의 승리를 포함하는 사랑의 승리이다.

뵈메의 착상들은 부분적으로 다수의 서로 다른 자료들에서 추출되었다. 성경에 대한 그의 묵상들은 카스퍼 폰 슈뱅크펠트(Kaspar von Schwenckfeld, 1490-1561)와 발렌틴 바이겔(Valentine Weigel)의 신비주의로 채색되었다. 그리고 우리는 그의 저작들에서 깊은 신앙심과 신에 대한 개인의 관계에 대한 강조를 발견하게 된다. 가시적이며 통일된 권위적 교회의 이념에 대해 그는 분명히 공감을 보내지 않았다. 그는 개인적 경험과 내적인 빛에 대해 강조하였다. 그의 사상이 내포하고 있는 이러한 측면만 가지고 그를 철학자라 부르는 것은 옳지 않다. 철학자라는 이름은 유신론 철학의 두 가지 문제, 즉 세계와 신의 관계의 문제와 악의 문제를 해결하고자 하는 그의 노력에 의해서만 정당화된다. 뵈메는 분명 훈련 받은 철학자는 아니었다. 그는 자신의 언어가 부적합하고 불명료하다는 사실을 알고 있었다. 게다가 그는 분명히 자신의 친구들과 그리고 파라켈수스의 철학에 주로 기인했지만, 그 자신의 마음속에서 용출된 관념들을 표현하곤 했던 그의 독서로부터 그의 용어와 구절들을 선택했다. 괴를리츠의 제화공이 비록 훈련 받은 철학자는 아니었지만, 그럼에도 불구하고 그는 독일의 자연철학자들, 특히 파라켈수스를 거쳐 마이스터 에크하르트와 쿠자누스로부터 나온 사변적 전통, 즉 프로테스탄트 신앙의 강한 고취가 그에게 스며들었던 전통을 그가 수행하였

---

6   다음을 참조. 『예정설』, 8, 8.

다고 말할 수 있다. 그러나 그가 겪었던 어려움에 대해 우리가 당연한 보상을 제공한다 하더라도, 그리고 그의 깊은 신앙심과 그의 확신에 대한 성실성에 의문을 제기할 조금의 의도를 가지지 않는다 하더라도, 그의 불명료하고 예언자적인 말투로 인해 그가 다루었던 문제들이 충분히 해명될 수 있는지 의심될 수도 있다. 당연히 불명료함은 때로는 빛에 의해서 사라진다. 그러나 전체로서의 그의 사상은 신지학적인 성향을 가지지 않는 사람들에게는 추천될 것 같지는 않다. 물론 뵈메의 불명료한 말투가 부적절한 언어로 자신을 표현하는 더 높은 수준의 인식의 시도를 보여주고 있다고 말할 수도 있다. 그러나 이런 언급이 뵈메가 철학적 문제들에 대한 해결책을 제시하려고 노력하였다는 것을 의미한다 하더라도, 그가 실제로 이러한 해결책들을 가졌다는 점이 보이지 않으면 안 된다. 어쨌든 그의 저술들은 이런 점이 적절하게 확인될 수 있는지 여부에 대한 상당히 많은 의심을 우리에게 남겨둔다.

그러나 뵈메의 발언들의 철학적 가치에 대해 의심을 가진다고 해서 그 발언들의 영향력이 부인되는 것은 아니다. 그는 프랑스의 피에르 프와레(Pierre Poiret, 1646-1719), 영국의 존 포르다지(John Pordage, 1607-1681)와 윌리엄 로(William Law, 1686-1761)와 같은 사람들에게 영향을 끼쳤다. 그러나 더 중요한 것은 칸트 이후의 독일 관념론에 끼친 그의 영향이다. 세 원리 도식과 신의 자기 펼침의 개념은, 뵈메가 가졌던 강력한 신앙심과 헌신에 못 미치기는 했지만, 사실상 헤겔에서 다시 나타난다. 그러나 그의 철학적 발전의 후기 국면에서 그의 영향을 가장 많이 받은 사람은 아마도 셸링이었을 것이다. 왜냐하면 그 독일 관념론자는 뵈메의 신지학, 그리고 창조와 악의 기원에 관한 뵈메의 사상에 의존하였기 때문이다. 셸링은 부분적으로는 프란츠 폰 바더(Franz von Baader, 1765-1841)에 의해 뵈메에 인도되었는데, 바더는 뵈메의 『아우로라』(Aurora)를 프랑스어로 번역하였던, 프랑스 혁명의 반대자인 생 마르땡(Saint-Martin, 1743-1803)의 영향을 받았다. 비록 많은 사람들이 이러한 공감을 자연스럽게 공유하지는 않았지만, 뵈메의 가르침에서 호소력을 느낀 몇몇 사람들은 항상 존재한다.

6. 일반적 언급

우리는 르네상스시대의 자연철학이 이탈리아 철학자들 일부의 공공연한 경험주의적 이론들에서부터 야코프 뵈메의 신지학에 이르기까지 색조와 강조에서 어떻게 상당히 변화했는지를 살펴보았다. 사실상 우리는 연구할 만한 가치가 있는 신의 현현으로서의 그리고 신의 계시로서의 자연을 공통적으로 강조하고 있다는 사실을 발견한다. 그러나 하나의 철학에서는 감관에 주어진 것으로서의 자연 그 자체에 대한 경험적 연구가 현저하게 강조되었던 반면에, 다른 철학에서는 형이상학적 주제들이 현저하게 강조되었다. 브루노에 있어서 자연은 말하자면 그 자체 연구될 수 있는 무한한 체계였다. 그리고 우리는 그가 코페르니쿠스의 가설들을 어떻게 열광적으로 지지했는지를 보았다. 그러나 브루노는 무엇보다도 사변 철학자였다. 그리고 뵈메와 함께 우리는 신지학에 대한 그리고 인간과 신의 관계에 대해 주어진 강조를 발견하게 된다. 철학자들은 경험적인 문제에 대한 관심을 다소 분명한 근거를 가지지 못한 사변에의 성향과 자주 결합했기 때문에, '강조'에 대해 언급하는 것은 사실상 바람직한 일이다. 더욱이 그들은 가끔은 이러한 관점들을 연금술, 천문학, 마술에 대한 관심과 결합시켰다. 그들은 르네상스시대의 한 가지 특징이었던 자연에 대한 감정을 표현한다. 그러나 자연에 대한 그들의 연구에서, 담대하지만 가끔은 색다른 철학적 사변에 의해서건 신비주의에 의해서건 또는 그 둘 다에 의해서건 그들은 매력적인 지름길을 가려는 경향이 있었다. 자연에 관한 철학들은 자연에 관한 과학적 연구에 대한 일종의 배경과 자극으로서 역할을 하였다. 그러나 과학의 실제적인 발전에서는 다른 방법들이 요구되었다.

제18장

르네상스의 과학운동

1. 과학이 철학에 끼친 영향에 대한 개요

우리는 13세기에서조차 어느 정도의 과학적 발전이 있었고, 14세기에는 과학적 문제들에 대한 관심이 점증했다는 점을 살펴보았다. 그러나 중세과학에 대한 학문적 탐구의 결과, 우리는 르네상스과학의 중요성과 관련하여 중세의 과학에서 실질적인 관점의 변화가 반드시 필요했던 것은 아니라는 점을 알게 되었다. 또한 그 탐구 결과 우리는 과학적 문제들에 대한 관심이 때때로 가정되듯이 중세의 정신에 그렇게 낯선 것은 아니었다는 점을 알게 되었고, 아리스토텔레스의 자연학과 프톨레마이오스의 천문학이, 이 두 학문을 가끔은 인정했던 중세의 자연학자의 정신을 확고하고도 보편적으로 장악한 것은 아니라는 점을 알게 되었다. 그러나 그렇다고 해서 과학이 르네상스시기에 주목할 만한 발전을 이루었다는 사실이 바뀌는 것은 아니고, 이러한 발전이 유럽 사람들의 삶과 사상에 깊은 영향을 끼쳤다는 사실이 바뀌는 것도 아니다.

르네상스과학자들의 발견과 성취를 상세하게 설명하는 것이 철학사가의 임무는 아니다. 과학의 역사 그 자체를 알고 싶어 하는 독자는 분명히 그러한 주제에 관련된 문헌에 눈을 돌려야 한다. 그러나 만약 르네상스과학의 발전이 철학에 강력한 영향을 끼쳤다면, 르네상스시대의 과학 발전을 지나쳐버리는 것은 불가능할 것이다. 철학은 인간 문화의 다른 요소들과 어떤 접촉도 하지 않고 자신만의 독자적인 길을 추구하지는 않는다. 철학적 반응이 그 주제와 관련하여 그리고 방법과 목적과 관련하여 과학의 영향을 받아왔다는 것은 거부할 수 없는 역사적 사실이다. 철학이 세계에 관한 반성을 포함하는 한, 철학적 사고가 과학과 과학의 구체적인 성취에 의해서 그려진 세계의 모습에 의해 어떤 방식으로 영향을 받을 것이라는 사실은 분명하다. 이것은 철학적 발전의 모든 국면에서 어느 정도 사실일 것 같다. 과학적 방법에 관련하여 어떤 방법을 사용하는 것이 어떤 현저한 결과들로 이어진다는 점을 발견할 때, 철학에서 유사한 방법을 채택하는 것 또한 확립된 결론들의 길에서 현저한 결과를 낳을 것이라는 생각이 어떤 철학자에게 일어날 가능성은 높다. 그리고 이러한 생각은 실제로 르네상스시대의 어떤 철학자들에게 영향을 주었던 생각이다. 그러나 철학이 과학과 같은 방식으로 발전하지 않는다는 점을 살펴볼 때, 이러한 사실을 알게 되면 우리는 유력한 철학개념이 개정되어야 하지 않을까하는 의문을 제기할 것이다. 칸트가 묻고 있는 것처럼 무슨 이유 때문에 과학은 발전하고 보편적이고 필연적인 과학적 판단들이 내려질 수 있고 또한 내려지고 있는가? (칸트에게는 그렇게 내려지는 것처럼 보였다) 반면에 전통적인 형식에서의 철학이 비교될 수 있을 정도의 결과에 이르지 않고 과학이 발전하는 방식으로 발전하지 않는 것처럼 보이는 것은 무슨 이유인가? 철학에 대한 우리의 전체 개념의 잘못은 아닌가? 철학이 본성상 줄 수 없는 것을 우리는 철학에 대해 기대하는 것은 아닌가? 우리는 철학이 줄 수 있는 것만을 철학에 기대해야 하며, 철학이 무엇을 줄 수 있는가를 알기 위해서 우리는 철학적 사유의 본성과 기능들을 보다 세밀하게 탐구해야 한다. 다시 말하면 특수 과학들이 각자의 특수한 방법들을 가지고 발전하는 것처럼, 이러한 과학들은 성공적으로 철학에서부터 철학의 여러 선택된 분야들을 탈취했다는 반성이 어떤 사람들에게 자연스럽게 나타날 것이다. 우주론 또는 자연철학이 자연학에 길을 내주었다는 것, 유기체의 철학이 생물학에 길을 내주었다는 것, 심리철학이 과학적인 심리학에 길을 내주었다는 것, 심지어 도덕철학조차 사회학에 길을 내주었다는 것은 매우 이해될 만한 일이다. 다른 말로 해서 세계와 존재하는 실재에 대한 모든 사실적인 정보에서 우리는 직접적인 관찰과 과학

제2부 르네상스의 철학

에 눈을 돌려야 하는 것처럼 보인다. 그렇게 보이듯이 비록 철학자가 여전히 논리적 분석이라는 영역에서 유용한 기능을 수행할 수 있다 하더라도, 철학자는 과학자가 사물에 대한 우리의 지식을 증가시키는 방식으로 우리의 지식을 증가시킬 수 없다. 거칠게 이야기하자면 이것이 바로 상당한 수의 근대 철학자들이 생각한 것이다. 물론 일정하게 인식될 수 있는 모든 것이 과학의 영역 안에 들어온다는 생각을 받아들이는 것은 가능하고, 또한 동시에 과학자에 의해서 대답될 수 없거나 혹은 과학자가 자신의 문제들에 대답하는 방식으로 대답될 수 없는 그런 궁극적인 문제들을 제기하는 것이 철학의 특수한 기능이라고 주장하는 것도 가능하다. 그리고 그렇다면 사람들은 철학의 다른 개념이나 다른 개념들을 갖게 된다.

다시 이야기한다면, 과학이 발전함에 따라 과학의 방법들에 대한 반성이 발전할 것이다. 철학자들은 과학적 방법을 분석하도록, 그리고 아리스토텔레스가 삼단논법적 연역에서 수행했던 것을 귀납에서 수행하도록 자극받게 될 것이다. 그래서 우리는 르네상스시대에 프란시스 베이컨의 반성을 얻게 되고, 19세기에 존 스튜어트 밀(J. S. Mill)의 반성을 얻게 되며, 보다 최근에 많은 다른 철학자들의 반성을 얻게 된다. 그리하여 과학의 구체적인 발전은 철학적 분석이라는 새로운 분야의 발전으로 이어질 수 있으며, 이러한 철학적 분석은 실제적인 과학연구와 성취 없이는 발전될 수 없었다. 왜냐하면 철학적 분석은 과학에서 실제로 사용된 방법에 대한 반성의 형식을 취하기 때문이다.

더 나아가서 우리는 특수과학이 특수한 철학사상에 끼친 영향을 추적할 수 있다. 예를 들면 우리는 수학이 데카르트에 끼친 영향, 역학이 홉스에 끼친 영향, 역사학의 등장이 헤겔에 끼친 영향, 생물학과 진화론의 가설이 베르그송(Bergson)에 끼친 영향을 추적할 수 있다.

앞선 소묘에서 나는 르네상스와는 다른 길로 갔던 그리고 필자의 전집의 뒷부분에 있는 책들에서 논의되어야 할 철학자들과 철학적 관념들에 대해 소개했다. 그러나 이런 개요에서의 나의 목적은, 비록 불가피하게 합당하지 않은 방식이긴 하지만, 과학이 철학에 끼친 영향을 예시하는 일반적인 방식이었을 뿐이었다. 당연히 과학은 철학사상에 영향을 끼치는 유일한 철학 외적 요소는 아니다. 철학은 마찬가지로 인간의 문화와 문명의 다른 요소들에 의해 영향을 받는다. 그래서 과학도 역시 그러한 문제와 관련하여 영향을 받는다. 우리는 과학과 다른 요소들이 철학에 끼친 영향에서부터 철학적 사고는 그 밖의 다른 문화적 요소들에 영향을 끼칠 힘이 없다고 결론 내려서는 안 된다. 나는 철학이 그럴 힘이 없다고 하는 것이 사실이라고 생각하지 않는다. 그러나 나의 현재의 목적과 관련 있는 점은 과학이 철학에 끼친 영향이고, 이런 이유 때문에 나는 여기에서 그 점을 강조하였다. 그러나 르네상스과학이 특히 철학적 사유에 끼친 영향이 대단히 한계를 가진다는 것을 언급하기 전에, 비록 내가 그 문제를 논하려고 시도할 때 겪었던 노고를 너무나 잘 알고 있지만, 르네상스과학의 본성이 무엇인가에 대해 언급해야 한다.

2. 르네상스의 과학: 과학, 통제된 실험, 가설과 천문학, 수학, 기계론적 세계관의 경험적 기초

(i)　　　나의 생각으로는 르네상스과학의 개화기를 야기했던 원인이 무엇인가에 대해 '천박한' 사고를 가진 사람들은 그 시대에 사람들이 중세의 시작 이래로 어쨌든 자신들의 눈을 사용하고 자신들의 눈으로 자연을 탐구하기 시작했다는 점을 여전히 고집하고 있다. 즉, 사실들에 대한 직접적인 관찰은 아리스토텔레스를 비롯한 고대 저술가들의 텍스트들에 의존했으며, 경험적인 자료들에 대한 직접적인 이해가 신학적 편견을 대신하였다는 것이다. 그러나 이러한 견해가 부적절하다는 것을 깨닫는 데는 많은 고민을 할 필요가 없다. 아마도 불가피한 일이지만 갈릴레오와 신학자들 간의 논쟁은, 한편으로는 경험적 자료에 직접적으로 의존해야 한다는 요구와 다른 한편으로는 신학적 편견 및 아리스토텔레스의 반계몽주의의 고집 사이에 벌어진 싸움에 대한 대표적인 상징인 것처럼 간주된다. 그러나 분명한 사실은 일상적인 관찰로는 지구가 태양의 주위를 돈다는 것을 누구에게도 확신시키기에 충분하지 않을 것이라는 점이다. 즉 일상적인 관찰은 정반대를 보여줄 것이다. 태양 중심의 가설은 의심의 여지 없이 지구 중심의 가설보다 더 '현상들을 절약'하지만, 그것은 하나의 가설이었다. 게

다가 그것은 어떤 다른 과학들에서는 통제된 실험의 유형에 의해서 검증될 수 있는 가설이었지만, 이 경우 그것은 결코 검증될 수 없는 가설이었다. 천문학에 있어서 관찰에 기초하는 것만으로는 대단히 큰 진전이 이루어지는 것은 불가능하다. 그래서 가설의 사용과 함께 수학적 연역의 사용도 필요했다. 따라서 우리가 르네상스과학의 성취를 단지 관찰과 실험에 돌린다면, 그것은 그러한 성취에 대한 단견에 불과할 뿐이다. 13세기의 프란치스코 수도사인 로저 베이컨이 주장했듯이, 천문학은 수학의 도움을 필요로 한다.

　　그러나 모든 과학은 어떤 점에서는 관찰에 기초하고 있고, 또한 경험적 자료와 어떤 연관을 가진다. 운동의 법칙들을 확인하려고 했던 물리학자가 어떤 의미에서 운동의 관찰에서 그 일을 시작한다는 것은 분명하다. 왜냐하면 그가 확인하고 싶어 하는 것은 운동에 의해서 예시되는 법칙들이기 때문이다. 그리고 그가 결국 정식화하는 법칙들이 관찰된 운동과 전혀 일치하지 않는다면, 즉 법칙들이 참인데도 관찰된 운동이 발생하지 않는다면, 그 과학자는 자신의 운동이론을 변경해야 할 것이라는 점을 인지하게 된다. 천문학자는 경험적 자료를 전혀 언급하지 않고서는 연구를 진행하지 않는다. 화학자는 경험적 자료들과 함께 시작하며, 존재하는 사물들과 함께 실험을 수행한다. 생물학자는 만약 그가 유기체의 실제적인 행태에 대해 관심을 가지지 않는다면, 더 이상 진전을 이루지 못할 것이다. 예를 들어 에딩턴(Eddington)이 해석한 것처럼, 비교적 최근의 자연학의 발달은 과학이 경험적 자료와 같은 평범한 것에 관심을 갖는 것이 아니라는 점, 그리고 과학은 자연에 부과된 인간정신의 순수한 구성이며 '사실들'을 구성한다는 점이라는 인상을 주는 경향이 있을 수 있지만, 우리가 순수수학을 다루지 않는다면, 그리고 그 수학에서 우리가 세계에 관한 실제적인 정보를 기대할 수 없다면, 모든 과학은 경험적 자료들에 대한 관찰의 기반에 궁극적으로 의존한다고 말할 수 있다. 과학이 높은 정도의 발달에 도달하면, 경험적 근거의 필요성은 그렇게 즉시 명백하지 않을 수 있다. 그러나 그럼에도 불구하고 경험적 자료는 과학에 여전히 존재한다. 과학자는 순수하게 자의적인 이론을 전개하지 않는다. 오히려 과학자는 현상을 설명하고자 하며, 가능하다면 자신의 이론을 직접적으로가 아니라면 간접적으로 시험하거나 검증할 것이다.

과학이론과 경험적 자료 사이의 연관은 아마도 몇몇 과학의 경우에서는 분명한 반면에, 다른 과학들의 경우에서는 과학이 높은 정도의 발달에 도달할수록 그런 분명함과 거리가 멀어진다. 그러나 이러한 연관은 어떤 과학발달의 초기 국면에서는 주장될 법하며, 설명이론들과 가설들이 오래전에 확립된 개념과 충돌을 일으킬 경우에 특히 이러하다. 그래서 신선한 과학적 개념들을 선호하여 아리스토텔레스의 자연학이 폐기되는 르네상스시대에 경험적 자료와 '현상들의 절약'에 대한 호소가 자주 제기되었다. 우리는 자연철학자들이 사실들에 대한 경험적 연구의 필요성을 어떻게 강조했는지 살펴보았으며, 기술과 지리학은 말할 것도 없고 의학과 해부학도 경험적 탐구의 도움이 없었더라면 16세기와 17세기에 실제로 이룩했던 진전을 이루지 못했을 것이라는 점을 사실들에 대한 경험적 연구는 거의 지적할 필요가 없다. 우리는 순수하게 연역적인 추리에 의해서는 세계의 유용한 지도를 만들 수도 없고, 혈액순환에 대한 유효한 설명을 할 수도 없다.

　　특히 해부학과 생리학의 발전에 실제적인 관찰의 결과들이 활용되었다. 과학적이고 역학적인 문제들과 실험들에 깊은 관심을 가졌던 위대한 예술가인 레오나르도 다빈치(Leonardo da Vinci, 1452-1519)는 미래의 발견과 발명 그리고 이론들을 예측하는 놀랄 만한 안목을 가진 인물이었다. 그래서 그는 윌리엄 하비(Silliam Harvey)에 의해서 1615년쯤 제안된 혈액순환론의 발견을 사변적으로 예측하였으며, 광학에서는 빛의 파동이론을 예측하였다. 또한 그는 비행기계, 낙하산, 계량된 대포에 대한 고안으로 잘 알려져 있었다. 그러나 현재의 상황에서 유효한 것은 해부학적인 관찰이다. 이러한 관찰의 결과는 상당한 수의 도면으로 그려졌다. 그러나 그것들은 출판되지 않았기 때문에, 그것들이 할 수도 있었던 영향을 발휘하지 못했다. 이와 연관되어 영향력을 발휘한 책은 안드레아스 베살리우스(Andreas Vesalius)가 자신의 해부학 연구를 기록한 책인 『인체의 구조』(De fabrica humani corporis, 1543)였다. 이 업적은 해부학 발전에서 상당히 중요했다. 왜냐하면 베살리우스는 전통적 이론들을 뒷받침하는 증거를 발견하려는 시도를 하지는 않았지만, 스스로를 관찰하고 자신의 관찰을 기록하는 데 관심을 가졌기 때문이다. 이 책은 도록(圖錄)이었고, 또한 저자가 동물들에 대해서 했던 실험에 대한 설명들을 포함하였다.

　　　　　　　제2부 르네상스의 철학

(ii)　　　베살리우스와 하비와 같은 사람들이 해부학과 생리학에서 거둔 발견들은 자연스럽게 전통적 이론과 주장에 대한 사람들의 신뢰를 무너뜨리는 데 강력한 영향을 주었으며, 또한 인간의 관심을 경험적 탐구에 돌리는 데 강력한 영향을 주었다. 혈액이 순환한다는 사실은 현재의 우리에게는 상식이지만, 당시에는 어떤 의미에서도 상식이 아니었다. 갈레노스나 히포크라테스(Hippocrates)와 같은 고대의 저술가들은 그것에 대해 아무것도 몰랐다. 그러나 르네상스 시대의 과학적 진전은 좁은 의미에서의 관찰에만 돌릴 수 없다. 우리는 통제된 실험을 사용하는 것이 증가한 데 대해 설명해야 한다. 예를 들어 1586년 시몬 스테빈(Simon Stevin)은 납으로 만든 공(球)에 대한 의도적으로 고안된 실험을 설명하는 책을 출판하였으며, 이 설명은 낙하물체가 그 물체의 무게에 비례하는 속력을 가진다는 아리스토텔레스의 주장을 반박하였다. 또한 1600년에 『자력론』(De magnete)을 출간했던 윌리엄 길버트(William Gilbert)는 지구가 지리적인 극점들 근처에 있는 극점들을, 비록 그 극점들과 일치하지는 않지만, 가지고 있는 자석이라는 자신의 이론을 실험에 의해서 확정하였고, 또한 나침반의 바늘이 자석의 극점들을 가리킨다는 것도 실험을 통해서 확정하였다. 그는 둥근 천연자석을 활용하여 연속적으로 각각 다른 장소들에서 그 자석의 움직임 또는 그 자석 위에 놓인 강선의 바늘이나 강선 조각을 관찰하였다. 각 경우에 그는 그 돌 위에 강선이 멈추게 되었던 방향을 표시하였고, 원을 완성함으로써 강선 또는 바늘이 언제나 자석의 극점을 가리킨다는 것을 보여줄 수 있었다.

　　　그러나 르네상스과학자들 중 실험적 방법의 대표적인 옹호자는 갈릴레오 갈릴레이(Galileo Galilei, 1564-1642)였다. 피사에서 태어난 그는 바로 그 도시의 대학교에서 공부하였고, 의학 연구를 버리고 수학 연구의 길로 들어섰다. 피렌체 대학교에서 강의를 한 이후 그는 피사 대학교의 수학 교수가 되었고(1589), 그 뒤 파도바 대학교에서 수학 교수가 되어(1592) 18년간 마지막 교수직을 유지하였다. 1610년 그는 피렌체로 가서 투스카니 대공작(Grand Duke of Tuscany)의 수학자이자 철학자로서 선임되었고, 비록 강의의 의무는 없었으나 대학교의 수석 수학자(mathematicus primarius)로 활동하였다. 1616년에 그의 천문학적 견해들에 대한 종교재판으로 유명한 사건들이 시작되었고, 이 재판은 1633년 갈릴레오가 공식적으로 자신의 주장을 철회함으로써 종결되었다. 이 위대한 과학자는 얼마간 구금의 상태로 있었으나, 그의 과학연구는 중단되지 않았으며, 1637년 시력을 잃을 때까지 그 연구는 계속되었다. 그는 아이작 뉴턴(Isaac Newton)이 태어난 1642년에 죽었다.

갈릴레오의 명성은 일반적으로 천문학과 연결되었지만, 그의 연구는 정역학과 역학의 발전에서 매우 중요하였다. 예를 들어 아리스토텔레스주의자들이 물체가 물에서 잠기거나 뜨는 것을 결정하는 것은 물체의 형태라고 주장했던 반면에, 갈릴레오는 물체가 잠기거나 뜨는 것은 그것의 형태 때문이 아니라 그 물체의 비중 또는 특수한 중력에 기인한다고 이야기한 아르키메데스(Archimedes)의 주장이 옳다는 점을 실험적으로 보여주려고 시도하였다. 또한 그는 물질을 결정하는 것은 단순히 물체의 비중이 아니라 오히려 그 물체가 놓인 유체의 비중과 상관된 물체의 비중이라는 사실을 실험적으로 보여주고자 노력하였다. 또한 다른 무게의 물체들이 주어진 높이에서 떨어지는 데 걸리는 시간이 동일하고, 그 물체들은 아리스토텔레스주의자들이 생각했듯이 다른 시간에 땅에 떨어지는 것은 아니라는 스테빈에 의해 주장된 발견을 실험에 의해서 확정하였다. 또한 그는 실로 다른 자연학자들에 의해 예견되었던 등가속도 운동의 법칙을 실험적으로 확립하고자 노력하였다. 이 법칙에 따르면 물체의 낙하속도는 시간에 따라 일정하게 증가하며, 운동하는 물체는 마찰이나 공기 혹은 중력의 저항이 없다면 등속직선운동을 한다. 특히 갈릴레오는 자연이 본질적으로 수학적이고, 그래서 이상적인 조건하에서라면 이상적인 법칙이 '준수될' 것이라는 자신의 확신에 의해 영향을 받았다. 비록 상대적으로 조야한 이런 실험결과들이 단순한 법칙을 증명한다고 말해질 수는 거의 없지만, 그 결과들은 그 단순한 법칙을 보여주었다. 그러한 결과들은 어떤 물체도 외부의 힘을 받지 않는다면 움직일 수 없다는 아리스토텔레스의 개념이 틀렸다는 점을 보여주는 성향이 있었다. 실제로 갈릴레오의 발견들은 아리스토텔레스의 자연학을 불신하게 했던 가장 영향력 있는 것 중 하나였다. 그는 그의 회중시계에 대한 고안을 통해서 기술적인 진전을 이루었다. 이 회중시계는 후일 호이겐스(Huygens, 1629-1695)에 의해 조립되었고, 그의 독자적인 발명과 재발명을 통해 온도계로 발전하였다.

(iii)　　　통제된 실험을 언급했다고 해서 16세기 초반에서부터 실험적 방법이 광범위하게 실행되었다고 생각해서는 안 된다. 오히려 16세기 전반부에는 어쨌든 분명하게 통제된 실험의 경우는 비교적 드물었다. 이에 대해 주목할 필요가 있는 것은 그 당시로서는 그것이 단지 이해되기 시작할 단계였을 뿐이라는 것이다. 그런데 분명한 것은 의도적으로 고안된 실험이라는 의미에서의 실험이 시험적인 가설의 사용과 분리될 수 없다는 점이다. 사실상 우리는 무엇이 발생하는가를 알기 위해서만 실험을 고안할 수도 있지만, 실제로는 통제된 실험은 가설을 검증하는 수단으로 고안된다. 실험을 수행하는 것은 자연에 대해 의문을 제시하는 것이고, 특정한 의문이 통상적으로 몇몇 가설을 전제한다는 사실을 요구한다. 미리 이해된 가설을 우리가 확정하기를 원하지 않는다면 또는 두 개의 가능한 가설들을 생각하지 않고 어떤 것이 옳은지를 발견하고자 하는 마음이 없다면, 서로 다른 무게를 가진 공이 동일한 시간에 땅에 도달하는지 어떤지를 알기 위해서 그 공들을 탑 위에서 떨어뜨리지는 않을 것이다. 모든 르네상스과학자들이 자신의 이론들의 가설적인 성격에 대한 분명한 이해를 가졌다고 가정하는 것은 잘못일 것이다. 그러나 그들이 가설을 사용했다는 사실은 아주 분명하다. 이것은 천문학의 경우에 아주 분명한데, 이제 이것을 살펴보자.

　　폴란드의 유명하고도 학식 있는 성직자인 코페르니쿠스(Nicholas Copernicus, 1473-1543)가 태양이 겉보기에 동쪽에서 서쪽으로 운동한다는 것이 태양이 실제로 이런 식으로 운동한다는 것을 보여주는 결정적인 증명이 아니라는 사실을 깨달은 최초의 학자는 결코 아니었다. 우리가 이미 보았듯이 이러한 사실은 14세기에 분명히 알려졌었다. 그러나 14세기의 자연학자들이 매일의 지구자전에 대한 가설의 발전에 자신을 제한했던 데 반해서, 코페르니쿠스는 지구가 자전하면서 동시에 고정된 태양 주위를 회전한다는 가설을 주장하였다. 그래서 그는 지구 중심의 가설을 태양 중심의 가설로 대체하였다. 물론 이 사실이 그가 프톨레마이오스의 체계를 전적으로 폐기했다는 것을 의미하는 것은 아니다. 특히 그는, 이러한 행성들이 '이심(離心)적'이었다고 가정했음에도 불구하고, 원의 궤도를 돈다는 옛 개념을 유지하였다. 태양 중심의 가설이 현상과 일치한다는 점을 제안하기 위해서 그는 그다음에 다수의 주전원(周轉圓)을 추가해야만 했다. 그는 그의 시대의 프톨레마이오스 체계가 요청한 다수의 원들의 절반보다 더 적은 원들을 요청하였고, 그래서 그는 그 체계를 단순화시켰지만, 그의 선배들이 했던 것과 같은 방식으로 문제들에 집착했다. 즉 그는 '현상들을 절약하기' 위해 사변적인 고려를 했다.

코페르니쿠스가 태양 중심의 가설이 진리라는 사실을 확신했다는 것은 거의 의심의 여지가 없다. 그러나 안드레아스 오지안더(Andreas Osiander, 1498-1552)라 불린 루터파 성직자는 코페르니쿠스가 쓴『행성들의 회전들에 관하여』(*De revolutionihus orbium coelestium*)의 서문 대신에 새로운 서문으로 대체하였는데, 비텐베르크의 게오르그 요하임 레티쿠스(Georg Joachim Rheticus of Wittenberg)가 오지안더에게 코페르니쿠스의 책의 필사본을 맡겼다. 이 새 서문에서 오지안더는 코페르니쿠스가 태양 중심 이론을 단순한 가설 또는 수학적 허구로서 제안한 것이라고 주장하였다. 추가해서 그는 코페르니쿠스가 했던 아리스타쿠스(Aristarchus)에 대한 언급을 빠뜨렸으며, 이러한 빠뜨림은 코페르니쿠스에게 부정직한 표절의 혐의를 불러일으켰다. 루터와 멜란히톤은 새로운 가설을 철저하게 인정하지 않았다. 그러나 그 가설은 가톨릭 저자들의 편에서 어떠한 명백한 반대도 불러일으키지 않았다. 비록 코페르니쿠스가 적대감을 일으키지 않고 개인적으로 그의『천체의 운동을 그 배열로 설명하는 이론에 관한 주해서』(*De hypothesibus, motuum coelestium commentariolus*)를 배부하였다는 점이 기억되어야 하지만, 오지안더의 서문은 명백한 반대를 불러일으키지 않은 점에 대해 기여하였다. 교황 바오로 3세에게 헌정된 책『행성들의 회전들에 관하여』가 1616년에 태양 중심 가설을 분명히 나타내었던 몇몇 문장들에 대한 반대가 제기되었기 때문에 금서목록(*donee corrigatur*)에 포함되었다는 것은 사실이다. 그러나 이러한 사실이 그 저서가 처음 출판되었을 때 가톨릭 성직자들의 모임의 편에서 반대를 불러일으키지 않았다는 점을 바꾸는 것은 아니다. 이 책은 1758년에 개정된 금서목록에서 제외되었다.

그러나 코페르니쿠스의 가설은 그 당시로는 비텐베르크의 수학자들인 라인홀트(Reinhold)와 레티쿠스(Rheticus)를 제외하고는 열광적인 지지자들을 발견하지 못했다. 티코 브라헤(Tycho Brahe, 1546-1601)는 그 가설에 반대하였고, 자신의 가설을 창안했는데, 이 가설에 따르면, 프톨레마이오스의 체계(Ptolemaic system)에서처럼 태양은 지구의 주위를 도는 반면에, 수성, 금성, 화성, 목성, 토성은 태양을 주전원으로 하여 회전한다. 코페르니쿠스 이론에 대한 최초의 실제적인 개선은 요하네스 케플러(John Kepler, 1571-1630)에 의해 이루어졌다. 개신교신자인 케플러는 튀빙겐의 미카엘 매스틀린(Michael Mastlin of Tübingen)에 의해 코페르니쿠스의 가설이 참이라는 사실을 확신하게 되었으며, 그는 이 점을 자신의 『우주의 성스러운 신비』(*Prodromus dissertationum cosmographicarum seu mysterium cosmographicum*)에서 옹호하였다. 그러나 그 저서는 세계의 기하학적 기획에 관한 피타고라스의 사변들을 포함했으며, 티코 브라헤는 그답게 청년 케플러가 사변에 빠지기 전에 건전한 관찰에 더 주목했어야만 했다는 점을 지적했다. 그러나 그는 케플러를 자신의 조수로서 채용했으며, 케플러는 자신의 후견인인 브라헤가 죽은 이후에 자신의 유명한 세 법칙을 천명한 저술들을 출판하였다. 이 저술들은 『신 천문학』(*Astronomia nova*, 1609), 『코페르니쿠스 천문학 개요』(*Epitome astronomiae copernicanae*, 1618), 『우주의 조화』(*Harmonices mundi*, 1619)였다. 케플러는 행성들이 태양을 하나의 초점으로 삼아 타원운동을 한다고 주장하였다. 행성과 태양을 연결하는 가상적인 선분이 같은 시간 동안 쓸고 지나가는 면적은 항상 같다. 더욱이 우리는 행성이 공전주기에 필요한 시간의 제곱이 그 행성과 태양의 거리의 세제곱에 비례한다는 공식을 사용하여 행성들이 각각 공전하는 데 필요한 시간을 수학적으로 비교할 수 있다. 행성운동을 설명하기 위해서 케플러는 태양과 함께 회전하면서 힘을 가진 광선을 발산하는 태양 안에 어떤 원동력(*anima motrix*)을 요청하였다. 아이작 뉴턴 경(Sir Isaac Newton, 1642-1727)은 후일 이 가설이 불필요했음을 보여주었다. 왜냐하면 1666년에 그는 역제곱의 법칙(law of the inverse square), 즉 태양과 지구의 거리의 n배인 행성에 대한 태양 중력의 인력은 지구의 거리에서의 인력의 $1/n^2$이라는 법칙을 발견했고, 1685년 드디어 관찰이 요구하는 것과 일치했던 수학적 계산들을 도출하는 위치에 자신이 서 있었다는 점을 알게 되었기 때문이다. 그러나 비록 행성운동이 케플러의 원동력을 요청하지 않더라도 설명될 수 있다는 점을 뉴턴이 보여주었음에도 불구하고, 케플러는 당시 알려진 모든 행성들의 운동이 행성들의 개수에 상응하는 타원의 개수를 요청함으로써 설명될 수 있다는 점을 보여줌으로써 천문학의 발전에 가장 중요한 기여를 했다. 그래서 원과 타원이라는 구태의연한 장치들이 필요 없게 되었다. 그리하여 태양 중심의 가설은 크게 단순화되었다.

관찰이라는 측면에서 천문학의 발전은 망원경의 발명에 의해서 크게 진전되었다. 망원경의 실제적인 발명에 대한 공로는 17세기의 첫 10년 두 네덜란드 사람 중 한 명에게 주어진 것 같다. 갈릴레오는 발명 소식을 듣고는 자신을 위한 장치를 만들었다. (예수회 신부인 샤이너(Scheiner)는 케플러의 제안을 구체화하여 개량된 장치를 만들었으며, 호이겐스는 추가적인 개선책들을 도입하였다.) 망원경을 사용함으로써 갈릴레오는 달을 관찰할 수 있었고, 달에는 산들이 있는 것으로 나타났으며, 이로부터 그는 달이 지구와 같은 종류의 물질들로 구성되어 있다고 결론 내렸다. 또한 그는 금성의 면들과 목성이 위성들을 관찰할 수 있었고, 이러한 그의 관찰은 지구 중심의 가설이 아니라 태양 중심의 가설과 아주 잘 맞아떨어졌다. 더욱이 그는 태양의 흑점들을 관찰하였는데, 이는 또한 샤이너에 의해서도 관찰되었다. 다양한 흑점들의 존재는 태양이 변화될 수 있는 물질로 구성되었다는 점을 보여주었고, 이러한 사실은 아리스토텔레스의 우주론을 더욱 불신하게 만들었다. 일반적으로 망원경의 관찰은 갈릴레오에 의해 이루어졌으며, 다른 사람들은 코페르니쿠스의 가설을 경험적으로 확증하였다. 사실상 금성의 일면들에 대한 관찰은 지구 중심의 가설보다 태양 중심의 가설이 우수하다는 점을 분명히 보여주었다. 왜냐하면 금성의 일면들은 프톨레마이오스의 체계에 의해서 설명될 수 없기 때문이다.

아마도 사람들은 이 점에서 갈릴레오와 종교재판 사이의 엄청난 충돌에 관하여 무언가를 이야기하여야 한다. 교회의 과학에 대한 이른바 적대감의 증거인 그 충돌의 중요성은 종종 크게 과장되었다. 사실상 교회가 과학의 적이라는 사실을 보여주고자 하는 사람들이 오직 이 특수한 경우만을 예로 들고 있다는 사실은 (브루노의 경우는 이와 매우 달랐지만) 그것으로부터 때때로 도출되는 보편적 결론의 타당성에 대해 의심을 던지기에 충분함에 틀림없다. 교회의 당국자들의 행동은 사실상 그들의 신뢰를 반영하지 않는다. 사람들은 교회의 당국자들이 모두 진실을 더 분명하게 깨닫기를 바랄 수 있었다. 이 진실은 갈릴레오 자신이 1615년의 편지에서 제안하였고, 당시 벨라르미노(Bellarmine)와 다른 사람들이 예견했으며, 교황 레오 13세(Pope Leo XIII)가 자신의 칙서 『위대한 섭리의 신』(*Providentissimus Deus*), 즉 "여호수아" 10장, 12-13절과 같은 성경의 구절(옮긴이 주. "해야, 기브온 위에, 달아, 아얄론 골짜기 위에 그대로 서 있어라.' 그러자

백성이 원수들에게 복수할 때까지 해가 그대로 서 있고 달이 멈추어 있었다. 이 사실은 야사르의 책에 쓰여 있지 않은가? 해는 거의 온종일 하늘 한가운데에 멈추어서, 지려고 서두르지 않았다.")이 과학적 사실의 주장으로서가 아니라 일상적인 어법에 일치한 것으로 간주될 수 있다는 점을 분명하게 확인하였다. 우리 모두는 태양이 움직인다고 말하고 있고, 그래서 무엇 때문에 성경이 동일한 어법을 사용하지 않고, 이로부터 태양이 고정되어 있는 지구를 돈다는 결론을 도출할 자격이 우리에게 없다고 말해야 할 이유는 없다. 게다가 갈릴레오가 코페르니쿠스의 가설의 진리를 의문을 넘어설 정도로 증명하지 않았음에도 불구하고, 갈릴레오는 지구 중심의 가설보다 코페르니쿠스의 가설이 더 우수하다는 점을 분명하게 보여주었다. 이러한 사실은 『두 가지 주요한 세계관에 관한 대화』(Di-alogo sopra i due massimi sistemi del mondo)에서 썰물과 조수의 흐름에 관한 잘못된 이론에 기초한 논증을 특히 강조한다고 해서 변경되는 것은 아니다. 이 책은 종교재판에서 심각한 충돌을 촉진한 책이었다. 다른 한편 갈릴레오는 자신의 이론이 가설적인 성격을 가지고 있다는 점을 인정하는 것을 한사코 거부하였다. 과학적 가설의 위상에 대한 소박하게 실념론적(實念論的) 견해가 주어진 점을 감안한다면, 그가 그런 성격을 인정하기가 어려웠을 수도 있었다. 그러나 벨라르미노는 가설을 경험적으로 검증하는 것이 그 가설의 절대적 진리를 반드시 증명하는 것은 아니라는 점을 지적했고, 만약 갈릴레오가 요즘에는 매우 친숙한 이러한 사실을 인정할 준비가 되어 있었더라면, 종교재판과 같은 불운한 사건은 피할 수 있었을 것이다. 그러나 갈릴레오는 코페르니쿠스 가설의 비가설적 성격을 고집하여 주장했을 뿐 아니라, 소송에서 쓸데없이 도발을 하였다. 사실상 개인들 간의 충돌은 소송에서 아주 중요한 역할을 하였다. 결국 갈릴레오는 위대한 과학자였고, 그의 반대자들은 위대한 과학자들이 아니었다. 갈릴레오는 성경의 해석에 관해 약간의 감성적인 언급을 하였다. 성경의 진리는 오늘날 인정되고 있고, 그 소송에 관련된 신학자들에 의해서 더 분명하게 인정될 수도 있었을 것이다. 그러나 과실은 오직 한쪽 편에만 있는 것은 아니었다. 비록 갈릴레오가 위대한 과학자였고, 벨라르미노는 그렇지 못했다 하더라도, 과학이론들의 위상에 대해서 벨라르미노의 판단은 갈릴레오의 판단보다 더 훌륭했다. 만약 갈릴레오가 과학적 가설의 본성에 대해 더 잘 이해했더라면, 그리고 신학자들이 일반적으로 고립적으로 성경의 텍스트들만을 해석하는 것에 관해 취했던 태도를 가지지 않았더라면, 그 충돌은 일어나지 않았을 것이다. 물론 그 충돌은 발생하였으며, 지구 중심의 가설보다 태양 중심의 가설이 우수하다는 점에 관해서 갈릴레오는 의심의 여지없이 옳았다. 그러나 과학에 대한 교회의 태도에 관련된 소송에서 보편적인 결론이 합법적으로 도출되는 것은 불가능하다.

(iv)　　르네상스시대의 천문학에서 관찰과 마찬가지로 가설도 절대적인 역할을 했다는 사실은 분명하다. 그러나 천문학과 역학 모두에서 가설과 검증의 성과 있는 결합은 수학의 도움 없이는 가능하지 않았을 것이다. 16세기와 17세기에 수학은 현저한 발전을 이룩했다. 존 네이피어(John Napier, 1550-1617)가 대수학의 관념을 이해했을 때 두드러진 발전이 이루어졌다. 1594년에 그는 자신의 생각을 티코 브라헤에게 전했으며, 1614년에 그의 책『불가사의한 대수법칙에 대한 기술』(*Mirifici logarithmorum canonis descriptio*)에서 일반원리의 기술(記述)을 공표하였다. 곧이어 헨리 브리그스(Henry Briggs, 1561-1630)의 저작에 의해 그 원리의 실제적 적용이 촉진되었다. 1638년에 데카르트는 해석기하학의 일반원리에 대한 설명을 발표하였고, 1635년 이탈리아 수학자인 카발리에리(Cavalieri)는 케플러가 일차적인 형식으로 이미 사용하였던 불가분량(不可分量)의 방법에 대한 진술을 발표하였다. 본질적으로 이것은 미분의 최초 계산법이었다. 1665-1666년에 뉴턴은 비록 1704년까지 자신의 발견을 발표하지 않았음에도 불구하고 이항식(二項式)의 정리를 발견하였다. 발표상에 있어서 이러한 망설임은 결과적으로 뉴턴과 라이프니츠 사이의 유명한 분쟁으로 이어졌으며, 미적분 계산의 발견을 먼저 한 것에 관해서 그들 각각의 지지자들의 분쟁도 유발하였다. 이 두 사람은 독자적으로 이것을 발견하였다. 그러나 뉴턴이 1669년에 자신의 착상의 개요를 썼음에도 불구하고, 그는 실제로 1704년이 되기까지 그 문제에 대해 어떤 발표도 하지 않았다. 이에 반해 라이프니츠는 1684년에 발표를 시작하였다. 물론 그 계산법에 대한 정교화는 너무나 늦어져서 르네상스시대의 위대한 과학자들이 이용할 수 없었다. 갈릴레오와 같은 사람은 보다 옛날식이면서 서투른 수학 방법에 의존하였다. 그러나 핵심은 그의 이상이 수학공식에 관해 세계의 자연과학적 견해를 발전시키고

있었다는 사실이다. 그는 수학적 자연학자의 안목과 철학자의 안목을 결합했다고 말해질 수 있다. 자연학자로서 그는 가능한 한 자연학의 기초와 자연의 관찰된 규칙들을 수학적 명제로 표현하려고 시도하였다. 철학자로서 그는 자연학에서의 수학적 방법의 성공에 힘입어 수학이 실재의 현실구조에 대한 열쇠라는 결론을 도출하였다. 부분적으로는 인과성에 관한 유명론적 개념에 의해서, 그리고 본질에 대한 전통적 탐구 대신에 사물들의 행태들에 대한 연구라는 유명론적 대체에 의해서 영향을 받았음에도 불구하고, 갈릴레오는 플라톤주의와 피타고라스주의의 수학적 관념들에 의해서도 강하게 영향을 받았다. 그리고 이러한 영향은 그로 하여금 객관적 세계는 수학의 세계라는 믿음을 갖도록 만들었다. 그의 책『시금저울』(Il saggiatore)의 잘 알려진 구절에서 철학은 우주의 책으로 서술되지만, '우리가 언어를 배우고 그것이 서술된 특성들을 이해하기까지는 그 책이 읽힐 수 없다'고 공언하였다. 또한 그는 '그 책은 수학적 언어로 쓰이고, 그것의 특성들은 삼각형, 원, 그리고 다른 기하학적 도형들이며, 이런 도형들이 없다면 단 한 개의 말도 이해하는 것은 불가능하다'고 공언하였다.

(v) 갈릴레오의 자연관이 가지는 이러한 측면은 그 자체 기계적 세계관을 표현하였다. 그리하여 그는 원자들에 대한 믿음을 가지게 되었으며, 원자론을 기초로 해서 변화를 설명하였다. 다시 말하면 색깔과 온기와 같은 성질들은 단지 감각적 주체 안에 있는 성질로서 존재할 뿐이다. 즉 그 성질들은 성격상 주관적이다. 객관적으로는 성질들은 원자들의 운동이라는 형식에서만 존재할 뿐이다. 그래서 그 성질들은 기계적이고 수학적으로 설명될 수 있다. 원자론에 기초한 자연에 대한 이러한 기계적인 개념은 또한 이미 우리가 살펴보았듯이 피에르 가상디에 의해 주장되었다. 더 나아가서 이러한 개념은 로버트 보일(Robert Boyle, 1627-1691)에 의해 발전되었는데, 그의 믿음에 따르면 물질은 각각 자신의 형태를 소유하는 고체의 입자들로 구성되었으며, 이러한 형태는 '지금은 분자'라고 부르는 것을 형성하기 위해서 서로 결합한다. 마지막으로 뉴턴은 만약 우리가 물체들에 작용하는 힘들을 안다면, 우리는 이들 물체의 운동을 수학적으로 연역할 수 있다고 주장했으며, 또한 그는 궁극적인 원자들 또는 입자들이 그 자체로 힘의 중심이라는 점을 제안하였다. 그는 곧바로 어떤 물체들의 운

동에만 관심을 가졌지만,『자연철학의 수학적 원리』(Philosophiae naturalis principia mathematica)의 서문에서 그는 모든 물체들의 운동이 기계적 원리로 설명될 수 있으며, 자연철학자들이 이러한 설명을 할 수 없었던 이유는 자연 안에 있는 능동적 힘에 대한 그들의 무지에 기인했다는 생각을 제시하였다. 그러나 이 힘들의 물리적 원인들 또는 자리들을 고려하지 않고서 단지 이들 힘의 수학적 개념만을 제시하는 것이 그의 목적이었다고 조심스럽게 설명하였다. 따라서 사과를 땅에 떨어뜨리게 하는 원인인 중력의 힘이 행성들의 타원운동의 원인이 되는 힘과 동일하다는 것을 그가 보여주었을 때, 그가 하고 있었던 것은 행성들의 운동과 떨어지는 사과는 동일한 수학적 법칙에 일치한다는 것을 보여주는 것이다. 뉴턴의 과학적 업적은 완전한 성공을 달성했으며, 그래서 최고의 세력을 떨쳤다. 즉 일반적인 원리의 측면에서 볼 때 2백여 년간 뉴턴 물리학의 시대가 지속되었다.

———— 3. 철학에 대한 르네상스과학의 영향

근대과학 또는 더 적절하게는 르네상스시대와 르네상스 이후 시기 고전과학의 흥기(興起)는 자연스럽게 사람들의 마음에 깊은 영향을 끼쳤고, 그들로 하여금 지식에 새로운 전망을 갖기 시작하도록 만들었으며, 그들이 새로운 관심을 갖도록 만들었다. 16세기와 17세기의 과학적 진보가 역사상 가장 중요하고 영향력 있는 사건 중 하나였다는 것은 양식 있는 사람이라면 어느 누구도 부정할 수 없다. 그러나 유럽 사람들에게 끼친 그 영향을 과장하는 것은 가능하다. 나의 생각으로는 지구는 더 이상 우주의 지리학적인 중심으로 간주될 수 없다는 근거에서 특히 코페르니쿠스 가설의 성공이 인간과 신의 관계에 대한 혼란스러운 믿음의 결과를 초래했다고 가정하는 것은 진정 과장이다. 그 가설이 이러한 결과를 야기했다는 것은 종종 일어날 수 있는 일이라고 생각되며, 저술가들이 다른 저술가들의 그 주제에 대한 언급을 반복하고 있지만, 천문학의 혁명과 종교적 믿음의 혁명 사이의 어떤 필연적 결합도 여전히 증명되어야 할 것이다. 더욱이 우주에 대한 기계론적 견해가 종교적 믿음을 방해했다거나 아니면 논리적으로 방해가 되었음에 틀림없다고 가정하는 것은 잘못이다. 수학을 세계에 적용하는 것이 객관적으로 보장된다고 생각했던 갈릴레오는 그러한 적용이 세계에 대한 신의 창조가 수학적으로 이해 가능한 체계로서 보장되었다고 믿었다. 수학적 연역과 자연의 실제적인 체계가 일치하는 것을 보장했던 것은 신의 창조였다. 로버트 보일도 신의 창조를 확신하였다. 그리고 뉴턴이 확고한 경건주의자라는 사실은 잘 알려져 있다. 뉴턴조차 절대공간을 신이 세계 안에 편재해 있는 장치로서 그리고 신의 내재적인 활동 안에 모든 것들을 포괄하는 장치로서 이해했다. 물론 기계론적 세계관은 이신론(理神論)을 조장하는 경향을 가지고 있었다. 이신론은 단지 기계적 체계의 기원에 대한 설명으로서 신을 끌어들이고 있다. 그러나 예를 들면 지난 시기의 천문학도 예컨대 어떤 의미에서는 기계론적 체계로 간주될 수 있다는 사실을 기억해야 한다. 르네상스시대의 과학적 진보가 갑작스럽게 세계와 신 사이의 연결을 잘라버렸다고 가정하는 것은 잘못이다. 기계론적-수학적 견해는 자연스럽게 목적인의 고려를 자연학에서 제거했다는 점을 함축하고 있지만, 이러한 변화가 많은 사람들에게 끼친 심리적인 영향이 무엇이었든 간에, 자연학에서 목적인을 부정하는 것을 반드시 포함하는 것은 아니다. 그것은 특정한 인식분야에서 과학적 방법의 발전의 귀결이었다. 그러나 이로부터 갈릴레오나 뉴턴과 같은 사람들이 자연과학을 유일한 인식의 원천이라고 간주했다는 결론이 도출되는 것은 아니다.

그러나 비록 내 스스로 사고의 두세 노선을 현 단계에서 더 이상 진행하지 않고 이 두세 노선에 국한하더라도, 나는 새로운 과학이 철학에 끼친 영향에 눈을 돌리고자 한다. 임시적으로 우리는 과학적 방법의 두 요소들을 상기할 수 있겠다. 말하자면 관찰과 귀납적 측면, 그리고 연역과 수학적 측면이 그것이다.

과학적 방법의 첫 번째 측면, 즉 귀납의 기초로서 경험적 자료를 관찰하는 것은 프란시스 베이컨이 원인들을 발견하기 위해서 강조한 것이었다. 그러나 다음 장에 그의 철학을 다룰 것이기 때문에, 여기서는 거기에 대해 더 이상 언급하지 않을 것이다. 현재 내가 하고 싶은 것은 프란시스 베이컨이 관찰과 귀납을 강조한 것과 고전적 영국경험주의 사이의 연결에 주목하는 일이다. 고전적 경험주의를 단지 르네상스시대와 르네상스 이후의 시기에서 관찰과 실험이 차지했던 위상에 대한 철학적 반성일 뿐이라고 간주하는 것은 분명히 잘못일 것이다. 로크(J. Locke)가 우리의 모든 관념은 감각지각(sense-perception)과 내성(內省, introspection)에 기초한다고 주장했을 때, 그는 심리학적이고 인식론적인 주제에 대해 주장하였고, 이런 주제의 전례는 중세의 아리스토텔레스주의에서 발견될 수 있다. 그러나 나의 생각으로는 당대의 과학적 진보가 경험적 자료의 실제적인 관찰에 기초해 있다는 확신에 의해서 철학적 경험주의에 강력한 추동력이 주어졌다고 말하는 것은 합당할 수 있다. 설명적 이론의 필연적 기초로서 관찰 가능한 '사실들'로 나아가야 한다는 과학적 주장은 우리의 사실적 인식이 궁극적으로는 지각에 기초한다는 경험주의적 주장에서 그것의 유사성과 이론적 정당성을 발견했다. 과학에서 관찰과 실험을 사용하는 것은, 그리고 실로 과학일반의 의기양양한 진보는 자연스럽게 많은 사상가들의 정신 안에 우리의 모든 지식이 지각, 즉 외적이고 내적인 사건들에 대한 직접적인 인지라는 이론을 고무시키고 확증하는 경향을 띠게 될 것이다.

그러나 르네상스 이후 시기 대륙의 이성주의 철학에 가장 영향을 끼쳤던 것은 과학적 방법의 다른 측면, 즉 연역적이고 수학적인 측면이었다. 과학문제의 해결에서 수학의 성공은 자연스럽게 수학의 명성을 강화시켜주었다. 수학은 그 자체로 명석하고 정밀할 뿐만 아니라 과학문제에서 수학을 적용하는 것은 이전에는 불명료하였던 것을 명석하게도 만들었다. 수학은 지식의 탄탄대로로 나타났다. 이 때문에 다음과 같은 사실은 이해될 수 있다. 수학의 확실성과 정밀성에 힘입어 그 자신 유능한 수학자이자 해석기하학의 분야에서 중요한 선구자였던 데카르트는 수학적 방법의 본질적 특성을 검토해보면 이 방법이 철학에서도 사용하기에 적합할 것이라고 믿었다. 또한 모범으로서의 수학의 영향 아래 대륙의 주도적인 철학자들이 말하자면 수학의 정의 및 공리와 유사한 어떤 근본적인 관념들의 도움을 받아 아프리오리하고 연역적인 방식으로 세계를 재구성할 수 있다고 믿었다는 것도 이해될 수 있는 일이다. 그리하여 수학적 모범은 비록 거의 내용을 제공하고 있지는 않지만, 스피노자의 저서 『기하학적 방식에 근거한 윤리학』(*Ethica more geometrico demonstrata*)의 틀을 제공하였다.

우리는 천문학과 역학의 발전이 르네상스시대에 어떻게 기계론적 세계관의 성장을 촉진했던가를 살펴보았다. 이러한 조망은 철학의 영역에서 반영되었다. 예를 들

제2부 르네상스의 철학

면 데카르트는 물질적 세계와 그것의 변화가 기하학적 연장 및 운동과 동일시되는 물질에 의해서만 설명될 수 있다고 생각하였다. 창조에서 신은 말하자면 어떤 정도의 운동 또는 에너지양을 세계 안에 만들어 넣었는데, 이 운동 또는 에너지는 기계론적 법칙에 따라 물체에서 물체로 이동한다. 동물들은 기계로서 간주될 수 있다. 데카르트 자신은 이러한 기계론적 유비를 전체로서의 인간에 적용하지 않았지만, 몇몇 후대의 프랑스 사상가들은 그러한 유비를 사용하였다. 영국에서 사유는 물체의 작용이며 물체의 작용은 운동이라고 주장하면서 데카르트에 반대한 토마스 홉스는 생명이 없는 물체의 행태들이 어떤 근본적인 관념들과 법칙들에서 연역될 수 있는 것과 마찬가지로 단순히 물체들의 조직에 불과한 인간사회의 행태도 물체들의 이러한 조직화된 무리들의 특성들에서 연역될 수 있다고 믿었다. 그래서 기계는 데카르트에서 부분적인 모형의 역할을 했지만, 홉스에서는 보다 전체적인 역할을 했다. 전술한 언급을 간략하게 요약한 것은 다분히 의도적이다. 즉 이 언급은 과학의 발전이 철학사상에 끼친 영향의 몇몇 노선들을 보여주기 위해서만 계획된 것이다. 다음 권에서 다루어질 철학자들의 이름들이 소개되었을 뿐이며, 여기서 더 이상 그들을 언급하는 것은 적절하지 않을 것이다. 그러나 언급되었던 철학적 관념들이 오히려 과학에 작용하였다는 점을 결론에서 지적하는 것은 적절할 것이다. 예를 들어 유기체에 대한 데카르트의 개념은 미숙하고 적절하지 않았지만, 아마도 그 개념은 과학자들로 하여금 과학적인 방식으로 유기체의 과정과 행태를 탐구하도록 용기를 불어넣는 데 도움이 되었을 것이다. 특정한 방향으로 성과를 내기 위해서 가설이 완벽하게 참일 필요는 없다.

제19장

프란시스 베이컨

중세 이후 영국 최초의 탁월한 철학자는 프란시스 베이컨(Francis Bacon)이었다. 그의 이름은 영국의 르네상스 철학과 영원히 연결된다. 다음 장에서 그들의 정치사상이 고려되는 성 토마스 모어와 리처드 후커를 예외로 한다면, 르네상스 시대의 다른 영국철학자들은 거의 언급할 가치가 없다. 르네상스시대의 영국대학교들에서 철학적 사유의 일반적인 풍조는 보수적이었다는 점이 강조되어야 한다. 아리스토텔레스적-스콜라적인 논리적 전통은 여러 해 동안 특히 옥스퍼드 대학교에서 지속되었으며, 그것이 바로 17세기 존 로크의 대학교 교육의 배경을 형성하였다. 샌더슨(John Sanderson, 1587-1602)의 『변증학』(*Institutionum dialecticarum libri IV*), 크래칸소르프(Richard Crakanthorpe, 1569-1624)의 『범주론』(*Logicae libri V de praedicabilibus*)과 같은 라틴어로 된 논리학 저서들은 토마스 윌슨(Thomas Wilson)의 『논리학 기술을 포함하는 이성의 규칙』(*The rule of reason, containing the arte of logique*, 1552)이나 레버(Ralph Lever)의 『철학자의 게임』(*The philosopher's game*, 1563), 『마음의 기술이라 해야 옳은 이성의 기술』(*Arte of reason rightly termed Witcraft*, 1573)과 같은 자국어로 쓰인 저술들에 그 자리를 내주었지만, 그러나 그러한 저술들은 참신함을 그렇게 많이 담고 있지 않았다. 템플 경(Sir William Temple, 1533-1626)은 라무스주의 논리학(Ramist logic)을 옹호하였지만, 그는 아리스토텔레스주의 이름으로 라무스주의(Ramism)를 논박한 에버라드 딕비(Everard Digby, 1550-1592)의 공격을 받았다. 데카르트를 알게 되었던 파리에서 가톨릭 신자가 된 케넬름 딕비 경(Sir Kenelm Digby, 1603-1665)은 아리스토텔레스의 형이상학과 물질의 미립자론을 결합하려는 노력을 기울였다. 에버라드 딕비는 비록 논리학에서는 아리스토텔레스주의자였지만 로이힐린(Reuchlin)의 신플라톤주의 사상의 영향을 받았다. 마찬가지로 부르크의 군주였던 그레빌레(Robert Greville, Lord Brooke, 1608-1643)는 피렌체의 플라톤 아카데미의 영향을 받았다.『진리의 본성』(*The Nature of Truth*)에서 그는 케임브리지의 일단의 플라톤주의자들을 위한 길을 준비하는 데 도움을 준 신의 빛이라는 교의(doctrine of the divine light)를 주장하였다. 추기경인 쿠자누스의 사상과 파르켈수스의 사상은 대륙을 광범위하게 여행하였고 대륙의 르네상스의 영향을 받았던 플러드(Robert Fludd, 1574-1637)에 의해 대변되었다.『모자이크 철학』(*Philosophia Mosaica*)에서 그는 신을 대립하는 것들의 일치에서의 종합이라고 묘사하였다. 그 자체로 신은 이해할 수 없는 어둠이다. 그러나 다른 측면에서 고려된 신은 신의 펼침(*explicatio Dei*)인 세계 안에서 자신을 드러내는 빛과 지혜이다. 세계는 신의 두 가지 측면을 스스로 드러낸다. 왜냐하면 신의 빛은 따뜻함, 희박함, 빛, 사랑, 선, 아름다움에서 드러나거나 또는 그것들의 원인인 반면에, 신의 어둠은 차가움, 응축, 미움, 추함의 기원이기 때문이다. 인간은 소우주이며, 우주에서 드러나는 신의 두 측면을 자신 안에서 결합한다. 인간 안에는 빛과 어둠 사이의 부단한 다툼이 존재한다.

2. 베이컨의 생애와 저작

그러나 영국 르네상스 철학의 주요 인물은 의식적으로 아리스토텔레스주의에 등을 돌렸고, 플라톤주의나 신지학(神知學)을 선호해서 그렇게 했던 것이 아니라 인간에 도움을 주는 과학적이고 기술적인 진보라는 이름으로 그렇게 했다. 프란시스 베이컨에 따르면 지식의 가치와 정당화는 무엇보다도 그것의 실제적 적용과 유용성에서 성립한다. 그것의 참된 기능은 인류의 지배, 인간의 자연에 대한 통치를 확장하는 것이다.『신기관』(Novum Organum)에서 베이컨은 '첫째는 학문에서, 둘째는 전쟁에서, 셋째는 항해에서 사물들의 면모와 세계의 상태를 변화시켰던'[1] 인쇄술과 화약의 발명, 자석의 실제적인 효과에 주의를 환기시킨다. 그러나 이러한 것들의 발명은 전통적인 아리스토텔레스의 자연학에서 온 것이 아니라, 자연 자체에 대한 직접적인 지식에서 온 것이다. 베이컨은 분명히 자신이 위대한 작가라는 의미에서 '인문주의'를 표방한다. 그러나 과학을 수단으로 해서 인간이 자연을 지배해야 한다는 점을 강조하였기 때문에 그는 이탈리아의 인문주의자들과 날카롭게 구별된다. 이탈리아의 인문주의자들은 인간성의 발전에 보다 관심을 가진 반면에, 자연에 직접적으로 다가가는 것, 즉 귀납적 방법을 강조하고 사변을 불신했기 때문에 베이컨은 신플라톤주의자들 및 신지학자들과 구별된다. 그 자신이 과학에 적극적인 기여를 하지 않았음에도 불구하고, 그리고 자신이 생각했던 것보다 아리스토텔레스주의에 더 많은 영향을 받았음에도 불구하고, 그는 앞으로 다가올 기술적 진보, 인간과 인간의 문화에 도움이 될 것이라고 그가 확신한 기술적 진보를 주목할 만한 방식으로 예측하였다. 이러한 선견(先見) 은 제한된 의미에서 연금술사들의 마음에 나타났었다. 그러나 베이컨은 사람들에게 자연을 지배하는 길을 열어주는 것이 자연에 대한 과학적 지식이지 연금술이나 마법적이거나 환상적인 사변이 아니라는 점을 알고 있었다. 베이컨은 연대기적으로 뿐만 아니라 적어도 부분적이긴 하지만 정신적으로도, 지리상의 발견에 의해 드러난 신세계의 입구, 부의 새로운 원천들의 발견, 자연과학적 진보에 의해서 자연학을 실험적이고 귀납적인 기초 위에 확립한 지점에 서 있었다. 그러나 우리가 곧 보게 되겠지만 베이컨은 새로운 과학적 방법에 대한 불충분한 이해와 평가를 가지고 있었다는 점이 추가되어야 한다. 그것이 바로 왜 내가 지적인 측면에서 '적어도 부분적이긴 하지만' 정신적으로 새로운 시대에 그가 속했었다고 진술했는지의 이유이다. 그러나 그가 과학적이고 기술적인 진보의 새로운 시대를 기대했다는 것은 분명한 사실이다. 비록 그가 자신의 선견 능력을 과대평가했을지라도, 그 시대의 선구자라는 그의 주장은

---

1   『신기관』(Novum Organum), 1, 129.

정당했다.

프란시스 베이컨은 1561년 런던에서 태어났다. 케임브리지 대학교에서 공부한 후 2년 동안 프랑스에서 영국의 대사와 함께 지냈고, 그다음 법률가로 활동하였다. 1584년에 그는 의회에 들어갔으며, 1618년에 대법관으로 지명되고 베룰람 남작(Baron Verulam)의 칭호를 받는 것으로 절정에 달했던 성공적인 경력을 쌓았다. 그는 1621년 성 알반스(St. Albans)의 백작이 되었지만, 같은 해에 법관의 자격으로 뇌물을 받은 혐의로 고발되었다. 유죄판결을 받은 그는 그의 직책과 의회에서의 그의 자리를 박탈당했으며, 거액의 벌금형과 함께 탑에 투옥되었다. 그러나 실제로 그는 며칠 안 가 런던 탑에서 풀려났으며, 벌금의 지불은 강제되지 않았다. 베이컨은 자신의 사법적 결정이 그것에 의해 영향을 받지 않았다고 주장했지만 소송 당사자들의 선물을 받았다는 점은 인정하였다. 그의 주장은 옳을 수도 그렇지 않을 수도 있다. 우리는 이 문제에 관한 진실을 알 수 없다. 어쨌든 엘리자베스와 제임스 1세의 통치 시대에 판사에 대해 오늘날 요구되는 것과 같은 행동기준을 기대하는 것은 시대착오일 것이다. 물론 그렇다고 해서 베이컨의 행동이 옹호되는 것은 아니다. 그가 재판에 회부되었다는 사실은 그의 행동이 부적절했다는 사실에 대한 당시의 인식을 증명해준다. 그러나 그의 몰락이 오직 그의 적대자들의 순수 정의에 대한 사심 없는 열망 때문에 야기된 것은 아니라는 점도 동시에 덧붙여야 한다. 적어도 어느 정도 그는 정치적 책략과 질투의 피해자였다. 다른 말로 하면, 베이컨이 도덕적으로 깊은 결함이 없는 사람이 아니라는 점은 분명하지만, 그는 사악한 사람도 추악한 재판관도 아니었다. 에섹스(Essex)에 대한 그의 행동과 마찬가지로 그가 선물을 받은 행위는 때로는 상당히 과장된 측면에서 부각되었다. 일종의 '이중인격자', 즉 자신 안에 사심 없는 철학자와 도덕 요구에 대해서는 아무 관심도 없는 이기적인 정치가라는 화해할 수 없는 두 성격을 결합한 인물의 예로 그를 보는 것은 아주 잘못된 것이다. 그는 결코 토마스 모어와 같은 성인은 아니었다. 그러나 그는 또한 지킬과 하이드(Jekyll and Hyde)의 예도 아니었다. 그는 1626년 4월 9일에 죽었다.

『학문의 진보』(*Of the Advancement of Learning*)가 1606년에, 『고대의 지혜』(*De sapientia veterum*)가 1609년에 나왔다. 베이컨은 『대혁신』(*Instauratio magna*)이라는 방대한 저

술을 계획했다. 이 책의 제1부인『학문의 존엄과 진보』(De dignitate et augmentis scientiarum)가 1623년에 나왔다. 이것은『학문의 진보』의 개정과 확장이었다. 제2부인『신기관』(Novum organum)이 1620년에 나왔다. 이것은『사유와 결론』(Cogitata et visa, 1607)에서 기원한 것이다. 그러나『대혁신』은 완성되지 못했다. 그것은 베이컨의 문헌계획의 대부분을 넘어설 운명을 가졌다. 1622년과 1623년에 그는 그가 기획한『우주의 현상 또는 철학의 건설을 위한 자연사와 실험사』(Historia naturalis et experimentalis ad condendam philosophiam : sive phenomena universi)의 부분들을 출판하였다.『숲의 숲』(Sylva sylvarum)과 『신아틀란티스』(New Atlantis)는 유고집으로 출판되었다. 다수의 다른 저술들은 에세이들과 헨리 7세(Henry VII)의 역사를 포함한다.

━━━━━━ 3. 학문의 분류

베이컨에 따르면[2] '인간 학문의 구분은 이성적인 영혼의 세 가지 능력에서 나온다고 보는 것이 가장 적절하다'. 기억, 상상력, 이성을 이성적 영혼의 세 기능으로 제시하면서, 그는 역사를 기억에, 시를 상상력에, 철학을 이성적 능력에 배속하였다. 그러나 역사는 '시민의 역사'뿐만 아니라 '자연의 역사'를 포괄한다. 그리고 베이컨은 '문예사'가 추가되어야 한다고 언급한다.[3] 철학은 세 가지 주요 영역으로 나뉜다. 첫째는 신에 관계하고(de Numine), 둘째는 자연에 관계하며, 셋째는 인간에 관계한다. 신에 관계하는 첫째 영역은 자연신학 또는 이성신학이다. 그 신학은 '영감을 받은 신학' 또는 '신성한 신학'을 의미하지 않는다. 이 신학은 인간의 이성능력의 결과라기보다는 신의 계시의 결과이다. 계시신학은 사실상 '인간의 모든 관조의 항구 또는 안식처'[4]이다. 그리고 계시신학은 지식(scientia)의 영역이기는 하지만, 철학의 바깥에 있다. 철학은 직접적으로 알려진(radio directo) 자연존재자인 인간이성의 과업이다. 신은 피

---

2   『학문의 진보』(De augmentis scientiarum), 2, 1.
3   같은 책, 2, 4.
4   같은 책, 3, 1.

조물에 의해서 간접적으로 알려진(*radio refracto*) 자연존재자이고, 인간은 반성에 의해서 알려진(*radio reflexo*) 자연존재자이다. 베이컨이 이성적 영혼의 능력에 따라서 인간의 학문 또는 지식을 분류한 것은 부적절하고 작위적이다. 그러나 그가 철학의 주요한 구분을 규정하기에 이르렀을 때, 그는 그런 구분을 대상에 따라서, 즉 신, 자연, 인간에 따라서 구분하였다.

철학의 구분은 하나의 공통줄기에 결합해 있는 나무의 가지와 같다고 그는 말한다.[5] 이것은 '나머지 모든 것의 어머니인 하나의 보편 학문'이자 '제1철학'으로 알려진 보편학문이다. 이것은 '동일물과 같은 것은 서로도 같다(*quae in eodem tertio conveniunt, et inter se conveniunt*)'와 같은 기본적인 공리들과 '가능'과 '불가능', '존재'와 '비존재'와 같은 기본적인 개념들을 포함한다. '자연의 빛 및 창조된 사물들에 대한 관조에 의해'[6] 얻어질 수 있는 신에 대한 지식인 자연신학은 신 존재와 신의 본성을 다루지만, 이것이 피조물들 안에서 현현되는 한에서만 다룬다. 그리고 이 신학의 부록은 천사론과 영혼론(*doctrina de angelis et spiritibus*)이다. 베이컨은 자연철학을 사변적(speculative) 자연철학과 작용적(operative) 자연철학으로 분류한다. 사변적 자연철학은 **자연학**(*physica specialis*)과 형이상학으로 세분된다. 자연철학의 일부로서의 형이상학은 베이컨에 따르면[7] 제1철학 및 자연신학과 구별된다. 베이컨은 후자의 두 학문에 대해 '형이상학'이란 이름을 부여하지 않았다. 그렇다면 자연학과 형이상학은 무엇이 다른가? 그들이 각각 관심을 갖는 것은 원인들의 유형 안에서 발견되어야 한다. 자연학은 작용인과 질료인을 다루는 반면에, 형이상학은 형상인과 목적인을 다룬다. 그러나 베이컨은 곧바로 '목적인에 대한 탐구는 형편없어서, 신에 제물로 바쳐진 처녀와 같이 아무것도 낳지 않는다'[8]고 선언한다. 그렇다면 우리는 그에 따를 경우 형이상학이 형상인에 관계한다고 말할 수 있다. 이것이 그가 『신기관』에서 채택한 입장이었다.

사람들은 자연스럽게 이 모든 것을 아리스토텔레스적 술어로 해석하고 베이컨

---

5   같은 곳.
6   같은 책, 2.
7   같은 책, 4.
8   같은 책, 5.

은 단지 아리스토텔레스의 원인론을 유지했을 뿐이라고 생각하고 싶은 유혹에 빠지게 된다. 그러나 이것은 잘못이고, 베이컨 자신이 전통적인 용어를 사용했기 때문에 그것을 전통적인 의미로 사용했다고 자신의 독자들이 가정하지 않아야 한다고 말하였다. 형이상학의 대상인 '형상'에 의해서 그가 의미했던 것은 그가 '일정한 법칙'(fixed laws)이라고 불렀던 것이다. 열의 형상은 열의 법칙이다. 실제로 자연학과 형이상학 사이에는 엄격한 구분은 없다. 자연학은 원인이나 작용이라는 제한된 영역에서 물질이나 물체의 특수한 유형을 다루는 것에서 출발하지만, 보다 일반적인 법칙으로 나아간다. 그리하여 자연학은 자연의 가장 고차적이거나 가장 광범위한 법칙을 다루는 형이상학으로 전환된다. 베이컨이 아리스토텔레스의 용어를 사용하고 있는 것은 오해를 불러일으킨다. 형이상학은 그에게 있어 그렇지 않으면 자연학이라고도 불릴 수 있는 것의 가장 일반적인 부분이다. 게다가 형이상학은 관조를 향해 있는 것이 아니라 실천을 향해 있다. 우리는 인간으로 하여금 물체를 통제하는 능력을 확대할 목적으로 자연의 법칙을 다루고자 한다.

그래서 사변적 자연철학이 자연학과 형이상학으로 구성된다면, 작용적 자연철학은 무엇인가? 그것은 전자의 응용이다. 그것은 두 부분으로 나뉘는데, 바로 역학(그것에 의해서 베이컨은 역학의 과학을 의미한다)과 마술이다. 역학은 자연학을 실제에 응용한 것인 반면에, 마술은 응용된 형이상학이다. 여기서 다시 한 번 베이컨의 용어는 오도되기 쉽다. 그에 따르면 '마술'을 그는 미신적이며 하잘것없는 마술을 뜻하고 있는 것이 아니다. 이런 류의 마술은 아서왕에 관한 연대기와 같은 참된 마술과 다른 것과 마찬가지로 케이사르의 회고록과도 다른 것이다. 그가 의미한 것은 '숨겨진 형상들' 또는 법칙들의 실제적인 응용이다. 젊은이가 갑자기 그리고 마술적으로 늙은이로 되는 것은 있을 법하지 않다. 그러나 음식의 소화, 신체적인 '영' 등등의 참된 본성에 관한 지식은 생명을 연장하거나 부분적으로나마 '다이어트, 목욕, 마음의 위한, 올바른 약처방, 적절한 운동 등등과 같은 것을 통해서'[9] 젊어질 수도 있다는 것은 있을 법한 일이다.

---

9   같은 곳.

자연철학의 '부록'은 수학이다.[10] 순수수학은 연속적인 추상적 양을 다루는 기하학과 불연속적인 추상적 양을 다루는 산술학으로 구성된다. '혼합수학'은 원근법, 음악, 천문학, 우주구조론, 건축술 등을 포함한다. 그러나 다른 곳에서[11] 베이컨은 천문학이 수학의 일부라기보다는 자연학의 일부라고 언급한다. 천문학자들이 오직 수학에만 관심을 기울이게 되면, 그들은 거짓 가설을 낳는다. 비록 베이컨이 코페르니쿠스와 갈릴레오의 태양 중심의 가설을 철저하게 거부하고 있지 않았음에도 불구하고, 그는 분명히 그것을 수용하지 않았다. 베이컨의 옹호자들은 베이컨이 태양 중심의 가설로도 지구 중심의 가설로도 현상들이 설명될 수 있다고 하는 것과 논쟁이 수학적 추리와 논리적 추리에 의해서 확정될 수 없다는 것을 확신하였다는 점을 지적하였다. 의심할 바 없이 베이컨은 이 점을 생각하였다. 그러나 그것이 태양 중심 가설의 우월성을 베이컨이 알아차리지 못했다는 사실을 바꾸지는 못한다.

철학의 세 번째 중요 부분은 인간을 다루는 부분이다. 이 부분은 인간철학(*philosophia humanitatis*) 또는 인간학(anthropology)과 시민철학(*philosophia civilis*) 또는 정치철학으로 구성된다. 전자는 우선 인간의 신체를 다루는데, 의학, 화장술, 체육, 그리고 예를 들어 어떤 관점에서 고려된 음악을 포함하는 유락설(愉樂說, ars voluptuaria)로 세분된다. 그다음 전자는 인간의 영혼을 다루지만, 그러나 감성적인 영혼과 구별되는, 이성적이며, 신적으로 창조되고, 불멸인 영혼(*spiraculum*)의 본성은 철학에 속하기보다는 신학에 속하는 주제이다. 그러나 후자는 물질의 능력을 초월하는 기능들을 인간이 소유하고 있다는 사실을 확립하는 것이다. 그리하여 심리학은 계속해서 논리학, 즉 지성 능력에 대한 탐구(*doctrina circa intellectum*)와 윤리학 즉 의지에 대한 탐구(*doctrina circa voluntatem*)로 이어진다.[12] 논리학은 고안의 기술, 판단의 기술, 기억의 기술, 전통의 기술(*artes inveniendi, judicandi, retinendi et tradendi*)로 구분된다. 고안의 기술의 가장 중요한 부분은 베이컨이 '자연의 해석'이라 부르는 것이다. 이 해석은 실험에서부터 공리로(*ab experimentis ad axiomata*) 나아가며, 이것은 다시 새로운 실험을 지시한다(*quae et ipsa*

---

10   같은 책, 6.
11   같은 책, 4.
12   같은 책, 5, 1.

nova experimenta designent).[13] 이것이 바로 신기관(*novum organum*)이다. 판단의 기술은 신기 관에 속하는 귀납과 삼단논법으로 나뉜다. 신기관에 관한 베이컨의 이론은 현재로는 또한 '우상'론으로 간주될 것이며, 이 이론은 삼단논법론의 표제 아래 포함되는 제목 들 중 하나를 이룬다. 지나가는 말로 언급될 수 있는 것은 전통의 기술의 '부록'인 교 육학에 관하여 베이컨이 주시하듯이 '예수회 학파에게 조언을 구하라. 실행되어 왔던 것 중 어떤 것도 이보다 나은 것이 없다'[14]는 점이다. 윤리학은 사적일 뿐 아니라 공적 인 인간 선의 본성을 다루고(*doctrina de exemplari*), 선을 획득할 목적으로 한 영혼의 계발 (*doctrina de georgica animi*)을 다룬다. 공동선을 다루는 부분은 국가에서 사람들의 실제적 인 단결을 다루는 것이 아니라, 사람들을 사회생활에 적합하게 만드는 요인들을 다룬 다.[15] 마지막으로 시민철학(*philosophia civilis*)[16]은 세 부분으로 나뉜다. 그것의 각각은 시 민사회에 의해 사람에게 미치는 선을 고려한다. 친교의 이론(*Doctrina de conversatione*)은 그의 동료와의 연대에서 사람에게 오는 선(고독으로부터의 도피(*solamen contra solitudinem*)) 을 고려한다. 거래의 이론(*doctrina de negotiis*)은 어떤 사람이 그의 실제적인 일들에서 사 회에서 받는 도움을 고려한다. 정부 또는 국가의 이론(*doctrina de imperio sive republica*)은 그가 정부를 통하여 얻게 되는 위해의 방지를 고려한다. 또는 우리는 세 부분이 사려 의 세 유형, 즉 친교의 사려, 거래의 사려, 정부의 사려(*prudentia in conversando, prudentia in negotiando, prudentia in gubernando*)를 다룬다고 말할 수 있다. 베이컨은 정부를 다루는 부 분에서 두 가지 부족한 점(*desiderata*), 즉 통치 또는 제국의 확장에 관한 이론과 보편적 정의의 인식(*de justitia universali sive defontibus iuris*)이 있다는 점을 추가한다.[17]

『학문의 진보』의 마지막 권인 제9권에서 베이컨은 계시신학을 짤막하게 다 룬다. 그에 따르면 의지가 저항하더라도 우리는 신법(divine law)에 따라야 하는 것처 럼, 이성이 신의 말씀과 충동할 때라도 우리는 신의 말씀을 신앙해야 한다. '왜냐하면

---

13 같은 책, 2.
14 같은 책, 6. 4.
15 같은 책, 7. 2.
16 같은 책, 8. 1.
17 같은 책, 8. 3.

만약 우리가 우리의 이성에 일치하는 사물들만 믿는다면, 우리는 사물들을 만든 자(Author)에 동의하는 것이 아니라 사물들에 동의하는 것이기 때문이다' (말하자면 우리의 믿음은 계시하는 신의 권위에 의존하는 것이 아니라 의문시되는 명제들의 명료한 성격에 의존하는 것이다). 그리고 그는 '신의 신비가 있을 법하지 않고(*absonum, discordant*) 믿을 수 없는 것일수록 믿음을 통해서 신에게 더 많은 영광이 돌아가고, 신앙의 승리가 더 고귀해진다'는 점을 추가한다. 그러나 그렇다고 해서 이성이 그리스도교 신학에서 어떤 역할도 하지 않는다는 것을 의미하는 것은 아니다. 가능한 한 이성은 신앙의 신비를 이해하려는 시도에서 이용되기도 할 뿐만 아니라 이러한 신비로부터 결론을 도출하는 데 이용되기도 한다.

『학문의 진보』에서 철학에 대한 베이컨의 개관은 상당한 분량이며, 대단히 광범위한 기획을 포함하고 있다. 의심의 여지없이 그는 그가 생각했던 범위보다 더 크게 전통 철학에 의해 영향을 받았지만, 내가 이미 지적했던 것처럼 베이컨의 아리스토텔레스 용어 사용이 그가 그 용어들에 부여했던 의미와 정확하게 같은 것은 아니다. 그리고 일반적으로 사람들은 베이컨의 저술들에서 분명한 윤곽을 가지고 있는 새로운 철학적 개관을 확인할 수 있다. 첫째, 베이컨은, 사상가들이 참된 물리적 원인을 탐구해야 할 때, 목적인에 대한 탐구가 그 사상가들로 하여금 그럴싸하지만 참되지 않은 원인들을 사건들에 귀속시키는 일에 만족하게 만든다는 근거에서, 자연학에서 목적인에 대한 고려를 제거했다. 참된 물리적 원인에 대한 인식만이 인간의 힘을 확장하는 가치를 가진다. 베이컨에 따르면,[18] 이런 관점에서 데모크리토스의 자연철학이 플라톤과 아리스토텔레스의 철학보다 더 근거를 가지고 있고 깊이가 있다. 플라톤과 아리스토텔레스는 끊임없이 목적인을 끌어들이고 있었다. 목적인과 같은 그런 것이 없다는 것이 아니다. 즉 데모크리토스와 에피쿠로스의 방식에 따라서 세계의 기원을 원자들의 우연적인 충돌에 귀속시키는 것은 불합리할 것이다. 그러나 이로부터 목적인이 자연학에서 어떤 의미를 지닌다는 결론이 나오는 것은 아니다. 더욱이 베이컨은 아리스토텔레스적인 의미에서의 목적인에 대한 고려를 형이상학에 결코 부여하

---

18   같은 책, 3, 4.

지 않았다. 베이컨에 있어서 형이상학은 존재로서의 존재에 대한 연구도 아니고 부동의 궁극적인 원인들에 대한 관조도 아니었다. 오히려 그에 있어서 형이상학은 물질적 세계의 가장 일반적인 원리들 또는 법칙들 또는 '형상들'에 대한 연구이며, 이 연구는 실제적인 목적을 지향하여 착수된다. 베이컨의 철학개념은 어느 모로 보나 자연주의적이고 물질주의적이었다. 그렇다고 해서 이로부터 베이컨이 무신론을 인정했다거나 인간이 정신적이고 불멸인 영혼을 가진다는 것을 거부했다는 결론이 도출되지는 않는다. 그러나 이것은 그가 철학에서 정신적 존재자에 대한 고려를 배제했다는 것을 의미한다. 철학자는 제1원인(a first Cause)이 존재한다는 점을 보여줄 수도 있다. 그러나 철학자는 그것의 고려가 신학에 속하는 신의 본성에 관해 어떤 것도 이야기할 수 없다. 이와 마찬가지로 불멸성이라는 주제는 철학적으로 다루어질 수 있는 주제가 아니다. 그래서 베이컨은 그가 신학과 철학 사이에 형식적인 구별을 하였다는 의미에서뿐 아니라, 자연(Nature)을 물질주의적이고 기계론적으로 해석하는 일에 완전한 자유를 부여했다는 의미에서, 신학과 철학을 날카롭게 구별하였다. 철학자는 무엇이 물질적인 것인가 그리고 기계론적이고 자연주의적인 관점에서 무엇이 고려될 수 있는가에 관심을 지닌다. 베이컨은 예를 들어 자연신학에 대한 가끔 다소간의 전통적인 용어들을 사용하기도 했지만, 그의 사상의 정확한 지향점이 비물질적인 것을 신앙의 영역에 속하게 하는 것이었다는 점은 분명하다. 게다가 베이컨이 아리스토텔레스의 '제1철학'이라는 용어를 유지했음에도 불구하고, 그 용어에 의해 아리스토텔레스가 이해했던 것과 정확하게 동일하게 이해하지는 않았다. 베이컨에 있어 제1철학은 서로 다른 학문들에 공통적인 공리들에 대한 연구 그리고 자연과학과의 관계에서 고려되는 다양한 '초월적' 개념들에 관한 연구였다. 광범위한 의미에서 베이컨의 철학개념은, 만약 이것이 인식의 원천으로서 신학의 배제를 의미하는 것으로 간주되지 않는다면, 그 성격상 실증적인 것이었다.

이제 나는 『대혁신』의 둘째 부분, 『신기관, 즉 자연의 해석과 자연 지배에 관한 잠언』(*Novum organum sive indicia vera de interpretatione naturae*)을 다루고자 한다. 이 책에서 베이컨의 철학적 태도는 가장 분명하게 드러난다. '자연은 오로지 자연에 복종함으로써만 복종시킬 수 있기' 때문에, '인간의 지식이 곧 인간의 힘이다'.[19] 학문의 목적은 자연에 대한 인류의 지배를 확장하는 것이다. 그러나 이것은 자연에 대한 진정한 지식에 의해서만 성취될 수 있다. 우리는 원인들에 대한 엄밀한 지식이 없이는 결과들을 얻을 수 없다. 지금 인간이 가지고 있는 과학은, 베이컨에 따르면,[20] 실제적인 결과를 얻는 데(*ad inventionem operum*)에는 무용하고, 우리의 현재의 논리학은 과학의 확립 목적을 위해서는 쓸모가 없다. '현재 쓰이고 있는 논리학은 진리를 발견하는 것보다는 통속적인 개념들에 기초하고 있는 오류를 확정하고 영구히 하는 데 더 가치가 있다. 그래서 그 논리학은 유용하기보다는 오히려 해롭다.'[21] 삼단논법은 명제들로 이루어져 있으며, 명제들은 단어들로 이루어져 있다. 그리고 단어들은 개념들을 표현한다. 그래서 개념들이 혼란스럽다면, 그리고 이 개념들이 과도하게 성급한 추상의 결과라면, 그런 개념들에 기초해서 세워진 어떤 것도 확실하지 않다. 우리의 유일한 희망은 참된 귀납(*induction*)에 놓여 있다.[22] 진리를 탐구하고 발견하는 데에는 두 가지 길이 있다.[23] 첫째, 정신은 감관에서부터 그리고 특수자들에 대한 지각에서부터 가장 일반적인 공리(公理)들로 나아가고, 이러한 공리들로부터 덜 일반적인 정리(定理)들을 연역한다. 둘째, 정신은 감관과 특수자들에 대한 지각에서부터 직접 획득 가능한 공리들로 나아가며, 그다음에 점차적으로 그리고 참을성 있게 더 일반적인 공리들로 나아간다. 첫째 길은 알려져 있고 사용되고 있다. 그러나 그 길은, 특수자들이 충분한 엄밀

---

19   『신기관』, 1, 3.
20   같은 책, 1, 11.
21   같은 책, 1, 12.
22   같은 책, 1, 14.
23   같은 책, 1, 19 이하.

성, 관심과 이해를 가지고서 검증되지 않았기 때문에, 그리고 정신은 불충분한 기초에서부터 일반적인 결과들과 공리들로 비약하기 때문에, 만족스럽지 못하다. 이 길은 자연에 대한 예단(*anticipationes naturae*), 성급하고 조급한 일반화를 낳았다. 둘째 길은 아직 시도되지 않았지만 참된 길이다. 정신은 특수자들에 대한 조심스럽고 인내심 있는 검토에서부터 자연에 대한 해석(*interpretatio naturae*)으로 나아간다.

어떤 종류의 귀납이 이미 알려졌고 사용되었다는 점을 베이컨이 부정하지는 않는다. 베이컨이 반대했던 것은 경험에 확실한 기초를 두지 않은 조급하고 성급한 일반화였다. 귀납은 감관의 작용과 함께 출발하지만, 비록 정신의 작용이 관찰에 의해 통제되어야 함에도 불구하고, 귀납은 정신의 협력을 필요로 한다. 베이컨은 과학적 방법에서의 가설의 위치와 중요성에 대해 정확한 이해를 결여하였다. 그러나 그는 관찰에 기초해 있는 결론의 가치가 관찰의 성격에 좌우된다는 점을 분명히 알았다. 이 점 때문에 그는 옛것에 새것을 접목시키려 하는 시도는 쓸모가 없다고 말한다. 우리는 처음부터 다시 출발해야 한다.[24] 베이컨은 아리스토텔레스주의자들과 스콜라주의자들이 귀납을 전적으로 부정했다는 점을 비난하고 있는 것이 아니라, 오히려 일반화하고 결론을 도출하는 일에 너무나 성급했다는 점을 비난하고 있다. 베이컨은 결론의 진리가 의존하는 전제들에 대해 분명한 근거를 제시하는 것보다는, 그들의 결론들이 이러한 전제들에서 올바른 형식을 가지고서 도출되었다는 점을 확신한 나머지, 이들이 논리적 일관성에 더 관심을 기울였다고 생각하였다. 그에 의하면[25] 논리학자들 중에서 '어떤 사람들은 귀납에 대해 심각한 고려를 하고 있는 것 같지 않았다. 그들은 귀납에 대해서는 짤막하게 언급하고는 서둘러 논쟁의 공식들로 나아간다.' 다른 한편 베이컨은 귀납이 사물들에 대한, 즉 특수한 사실들이나 사건들에 대한 관찰에서 생겨나야 한다는 근거에서 그리고 가능한 엄밀하게 그런 사물들을 고수해야 한다는 근거에서, 삼단논법을 거부한다. 논리학자들은 가장 일반적인 원리에 따라 단번에 자신의 길을 가면서 삼단논법적으로 결론을 연역한다. 이러한 절차는 명백하게 논쟁의

---

24   같은 책, 1, 31.
25   『대혁신』(*Instauratio magna*), *distributio operis*.

목적을 위해서는 매우 유용하다. 그러나 자연과학과 실천과학의 목적을 위해서는 쓸모가 없다. '그래서 증명의 순서는 거꾸로다.'[26] 귀납에서 우리는 우리가 연역에서 나아가는 것과는 정반대로 나아간다.

귀납과학의 실제 목적에 대해 베이컨이 주장한 점은 그 자체 과도하게 성급한 결론을 도출하는 일을 오히려 조장하는 경향이 있는 것으로 보일 수도 있다. 적어도 그는 이것을 의도하지 않았다. 그는 '아틀란타의 사과처럼 경주를 방해하여' 결과들을 갈취하려는 '비이성적이고 어린애와 같은' 욕망을 비난한다.[27] 다른 말로 하면 귀납적 방법의 인내심 있는 사용에 의해서 과학적 법칙들을 확립하는 것은 정신에 더 위대한 빛을 비출 것이며, 조직적이지 못한 특수한 진리들이 아무리 곧바로 실제에 사용되는 것처럼 보일는지 몰라도, 이러한 진리보다 결국 더 큰 유용함을 지닌다는 점을 증명할 것이다.

그러나 자연에 대한 확실한 지식을 획득하는 일은 얼핏 듣는 것처럼 그렇게 쉽고 단순한 것은 아니다. 왜냐하면 인간의 정신은 경험에 대한 우리의 해석과 관계하면서 우리의 판단을 왜곡하는 선입견과 편견에 의해 영향을 받기 때문이다. 그래서 인간의 정신에 불가피하게 영향을 미치고, 만약 사람들이 우상들과 거짓 개념들을 의식하지 못하고 그것들에 주의하지 않는다면, 과학적 성취를 어렵게 하는 그런 '우상과 거짓 개념들'에 주의를 기울이는 것이 필요하다. 그러므로 베이컨의 유명한 '우상'론이 등장한다.[28] 종족의 우상, 동굴의 우상, 시장의 우상, 극장의 우상이 네 가지 주된 유형의 우상이다. '우상론이 자연의 해석에 대해 관계하는 것과 궤변론이 일반논리학에 대해 관계하는 것은 유사하다.'[29] 삼단논법의 변증법론자가 궤변론의 본성을 아는 것이 유용하듯이, 과학자나 자연철학자가 인간정신이 지니는 우상의 본성을 아는 것은 유용하다. 왜냐하면 과학자나 자연철학자는 이 우상들의 영향에 대응하여 자신을 보호할 수 있기 때문이다.

---

26   같은 곳.
27   같은 곳.
28   『신기관』, 1, 38-68.
29   같은 책, 1, 40.

'종족의 우상'(*idola tribus*)은 인간본성에 내재해 있으며 객관적인 판단을 방해하는 성향을 가지는 오류이다. 예를 들어 인간은 감관을 자극하는 사물들의 측면에 만족하는 경향이 있다. 이러한 성향이 공기나 '동물의 영혼'과 같이 직접적으로 관찰될 수 없는 것들의 본성을 탐구하는 데 소홀히 하는 책임을 져야 한다는 사실은 별도로 하더라도, '감관은 그 자체 취약하고 오해를 일으킨다'. 자연의 과학적 해석을 위해서는, 비록 감관이 도구들의 사용에 의해 보완되지만, 감관에 의존하는 것으로는 충분하지 않고, 적절한 실험이 또한 필요하다. 그렇다면 다시 말해서 인간의 정신에는 한때 받아들여졌고 믿어졌던 관념들 또는 정신을 즐겁게 하는 관념들에 만족하는 경향이 있으며, 받아들여지거나 소중히 여겨지는 신념들에 반대되는 사례들을 간과하거나 거부하는 그런 경향이 있다. 인간의 정신은 의지와 감정의 영향에서 벗어나지 못한다. '누군가가 참이라고 좋아하는 것 그것에 대해 신뢰를 보내는 경향이 있기 때문이다.' 더 나아가서 인간의 정신은 추상에 빠지는 경향이 있다. 그래서 그 정신은 실제로는 변화하고 흘러가는 것을 변치 않는 것으로 이해하는 경향이 있다. 그래서 베이컨은 현상들에 즉 감관의 검증되지 않고 비판되지 않은 자료들에 의존하는 위험에 주목하고 있다. '바라는 대로 생각하는 것'의 현상, 추상을 사물들과 혼동하는 정신의 경향에 대해 주목하고 있다. 또한 그는 자연을 의인화해서 해석하려는 경향에 대해 주목하고 있다. 인간은 쉽게 자연 안에서 '우주의 본성에서 나온다기보다는 인간의 본성에서 나오는' 목적인을 읽어낸다. 이러한 문제에 대해 우리는 베이컨이 『학문의 진보』(2)에서 목적인을 자연학에 도입하는 것에 관해서 언급한 것을 떠올릴 수 있다. '눈썹은 시야를 보호하기 위한 것이라거나 생명체의 피부와 가죽의 단단함은 더위나 추위의 극한으로부터 생명체를 보호하는 것이라거나 구름은 지구의 물을 위한 것이라고 말하는 것은 자연학에 당치 않는 말이기 때문이다.' 그러한 생각들은 '배가 앞으로 나아가는 것을 막고 느리게 하여, 자연적 원인들의 탐구는 방치되었고, 침묵 속에 지나가게 되었다'. 우리가 앞에서 보았던 것처럼 베이컨이 비록 '목적인은 형이상학에서 훌륭하게 탐구되고 수집되었다'고 말했지만, 위의 개념들을, 인간의 자연적 작용을 인간의 목적적 작용에 유추해서 해석하려는 인간의 경향의 예시로서 간주했다는 것은 아주 분명하다.

'동굴의 우상'(*idola specus*)은 각 개인에게 해당하는, 그의 기질, 교육, 독서, 개인으로서 그에게 가해졌던 특수한 영향들에서 비롯하는 오류들이다. 이러한 요인들은 사람들에게 현상을 자기 자신의 동굴의 시각에서 해석하게끔 한다. '왜냐하면 각자는 (인간본성 일반의 탈선에 추가해서) 그 자신의 어떤 개인적인 동굴을 가지기 때문이다. 그 동굴은 자연의 빛을 쪼개고 비틀기 때문이다.' 베이컨의 언어는 의도적으로 플라톤의 『국가』에서의 동굴의 우화를 떠올리게 한다.

'시장의 우상'(*idola fori*)은 언어의 영향에 기인하는 오류이다. 일상적인 언어로 사용되는 단어는 사물들을 일상적으로 이해된 것으로 서술한다. 명민한 정신이 일상적으로 받아들여진 사물들에 대한 분석이 부적절하다는 점을 알게 되면, 더 적절한 분석을 표현할 방법이 언어에 열리게 된다. 때로는 대응하는 사물이 없을 때에도 단어들이 사용되곤 한다. 베이컨은 행운(*fortuna*)과 제1의 원동자(*primum mobile*)와 같은 예를 들고 있다. 때때로 낱말들은 지시 대상에 대한 어떤 명료한 개념도 없이 또는 통상적으로 이해되는 의미 없이 사용되곤 한다. 베이컨은 사물의 다양한 유형을 지시할 수도, 성질의 다양한 유형을 지시할 수도, 행위들의 다양한 유형을 지시할 수도 있는 낱말인 '습(濕)하다'(*humidum*)의 예를 들고 있다.

'극장의 우상'(*idola theatri*)은 사람들이 개인적으로 고안한 비실제적 세계들을 표현하는 무대극에 불과한 과거의 철학체계이다. 일반적으로 세 가지 유형의 거짓 철학이 있다. 첫째, '궤변' 철학이 있는데, 이 철학의 대표적인 인물은 그의 변증법으로 자연철학을 왜곡한 아리스토텔레스이다. 둘째, '경험' 철학이 있는데, 이 철학은 소수의 편협하고 불명료한 관찰에 기초하고 있다. 여기서는 화학자들이 주동자들이다. 베이컨은 『자력론』(*De magnete*, 1600)의 저자인 길버트(William Gilbert)의 철학을 언급한다. 셋째, '미신적인' 철학이 있는데, 이 철학은 신학적 고려의 도입이라는 특징을 지니고 있다. 피타고라스주의자들은 이런 유형에 몰두하고 있고, 좀 더 교묘하고 위험하게는 플라톤과 플라톤주의자들이 이에 해당한다.

나쁜 증명은 '우상들'의 동료이자 지지자이다. '단연코 최상의 증명은 경험이다.'[30] 그러나 경험에 대해 구별을 할 필요가 있다. 단순한 경험은 충분하지 않다. 그런 경험은 자신이 어둠 속에서 결국에는 옳은 방향을 갈 것이라고 기대하면서 제시하는 어떤 것을 부여잡고서 암중모색하는 사람에 비유될 수 있다. 참된 경험은 계획된 것이다. 그런 경험은 우선 램프를 비추어서 자신이 가야 할 길을 분명히 살피는 사람의 행위에 비유될 수 있다.[31] 그것은 단순히 실험의 횟수를 증가시키는 문제가 아니라 순서에 따라서 방법론적으로 귀납적인 과정을 진행하는 그런 문제이다.[32] 참된 귀납은 단순 열거식의 귀납(*indudio per enumerationem simplicem*)과 같은 것이 아니다. 이러한 귀납은 '미숙한 것'이어서 충분한 검토 없이 그리고 가끔은 부정적인 예들에 대한 완전한 부정을 가지고서 도달되는 불필요한 결론으로 나아간다.[33]

잘못된 일이긴 하지만, 베이컨은 아리스토텔레스에게 인식된 귀납의 유일한 형식이 완전한 귀납 또는 '단순한 열거'식 귀납이라고 생각한 것처럼 보인다. 이러한 귀납에서는 참된 인과 연결을 발견하기 위한 어떤 진지한 시도도 이루어지지 않는다. 그러나 귀납적 방법의 주제에 대해 지금까지 충분히 고려되지 못했다는 점은 부인할 수 없는 일이다.

그렇다면 긍정적으로 고려된 참된 귀납이란 무엇인가? 인간의 능력은 주어진 자연 안에서 새로운 형상을 낳을 수 있다는 것을 지향하거나 그런 것에서 성립한다. 이러한 사실에서부터 인간의 학문은 사물들의 형상들의 발견을 지향한다는 사실이 도출된다.[34] 여기에서 '형상'은 목적인을 말하는 것이 아니다. 주어진 자연의 형상 또는 형상인은 '형상이 주어질 경우 자연은 반드시 따라 나오는'[35] 그런 것이다. 자연을 구성하는 것은 법칙이다. '그래서 열의 형상 또는 빛의 형상은 열의 법칙 또는 빛의 법칙과 같은 것이다.'[36] 열이 그 안에서 자신을 드러내는 사물들이 비록 종류가 다

---

30 같은 책, 1, 70.
31 같은 책, 1, 83.
32 같은 책, 1, 100.
33 같은 책, 1, 105.
34 같은 책, 2. 1.
35 같은 책, 2, 4.
36 같은 책, 1, 17.

제2부 르네상스의 철학

르다 하더라도, 열이 자신을 드러내는 모든 경우에 자신을 드러내는 것은 근본적으로 동일한 실재이다. 그리고 열의 이러한 드러남을 지배하는 법칙을 발견하는 것은 열의 형상을 발견하는 것이다. 이러한 법칙이나 형상을 발견하는 것은 인간의 능력을 증가시킬 것이다. 예를 들면 금은 여러 성질이나 본성의 결합이며, 이러한 여러 가지 성질이나 본성의 형상 또는 법칙을 아는 사람은 누구든 간에 이러한 성질이나 본성을 다른 물체 안에서 생산할 수 있다. 결과적으로 분명히 그 물체는 금으로 변형될 것이다.[37]

그러나 이런 의미에서 형상들을 발견하는 것, 즉 영원하고 변화할 수 없는 형상이나 법칙들을 발견하는 것은 형이상학에 속하며, 이미 언급된 것처럼 '형상인'의 고려가 형이상학에 속하는 것은 당연하다. 자연학은 단순한 본성의 형상에 대한 지식을 통해서 하나의 물체를 다른 물체로 가능하게 변환시키는 것에 관심을 두기보다는 오히려 효과적인 원인들에 또는 구체적인 물체를 그것의 자연적 작용 안에서 탐구하는 것에 관심을 둔다. 자연학자는 '구체적인 물체들을' 탐구하는데, 이러한 '물체들은 자연의 일상적인 과정 안에서 발견된다'.[38] 자연학자는 베이컨이 직접적으로는 관찰될 수 없지만 발견될 필요가 있는 잠재적 과정(latens processus)이라고 명명한 것을 탐구할 것이다. '예를 들면 모든 물체의 생성과 변형 과정에서 무엇이 잔존하는지, 무엇이 부가되는지, 무엇이 팽창되고 무엇이 수축되는지, 무엇이 결합되고 무엇이 분리되는지, 무엇이 연결되고 무엇이 절단되는지, 무엇이 촉진되고 무엇이 저해되는지, 무엇이 지배하고 무엇이 복종하는지 등 여러 가지를 탐구해야 한다. …'[39] 자연적 변화의 과정은 감관에 의해서는 직접적으로 관찰되지 않는 요소들에 달려 있다. 또한 자연학자는 베이컨이 물체들의 잠재적 구조(latens schematismus)라 명명한 것을 탐구할 것이다.[40] '그러나 사물은 그런 이유 때문에 원자로 환원되지 않을 것이다. 원자는 진공과 불변의 물질을 전제한다(그 둘 모두 거짓이다). 오히려 사물은 참된 입자들로 환원될 것인데, 이

---

37 같은 책, 2, 5.
38 같은 곳.
39 같은 책, 2, 6.
40 같은 책, 2, 7.

러한 입자들은 장차 발견될 수도 있다.'[41]

그래서 우리는 두 가지 탐구를 하게 되는데, 하나는 단순한 자연의 영원하고 불변적인 것을 탐구하는 것이다. 이것은 형이상학을 이루고 있다. 다른 하나는 변화의 과정과 내적인 구조를 탐구하는 것이다. (이 둘은 모두 '근본적이고 영원한 법칙들에 관계하는 것이 아니라 자연의 공통적이며 일상적인 과정'들에 관계한다.) 이러한 탐구는 자연학을 이루고 있다.[42] 그러나 이러한 두 가지 탐구는 자연을 지배하는 인간의 능력을 증가시킨다. 이러한 일은 궁극적인 형상에 대한 지식이 없이는 충분히 도달될 수 없다.

그러므로 귀납의 문제는 형상들을 발견하는 문제이다. 두 가지 다른 국면이 있다. 첫째, 경험에서 공리들을 '추출하는 것'이다. 그리고 둘째, 공리들에서 새로운 실험의 연역 또는 도출이 존재한다. 좀 더 근대의 언어로 말한다면, 우선 가설은 경험의 사실들에 기초해서 형성되어야 하며, 그런 다음 가설의 가치를 시험할 관찰은 가설로부터 연역되어야 한다. 베이컨에 따르면 이것은 다음을 의미한다. 일차적인 작업은 사실들에 기초해서 '충분하고도 훌륭한 자연적이고 실험적인 역사'를 준비하는 것이다.[43] 열의 형상을 발견하고자 하는 사람을 가정해보자. 무엇보다 먼저 그는 열의 본성에 일치하는 사례들(*instantiae convenientes in natura calidi*)의 목록을 구성해야 한다. 예를 들어 태양광선, 부싯돌에서 나오는 불꽃, 동물의 내부 장기, 또는 약용 식물을 씹었을 때 나는 입천장에 불타는 듯한 아린 맛 등등이다. 그런 다음 우리는 존재와 현존의 표(*tabula essentiae et praesentiae*)를 얻게 될 것이다.[44] 이 이후에 가능한 첫 번째 것과 상당히 유사하지만 그럼에도 불구하고 열이 없는 사례들에 대한 목록이 작성되어야 한다. 예를 들면 '달의 광선, 별의 광선, 혜성의 광선은 촉감으로는 따뜻함을 느낄 수 없다.'[45] 이런 방식으로 근접사례 중 일탈 혹은 부재의 표(*tabula declinationis sive absentiae in proximo*)가 구성될 것이다. 마지막으로 베이컨이 정도표 또는 비교표(*tabula graduum* or

41   같은 책, 2, 8.
42   같은 책, 2, 9.
43   같은 책, 2, 10.
44   같은 책, 2, 11.
45   같은 책, 2, 12.

tabula comparativae)라고 부르는 것이, 형상 탐구의 본성이 다양한 정도로 나타나는 사례들에 대해 작성되어야 한다.[46] 예를 들어 동물의 열은 운동과 열병에 의해 증가한다. 이러한 표들이 일단 작성되었다면, 귀납의 작업은 실제로 시작된 것이다. 사례들을 비교함으로써 우리는 주어진 본성(예컨대 열)이 있을 때마다 나타나는 것이 무엇인지를 발견해야 한다. 그리고 주어진 본성이 없을 때마다 없는 것이 무엇인지를 발견해야 한다. 그 '본성'의 변화에 상응해서 변화하는 것이 무엇인지를 발견해야 한다.[47] 무엇보다도 우리는 그 본성이 나타나는 어떤 사례에서 나타나지 않는 것, 혹은 그 본성이 부재하는 어떤 사례에서 나타나는 것, 혹은 그 본성의 변화에 상응해서 변화하지 않는 것을 (주어진 본성의 형상으로서) 배제할 수 있을 것이다. 이것이 부정 또는 배제 (*rejectio* or *exclusio*)의 과정이다.[48] 그러나 이것은 단지 참된 귀납의 기초를 놓는 것에 불과하며, 참된 귀납은 적극적인 긍정에 도달하기 전에는 완성되지 않는다.[49] 잠정적인 적극적 긍정은 적극적인 '표들'의 비교를 통해서 잠정적으로 도달된다. 베이컨은 이러한 잠정적 긍정을 지성의 해방 혹은 해석의 단초 혹은 최초의 수확(*permissio intellectus* or *interpretatio inchoata* or *vindemiatio prima*)이라고 부른다.[50] 열을 예로 들면서 그는 열의 형상을 운동 안에서 또는 보다 정확하게는 작은 부분을 통해서 나아가는 팽창운동과 수축운동(*motus expansivus, cohibitus, et nitens per partes minores*) 안에서 발견한다.

그러나 잠정적인 긍정을 확실하게 하기 위해서 그 이상의 수단들이 사용되어야 한다. 『신기관』의 나머지 부분은[51] 이러한 수단들의 첫 부분에 할애되었는데, 베이컨은 이것을 특권적 사례(*praerogativae instantiarum*)의 길이라 명명한다. 특권적 사례의 한 부류는 고립 사례(*instantiae solitariae*)의 부류이다. 이런 사례들은 탐구되고 있는 본성이 그 본성에 참여한다는 것을 빼고는 어떤 공통성도 없는 사물들 안에서 발견되는 사례이다. 『신기관』의 기획은, 특권적 사례를 다룬 후에 베이컨이 참되고도 완전

---

46 같은 책, 2, 13.
47 같은 책, 2, 15.
48 같은 책, 2, 16-18.
49 같은 책, 2, 19.
50 같은 책, 2, 20.
51 같은 책, 2, 21 이하.

한 귀납에서 '지성에 도움이 되는 일곱 가지 다른 것들 중 첫 번째를 취급하고, 그런 다음 본성에서의 잠재적 과정(*latentes processus*)과 잠재적 구조(*latentes schematismi*)를 다룰 것을 요구한다. 그러나 실제로 베이컨은 특권적 사례의 취급을 완결하는 것 말고는 더 이상 나아가지 못했다.

또한 미완의 저서인 『신 아틀란티스』(*Nova Atlantis*)에서 베이컨은 '신의 일과 창조의' 연구와 관조에만 종사하는 기관인 솔로몬의 집이 위치하는 섬을 묘사하고 있다. 베이컨은 '우리 재단의 목적은 자연에서의 원인, 운동, 내적 가치에 대한 지식이며, 인간 지배의 한계를 가능한 한 가장 멀리 확장하는 것'이라는 정보를 듣게 된다. 그런 다음 베이컨은 그들의 연구와 고안들을 듣게 되는데, 그중에는 잠수함과 비행기가 묘사되고 있다. 이 모든 것은 학문의 실제적 기능에 관한 베이컨의 확신을 설명하고 있다. 그러나 그 스스로 실험을 수행했지만, 그는 자신의 꿈을 실제적으로 실현하는 데 개인적으로 기여했다고 말할 수는 없다. 분명히 그 자신은 그가 꿈꾼 그러나 성공하지 못한 유형의 학문적 기구를 세워줄 수 있고 세워줄 의향을 가진 후원자를 발견하려고 노력하였다. 그러나 이에 대한 성공이 곧바로 이루어지지 않았다고 해서, 베이컨의 착상이 중요하지 않았다는 징후라고 볼 수는 없으며, 하물며 그 착상이 어리석었다고 말할 수는 없다. 스콜라 학자들은 그리고 일반적으로 형이상학자들은 베이컨이 했던 것보다 (아리스토텔레스적 의미에서) '관조'를 더 강조했으며, 이것에 더 가치를 부여했을 것이다. 그러나 학문 또는 베이컨이 '실험 철학'이라고 명명한 것의 실제적인 기능에 대한 베이컨의 주장은 근대의 기술문명에서 정점에 도달했던 운동을 예고했다. 이런 문명은 베이컨이 구상한 연구와 응용학문의 연구소에 의해서 가능하게 된다. 그는 영국의 대학교를 격렬하게 공격했으며, 그의 의견에 따르면 영국의 대학교에서 학문은 좋게 말해서 학문이며, 나쁘게 말한다면 말과 불명료한 개념들로 장난치는 것을 의미하였다. 그리고 그는 자신을 내실 있는 학문의 착상을 가진 새로운 시대의 선구자로 간주하였다. 사실상 그는 그런 인물이었다. 프란시스 베이컨을 평가절하하는 강한 경향이 있었고, 그의 중요성을 최소화하려는 경향이 있었다. 그러나 그의 저술들이 가지는 영향은 현저하였으며, 그가 제시하였던 조망은 서구정신에 깊이 각인되었다. 만약에 우리가 오해하지 않고 그렇게 말할 수 있다면, 그의 철학에 대

제2부 르네상스의 철학

한 가장 최근의 체계적이면서 안목 있는 연구는 미국에서의 연구라고 하는 것이 아마도 유일하게 적합한 말이다. 나 자신에 대해 이야기한다면, 만약 베이컨의 조망이 포괄적인 철학으로 고려된다면, 나는 베이컨의 조망을 부적절한 것으로 생각한다. 그러나 나는 사람들이 베이컨 개관의 중요성과 의의를 어떻게 합법적으로 부정할 수 있는지 알 수 없다. 만약에 사람들이 베이컨을 형이상학자로 또는 인식론자로 간주한다면, 베이컨은 고전적인 근대시대의 선도적 철학자들과 비교하면 별로 선호될 만한 것을 가지고 있지 못하다. 그러나 그를 과학 시기의 선도자로 간주한다면 그는 독보적인 지위에 있다.

무엇 때문에 베이컨이 평가절하 되었는지의 이유들 중 하나는 당연히 수학이 실제로 가지고 있었던 자연학에서의 중요성에 대해 수학이 기여한 바를 그가 알지 못했다는 사실이다. 나의 생각으로는, 그의 가장 열렬한 지지자들조차 그 당시 선도적인 과학자들에 의해 완수되고 있었던 그런 종류의 작업을 베이컨이 잘 이해했다고 성공적으로 주장하기는 어려울 것이다. 더욱이 그는 귀납적 방법을 올바로 사용하면 모든 지성은 마치 '지능의 총명함이나 강인함에 별로 의존하지 않는'[52] 것처럼 거의 동일한 수준에 도달할 것이라는 점을 암시하고 있다. 그에 따르면 컴퍼스 없이 완전한 원을 그리기는 어렵다. 그러나 컴퍼스가 있다면 누구나 그것을 할 수 있다. 참된 귀납적 방법의 실제적인 이해는 컴퍼스의 기능과 유사한 기능을 한다. 과학적 천재와 같은 것이 있고, 그런 것의 역할이 유사 기계적인 방법의 사용에 의해서는 적절하게 제공될 수 없다는 사실을 베이컨이 충분히 깨닫지 못했다는 점이 베이컨의 약점이다. 의심의 여지없이 그는 과학에서 상상력과 환상의 불법적 사용을 신뢰하지 않았으며, 그것은 옳았다. 그러나 성과 있는 가설을 제시하는 위대한 과학자와 자신이 어떤 노선에 따라서 일을 해야 할지를 지시받았을 때 실험과 관찰을 수행하는 사람 사이에는 상당한 차이점이 있다.

다른 한편 베이컨이 비록 과학적 연역에 대해 충분한 중요성을 부여하지는 않았지만 과학에서 가설을 사용하는 일에 눈 먼 사람은 아니었다. 어쨌든 베이컨의 방

---

52   같은 책, 1, 61.

법개념에서의 결함이, '신기관'을 필요로 했다는 사실, 즉 귀납적 방법의 개선된 논리를 필요했다는 사실을 깨달은 점에 대해 그에게 신뢰를 보내는 것을 막아서는 안 된다. 그는 그런 방법의 필요성을 깨달았고 그것을 제공하려는 끊임없는 시도를 하였을 뿐만 아니라, 이 주제에 대해 그의 후계자들이 19세기에 언급하게 될 것을 상당히 예견했다. 물론 베이컨의 철학과 존 스튜어트 밀의 철학 사이에는 상당한 차이가 있다. 베이컨은 밀이 경험주의자였다는 의미에서의 경험주의자는 아니었다. 왜냐하면 베이컨은 '자연'과 고정된 자연법칙을 믿었기 때문이다. 그러나 귀납적 방법에 대한 그의 제안은 본질적으로 후일 밀이 공식화한 규준들을 포함한다. 베이컨은 귀납의 전제들에 대한 어떤 깊은 연구를 하지 않았을 수도 있다. 그러나 이 경우 귀납이 '정당화'를 요구한다면, 그것은 분명히 말해서 밀에 의해서 제공되지는 않았다. 분명히 베이컨은 모든 종류의 귀납의 문제들을 해결하지 못했으며, 과학적 방법의 최종적이고 적절한 논리적 체계화를 제공하지도 못했다. 그러나 그가 그것을 해야만 했다고 기대하는 것과 요구하는 것은 어리석은 일일 것이다. 그의 모든 단점과 함께 『신기관』의 저자는 귀납논리학과 과학철학의 역사에서 가장 중요한 위치 중 하나를 점하였다.

제2부 르네상스의 철학

제 20 장

정치철학

━━━━━━ **1. 개관**

중세 말의 정치사상은 상당 부분 여전히 중세 정치이론의 일반 틀 안에서 움직였다는 사실을 이미 살펴보았다. 파도바의 마르실리우스의 정치철학에서 우리는 국가의 독립성을 높이고자 하는 그리고 교회를 국가에 예속시키고자 하는 강한 경향성을 분명히 확인할 수 있다. 그러나 비슷한 성향의 사상가들과 마찬가지로 마르실리우스의 일반적인 조망은 절대주의에 대한 중세시대의 일반적인 혐오의 영향하에 있었다. 교회 총회지상주의 운동은 교회정부의 합법화에 목표를 두었으며, 오컴도 마르실리우스도 국가 안에서 군주적 절대주의를 옹호하지는 않았다. 그러나 15세기와 16세기에 우리는 정치적 절대주의의 성장을 목격한다. 그리고 이러한 역사적 변화는 자연스럽게 정치이론에 반영되었다. 영국에서 우리는 헨리 7세(1485-1509)에서 시작되었던 튜더 왕조의 절대주의의 흥기(興起)를 목격한다. 그는 장미전쟁 말엽에 중앙집권적 군주 권력을 확립할 수 있었다. 스페인에서 페르디난드(Ferdinand)와 이사벨라(Isabella)의 결혼(1469)은 아라곤(Aragon) 왕국과 카스티야(Castile) 왕국을 통합시켰고, 스페인 절대주의가 흥기하는 토대를 마련하였다. 스페인 절대주의는 제국주의의 영광에 관한 한 카를 5세(Charles V, 1516-1556)의 치세에 그 정점에 달했다. 카를 5세는 1520년에 왕관을 썼고 1556년에 필립 2세(Philip II, 1598년 사망)를 지지하면서 왕권을 양위하였다. 프랑스에서는 백년전쟁이 민족적 통일의 성장과 중앙권력의 강화를 지연시켰다. 그러나 1439년에 귀족계급에 속한 사람들이 영속적인 군대를 유지할 목적을 위해 군주에 의한 직접세에 동의하였을 때, 군주적 절대주의의 기초가 확립되었다. 프랑스가 1453년 백년전쟁에서 빠져나왔을 때, 프랑스 대혁명까지 계속되었던 절대군주제가 확립되는 길이 열렸다. 절대주의가 비교적 단기에 그쳤던 영국에서도 그리고 또한 절대주의가 장기간에 걸쳤던 프랑스에서도 세력이 확장되고 있는 상인계급은 권력의 집중화를 선호하였고, 봉건귀족을 희생시켰다. 절대주의의 흥기는 봉건사회의 쇠퇴를 의미하였다. 또한 그것은 국가와 주권에 대한 중세적 개념과 '근대적'(modern) 개념 사이의 이행 시기의 시작을 의미하였다. 그러나 후기의 전개과정은 여기서 설명하지 않겠다. 우리가 관심을 가지는 것은 르네상스이기 때문이다. 르네상스시대는 군주적 절대주의가 분명하게 시작되었던 시기였다.

물론 이것은 르네상스시대의 정치이론들이 모두 군주 독재주의의 이론이었다는 사실을 의미하는 것은 아니었다. 가톨릭과 개신교는 주권의 행사를 신적인 것에 제한된 것으로 간주한 점에서는 일치했다. 예를 들어 유명한 영국국교의 저술가인 리처드 후커는 영원법, 자연법, 실정법으로 분류하는 중세의 법사상에 강한 영향을 받았던 데 반해서, 수아레즈(Suárez)와 같은 가톨릭 이론가는 자연법의 불변적 특성과 자연권이 파기될 수 없음을 강하게 주장하였다. 『국가와 왕실의 권력』(De regno et regali potestate, 1600)에서 윌리엄 바클레이(William Barclay)가 제시했던, 그리고 『자유 군주제의 참된 법』(True Law of Free Monarchies)에서 제임스 1세(James I)가 제시했던, 그리고 『가부장권론』(Patriarcha, 1680)에서 로버트 필머 경(Sir Robert Filmer)이 제시했던 왕권신수설은 도전적이며 일시적인 절대주의를 지지하는 시도라기보다는 실제적인 절대주의의 이론적 반성이었다. 이 점은 필머의 저작에 대해 특별하게 적용되는데, 이 저작은 대체로 왕권 절대주의에 대한 가톨릭의 반대자들과 개신교의 반대자들 모두에 대해 비판적이었다. 왕권신수설은 실제적으로는 전혀 철학이론이 아니었다. 칼뱅주의자인 알투시우스(Althusius)와 가톨릭교도인 수아레즈와 같은 철학자들은 군주제를 정부의 유일한 합법적 형태로 간주하지 않았다. 사실상 왕권신수설은 일시적인 현상이었

　　　　　　　제2부 르네상스의 철학

고, 존 로크에 의해 그 설은 일종의 조롱거리로 전락하였다.

그러나 비록 중앙권력의 공고화와 왕권 절대주의의 성장이 정치이론이라는 지평에서 절대주의의 수용을 반드시 포함하는 것은 아닐지라도, 그것은 그 자체 경제적이고 역사적인 환경의 변화에서 통일에 대해 느꼈던 필요성의 표현이었다. 통일에 대한 이러한 필요성은 사실상 정치이론 안에 반영되었다. 그것은 르네상스 시대의 분열되고 통일되지 않은 이탈리아에서 살면서 통일의 필요성에 대해 특별히 민감했던 마키아벨리(Machiavelli)의 정치 · 사회 철학에서 눈에 띄게 반영되었다. 이 점이 그의 철학의 한 측면에서 그로 하여금 절대적 군주제를 강조하게 만들었다면, 그 강조는 왕권신수설에 대한 어떤 환상에 기인한 것이 아니라, 강력하고 안정된 정치적 통일이 이런 방식에 의해서만 확보될 수 있다는 그의 확신에 기인하였다. 이와 유사하게 그 뒤에 홉스(T. Hobbes)가 군주제 정부형태의 중앙적 절대주의를 지지했을 때, 그는 군주제의 신적 권한에 대한 또는 합법성 원리의 신적 특성에 대한 어떤 신념에서 그렇게 한 것이 아니라, 사회와 민족적 통일의 유대가 이런 방식으로 가장 잘 확보될 수 있다고 믿었기 때문에 그렇게 한 것이었다. 게다가 마키아벨리와 홉스는 모두 개인들의 근본적인 이기주의를 믿었으며, 이러한 믿음의 자연스러운 귀결은 강력하면서도 구속받지 않는 중앙권력만이 사회 해체의 경향을 가지는 지방 분권적인 힘들을 제약하고 극복할 수 있다는 확신이다. 이 전집의 다음 책에서 그의 철학이 다루어질 홉스의 경우에 그의 체계일반이 그의 특수한 측면에서의 정치이론에 대해 미친 영향도 당연히 설명될 것이다.

유럽에서 왕권 절대주의의 성장은 당연히 민족의식의 성장 징후이면서 그런 성장의 자극이었다. 민족국가들의 흥기는 자연스럽게 중세시대에 이 주제에 대해 주어졌던 것보다 정치적 사회의 본성과 기초에 대한 보다 장기적인 반성을 낳았다. 알투시우스에서 우리는 후기 정치이론에서 아주 현저한 역할을 하였던 계약 관념의 사용을 발견하게 된다. 알투시우스에 의하면 모든 사회는 적어도 묵언의 합의라는 형식에서 계약에 의존하고, 국가는 사회유형 중 하나이다. 다시 말하면 정부는 합의 또는 계약에 의거하며, 군주에게는 그것을 수행할 책임이 있었다. 이러한 계약이론은 그로티우스(Grotius)에 의해서도 받아들여졌으며, 예수회의 마리아나(Jesuits Mariana)와 수아레즈의 정치철학에서도 일정한 역할을 하였다. 당연히 이 이론은 서로 다른 방식과 서로 다른 목적으로 사용되었다. 그래서 홉스는 이 계약론을 절대주의를 옹호하는 데 사용한 반면에, 알투시우스(Althusius)는 계약론을 정치적 주권은 반드시 제한되어야 한다는 확신을 옹호하는 데 사용하였다. 그러나 조직화된 정치적 사회와 정부의 기초로서의 약속 또는 합의 또는 계약의 관념이 비록 정부의 도덕적 기초와 도덕적 제한을 강조하는 것처럼 보일 수 있을지라도, 그 이론은 그 자체로는 정부의 형태에 관한 어떤 특정한 견해도 가지고 있지 않다.

절대주의의 흥기는 자연스럽게 자연법과 자연권에 대한 계속된 반성으로 이어졌다. 이러한 문제에 대해 가톨릭의 사상가들과 프로테스탄트의 사상가들은 다소간 전형적인 중세적 태도를 견지하는 데 일치를 보였다. 그들은 모든 군주와 모든 사회를 결속하는 불변적인 자연법이 존재하며, 이 법은 어떤 자연권의 기초가 된다는 점을 믿었다. 그리하여 자연권에 대한 호소는 군주 권력의 제한이라는 믿음과 결속하였다. 그 자신이 역사적 환경에서 필수적인 것으로 간주하였던 왕권을 강화할 목적으로 『국가론 6편』(Six livres de la republique)을 썼던 보댕조차도 그럼에도 불구하고 자연법과 자연권, 특히 사유재산권에 관한 확고한 믿음을 기지고 있었다. 그러한 이유 때문에 왕권신수설의 지지자들조차 군주제가 자연법을 무시할 자격이 있다고 생각하지 않았다. 사실상 그 지지자들이 그렇게 했더라면 그것은 모순이었을 것이다. 자연법과 자연권 이론은 동시에 그 속에 담겨 있는 정치권력의 행사를 제한하지 않고는 주장될 수 없지만, 그 이론이 민주주의 수용을 포함하고 있는 것은 아니었다.

종교개혁은 자연스럽게 정치이론 영역에서 새로운 문제들을 제기했거나 아니면 적어도 이들 문제를 새로운 빛 안에서 조망했고, 어떤 관점에서 이 문제들을 보다 면밀하게 만들었다. 물론 두드러진 문제들은 교회와 국가의 관계 및 군주에 대해 저항할 권리였다. 폭군에 대한 저항의 권리는 강한 법의식을 가졌던 중세철학자들에 의해 인지되었다. 그리고 수아레즈와 같은 가톨릭 신학자이자 철학자의 정치이론에서 이런 관점이 지속되고 있음을 발견하는 것은 너무나 당연한 일이었다. 그러나 종교개혁의 영향을 받았던 이런 국가들에서의 구체적인 정황은 그 문제를 새로운 빛 속에서 조망했다. 마찬가지로 교회와 국가의 관계의 문제는 '교회'를 그리스도의 대리인으로서 교황을 그 우두머리로 삼는 초국가체로 이해하지 않았던 사람들의 정신에서 새로운 형식을 얻게 되었다. 그렇다고 해서 우리는 예를 들어 저항권의 측면에서 명백하게 규정된 프로테스탄트의 견해가 있었다거나 혹은 교회와 국가의 관계에 대한 명백하게 규정된 프로테스탄트의 견해가 있었다는 식의 결론을 내릴 수는 없다. 그처럼 명백하게 규정된 견해를 허용하기에는 상황이 너무나 복잡하였다. 종교의 역사에 의해서 취해진 실제적인 과정을 살펴볼 때 우리는 이러한 문제들에 대해 서로 다른 태도를 가지는 서로 다른 프로테스탄트의 단체들과 조직들을 발견하게 된다. 더욱이 사건들의 진행과정은 때때로 동일한 고백을 하는 구성원들로 하여금 다른 시기나 다른 장소에서 서로 다른 태도를 취하도록 만들었다.

　　루터와 칼뱅은 모두 군주에 대한 저항을 비난하였다. 그러나 수동적인 복종과 순종의 태도는 루터주의와는 연결되었지만, 칼뱅주의와는 연결되지 않았다. 이유는 스코틀랜드와 프랑스에서 칼뱅주의자들이 정부와 다투고 있었다는 사실 때문이었다. 스코틀랜드에서 존 녹스(John Knox)는 종교개혁이라는 이름으로 군주에 대한 저항을 단호하게 옹호하였던 반면에, 프랑스에서 칼뱅주의자들은 동일한 주제에 대해 연작의 저술들을 출간하였다. 이들 중 가장 잘 알려진 것은 저자가 불분명한 책『폭군에 대한 평결』(*Vindiciae contra tyrannos*, 1579)인데, 이 책은 두 종류의 계약, 즉 하나는 신민과 군주의 계약, 따른 하나는 군주와 함께하는 신민들과 신의 계약이 존재한다는 견해를 표방하였다. 최초의 계약은 국가를 생성하고, 두 번째 계약은 공동체를 종교 조직 또는 교회로 만든다. 이 두 번째 계약에서 나타나는 핵심을 살펴보면, 저자는 거짓된 종교를 강요하려고 시도하는 통치자에 대해 저항하는 것뿐만 아니라 '이단의' 통치자에 대해 압력을 가하는 신민들의 권리를 주장하였다.

　　그래서 역사적 정황에 의거해보건대, 프로테스탄트의 몇몇 단체들은 종교적인 문제들에서 통치자에 대해서 복종의 의사를 선호했던 사람들에게는 가톨릭과 유사한 것처럼 보였다. 즉 교회와 국가의 분리뿐만 아니라 국가에 대한 교회의 우위성을 주장하는 것처럼 보였다. 그리고 어느 정도 이것은 사실이었다. 예를 들어 칼뱅이 제네바를 통치했을 때처럼 교회의 권력이 세속의 권력과 결합될 때, 종교적 문제에서 군주에게 복종을 설교하는 것은 쉬운 일이었다. 그러나 스코틀랜드와 프랑스에서 다른 상황이 전개되었다. 존 녹스는 칼뱅의 태도에서 벗어나지 않으면 안 된다는 것을 자각하였다. 스코틀랜드에서 칼뱅주의자들의 조직은 '이단적' 군주에게 복종해야 할 의무가 있다고 결코 생각하지 않았다. 프랑스에서 『폭군에 대한 평결』의 저자가 계약의 관념을 소개했을 때, 그는 조직적인 위그노(Huguenot)들의 저항을 위한 근거를 발견하기 위해서 그렇게 했으며, 궁극적으로는 신앙심이 없는 통치자들에 대해 압력을 가하기 위한 근거를 발견하기 위해서 그렇게 했다. 그는 '사적인 판단' 또는 개인주의 또는 관용을 지지하기 위해서 그렇게 한 것은 아니었다. 가톨릭 종교에 대한 원한 섞인 적개심에도 불구하고 칼뱅주의자들은 계시의 관념뿐 아니라 자신들이 믿었던 종교를 확립하는 데서 시민권의 도움에 호소하려는 생각을 수용하였다.

그리하여 종교개혁은 새로운 역사적 설정에서 교회와 국가의 관계에 관한 지속적인 문제의 출현으로 귀결되었다. 그러나 칼뱅주의자들에 관한 한 그들이 이 문제에 제시했던 해결책과 가톨릭 사상가들이 제시했던 해결책 사이에는 적어도 어떤 유사성이 있었다. 국가만능주의 또는 교회의 국가에 대한 종속은 사실상 다른 해결책이었다. 그러나 칼뱅주의자들도 국가만능주의자들도 종교와 정치의 분리를 믿지 않았다. 게다가 시민권을 제한하려는 칼뱅주의자들의 시도나 교회를 국가에 종속시키려는 국가만능주의자들의 시도를 '민주주의'의 주장으로 혼동하는 것은 잘못일 것이다. 스코틀랜드의 장로교도들이나 프랑스의 위그노들이 비록 그들의 각각의 군주들에 대해 공격을 하고 있지만, 이들을 '민주주의자들'이리고 부르는 사람은 거의 없을 것이다. 반면에 국가만능주의는 왕권 절대주의에 대한 신봉과 결합될 수 있다. 물론 민주의적인 자유주의라고 불릴 수 있는 것을 선호했던 종교적 운동과 분파가 생겨났다는 것은 사실이다. 그러나 나는 루터와 칼뱅이라는 종교개혁의 두 가장 중요한 인물에 대해, 그리고 그들이 시작하였던 운동의 보다 직접적인 결과들에 대해 이야기하고 있다. 루터는 자신의 태도나 가르침에서 항상 일관된 것은 아니었다. 그러나 그의 복종이론은 국가의 권력을 강화하는 경향이 있었다. 칼뱅의 가르침은 칼뱅의 태도에 대한 그의 후계자들의 변형으로 귀착했던 그리고 특정 국가들에서 왕권에 반대하도록 칼뱅주의자들이 강요하는 것으로 귀착했던 역사적 정황을 제외하고는 루터의 것과 같은 결과를 낳았다.

2. 니콜로 마키아벨리

마키아벨리(Niccoló Machiavelli, 1469-1527)는 권력의 보존과 증대라는 자신의 정치적인 목적을 추구하면서 통치자가 사용하는 수단들의 도덕성이나 부도덕성에 대해 무관심한 태도를 취한 것으로 유명하다. 우르비노의 공작(Duke of Urbino)인 로렌초(Lorenzo)에게 헌정했던 『군주론』(*The Prince*, 1513)에서 마키아벨리는 신앙을 지키고 고결함을 보여주는 것과 같은 훌륭한 자질들을 언급한 다음 '내가 열거했던 훌륭한 자질들 모두를 가지는 것이 군주에게는 필요하지 않지만, 그런 자질들을 군주가 가지고 있는 것처럼 보이는 것은 대단히 필요하다'[1]고 고찰한다. 마키아벨리에 따르면 만약 군주가 이러한 훌륭한 자질들 모두를 소유하고 이런 자질들을 모두 일관되게 실천한다면, 비록 이런 자질들을 소유하는 것처럼 보이는 것이 유용하다 하더라도, 이런 자질들이 해롭다는 것이 밝혀진다. 자비롭고 신앙심이 있으며 인간적이고 종교적이며 청렴한 것처럼 보이는 것이 좋은 일이며, 실제로 그래도 좋은 일이다. 그러나 동시에 군주는 정황이 요구할 때 정반대의 방식으로 행동할 수 있도록 처신해야 한다. 결국 모든 사람들의 행위에서 그리고 특히 군주의 행위에서 평가되고 사람들이 그것을 판단하는 것은 결과들이다. 군주가 그의 권위를 확립하고 지속하는 데 있어 성공적이라면, 그가 사용하고 있는 수단들은 항상 명예로운 것으로 간주되고 모두에 의해서 시인(是認)될 것이다.

『군주론』에서 마키아벨리는 단지 정부의 메커니즘을 제시하는 것에만 관심을 가지고 있었다고, 도덕문제를 도외시하였고 단지 정치권력을 확립하고 유지하는 수단들을 진술하는 것만을 희망했다고 언급되곤 했다. 의심의 여지없이 이것은 사실이다. 그러나 통치자는 권력의 강화와 유지에서 부도덕한 수단들을 사용할 자격이 있다는 마키아벨리의 생각은 분명하였다. 『논문집』(*Discourses*)에서 그는 자신의 견해로는 정치의 영역에서 선한 목적을 획득하기 위해서 부도덕한 수단들을 사용하는 것이 합법적이라는 사실을 분명하게 밝혔다. 마키아벨리가 염두에 두었던 목적이 국가의 안

---

1   『군주론』(*The Prince*), 18.

위와 복지라는 것은 사실이다. 그러나 목적이 수단을 정당화한다는 함축된 원리의 부도덕한 성격과는 별도로, 선한 목적이 무엇인가에 관한 개념들이 서로 다를 수 있다는 분명한 난제가 생겨난다. 만약 도덕성이 정치적 고려에 종속한다면, 정치권력을 소유하는 목적은 단순히 정치적인 무정부상태를 방지하는 것일 뿐이다.

그렇다고 해서 마키아벨리에게 광범위한 부도덕성을 권고할 의도가 있었다고 생각해서는 안 된다. 도덕적으로 타락하고 퇴폐적인 나라가 몰락의 운명에 처한다는 점을 그는 완벽하게 이해하고 있었다. 그는 자신이 목도한 이탈리아의 도덕적 조건에 대해 한탄했으며, 고대세계의 시민적 덕들에 대해 충심으로 칭송했다. 나는 그가 이교도 사상을 위해서 그리스도의 덕 사상을 명백하게 거부하였다는 진술을 아무런 제한 없이 할 자격이 있다고 생각하지는 않는다. 그가 『논문집』[2]에서 그리스도인들의 겸손에 대한 강조와 세속에 대한 경멸이 그리스도인을 허약하고 퇴폐적이게끔 했다고 말한 점은 분명히 사실이다. 그러나 그는 계속해서 그리스도교를 겸손의 종교와 수난에 대한 사랑으로 해석하는 것이 틀린 해석이라고 이야기한다. 여전히 우리는 이런 종류의 진술이 마키아벨리의 일반적인 조망과 연관해서 받아들여질 때 그리스도교 윤리에 대한 명백한 거부와 매우 가까이 있다는 점을 인정해야 한다. 그리고 또한 우리가 부도덕한 군주에 관한 그의 이론, 즉 가톨릭이든 프로테스탄트든, 그리스도적 양심과 모순되는 이론을 고려한다면, 니체의 마키아벨리 정신에 대한 독해가 전혀 근거가 없지 않다는 점을 용인할 수 있다. 『군주론』에서[3] 마키아벨리는 세상사가 운명과 신에 의해 불가항력적으로 지배된다고 많은 사람들이 생각했다는 점을 언급할 때, 그리고 계속해서 비록 자신이 때때로 그런 의견에 동의하지만 덕은 세상을 지배하는 힘에 저항하는 데서 성립한다는 것을 의미하면서 운명은 저지될 수 있다는 점을 고려하고 있다고 말할 때, 그리스도인들이 의미하는 덕과 자신이 의미하는 '덕'이 다르다는 인상을 피하기는 어렵다. 그는 자신의 목적을 성취하려는 성격과 권력의 강인함을 칭송했다. 『군주론』에서 그는 권력을 쟁취하고 그것을 유지하는 능력을 칭송

---

2   같은 책, 2, 2.
3   같은 책, 25.

하였다. 그러나 그는 겸손을 칭송하지 않았으며, 니체가 '노예의 도덕'(herd morality)이라 칭한 것을 보편적으로 사용하지 않았다. 그는 인간의 본성이 근본적으로 이기주의적이라는 점을 당연한 것으로 생각하였다. 그는 자신의 최고의 이익이 어디에 있는지를 그리고 어떻게 그 이익들을 실현할 수 있는지를 군주에게 알려주었다. 마키아벨리가 당대의 정치적 또는 교회의 삶에서 또는 역사적 예들에서 그가 관찰했던, 부도덕하지만 유능한 권력자를 칭찬했다는 것은 사실이다. 그는 그런 유형의 인물을 이상화했다. 그의 생각에 따르면 그런 인물들을 통해서만 부패하고 퇴폐적인 사회에서 좋은 정부가 보장될 수 있다.

마지막 문장은 『로마사』(*Discourses on the First Ten Books of Titus Livius*)에서 나타나는 로마 공화정에 대한 마키아벨리의 존경과 『군주론』에서의 전제군주 이론 사이의 분명한 불일치 문제의 열쇠를 제공하고 있다. 강직함, 공동선에 대한 헌신, 종교적 정신이 특권, 불법, 무(無)신앙에 의해 죽어 있거나 감추어져 있는 자유지역을 다소간 인간의 자연적 악함과 이기주의가 차지하고 있는 부패하고 퇴폐적인 사회에서, 지방 분권적인 권력들을 결속하여 강력하고 통일된 사회를 창조할 수 있는 사람은 오직 절대적 통치자이다. 마키아벨리는 시민의 덕이 법률에 의거한다고 생각한 점에서 고대 세계의 정치이론가들과 견해를 같이하였다. 그는 부패한 사회에서 개혁은 강력한 입법자의 행위를 통해서만 가능하다고 생각하였다. '이것은 다음과 같은 일반적인 규칙으로 간주되어야 한다. 즉 이 일이 한 사람에 의해서 이루어지지 않는다면, 공화국이든 왕국이든 애초에 충분한 질서를 가지거나 낡은 제도들에 관해서 완전한 개혁이 이루어지는 일은 거의 일어나지 않거나 전혀 일어나지 않는다는 것이 일반적인 규칙이다. 그래서 한 사람만 그러한 방법을 설정하고 그 사람의 마음에 의존해서만 그러한 조직이 만들어진다는 것은 필지의 사실이다.'[4] 그러므로 국가를 기초하고 국가를 개혁하기 위해서는 절대적인 입법자가 필요하다. 이런 점을 언급하면서 마키아벨리는 일차적으로 당시의 이탈리아 국가들과 이탈리아의 정치적 분열에 대해 생각하고 있었다. 강력하고 통일된 국가에 필요한 시민적 도덕성 또는 덕을 낳은 것은 법이고,

---

4   『로마사』(*Discourses on the First Ten Books of Titus Livius*), 1, 9, 2.

법의 반포는 입법자를 필요로 한다. 이러한 사실에서 마키아벨리는 전제적 입법자는 이러한 목적을 담보하기 위한 어떤 신중한 수단들을 사용할 수 있고, 그의 정치적 기능의 완수를 위해 필요한 한에서 입법자는 법의 원천과 시민적 도덕성의 원천에서 자유롭다. 『군주론』에서 표현된 도덕적 냉소주의가 결코 마키아벨리 이론의 전체를 구성하는 것은 아니다. 그것은 마키아벨리가 참된 국가로 간주했던 것을 창조하거나 개혁하는 것이라는 궁극적인 목적에 종속되어 있다.

그러나 마키아벨리가 절대군주나 입법자를 국가의 기초나 개혁을 위해 필수적이라고 간주했음에도 불구하고, 절대군주제는 정부에 대한 그의 이상이 아니었다. 『논문집』에서[5] 그는 사려와 지조와 관련해서 신민은 유리한 점을 가지고 있으며, '군주보다 더 사려 깊고, 더 지속적이며, 더 나은 판단을 한다'[6]는 점을 노골적으로 주장한다. 로마 공화정의 모델에 대해 마키아벨리가 이해한 자유로운 공화국은 절대군주제보다 우월하다. 헌법이 유지되고 신민들이 정부에서 일정한 부분을 담당한다면, 그러한 국가는 독재자나 절대군주가 통치할 경우보다 더 안정적이다. 마키아벨리에 따르면 권력과 제국의 확장과 신민의 자유의 보존에서 성립하는 일반적인 선은[7] 오직 공화국에서만 고려된다. 절대군주는 일반적으로 단지 자신의 사적 이익만을 고려한다.[8]

마키아벨리의 정부론은 실제로 그런 것처럼 자유로운 공화국에 대한 찬미를 군주적 독재주의와 결합했다는 의미에서 다소 짜깁기 이론일 수 있고, 성격상 불만족스러울 수 있지만, 원리는 명료하다. 일단 질서가 잘 잡히더라도 공화정이 아닌 한 하나의 국가는 거의 건강하고 안정적일 수 없다. 이것은 이상이다. 그러나 질서가 잘 잡힌 국가의 기초가 다져지기 위해서는 또는 질서가 잡히지 않은 국가가 개혁되기 위해서는 전제적 입법자가 실제로 필요하다. 이러한 필요성의 또 다른 이유는 마키아벨리가 이탈리아의 정치적 상황을 고려하면서 특별히 싫어했던 귀족들의 권력에 재

---

5   같은 책, 1, 58, 61.

6   같은 책, 8.

7   같은 책, 1, 29, 5.

8   같은 책, 2, 2, 3.

갈을 물리기 위한 필요이다. 귀족들은 게으르고 부패했으며, 그들은 언제나 시민정부와 질서의 적들이다.[9] 귀족들은 용병 무리들을 거느리고 국가를 파멸시킨다. 마키아벨리도 이탈리아를 자유롭게 하고 통일하는, '이탈리아의 상처를 치유하고 롬바르디(Lombardy) 왕국의 파괴와 약탈을 종식시키는 군주를, 나폴리(Naples) 왕국과 투스카니(Tuscany) 왕국의 사취와 과세를 종식시켜 줄'[10] 군주를 기대했다. 그의 견해에 따르면 이탈리아 전체를 지배하는 힘이 아니라 다른 권력으로 하여금 그렇게 하지 못하도록 할 만큼의 힘을 가진 교황은 이탈리아가 공국들로 분할되는 데 책임이 있으며, 그 결과 빈약하고 통일되지 못한 국가는 야만인들의 그리고 그 국가를 침략하는 일이 적합하다고 생각했던 모든 사람의 먹잇감이 되었다.[11]

역사학자들이 언급했듯이 마키아벨리는 정치권력과 제국주의적 정책에 의해서 국가의 활력과 통일을 유지하는 주권기관으로서의 국가를 강조한 점에 있어서 그의 '근대성'(modernity)을 보여주었다. 이런 의미에서 그는 유럽에서의 역사적 발전과정을 예측하였다. 다른 한편으로 그는 어떤 체계적인 정치이론을 논의하지 않았다. 또한 실제로 그렇게 하는 데 관심도 없었다. 그는 당시의 이탈리아의 상황에 큰 관심을 가지고 있었다. 그는 열렬한 애국자였으며, 그의 저작들은 온통 이러한 관심으로 얼룩졌다. 그의 저작들은 초연한 철학자의 저술들이 아니다. 그는 또한 좁은 의미에서의 정치학에 의한 역사적 발전에서 행해진 역할을 높이 평가하였다. 그리고 그는 종교적이고 사회적인 다른 요인들의 중요성을 알지 못했다. 당연히 그는 군주에 대한 도덕과 무관한 충고, 즉 '마키아벨리즘'(Machiavellianism)으로 주로 알려진 인물이다. 비록 유감스럽지만 그가 제시했던 통치술의 원리는 통치자들이나 정치가들의 마음 안에 실제로 자주 작용했던 원리라는 것은 거의 의심할 수 없다. 그러나 역사적 발전은 정치무대에서 주목을 받았던 사람들의 의도와 행위에 의해서만 작동되는 것이 아니다. 마키아벨리는 영리했고 총기가 있었지만, 깊이 있는 정치철학자라고 불릴 수는 없겠다.

9 　같은 책, 1, 55, 7-11.
10 　『군주론』, 26.
11 　『로마사』, 1, 12, 6-8.

다른 한편으로 마키아벨리는 자신이 보았던 바의 현실적인 정치적 삶에 관심을 가졌으며, 도덕적 관점에서 당연히 행해져야 할 것이 무엇인지에 관심을 가졌다기보다는 실제로 행해진 것이 무엇인지에 관심을 가졌다는 사실을 우리는 기억하지 않으면 안 된다. 분명히 그는 이상적인 국가들을 묘사할 뜻이 전혀 없었으며,[12] 만약 누군가가 정치적 삶에서 최상의 도덕적 원리에 일관되게 맞추어서 살아간다면, 그는 거의 파멸할 가능성이 높고, 만약 그가 통치자라면, 국가의 안전과 복지를 유지하는 데 실패할 가능성이 높다는 점을 언급하고 있다. 『논문집』의 제1권의 서문에서 그는 자신의 새로운 '길'을 언급하고 있으며, 그의 주장에 따르면 이 길은 지금까지 전인미답인 채로 남아 있었다. 그의 방법은 일종의 역사적 귀납의 방법이었다. 그는 고대와 당대라는 역사에서 원인-결과의 계기들에 대해 비교 검토함으로써 부정적인 사례들을 당연히 참작했으며, 일반화된 형식을 가진 어떤 실천적인 규칙들을 확립하고자 하였다. 어떤 목적이 일단 성취되면, 역사는 어떤 행위노선이 그 목적의 성취로 이어지거나 이어지지 않을 것이라는 점을 보여준다. 그래서 그는 곧바로 정치적 메커니즘에 관심을 가졌다. 그러나 그의 조망은 어떤 역사철학을 함축하였다. 예를 들어 그의 조망은 역사에는 반복이 있으며, 역사는 귀납의 기초를 제공하는 그런 성질을 지니고 있다는 것을 함축하였다. 물론 마키아벨리의 방법은 전혀 새로운 것이 아니었다. 예를 들어 아리스토텔레스는 자신의 정치적 이념들을 기초하면서 분명히 실제적인 제도를 검토하고 있었으며, 국가들이 파괴되는 방법뿐만 아니라 통치자가 성공하기 위해서 가져야 한다고 스스로 주장하는 덕들을 고려했다.[13] 그러나 아리스토텔레스는 마키아벨리보다 훨씬 추상적 이론에 관심을 가졌다. 마키아벨리가 구체적인 정치적 삶의 실제적인 본성과 과정에 보다 관심을 가졌던 반면에, 아리스토텔레스는 도덕적이요 지적인 교육을 위해 설정한 정치적 조직에 일차적으로 관심을 보였다.

---

12   다음을 참조. 『군주론』, 15.
13   다음을 참조. 아리스토텔레스의 『정치학』(*Politics*). 5, 11.

3. 성 토마스 모어

성 토마스 모어(St. Thomas More, 1478-1535)는 전혀 다른 유형의 사상가였다. 모어는 영국의 챈슬러(Chancellor) 경으로서 헨리 8세(Henry VIII)를 영국 국교의 최고 수장으로 인정하는 것을 거부했다는 죄목으로 참수되었던 인물이다. 그의『국가의 최선 정체와 새로운 섬 유토피아에 관하여』(*De optimo reipublicae statu deque nova insula Utopia*, 1516)에서 플라톤의『국가』의 영향하에서 유토피아 섬에서의 이상 국가를 묘사하는 일종의 철학적 소설을 썼다. 이 책은 그 시대의 보다 세계적인 정신과 거의 조화를 이루지 못했던 단순한 도덕적 삶의 이상화와 당대의 사회·경제적 조건들에 대한 날카로운 비판을 결합한 기묘한 책이었다. 모어는『군주론』을 알지 못했다. 그러나 그의 책은 마키아벨리의 저작에서 나타났던 통치기술의 이념과는 부분적으로 반대의 방향을 걸어갔다. 또 이 책은 상업적 개발이라는 성장 정신에 대해서도 반대하였다. 이러한 관점에서 이 책은 '보수적인' 저술이었다. 다른 한편 모어는 근대의 사회주의 발전에서 다시 등장한 몇몇 관념들을 예견하였다.

『유토피아』의 제1권에서 모어는 부유하고 부유함을 추구하는 소유자들이 땅에 울타리를 침으로써 옛날의 농경 체계를 파괴하고 있다는 점을 공격하였다. 이익과 부의 욕망은 경작할 수 있는 땅을 목장으로 변경하는 일로 이어지며, 결과적으로 거대한 규모로 양들이 사육되며, 양모가 외국의 시장에서 팔려나갔다. 이익에 대한 이 모든 탐욕과 그에 수반해서 몇몇 손에 부가 집중되는 일은 결국 무산자와 곤궁한 자의 계급이 증가하는 것으로 이어졌다. 그래서 이러한 계급을 계속 종속시킬 목적으로 절도에 대해서 무겁고 공포의 처벌이 법령으로 만들어졌다. 그러나 형법의 점증하는 엄격함은 소용이 없다. 곤궁한 사람들에게 생계수단을 마련해주는 것이 훨씬 나을 것이다. 왜냐하면 이 사람들을 범죄로 내모는 것은 정확하게 말해서 궁핍이기 때문이다. 그러나 정부는 아무것도 하지 않는다. 정부는 외교와 정복전쟁에 여념이 없었다. 전쟁은 수탈적 세금을 낳을 수밖에 없고, 전쟁이 끝난 다음 병사들은 이미 스스로를 지탱할 수 없는 공동체로 내팽겨쳐진다. 그런 식으로 권력을 가진 정치는 경제적이고 사회적인 악을 악화시킨다.

모어는 탐욕적 사회와 대비되는, 가족이 단위가 되는 농경 사회를 제안한다. 사적 소유는 파괴되고 돈은 더 이상 교환수단으로서 사용되지 않는다. 그러나 모어는 자신의 유토피아를 교육받지 않은 농부의 공화국으로 묘사하지 않았다. 생계수단은 모두에게 보장되며, 노동 시간은 하루에 6시간으로 줄어든다. 그리하여 시민들은 문화적 삶을 누릴 여가 시간을 가질 수 있게 된다. 같은 이유로 노예계급은 보다 격심한 중노동에 직면하게 되고, 노예들의 일부는 범죄자로 구성되고, 일부는 전쟁의 포로로 구성된다.

　　모어가 종교적 관용의 이상을 선언한 최초의 인물이었다고 종종 말해진다. 그러나 그의 유토피아를 소묘하면서 그는 그리스도교의 계시를 고려하지 않았고, 단순히 자연종교만을 상상하였다. 다양한 견해와 확신들은 대부분 관대히 다루어졌고, 신학적인 투쟁은 회피되었지만, 신 존재와 섭리, 영혼의 불멸성과 내세의 삶에서의 심판을 부정하는 사람들은 공적인 직위를 유지할 자격을 박탈당하고, 일반사람들보다 경시되었다. 자연종교의 진리와 자연도덕의 진리는 어떤 사람이 개인적으로 무엇을 생각하든 문제시되지 않는다. 왜냐하면 국가와 사회의 건강은 그러한 진리의 수용 여부에 달려 있기 때문이다. 모어가 종교 전쟁(Wars of Religion)을 끔찍하게 생각했다는 것은 거의 의심할 수 없지만, 분명히 그는 사람들이 무엇을 믿든 그것은 별 문제가 아니라고 주장할 그런 유형의 사람은 아니었다.

　　모어는 도덕과 정치의 분리에는 전혀 쓸모가 있는 인물이 아니었다. 그는 자신의 이익을 항상 추구하면서 공동선에 대해 호언장담하는 그런 정치인들에 대해 예리하게 언급하였다. 그의 몇몇 생각은 예를 들어 형법에 관련된 생각은 매우 사려 분별적이었고, 모든 사람을 위한 안전과 합리적인 관용에 대한 그의 이상에서 그는 그 시대의 선구자였다. 그러나 그의 정치적인 이상이 많은 측면에서 계몽적이고 실용적이었다고 하더라도, 몇몇 다른 측면에서 그것은 과거의 협동조합사회의 이상화로 간주될 수 있다. 그가 저항했던 권력과 경향들은 그들의 발전에도 불구하고 유토피아로 진입할 수 없다. 이 위대한 그리스도교 인문주의자는 그 과정이 나타날 수밖에 없는 자본주의 발전단계의 입구에 있었다. 그러나 때가 되면 그의 이상은 어느 정도 이행될 것이다.

모어는 영국의 종교개혁이 제 모습을 갖추기 이전에 죽었다. 리처드 후커(Rich-ard Hooker, 1553-1600)의 책 『교회조직법』(*The Laws of Ecclesiastical Polity*)에서 교회와 국가의 문제는 종교개혁 이후 영국의 종교적 상황이 드러내는 형식 안에서 그 표현을 발견하게 된다. 존 로크에 영향을 끼친 후커의 저술은 영국 국교에 대한 청교도의 공격을 반박하고자 쓰였으나, 그것의 범위는 당시의 일반적인 논쟁적인 글의 범위보다 훨씬 광범위한 것이다. 저자는 우선 법 일반에 대해 다루고 있으며, 이 문제에 대해 중세의 법 관념, 특히 성 토마스의 법 관념을 고수하고 있다. 그는 영원법을 자연법과 구별하였는데, 이 영원법은 '모든 시대에 앞서서 신이 자신을 위해 모든 것들을 할 수 있도록 스스로 정한 질서'[14]이다. 그런 다음 그는 자신이 '자연적 행위자들'이라고 부르는 자유롭지 못한 행위자들 안에서 작동하는 자연법과 인간의 이성이 인지하고 인간이 자유롭게 복종하는 자연법을 구별하고 있다.[15] '지상에 있는 자발적 행위자들의 규칙은 행위자들이 반드시 해야 할 선함에 관해 이성이 부여한 판정이다.'[16] '이성의 주요한 원리들은 그 자체에 있어서 명료하다.'[17] 말하자면 의무적 성격이 즉각적으로 명료하고 명백한 어떤 일반적인 도덕적 원리들이 존재한다. 이것의 증거는 인류의 일반적인 동의이다. '인간들의 일반적이고 영구적인 목소리는 신 자신의 판정과 같은 것이다. 왜냐하면 모든 인간이 모든 시대에 걸쳐 배웠던 것은 자연 그 자체가 이미 반드시 가르쳤던 것이었기 때문이다. 그리고 신은 자연의 창조자이고, 자연의 목소리는 단지 신의 도구일 뿐이다.'[18] 다른 보다 특수한 원리들은 이성에 의해 연역된다.

영원법과 자연법에 추가해서 인간의 실정법이 존재한다. 자연법은 인간 그 자체를 구속하며, 국가에 의존하지 않는다.[19] 그러나 인간의 실정법은 인간이 사회에서

---

14 『교회조직법』(*The Laws of Ecclesiastical Polity*), 1, 2.
15 같은 책, 1, 3.
16 같은 책, 1, 8.
17 같은 곳.
18 같은 곳.
19 같은 책, 1, 10.

하나 되고, 국가를 형성할 때 존재하게 된다. 개인으로서 우리는 자족적이지 못하다는 사실 때문에, '우리는 자연스럽게 공동체 및 타인들과의 유대를 찾게 된다.'[20] 그러나 정부 없는 사회는 존재하지 않으며, 법 없는 정부는 유지될 수 없다. '이 법은 이미 공표되었던 법과는 다른 종류의 것이다.'[21] 후커는 사회에는 두 가지 기초, 즉 사회 안에서 인간이 살고자 하는 자연적 경향성과 '더불어 살아감에 있어 그들의 유대방식에 관해 명시적이든 암시적이든 의견의 일치를 보인 질서'라는 두 가지 기초가 존재한다는 사실을 가르치고 있다. 후자는 우리가 공공복리의 법이라고 부르는 것으로서, 정부조직의 핵심이다. 정부조직의 일부는 법에 의해서 활성화되고 함께 유지되며, 공동선이 요구하는 그러한 행위들 안에서 작동한다.[22]

그래서 시민정부의 수립은 동의에 의존한다. '그러한 동의가 없다면 한 사람이 다른 사람 위에서 귀족이 되거나 재판관이 될 하등의 이유가 없다.'[23] 정부는 필요하지만, 만약 제정된 법률이 공동선을 위한 것이고 자연법과 일치하는 것인 한, 자연은 그런 종류의 정부나 정확한 의미에서의 법의 자격을 만들지 않았다. 만약 통치자가 신으로부터 부여받은 명시적인 권위 없이 또는 첫 번째의 사례에서 신민들의 동의로부터 도출된 권위 없이 법을 집행한다면, 그는 전제군주에 불과하다. '그러므로 공공의 찬성이 적어도 의회, 평의회, 그리고 그와 비슷한 조직체들을 통해서 그렇게 만들지 않았던 법들은 법이 아니다.'[24] 그렇다면 전체의 다수가 자신들이 전혀 관여하지 않았던 틀의 법을 존중하지 않으면 안 되는 그런 일이 어떻게 생겨날 수 있는가? 그 이유는 다음과 같다. '연합체는 불멸한다. 그렇다면 우리는 우리의 선대 안에서 살고 있고, 우리의 선대는 그들의 후속 세대 안에서 여전히 살아 있다.'[25]

마지막으로 '초자연적인 의무들에 관한 법률'[26]이 존재한다. '이 법은 신 자신이

---

20   같은 곳.
21   같은 곳.
22   같은 곳.
23   같은 곳.
24   같은 곳.
25   같은 곳.
26   같은 책, 1, 15.

초자연적으로 계시했던 것이다.'[27] 그러므로 법 일반에 대한 후커의 이론은 성 토마스의 이론을 따른다. 즉 그는 토마스와 같은 신학적인 배경을 가지고 있으며, 또는 오히려 토마스와 비슷하게 법을 신성한 기반, 즉 신과 관련 짓는다. 후커는 정치사회의 기원에 관한 그의 이론에서 특별히 새로운 것을 추가하지 않았다. 그는 계약 또는 합의의 관념을 제시한다. 그러나 그는 국가를 순전히 인위적인 구성체로 제시한 것은 아니다. 오히려 그는 분명히 인간의 사회에 대한 자연적 성향을 언급하고 있으며, 국가나 정부를 구속받지 않는 이기주의의 구제책으로만 설명하지 않는다.

　　교회에 대해 언급할 때, 후커는 신앙의 진리와 교회정부를 구별한다. 교회정부는 '분명한 행동 문제이다'.[28] 그가 전개하고 옹호하고자 한 점은 영국 교회의 교회법이 그리스도교나 이성에 결코 반하지 않는다는 사실이다. 그러므로 교회법은 영국인들이 준수해야 한다. 왜냐하면 영국인들은 그리스도인이고, 그리스도인으로서 영국인은 영국 교회에 속하기 때문이다. 그는 교회와 국가는 구별되는 사회가 아니라고 가정한다. 적어도 국가가 그리스도적인 한에서 양자는 구별되지 않는다. 물론 후커는 가톨릭교도와 칼뱅교도가 그리스도인이라는 것을 부인하지 않았다. 그러나 그는 전체로서의 그리스도 신앙이 결코 보편적인 기구를 필요로 하지 않는다는 점을 다소 소박한 방식으로 가정했다. 또한 그의 가정에 따르면 교회정부는 다소 사소한 문제였으며, 이러한 견해는 몇 가지 상이한 이유로 가톨릭교도에게도 칼뱅교도에게도 받아들여지지 않았다.

　　후커는 대체로 법에 대한 중세의 이론과 구별을 계승하였다는 점에서 주목을 받는다. 그의 정치이론에서 그는 분명히 신이 왕이나 전제군주에 대한 권리를 부여했다는 주장의 지지자는 아니었다. 다른 한편으로 그는 지배자에 대한 반란을 정당화할 목적으로 동의나 계약이론을 제안하지는 않았다. 그가 반란을 정당한 것으로 생각했다 하더라도, 그는 모든 선한 영국인들이 국교회에 순응해야 한다는 점을 보여주려고 기획했던 책에서 그러한 점을 거의 상세하게 논하지 않았다. 결론적으로 말해서 당대

27　　같은 책, 1, 16.
28　　같은 책, 3, 3.

의 종교적 논쟁의 지배적인 분위기를 염두에 둔다면, 후커는 대개의 경우 놀랄 만큼 절제된 어조로 글을 쓰고 있다. 그는 본질적으로 중간 길을 걷는 사람이었지, 열광적인 사람은 아니었다.

──────── **5. 장 보댕**

뚤루즈 대학교에서 법률을 공부한 장 보댕(Jean Bodin, 1530-1596)은 그의『손쉬운 역사 인식을 위한 방법』(*Methodus ad facilem historiarum cognitionem*, 1566)에서 보편법 연구와 역사 연구 사이에 밀접한 연결이 있다는 점을 밝히려고 노력하였다. 역사를 세 가지 유형으로 구분하고 난 다음 그는 '우리가 인간의 행위들과 그 행위들을 지배하는 규칙들을 오랫동안 그리고 열심히 집중하는 동안에는, 잠시 동안 신적인 것은 신학자에게, 자연적인 것은 철학자에게 맡겨 두자'[29]고 말했다. 그의 주된 관심사는 그의『헌정사』(*Dedication*)에서 다음의 진술로 나타난다. '실로 역사에서 보편법의 최고의 부분은 감추어져 있다. 그리고 입법에 대한 최고의 평가에서 막중하고 중요한 것, 즉 신민의 관습, 모든 국가의 시초, 성장, 조건, 변화, 쇠락은 보편법의 최고 부분에서 얻어진다. 이『방법』의 주요 주제는 이러한 사실들로 구성되어 있다. 왜냐하면 역사의 어떤 보상도 국가들의 정부형태에 관해 일반적으로 취합된 보상보다 충분하지 않기 때문이다.' 이 책은 역사에 관한 자연주의적 해석의 경향을 강하게 드러낸 것으로 잘 알려져 있다. 예를 들면 그는 지리학적 위치의 결과들을 사람들의 생리학적인 구조에 따라서, 그래서 습관에 따라서 다룬다. '우리는 북쪽 지방과 남쪽 지방에 걸쳐서 거주하는, 그리고 난 다음 동쪽 지방에서 서쪽 지방에서 살고 있는 사람들의 성질을 설명할 것이다.'[30] 이러한 종류의 착상은 그 뒤 몽테스키외(Montesquieu)와 같은 철학자들의 저술에서 다시 나타난다. 또한 보댕은 국가의 흥망에 관한 순환이론을 전개한

29　『헌정사』(*Dedication*)의 머리말(*Preamble*).
30　『국가론』(*Six livres de la république*), 5.

다. 그러나 보댕의 중요성은 주권에 대한 그의 분석에서 성립한다. 『방법』의 제6장에서 원래 소묘되었던 것이 『국가론』(*Six livres de la république*, 1576)에서 더 큰 분량으로 다루어진다.[31]

거기서 국가가 탄생하는 자연적 사회단위는 가족이다. 보댕은 가족 안에 부모와 자식뿐 아니라 하인도 포함시켰다. 다른 말로 하면 그는 가부장 안에 존립하는 힘을 가지고 있는 로마식 가족개념을 가지고 있었다. 국가는 이차적이거나 파생적인 사회이다. 왜냐하면 국가는 '주권의 힘을 가지고 있는, 여러 가족들과 그 가족들의 공동선으로 이루어진 합법적 정부'이기 때문이다. 그러나 국가는 다른 유형의 사회이다. 소유권은 가족의 불가침의 권리이다. 그러나 소유권은 통치자 또는 말하자면 통치자로서 고려된 국가의 권리가 아니다. 통치자는 주권의 소유자이지만, 주권은 소유권과 같은 것이 아니다. 그래서 보댕이 『방법』에서 이야기했던 것처럼,[32] 보댕에 있어 '국가란 가족들의 집합체 또는 하나이면서 동일한 규칙에 종속하는 동포 외에 다른 것이 아니다'. 이러한 정의에서 '통치가 그것의 성벽 안에 거의 한정되어 있는 라구사(Ragusa) 또는 제네바(Geneva)는 국가라 불러야 한다'는 사실, 그리고 '아리스토텔레스가 언급했던 것은 불합리하다는, 즉 바빌로니아(Babylon)와 같은 거대한 사람들의 집합체는 종족이지 국가는 아니'라는 사실이 도출된다.[33] 보댕에서 주권은 가족의 수장의 힘과는 본질적으로 다르다는 점과 국가는 주권 없이는 존재할 수 없다는 점이 분명해진다. 주권은 '시민과 신민들을 넘어서며 법에 의해서 제한되지 않는 최상의 권력'[34]이라고 정의된다. 이 권력에는 행정관을 만들고 그들의 임무를 규정하는 권력, 즉 입법권과 법률 취소권, 전쟁 선포권과 평화 유지권, 소청 접수권, 생사권이 포함된다. 그러나 주권이 가족의 수장의 권력과 다르다는 점이 분명하다 하더라도, 주권이 어떻게 존재하게 되는지, 무엇이 궁극적으로 주권자에게 주권을 행사할 자격을 주는지, 무엇이 시민의 준수의무의 기초인지는 전혀 분명하지 않다. 보댕은 분명히 대부

---

31   확장된 라틴어판, 1584.
32   『국가론』, 6.
33   같은 곳.
34   『국가론』, 1, 8.

분의 국가들이 힘의 행사를 통해서 존재하게 된다고 생각하였다. 그러나 그는 힘이 자신을 정당화한다거나 물리적 힘의 소유가 바로 그 사실에 의해서 그것의 소유자에게 주권을 부여한다고 생각하지는 않았다. 그러나 무엇이 합법적인 주권을 부여하는지는 불분명한 채로 남아 있다.

주권은 양도할 수 없는 것이며, 나누어질 수 있는 것도 아니다. 집행기능과 집행권은 물론 위임될 수는 있지만, 주권 그 자체, 즉 최상의 권력의 소유는 말하자면 나누어질 수 있는 것이 아니다. 주권자는 그가 주권자로 남아 있는 한 법률에 의해서 제한을 받지 않으며, 법률에 의해서 자신의 주권을 제한할 수도 없다. 왜냐하면 법률은 주권자가 만든 것이기 때문이다. 물론 이것은 주권자가 신의 권위나 자연법을 무시할 자격이 있다는 것을 의미하는 것은 아니다. 예를 들어 그는 모든 가족들의 소유권을 몰수할 수 없다. 보댕은 소유에 대한 자연권을 주장했으며, 플라톤과 모어의 공산주의 이론은 그의 펜 끝에서 날카로운 비판에 직면하였다. 그러나 주권자는 최상의 법률 원천이며, 입법에 대한 궁극적이고 완전한 통제를 가지고 있다.

특별히 보댕이 주권자를 '그'라고 언명한 것이라면, 이러한 주권론은 보댕이 왕권 절대주의를 단순하게 신봉하였다는 인상을 줌에 틀림없다. 그러나 비록 이러한 것이 역사적 정황들 안에서 필연적인 것이라고 느꼈기 때문에 그가 분명히 프랑스 군주의 지위를 강화할 의도가 있었다 하더라도, 주권에 관한 그의 이론은 그 자체 군주 절대주의와 연결되지는 않는다. 예를 들어 의회가 주권자의 자리를 차지할 수 있다. 정부형태는 각각의 국가에서 달라질 수 있다. 그러나 모든 국가가 질서가 잘 잡힌 국가인 한에서, 주권의 본성은 모든 국가들에서 동일하다. 게다가 이러한 정부의 구성이 군주의 의지에 달려 있다는 점이 인정된다면, 즉 주권이 군주와 함께 있다면, 군주가 왜 상당한 정도의 자기권력을 위임해서는 안 되고, '합헌적으로' 통치해야 하는지의 이유는 없게 된다. 왜냐하면 국가에 왕이 있다는 것은 우연적인 것이므로 왕이 주권자라는 결론은 결코 도출될 수 없기 때문이다. 만약 왕이 실제로 의회에 의존한다면, 그는 엄격한 의미에서 주권자라고 불릴 수 없다.

그러나 역사학자들이 지적한 것처럼 보댕은 결코 일관된 입장을 취한 것은 아니었다. 프랑스 군주의 위상을 강화하고 그 군주의 최상의 권력을 주장하는 것이 그의 의도였다. 이러한 주권론에서부터 프랑스의 군주가 법에 의해 제한되어서는 안 된다는 귀결이 나오는 것은 아니다. 그러나 그의 자연법 이론에서부터 신민들이 주권자에 의해 공포된 법률을 준수하지 않는 것이 정당화될 뿐 아니라 도덕적으로 그렇게 해야 할 의무가 있다는 귀결이 도출된다. 게다가 심지어는 보댕이, 그의 주권론에 따르면 비록 영주들이 자신들의 존재를 위해서 주권자에게 의존하고 있다고 하더라도, 재산권을 제한하는 것을 포함하는 것과 같은 과세는 영주들의 동의를 필요로 한다는 점을 진술하기까지 하였다. 다시 말하면 그는 정부의 법률(*leges imperii*)을 인정하였다. 같은 말이지만 왕의 권력에 대한 헌법적인 제한을 인정하였다. 다른 말로 표현하면 군주의 최상의 그리고 주권적인 권력을 강조하고자 한 그의 열망은 헌법주의에 대한 그의 성향과 일치하지 않았으며, 그로 하여금 정반대의 입장으로 이끌었다.

보댕은 역사에 관한 철학적 연구를 강조하였으며, 분명히 역사를 이해하기 위한 지속적인 시도를 하였다. 그러나 그는 당시의 편견과 미신에서 전혀 자유롭지 못했다. 비록 그가 점성술의 결정론을 거부하였다 하더라도, 그는 천체가 인간사에 영향을 끼친다고 믿었으며, 숫자들과 숫자들이 정부 및 국가들에 대해 가지는 관계에 관한 사변에 몰두했다.

결론적으로 말하면, 대화편인『숭고의 비밀에 관한 일곱 이야기』(*Colloquium heptaplomeres*)에서 보댕은 서로 다른 종교를 믿으면서 조화롭게 함께 살아가는 사람들을 그리고 있다는 점이 언급될 수도 있다. 서로 다른 고백을 하는 구성원 사이에서 평화를 원하지 않았던 역사적 사건들의 한복판에서 보댕은 상호 관용의 원리를 지지했다.

─────── 6. 요하네스 알투시우스

국가의 기원과 기초에 대한 보댕의 설명은 그렇게 분명하지 않았다. 그러나 칼뱅주의 저술가인 요하네스 알투시우스(Joannes Althusius, 1557-1638)의 철학에서 우리는 계약론에 대한 분명한 진술을 들을 수 있다. 알투시우스의 견해에 의하면 계약은 사람들의 모든 연합체 또는 공동체의 기초에 놓여 있다. 그는 여러 유형의 공동체, 즉 가족, 연합체[임의단체](*collegium*), 지역 공동체, 지방정부[州], 국가를 구분하였다. 각각의 공동체는 인간의 자연적 욕구에 상응한다. 그러나 어떤 특정한 공동체의 형성은 사람들이 특수한 목적에 관한 그들의 공동선을 위하여 연합체 또는 공동체를 형성할 것을 합의하는 동의나 계약에 의존한다. 이렇게 해서 그들은 공동선에 대한 공유자로 함께 생활하면서 공생자(*symbiotici*)가 된다. 예를 들어 가족은 사람들 안에 있는 자연적 욕구에 상응하지만, 어떤 특정한 가족의 기초는 계약에 의존한다. 그래서 가족은 국가와 함께 존재한다. 그러나 공동체는 자신의 목적을 위해서 공동의 권위를 가져야 한다. 그래서 우리는 공동체와 행정부 권위 간에 이차적인 계약을 구분할 수 있다. 이차적 계약이란 이 두 당사자 각각에 관계하는 의무의 기초가 된다.

더 나아가 중요한 점이 지적될 필요가 있다. 각 유형의 공동체가 특정한 인간 욕구에 상응하는 것처럼, 비교적 광범위한 공동체의 규약은 보다 소규모의 공동체를 취소하거나 폐지하지 못한다. 오히려 광범위한 공동체는 이미 존재하고 있는 다수의 소규모 공동체의 합의에 의해 구성된다. 예를 들어 지역 공동체는 지역 공동체를 구성하는 가족이나 연합체를 취소하지 못한다. 지역 공동체는 가족이나 연합체의 합의 때문에 존재하며, 이 공동체의 목적은 가족이나 연합체의 목적과 별개의 것이다. 그래서 후자는 광범위한 공동체에 의해서 취소되지 않는다. 그러므로 다시 말하면 국가는 개인들의 계약에 의해서 직접적으로 구성된다기보다는 지방정부의 합의에 의해서 곧바로 구성된다. 그리고 국가는 지방 정부를 불필요하거나 쓸모없게 만들지 않는다. 이러한 사실에서부터 어떤 연방(聯邦)이 논리적으로 귀결한다. 알투시우스는 국가가 개인들이 자신들의 권리를 정부에 양도하는 계약에 의거한다고 결코 생각하지 않았다. 당연히 궁극적으로는 개인들을 대표하는 여러 연합체가 함께 국가의 형성에 합의하고, 국가의 형성 근거인 공동목적이나 선의 취득을 통제하는 헌법이나 법률에 동의하게 된다.

그러나 만약 국가가 다수의 공동체 또는 연합체 중 하나에 불과하다면, 국가의 독특하고 특이한 징표는 무엇이겠는가? 보댕의 정치이론에서 그 징표는 주권(*ius maiestatis*)이지만, 보댕과는 달리 알투시우스는 주권은 언제나 필연적으로 그리고 양도 불가능하게 신민들에게 있다고 선언하였다. 물론 그렇다고 해서 이것이 신민에

의한 직접적인 정부를 그가 구상하였다는 것을 의미하는 것은 아니다. 그 자신 합의에 의존하는 법, 즉 국가의 법을 통해서 권력은 행정부의 공직자나 국가의 장관들에게 이양된다. 알투시우스는 반드시 그래야 하는 것은 아니지만 물론 왕일 수도 있는 최고장관을 염두에 두었고, 또한 헌법이 지켜졌다는 것을 감독하는 '국정 감독관들'(ephors)들을 염두에 두었다. 그러나 이 이론은 대중적 주권의 명확한 주장을 담고 있다. 통치권은 계약에 의거하므로, 이 이론은 저항권도 포함한다. 그리고 만약 통치자가 자신의 신뢰를 무너뜨리거나 계약을 파기한다면, 그 권력은 신민들에게 환원된다. 이런 일이 발생하면, 비록 헌법적 방식 안에서 이루어져야 할 터이지만, 신민들은 다른 통치자를 지명할 수 있다.

당연한 일이지만 알투시우스는 자연법에 근거하기 때문에 계약이 신성하다고 생각하였다. 그리고 그는 전통적인 방식으로 자연법 그 자체가 신의 권위에 의존한다고 간주하였다. 자연법의 관념을 재검토했던 인물은 알투시우스라기보다는 그로티우스였다. 그러나 알투시우스의 정치이론은 대중적 주권에 대한 주장과 계약의 관념에 대해서 만들어진 활용으로 인해 주목을 받는다. 칼뱅주의자로서 그는 통치자에 대한 저항권을 주장하였다. 그러나 그가 종교적 자유의 관념을 가지지 않았다는 점 또는 종교형태와는 공적으로 무관한 국가에 대한 관념을 가지지 않았다는 점이 추가되어야 한다. 그러한 개념은 가톨릭에서뿐 아니라 칼뱅주의에서도 받아들여질 수 없는 것이었다.

—————— 7. 휴고 그로티우스

휴고 그로티우스(Hugo Grotius, 1583-1645)의 주요 저작은 유명한 『전쟁과 평화의 법』(De iure belli ac pacts, 1625)이다. 그 저작의 「서설」(Prolegomena)에서,[35] 그로티우스에 의하면 카르네아데스(Carneades)는 '인간이나 동물이나 모든 피조물은 본성상 자신에

---

35   『전쟁과 평화의 법』(De iure belli ac pacts), 서설(Prolegomena), 5.

대해 유리한 목적을 향하게끔 되어 있기 때문에' 보편적으로 의무적인 자연법과 같은 것은 없다고 주장하였다. 각각의 인간은 자기 자신의 이익을 찾는다. 세속법은 사리사욕을 고려해서만 명령될 뿐이다. 세속법은 자연법에 의존하거나 자연법에 관계하지 않는다. 왜냐하면 후자는 존재하지 않는 것이기 때문이다. 이에 대해 그로티우스는 '인간은 분명히 말해서 동물이지만, 우수한 종류의 동물'이라고, 그리고 '인간의 독특한 특성들 중에 모든 종류의 사회가 아니라 평화로우면서 자신의 지성의 척도에 따라서 조직화된 사회에 대한 즉 사회적 삶에 대한 강력한 욕구가 있다'고 응답한다. '그러므로 모든 동물은 본성상 자기 자신의 선만을 찾게끔 강제되어 있다는 주장이 보편적 진리로서 진술된다면 용인될 수 없는 것이다.'[36] 자연적 사회적 질서가 존재하며, 법의 원천이 되는 것은 이러한 사회적 질서의 유지이다. '다른 것을 삼가는 것 … 약속을 이행할 의무는 법의 이 영역에 해당한다. …'[37] 게다가 인간은 '어떤 것들이 유익한지 해로운지 (현재 있는 것들과 미래의 것들 모두에 관해서), 그리고 무엇이 그 두 선택지 중 하나에 이를 수 있는지를' 판단하는 능력을 소유하고 있다. 그리고 '그러한 판단과 분명히 어긋나는 것은 무엇이든 자연법, 즉 인간의 본성에 어긋나는 것으로 이해된다.'[38]

그래서 인간의 본성은 법의 기초가 된다. '왜냐하면 비록 우리에게 어떤 것도 결여되어 있지 않더라도 우리를 사회의 상호관계로 이끄는 인간의 바로 그 본성은 자연법의 어머니이기 때문이다.'[39] 자연법은 약속을 지킬 것을 요구한다. 국가의 실정법을 준수할 의무가 상호 동의와 약속에서 생겨나는 것처럼, '자연은 말하자면 국내법의 증조모로 간주된다.' 물론 사실상 개인들은 결코 자족적이지 못하다. 사욕의 추구는 실정법과 권위에 대한 복종이라는 제도에서 일정한 역할을 한다. '그러나 각 국가의 법들이 해당 국가의 이익을 고려하는 것과 마찬가지로, 상호합의에 의해서 모든 국가 혹은 매우 많은 국가 사이의 법들이 생겨나는 일은 가능하다. 그런 식으로 생겨

---

36   같은 책, 6.
37   같은 책, 8.
38   같은 책, 9.
39   같은 책, 16.

난 법들이 특정한 국가들의 이익이 아니라 국가들로 이루어진 거대한 사회의 이익을 고려했다는 것은 명백한 사실이다. 그리고 이것이 우리가 그 용어를 자연법과 구별할 때마다 국제법(또는 만민법(萬民法), law of nations)이라고 부르는 것이다.[40] 그러나 그것은 단지 사욕의 추구 문제가 아니라, 자연적 정의의 문제이다. '사실상 많은 사람들은 국가 내의 개인들의 경우에 그들이 지지하는 정의의 표준이 민족이나 민족의 통치자에 적용될 수 없다고 주장한다.'[41] 그러나 '어떤 인간 연합체도 법 없이 유지될 수 없다면, … 분명히 말해서 인간 종족을 함께 묶는 또는 많은 민족들을 함께 묶는 그런 연합체도 법을 필요로 한다. 이것은 나라를 위해서라도 부끄러운 행동을 해서는 안 된다고 말했던 사람에 의해서 인지되었다.'[42] 이로부터 '권리들의 실행의 경우가 아니라면 전쟁이 발발되어서는 안 된다는 결론이 도출된다. 그러나 일단 전쟁이 발발되었다면, 전쟁은 오직 법과 좋은 신앙의 테두리 안에서 수행될 수 있어야 한다.'[43]

그래서 그로티우스는 '평화에서도 전쟁에서도 비슷하게 유효한, 민족들 간의 공동법이 존재한다'[44]고 확신하였다. 그러므로 우리는 자연법(natural law), 소국(States)들의 국내법(municipal law) 또는 실정법(positive law), 국제법(law of nations)을 가진다. 추가해서 개신교 신앙심이 투철한 그로티우스는 실정적인 그리스도교법(Christian law)을 인정한다. '그러나 실정적인 그리스도교 법을 — 대부분의 사람들의 관행과는 다르게 — 나는 자연법과 구별했는데, 그 이유는 내가 다음의 사실을 확실한 것으로 고려하고 있기 때문이다. 즉 자연법이 단독으로 우리에게 요구하는 것보다 대부분의 신성법(holy law)에서 더 높은 정도의 도덕적 완전함이 우리에게 요구되리라는 점을 나는 확신한다.'[45]

일반적으로 역사학자들은 신학적인 기초와 전제로부터 자연법의 관념을 '분리하고' 자연법의 관념을 자연화했다는 점에서 그로티우스가 중요한 역할을 했다

---

40   같은 책, 17.
41   같은 책, 21.
42   같은 책, 23.
43   같은 책, 25.
44   같은 책, 28.
45   같은 책, 50.

고 생각한다. 이런 관점에서 이른바 그로티우스는 스콜라철학자보다 아리스토텔레스와 더 가까이 있었다. 그로티우스는 아리스토텔레스를 크게 존경하였다. 그로티우스가 자연법의 관념을 신의 관념에서부터 분리했다는 것은 어느 정도 확실히 진실이다. '신은 존재하지 않는다거나 인간사는 신의 관심사가 아니라고 하는 식의 극단적인 사악함이 없이는 용인될 수 없는 것을 우리가 용인한다 하더라도, 우리가 말했던 것은 어느 정도 정당할 것이다.'[46] 그러나 그는 계속해서 자연법이 '인간 안에 심어져 있는 본질적 특징에서 나오는 것이지만 그럼에도 불구하고 신에 귀속시키는 것이 옳을 수 있다'고 말했다. '왜냐하면 그러한 특징들이 우리 안에 존재하기를 신이 원했기 때문이다.'[47] 그리고 그는 크리시포스(Chrysippus)와 성 요하네스 크리소스토무스(St. John Chrysostom)를 인용하면서 그들을 지지하였다. 더욱이 그는 다음처럼 자연법을 정의하였다. '자연법은 어떤 행동이 이성적 본성에 일치하느냐 하지 않느냐에 따라 자신 안에 도덕적 비열함이나 도덕적 필연성의 성질을 가진다는 점을, 그리고 결과적으로 그러한 행동은 자연의 창조자, 즉 신에 의해 금지되거나 지시된다는 점을 지적하는 올바른 이성의 명령이다.'[48] 이런 문제를 인용하면서 그는 토마스 아퀴나스와 둔스 스코투스를 인용하는데, 그에 따르면 이들의 언급은 결코 가벼이 여겨져서는 안 된다. 역사적 사실로서 그로티우스의 자연법 관념의 취급이, 그가 그 법을 신학자로서가 아니라 법률가와 법철학자로서 다루었기 때문에 그 관념의 '자연화'에 기여했다고 말하는 것이 진실일 수 있는 반면에, 그로티우스가 가령 성 토마스의 입장과 근본적으로 결별하였다고 말하는 것은 잘못이다. 몇몇 역사가들에게 인상적인 것처럼 보이는 것은 다음과 같은 사실에 대한 그의 주장이다. 자연법이 지시하거나 금지하는 행동을 신이 명령하거나 금지하는 이유는 그 행동이 그 자체로 의무이거나 잘못이기 때문이다. 자연법은 신조차 변경할 수 없다.[49] 그 행동이 옳거나 그른 것이 신의 결정 때문에 옳거나 그른 것이 아니다. 그러나 자연법에 의해서 허용되거나 지시되거나 금

---

46 같은 책, 「서설」, 11.
47 같은 책, 12.
48 같은 책, 1, 1, 10, 1.
49 같은 책, 1, 1, 10, 5.

지된 행동들의 도덕적 성질은 신의 자의적인 명령에 근거한다는 개념은 분명히 말해서 성 토마스의 개념이 아니었다. 그러한 개념은 다소 오컴주의자들의 견해를 대변한다. 그러나 그러한 개념은 궁극적이고 형이상학적이며 '신학적인' 기초를 자연법에 귀속시키는 것과 결코 반드시 연결되는 것은 아니다. 그로티우스가 자연법과 '자발적인 신법'의 차이를 지적할 때,[50] 그는 성 토마스가 동의를 했던 진술을 하고 있는 것이다. 내가 볼 때는 그로티우스가 그가 실제로 했던 것보다 과거와 더 큰 단절을 이루었다는 인상을 주게 되는 까닭은 그의 '근대성' 때문이다. 즉 그가 법률가와 철학자의 관점에서부터 법을 조심스럽게 그리고 체계적으로 다루었기 때문이다.

「서설」에서[51] 그로티우스는 다음처럼 말하고 있다. '자연법에 관련된 것들의 증명을 의심의 여지가 없는 어떤 근본 개념들에 연관시키는 것이 나의 관심사였다. 그래서 어느 누구도 자기 자신을 왜곡하지 않고서는 그런 것들을 부정할 수 없다.' 제1권에서[52] 그는 아포스테리오리한 증명이 '보다 친숙하기는' 하지만, '무언가를 이성적이면서 사회적인 본성과 필연적으로 일치하는지 일치하지 않는지에 대한 증명에서 성립하는' 아프리오리한 증명이 '더 적절하다'고 주장한다. 그러나 후에 그의 저서에서,[53] 도덕문제에서 의심되는 이유들을 다룰 때 그는 '아리스토텔레스가 저술했던 것이 전적으로 참이고, 따라서 도덕적 문제에서는 수학에서와 같은 정도의 확실성이 발견되지 않는다'고 언급한다. 사무엘 푸펜도르프(Samuel Pufendorf)는 이러한 진술에 대해 예외를 인정했다.[54] 그러므로 나는 사람들이 연역의 중요성 즉 수학의 성공의 영향을 받은 중요성을 그 특성으로 가지는 철학적 사유의 운동에서 그로티우스가 가지는 위치를 크게 강조해야 한다고 생각하지 않는다. 의심의 여지없이 그는 이러한 영향을 벗어나지 못했다. 그러나 자연적 도덕성의 자명한 원리들이 존재한다는 이론은 결코 새로운 것이 아니었다.

---

50   1, 1, 10, 2.
51   39.
52   1, 1, 12, 1.
53   2, 23, 1.
54   『자연법과 국제법』(*De jure naturae et gentium*), 1, 2, 9-10.

그로티우스에 따르면 '국가는 권리의 향유와 공동의 이익을 위해 함께 참여하는 자유로운 사람들의 완전한 연합체이다.'[55] 국가 자체는 주권자의 '공동주체'이다. 왜냐하면 주권자는 '그의 행위들이 다른 사람의 법적인 통제 하에 종속되지 않는 권력이며, 따라서 그 행위들은 다른 인간의지의 작동에 무효화될 수 없기 때문이다.'[56] '각 민족의 법률과 관습에 따르면 특수한 주체는 하나 또는 그 이상의 사람들이다.'[57] 더 나아가서 그로티우스는 주권이 항상 그리고 필연적으로 신민들 안에 있다는 알투시우스(그러나 이름을 언급하고 있지는 않다)의 의견을 부정한다. 그는 사람들이 주권자를 바꿀 수 없다고 가정하는 이유가 무엇인지를 묻는다.[58] 비록 주권자는 그것이 명확한 어떤 것을 의미한다는 점에서 그 자체 분할될 수 없는 것이지만, 주권적 권력을 실제로 행사하는 것은 분할될 수 있다. '신민들은 왕을 선택할 때 어떤 권력들은 유보할 수 있지만 다른 권력들은 왕에게 절대적으로 맡기게 되는 일이 일어날 수도 있다.'[59] 분할된 주권자는 손해를 볼 수도 있지만, 모든 정부의 형태는 주권을 분할한다. '그리고 법적인 규정은 이런저런 사람이 최선이라고 생각하는 것에 의해서 판단되는 것이 아니라, 규정이 규정의 시작을 담당했던 사람의 의지에 일치하는지 여부에 의해서 판단된다.'[60]

통치자에 대해 저항하거나 반란하는 것에 관해서 그로티우스는 저항권이 제한되어서는 안 된다는 것은 국가의 본성과 목적에 크게 모순된다고 주장한다. '선량한 사람이라면 어쨌든 하나의 원리가 논의의 여지없이 확립된다. 그 원리는 다음과 같다. 당국자들이 자연법 또는 신의 명령에 어긋나는 질서를 반포한다면, 그 질서는 수행되어서는 안 된다.'[61] 그렇지만 반란은 별개의 문제이다. 그러나 만약 당국자의 협의에서 저항권이 유보된다면, 또는 왕이 공개적으로 전체 신민들의 적임을 스스로 보

---

55   같은 책, 1, 1, 14, 1.
56   같은 책, 1, 3, 7, 1.
57   같은 책, 1, 3, 7, 3.
58   같은 책, 1, 3, 8, 1.
59   같은 책, 1, 3, 17, 1.
60   같은 책, 1, 3, 17, 2.
61   같은 책, 1, 4, 1, 3.

여준다면, 또는 왕이 왕국을 양도한다면, 반란, 즉 힘에 의한 저항은 정당화된다.

　　그로티우스는 정의로운 전쟁은 허용될 수 있다고 가르친다. 그러나 '피해를 입는 경우를 제외하고는 전쟁을 수행할 어떤 다른 정의로운 이유도 있을 수 없다.'[62] 한 국가가 그 국가에 대해 공격을 감행했던 다른 국가에 대해 전쟁을 수행하는 것, 또는 다른 국가에 의해 빼앗겼던 것을 회복하기 위해서 전쟁을 수행하는 것, 혹은 다른 국가가 명백히 자연법이나 신법을 위반했을 경우 그 나라를 '처벌하기 위해서' 전쟁을 수행하는 것은 허용될 수 있다. 그러나 다른 국가가 공격을 할 의도가 있다는 도덕적 확실성이 없다면, 예방조치의 전쟁이 수행되어서는 안 된다.[63] 또한 단순히 이익을 취하기 위한 전쟁도 있을 수 없다.[64] 또한 더 좋은 땅을 가지기 위한 전쟁도 있을 수 없다.[65] 그것이 그들의 선이라는 구실하에 다른 사람들을 지배하기 위한 욕망에서 비롯한 전쟁도 있을 수 없다.[66] 전쟁은 그것이 정의롭다는 것에 대한 의심이 있는 경우에는 수행될 수 없다.[67] 그리고 정당한 이유가 있다 하더라도, 그것은 성급하게 감행되어서는 안 된다.[68] 전쟁은 단지 필연적인 경우에만 감행되어야 하며,[69] 평화는 언제나 염두에 두어야 한다.[70] 전쟁의 실제적인 실행에 있어서 전적으로 자연법에 관련되거나 이전의 약속, 즉 국제법과 관련되어서 허용될 수 있다.[71] 이전의 약속과 관련하여 전쟁의 허용 가능성을 논의하는 것은 적들 간의 좋은 신앙에 관한 논의이다. 그로티우스는 좋은 신앙은 항상 지켜져야 한다고 주장한다. 왜냐하면 '적인 사람들도 사실상 인간이 아닌 것은 아니기 때문이다.'[72] 예를 들면 조약은 꼼꼼하게 준수되어야 한

62　같은 책, 2, 1, 1, 4.
63　같은 책, 2, 22, 5.
64　같은 책, 2, 22, 6.
65　같은 책, 2, 23, 8.
66　같은 책, 2, 22, 12.
67　같은 책, 2, 23, 6.
68　같은 책, 2, 24.
69　같은 책, 2, 24, 8.
70　같은 책, 3, 25, 2.
71　같은 책, 3, 1, 1.
72　같은 책, 3, 19, 1, 2.

다. 당연히 자연법은 모든 사람을 사람으로 묶는다. 국제법은 자신의 의무적 힘을 모든 국가 또는 많은 국가의 의지에서 받아들이는 법률이다.[73] 그러므로 그 법은 자연법과 구별되며, 약속과 관습에 의거한다. 디오 크리소스토무스가 잘 고찰하고 있듯이 '국제법은 사실상 시간과 관습의 산물이다. 그리고 국제법의 연구에서 저명한 역사 저술가들은 우리에게 가장 큰 가치를 지닌다.'[74] 다른 말로 하면 국가들 간의 관습, 합의, 계약은 마치 개인들 간의 약속이 의무를 낳는 것처럼 의무를 낳는다. 국제적인 권위나 재판소나 중재법정이 없는 경우에는 국가 간의 전쟁은 개인 간의 소송과 마찬가지다. 그러나 중재나 협의를 통해 (그로티우스에 따르면 심지어는 주사위에 의해) 회피될 수 있다면, 전쟁이 수행되어서는 안 된다. 그리고 만약 회피될 수 없다면, 즉 권리의 집행을 위해 전쟁이 필연적이라면, 전쟁은 좋은 신앙 안에서 그리고 재판과정에서 준수되는 것과 유사한 공정한 절차에 대한 꼼꼼한 주의와 함께만 전쟁이 수행되어야 한다. 그로티우스가 '공적인 전쟁'을 정책의 정의로운 도구, 즉 제국주의적 야망 혹은 영토에 대한 욕심으로서가 아니라 재판이 '사적인 전쟁'을 불필요한 것으로 만드는 것과 꼭 마찬가지로 전쟁을 불필요한 것으로 만들 수 있는 국제재판소가 없을 때 회피될 수 없는 어떤 것으로 간주했다는 것은 분명하다. 그럼에도 불구하고 개인들이 자기방어권을 향유하는 것과 마찬가지로 국가도 그러하다. 정의로운 전쟁은 있을 수 있다. 그러나 이러한 사실에서부터 정의로운 전쟁에서조차 모든 수단들이 합법적이라는 결론이 도출되는 것은 아니다. '국제법'은 반드시 준수되어야 한다.

그로티우스는 인문주의자, 인도주의자, 학식이 있는 사람이었다. 또한 그는 신앙심이 깊은 그리스도인이었다. 그는 그리스도인들 사이의 불화를 치유하고자 희망하였으며, 서로 다른 고백에 관해 관용을 옹호하였다. 그의 위대한 저작인 『전쟁과 평화의 법』은 체계적이고 인도주의적 특성을 가지고 있다는 점에서뿐 아니라 편협에서 공평무사하게 벗어났다는 점에서 주목할 만하다. 그 책의 정신은 그의 스콜라철학자들에 대한 언급에서 잘 표현된다. 그에 따르면 스콜라철학자들은 '절제의 칭찬할 만

73　같은 책, 1, 1, 14, 1.
74　같은 책, 1, 1, 14, 2.

　　　　　　　제2부 르네상스의 철학

한 예를 보여준다. 그들은 논증을 가지고서 논쟁하고 있으며, 뒤에 자구를 따져 망신을 주는 관행, 개인적인 욕설, 자제력을 상실한 정신의 천박한 결과에 따른 논쟁을 하는 사람들이 아니었다'.[75]

나는 르네상스시대의 스콜라주의를 이 책의 다음 부분에서 다룰 것을 제안했기 때문에, 본 장에서 스콜라 저술가들의 정치이론에 대한 저술을 다루지 않았다. 그러나 스콜라 저술가들이 중세의 법철학을 그로티우스와 같은 사람들에게 전달하는 중요한 통로를 마련했다는 사실을 여기에서 주목하는 것이 바람직할 것이다. 이 점은 특히 수아레즈에 대해 참이다. 추가해서 비토리아(Vitoria)와 수아레즈의 '국제법'과 전쟁에 관한 취급이 르네상스시대와 르네상스 이후 시기의 비스콜라주의 저술가들에 대해 영향을 끼치지 않았다고 할 수는 없다. 우리는 그로티우스와 같은 사람의 중요성을 평가절하하기를 원하지 않지만, 중세의 사상과 르네상스시대의 정치이론·법이론 사이에 존재했던 연속성을 아는 것이 바람직하다. 게다가 스콜라의 법철학을 통해 사람들은 어느 정도의 사상의 '세속화'를 그로티우스 및 그와 비슷한 성향의 사상가들에게 돌리는 것을 회피하고자 하는 데서 도움을 받게 된다. 사상의 세속화는 나의 견해로는 그들의 저술 속에는 없다. 스콜라철학자들 일반이 자연법을 신의 자의적인 의지에 의거하게 만들었다는 생각 때문에, 자연스럽게 사람들은 그로티우스와 같은 사람을 자연법의 개념을 인간화해서 세속화한 사람으로 간주하는 쪽으로 생각이 쏠리게 된다. 그러나 그러한 생각은 옳지 않다. 그러한 생각은 스콜라주의 일반에 대한 무지에 근거하거나 아니면 유명론 학파의 일부 학자들만의 독특한 개념이 스콜라 철학자들의 일반 견해를 대표했다는 가정에 근거한다.

---

75   『전쟁과 평화의 법』(De iure belli ac pacts),「서설」(Prolegomena), 52.

제3부

르네상스의 스콜라주의

SCHOLASTICISM OF THE RENAISSANCE

A HISTORY OF PHILOSOPHY
OCKHAM TO SUÁREZ

제21장

개관

━━━━━ 1. 스콜라주의의 부활

사람들은 아마도 아리스토텔레스적 스콜라주의의 기운과 활력이 결국 두 가지 요인에 의해, 즉 첫째로는 14세기의 유명론 운동의 흥기와 확대에 의해서, 둘째로는 르네상스시대의 새로운 사상 노선의 출현에 의해서 약화되었을 것이라고 기대할 수도 있다. 그러나 15세기와 16세기에 스콜라주의의 놀랄 만한 부활과 르네상스시대와 근대 초기에 속하는, 스콜라주의의 가장 위대한 몇몇 사람들이 나타났다. 비록 선도적 인물들의 모두는 아니었지만 대다수는 스페인 사람이라는 의미에서 이 부활의 주요한 중심지는 스페인이었다. 성 토마스 저작에 대한 위대한 주석가인 카예타누스(Cajetan)는 이탈리아 사람이었지만, 스콜라 사상에 깊은 영향을 끼쳤던 비토리아의 프란시스(Francis of Vitoria)도 도미니코 소토(Dominic Soto), 멜초르 카노(Melchior Cano), 도미니코 바네즈(Dominic Báñez), 가브리엘 바스케스(Gabriel Vásquez), 프란치스코 수아레즈(Francis Suarez)와 같이 스페인 사람이었다. 스페인은 르네상스 사상의 소용돌이나 종교개혁의 종교적 알력으로부터 비교적 자유로웠다. 자연스러운 일이었지만, 스페인의 신학자들에 의해, 물론 이들만에 의해서는 아니었지만, 탁월하게 수행된 연구의 부활은 스콜라주의의 부흥·연장·발전의 형태를 갖추었다.

스콜라 사상의 이러한 부활은 특히 두 종교 수도회와 연결된다. 그 분야에서 첫째 수도회는 도미니코 수도회였으며, 여기에서 카예타누스, 데 실베스트리스(De Sylvestris)과 같은 성 토마스에 대한 저명한 주석가들과 비토리아의 프란시스코, 도미니코 소토, 멜초르 카노, 도미니코 바네즈와 같은 탁월한 신학자이자 철학자들이 배출되었다. 사실상 스콜라주의의 첫 무대, 즉 트리엔트 공의회(Council of Trent)에 시대적으로 앞섰던 무대는 상당한 정도로 설교 수도회[도미니코 수도회]의 활동이었다. 트리엔트 공의회는 1545년에 개최되었으며, 스콜라 사상의 부활에 강력한 추진력을 제공하였다. 그 공의회는 일차적으로 당연하게 신학교의, 신학문제, 신학논쟁에 관심을 가졌지만, 그러나 이런 주제들을 다루고 논의하는 일은 또한 철학적 문제의 취급을 포함하였다. 왜냐하면 적어도 공의회에 조력했거나 공의회에서 생겨났던 주제들을 논의하는 신학자들은 반드시 어느 정도는 철학적 논의에 연관되어 있었기 때문이다. 따라서 성 토마스의 저작들에 대해 주해를 달고 그의 사상을 설명하고 발전시키는 데 있어 도미니코 수도회의 활동은 스콜라 연구의 증진에 대해 트리엔트 공의회가 기여하였던 추진력에 의해 강화되었다. 계속된 활기의 풍부함은 예수회(Society of Jesus)에 의해 스콜라주의에 제공되었다. 예수회는 1540년에 설립되었고, 트리엔트 공의회에서 시작되었던 소위 반종교개혁[가톨릭의 종교개혁]의 활동과 특별히 연결된다. 예수회는 다수의 학교, 대학, 대학교의 설립을 통해서 가톨릭 중에서 지적인 삶의 심화와 연장에 가장 중요한 일반적인 기여를 하였을 뿐 아니라, 당대의 신학적이고 철학적인 논의와 논쟁에서 현저한 역할을 하였다. 16세기와 17세기 초반의 저명한 예수회 수도자들 가운데 우리는 톨레투스(Toletus), 몰리나(Molina), 바스케스, 레시우스(Lessius), 성 로베르토 벨라르미노(St. Robert Bellarmine), 그리고 무엇보다도 프란치스코 수아레즈와 같은 이름들을 발견하게 된다. 나는 다른 수도회들이 또한 스콜라주의의 부활에 역할을 하지 못했다고 말하고 싶지는 않다. 다른 수도회들에 속했던 인물들 중에서 프란치스코 회원인 리체투스(Lychetus)와 같은 잘 알려진 저술가들도 있었다. 그러나 르네상스시대에 스콜라 사상을 위해 대부분을 했던 사람들의 두 부류는 도미니코 수도회와 예수회였다는 사실은 분명하다.

2. 트리엔트 공의회 이전의 도미니코회 저술가들: 카예타누스

트리엔트 공의회 이전이나 직후에 죽었던 스콜라주의자들 중에 다음과 같은 사람들을 언급할 수 있겠다. 예를 들어『토마스주의의 옹호』(*Clypeum thomistarum*)의 저자인 니게르(Petrus Niger, 1477년 사망),『카프레올루스 개요』(*Epitome Capreoli*)의 저자인 손시나스(Barbus Paulus Soncinas, 1494년 사망),『아리스토텔레스의 형이상학적 질문』(*In XII libros metaphysicae Aristotelis quaestiones*) 외 여러 권의 저자인 플랑드르의 도미니코(Dominic of Flanders, 1500년 사망)가 있다. 이 세 사람은 모두 도미니코 회원들이었다. 또한 출생 때 카잘레니스(Chrysostomus Casalensis)라고 불렸던 자벨리(Chrysostom Javelli, 1470-1545년경)도 언급할 수 있겠다. 그는 볼로냐 대학교에서 가르쳤으며, 아리스토텔레스의 주요 저서들에 관한 주해인『소 논리 입문』(*Compendium logicae isagogicum*),『자연철학 개요』(*In universam naturalem philosophiam epitome*),『형이상학 개요』(*In libros XII metaphysicorum epitome*),『윤리학 개요』(*In X ethicorum libros epitome*),『정치학 개요』(*In VIII politicorum libros epitome*),『네 개의 유성에 관한 질문』(*Quaestiones super quartum meteorum*),『감각과 그 대상』(*super librum de sensu et sensato*),『기억과 회상』(*super librum de memoria et reminiscentia*)을 저술하였다. 그는 또한『기억과 회상』(*super librum de memoria et reminiscentia*),『아리스토텔레스와 주해』(*Aristotelis et Commentatoris decisae*),『영혼론 3권, 형이상학 12권에 관한 물음』(*Quaestiones super III libros de anima, super XII libros metaphysicae*)에서 아리스토텔레스에 관한 아퀴나스의 해설을 옹호하였다. 부가해서 그는 인간영혼은 당연히 죽을 수밖에 없다는 것을 보여주는 폼포나치의 논증을 반박하는 글을 출판한 것 이외에도『플라톤 윤리학과 정치학 개요』(*In Platonis ethica et politica epitome*),『그리스도교 철학과 윤리학』(*Christiana philosophia seu ethica*)을 저술하였다. 이 마지막 주제를 그는 다시 자신의『인간영혼에 관한 오류 없는 네 가지 이론, 페리파토스학파, 아카데미학파, 자연학파, 그리스도교』(*Tractatus de animae humanae indeficientia in quadruplici via, sc. peripatetica, academica, naturali et Christiana*)에서 다루었다. 또한 그는 예정에 관한 까다로운 주제에 대해 글을 쓰기도 했다.

또한 언급되어야 할 인물은 볼로냐 대학교에서 가르쳤고, 아리스토텔레스의『자연학』(*Physics*)과『영혼론』(*De anima*)에 대한『문제들』(*Quaestiones*), 아리스토텔레스의

『분석론 후서』(*Posterior Analytics*)에 관한 『주해』(*Annotationes*), 성 토마스의 『대이교도(對異教徒) 대전』(*Summa contra Gentiles*)에 대한 주해를 저술하였던, 페라리엔시스(Ferrariensis)로 알려진 실베스트리스(Francis Sylvester de Sylvestris)이다. 그러나 훨씬 더 중요한 작가는 카예타누스였다.

통상 카예타누스로 알려진 토마스 데 비오(Thomas de Vio, 1468-1534)는 가에타(Gaeta)에서 태어났으며, 16세에 도미니코회에 입회하였다. 나폴리, 볼로냐, 파도바에서 공부한 후, 파도바 대학교에서 가르쳤다. 그리고 거기서 아퀴나스의 『존재와 본질』(*De ente et essentia*)에 대한 논문을 썼다. 계속해서 그는 한 동안 파비아(Pavia) 대학교에서 가르쳤으며, 그 후 도미니코 수도회에서 여러 고위 직책을 맡았다. 1508년 그는 총장(Master-General)으로 선임되었고, 이 직에 있을 때 도미니코에서 수준 높은 연구를 장려하는 데 지속적인 관심을 두었다. 그는 1517년 추기경이 되었으며, 1518년에서 1519년까지 독일에서 교황 특사를 역임하였다. 1519년 가에타의 주교로 지명되었다. 그의 다수의 저작들은 성 토마스의 『신학대전』(*Summa theologica*), 아리스토텔레스의 『범주론』(*Categories*), 『분석론 후서』, 포르피리오스의 『범주론』(*Praedicabilia*)에 대한 주해들을 포함할 뿐 아니라, 『명칭들의 유비』(De nominum analogia), 『자연철학의 주제』(*De subiecto naturalis philosophiae*), 『존재의 개념』(*De conceptu entis*), 『신의 무한성』(*De Dei infinitate*), 그리고 이미 언급된 『존재와 본질』이라는 저술들을 포함한다. 카예타누스는 비록 신학적 논쟁과 철학적 논쟁에 참여했지만, 놀랄 정도로 차분하고 온건한 태도를 견지하면서 글을 썼다. 그러나 그는 당시의 인문주의와 문학적 스타일에 대한 관심의 영향을 카예타누스보다 더 많이 받았던 멜초르 카노(Melchior Cano)에 의해 불분명하다는 이유로 비난받았다.

『명칭들의 유비』(*De nominum analogia*)에서 카예타누스는 토마스주의자들 가운데 상당한 영향을 끼쳤던 유비론을 발전시켰다. 유비가 형이상학에서 행하는 역할의 중요성을 주장한[1] 다음에 그는 유비를 세 유형으로 나누었다. (i) 첫째 유형의 유비 또

---

1 『명칭들의 유비』(*De nominum analogia*), 제1장.

는 때때로 그냥 유비라고 불리는 것은 '부동등성의 유비'(analogy of inequality)[2]이다. 예를 들어 감각적 또는 동물적 생명은 금수에서보다 인간에서 더 높은 정도의 완전성을 가지고 나타나며, 이런 의미에서 그들은 '동등하지 않은' 동물들이다. 그러나 카예타누스에 따르면 이로 인해 동물성이 인간과 금수에 대해 일의적인 의미의 술어를 갖는다는 사실이 바뀌는 것은 아니다. 물질성은 금속에서보다 식물에서 더 고귀하다. 그러나 식물과 금속은 일의적인 의미에서 물체적인 것들이다. 그러므로 이러한 유형의 유비는 단지 용어의 오용에서 비롯한 '유비'이다. (ii) 둘째 유형의 유비는, 비록 카예타누스가 인정했던 유일한 종류의 유비가 비본질적적 귀속의 유비였음에도 불구하고, 귀속의 유비(analogy of attribution)이다.[3] 예를 들어 동물은 자체적으로 건강을 가지고 있기 때문에 건강하다고 말하지만, 음식과 약품은 그것과는 다른 그 무엇 때문에 예컨대 동물 안에서 건강을 보존하거나 회복시킨다는 바로 그 이유만으로 건강에 좋다고 말한다. 그러나 이러한 예는 오해를 불러일으킨다. 카예타누스는 예를 들어 유한한 것들은 음식이 건강에 좋다고 말하는 그런 의미에서만 좋은 것이라고 주장하지 않았다. 그는 각각의 유한한 것이 그 자신의 고유한 좋음을 가지고 있다는 점을 잘 알고 있었다. 그러나 그의 주장에 따르면, 작용인으로서의, 즉 본보기적 또는 궁극적 원인으로서의 신적인 좋음과 유한한 것들의 관계 때문에 단지 유한한 것들이 좋다고 불린다면, 유한한 사물들은 단지 비본래적인 명칭에 의해서만 좋은 것이라 불린다. 그리고 그의 생각에 의하면, A가 B, 즉 오직 그것에 대해서만 유비적 용어가 형식적 측면에서 술어로 사용되는 B에 대해 관계한다는 이유만으로 유비적 용어가 A에 대해 술어로 사용될 때, 술어는 말하자면 묵인하는 가운데서만 유비적이라 불린다. 적절하고 충분한 의미에서의 유비는 셋째 유형의 유비에서만 나타난다. (iii) 이 셋째 유형의 유비는 비례의 유비(analogy of proportionality)이다.[4]

비례의 유비는 은유적이거나 비은유적일 수 있다. 우리가 '미소 짓는 초원'이라고 말한다면, 이것은 은유적 유비의 사례이다. '그리고 성경은 이런 종류의 유비들로

---

2   같은 곳.
3   제2장.
4   제3장.

가득 차 있다.'[5] 그러나 공통의 용어가 은유를 사용하지 않고 두 유비체(analogates)에 대해 술어로 사용될 때만, 적절한 의미에서의 비례의 유비이다. 만약 우리가 신의 작용과 신 존재 사이의 관계와 인간의 작용과 인간의 존재의 관계 사이에 유비가 존재하다고 말한다면, 불완전한 유사성이 두 '비례' 또는 관계 사이에 유지되는 것으로 주장되고 있기 때문에, 비례의 유비가 존재한다. 그러나 작용은 신과 인간 모두에게 형상적으로 그리고 고유하게 귀속된다. 다시 말하면 우리는 지혜를 신과 인간에 대해 술어로 사용할 수 있다. 왜냐하면 이것은 신의 지혜와 신 사이의 존재의 관계와 인간의 지혜와 인간의 존재 사이의 관계 간의 유비가 유지되며, 우리는 '지혜'라는 낱말을 은유적으로 사용하지 않더라고 그렇게 한다는 것을 의미하기 때문이다.

카예타누스에 따르면, 이런 종류의 유비는 피조물과 신 사이에 유지되는 유일한 종류이다. 그리고 카예타누스는 이러한 유비는 신에 대한 사실적인 인식을 낳을 수 있다는 것을 보여주는 영웅적인 노력을 기울였다.[6] 특히 그는 우리가 유비에 의해서 애매성의 오류(fallacy of equivocation)를 범하지 않고 피조물로부터 신으로 논증할 수 있다는 것을 보여주려고 노력하였다. 피조물 안에서 발견되는 모든 순수한 완전성은 신 안에서도 존재한다. 그러나 지혜는 인간 안에서 발견되며, 그것은 순수 완전성이다. 그러므로 지혜는 신 안에서 발견된다. 소전제에서의 '지혜'라는 낱말이 인간의 지혜를 의미한다면, 결론에서의 '지혜'라는 낱말이 인간의 지혜를 의미하지 않기 때문에, 이 삼단논법은 애매성의 오류를 범하게 된다. 이러한 오류를 피하기 위해서 우리는 '지혜'라는 낱말을 일의적으로도 다의적으로도 사용해서는 안 된다. 즉 단지 한 가지로 의미로도 두 개의 구별되는 의미로도 사용해서는 안 되고, 두 가지 사용을 비례적으로(proportionaliter) 포함하는 의미에서 '지혜'라는 낱말을 사용해야 한다. 예를 들어 신과 인간에 대해 유비적으로 술어로 사용된 '아버지'라는 개념은 두 사용을 모두 포함한다. 우리가 예를 들어서 인간 지혜를 경험함으로써 지혜에 대한 인식을 얻게 된 다음에 그 낱말을 신에게 유비적으로 적용하는 것은 사실이다. 그러나 카예타누스

---

5   같은 곳.
6   제10장.

에 따르면[7] 어떤 개념이 유비적으로 사용될 때 우리는 개념의 심리적 기원과 그것의 정확한 내용을 혼동해서는 안 된다.

유비에 관한 카예타누스의 설명이 불명료한 것은 차치하고라도, 내가 생각하기에 한편으로 애매성의 오류를 피하기 위해서 용어사용의 규칙을 설정하는 것과 다른 한편으로 이러한 방식의 용어 사용이 객관적으로 정당하다는 것을 보여주는 것은 같은 것이 아니라는 점은 분명하다. 예를 들어 만약 우리가 신의 지혜와 신 존재 사이의 관계와 인간의 지혜와 인간의 존재 사이의 관계 간에 무언가 유사성이 있다고 주장한다면, 우리는 '지혜'라는 낱말을 일의적으로나 다의적으로 사용해서는 안 된다고 말하는 것과, 그러나 또한 우리가 신의 지혜에 대해 모든 것을 말할 자격이 있다는 것을 보여주는 것은 별개의 문제이다. 피조물과 신 사이에 유지되는 유일한 유비가 비례의 유비라면, 어떻게 해서 이것이 입증될 수 있겠는가? 이런 유형의 유비는, 만약 본질적인 귀속의 유비가 전제되지 않는다면, 신에 대한 우리의 인식에 관해 도대체 어떤 의미를 가질 수 있는지를 보여주기는 어렵다. 카예타누스는 유비의 잘못된 사용에 대해 언급하는 것이 의심의 여지없이 상당히 중요하다고 생각하였다. 그러나 그가 신과 피조물에 적용된 유비를 비례의 유비에 국한시킨 것이 성 토마스의 견해를 반영한 것인지 어떤지에 대해 나는 감히 의심을 품고 싶다. 그리고 그의 입장이 어떻게 결국 불가지론에 귀결되지 않는지를 아는 것은 그다지 어렵지 않을 것이다.

카예타누스는 많은 경우에 항상 정중하고도 온화한 방식으로 스코투스주의를 비판하였다. 그보다 더욱더 그는 당시의 '아베로에스주의'를 비판하였다. 그러나 아리스토텔레스의 『영혼론』에 대한 주해에서 우리는 카예타누스가 다음과 같은 점을 인정하고 있음을 주목할 필요가 있다. 아베로에스주의자들이 아리스토텔레스에 귀속시킨 견해, 즉 모든 인간에서 단지 하나의 지성적이며 불멸하는 영혼이 존재한다는 견해를 그 그리스 철학자[즉 아리스토텔레스]가 실제로 주장했다는 것이 카예타누스의 생각이다. 카예타누스는 모든 인간 안에 오직 하나의 지성적이고 불멸하는 영혼이 존재한다는 아베로에스주의자들의 주장과 영혼은 자연적으로 사멸할 수밖에 없

---

7   제11장.

다는 알렉산드로주의자들의 주장 모두를 분명하게 부정하였다. 그러나 그는 분명하게도 인간영혼의 불멸성이, 비록 영혼은 불멸이라는 것을 보여주기 위해서 개연적인 논증이 제시될 수 있다 할지라도, 철학적으로는 논증될 수 없다고 생각하기에 이르렀다.『로마인들에게 보낸 편지』(*Epistle to the Romans*)에 대한 주해에서,[8] 분명히 그는 자신이 삼위일체의 신비, 영혼의 불멸성, 육화(肉化) '등 이 모든 것을 그러나 나는 믿는다'에 대한 철학적 또는 입증적 지식을 전혀 가지고 있지 않다(그는 '*nescio*' 용어를 사용한다)고 말한다. 만약 그가 영혼의 불멸성과 삼위일체의 신비를 이런 방식으로 연결하고자 할 의도가 있었다면, 그는 전자가 철학적으로 논증될 수 있다고 생각할 수 없었다. 더욱이『전도서』(*Ecclesiastes*)에 대한 그의 주해에서 '어떤 철학자도 인간의 영혼이 불멸이라는 사실을 아직 입증하지 못했다는 점, 입증적 논증인 것처럼 보이지 않지만, 우리는 그것을 신앙에 의해서 믿고, 그것은 개연적인 논증과 일치하고 있다(*rationibus probabilibus consonat*)는 점'을 그는 분명히 이야기하고 있다.[9] 그렇다면 우리는 제5차 라테란 공의회(Lateran Council, 1513)에서 제안된 법령, 즉 철학교수들에게 한 강의에서 그리스도교 교의를 정당화할 것을 요구하는 법령에 대해 그가 반대한 점을 이해할 수 있겠다. 카예타누스의 견해로는 이런 일은 철학자의 임무가 아니라 신학자의 임무였다.

3. 후기 도미니코회 저술가들과 예수회 저술가들

이 당시의 후기 도미니코 수도회 저술가들 중에는 살라망카(Salamanca) 대학교에서 가르쳤고, 아퀴나스의『신학대전』의 제1부(*Pars prima*)와 제2-2부(*Secunda secundae*)에 관한 주해를 썼던 비토리아의 프란시스(Francis of Vitoria, 1480-1546)를 우선 언급할 수 있겠다. 그러나 그는 정치사상과 법률사상으로 가장 잘 알려져 있으며, 이런 사상

---

8   『로마인들에게 보낸 편지』(*Epistle to the Romans*)에 대한 주해, 9, 23.
9   『전도서』(*Ecclesiastes*)에 대한 주해, 3, 21.

은 뒤에서 다룰 것이다. 또한 살라망카 대학교에서 가르쳤으며, 다른 저술 가운데서 아리스토텔레스의 논리학 저술들과 『자연학』, 『영혼론』에 대한 주해와 페트루스 롬바르두스의 『명제집』 제4권의 주해를 출판하였던 소토(Dominic Soto, 1494-1560)도 있다. 카노(Melchior Cano, 1509-1560)는 『신학적 관점』(*De locis theologicis*)으로 당연히 유명해졌으며, 이 책에서 그는 체계적이고 방법적인 방식으로 신학적 교의의 원천들을 확립하려는 노력을 기울였다. 메디나의 바르톨로뮤(Bartholomew of Medina, 1527-1581), 바네즈(Dominic Báñez, 1528-1604), 리파 또는 리바(Raphael Ripa or Riva, 1611년 사망)도 탁월한 도미니코회 신학자이자 철학자였다.

예수회의 저술가들 중에는 살라망카 대학교에서 소토의 제자였고, 후일 로마 대학교에서 가르쳤으며, 로마에서 추기경이 되었던 톨레투스(Francis Toletus, 1532-1596)가 저명하였다. 그는 아리스토텔레스의 논리학 저술들, 즉 『자연학』(*Physics*), 『영혼론』(*De anima*), 『생성소멸론』(*De generatione et corruptione*) 그리고 성 토마스의 『신학대전』(*Summa theologica*)에 대한 주해를 출판하였다. 아리스토텔레스에 관한 일련의 학문적인 주해는 일단의 예수회저술가들에 의해 출판되었으며, 이들이 포르투갈의 코임브라(Coimbra) 대학교와 연관되어 있었기 때문에, 코님브릭센서스(*Conimbricenses*)로 알려져 있다. 이 단체의 주요 구성원은 페트루스 드 폰세카(Peter de Fonseca, 1548-1599)인데, 그는 『변증학』(*Institutiones dialecticae*)과 『철학입문』(*Isagoge philosophica*)을 출판하였고, 『형이상학』에 대한 주해서를 썼다. 다른 예수회 신학자와 철학자 중에 언급되어야 할 인물은 알칼라(Alcalà)와 로마(Rome) 대학교에서 주로 가르쳤던 바스케스(Gabriel Vásquez, 1551-1604년경)와 발렌시아(Gregory of Valentia, 1551-1603)이다. 이 두 사람은 성 토마스의 『신학대전』에 대한 주해를 출판하였다. 그러나 두에 대학교(Douai)와 루뱅(Louvain) 대학교에서 가르쳤던 레시우스(Leonard Lessius, 1554-1623)는 『다른 주요 덕인 정의와 법에 관하여』(*De iustitia et iure ceterisque virtutibus cardinalibus*, 1605), 『신의 법령에 의한 은총의 효능, 신의 자유로운 선택과 예정』(*De gratia efficaci, decretis divinis, libertate arbitrii et praescientia Dei conditionata disputatio apologetica*, 1610), 『신의 섭리와 영혼 불멸』(*De providentia Numinis et animae immortalitate*, 1613), 『최고선과 인간의 영원한 지복』(*De summo bono et aeterna beatitudine hominis*, 1616), 『신의 완전함과 속성』(*De perfectionibus moribusque divinis*,

1620)과 같은 독자적인 책들을 저술하였다.

프란치스코 회원인 리체투스(The Franciscan Lychetus, 1520년 사망)는 스코투스의 『옥스퍼드인의 저술』(*Opus Oxoniense*)과 『자유토론집』(*Quodlibeta*)에 대해 주해하였다. 그러나 1593년까지 스코투스는 프란치스코 수도회의 공식 박사로 공표되지 않았다. 아우구스티누스주의자인 비테르보의 질(또는 에지디오)(Giles of Viterbo, 1532년 사망)은 페트루스 롬바르두스의 『명제집』 제1권의 일부에 대한 주해를 작성하였다. 그리고 언급에서 빠뜨려서 안 되는 것은 꼼플루뚬(*Complutenses*)으로 알려진 시메네스(Cardinal Ximenes)에 의해서 1489년에 설립된 알칼라(Alcalà) 대학교와 연결된 일단의 교수들이다. 그 단체의 주요한 구성원은 빌라판도(Gaspar Cardillo de Villalpando, 1537-1581)였으며, 그는 아리스토텔레스에 관한 주해서를 편집하였고, 거기에서 그는 텍스트의 실제적 의미를 비판적으로 확정하고자 노력하였다.

─────── ## 4. 은총과 자유의지에 관한 도미니코회 수도자들과 예수회 수도자들 간의 논쟁

아마도 16세기에 신의 은총과 인간의 자유의지의 관계에 관한 도미니코회 신학자들과 예수회 신학자들 간에 생겨났던 유명한 논쟁에 관해 간단히 언급할 필요가 있다. 논쟁은 일차적으로 신학적인 성격을 띠었기 때문에, 나는 그 주제에 대해서 많이 언급하고 싶지 않다. 그러나 나의 생각으로는 그 논쟁은 철학적인 의미도 가지고 있기 때문에 반드시 언급되어야 한다.

논쟁의 초기 국면들에 대한 설명을 제외한다면, 우리는 포르투갈의 에보라(Evora) 대학교에서 수년간 가르쳤던 예수회 신학자인 몰리나(Luis de Molina, 1535-1600)의 유명한 저술을 언급하는 일에서부터 출발할 수 있다. 『자유의지와 은총의 선물의 조화, 신의 예지, 섭리, 예정, 처벌』(*Concordia liberi arbitrii cum gratiae donis, divina praescientia, providentia, praedestinatione et reprobatione*)이라는 제목의 이 저서는 1589년 리스본에서 출판되었다. 이 책에서 몰리나는 인간의지의 자유로운 동의를 그 개념에서 포함하고 있

제3부 르네상스의 스콜라주의

는 '효력을 가지는 은총'은 단순히 '충분한 은총'과 그 본질상 다르지 않다고 주장하였다. 단지 충분할 뿐인 은총은 인간의지로 하여금, 만약 그 의지가 실제로 그 은총에 동의하고 그 은총에 협력한다면, 유익한 행동을 이끌어내는 데 충분한 은총을 뜻한다. 의지가 실제로 그 은총에 동의한다면, 그 은총은 '효력을 가지게' 된다. 그래서 효력을 가지는 은총은 인간의지가 실제로 자유롭게 그것에 협력하는 그런 은총이다. 다른 한편, 만약 신이 보편적이고 특수한 섭리를 행사한다면, 신은 어떤 의지가 어떤 일련의 상황 속에서 어떤 은총에 어떻게 반응할 것인가에 대한 무오류적 인식을 가지지 않으면 안 된다. 그리고 효력을 가지는 은총이 의지의 자유로운 동의에 의해 효력을 가진다면, 신은 어떻게 이것을 알 수 있는가? 이 물음에 대답하기 위해서 몰리나는 매개 인식(*scientia media*)의 개념을 도입하였다. 이 인식에 의해서 신은 어떤 인간의지가 어떤 이해 가능한 일련의 상황 속에서 이런저런 은총에 어떻게 반응할 것인가를 무오류적으로 안다.

몰리나와 몰리나에 동의하는 사람들이 인간의지의 자유를 안전하게 하는 데 관심을 가졌다는 것은 분명한 사실이다. 그들의 관념은 아마도 다음과 같은 언급에 의해서 드러날 것이다. 우리는 우리에게 가장 잘 알려져 있는 것, 즉 인간의 자유에서 출발하며, 의지의 자유가 잘 설명되지 않거나 묵시적으로 부인되는 그런 방식으로 신의 예지와 은총의 행위를 설명하지 않으면 안 된다. 그러한 고려를 신학적 논쟁에 끌어들이는 것이 공상적인 것처럼 보이지 않는다면, 우리는 아마도 르네상스시대의 일반적인 인문주의 운동이 어느 정도 몰리나주의(Molinism) 안에 반영되었다고 말할 수 있을 것이다. 논쟁의 과정에서 몰리나주의는 '일치론'(congruism)의 관념을 도입했던 벨라르미노와 수아레즈와 같은 예수회 신학자들에 의해 변형되었다. '일치하는' 은총은 특정한 경우의 상황에 일치하거나 그런 상황에 적합하고, 의지의 자유로운 동의를 획득하는 은총이다. 그것은 '일치하지 않은 은총'에 대립하는데, 이러한 은총은 어떤 이유에서든 사건의 상황들에 적합하지 않다. 왜냐하면 그런 은총은, 비록 그 은총이 그 자체로 의지로 하여금 유익한 행위를 하도록 하는 데 '충분'할지라도, 의지의 자유로운 동의를 획득하지 못하기 때문이다. 매개 인식에 의해서 신은 어떤 은총이 특정 상황에서 특정 의지에 관해 '일치할' 것인지를 영원성에서부터 알게 된다.

도미니코회 신학자인 바네즈는 몰리나의 가장 중요한 반대자였는데, 그는 신이 모든 유익한 행위의 원인이고, 신의 인식과 작용은 인간의지의 자유로운 행위에 선행하면서 그것에 독립적이어야 한다는 원리에서부터 출발하였다. 반대자들은 몰리나를 신의 은총능력을 인간의지에 종속시켰다고 비난하였다. 바네즈에 따르면, 효력을 가지는 은총은 충분할 뿐인 은총과 본질적으로 다르며, 그런 은총은 그 자신의 본질적인 본성 때문에 자신의 효력을 획득한다. 몰리나의 매개 인식(intermediate knowledge)에 관해 말하자면, 이것은 한갓된 용어에 불과하며, 이런 용어는 어떤 상응하는 실재도 가지지 않는다. 신은 인간들의 미래의 자유로운 행위, 심지어는 조건적인 미래의 자유로운 행위들을 신의 예정된 명령에 의해서 알며, 이 명령에 의해서 신은 모든 인간 행위에 필수적인 '물리적인 의미에서의 신의 예정'(physical premotion)을 부여하기로 결정하였다. 건전한 행위의 경우에 이러한 물리적인 의미에서의 신의 예정은 효력을 가지는 은총의 형식을 취하게 될 것이다.

바네즈 및 그와 같은 견해를 가졌던 신학자들은 형이상학적인 원리들과 함께 시작한다. 제1의 원인이자 최초의 원동자(原動者)인 신은 인간의 행위들이 존재를 가지는 한 인간 행위의 원인이 됨에 틀림없다. 바네즈가 자유를 부정하지 않았다는 점이 강조되어야 한다. 그의 견해는 신이 자유롭지 못한 행위자들로 하여금 필연성에 따라서 행위 하도록 운동을 부여했고, 이들이 자유로운 행위자로서 행동할 때 자유로운 행위자들에게 자유롭게 행위 하도록 운동을 부여했다는 것이다. 다른 말로 하면 신은 모든 우연적인 행위자들로 하여금 그것의 본성에 일치하는 방식으로 행위 하도록 운동을 부여했다. 바네즈주의자들의 견해에 따르면, 사람들은 확실한 형이상학적인 원리들에 따라서 시작하고, 논리적인 결론을 도출해야 한다. 바네즈주의자들에 따르면 몰리나주의자들의 견해는 형이상학적 원리들에 대해 충실하지 않았다. 다른 한편으로 몰리나주의자들에 따르면, 바네즈주의자들이 그 이름에서 인간의 자유를 유지할 뿐이지 실제에서 그것을 어떻게 유지할 수 있을 것인지를 우리가 간파하는 일은 대단히 어렵다. 더욱이 자유로운 행위에 논리적으로 선행하면서 동시에 어떤 행동을 무오류적으로 야기하는 신의 협력이라는 관념이 인정된다면, 죄에 대한 신의 책임을 면하게 할 수 있는 방법을 간파하는 일은 대단히 어렵다. 몰리나주의자들은 신

제3부 르네상스의 스콜라주의

이 죄에 대해 책임 있다는 결론을 회피하기 위하여 반대자들이 도입한 구별이 이 목적을 위해 그렇게 소용이 있다고는 생각하지 않았다. 매개적 인식은 명백하게 가설이었다. 그러나 신이 자신의 예정된 명령에 의해서 인간들의 미래의 자유로운 행위들을 안다고 가정하는 것보다는 이러한 가설을 제시하는 것이 더 바람직하였다.

도미니코회와 예수회 사이의 논쟁 때문에 교황 클레멘스 8세(Pope Clement VIII)는 문제되는 점들을 검토하기 위하여 로마에서 특별한 토론 위원회를 개최했다. 이 위원회는 은총론 토론위원회(*Congregatio de auxiliis*, 1598-1607)라 알려져 있다. 양측은 그들 각각의 경우를 진술할 완전한 기회를 보장받았다. 그러나 결말은 두 견해 모두가 허용되었다는 것이다. 동시에 예수회 수도자들에게는 도미니코회 수도자들을 칼뱅주의자들이라고 부르는 것이 금지되었던 반면에, 도미니코 수도자들에게는 펠라기안 교도라고 부르지 말아야 한다고 지시되었다. 다른 말로 하면, 만약 양측이 서로를 이단이라고 부르지 않는다면, 양측은 신의 예지, 예정, 구원 행위를 인간의 자유와 조화시키는 각자의 방식을 계속 제안할 수 있었다.

──────── **5. 아리스토텔레스에 대한 주해를 '철학과정'으로 대체**

카예타누스는 신학 텍스트로서 페트루스 롬바르두스의 『명제집』 대신에 아퀴나스의 『신학대전』을 사용한 최초의 인물이었다. 그리고 도미니코회와 예수회는 모두 성 토마스를 자신들의 박사로 보았다. 아리스토텔레스는 여전히 '그 철학자'(the Philosopher)로 간주되었다. 그리고 우리는 르네상스시대의 스콜라주의자들이 아리스토텔레스의 저작들에 대한 주해들을 계속 출판하였다는 사실을 이미 살펴보았다. 동시에 철학과 신학의 분리가 중세에서 일반적으로 이루어졌던 것보다 훨씬 체계적이고 방법론적으로 점차 이루어졌다. 이러한 일은 부분적으로는 중세시대에 이미 이루어졌던 두 부류의 연구 사이의 형식적인 구분에 기인했고, 부분적으로는 의심의 여지없이 독단적인 신학에 전혀, 적어도 공공연하게 전혀 의존하지 않은 철학의 발생에 기인하였다. 그래서 우리는 아리스토텔레스에 대한 주해 대신에 철학과정이 점차 대체되고 있음을 발견한다. 이미 수아레즈(Suárez, 1617년 사망)와 함께 우리는 신학과 분리된 철학적 문제들에 대한 상세한 논의를 발견했다. 그리고 『형이상학적 논쟁』 (*Disputationes metaphysicae*)에서 수아레즈가 채택한 형이상학적인 주제들과 문제들을 다루는 순서는 후기 스콜라주의의 방법에 영향을 미쳤다. 수아레즈가 교수 취임용 철학 논문에서 보여준 자유로운 스타일에서 우리는 르네상스시대의 인문주의 영향을 분명히 볼 수 있다. 이 장의 앞에서 나는 스페인 스콜라주의가 비교적 르네상스의 영향을 덜 받았다는 점을 언급했다. 그러나 나의 생각으로는 문학적인 스타일에 관해서는 예외를 인정해야 한다. 인정되듯이 수아레즈는 주제에 관하여 폭넓은 저술가였으나, 형이상학에 관해서 그는 아리스토텔레스에 대한 주해의 형식으로 철학을 저술하는 이전의 전통을 타개하는 엄청난 일을 했다.

저명한 도미니코회 신학자이자 철학자인 성 토마스의 요한(John of St. Thomas, 1589-1644)은 『신학과정』(*Cursus theologicus*) 이전에 『철학과정』(*Cursus philosophicus*)을 출판하였으며, 또 다른 도미니코회 수도자의 사례를 들자면, 1670년에 『토마스주의 철학과정』(*Cursus philosophicus thomisticus*)을 출판한 피니(Alexander Piny)가 있다. 알칼라의 카르멜 사제들(*The Carmelite Fathers of Alcalá*)은 1624년에 『기술과정』(*Cursus artium*)을 출판하였으며, 이 책은 그 후 개정되고 추가되어 편집되었다. 예수회 가운데서 추기경 루고(Cardinal John de Lugo, 1583-1660)는 『형이상학적 논쟁』(*Disputationes metaphysicae*)을 원고로 남겨두었고, 멘도자(Peter de Hurtado de Mendoza)는 1617년 리용(Lyons)에서 『보편 철학논쟁』(*Disputationes de universa philosophia*)을 출판하였으며, 토마스 콤톤-카를레톤 (Thomas Compton-Carleton)은 1649년에 안트베르펜(Antwerp)에서 『보편 철학』(*Philoso-phia universa*)을 출판하였다. 이와 유사하게 아리아가(Rodrigo de Arriaga)와 오비에도 (Francis de Oviedo)는 철학과정들을 출판하였는데, 전자는 1632년 안트베르펜에서 후자는 1640년에 리용에서 출판하였다. 프란시스코 소아레스(Francis Soares)의 『철학과정』(*Cursus philosophicus*)은 1651년 코임브라(Coimbra)에서 빛을 보았으며, 요한 밥티스트 드 베네딕티스(John-Baptist de Benedictis)의 『페리파토스 학파의 철학』(*Philosophia peri-patetica*)은 1688년 나폴리(Naples)에서 출판되었다. 스코투스주의자들(Scotists)도 유사한 철학과정들을 썼다. 그래서 요한 폰시우스(John Poncius)와 바르톨로뮤 마스트리우

제3부 르네상스의 스콜라주의

스(Bartholomew Mastrius)는 각각『스코투스 정신의 철학과정』(*Cursus philosophicus ad mentem Scoti*, 1643), 『순전한 스코투스 정신의 철학과정』(*Philosophiae ad mentem Scoti cursus integer*, 1678)을 출판하였다. 저술가들 중에 다른 수도회의 소속도 있었는데, 성 아우구스티누스회의 은수사인 성 요한 밥티스트의 니콜라우스(Nicholas of St. John the Baptist)는 1687년 제네바(Geneva)에서『아우구스티누스의 철학 또는 교부 성 아우구스티누스의 가르침에 따른 순전한 철학과정』(*Philosophia augustiniana, sive integer cursus philosophicus iuxta doctrinam sancti Patris Augustini*)을 출판하였고, 베네딕트회 수사인 스폰드라티(Celestino Sfondrati)는『철학과정 입문』(*Cursus philosophicus sangallensis*, 695-9)을 출판하였다.

그다음에 17세기에는『철학과정』(*Cursus philosophici*)이 아리스토텔레스에 관한 앞선 주해들의 자리를 대신하는 경향이 있었다. 그러나 이것이 아리스토텔레스의 주해라는 전통의 관행이 포기되었다는 것을 의미하지는 않는다. 예를 들어 예수회 신학자이자 철학자인 모러스(Sylvester Maurus, 1619-1687)는 1688년에 아리스토텔레스에 관한 주해를 출판하였다. 누구도 철학저술들의 방법에서의 변화로부터 르네상스시대와 17세기의 스콜라주의자들이 그 시대의 새로운 과학사상의 영향을 깊이 받았다고 결론 내릴 자격이 없다. 1652년 뚤루즈(Toulouse)에서『철학과정』(*Cursus philosophicus*)을 출판한 프란치스코회의 엠마누엘 마이냥(Emmanuel Maignan)은 그 당시의 스콜라주의자들이 형이상학적인 추상과 세밀한 탐구에 치중했고, 자연학에 대한 그들의 의견이 경험과 실험이라는 이름으로 도전을 받았을 때, 그들의 일부는 경험적 증거를 부인하는 방식으로 대응했다고 불만을 터트렸다. 마이냥 자신은 데카르트주의와 원자론에 의해 상당히 영향을 받았다. 예수회 저술가인 오노레 파브리(Honoré Fabri, 1607-1688년경)는 수학과 자연학을 강조하였다. 물론 당시의 사상들에 민감한 다른 스콜라주의자들도 있었다. 그러나 만약 우리가 르네상스 운동과 르네상스 이후의 철학을 전체로서 고려할 경우, 아주 분명한 점은 스콜라주의가 발전의 주 노선에서 다소 동떨어져 있었고, 비스콜라철학자들에 대한 스콜라주의의 영향은 제한적이었다는 사실이다. 이것이 스콜라주의가 전혀 영향을 주지 못했다는 것을 의미하는 것은 아니다. 그러나 분명한 점은 우리가 르네상스시대와 르네상스 이후의 철학을 살펴볼 때 우리가 일차적으로 스콜라주의를 생각하지 않는다는 사실이다. 일반적으로 말해서 당시의 스콜라철학자들은 예를 들면 그 시대의 과학적 발견들에 의해 제기된 문제들에 대해 충분히 주목하지 못했다.

────────── **6. 정치이론과 법이론**

그러나 적어도 르네상스의 스콜라주의자들이 당시의 문제들에 의해 깊은 영향을 받았고, 그들이 상당한 영향을 미쳤던 사상의 한 분야가 있었다. 이것은 정치이론의 분야였다. 나는 뒤에 수아레즈의 정치이론에 관해 좀 더 상세하게 설명할 것이다. 그러나 나는 르네상스시대의 스콜라주의자들의 정치이론에 관해 여기서 일반적인 언급들을 하고자 한다.

교회와 국가의 관계 문제는 이미 우리가 살펴보았던 것처럼 중세의 종결과 함께 끝난 것은 아니었다. 사실상 그 문제는 어떤 의미에서 종교개혁에 의해서 그리고 종교문제에서도 사법권을 소유해야 한다는 몇몇 통치자들의 요구에 의해서 강화되었다. 가톨릭교회에 관한 한 국가에 대한 완전한 종속이론은 불가능하였다. 그것은 교황청에 따른 그리고 교회와 교회의 임무에 관한 가톨릭 사상에 따른 입장에 의해 제외되었다. 그러므로 가톨릭 신학자들과 철학자들은 교회와 국가의 관계를 지배할 원리들을 제시해야 할 당위성을 느꼈다. 그래서 로버트 벨라르미노 추기경은 교황의 권력[10]에 관한 자신의 저서에서 교황은 세속사에 관해 직접적인 권력을 갖지는 않지만 간접적인 권력을 가진다고 주장하였다. 만약 충돌이 일어난다면 세속적 관심은 영적인 관심에 양보해야 한다. 세속사에서의 교황의 간접적인 권력이라는 이론은 벨라르미노가 시민통치자를 교황의 대리인으로 간주했다는 것을 의미하지는 않는다. 그 이론은 그러한 사상을 완전히 배제했다. 인간의 목적은 초자연적 목적, 말하자면 신의 지복직관(beatific vision of God)이다. 이러한 이론은 영국의 왕 제임스 1세에 대항하여 쓰인 『가톨릭 신앙을 옹호함』(*Defensio fidei catholicae*, 1613)에서 프란치스코 수아레즈

---

10   *De summo pontifice*, 1581. 이것의 확장판 *De potestate summi pontificis*, 1610.

도 주장한 것이었다.

　　그러나 비록 벨라르미노와 수아레즈가 시민 통치자는 교황의 대리인이라는 사상을 거부했음에도 불구하고, 그들은 왕권신수설의 옹호자들에 의해 주장되었던 이론, 즉 시민 통치자는 자신의 주권을 신으로부터 직접적으로 부여받는다는 이론을 수용하지 않았다. 그리고 수아레즈가 『가톨릭 신앙을 옹호함』에서 이 이론에 반대했다는 사실은 제임스 1세가 그 책을 왜 태웠는지의 이유들 중 하나였다. 벨라르미노와 수아레즈는 시민 통치자가 자신의 권력을 정치적 공동체로부터 직접 부여받았다고 주장하였다. 사실 그들은, 모든 합법적 권위가 궁극적으로 신으로부터 오는 것이기 때문에, 시민 통치자가 자신의 권위를 궁극적으로 신으로부터 받는다고 주장하였다. 그러나 통치자의 권위는 공동체로부터 직접적으로 온 것이다.

　　아마도 사람들은 이 이론이 르네상스시대의 중앙집권적이면서 강력한 군주국들의 증거가 상당히 많이 있을 때 왕권을 최소화하려는 열망을 반영한 것이었다고 생각할 유혹에 빠질 수도 있다. 비록 군주의 권력이 교황으로부터 오지 않았음에도 불구하고, 그 권력이 신으로부터 직접적으로 온 것이 아니라 신민들로부터 직접적으로 온 것이라고 주장하는 것보다 왕권의 돛에서 바람을 빼는 더 좋은 방법이 어디에 있겠는가? 자신의 권위를 신에게서 직접적으로 받은 유일한 사람은 교황이라고 주장하는 것보다 영적 권력을 고양하는 더 좋은 방법이 어디에 있겠는가? 그러나 벨라르미노-수아레즈의 주권 이론을 일차적으로 교회의 선동 혹은 정치학의 일부인 것으로 간주하는 것은 대단히 잘못일 것이다. 정치적 주권은 신민에서 온 것이라는 사상은 일찍이 11세기 로텐바하의 마네골트(Manegold of Lautenbach)가 제안한 것이었다. 시민 통치자에게는 이행할 신뢰가 있어야 하고, 만약 그가 습관적으로 자신의 지위를 남용한다면 그는 폐위되어야 한다는 확신은 12세기에 솔즈베리의 요한(John of Salisbury), 13세기에 아퀴나스, 그리고 14세기에 오컴에 의해 제시되었다. 벨라르미노, 수아레즈와 같은 저술가들이 정치적 주권은 신민에게서 온 것이라는 이론의 보다 형식적이고 명시적인 진술을 부여했다는 사실이 의심의 여지없이 그 당시의 구체적인 역사적 자료에 대한 반성에 크게 기인한 것임에도 불구하고, 이들은 단지 초기의 스콜라 신학자들과 철학자들의 일반적인 관념을 계승했을 뿐이다. 스페인의 예수회 일원인 마리아나(Mariana, 1624년 사망)가 정치적 억압에 대한 치유책으로 폭군살해가 필요하다고 한 그의 불운한 진술을 했을 때 (그의 언급의 일부는 프랑스의 앙리 3세(Henry III)의 암살에 대한 옹호로 해석되었으며, 이로 인해 그의 저서인 『왕과 왕실 기관』(De rege et regis institutione, 1599)이 프랑스 의회에 의해 불태워졌다), 그의 원리는 억압에 대한 저항이라는 합법성의 원리에 다름 아니었다. 이 억압은 비록 마리아나의 결론이 오도되었기는 하지만 중세에서 통용되었던 것이다.[11]

그러나 르네상스시대의 스콜라철학자들은 한편으로는 교회와 관련하여 다른 한편으로는 정치적 공동체와 관련하여 다만 시민 통치자의 지위에 대해서 관심을 기울였다. 또한 그들은 정치적 사회의 기원과 본성에 대해서도 관심을 가졌다. 수아레즈에 관한 한 분명한 것은 그가 정치적 사회를 본질적으로 동의나 합의에 의존하는 것으로 간주하였다는 점이다. 신민들과의 계약에서부터 군주의 권력을 끌어내었던 마리아나는 정치적 사회의 기원을 정부에 선행하는 자연 상태를 따르는 것으로 보았다. 조직화된 국가와 정부를 향한 주요한 첫 걸음을 그는 사유재산의 제도 안에서 발견하였다. 자연의 상태라고 하는 마리아나의 가설에서 수아레즈가 마리아나를 추종했다고 이야기할 수는 없다. 그러나 비록 그가 인간들 사이에 국가와 같은 그러한 연합체가 시초부터 생겨났다는 점을 분명히 생각했더라도, 그는 적어도 종족들의 장들이 자발적 동의를 한 것이 국가의 기원을 이루었다고 보았다.

그렇다면 우리는 수아레즈가 이중 계약이론, 즉 하나는 종족들의 장들 사이의 계약, 다른 하나는 그렇게 형성된 사회와 그 사회의 통치자 또는 통치자들 사이의 계약을 주장했다고 말할 수도 있겠다. 그러나 우리가 이렇게 이야기한다면, 우리는 수아레즈가 주장했던 계약이론이 정치적 사회나 정부의 인위적이고 규약적인 성격을 함축하고 있지 않다는 점을 알아야 한다. 우리가 뒤에 더 분명하게 살펴보겠지만 그의 정치이론은 그의 법철학에 종속되어 있었으며, 그 법철학에서 그는 정치적 사회와 정치적 정부의 자연적 성격을 주장하였다. 우리가 수아레즈의 정치이론에 대해 알고자 한다면, 우리는 무엇보다도 법철학의 성격을 가진 그의 방대한 저서인 『법률』(De

---

11   당시 예수회의 총장은 수도회의 구성원들이 마리아나의 폭군살해 이론을 가르치는 일을 금지했다.

legibus)에 우선 눈을 돌려야 한다. 고대세계로 환원되고 중세철학자들에 의해 형이상학적인 기초가 다져진 자연법사상은 그의 정치이론의 배경을 이루는 그런 철학에 본질적이다. 정치적 사회는 인간에게는 자연적인 것이고, 정부는 사회를 위해서 필수적인 것이다. 그리고 신은 인간본성의 창조자이기 때문에 사회와 정부는 모두 신이 의도한 것이다. 그러므로 사회와 정부는 순수하게 임의적인 것이거나 규약적인 인간의 발명품이 아니다. 다른 한편 비록 자연이 정치적 사회를 필요로 한다 하더라도, 특정한 정치공동체의 형성은 통상 인간의 합의에 의거한다. 다시 말하면 비록 모든 사회가 어떤 지배적인 원리를 가질 것을 자연이 요구한다 하더라도, 자연은 어떤 특정한 정부형태를 확정하지도 않았고 또한 특정한 개인을 통치자로 기획하지도 않았다. 어떤 사례들에서는 신은 통치자를 직접적으로 명시했다(예를 들면 사울이나 다윗). 그러나 보통의 경우 정부의 형태를 결정하는 것은 공동체의 결정사항이다.

정치적 사회가 어떤 종류의 합의에 기초한다는 이론은 전혀 새로운 것이 아니었으며, 우리는 심지어 고대세계에서도 합의의 전조를 발견할 수 있다. 중세 시기 파리의 장(John of Paris)은 자신의 『왕권과 교황권』(*Tractatus de potestate regia et papali*, 1303년경)에서 자연의 상태를 전제하였고, 원시인들이 아마도 어떤 특정한 계약을 맺지는 않았을지라도, 그들은 그들의 더 합리적인 동료들로부터 공동의 법률 아래 함께 살 것을 권유받았다고 주장하였다. 그리고 로마의 에지디오는 13기에 정치적 사회의 기초에 대한 가능한 설명들 중 하나로 계약이론을 제안하였다. 16세기에 마리아나와 함께 이 이론은 명료화되었다. 같은 세기에 도미니코회의 비토리아의 프란시스코는 계약이론을 암시하였으며, 예수회의 몰리나 역시 그 이론의 대단히 명료한 진술을 하지는 못했지만 비토리아를 계승하였다. 그래서 사회계약이론의 전통은 점점 성장하였다. 그 이론에 대한 수아레즈의 진술은 그러한 전통의 틀 안에서 보아야 한다. 그러나 시간의 경과에 따라서 그 이론은 중세의 법철학과 결별하게 되었다. 우리가 보았던 것처럼 이 철학은 리처드 후커에게로 넘겨졌으며, 그를 거쳐 점점 약화된 방식으로 로크에 이르렀다. 그러나 홉스, 스피노자, 루소에 와서 그러한 법철학은 비록 그 낡은 용어들이 때로는 유지되기는 했지만 현저하게 사라지게 되었다. 그래서 예를 들면 수아레즈의 계약이론과 루소의 계약이론 사이에는 대단히 큰 차이점이 있다. 그리고 이러한 이유 때문에 말하자면 루소가 주장한 사회계약론을 우리가 그 용어에 따라 이해하면서 수아레즈의 사회계약론을 언급한다면 매우 잘못된 길로 가게 될 것이다. 물론 어떤 점에 역사적인 연속성이 있었다. 그러나 그 이론의 설정, 환경, 해석은 두 시기 사이에 근본적인 변화를 겪었다.

르네상스시대의 스콜라철학자들 중 일부가 관심을 가졌던 다른 문제는 개별국가들 사이의 관계의 문제였다. 이미 17세기의 초에 성 세비야의 이소도르(St. Isidore of Seville)는 그의 진기한 백과전서식의 작품인 『어원론』(Etymologies)에서 국제법 및 이 법을 전쟁에 적용하는 것에 대해 언급하였고, 이때 로마 법률가들의 텍스트를 사용하였다. 다시 이야기한다면, 13세기에 성 페나포트의 레이먼드(St. Raymund of Peñafort)는 『회개 대전』(Summa poenitentiae)에서 전쟁의 권리라는 주제를 검토했고, 14세기 후반에 볼로냐 대학교 교수였던 레그나노의 요한(John of Legnano)의 『전쟁론』(De bello)과 같은 책들이 출판되었다. 그러나 더 많이 알려진 것은 비토리아의 프란시스(Francis of Vitoria, 1480-1546)이다. 스페인에서 신학이 부활한 것은 그에게 힘입은 바가 매우 컸다. 이러한 일은 그의 제자인 멜초르 카노와 도미니코 소토에 의해서 입증되었고, 스페인의 인문주의자인 바이브스(Vivés)는 에라스무스(Erasmus)에게 편지를 쓰면서 비토리아를 극찬하였으며, 비토리아가 에라스무스를 칭찬한 점과 그가 에라스무스의 비판자들로부터 에라스무스를 옹호한 점을 언급하였다. 그러나 비토리아가 세상에 널리 알려진 것은 국제법에 관한 그의 연구에 기인한다.

비토리아는 서로 다른 국가들이 어떤 의미에서는 하나의 인간 공동체를 형성한다고 보았다. 그리고 그는 국제법을 합의된 행동규약으로 간주했을 뿐만 아니라 '전 세계의 권위에 의해서 확립되었던'[12] 법의 강제를 가진 것으로 간주했다. 그의 입장은 얼마간 다음과 같은 것처럼 보인다. 사회는 법률이 없이는 함께 유지될 수 없고, 법률은 그 법률을 위반한 자에게 처벌에 대한 책임을 부여한다. 그러한 법이 존재해야 한다는 사실은 자연법의 요구이다. 그러므로 다수의 행동 원리들, 예를 들어 대사에 대한 불체포 특권으로까지 성장하였다. 이러한 종류의 원리들은 이성적이고, 공동

---

12   『시민권』(De potestate civili), 21.

성을 위해 좋은 것이라는 점이 인식되기 때문에, 전체로서의 사회는 그런 원리들에 대해 합의를 이룬다. 이런 원리들은 어떤 점에서 자연법에서 파생될 수 있고, 그런 점에서 법의 강제성을 가지는 것으로 간주되어야 한다. 『국제법』(*ius gentium*)은 광범위한 의미에서 공동선을 위한 명령들로 구성되어 있다. 그런 명령들은 자연법에 직접적으로 속해 있거나 어떤 의미에서 그것에서 파생될 수 있다. '자연적 이성이 모든 국가들 중에서 확립했던 것을 국제법이라 한다.'[13] 비토리아에 따르면 국제법은 권리와 의무를 부여한다. 그러나 제재는 단지 왕들의 조력에 의해서만 적용될 수 있다. 그러나 분명한 점은 비록 비토리아가 그렇게 말하지는 않았지만 국제법에 관한 그의 개념이 국제법의 권위에 대한 관념으로 귀결된다는 점이다.

그의 사상을 전쟁 및 스페인 사람들에 관련한 인디언들의 권리에 적용하면, 비토리아는 『인디언론』(*De Indis*)에서 자신의 생각으로는 물리적 힘 그 자체는 다른 사람의 재산을 손에 넣을 어떤 권리도 부여하지 않는다는 것 그리고 그리스도인들의 선교적 열망이 이교도들에 대한 전쟁을 할 자격을 부여하지 않는다는 것을 분명히 하고 있다. 노예에 관해서 그는 당시의 신학자들의 통상적인 입장, 즉 말하자면 노예는 죗값(근대의 형벌적 강제노동에 상응한다)에 한해 합법적이라는 입장을 채택하였다. 그러나 이러한 것을 용인했다고 해서 우리는 스콜라주의 신학자들과 철학자들이 노예에 관한 당시의 관습을 단순하게 받아들였다고 생각해서는 안 된다. 예수회의 몰리나의 사례는 이런 문제에서 흥미롭다. 이론적 연구에 그치지 않고 그는 리스본의 항구로 가서 노예 무역인들에게 물었다. 이렇게 솔직한 대화의 결과로서 그는 노예무역은 단순히 상업적인 일이며, 노예들을 그리스도인으로 개종시키는 것과 같은 고귀한 동기에 관한 언급은 난센스라고 선언하였다.[14] 그러나 비토리아가 비록 노예무역을 비난하였지만, 예를 들어 범죄자들이 그 시대의 처벌 관습에 따라서 갤리선(옮긴이 주. 옛날 노예나 죄수들에게 젓게 한 돛배)에 보내졌을 때 노예제의 합법성을 죗값으로서 인정하였다.

수아레즈는 '국제법'의 관념을 발전시켰다. 그는 국제법과 자연법을 구별하는

---

13 같은 곳.
14 다음을 참조. 『정의론』(*De iustitia*), 1, 2, disp. 34-35.

것이 필요하다는 점을 지적하였다. 국제법은 정의롭고도 충분한 이유로 어떤 행위들을 금지한다. 그래서 그 법은 어떤 행위들에 대해 나쁜 것으로 규정할 수 있지만, 자연법은 행위들을 나쁜 것으로 규정하지 못하고, 어떤 행위들이 나쁘기 때문에 그 행위들을 금지한다. 예를 들면 조약이 준수되어야 한다는 것은 국제법의 법령이라기보다는 자연법의 법령이다. 국제법은 모든 또는 사실상 모든 것과 다름없는 국가들에 의해 확립된 관습들로 구성된다. 그러나 그것은 불문법이고, 이러한 사실은 그 법을 시민법과 구별시켜준다. 예를 들어 일단 조약이 만들어졌다면 비록 조약을 준수해야 할 의무가 자연법에서 나온다고 하더라도, 조약이 합리적인 근거로 만들어졌을 때 그 조약의 제시가 반드시 받아들여져야 한다는 법령은 자연법에서 나오는 엄격한 의무의 문제는 아니다. 그 문제에 관해서는 어떤 형태의 성문법도 없다. 그 법령은 이성과 조화를 이루는 불문율의 관습이고, '국제법'에 속한다.

　　수아레즈에 따르면 『국제법』의 합리적 기초는, 인류가 개별적인 민족과 국가들로 나누어져 있음에도 불구하고, 인류 종이 어떤 통일체를 유지한다는 사실이다. 수아레즈는 세계국가가 실용적일 수 있다거나 바람직하다고 생각하지는 않았지만, 동시에 그는 개별국가들이 완전한 의미에서 자족적이지 않다고 보았다. 개별국가들은 그들 간의 상호관계를 통제할 법률 체계를 필요로 한다. 자연법은 이러한 필요를 충분히 제공하지 못한다. 그러나 국가들의 행위는 비록 관습이나 법률들이 자연법에서 엄격하게 연역될 수는 없지만 자연법에 일치하는 관습이나 법률을 만들었다. 그리고 이들 관습 또는 법률은 국제법을 형성하였다.

　　다음처럼 언급하는 것이 반드시 비합리적인 것은 아니다. 어떤 의미에서 모든 국가들을 세계 공동체로 만들고자 하는 그리고 국제법이 세계 전체의 권위에 의해서 확립된 법이라는 비토리아의 착상은 세계정부의 가능한 수립을 기대하게 했던 데 반해서, 수아레즈의 국제법 착상은 오히려 국제재판소의 설립을 기대하게 했다. 이 국제재판소는 수아레즈가 실용적인 것이라고 생각하지 않았던 세계정부 없이 국제법을 해석하고 구체적인 결정을 한다.[15] 그렇다 하더라도 분명한 점은 르네상스시대의

15　다음을 참조, 『가톨릭의 국제법 개념』(*The Catholic Conception of International Law*), J. B. Scott, 제13

스콜라주의자들이 그들의 정치철학과 법철학의 상당 부분에서 구체적인 문제들을 파악했고, '근대적인' 방식으로 구체적인 문제들을 다룰 준비가 되어있었다는 점을 보여주었다는 것이다. 비토리아, 벨라르미노, 수아레즈와 같은 사람들은 모두 정치적 주권이 어떤 의미에서 신민에게서 나왔다고 주장하였으며, 전제적으로 행동하는 통치자에 대한 저항권을 주장하였다. 그들이 자연스럽게 당시의 정부형태의 관점에서 사유했음에도 불구하고, 실제적인 정부형태가 일차적으로 중요한 문제라고 생각하지 않았다. 동시에 정치적 사회와 법에 대한 그들의 개념이 자연적 도덕법칙의 분명한 수용에 기초했다는 사실은 큰 강점을 가지고 있었다. 그들은 중세의 법철학과 정치철학을 체계화하고 발전시켰으며, 그 철학을 17세기로 전달하였다. 예를 들면 그로티우스는 분명히 스콜라주의자들에게 빚지고 있었다. 나의 생각으로는 몇몇 사람들은 르네상스시대의 스콜라주의자들의 법이론과 정치이론이 현저하게 신학적인 조망에서부터 실증주의적인 조망으로 나아가는 도상에 있었다고 가정한다. 그리고 역사적 판단에서 보면 이것은 아마도 사실일 것이다. 그러나 이러한 사실에서부터 뒷날의 자연법 관념의 세속화와 어느 모로 보나 그 이후에 나타난 자연법의 포기는 연대기적인 의미 말고 철학적 진보를 이루었다고 결론내릴 수 없다.

장.

제22장

프란치스코 수아레즈(1)

━━━━━━━━ **1. 생애와 저작**

비범박사라고 알려진 프란치스코 수아레즈(Francis Suárez, 1548-1617)는 그라나다(Granada)에서 태어나서 살라망카 대학교에서 교회법을 전공하였다. 그는 1564년에 예수회에 입회하였으며, 의무 과정으로 세고비아(Segovia)에서 철학을 가르치면서 교수로서의 경력을 시작하였다. 그 후 그는 아빌라(Avila) 대학교, 세고비아 대학교, 발라돌리드(Valladolid) 대학교, 로마 대학교, 알칼라 대학교, 살라망카 대학교, 코임브라 대학교에서 신학을 가르쳤다. 모범적이고 경건한 사제이자 수도자였던 수아레즈는 그것에 못지않게 뛰어난 학생, 학자, 교수였다. 성인(成人)으로서의 그의 전 생애는 강의, 연구, 저술활동에 바쳐졌다. 그는 지칠 줄 모르는 저술가였으며, 그의 저술은 초기 판본으로 23권과 1856-1878년의 파리 판본으로 28권을 꽉 채웠다. 물론 이들 저작의 다수는 신학적 질문과 관련된 것이었다. 현재의 목적을 위한 그의 가장 중요한 저술은 『형이상학 논쟁』(*Disputationes metaphysicae*, 1597)과 그의 대작인 『법률』(*De legibus*, 1612), 이 두 권이다. 또한 우리는 그의 『한 분이신 하느님과 삼위일체』(*De Deo una et trino*, 1606)와 1621년 사후에 출판된 『6일간의 일에 관하여』(*De opere sex dierum*)를 언급할 수 있겠다.

제3부 르네상스의 스콜라주의

수아레즈의 확신에 의하면 신학자는 사변의 형이상학적 원리와 기초를 확고하게 파악하고 깊이 있게 이해해야 한다. 수아레즈는 신학자가 형이상학의 확고한 기초를 우선 확보하지 못한다면, 완벽한 신학자가 될 수 없다고 분명히 언급하고 있다. 따라서 『형이상학 논쟁』에서 그는 스콜라주의의 형이상학을 완벽하고도 체계적으로 구축하기로 하였다. 사실상 이 책은 최초의 그러한 종류의 책이었다. 그 책은 형이상학적 심리학이 빠졌다는 의미에서 완전한 것은 아니었다. 그러나 이것은 1621년 사후에 출판된 『영혼론』(Tractatus de anima)에서 보완되었다. 수아레즈는 아리스토텔레스가 그의 『형이상학』에서 채택했던 순서를 포기하였고,[1] 그 문제를 54개의 논쟁으로 체계적으로 분리하였으며, 이 54개의 논쟁들은 다시 세부적인 절로 나누어졌다. 그러나 이 책의 시작 부분에서 그는 아리스토텔레스의 『형이상학』의 연속된 장들에서 다루어졌던 주제들이 그 자신의 책 어디에서 다루어졌는지를 보여주는 표를 제시하였다. 이 책에서 저자의 놀라울 정도의 해박함은 그리스의, 교부의, 유대교의, 이슬람의 그리고 스콜라주의의 저술가들과 마르실리우스 피치노와 피코 델라 미란돌라와 같은 르네상스 사상가들에 대한 논의와 참고와 언급에서 분명하게 표현된다. 그러나 말할 필요도 없이 수아레즈는 여러 견해들을 역사적으로 설명하는 데 그치지 않았다. 그의 목표는 항상 제기된 문제들에 대해서 적극적이고 객관적인 대답에 이르는 것이다. 그의 논의는 장황할 수도 있지만, 분명 체계적이다. 이 저서에 대한 유능한 비스콜라주의적인 판단의 예로서 다음의 문장이 인용될 수 있다. '모든 스콜라주의의 중요한 논쟁이 이 저서 안에서 명료하게 함께 다루어지고 있고, 비판적으로 검토되고 있으며, 그것들의 결과는 하나의 통일된 체계로 구성되었다.'[2]

현재의 장에서 나는 주로 『형이상학 논쟁』에 관계할 것이다. 다음 장에서 나는 『법률 또는 입법자 신』(Tractatus de legibus ac Deo legislatore in X libros distributus)의 내용을 다룰

---

1   당연히 이러한 변화의 중요성은 아리스토텔레스의 『형이상학』이 책이 아니라 논문들의 모음이라는 것을 우리가 알았다고 해서 줄어드는 것은 아니다.

2   M. Frischeisen-Köhler and W. Moog, 『18세기까지의 근대철학』(Die Philosophic der Neuzeit bis zum Ende des XVIII Jahrhunderts), p. 211. F. Ueberweg, 『철학사 개관』(Grundriss der Geschichte der Philosophie), vol. III, 12th edition.

것이다. 이 마지막 저서는 스콜라주의 법이론을 요약하고 체계화하였으며, 그 책에서 토마스주의의 법이론과 정치이론에 대한 자신의 견해를 제시하였다. 이와 연관해서 또한 우리는 수아레즈의 『'신앙의 맹세'를 위한 '변명'과 영국의 가장 평온한 왕이신 제임스의 '경고 서문'에 대한 답변과 함께 영국 국교회의 오류를 반박하고 가톨릭 신앙과 사도 신앙을 옹호함』(*Defensio fidei catholicae et apostolicae adversus Anglicanae sectae err ores, cum responsione ad apologiam pro iure fidelitatis et praefationem monitoriam Serenissimi Jacobi Angliae Regis*, 1613)을 언급해야 한다. 이 책에서 수아레즈는 세속적인 일들에서 교황의 간접적인 권력에 대한 벨라르미노의 이론을 유지하였으며, 세속적인 군주는 그의 주권을 신으로부터 직접 부여받는다는 친애하는 영국의 제임스 1세의 주장을 반박하였다. 내가 앞의 장에서 언급했듯이 제임스 1세는 그 책을 불살랐다.

─────── 2. 형이상학 논쟁의 구조와 구분

수아레즈의 철학개념들의 일부를 개괄하기 이전에 나는 『형이상학 논쟁』의 구조와 배열에 대해 몇 마디 하고자 한다.

논쟁(또는 논의) 1에서 수아레즈는 제1철학 또는 형이상학의 본성을 고려하고, 그 학문은 존재로서의 존재를 숙고하는 학으로서 정의될 수 있다고 결론 내린다. 논쟁 2는 존재의 개념을 다루고, 논쟁 3에서 논쟁 11은 포괄적으로 존재의 속성(*passiones entis*) 또는 존재의 초월적 속성들을 다룬다. 통일일반은 논쟁 4의 주제이고, 개별적 통일과 개별화의 원리는 논쟁 4에서 다루어진다. 논쟁 6은 보편을 다루고, 논쟁 7은 차이를 다룬다. 단일성을 다룬 후에 수아레즈는 진리(논쟁 8)를 거쳐 거짓(논쟁 9)으로 나아가며, 논쟁 10과 논쟁 11에서 그는 선과 악을 다룬다. 논쟁 12에서 논쟁 27은 원인에 관계한다. 논쟁 12는 원인일반을, 논쟁 13과 논쟁 14는 질료인을, 논쟁 15과 논쟁 16은 형상인을, 논쟁 17에서 논쟁 22는 작용인(*efficient causality*)을, 논쟁 23과 논쟁 24는 목적인을 다룬다. 전형적인 원인은 논쟁 25의 주제이다. 원인에 대한 논쟁의 마지막으로 논쟁 26은 원인과 결과의 관계를 다루고, 논쟁 27은 원인들 상호 간의 관계를 다룬다.

제2권은 존재를 유한 존재와 무한 존재로 나누는 일로부터 시작한다(논쟁 28). 무한 또는 신적 존재는 다음 두 논쟁에서 다루어지고, 신 존재는 논쟁 29에서, 신의 본질과 속성은 논쟁 30에서 다루어진다. 논쟁 31에서 수아레즈는 유한하고 창조된 존재일반에 대해 다루고, 그다음 논쟁에서 실체와 우유성(substance and accidents)의 구분일반을 다룬다. 논쟁 33에서 논쟁 36은 수아레즈의 실체의 형이상학을 포함하고, 논쟁 37에서 논쟁 53은 우유성의 다양한 범주들을 다룬다. 이 저서의 마지막 논쟁인 54는 사고상의 존재(entia rationis)를 다룬다.

이미 적시한 바와 같이, 수아레즈의 『형이상학 논쟁』은 아리스토텔레스에 대한 주해에서 형이상학에 관한 독립적인 논문들로, 그리고 난 다음 철학과정(Cursus philosophic) 일반으로 이행한다. 가령 폰센카(Fonseca)의 경우처럼 수아레즈의 선배들 사이에서 주해 방법에 의해 부과된 속박을 떨쳐버리는 경향이 커지고 있는 것은 사실이다. 그러나 그러한 새로운 형식의 취급을 실제로 시작한 사람은 수아레즈였다. 그의 시대 이후에 철학과정과 독립적인 철학 논문들은 예수회 안팎에서 일반화되었다. 게다가 수아레즈는 이성적 심리학을 형이상학에 포함시키지 않고, 그것을 그 자체로 다루며, 그것을 '자연철학'의 최고 부분으로서 간주하기로 결정하였는데,[3] 이러한 결정은 영혼론을 형이상학보다는 자연학에 귀속시켰던 아리아가(Arriaga)와 오비에도(Oviedo)와 같은 후배 저술가들에게 영향을 끼쳤다.[4] 『형이상학 논쟁』에서 우리가 주목해야 할 한 가지 특징은 이 책이 일반형이상학과 특수형이상학을 나누지 않았다는 사실이다. 한편으로 존재론 또는 일반형이상학과 다른 한편으로 심리학, 우주론, 자연신학과 같은 특수형이상학 분과들 사이의 구분은 그 뒤 라이프니츠의 제자였으며, 존재론, 우주론, 심리학, 자연신학 등을 각각 따로 썼던 크리스티안 볼프(Christian Wolff, 1679-1754)의 영향에 힘입었다. 17세기 후반부에 이루어졌던 스콜라주의의 역사에 대한 진전된 연구를 살펴보면, 일반형이상학과 특수형이상학의 구분

---

3   『형이상학적 논쟁』(Disputationes metaphysicae), 1, 2, 19-20.
4   심리학에 관한 이러한 분류는 아리스토텔레스가 자신의 『영혼론』에서 한 언급과 일치했다.

및 '존재론'이라는 용어를 전자에 귀속시킨 것은 볼프의 저술에 앞서서 이루어졌다. 장 밥티스테 뒤하멜(Jean-Baptiste Duhamel, 1624-1706)은 『옛 철학과 새 철학』(*Philosophia vetus et nova*) 또는 『보편 철학』(*Philosophia universalis*) 또는 『부르고뉴의 철학』(*Philosophia Burgundica*, 1678)에서 일반형이상학을 기술하기 위해서 '존재론'이라는 용어를 사용하였다. 그러나 그렇다고 해서 그것이, 볼프의 철학적 분과들의 구분이 큰 영향을 미치지 않았다거나 존재론이라는 용어를 일반형이상학을 위해서 지속적으로 사용한 것이 근본적으로 볼프와 관계없는 것이라는 것을 의미하지는 않는다.

——————— 3. 존재의 학으로서의 형이상학

수아레즈에 의하면 형이상학은 존재가 실재하는(real) 존재인 한 존재를 자신의 적합한 대상(*obiectum adequatum*)으로 삼는다.[5] 그러나 형이상학자가 존재로서의 존재(being as being)에 관심을 가진다고 말하는 것과, 존재가 구체적으로 실재화되는 방식을 완전히 추상(抽象, 사상(捨象))해 버리고, 즉 가장 일반적인 종류의 존재나 열등한 존재(*inferiora entis*)를 완전히 추상해 버리고 형이상학자가 존재로서의 존재에 관심을 가진다고 말하는 것은 다르다. 결국 형이상학자는 실재하는 존재, 즉 어떤 점에서 그 자체 열등한 성격의 존재(*inferiora entis secundum proprias rationes*)를 포함하는 그런 존재를 다룬다.[6] 그러므로 형이상학자는 존재로서의 존재 그 자체의 개념을 다룰 뿐만 아니라 존재의 초월적 속성, 창조되지 않은 존재와 창조된 존재, 무한한 존재와 유한한 존재, 실체와 우유성, 원인들의 유형들을 다룬다. 그러나 형이상학자는 질료적 존재 그 자체를 다루지는 않는다. 그는 질료적 사물들의 인식이 존재의 일반적인 구분과 범주를 알기 위해서 필요한 한에서 질료적 사물들을 다룬다.[7] 사실상 존재의 개념은 유비적이고, 따라서 그것은 상이한 여러 종류의 존재가 분명히 구별되지 않는 한 적절하게

---

5   『형이상학적 논쟁』, 1, 1, 24.
6   같은 책, 1, 2, 11.
7   같은 책, 1, 2, 24.

인식될 수 없다.[8] 예를 들어 형이상학자는 일차적으로 질료적인 실체에 관심을 갖는 것이 아니라 비물질적 실체에 관심을 갖는다. 그러나 질료적 실체를 비물질적 실체와 구별하기 위해서 그리고 질료적 실체에 속하는 형이상학적 술어들을 정확하게 질료적 실체로서 인식하기 위해서 질료적 실체의 인식이 필요한 한에서만 형이상학자는 질료적 실체를 고려해야 한다.[9]

그래서 수아레즈주의자들이 어쨌든 주장하고 있는 것처럼 토마스주의의 근본적인 형이상학적 태도는 수아레즈에 있어서 변화하지 않고 지속하고 있다. 존재로서의 존재에 대한 연구나 학문으로서의 '제1철학'이라는 아리스토텔레스의 관념은 유지된다. 그러나 수아레즈는 자신에 있어 존재란 실재하는 존재를 의미한다는 사실을 강조한다. 형이상학자는 단지 개념들에 관심을 갖는 것이 아니다. 다시 말해 비록 형이상학자가 일차적으로 비물질적 실재에 관심을 갖고 있다 하더라도, 그는 질료적 실재에 대해 아무것도 말하지 않을 만큼 오직 비물질적 실재에 대해서만 관심을 갖고 있는 것은 아니다. 그러나 그는 질료적 실재를 자연학자 또는 수학자의 관점에서가 아니라 단지 형이상학적 관점에서 고려한다. 수아레즈는 추상의 등급들이라는 아리스토텔레스의 이론을 받아들였다. 다시 말한다면 우리는 수아레즈가 존재개념의 유비적 특성을 강조했다는 점을 주목할 수 있다. 수아레즈는 존재개념이 일의적(一義的)이라고 보지 않았다. 마지막으로 수아레즈는 형이상학의 목적이 진리 그 자체를 위해 진리를 관조[숙고]하는 것(contemplation)이라고 확신한다.[10] 그는 아리스토텔레스의 『형이상학』과 성 토마스의 평온한 분위기에 안주했고, 프란시스 베이컨에서 주장된 지식을 향한 새로운 태도의 영향을 받지 않았다.

---

8   같은 곳.
9   같은 책, 1, 2, 5.
10   같은 책, 1, 4, 2.

논쟁 2에서 수아레즈는 존재개념을 다루고 있다. 그는 '존재 그 자체의 고유하고 합당한 형상적 개념은 하나'이며, '그것은 다른 사물들의 형상적 개념과는 다르다'고 주장하였다.[11] 이것은 일반적인 견해이며, '스코투스와 그의 모든 제자들'이 그것의 방어자로 생각될 수 있다고 수아레즈가 계속해서 언급하고 있기 때문에, 그는 존재의 개념을 명확하게 사용하고 있으며 유비적으로 사용하고 있지 않는 것처럼 보인다. 그렇다면 이 문제에 대한 수아레즈의 생각을 조금 검토할 필요가 있다.

첫째, 존재의 형상적 개념은 그것이 사물의 특수한 본성이나 특수한 종류의 본성을 직접적으로 의미하고 있지 않다는 의미에서 하나이다. 존재들은 서로 다른 만큼, 그러나 '오히려 그 존재들은 서로 일치하거나 서로 닮아 있는 한에서' 존재의 형상적 개념은 존재들의 다수성을 의미하지 않는다.[12] 존재개념은 실체의 개념 또는 우유성의 개념과는 실제로 다르다. 그 개념은 각각에 고유한 것을 추상해 버린다.[13] 이것은 단어의 단일성만이 존재한다는 것을 말하는 것은 아닐 것이다. 왜냐하면 그 개념은 그 단어와 단어의 사용에 선행하기 때문이다.[14] 게다가 '존재의 형상적 개념에 상응해서 그 개념을 그대로 드러내면서(adequate) 직접적인 객관적 개념이 존재하는데, 이 후자의 개념은 실체나 우유성을 분명히 의미하는 것도 신이나 피조물을 분명히 의미하는 것도 아니다. 존재의 형상적 개념은 실체, 우유성, 신, 피조물이 어떤 점에서 서로 닮아 있거나 존재 안에서 일치하는 한에서, 이 모든 것을 의미한다.'[15] 이것은 예를 들어 창조된 실체 안에 그것을 특수하게 창조된 실체로 만드는 형상 또는 형상들과 실제로 다른 형상의 존재가 있다는 것을 의미하는가? 아니다. 추상은 실제로 추상에 앞서는 사물들이나 형상들의 구별을 반드시 필요로 하는 것은 아니다. 정신

---

11   같은 책, 2, 1, 9.
12   같은 책, 2, 1, 9.
13   같은 책, 2, 1, 10.
14   같은 책, 2, 1, 13.
15   같은 책, 2, 2, 8.

이 대상들을 각각의 대상이 그 자체 존재하는 대로 고려하는 것이 아니라, 각각의 대상이 다른 사물들과 유사하다는 측면에서 그 대상들을 고려한다면 그것으로 충분하다.[16] 존재 그 자체의 개념에서 정신은 사물들의 유사성만을 고려할 뿐이며 사물들 상호 간의 차이를 고려하는 것은 아니다. 실재하는 존재는 그 자신의 존재, 즉 실재하는 존재와 분리될 수 없는 그 자신의 존재에 의해서 실재하는 존재가 된다는 사실은 참이다. 다시 말하면 어떤 사물의 존재가 그 사물에 본래 있는 것이라는 사실은 참이다. 그러나 이것은 단순히 존재 그 자체의 개념이 그것의 '하위의 것들'을 포함하지 않는다는 것을 의미할 뿐이다.

따라서 수아레즈는 엄격하게 하나인 존재의 개념이 형성될 수 있다는 점을 인정한다. 그래서 이 주제에 관해서 그는 스코투스를 지지하고 카예타누스에 반대한다. 그러나 그는 이 개념은 마음의 작용이며, '그것은 사물 자체 안에 존재하기 때문에 그것이 그 속에서 존재하는 하위의 것들과 실제로 구별되는 그 무엇이 아니라는 사실을 강조한다. 이것은 성 토마스 학파 전체의 일반 견해이다.'[17] 그렇다면 무슨 이유로 그는 존재의 개념이 실재를 나타낸다고 주장하는가? 만약 존재의 개념이 실재를 나타낸다면, 존재 그 자체는 어디에서 존립하고, 그것은 어떻게 하위의 것들에 속하는가? 존재 그 자체의 개념이 실재를 나타낸다면, 그것은 하위의 것들, 즉 그것의 실재하는 존재자들, 즉 각자에 독특한 본래적인 실재 혹은 존재성과는 다른 존재자들 안에 있는 그 무엇을 나타냄에 틀림없는 것처럼 보이지는 않겠는가? 그리고 만약 그렇지 않다면, 존재 그 자체의 개념은 실재를 나타내지 않는다는 결론이 도출되지 않겠는가?

수아레즈는 분사로 이해된 '존재', 즉 존재하는 작용을 의미하는 '존재'와 명사(名詞)로서의 '존재', 그것이 실제로 존재하건 존재하지 않건 간에 실재하는 본질을 가지는 것을 의미하는 것으로서의 '존재'를 구별한다. '실재하는 본질'은 어떤 모순도 포함하지 않고 마음의 한갓된 구성물에 불과한 본질이다. 그런데 분사로 이해된 '존

---

16 같은 책, 2, 2, 15.
17 같은 책, 2, 3, 7.

재'는 '모든 실제로 존재하는 존재자들에 공통되는' 하나의 개념을 낳는다. '왜냐하면 이런 존재자들은 서로 닮아 있고, 현실적 존재에서 일치하기 때문'이다 이 점은 형상적 개념들에 대해서도 객관적인 개념들에 대해서도 타당하다.[18] 하나의 존재개념이 단순히 현실 존재를 추상하지만 그 현실적인 존재를 배제하지 않는다면, 우리는 명사로 이해되는 하나의 존재개념을 가질 수 있다.

내가 보기에는 존재라는 하나의(one) 개념을 형성하는 우리의 능력에 대한 이 진술을 아무리 반복하더라도, 제기될 수 있는 어려움들에 대한 매우 적절한 답을 그러한 반복이 제공할 것 같지는 않다. 그러나 나는 지금 수아레즈가 왜 이 개념을 하나의 뜻만 가지는(univocal) 개념이라 하지 않았는지를 지적하고 싶다.

어떤 개념이 하나의 뜻만 가지기 위해서는, 서로에 대해 동일한 관계를 유지하는 여러 하위의 것들의 다수성에 그 개념이 동일한 의미로 적용될 수 있어야 한다고 이야기하는 것으로는 충분하지 않다.[19] 그러므로 수아레즈는 하나의 뜻을 가지기 위해서는 그것이 하나의(one) 개념이어야 한다는 것 이상을 요구하였다. 즉 그가 요구한 것은 그 개념이 그것의 하위의 것들에 동일한 방식으로 적용되어야 한다는 점이다. 사실상 우리는 하나이면서 여러 하위의 것들의 차이성에 대해서 아무것도 언급하지 않는 형상적 존재개념을 형성할 수 있다. 그러나 말하자면 하위의 것은 그것이 무엇이든 존재 밖에 있지 않다. 존재의 개념이 서로 다른 종류의 존재개념들로 좁아질 ([한정될] *contrahitur*) 때, 행해지는 것은 어떤 사물이 존재의 개념에 의해서보다는 그 자신 존재양상에 따라서 좀 더 분명하게[20] 이해된다는 점이다.[21] 그러나 그렇다고 해서 이것이 존재개념에 마치 바깥에서 그 무언가가 추가된다는 것을 의미하는 것은 아니다. 오히려 존재개념은 더 분명하게 되거나 규정된다. 하위의 것들이 어떤 종류의 존재자들로서 적절하게 이해되기 위해서는 존재의 개념은 사실상 한정되어야 한다. 그러나 이것은 이미 개념 안에 포함되었던 것을 좀 더 규정적으로 만든다는 것을 의미

---

18   같은 책, 2, 4, 4.
19   같은 책, 2, 2, 36; 39, 3, 17.
20   *expressius, per maiorem determinationem*.
21   『형이상학적 논쟁』, 2, 6, 7.

한다. 그러므로 보다 규정적인 것은 하나의 뜻만 가질 수 없다.

---

5. 존재의 속성들

논쟁 3에서 수아레즈는 존재 그 자체[일반]의 속성들(*passiones entis in communi*)을 다룬다. 오직 세 가지 속성들만 존재하는데, 즉 그것은 단일성(unity), 진리(truth), 선함(goodness)이다.[22] 그러나 이런 속성들은 존재에 대해 어떤 적극적인 무언가도 추가하지 않는다. 단일성은 나누어지지 않는 것으로서의 존재를 의미한다. 이러한 나누어지지 않음은 존재에 어떤 적극적인 무언가를 추가하는 것이 아니라 단지 나누어짐의 부정만을 추가한다.[23] 인식의 진리(*veritas cognitionis*)는 실재하는 어떤 것도 작용 자체에 추가하지 않는다. 오히려 인식의 진리는 그것이 판단에 의해서 존재하는 것으로 표상된다는 식의 존재 대상을 의미한다.[24] 그러나 인식의 진리는 판단 또는 심적(心的) 작용 안에서 발견되며, 초월적 진리(*Veritas transcendentalis*)와 같은 것이 아니다. 초월적 진리는 사물을 그것이 있는 그대로 표상하거나 표상할 수 있는 인식의 내포(內包) 또는 지성의 개념을 가진 사물의 존재를 의미한다.[25] 사물과 정신의 이러한 일치는 신의 정신과의 관계에 대해 일차적으로 이해되지 않으면 안 되며, 이차적으로만 인간정신과의 일치에 대해 이해되어야 한다.[26] 선함에 관해서 말한다면 이것은 어떤 사물의 완전함을 의미하면서 또한 다른 사물 안에 있는 이 완전함에의 성향 또는 이 완전함에 대한 능력도 의미한다. 그러나 이 의미는 선한 것이라 불리는 사물에 절대적인 어떤 것도 추가하지 않는다. 적절히 말한다면, 그것은 또한 관계가 아니다.[27] 존재의 이들 세 가지 초월적 속성들 중 어떤 것도 존재에 대해 적극적인 무언가를 추가하지 않는다.

---

22 같은 책, 3, 2, 3.
23 같은 책, 4, 1-2.
24 같은 책, 8, 2, 9.
25 같은 책, 8, 7, 25.
26 같은 책, 8, 7, 28-29.
27 같은 책, 10, 1, 12.

6. 개별화

논쟁 5에서 수아레즈는 개별화(individuation)의 문제를 고려한다. 현실적으로 존재하는 모든 사물들, 즉 '직접적으로' 존재할 수 있는 모든 사물들은 단일하고 개별적이다.[28] '직접적으로'라는 단어는 존재의 공통된 속성들을 배제하기 위해서 삽입된 것이다. 존재의 공통된 속성은 직접적으로 존재할 수 없다. 즉 단일한, 개별적인 존재자들 안에서만 존재할 수 있다. 수아레즈는 개별성이 공통의 본성에 실재하는 어떤 것(something real)을 추가한다는 관점에서 스코투스와 견해를 같이한다. 그러나 그는 종적인 본성(specific nature)과 '형상적으로'(formally) 구별되는 개별화의 원리(haecceitas)를 주장한 스코투스의 이론을 거부한다.[29] 그렇다면 개별성이 공통된 본성에 추가하는 것은 무엇인가? '개별성은 공통의 본성에다, 그 본성과는 사고상으로(mentally) 구별되는, 동일한 범주에 속하는, (그 본성과 함께) 개별자를 형이상학적으로 구성하는 어떤 것을 추가한다. 즉 추가되는 것은 종을 한정하는 그리고 개별자를 구성하는 개별적 차이(differentia)를 말한다.'[30] 수아레즈에 따르면 추가된 것이 종적인 본성과 사고상으로 구별된다고 말하는 것은 그것이 사고상의 존재(ens rationis)라고 말하는 것과 같은 것이 아니다. 그는 그것이 실재적 존재(aliquid reale)라는 주장에서 이미 스코투스와 의견을 같이했다. 그래서 실체가 독자적으로 개별화되는가 어떤가의 문제에 대한 답변에서 수아레즈는 만약 '독자적으로'라는 단어들이 '종적인 본성 그 자체를 지시한다면, 그 답은 부정적이지만', 그런 단어들이 '독자적인 실재 또는 존재'를 의미한다면 답은 긍정적이라고 대답한다. 그러나 그 사물의 실재 또는 존재는 종적 성질(ratio specifica)뿐만 아니라 개별적인 차이(differentia individualis)를 포함한다는 점이 추가되어야 한다. 이 두 가지는 서로 사고상의 구별에 의해 구별된다. 수아레즈는 자신이 창조된 사물에 대해 이야기하고 있지 신적인 실체에 대해 이야기하고 있는 것은 아니라는 사실을 강조한다. 그러나 창조된 사물들 중에 수아레즈는 비물질적인 실체와 물질

---

28   같은 책, 5, 1, 4.
29   같은 책, 5, 2, 8-9.
30   같은 책, 5, 2, 16.

적인 실체 모두에 이론을 동일하게 적용한다. 이러한 사실에서부터 그가 한정된 질료 (materia signata)를 유일한 개별화의 원리로서 본 토마스의 견해를 거부하였다는 결론이 도출된다.[31] 질료와 형상의 복합 실체, 즉 합성된 실체의 경우에 '합당한 개별화의 원리는 결합체(union) 안에 있는 이 질료와 이 형상이지만, 형상은 주요한 원리이며, 그것만으로 어떤 종들의 개별적인 사물로서의 복합체에 대해서 수적으로 하나인 것으로 고려되기에 충분하다. 이러한 결론은 두란두스 및 톨레투스의 견해와 … 일치한다. 그리고 스코투스, 겐트의 헨리, 유명론자들은 실질적으로 차이가 나는 어떤 것(in re non dissentiunt)도 주장하지 않는다.'[32] 우리의 인식이 감각적 사물들에 대한 경험에 의존하기 때문에, 우리가 종종 개별자들을 그것들의 여러 '질료'에 따라서 또는 우유성들에 따라서 구별한다는 것은 완벽하게 진실이다. 여기서 우유성이란 질료를 갖게 됨 (possession of matter)으로써 나타나는 분량과 같은 것이다. 그러나 우리의 인지 양식과의 관계 속에서 물질적인 실체를 고려하는 것이 아니라 물질적인 실체 그 자체를 고려한다면, 그 실체의 개별성은 그것의 주요한 구성 요소, 즉 형상에 일차적으로 귀속되어야 한다.[33]

——— 7. 유비

원인들에 관한 이론을 길게 논의한 후에 수아레즈는 논쟁 28에서 존재를 무한 존재와 유한 존재로 구별한다. 이러한 구별은 근본적이다. 그러나 그런 구별은 '상이한 이름들과 개념들 하에서' 이루어질 수 있다.[34] 예를 들어 존재는 자신에 의한 존재 (자기 원인적 존재, ens a se)와 다른 것으로부터 온 존재(타자 원인적 존재, ens ab alio), 즉 필연적인 존재와 우연적인 존재 또는 본질에 의한 존재와 분유(分有)에 의한 존재로 구별

---

31   같은 책, 5, 3.
32   같은 책, 5, 6, 15.
33   같은 책, 5, 6, 17.
34   같은 책, 28. 1, 6.

된다. 그러나 이런 구별과 이와 유사한 구별들은 그것들이 모두 존재를 신과 피조물로 구별한다는 의미에서, 즉 말하자면 모든 존재를 망라한다는 의미에서 동등하다.

그다음에 존재가 신과 피조물에 대해 여러 가지 의미를 가진 술어로 되는가, 한 가지 의미를 가진 술어로 되는가 아니면 유비적 의미에서 술어로 되는가의 문제가 발생한다. 수아레즈는 여러 가지 의미 이론이 페트루스 아우레올리에게 귀속된 것은 잘못이라고 언급한다.[35] '존재는 신과 피조물에 공통되며, 그러므로 그 둘에 대해 유비적으로가 아니라 한 가지 의미를 가진 술어로 되는 하나의 개념을 직접적으로 의미한다'[36]는 스코투스주의자들의 이론을 수아레즈는 거부한다. 그러나 존재가 신과 피조물에 유비적 의미에서 술어로 된다면, 그 유비는 카예타누스가 가르친 바의 단지 비례의 유비에 불과한가 아니면 예를 들어 폰세카(Fonseca)가 고려했던 바의 귀속의 유비와 함께하는 비례의 유비인가? 수아레즈에 따르면 문제가 되는 이 유비는 비례의 유비일 수 없다. 왜냐하면 '모든 참된 비례의 유비는 은유의 요소를 포함하는' 반면에, '여기서 다루는 존재의 유비에는 은유가 없기' 때문이다.[37] 그러므로 그 유비는 귀속의 유비이어야 하며, 실제로 본래적 귀속이어야 한다. '모든 피조물은 그것이 신을 분유하기 때문에 혹은 어떤 점에서는 신 존재를 닮아 있기 때문에, 신과 관계함으로써 존재가 된다. 그리고 존재를 가지고 있기 때문에 모든 피조물은 우유성이 실체에 의존하는 것보다 훨씬 더 본질적으로 신에 의존한다.'[38]

━━━━━━━━━ **8. 신 존재**

그다음 논쟁 29에서 수아레즈는 신 존재가 계시와는 별도로 이성에 의해서 알려질 수 있는가의 문제를 고려한다. 무엇보다도 먼저 그는 어느 모로 보나 아리스토

---

35   같은 책, 28, 3, 1.

36   같은 책, 28, 3, 2.

37   같은 책, 28, 3, 11.

38   같은 책, 28, 3, 16.

텔레스에서 발견되는, 운동으로부터의 논증인 '자연적 논증'을 검토한다. 수아레즈의 결론은 이 논증이 신 존재를 증명할 수 없다는 것이다. 논증이 기초하고 있는 원리, 즉 '움직여지는 모든 것은 다른 것에 의해 움직여진다'(*omne quod movetur ah alio movetur*)는 원리를 그는 불확실하다고 주장한다. 어떤 것들은 자신을 움직이는 것처럼 보이고, 이것이 자신의 형상에 의해서 또는 자신의 내적인 힘에 의해서 자신을 움직인다는 사실은 천체의 운동에 대해서는 참일 수 있다. '그렇다면 신 존재를 증명하는 참된 증명은 불확실한 원리들의 도움에 의해서 어떻게 획득될 수 있겠는가?'[39] 만약 그 원리가 올바르게 이해된다면, 이 원리는 그것과 대립되는 것보다는 더 개연적이지만, 그럼에도 불구하고 '이 원리로부터 비물질적인 실체가 존재한다는 것이 어떤 필연적인 또는 명석한 논증에 의해서 증명될 수 있겠는가?'[40] 원동자(原動者)가 요구된다는 점이 밝혀질 수 있다 하더라도, 다수의 원동자가 존재하지 않는다는 결론이 나오지 않으며, 하물며 원동자가 비물질적인 순수작용이라는 결론은 더욱 나올 수 없다. 수아레즈의 지적은 비물질적이고 창조되지 않은 실체이면서 순수작용으로서의 신 존재가 '자연학'에서 도출된 논증에 의해서는 증명될 수 없다는 것이다. 신이 존재한다는 점을 보이기 위해서는 형이상학적 논증에 의존할 필요가 있다.

무엇보다도 '움직여지는 모든 것은 다른 것에 의해 움직여진다'라는 원리는 '존재하게 되는 모든 것은 다른 것에 의해 존재하게 된다'(*omne quod fit, ah alio fit*)는 형이상학적 원리(the metaphysical principle)로 대체될 필요가 있다.[41] 이 원리가 참되다는 것은 어떤 것도 자신을 생산할 수 없다는 명석한 진리에서 도출된다. 이러한 형이상학적 원리에 기초해서 우리는 다음처럼 논증할 수 있다.[42] '모든 존재는 만들어지거나 만들어지지(창조되지) 않거나 둘 중 하나이다. 그러나 우주 안에 있는 모든 존재자들이 만들어질 수 있는 것은 아니다. 그러므로 만들어지지 않고 창조되지 않는 어떤 존재자가 필연적으로 존재한다.' 대전제의 진리는 이런 방식으로 명석하게 될 수 있다. 만들

---

39 같은 책, 29, 1, 7.
40 같은 책, 29, 1, 8.
41 같은 책, 29, 1, 20.
42 같은 책, 29, 1, 21.

어진 또는 생산된 존재자는 '다른 무언가'에 의해서 생산된다. 이 '다른 그 무엇'은 그 자체 만들어지거나 만들어지지 않는다. 만약 만들어지지 않는다면, 우리는 이미 창조되지 않은 존재를 가지게 된다. 만약 만들어진다면, '다른 그 무언가'가 존재를 위해서 의존하게 되는 것은 그 자체 만들어지거나 만들어지지 않는다. 무한소급 또는 '순환논증'(A가 B에 의해서 만들어지고, B는 C에 의해서, 그리고 C는 A에 의해서 만들어진다고 언급한다면, 순환논증이 발생할 것이다)을 피하기 위해서는 창조되지 않는 존재자를 요청할 필요가 있게 된다. 무한한 소급의 불가능성에 대한 그의 논의에서[43] 수아레즈는 자기원인에 종속된 것(*causae per se subordinatae*)과 우연적 원인에 종속된 것(*causae per accidens subordinatae*)을 구별한다. 그러나 그는 후자의 경우에서조차도 무한소급이 불가능하다고 생각한다는 점을 분명히 하고 있다. 그래서 그는 성 토마스와 다른 견해를 취한다. 그러나 그는, 심지어 우리가 우연적 원인에 종속된 것의 계열에서 무한소급의 가능성을 받아들인다 하더라도, 무한계열은 영원히 보다 높은 외적인 원인에 의존하기 때문에, 이것이 논증의 주요 노선에 영향을 끼치지 않는다고 언급한다. 만약 그렇지 않다면 인과성 또는 생산은 전혀 존재하지 않을 것이다.

그러나 이러한 논증이 신이 존재한다는 사실을 직접적으로 보여주는 것은 아니다. 오직 하나의 창조되지 않은 존재자가 있다는 점이 여전히 증명되어야 한다. 수아레즈는 우선 '각각으로 취해져서 고려되는 개별적인 결과들이 모든 사물의 제조자가 하나이면서 동일하다는 것을 비록 보여주지는 못하지만, 전 우주와 그 우주 안에 있는 모든 사물들의 아름다움, 그런 사물들의 놀라울 정도의 결합과 질서가 모든 사물들을 지배하고 모든 사물들의 기원이 되는 하나의 최초의 존재가 있다는 점을 충분히 보여준다고 논증한다.'[44] 우주에는 여러 통치자들이 있을 수 있다는 반대에 직면해서 수아레즈는 감각적 세계 전체는 하나의 작용인에서부터 나온다는 점이 증명될 수 있다고 주장한다. 우주의 원인 또는 원인들은 지성적 존재자이어야 한다. 그러나 다수의 지성적인 원인들은, 그 원인들이 그 원인들을 기관들로서 또는 도구들로서

---

43 같은 책, 29, 1, 25-40.
44 같은 책, 29, 2, 7.

사용하는 보다 높은 원인에 종속되지 않는다면, 하나의 체계적으로 결합된 결과를 생산하거나 지배하는 것과 결합될 수 없다.[45] 그러나 다른 반대가 가능하다. 다른 창조되지 않는 원인에 의해서 만들어진 또 다른 우주는 존재할 수 없는가? 수아레즈는 또 다른 우주의 창조가 불가능한 것은 아니라는 점을 인정하지만, 그는 또 다른 우주가 존재한다고 가정할 이유가 없다고 본다. 그럼에도 그 가능성이 주어진다면, 우주로부터 신의 단일성에로 나아가는 논증은 엄격하게 말해서 인간경험과 추리에 의해서 알려질 수 있는 것들에 대해서만 타당하다. 그러므로 그는 창조되지 않은 존재자의 단일성에 대한 아프리오리한 증명이 주어지지 않으면 안 된다고 결론 내린다.

수아레즈가 주목하고 있듯이 이 아프리오리한 증명은 엄격한 의미에서 아프리오리하지 않다. 신 존재를 그것의 원인에서 연역하는 것은 불가능하다. 왜냐하면 신은 원인을 가지고 있지 않기 때문이다. '설사 신이 그런 원인을 가졌다 하더라도, 신은 우리가 신을 말하자면 신 자신의 원리에 의해서 파악할 수 있을 만큼, 우리에 의해서 그렇게 정확하고 완전하게 인식되지 않는다.'[46] 그럼에도 불구하고 신에 관해 어떤 것이 이미 아포스테리오리하게 증명되었다면, 우리는 하나의 속성으로부터 다른 하나의 속성으로 아프리오리하게 논증하게 될 위치에 있을 수 있다.[47] '신이 자존적 존재자(*ens a se*)라는 사실이 아포스테리오리하게 증명되었을 때, 이러한 속성에서부터 어떤 다른 필연적인 자존적 존재자가 존재할 수 없다는 것이 아프리오리하게 증명될 수 있으며, 결과적으로 신이 존재한다는 것이 증명될 수 있다.'[48] 다른 말로 하면 수아레즈의 논증은 **하나의** 필연적인 존재자가 존재해야 한다는 것이 증명될 수 있으며, 그런 다음 하나의 필연적인 존재자 이외에 다른 것이 존재할 수 없다는 점이 결론적으로 밝혀질 수 있다는 것이다. 오직 하나의 필연적인 존재자만이 있을 수 있다는 것을 그는 어떻게 보여주는가? 그의 논증에 따르면, 공통된 본성을 지니는 다수의 존재자들이 있을 수 있기 위해서는 각각의 개별성이 어떻든(*aliquo modo*) 본성의 본질 바깥

---

45   같은 책, 29, 2, 21.
46   같은 책, 29, 3, 1.
47   같은 곳.
48   같은 책, 29, 3, 2.

에 있을 필요가 있다. 왜냐하면 개별성이 본성에 본질적이라면, 본성은 다수가 될 수 없을 것이기 때문이다. 그러나 창조되지 않은 존재자의 경우에 그것의 개별성이 어떤 방식으로든 그것의 본성과 구별되는 것은 불가능하다. 왜냐하면 그것의 본성은 존재 그 자체이며, 존재는 항상 개별적이기 때문이다. 앞의 논증은 수아레즈가 고려하고 있는 네 번째 논증이다.[49] 그 뒤에[50] 그는 다음처럼 언급한다. '지금까지 고려되었던 다수의 논증들 중 일부가, 각각 따로 취급되었을 경우, 지성인에게 확신을 줄 수 없지만(완고하거나 뼈딱한 성격의 소유자가 그 논증들을 얼버무려 피하는 방법들을 발견할 수 없음에도 불구하고), 그럼에도 불구하고 이 모든 논증들은 가장 효과적이며, 특히 그것들이 함께 고려된다면, 그 논증들은 전술한 진리를 풍부하게 증명한다.'

———————— ## 9. 신의 본성

수아레즈는 계속해서 신의 본성을 고려한다. 그는 논쟁 30의 앞부분에서 신 존재 문제 및 신의 본성 문제는 완전히는 서로 분리될 수 없다는 점을 지적한다. 또한 그는, 신에 대한 우리의 인식이 아포스테리오리하더라도, 몇몇 경우에서는 우리가 신의 하나의 속성에서 신의 다른 속성으로 아프리오리하게 논증할 수 있다는 자신의 견해를 반복한다. 이런 예비적인 진술들을 한 이후에 계속해서 그는 신이 나누어줄 수 있는 모든 완전성을 신이 창조자로서 자신 안에 소유하고 있다고 논증한다. 그러나 신은 완전성 모두를 동일한 방식으로 소유하지는 않는다. 어떤 한정 또는 불완전성을 그 스스로 포함하지 않는 완전성들을 신은 '형상적으로'(*formaliter*) 소유한다. 예를 들어 지혜와 같은 완전성은, 비록 인간 안에서 한정되거나 불완전한 방식으로 존재한다 하더라도, 형상적 개념에서 어떤 한정이나 불완전성을 포함하지 않고, 그래서 신과 피조물 사이에 항상 존재하는 유비를 우리가 유지하는 한(*salva analogia, quae inter*

---

49   같은 책, 29, 3, 11.
50   같은 책, 29, 3, 31.

Deum et creaturam semper intercedit),[51] 그것은 형상적으로 신의 술어로 사용될 수 있다. 이러한 종류의 완전성은 '탁월하게'(*eminenter*) 신 안에서 존재한다. 왜냐하면 창조된 지혜 그 자체는 신의 술어가 될 수 없기 때문이다. 그럼에도 불구하고 형상적으로 신의 술어가 될 수 있는 지혜의 유비적 개념은, 비록 그것이 유비적이라 하더라도, 존재한다. 그러나 특정한 범주 안에서 완전성들을 소유한다고 할 때의 완전성들의 경우에, 이 완전성들은 형상적으로 신 안에 있다고 말해질 수 없고, 다만 탁월하게만(*modo eminenti*) 신 안에 존재한다고 말해질 수 있다.

이어지는 절들에서 수아레즈는 신이 무한하고,[52] 순수작용이면서 합성이 아니며,[53] 모든 곳에서 존재하고,[54] 불변하고 영원하지만 자유로우며,[55] 하나이고,[56] 눈으로 볼 수 없으며,[57] 불가해하고,[58] 말로 표현할 수 없으며,[59] 살아 있고, 지성적이며, 자족적인 실체[60]라고 주장한다. 그런 다음 그는 신의 인식,[61] 신의 의지,[62] 신의 능력[63]을 다룬다. 신의 인식에 관한 절에서 수아레즈는 가능한 피조물과 현존하는 사물들을 알고 있다는 점을 증명하고는, 조건적이며 미래에 있을 우연적인 사건들에 대한 신의 인식 문제는, 비록 형이상학적인 문제이기는 하지만, 신학적인 근거를 참조하지 않고는 적절하게 다루어질 수 없으며, '따라서 나는 그 부분을 논하지 않는다'.[64] 그러나 그는 '만약 베드로가 여기에 있었더라면, 그는 죄인이었을 것이다'와 같은 진술이 일정한

---

51 같은 책, 30, 1, 12.
52 같은 책, 30, 2.
53 같은 책, 30, 3-5.
54 같은 책, 30, 7.
55 같은 책, 38, 8-9.
56 같은 책, 30, 10.
57 같은 책, 30, 11.
58 같은 책, 30, 12.
59 같은 책, 30, 13.
60 같은 책, 30, 14.
61 같은 책, 30, 15.
62 같은 책, 30, 16.
63 같은 책, 30, 17.
64 같은 책, 30, 15, 33.

진리를 담고 있다면, 이러한 진리는 신에게 인식될 수밖에 없다고 진술한다. 이러한 진술들이 일정한 진리를 담고 있다는 사실은, 주어진 예에서 베드로가 죄인이었거나 죄인이 아니었다는 의미에서, 그리고 비록 우리가 어떤 것이 발생했는지를 알 수가 없지만 신은 그것을 알 수 있다는 의미에서, 이런 진술들이 그런 진리를 담지 않고 있다는 사실보다 '훨씬 더 개연적이다'(*multo probabilius*). 그러나 수아레즈가 그의 형이상학 논쟁들에서 이러한 문제를 더 이상 다루지 않았기 때문에, 나 역시 그것을 다루지 않겠다.

10. 본질과 현존

유한한 존재의 주제에 이르러서 스콜라주의는 우선 유한한 존재 그 자체의 본질, 그것의 현존(existence)의 본질, 유한한 존재에 있어서 본질과 현존의 구분에 대해 다룬다. 우선 그는 현존(*esse*)과 본질이 피조물에서 실제로 구별된다는 견해를 주장한 사람들의 주장을 개관한다. '이것은 이런 의미로 이해된다면 초기 토마스주의자 거의 모두가 추종한 성 토마스의 견해라고 생각된다.'[65] 수아레즈가 언급한 두 번째 견해는 피조물의 현존이 그것의 본성과 그 본성의 양상으로서 '형상적으로' 구별된다는 것이다. '이런 견해는 스코투스에 해당한다.'[66] 세 번째 견해는 피조물에 있어서 본질과 현존은 개념적으로만(*tantum ratione*) 구별된다는 것이다. 수아레즈에 따르면 이러한 견해는 헤일즈의 알렉산드로스(Alexander of Hales)와 유명론자들을 포함한 다른 사람들에 의해 주장되었다.[67] '현존'이 현실적인 현존을 의미하는 것으로 이해되고, '본질'이 실제로 현존하는 본질을 의미하는 것으로 이해된다면, 수아레즈가 옹호하고자 하는 견해는 세 번째 견해이다. '그리고 이 견해는, 그런 식으로 설명된다면, 정말 옳

---

65   같은 책, 31, 1, 3.
66   같은 책, 31, 1, 11.
67   같은 책, 31, 1, 12.

다고 나는 생각한다.'[68] 수아레즈에 따르면 무언가가 그것과 구별되는 그 무엇에 의해 실재하고 현실적인 존재로서 본래적으로 그리고 형상적으로 구성된다는 것은 불가능하다. 이러한 사실에서부터 현존은 양상과 달리 본질 또는 본성과 구별될 수 없다는 결론이 도출된다. 양상은 본질 또는 본성과 구별된다(*ex natura rei*).[69] 이것은 옳은 견해이다.[70] 만약 '현존'과 '본질'이라는 용어가 각각 현실적인 존재(*ens in actu*)와 잠재적이거나 가능적인 존재(*ens in potentia*)를 지시하는 것으로 이해된다면, 당연히 실재적인 구별은 존재한다. 그러나 이러한 구별은 존재와 비존재 사이의 구별이다. 왜냐하면 가능적인 것은 존재가 아니며, 현존에 대한 그것의 잠재성은 단지 논리적 잠재성이기 때문이다. 즉 가능적인 것의 관념은 모순을 포함하지 않기 때문이다. 그러나 만약 '본질'과 '현존'이, 마치 그것들이 현재의 논쟁에서 의미하는 것으로 이해되는 것처럼, 현실적인 본질과 현실적인 현존을 의미하는 것으로 이해된다면, 그들 사이의 구별은 객관적 기초를 가지고 있는 사고상의 구별(*distindio rationis cum fundamento in re*)이다. 우리는 사물들의 본성이나 본질을 그 사물의 현존을 추상해서 생각할 수 있고, 우리가 그렇게 할 수 있기 위한 객관적 기초는 어떤 피조물도 필연적으로 현존하는 것은 아니라는 사실이다. 그러나 어떤 피조물도 필연적으로 현존하는 것은 아니라는 사실은, 그것이 현존할 때, 그것의 현존과 본질이 실제로 구별된다는 것을 의미하는 것은 아니다. 말하자면, 현존을 떼어버린다면, 그렇다면 당신은 그 사물을 완전히 삭제하게 된다. 반면에 본질과 현존의 실제적인 구별을 부정하는 것은 수아레즈에 의하면 피조물이 필연적으로 현존한다는 결론으로 귀결하지는 않는다.

현존과 본질은 결합하여 본질적으로 하나 되는 것(*ens per se unum*)을 형성한다. 그러나 이러한 합성은 유비적인 의미에서의 '합성'이다. 왜냐하면 결합하여 실제적인 합성을 이룰 수 있는 것은 단지 실제로 구별되는 요소들이기 때문이다. 본질과 현존의 결합이 본질적으로 하나 되는 것을 형성하는 것은 단지, 질료와 형상의 결합, 즉 두 가지 실제적으로 구별되는 요소들의 결합이 합성이라고 불리는 의미와 유비적인

---

68   같은 책, 31, 1, 13.
69   같은 책, 31, 6, 9.
70   같은 책, 31, 6, 13-24.

의미에서만 '합성'이라 불린다.[71] 게다가 본질과 현존의 결합은 질료와 형상의 결합과 다르다. 왜냐하면 전자는 모든 피조물에서 발견되는 반면에, 후자는 물체들에 국한되기 때문이다. 질료와 형상에서 나오는 합성은 물리적 합성이고, 물리적 변화의 기초를 이루는 반면에, 본질과 현존에서 나오는 합성은 형이상학적 합성이다. 형이상학적 합성은 정신적인 것이든 물질적인 것이든 피조물의 존재에 속한다. 그것이 사고상의 합성(compositio rationis)이라는 진술은 그것이 피조물의 존재에 속한다는 진술과 모순되지 않는다. 왜냐하면 그것이 피조물의 존재에 속하는 이유는 본질과 현존을 구별하는 사고상의 특성이 아니라 오히려 이런 사고상의 구별의 객관적 기초이기 때문이다. 즉 피조물은 필연적으로 또는 그 자체로(ase) 현존하는 것이 아니라는 사실이기 때문이다.

수아레즈는 자신의 견해에서부터 피조물의 현존은 잠재적이고 제한된 요소에서 수용되는 것이 아니고, 따라서 그것은 완전하고 무한한 존재라는 결론이 도출되거나 도출되는 것처럼 보인다고 주장하는 반대 견해를 고려한다. 언급되었듯이 만약 현존이 잠재적 요소 안에서 수용되는 작용이 아니라면, 그것은 수용되지 않고, 따라서 그것은 자존적인 존재이다. 그러나 수아레즈에 따르면 피조물의 현존은 스스로에 의해, 즉 자신의 실재성에 의해 제한되고, 그래서 그것은 그 현존을 제한하기 위하여 자기 자신과 구별되는 어떤 것도 필요하지 않다.[72] 본래적으로 그것은 자신에 의해 제한되어 있다. 우연적으로 혹은 실제적으로(effective) 그것은 신에 의해 제한된다. 우리는 두 종류 제한 혹은 한정, 즉 형이상학적 한정과 자연적 한정을 구별할 수 있다. '형이상학적 한정(contractio)은 한정된 요인들과 한정하는 요인들 사이의 현실적인 실제적인 구별을 필요로 하지 않으며, 어떤 객관적 기초를 가지는 개념들의 구별로 충분하다. 그래서 우리는 (만약 우리가 많은 사람들의 언어를 사용하고 싶다면) 본질은 현존을 위하여 유한하게 되며 한정된다는 것을, 그리고 거꾸로 현존은 한정되며 특정한 본질의 작용에 의해서 한정된다는 것을 인정할 수 있다.'[73] 자연적 한정과 관련해서 천사가 그것이 단순 실체라는 것 외에 어떤 본래적인 제한 원리를 필요로 하지 않는 반면에, 합성

---

71 같은 책, 31, 13, 7.
72 같은 책, 31, 13, 18.
73 같은 곳.

제3부 르네상스의 스콜라주의

적 실체는 그 실체의 본래적인 합성 요인들 또는 원리들에 의해 제한된다. 이것은 다음과 같은 진술과 동일한 의미를 가진다. 즉 합성적 실체는 또한 자신에 의해서 제한되며, 그 까닭은 그 실체는 그것들의 현실성에서 함께 취해진 본래적인 합성적 요인들과 구별되는 그 무엇이 아니기 때문이다.

그렇다면 수아레즈의 견해는 다음과 같다. '현존은 작용 안에서 구성되는 본질 이외에 다른 것이 아니기 때문에, 현실적인 본질이 형상적으로 자신에 의해서 또는 자신의 본래적인 원리들에 의해서 제한되는 것과 꼭 마찬가지로, 창조된 현존은 본질로부터 자신의 제한을 가지게 된다는 귀결이 뒤따른다. 그것은 본질이 현존을 수용하는 잠재성이기 때문이 아니라, 현존이 실제로 현실적인 본질 자체 이외에 다른 것이 아니기 때문이다.'[74] 본질과 존재의 구별을 다루는 주제와 관련하여 수아레즈와 수아레즈에 반대하는 토마스주의자들 사이의 논쟁에 대해서는 스콜라철학 안에서 상당한 분량의 글들이 나왔다. 그러나 어느 쪽이 옳든, 말하자면 피조물의 우연적 특성을 훼손하려는 어떤 의도도 수아레즈에게 없었다는 것은 적어도 분명하다. 피조물은 창조되며 우연적이지만, 창조된 것은 현실적인 본질, 즉 현존하는 본질이며, 본질과 그것의 현존 사이의 구별은 단지 사고상의 구별일 뿐이다. 그러나 이러한 사고상의 구별은 피조물의 우연적 특성에 근거하고 있으며, 이런 특성에 의해서 가능하다. 토마스주의자들과 수아레즈주의자들 모두는 당연히 피조물의 우연적 특성에 대해 의견을 같이한다. 그들의 입장이 갈리는 지점은 우연적이라는 것이 무엇을 의미하는가에 대한 분석이다. 토마스주의자들이 피조물에서 본질과 현존의 실제적 구별이 있다고 말할 때, 그들은 두 요인의 각각이 또는 둘 모두가 분리되어 현실성을 유지할 수 있다는 의미에서 분리될 수 있다는 것을 의미한 것은 아니다. 그리고 수아레즈주의자들이 그 구별은 객관적인 기초를 가지는 사고상의 구별(*distinctio rationis cum fundamento in re*)이라고 말할 때, 그들은 피조물이 존재하지 않을 수 없다는 의미에서 피조물은 필연적으로 현존한다는 것을 의미한 것은 아니다. 그러나 나는 논쟁하고 있는 두 주장의 어떤 편에 서라고 제안하지는 않는다. 나는 영국 현대철학의 문맥에서 제안될 수도 있

---

74   같은 곳.

는 반성들을 소개하지 않을 것이다.

──────── 11. 실체와 우유성

실체와 우유성의 주제로 넘어가면서 수아레즈는 실체와 우유성의 구별이 창조
된 존재에 대해서는 충분할 정도의 구별이라는 견해가 '너무나 일반적이어서, 마치
그것이 자명한 것처럼 모든 사람에 의해 받아들여졌다고 언급한다. 그러므로 그 견해
는 증명보다는 설명을 필요로 한다. 피조물들 중 어떤 것들은 실체이고, 어떤 것들은
우유적인 것이라는 사실은 사물들의 지속적인 변천과 변화로부터 분명해진다.'[75] 그
러나 존재는 동일한 의미로 실체와 우유적인 것의 술어가 되지 않는다. 그것은 유비
적으로 술어가 된다. 그런데 카예타누스와 많은 사람들은 여기서 논의되는 유비가 오
직 비례의 유비일 뿐이라고 생각한다. '그러나 나의 생각으로는 이것과 연관해서 신
존재에 대해서든 피조물의 존재에 대해서든 동일한 방식이 언급되어야 한다. 즉 적절
하게 이야기한다면 여기서는 비례의 유비가 아니라 귀속의 유비만 존재한다.'[76]

피조물에 있어서 일차적 실체(즉 보편적 실체나 이차적 실체(*substantia secunda*)와 구별되
는 존재적 실체)는 기체(*suppositum*)와 같은 것이다.[77] 그리고 이성적 본성의 기체는 인격
이다.[78] 그러나 수아레즈는 본성 또는 본질을 창조된 기체로 만드는 '자존적 존재'(*sub-
sistentia*)가 본성과 구별되는 적극적인 그 무엇인지 어떤지를 논한다. 한 견해에 의하
면 현존(existence)과 자존적 존재는 동일하다. 본성에 기체가 추가된 것이 결과적으로
현존이다. '이러한 견해는 지금은 현대의 신학자들이 자주 다루고 있다.'[79] 그러나 수
아레즈는 이 이론에 동의할 수 없다. 왜냐하면 그는 현존이 실제로 현실적인 본성이

75   같은 책, 32, 1, 4.
76   같은 책, 32, 2, 12.
77   같은 책, 34, 1, 9.
78   같은 책, 34, 1, 13.
79   같은 책, 34, 4, 8.

나 본질과 구별된다고 믿지 않기 때문이다. '현실적인 본질과 그것의 현존은 실제로 구별되지 않는다. 그러므로 자존이 현실적인 본질과 구별되는 한, 그것은 그 본질의 현존과 구별되지 않으면 안 된다.'[80] 그러므로 기체가 되는 것 또는 자존성을 가지는 것은 하나의 사물을 모든 '담지자'로부터 독립되어 있는 것으로 만드는데(즉 하나의 사물을 실체로 만드는데), 기체가 되는 것 또는 자존성을 가지는 것은, 그것이 현실적인 본질이나 본성에 추가되는 그 무엇인 한, 현존과 동일한 것일 수 없다. 무엇이, 만약 그런 것이 있다면, 자존성을 현실적 본질 또는 본성에 추가하는가? 현존 그 자체는 단순히 현실적 존재를 가지는 것을 의미한다. 어떤 존재가 현존한다는 것만으로, 그것이 실체로서 현존하는지 아니면 우유성으로 현존하는지가 결정되는 것은 아니다. '그러나 자존성은 현존하는 것의 결정 양상을 뜻한다.'[81] 즉 실체로서 현존하는 것을 뜻하며, 우유성이 실체 안에 내재해 있는 것처럼 실체 안에 내재해 있는 것을 뜻하는 것은 아니다. 그러므로 자존성은 무언가를 추가한다. 그러나 그것이 추가하는 것은 현존하는 것의 양상, 즉 현존하는 방식이며, 현존 그 자체는 아니다. 그것은 현존의 양상을 규정하며, 실체에다 현존의 수준에서(in ratione existendi) 그것의 완전성을 부여한다. 그러므로 자존성을 갖는 것 또는 기체가 되는 것은 현실적인 본질 또는 본성에 어떤 양상(modus)을 추가하고, 자존적인 것은 자존적이게 하는 것의 본성과는 양상적으로(modaliter) 다르며, 이것은 마치 사물의 양상이 사물 그 자체와 다른 것과 같다.[82] 그렇다면 그들 사이의 합성은 양상과 양상화된 사물과의 합성이다.[83] 그래서 창조된 자존성은 '실체적 양상이며, 결국 실체적 본성을 종료하고, 하나의 사물을 그 자체적으로(per se) 자존적이며 독립적인 것으로 구성한다.'[84]

---

80   같은 책, 34, 4, 16.
81   같은 책, 34, 4, 24.
82   같은 책, 34, 4, 33.
83   같은 책, 34, 4, 39.
84   같은 책, 34, 5, 1.

######## 12. 양상

여기서 우리는 수아레즈가 광범위하게 사용하는 '양상' 관념을 만나게 된다. 예를 들어 그는 아마도 '이성적 영혼은, 비록 신체와 결합되는 동안에라도 자존성이라는 적극적 양상을 가지며, (신체와) 분리될 때 영혼은 현존이라는 새롭고 적극적인 양상을 획득하지 못하지만 단지 신체와의 결합이라는 적극적인 양상을 박탈당할 뿐'이라고 말한다.[85] 그렇다면 인간 안에는 영혼과 신체를 결합하는 '양상'이 존재할 뿐 아니라, 신체와 결합하는 동안에도 영혼은 부분적인 자존성이라는 자신의 양상을 가진다. 죽음에서 발생하는 것은 비록 영혼이 자존성이라는 자기 자신의 양상을 유지한다 하더라도 결합의 양상이 사라진다는 것이다. 순수하게 물질적인 실체에서 형상과 질료 모두는 결합의 양상에 추가해서 자기 자신의 양상들을 가진다. 그것은 물질의 '부분적 양상'(modus partialis)이며, 이 물질만이 형상과 질료가 분리된 이후에도 보존된다. 순수하게 물질적인 실체의 형상은 신체의 형상인 인간영혼과는 달리 실체의 소멸 이후에 어떤 실체의 양상도 보존하지 않는다.[86] 물질적 형상은 자기 자신의 존재양상이나 부분적인 자존성이라는 양상을 가지지 못하는 반면에,[87] 질료는 그것을 가지고 있다. 이 사실에서부터 신은 형상이 전혀 존재하지 않더라도 질료를 보존할 수 있다는 결론이 나온다.[88]

######## 13. 분량

여러 종류의 우유성에 대해 상세하게 다루면서 수아레즈는 분량의 주제에 대해 상당히 많이 주목한다. 우선 분량이 실제로 물질적인 실체와 구별된다는 견해는

---

85   같은 책, 34, 5, 33.
86   같은 책, 34, 5, 35.
87   같은 책, 34, 5, 42.
88   같은 책, 34, 5, 36.

반드시 받아들여져야 한다. '왜냐하면 그 견해가 진리라는 것이 자연 이성에 의해서 충분하게 증명하는 것이 불가능할지라도, 신학의 원리에 의해서, 특히 성체(Eucharist) 의 신비에 근거해서 그것이 진리임이 밝혀진다. 사실상 이 신비에 의해 인도되는 자연 이성은 이 진리가 (그것과는 반대되는 견해보다) 사물들의 본성 자체와 보다 더 잘 일치하고 적합하다는 점을 이해한다. 그러므로 이러한 견해에 대한 첫째 이유는 성체의 신비에서 신이 빵과 포도주의 실체로부터 분량을 분리했다는 것이다. …'[89] 이러한 구별은 진정한 구별이어야 한다. 왜냐하면 그 구별이 단지 양상적일 뿐이라면, 분량은 분량을 양상으로 만드는 것과 분리되어 존재할 수 없기 때문이다.

성체의 신학에서 취해진 고려들은 분량의 형상적 결과(effectus formalis quantitatis) 에 대한 수아레즈의 취급에서도 나타나는데, 이러한 결과를 그는 장소를 차지하려는 부분들의 분량상의 연장(延長) 안에서 발견한다. '물질의 부분들을 실제로 구별하는 것 말고 성체인 그리스도의 몸에서도 부분들의 분량적 연장이 존재한다. 왜냐하면 그리스도의 몸의 부분들이 비록 장소 안에서 실제로 연장되어 있지는 않지만, 그럼에도 불구하고 그 부분들은 서로 간의 관계에서 연장되어 있고, 질서를 가지기 때문에, 만약 그 부분들이 초자연적으로 보호되지 않는다면, 그 부분들은 장소에서 실제적인 연장을 가지게 될 것이기 때문이다. 이 (첫째) 연장을 그 부분들은 분량에서부터 받아들이고, 그 부분들이 분량을 가지고 있지 않다면 그 부분들이 연장을 가지는 것은 불가능하다.'[90]

──────── **14. 관계**

관계에 대해서 수아레즈는 피조물들 안에는 실제적인 범주를 구성하는 관계들이 있다고 주장한다.[91] 그러나 실제적인 관계는 비록 실제적인 형상을 의미한다 하더

---

89   같은 책, 40, 2, 8.
90   같은 책, 40, 4, 14.
91   같은 책, 47, 1.

라도 모든 절대적인 형상과 현실적으로 구별되는 어떤 것은 아니다. 그것은 실재 안에서 절대적인 형상과 동일시되며, 이 절대적인 형상은 다른 그 무엇과 관계한다.[92] 예를 들어보자. 두 개의 흰 사물들의 경우에 하나의 사물은 다른 사물과 유사성이라는 실제적 관계를 가진다. 그러나 그 실제적 관계는 사물의 흼과 실제로 구별되는 그 무엇이 아니다. 그것은 ('절대적 형상'으로서 고려되는) 흼 그 자체이며, 다른 사물의 흼과 유사하다. 수아레즈에 의하면 흼과 그것의 주체 사이의 실제적인 구별을 부정하는 것은[93] 실제적 관계들이 관계들 자신의 범주에 속한다는 주장과 모순된다. 왜냐하면 '범주들 사이의 구별은 때로는, 우리가 능동, 수동과 다른 범주들에 관련하여 뒤에 다루게 되는 것처럼, 사물 속에 어떤 기초를 가지고 있는 사고상의 구별(*distinctio rationis cum aliquo fundamento in re*)일 뿐이기 때문이다.'[94]

관계의 범주에 속할 수 있는 것은 단지 실재하는 관계일 뿐이다. 왜냐하면 사고상의 관계(*relationes rationis*)는 실재하는 존재가 아니며, 따라서 무언가에 대한(*ad aliquid*) 범주에 속할 수 없기 때문이다.[95] 그러나 이런 사실에서부터 모든 실재하는 관계들이 관계의 범주에 속한다는 결론이 나오지는 않는다. 만약 두 개의 흰 사물들이 존재한다면, 하나는 다른 하나와 실재에서 유사하다. 그러나 그들 중 하나가 파괴되거나 흰 것을 멈춘다면, 유사성의 실재하는 관계도 멈추게 된다. 그러나 수아레즈에 의하면 그들의 주체의 본질에서부터 분리될 수 없는 어떤 실재하는 관계가 존재한다. 예를 들면 존재하는 피조물이 창조자에 의존한다는 것은 그 피조물의 본질에 속한다. '그 피조물의 근거가 되는 것[창조자]과의 초월적인(transcendental) 관계 없이 그 피조물이 이해될 수 있다거나 현존할 수 있을 것 같지는 않다. 창조된 존재 그 자체의 잠재성과 불완전성은 특히 이 관계 안에서 성립한다.'[96] 다시 말한다면, '질료와 형상은 그들 자

---

92   같은 책, 47, 2, 22.
93   실제적인 관계와 그것의 기초 사이의 실제적인 구별이 항상 존재한다는 견해는 카프레올루스와 카예타누스와 같은 고(古) 토마스주의자들의 견해이다(같은 책, 47, 2, 2).
94   같은 책, 47, 2, 22.
95   같은 책, 47, 3, 3.
96   같은 책, 47, 3, 12.

신 존재자 안에 본질적으로 포함되어 있는 참되고 실재하는 상호관계를 가진다.[97] 수아레즈가 초월적 관계(*relationes transcendentales*)라고 불렀던 이러한 관계들은 사고상의 관계는 아니다. 그 관계들은 실재하는 관계이다. 그러나 그 관계들은, 범주적 관계들(즉 관계의 범주에 속하는 관계들)이 사라질 수 있는 것과는 달리, 주체가 남아 있는 한 사라질 수 없다. 범주적 관계는 하나의 사물에 의해서 획득되는 우유성이며, 이 사물은 이미 그것의 본질적 존재 안에서 구성되어 있다. 그러나 초월적 관계는 흡사(*quasi*) 사물의 본질을 구성하고 완성하는 차이(*differentia*)이며, 그 관계는 그 사물의 관계라고 주장된다.[98] 범주적 관계에 대한 정의는 다음과 같다. '그 전(全) 존재가 다른 무엇이라고 말해지거나 다른 무엇과 관련이 있다고 말해지거나 다른 그 무엇을 언급함으로써 말해지는 우유성이다'(*ad aliud esse, seu ad aliud se habere, seu aliud respicere*).[99] 이러한 정의는 역시 초월적 관계를 포괄하고 있는 것처럼 보인다. 그러나 '나는 초월적 관계들은, 그전 존재를 다른 그 무엇이게 하는 것(*cuius totum esse est esse ad aliud*)이란 구절이 앞 절의 말미에서 설명되는 엄격한 의미로 이해된다면, 그 구절로 인해 배제된다고 생각한다. 왜냐하면 초월적 관계를 포함하는 존재자들은 그 존재자들의 전체 존재가 다른 사물과 관계하는 데서만 성립하는 방식으로 다른 존재와 관계를 맺지 않기 때문이다.'[100] 수아레즈의 계속된 논의에 따르면 범주적 관계는 주체, 기초(예컨대 휜 사물의 휨), 관계의 명사(名辭)를 요구한다.[101] 그러나 초월적 관계는 이러한 세 가지 조건을 요구하지 않는다. 예를 들면 '질료와 형상의 초월적 관계는 어떤 기초도 가지지 않지만, 그 관계는 질료 그 자체 안에 본질적으로 포함된다.'[102]

초월적 관계의 두 예는 위에서 제시되었다. 즉 피조물과 창조자와의 관계 및 질료와 형상의 상호관계는 사람들로 하여금 수아레즈에 있어 피조물과 창조자 사이에 '상호' 관계가 있다고 생각하도록 만들지 않는다. 피조물의 측면에서는 창조자와 실

97   같은 책, 47, 3, 11.
98   같은 책, 47, 4, 2.
99   같은 책, 47, 5. 2.
100   같은 책, 47, 6, 5.
101   같은 책, 47, 6-9.
102   같은 책, 47, 4, 2.

제적인 관계가 존재하지만, 피조물에 대한 창조자의 관계는 사고상의 관계(*relatio ra-tionis*)이다.[103] 유명론자들은 신이 새로운 완전성을 획득한다는 의미에서가 아니라 예를 들어 신은 실제로 창조자이며, 시간 안에서 창조가 일어나기 때문에, 신은 시간 안에서 피조물과 관계를 맺는다는 의미에서 시간 안에서 실재하는 관계를 획득한다. 그러나 수아레즈는 그런 견해를 거부한다.[104] 만약 관계가 실재적이라면, 신은 불합리한 관념인 시간 안에서 우유성을 획득할 것이고, 관계가 신 앞에 있고(*assistere Deo*), 신 안에(*inesse Deo*) 있지 않다(이러한 구별은 포레(Gilbert de la Porrée)가 하고 있다)고 말하는 것은 소용없다. 왜냐하면 관계는 주체 안에 있지 않으면 안 되고, 만약 그것이 피조물 안에 없다면, 신 안에 있을 수밖에 없기 때문이다.

─────── 15. 사고상의 존재

수아레즈의 마지막 논쟁(54)은 사고상의 존재(*entia rationis*)와 관련된다. 비록 그가 첫 번째 논쟁에서 사고상의 존재는 형이상학의 특수한 주제에 포함되는 것이 아니라고 말했음에도 불구하고, 그는 이 논제에 관한 일반적 원리들이 다루어져야 한다는 생각을 가지고 있다는 점을 우리에게 이야기하고 있다. 비록 그 논제가 곁가지로 또는 부수적으로(*quasi ex obliquo et concomitanter*) 그의 주제에 속함에도 불구하고, 그 논제는 형이상학자들이 아니라면 올바르게 다루어질 수 없다.[105]

사고상의 존재라는 구절의 여러 가능한 의미를 나누고 난 이후에 수아레즈는 적절하게 말한다면 그 존재는 '그 자체로는 아무런 존재가 아니지만, 정신 안에서만 객관적으로 존재를 가지는 것 또는 정신에 의하여 존재로서 사고되는 것'을 의미한다.[106] 예를 들어 '눈이 멈'은 비록 그것이 마치 존재인 것처럼 '사고되는' 것이라 하더

---

103 같은 책, 47, 15, 6.
104 같은 책, 47, 15, 16.
105 같은 책, 54, 「서론」.
106 같은 책, 54, 1, 6.

제3부 르네상스의 스콜라주의

라도, 그 자신의 적극적인 존재를 가지지 않는다. 우리가 어떤 사람이 눈이 먼 사람이라고 말할 때, 우리는 '눈이 멈'이라는 단어가 적용되는 그 사람 안에 어떤 적극적인 것이 있다는 것을 의미하지는 않는다. 우리가 의미하는 것은 그가 시각을 잃었다는 것이다. 그러나 수아레즈에 따르면 우리는 이러한 상실을 그것이 마치 존재하는 것처럼 생각한다. 순전히 사고상의 관계는 사고상의 존재의 또 다른 예시이다. 그래서 정신을 떠나서는 존재를 가질 수 없는 키메라(chimera) 또는 순전히 상상 속의 구성물도 그러하다. 그것의 존재는 사유된 또는 상상된 존재 안에 성립한다.

　　우리가 이러한 사고상의 존재를 형성하는 이유에는 세 가지가 있다. 무엇보다도 인간의 지성은 부정과 결핍을 알고자 한다. 부정과 결핍은 그 자체로는 아무것도 아니다. 그러나 존재를 자신의 대상으로 삼는 정신은 그 자체로는 아무것도 아닌 것을 마치 그것이 존재인 것처럼(ad modum entis) 생각하지 않고서는 이해할 수 없다. 둘째로, 우리의 지성은 불완전하기 때문에 지성이 알 수 없는 무언가를 마치 그것 그 자체로 존재하는 것처럼 인식하려고 노력하면서, 그것을 다른 무언가와 비교하면서 실재하는 관계들이 아닌 관계들을 때로는 끌어들인다. 셋째 이유는 부분들의 관념들이 마음 바깥에 있는 그 무언가와 상응함에도 불구하고, 마음 바깥에 객관적인 대응물이 존재할 수 없는 합성 관념들을 구성하는 정신의 노력이다. 예를 들면 우리는 인간의 머리를 가진 말의 몸체의 관념을 구성할 수 있다.

　　실재하는 존재와 사고상의 존재에 공통되는 존재개념은 있을 수 없다. 왜냐하면 사고상의 존재는 본질적으로 존재(esse)에 참여할 수 없기 때문이다. 단지 마음 안에서만 '존재'하는 것은 존재하는 것(esse)이 아니라, 사고된 것 또는 정신적으로 구성된 것이다. 그러므로 사고상의 존재는 본질을 소유한다고 말해질 수 없다. 본질은 실제적 존재를 우유적인 것과 구별시켜 준다. 그럼에도 불구하고 사고상의 존재는 존재와의 '어떤 유비'에 의해서 존재라 불린다. 왜냐하면 사고상의 존재는 어떤 점에서 존재에 기초하고 있기 때문이다.[107]

　　사고상의 존재는 존재의 실재하는 작용이 없는데도 마치 그것이 있는 것처럼

107　같은 책, 54, 1, 9.

이해하는 지성에 의해 생겨난다.[108] 감각, 욕구, 의지가 사고상의 존재의 원인들이 아니라, 상상력이 그 존재의 원인들이다. 그리고 이런 면에서 '인간의 상상력은 어떤 점에서는 이성의 능력을 공유한다.' 그리고 아마도 상상력은 이성과의 협업이 없다면 그런 원인들을 형성하지 못한다.[109]

　　사고상의 존재의 세 유형은 부정, 결핍, (순전히 정신적인) 관계이다. 부정은 원래 결핍과 다르다. 왜냐하면 결핍이 형상을 자연스럽게 소유하려는 성향이 있는 주체 안에서의 형상의 결여를 의미하는 반면에, 부정은 그런 형상을 소유하려는 자연적 성향이 없이 그 형상을 결여하는 것을 의미한다.[110] 예를 들어 '눈이 멂'은 결핍이지만, 인간에서 날개의 결여는 부정이다. 수아레즈에 따르면, '주체' 없이 이해된 상상 속의 공간과 상상 속의 시간은 부정이다.[111] 예를 들어 유와 종, 주어와 술어, 전건(前件)과 후건(後件)의 논리적 관계는 '이차적인 지향'으로서 순전히 정신적이고, 따라서 사고상의 존재이다. 그러나 이런 존재들은 이유 없이 형성된 것이 아니라 어떤 객관적인 기초를 가지고 있다.[112]

─────── **16. 개관**

　　『형이상학적 논쟁』의 여러 곳에서 수아레즈는 여러 방식으로 파생된 것으로 생각되는 문제들을 탐구한다. 그리고 그는 사용된 용어들의 상이한 의미들을 조심스럽게 구별한다. 그는 자신이 주제가 된 문제들의 상이한 측면들에 불충분한 연구 위에서 생겨난 광범위한 일반화, 성급한 인상, 보편적인 결론에 만족하지 않는다는 의미에서, 스스로가 분석적인 사상가임을 자처한다. 그는 철저하고, 근면하며, 수고를

108　같은 책, 54, 2, 15.
109　같은 책, 54, 2, 18.
110　같은 책, 54, 5, 7.
111　같은 책, 54, 5, 23.
112　같은 책, 54, 6, 8-9.

마다하지 않는 사람이다. 당연한 일이지만 우리는 그의 저서 안에서 현대의 분석론자들의 모든 요구를 만족시킬 분석을 발견하기를 기대할 수 없다. 그가 생각한 용어들과 관념들은 대부분 스콜라의 전통에서 나온 것이며, 당연한 것으로 간주되었다. 사실상 우리는 수아레즈의 저술들에서 여러 가지 요점들을 취할 수 있고, 그런 요점들을 오늘날의 보다 유행하는 용어들로 표현할 수 있다. 예를 들면 정신 안에서만 '존재'하는 것은 전혀 실제적으로 존재하는 것이 아니라 사고된 것 또는 정신으로 구성된 것이라는 그의 고찰은 그 고찰의 문법적 형식과는 달리 논리적 의미를 가진다고 언급하면서 분석되는 여러 유형의 상이한 문장들 간의 구별로 번역될 수 있다. 그러나 우리는 그의 역사적 맥락 안에서 과거의 사상가로 간주해야 하며, 만약 수아레즈가 속한 철학적 전통의 빛 안에서 그를 고찰한다면, 그가 탁월하게 분석의 재능을 소유했다는 것은 의심의 여지가 없다.

　나의 생각으로는 수아레즈가 분석적 정신을 소유했다는 것은 거의 부인되지 않는다. 그러나 그가 종합의 능력을 결여하였다는 주장이 꾸준히 제기되었다. 그는 때때로 그렇게 이야기되는 것처럼 일련의 문제들을 천착하였고, 이들 문제가 그의 능력으로는 숲을 나무로 볼 수 없는 역사 속에서 다루어졌고 해결되었던 다양성에 대해 상당히 조심스럽게 고려했다. 더욱이 대단한 박식함으로 인해 그는 절충주의로 기울었다. 그는 여기저기서 다양한 견해들을 끌어들였기 때문에, 그 결과는 체계라기보다는 짜깁기였다. 나의 생각으로는 그의 비판가들은 그가 피상적인 절충주의자였다고 주장하지는 않을 것이다. 왜냐하면 그의 저술들을 면밀히 살펴보면 그가 피상적이었다는 것과는 거리가 멀다는 사실을 알 수 있기 때문이다. 그러나 그 비판가들은 그가 종합의 재능을 소유하지 않았다는 의미에서 절충주의자였다고 주장한다.

　수아레즈가 체계적 수립가가 아니라는 비난은 현대의 철학계에서 큰 비중을 가질 것 같은 비난은 아니다. 지금 논하고 있는 철학자가 서로 양립할 수 없는 다수의 주제들을 해명했다는 사실에 대해 비난하는 것이 아니라면, 현대의 많은 철학자들은 '그만큼 훌륭했다'고 언급할 것이다. 그러나 문제의 이러한 측면을 고려하지 않는다면, 우리는 그 비난이 실제로 정당한 것인지를 물을 수 있다. 그리고 우선 우리는 어떤 의미에서 수아레즈가 절충주의자였는지를 물을 수 있다.

수아레즈가 어떤 점에서는 절충주의자였다는 주장은 나에게는 부정할 수 없는 것처럼 보인다. 비록 단지 예상할 수 있는 것처럼 그의 주장이나 해석에서 때때로 실수를 범하고 있음에도 불구하고, 그는 이전의 철학들에 대한 매우 광범위한 지식을 가지고 있었다. 그리고 그는 그가 연구한 철학자들의 견해로부터 영향을 받지 않고 이러한 지식을 소유할 수는 없었다. 그러나 이러한 사실이 그가 다른 사람들의 견해를 무비판적인 방식으로 수용하였다는 것을 의미하는 것은 아니다. 예를 들어 그가 논리적으로 추상에 앞서는 개별사물에 대한 혼란된 지적 직관이 있다는 스코투스와 오컴의 견해를 수용했다면, 그는 그것이 참이었기 때문에 그렇게 했다. 그리고 그가 움직여지는 모든 것은 다른 것에 의해 움직여진다(*quidquid movetur ab alio movetur*)는 원리의 보편적 적용 가능성을 의심했다면, 그는 자신이 스코투스주의자나 오컴주의자였기 때문에 그렇게 한 것이 아니라, 보편적 원리로서 생각되는 그 원리가 실제로 의심스럽다고 그가 생각했기 때문에 그렇게 했다. 게다가 만약 수아레즈가 절충주의자라면, 아퀴나스도 절충주의자라 볼 수 있다. 아퀴나스는 아리스토텔레스주의를 단순히 통째로 수용한 것은 아니었다. 만약 그가 그렇게 했다면, 중세철학의 발전에서 훨씬 덜 중요한 위치를 차지했을 것이고, 철학적 비판주의의 정신이 결여된 모습을 보여주었을 것이다. 아퀴나스는 아리스토텔레스에게서뿐 아니라 아우구스티누스와 다른 사상가들에게서도 영향을 받았다. 그리고 왜 수아레즈가 아퀴나스보다 후대에 살았던 철학자들에서 그가 가치 있다고 생각했던 것을 활용하여 아퀴나스의 본보기를 따르지 않았는지에 대한 어떤 설득력 있는 이유도 없다. 당연한 일이지만, 만약 절충주의에 대한 비난이 단지 수아레즈가 여러 가지 점에서 성 토마스의 가르침에서 벗어났다는 것만을 의미한다면, 그는 분명 절충주의자였다. 그러나 수아레즈가 아퀴나스의 가르침에서 이탈했는지의 여부는 그가 그렇게 함에 있어서 객관적으로 정당한지 여부와 마찬가지로 당면한 철학적 문제가 아닐 것이다.

아퀴나스 역시 어떤 점에서는 절충주의자라는 사실은 추측적으로는 모두가 인정할 것이다. 어떤 철학자가 어떤 점에서 절충주의자가 아닌가? 그러나 어떤 사람들은 여전히 성 토마스의 철학과 수아레즈의 철학 사이에 이러한 커다란 차이가 존재한다고 주장할 것이다. 성 토마스는 다른 철학자들에게서 채택한 모든 입장들을 다시 검토했으며, 이러한 입장들을 발전시키고, 자기 자신의 독창적인 기여와 함께 어떤 근본적인 형이상학적인 원리들의 도움으로 이러한 발전들을 강력한 종합으로 연결 지었다. 다른 한편 수아레즈는 다양한 입장들을 병렬시켰으며, 종합을 이루어내지는 못했다.

그러나 이러한 비난이 진실한지는 매우 의심스럽다. 『형이상학적 논쟁』의 서문에서(*Ad lectorem*) 수아레즈는 스스로 '우리의 철학이 그리스도적이어야 하고 신학의 시녀(*divinae Theologiae ministram*)이어야 한다'는 진리를 자신의 눈앞에서 항상 가지는 방식으로 철학자의 역할을 하기로 마음먹었다는 점을 이야기한다. 그리고 만약 우리가 그의 철학적 관념들을 이런 빛 속에서 바라본다면, 우리는 그의 저서 안 무한히 많은 곳에서 종합이 분명 이루어지고 있음을 발견할 수 있다. 아리스토텔레스에 있어, 적어도 『형이상학』에서 신은 단지 최초의 부동(不動)의 원동자(原動者)였을 뿐이다. 신 존재는 운동을 설명하기 위해서 주장되었다. 성 아우구스티누스와 같은 그리스도교 철학자들은 창조의 관념을 도입하였고, 성 토마스는 아리스토텔레스와 창조론을 접목시키려고 노력하였다. 말하자면 질료와 형상에 대한 아리스토텔레스의 구별 하에서 성 토마스는 모든 유한한 존재자를 관통하는, 본질과 존재의 보다 근본적인 구별을 확인하였다. 작용은 잠재성에 의해 제한되고, 존재는 본질에 의해서 제한된다. 존재는 작용이 잠재성에 대해 가지는 관계와 동일한 방식으로 본질과 관계를 가진다. 이것은 피조물의 유한성을 설명한다. 그러나 수아레즈는 본질과 존재라는 모든 구별에 논리적으로 선행하는 철저한 의존성 그 자체가 유한성이 가지는 궁극적 이유라는 점을 확신하였다. 절대적 존재, 즉 신은 존재하고, 거기에 참여하는 존재가 존재한다. 이런 의미에서의 참여는 창조자에 전적으로 의존하는 것을 의미한다. 이러한 전적인 의존성 또는 우연성은 무엇 때문에 피조물이 제한적이거나 유한한가에 대한 이유이다.[113] 수아레즈는 존재와 본질의 구별에 의해서 유한성과 우연성을 설명하지 않았다. 그는 이러한 구별을 그가 수용했던 의미로 즉 우연성과 필연적으로 결합해 있는 유한성에 의해서 설명하였다.

---

113   같은 책, 31, 13, 18.

가끔 수아레즈주의는 토마스주의와는 달리 존재의 철학이라기보다는 '본질적' 철학 또는 본질의 철학이라고 말해진다. 그러나 수아레즈가 신과는 다른 모든 존재의 궁극적인 특성이라고 생각한 철저한 의존성의 상황보다 더 '존재적인' 상황을 발견하는 것은 어려운 것처럼 보인다. 게다가 피조물에서 본질과 현존의 '실재적' 구별을 인정하기를 거부함으로써 수아레즈는 현존을 일종의 본질로 환원하는 위험을 피했다. 피조물의 현존을 무효화하면, 그것의 본질 또한 무효화된다. 당연히 토마스주의자도 동일한 점을 이야기할 것이다. 그러나 이러한 사실은 토마스주의의 '실재적' 구별과 수아레즈주의의 객관적 기초를 가지는 개념적 구별 사이에는 생각되는 것만큼 그렇게 큰 차이가 있지 않다고 하는 점을 암시할 수도 있을 것이다. 아마도 차이는 토마스주의자들이 작용을 잠재성에 의해서 제한하는 형이상학적 원리에 호소하고, 이 원리가 여러 사람들에게 낯선 것처럼 보이는 현존의 견해를 암시하는 반면에, 수아레즈의 구별이 단지 창조에 기반하고 있다는 사실에 놓여 있을 것이다. 어쨌든 다음과 같은 견해가 주장될 수 있겠다. 즉 수아레즈는 창조의 개념을 가져옴으로써 그리고 창조가 그림의 중심부로 다가갈 때 보다 정교해진다는 철저한 의존성의 개념을 가져옴으로써 그리스 철학의 '순수화'를 보다 먼 단계까지 수행하였다. 다시 말한다면 성 토마스는 신 존재를 증명함에 있어 아리스토텔레스의 운동 논증에 대해 강조한 반면에, 수아레즈는 스코투스와 마찬가지로 사유가 가지는 보다 형이상학적 면과 덜 '자연적'인 면을 선호했다. 그 정확한 이유를 말하자면 피조물의 존재는 피조물의 운동보다 더 근본적이기 때문이며, 또한 유한한 존재를 신이 창조한 것은 피조물의 활동에 대한 신의 협력보다 더 근본적이기 때문이다.

게다가 어떤 점에서 수아레즈의 철학에는 수아레즈의 의존 또는 '참여'라는 그의 근본관념에서 나오는 또는 그 관념과 연결되어 있는 다른 많은 관념들이 있다. 의존적인 존재는 필연적으로 유한하며, 유한하기 때문에 그것은 그 이상의 완전성을 획득할 수 있다. 만약 그 존재가 정신적인 존재라면, 그것은 이것을 자유롭게 할 수 있다. 그러나 유한한 존재는 의존적이기 때문에 자신의 자유의 활동 안에서조차 신의 협력을 필요로 한다. 그리고 그 존재는 신에게 철저하게 의존하고 있기 때문에 신의 도덕 법칙에 속하고, 필연적으로 신의 명령을 따른다. 다시 말한다면, 유한하고 지

제3부 르네상스의 스콜라주의

각 가능한 존재로서 자유로운 피조물은 자기 자신의 작용에 의해서 신의 협력과 함께 완전성을 획득할 수 있을 뿐만 아니라 자신의 자연적 삶보다 더 높이 자신을 고양시키는 완전성을 받아들일 수 있다. 의존적이면 정신적인 존재이기 때문에, 자유로운 유한 존재는 말하자면 확장될 수 있으며, 은총의 수용을 위한 수동적인 능력(*potentia obedientialis*)을 소유한다. 더 나아가서 유한한 존재는 다양한 종에서 증가될 수 있고, 하나의 종 안에 있는 개별자들의 다수성에서 증가될 수 있다. 그리고 어떤 종 안에 있는 개별자들의 증가 가능성을 설명하기 위하여, 아리스토텔레스의 사상에 덧붙여진 '순수하지 않은' 플라톤주의의 모든 잔존물과 마찬가지로 개별화의 원리로서 질료의 관념을 끌어들일 필요가 없다.

이 장의 마지막 절에서 내가 의도한 바는 제기된 문제들에 대해 내 자신의 견해를 펼치려는 것이 아니고 이런 의미로 이해되는 것을 바라지도 않는다. 오히려 나의 의도는 수아레즈의 종합이라는 것이 있다는 점을 보여주는 것이었으며, 그 종합의 핵심이 존재에의 '참여' 또는 존재에의 의존의 관념이라는 것이며, 무엇보다도 이 관념이 수아레즈가 확신한 바와 같이 그리스도교 철학의 특징적인 징표라는 것이다. 물론 이렇게 이야기하는 것이 어쨌든 그런 관념이 토마스주의에는 없다는 것을 시사하는 것은 아니다. 수아레즈는 자신을 성 토마스의 추종자로 간주하였으며, 수아레즈주의자들은 수아레즈를 성 토마스와 대척점에 두지 않았다. 수아레즈주의자들이 믿은 것은 수아레즈가 그리스도 종교와 깊은 조화를 이루는 형이상학적 체계를 구축하면서 성 토마스의 업적을 수행하고 발전시켰다는 것이다.

『형이상학적 논쟁』이 르네상스 후기의 스콜라주의에 광범위한 영향을 미쳤다는 것은 두말할 나위가 없다. 그러나 이 논쟁들이 또한 독일의 프로테스탄트 계열의 대학교에 침투하였으며, 이 대학들에서 이 논쟁들은 루터의 태도보다는 철학에 대한 멜란히톤(Melanchthon)의 태도를 선호하는 사람들에 의해 연구되었다. 실제로 『형이상학적 논쟁』은 17세기와 18세기 일부의 기간 동안 독일의 상당수 대학교에서 철학의 교과서로 활용되었다. 르네상스 후기의 주도적 철학자들에 관해 이야기한다면, 데카르트는 네 번째 반대에 대한 그의 대답에서 그 저서에 대해 언급했지만, 그러나 분명한 일이지만 그는 그 저작을 그렇게 잘 알지는 못했다. 그러나 라이프니츠는 그가 아직 젊었을 때 마치 그 저작이 소설인 것처럼 그 저작을 읽었다고 우리에게 이야기한다. 그리고 비코(Vico)는 수아레즈를 전 생애에 걸쳐 연구하였다. 다시 말하면 수아레즈의 유비 관념은 『알키프론』(*Alciphron*)에서 버클리(G. Berkely)가 언급하고 있다.[114] 요즘에는 『형이상학적 논쟁』은 스페인에서 일차적으로 상당한 영향력을 가지고 있으며, 이 스페인에서 수아레즈는 스페인 철학자 중 가장 위대한 인물은 아닐지 몰라도 가장 위대한 인물 중 하나라고 간주된다. 크게 현대에 눈을 돌려보면 오히려 수아레즈는 내가 다음 장에서 다루게 될 『법률』(*De legibus*)로 더 알려져 있다.

─────── 17. 수아레즈에 관한 에띠엔느 질송의 입장

앞 절의 주장처럼 수아레즈의 형이상학은 존재주의적 형이상학과 대비되는 본질주의적 형이상학이다. 『존재와 몇몇 철학자들』(*Being and Some Philosophers*)에서 에띠엔느 질송은 다음처럼 주장한다. 수아레즈는 이븐 시나(Avicenna)와 스코투스를 계승하였지만 동일한 방향으로 더 진전시키면서 존재하는 것의 구체적인 작용으로 보는 아퀴나스의 존재 관점을 놓치고, 존재를 본질로 환원하는 성향을 보였다. 그리고 크리스천 볼프는 수아레즈에게 영향을 받아 탄생하였는데, 볼프는 자신의 『존재론』(*Ontologia*)에서 수아레즈에 관련된 내용에 대해 스페인 예수회로부터 인가를 받은 것을 언급하고 있다. 마지막으로 수아레즈의 영향은 신스콜라주의의 상당한 부분을 훼손하였다. 현대의 실존주의[존재주의]는 본질주의 철학에 대항해 존재의 이름으로 항거하였다. 키르케고르(Kierkegaard)는 수아레즈의 정신적 후계자 중에 포함되는 헤겔의 체계에 대하여 강력하게 반대의 태도를 취했다. 그러나 현대의 실존주의는 존재를 실제로 구현하지 못했다. 그러므로 성 토마스 아퀴나스가 단 한 명의 참된 형이상학자라는 위로 섞인 결론이 나온다.

형이상학의 많은 신스콜라주의의 교과서에서 발견되는 존재개념 분석의 지위

---

[114] 『알키프론 또는 섬세한 철학자』(*Alciphron or the Minute Philosopher*), 4, 20.

와 성격이 수아레즈의 영향에 대단히 크게 의거하고 있다는 사실은 부정하기 힘들다. 나의 생각으로는 수아레즈가 볼프에게 영향을 끼쳤다는 사실, 많은 신스콜라주의의 저술가들이 적어도 간접적으로나마 볼프의 영향을 받았다는 사실도 부인할 수 없다. 그러나 '존재주의적' 형이상학에 대비되는 것으로서 '본질주의적' 형이상학을 논하면서 질송 교수가 제기한 문제들은 너무나 방대하고 원대하기 때문에 나의 견해로는 그 문제들이 수아레즈의 철학에 대해 주해의 형식으로 적절하게 다루어지는 것은 불가능하다. 나의 『철학사』 말미에 전체로서의 서양철학의 발전을 고려하는 과정에서 이 주제를 다시 다루고 싶다. 그런 가운데 질송의 수아레즈 철학에 대한 평가에 독자들이 관심을 갖도록 하는 것만으로 충분하다. 질송의 평가는 『존재와 본질』(L'etre et l'essence)과 『존재와 몇몇 철학자들』(Being and Some Philosophers)에서 발견될 수 있으며, 이 두 책은 인용 목록에 실려 있다.

제23장

프란치스코 수아레즈(2)

──────── **1. 법철학과 신학**

수아레즈의 법철학은 성 토마스 아퀴나스의 법철학에 근거하고 있지만, 그러함에도 불구하고 그것의 넓이, 철저함, 깊이를 고려한다면, 수아레즈의 법철학은 독창적이며 창조적인 발전으로 평가되어야 한다. 법철학에서 수아레즈는 토마스주의로 대표되는 중세의 법 개념과 그가 저술할 당시에 통용되고 있는 조건들 사이의 중재자였다. 이러한 조건들의 영향하에 그는 법철학을 정교화했으며, 그것과 연관해서 범위와 완전성에서 중세에서 도달하였던 모든 것을 넘어서 있고 깊은 영향을 끼쳤던 정치이론을 정교화하였다. 비록 그로티우스(Grotius)가 수아레즈에게 진 빚에 대해 명확히 인정하지는 않았지만, 의심의 여지없이 그로티우스는 수아레즈에게 상당히 큰 빚을 졌다. 그가 그렇게 하지 않았던 것은, 만약 우리가 한편으로는 수아레즈의 정치적 권위와 저항권에 대한 이론을, 다른 한편으로는 『전쟁과 평화의 법』(*De iure belli ac pacts*)을 저술할 당시 그로티우스가 프랑스 왕에게 의탁하고 있었다는 사실을 감안한다면, 쉽게 이해될 수 있다.

『법률 또는 입법자 신』(*De legibus ac Deo legislatore*, 1612)의 서문에서 수아레즈는 법에 대한 논의를 전문 신학자가 착수한다는 사실을 보고 어느 누구도 놀랄 필요가 없다고 생각한다. 신학자는 신을 그 자체로 있는 그대로 관조할 뿐 아니라 인간의 궁극적 목적으로서 관조한다. 이것은 신학자가 구원의 방식에 관심을 가진다는 것을 의미한다. 그런데 구원은 자유로운 행위와 도덕적인 올바름에 의해 도달된다. 도덕적 올바름은 상당 부분 인간 행위의 규칙으로 간주된 법에 의존한다. 그렇다면 신학은 반드시 법의 연구를 담고 있어야 한다. 그리고 신학은 신학이기 때문에 반드시 신을 입법자로서 다룬다. 신학자는 합법적으로 신법(divine law)에 주목하는 반면에 세속법(human law)에 대해서는 관심을 끊어야 한다는 반대가 제기될 수 있다. 그러나 모든 법의 권위는 궁극적으로 신에게서 온다. 그리고 신학자가 모든 유형의 법을 취급하는 것은 정당하다. 오히려 그는 도덕 철학자의 관점보다 더 높은 관점에서 법을 다룬다. 예컨대 신학자는 자연법을 그것이 초자연적 질서와 종속관계에 있다는 측면에서 고려하고, 시민법(civil law)이나 인간의 실정법(positive law)의 올바름을 보다 높은 원리의 빛 속에서 규정하려는 목적을 가지고서 시민법이나 인간의 실정법을 고려하거나 시민법에 관해서 양심에 관계하는 의무를 명백하게 할 목적을 가지고서 고려한다. 첫째로 수아레즈는 성 토마스의 사례에 호소한다.

━━━━━━ **2. 법의 정의**

수아레즈는 성 토마스에게서 가져온 법(*lex*)에 대한 정의에서 논의를 시작한다. '법은 어떤 규칙이면서 척도이다. 그것에 따라서 사람들은 행위 하거나 행위 하지 못하게 된다.'[1] 그러나 그는 계속해서 그 정의가 너무 넓다고 생각한다. 예를 들어 의무에 대한 언급이 전혀 없다면, 법과 조언 사이에는 아무런 구별도 없다. 법에 필요한 다양한 조건들에 대한 논의를 하고 난 다음에 비로소 수아레즈는 최종적으로 법을 '충분히 공표된 공통적이면서, 정의로우며, 안정적인 법령'이라고 정의한다.[2] 법은

---

[1]   『법률』(*De legibus*), 1. 1, 1. 그리고 다음을 참조. St. Thomas, 『신학대전』, Ia, IIae, 90, 1.

[2]   『법률』, 1. 12, 5.

입법자 안에 존재하기 때문에 하위에 있는 사람에게 특정한 행위를 수행하도록 강제하는 정의롭고 정직한 의지의 작용이다.[3] 법은 공동체를 위해서 구성되어야 한다. 자연법은 인류 공동체에 관계한다.[4] 그러나 세속법은 '완전한'(perfect) 공동체를 위해서만 제정되는 것이 마땅하다.[5] 공동선을 위해서 제정되는 것은 또한 자연법 안에 내재해 있다. 그러나 이것은 개인적인 요인인 입법자의 주관적 의도와 관련해서가 아니라 법의 실제적인 주제에 관련해서 이해되어야 한다.[6] 더욱이 법이 정의로운 것을 명령하는 것, 즉 법이 영향을 미치는 사람들에 의해 정의롭게 수행될 수 있는 행위들을 명령하는 것은 법에 본질적이다. 이러한 사실에서부터 정의롭지 못하거나 올바르지 않은 법은 적절하게 이야기한다면 전혀 법이 아니고, 그것은 어떤 구속력도 갖지 않는다는 귀결이 뒤따른다.[7] 사실상 올바르지 않은 법은, 법의 올바름에 대해 의심이 드는 경우에 법의 편에서 추정이 이루어지지만, 합법적으로 준수될 수 없다. 수아레즈는 법이 정의롭기 위해서는 세 가지 조건이 준수되어야 한다고 보았다.[8] 첫째, 이미 언급된 것처럼 법은 공동선을 위해서 제정되어야 하며, 사적 이익을 위해서 제정되어서는 안 된다. 둘째, 법은 입법자가 그들에 대해 입법하는 권위를 지니는 사람들, 즉 입법자의 신민인 사람들을 위해 제정되어야 한다. 셋째, 법은 불평등한 방식으로 불공정하게 짐을 할당해서는 안 된다. 그렇다면 그것의 형식적 측면에서 법의 특성을 지니는 정의의 세 가지 국면은 법적 정의, 교환적 정의, 분배적 정의이다.[9] 당연히 법은 또한 그 법이 명령하는 행위들이 반드시 실행되어야 한다는 의미에서 실행되어야 한다.

---

3   같은 책, 1, 5, 24.
4   같은 책, 1, 6, 18.
5   같은 책, 1, 6, 21.
6   같은 책, 1, 7, 9.
7   같은 책, 1, 9, 11.
8   같은 책, 1, 9, 13.
9   같은 책, 1. 9, 13.

3. 법(*lex*)과 권리(*ius*)의 관계는 무엇인가

엄격하게 말해서 권리는 '모든 사람이 자신의 재산이나 그에게 속하는 것에 관련해서 가지는 어떤 도덕적 능력'을 지칭한다.[10] 그리하여 사물의 소유자는 실제로 소유된 그 사물에 관해서 사물에서의 권리(*ius in re*)를 가진다. 반면에 예를 들어 노동자는 자신의 임금에 대한 권리(*ius ad stipendium*)를 가진다. 낱말의 이런 의미에서 권리는 법과 구별된다. 그러나 권리라는 용어는 수아레즈에 따르면 가끔 '법'의 의미로 사용되기도 한다.

4. 법의 필연성

법은 필연적인가? 법은 만약 '필연성'이 절대적 필연성으로 이해된다면 필연적이지 않다. 신만이 절대적 의미에서 필연적 존재이며, 신은 법에 종속될 수 없다.[11] 그러나 이성적 피조물의 창조가 이루어진다면, 법은 이성적 피조물이 그의 본성에 적합한 방식으로 살 수 있기 위해서 필연적이라고 말해져야 한다. 이성적 피조물은 잘 선택할 수도 잘못 선택할 수도, 올바로 선택할 수도 올바르지 않게 선택할 수도 있다. 이성적 피조물은 도덕적 통치에 민감하다. 사실상 명령에 의해 영향을 받게 되는 도덕적 통치는 이성적 피조물에게는 고유한 것이다. 그러므로 이성적 피조물이 존재한다면 법은 필연적이다. 수아레즈가 말하고 있다시피 피조물이 무오류의 은총을 입을 수 있다고 말하는 것은 부적절하다.[12] 왜냐하면 여기서 문제가 되는 은총은 법에 종속되는 상태에서 피조물이 벗어나는 것을 의미하지 않으며, 은총은 피조물이 어김없이 법에 복종하도록 했다.

---

10   같은 책, 1, 2, 5.
11   같은 책, 1, 3, 2.
12   같은 책, 1, 3, 3.

————— 5. 영원법

수아레즈가 영원법(eternal law)을 다루고 있는 곳은 『법률』의 제2권이다.[13] 영원법은 신이 자신에게 부과한 옳은 행동의 규칙으로서 이해되어서는 안 된다.[14] 그것은 지배되는 것들에 관한 행위의 법이다. 비이성적인 것이든 이성적인 것이든 모든 것들에 관한 것인가? 대답은 '법'이라는 용어가 이해되는 엄격성의 정도에 달려 있다. 모든 비이성적 피조물이 신에게 종속하고 신에 의해 지배된다는 것은 사실이다. 그러나 신에 대한 그들의 종속은 은유적 의미에서만 '복종'이라 불릴 수 있고, 신이 그들을 지배하는 데 사용하는 법은 단지 은유적으로만 '법' 또는 '명령'이라 불린다. 그렇다면 엄격한 의미에서 '영원법'은 단지 이성적 피조물에게만 적용된다.[15] '영원법이 피조물의 수행을 명령하든, 특정한 행동 양식을 지시하든, 어떤 다른 양식을 금지하든'[16] 영원법의 적절한 주제가 되는 것은 이성적 피조물의 도덕적 또는 인간적 행위이다.

영원법은 '준수될 질서를 규정하는 신의 의지의 자유로운 법령이다. 영원법은 일반적으로 보면 공동선에 관해 우주의 각 부분들에 의해 규정하거나, … 특수하게 보면 자유롭게 행동하는 지적 피조물에 의해 규정된다.'[17] 여기서부터 영원법은 자유롭게 확립된 법이기에 절대적으로 필연적인 것은 아니라는 귀결이 도출된다. 자유로운 어떤 것도 영원할 수 없는 한, 이것은 법의 영원성과 모순될 것이다. 영원법은 영원하면서도 불변적이다. 그럼에도 불구하고 그것은 자유롭다.[18] 그러나 우리는 입법자의 마음과 의지 안에 존재하는 바의 법과 신민에게 영원히 확립되고 공표된 것으로서의 법을 구별할 수 있다. 첫째 국면에서의 영원법은 진실로 영원하다. 그러나 둘째 국면에서의 영원법은 영원성으로부터 존재하지 않는다. 왜냐하면 신민은 영원성

---

13   제1-4장.
14   같은 책, 2, 2, 5.
15   같은 책, 2, 2, 13.
16   같은 책, 2, 2, 15.
17   같은 책, 2, 3, 6.
18   같은 책, 2, 3, 4.

으로부터 존재하지 않기 때문이다.[19] 사실이 이러하다면 우리는 신민들에게 실제적으로 공표된 것은 영원법의 본질이 아니라고 결론 내려야 한다. 영원법이 '법'이라고 불리기 위해서는 그 법이 입법자에 의해서 적절한 시기에 유효하게 되도록 만들어졌다는 것으로 충분하다. 이런 관점에서 영원법은 다른 법들과 구별된다. 다른 법들은 그것들이 공표되기 전까지는 완전한 법이 아니다.[20]

창조된 올바른 이성은 모두 '우리에게 발산한 신의 빛'에 참여하기 때문에, 그리고 모든 인간 능력은 궁극적으로 신에게서 온 것이기 때문에, 모든 다른 법은 영원법에 참여하는 것이고, 영원법의 결과이다.[21] 그러나 이로부터 세속법의 구속력은 신적인 것이라는 귀결이 나오는 것은 아니다. 세속법은 인간 입법자의 의지로부터 직접적으로 그 법의 힘과 효력을 받아들인다. 영원법이 실제로 공표되지 않는 한 그 법은 실제적으로 구속력을 가지지 못한다는 것은 사실이며, 그리고 영원법이 어떤 다른 법, 즉 신법이나 세속법을 매개로 해서만 실제로 공표된다는 것도 사실이다. 그러나 세속법의 경우에, 비록 세속법이 영원법에서 근본적으로 그리고 매개적으로 나온다 하더라도, 세속법을 준수할 의무는 합법적인 인간 권위에 의해서 제정되고 공표되는 것과 거의 유사하게 세속법에 의해 야기된다.[22]

───── **6. 자연법**

자연법의 주제에 눈을 돌리면서 수아레즈는 자신의 예수회 동료인 바스케즈 신부(Father Vásquez)의 견해, 즉 이성적 자연과 자연법은 같은 것이라는 견해를 비판한다. 수아레즈는, 비록 이성적 자연이 사실상 인간의 도덕적 행위의 객관적 선의 기초일지라도, 이성적 자연이 '법'이라 불려야 한다는 결론이 나오는 것은 아니다. 이성

---

19   같은 책, 2, 1, 5.
20   같은 책, 2, 1, 11.
21   같은 책, 2, 4, 5.
22   같은 책, 2, 4, 8-10.

적 자연은 '표준'이라 불릴 수도 있다. 그러나 '표준'이라는 용어는 '법'이라는 용어보다 광범위한 용어이다.[23] 그러나 두 번째 의견이 있으며, 이 의견에 따르면 이성적 자연은 인간 행위들이 이 자연적 이성 그 자체와 일치하는지 불일치하는지의 근거로서 간주되며, 그것은 바로 자연적 올바름의 근거인 반면에, 이성은 또는 행위들이 그 자연적 이성 그 자체와 조화를 이루는지 못 이루는지를 식별하는 이성적 자연의 능력은 자연법이다.[24] 이 의견이 인간 행위의 직접적이고 본래적인 규칙으로서 고려되는 올바른 이성의 명령들이 자연법이라는 점을 의미하는 한, 그 의견은 받아들여질 수 있다. 그러나 가장 엄격한 의미에서 자연법은 정신의 현실적 판단에서 성립한다. 그러나 자연적 이성 또는 이성의 자연의 빛도 자연법이라 불릴 수 있다. 왜냐하면 우리는 사람들이, 비록 그 사람들이 도덕적 판단의 특수한 작용에 관여할 수 없다 하더라도, 그들의 정신 속에 있는 그 법을 영구히 유지한다고 생각하기 때문이다. 다른 말로 하면 자연법이 어떻게 정의되느냐의 문제는 부분적으로 용어상의 문제이다.[25]

자연법과 신의 관계에 관하여 서로 대립되는 두 가지 극단적 입장이 있다. 리미니의 그레고리오(Gregory of Rimini)의 주장이라고 알려져 있는 첫째 견해에 따르면, 자연법은 적절한 의미에서 명령적 법이 아니다. 왜냐하면 그것은 상위자(上位者)의 의지를 나타내는 것이 아니라, 본래적으로 선한 것으로 행해져야 할 것이 무엇인가, 그리고 본래적으로 악한 것으로 피해져야 할 것이 무엇인가만을 분명하게 하는 것이기 때문이다. 그래서 자연법은 명령적 법이라기보다는 논변적인(demonstrative) 법이다. 그것은 입법자로서의 신으로부터 나온 것이 아니다. 말하자면 그것은 신에 즉 도덕적 입법자로 간주된 신에 독립해 있다. 그러나 윌리엄 오컴의 것으로 주장되는, 자연법이 명령적 법이라는 견해에 따르면, 신의 의지가 선과 악의 전체 기초를 이룬다. 행위는, 신에 의해서 명령되거나 금지되는 한, 단적으로 그리고 유일하게 선하거나 악하다.

수아레즈는 이런 의견들 중 어느 하나도 받아들이지 않았다. '나는 중간 입장이

---

23   같은 책, 2, 5, 6.
24   같은 책, 2, 5, 9.
25   같은 책, 2, 5, 14.

택해져야 한다고 주장한다. 그리고 나의 판단으로는 이 중간 입장은 성 토마스에 의해 주장되고 신학자들에 공통된 의견이다.'[26] 첫째, 자연법은 명령적인 법이며, 단순히 논변적인 법은 아니다. 왜냐하면 그 법은 무엇이 선하고 악한가를 단지 나타낼 뿐만 아니라, 명령하고 금지하기 때문이다. 그러나 이 사실에서부터 신의 의지가 자연법의 준수나 위반에 포함된 선이나 악의 총체적 원인이라는 결론이 나오는 것은 아니다. 반면에 신의 의지는 어떤 행위들의 본래적인 도덕적 성격을 전제한다. 예를 들어 그것은 신을 증오하는 것이 단적으로 그리고 유일하게 그것이 신에 의해 금지되기 때문에 나쁘다고 말하는 것은 이성과 모순된다. 신의 의지는 인간 행위들의 본래적인 성격에 관한 신적 이성의 명령을 전제한다. 사실상 신이 자연법의 창시자이다. 왜냐하면 신은 창조자이고, 신은 인간을 올바른 이성의 명령들을 준수하도록 강제하고 싶어 했기 때문이다. 그러나 신은 자연법의 자의적인 창조자가 아니다. 왜냐하면 신은 어떤 행위들이 본래적으로 선하기 때문에 그 행위들을 명령하고, 어떤 행위들은 본래적으로 악하기 때문에 그 행위들을 금지하기 때문이다. 물론 수아레즈는 신이 말하자면 자신의 본성 바깥에 있는 법에 의해서 지배된다는 것을 의미한 것은 아니다. 수아레즈가 의미하는 바는 신(의인적(擬人的) 관점에서 말한다면)은 어떤 행위들이 이성적 본성과 조화를 이루고, 어떤 행위들이 이성적 본성과 도덕적으로 일치하지 않는다는 것을 알 수밖에 없었다는 것이며, 이것을 아는 신은 전자의 실행을 명령하고 후자의 실행을 금지하는 데 결코 실패할 수 없다는 것이다. 사실상 그 자체로 단순하게 고려되는 자연법은 신에 대한 어떤 명백한 언급이 없더라도 무엇이 본래적으로 선한 것이며 악한 것인지를 드러낸다. 그럼에도 불구하고 이성의 자연의 빛은 자연법에 어긋나는 행위들이 필연적으로 자연의 창조자이자 지배자를 불쾌하게 한다는 사실을 인간이 알도록 만든다. 자연법의 공표에 관해서 '자연의 빛 그 자체가 충분한 공표이다.'[27]

---

26   같은 책, 2, 6, 5.
27   같은 책, 2, 6, 24.

7. 자연법의 법령들

이 문제에 관한 『법률』(*De legibus*)의 논의는 나의 생각으로는 장황하고 심지어는 명확성과 엄밀성이 결여되어 있다. 수아레즈가 윌리엄 오컴의 권위주의적 윤리이론을 거부했으며, 그의 이론이 성 토마스의 이론을 따르고 있다는 것은 아주 분명하다. 그러나 내가 보기로는 '선'이라는 용어가 어떤 의미로 사용되는지는 우리가 원하는 것만큼 분명하지 않은 것 같다. 그러나 수아레즈는 자연법이 다루는 주제가 무엇인지를 검토하면서 그 문제를 어느 정도 명료하게 한다.

그는 자연법에 속하는 여러 유형의 명령들을 구별한다.[28] 첫째, '우리가 선을 행하여야 하고 악을 피해야 한다'는 식의 도덕성의 일반적이고 제1차적인 원리들이 있다. 둘째, '신은 반드시 숭배되어야 한다', '우리는 절제를 하면서 살아야 한다'와 같은 보다 분명하고 특수한 원리들이 있다. 수아레즈는 이들 두 유형의 윤리적 명제들이 모두 자명하다고 말한다. 셋째, 직접적으로 자명한 것은 아니지만 자명한 명제로부터 연역되고 이성적 반성을 통해서 인식되는 도덕적 명령들이 존재한다. '간통은 옳지 않다'와 같은 명령들의 경우에 그것의 진리는 쉽게 인지되지만 '고리대금업은 정의롭지 않다', '거짓말은 결코 정당할 수 없다'와 같은 다른 명령의 경우에 그것들이 진리임을 알기 위해서 그 이상의 반성이 필요하다. 그럼에도 불구하고 모든 유형의 윤리적 명제들은 자연법에 관계한다.

그러나 자연법이 선은 반드시 행해져야 한다는 것을 명령한다면, 그리고 모든 옳고 적법한 행위들이 선한 행위라면, 자연법은 옳고 적법한 모든 행위의 수행을 명령한다는 것이 귀결되지 않겠는가? 그런데 결혼 행위는 선한 행위이다. 그렇다면 그 것은 자연법에 의해 명령된 것인가? 다른 한편, 완전성의 조언에 따라서 사는 것은 선하다. 예를 들면 영구적으로 순결을 지키는 것은 선하다. 그렇다면 그것은 자연법이 명령하는 것인가? 확실히 아니다. 조언은 명령이 아니다. 그러나 왜 아닌가? 수아레즈는 성 토마스가 제시한 구별을 진전시키면서, 만약 유덕한 행위가 개인적으로 고

---

28   같은 책, 2, 7, 5.

려된다면, 그런 행위가 모두 자연적 명령에 속하는 것은 아니라고 설명한다. 그는 조언과 결혼의 계약을 언급한다.[29] 또한 우리는 모든 유덕한 행위들은, 그 행위들이 수행되어야 하는 방식에 관해 자연법 아래 속하지만, 그러한 행위들의 실제적 수행에 관해서 그런 행위들 모두가 자연법에 의해 절대적으로 명령되는 것은 아니라고 말할 수 있다.[30] 그러나 절대적으로 명령되는 것은, 그것을 행하지 않거나 다른 무엇을 행하는 것이 악일 때, 선한 무엇을 행하는 것이라는 의미에서, 자연법은 선한 것을 행하는 것뿐만 아니라, 선한 행위를 하고 악한 행위를 회피할 것을 명령한다고 말하는 것이 더 간단할 것이다. 그러나 '선'과 '악'이라는 용어는 여전히 좀 더 명료한 분석을 필요로 할 것이다. 수아레즈가 자연법을 다루는 데서 생기는 분명한 혼란 중 몇몇은 '자연법'이라는 문구를 협소한 의미로 사용하면서, 그것은 인간본성 그 자체에 기초하는 법을 의미하는 데 기인할 수도 있고, 동시에 또한 광의의 의미에서 '은총의 법'을 포함하는 것에 기인할 수도 있다.[31] 복음적인 조언을 받아들이는 것은 분명히 말해서 인간본성의 본질적인 성향과 요구에 의해서 의무의 문제가 되는 것은 아니지만, 조언의 삶은 개인에게 초자연적인 목적을 위해 제공되고, 그러한 삶은 신이 그것을 받아들이도록 개인에게 절대적으로 명령하는 한에서 또는 사람들이 그것을 받아들임으로써 그들의 궁극적인 목적을 성취할 수 있다면 의무의 문제가 될 수 있다.

아마도 다음을 살펴보면 수아레즈의 입장은 좀 더 분명해진다. 만약 행위가 올바른 이성에 따른다면 그 행위는 선한 행위이고, 그 행위가 올바른 이성에 따르지 않는다면 그 행위는 악한 행위이다. 어떤 행위를 하는 것이 누군가로 하여금 그의 궁극적 목적을 막는다면, 그 행위는 악이고, 올바른 이성을 따르지 않는 것이다. 올바른 이성은 궁극목적의 성취에 필요한 수단들이 취해질 것을 명령한다. 그런데 모든 구체적인 인간 행위는 즉 모든 구체적이고 의도된 자유 행위는 도덕적 질서 안에 있고, 선하거나 악하다. 그것은 올바른 이성에 따르는 것이거나 따르지 않는 것이다.[32] 그러므

---

29   같은 책, 2, 7, 11.
30   같은 곳.
31   같은 책, 2, 8, 1 참조.
32   『인간 행위의 선과 악』(*Tractatus de bonitate et malitia humanorum actuum*), 9, 3, 10.

제23장 프란치스코 수아레즈(2)   511

로 자연법은 모든 구체적인 인간 행위가 선해야지 악해서는 안 된다고 명령한다. 그러나 이렇게 말하는 것은 모든 가능한 선 행위가 행해져야 한다고 말하는 것과 같은 것이 아니다. 이것은 거의 가능하지 않을 것이다. 어쨌든 어떤 선한 행위를 하지 않는 것은 나쁜 행위를 하는 것을 필연적으로 포함하는 것은 아니다. 좀 더 사소한 예를 살펴보자. 어떤 운동을 하는 것이 나의 건강과 적절한 나의 과업의 수행에 필수불가결한 것이라면, 내가 어떤 운동을 해야 한다는 것은 올바른 이성에 따른 것이다. 그러나 이로부터 나는 걸어야 할 의무가 있다는 결론이 나오는 것은 아니다. 왜냐하면 나는 골프를 칠 수도 있고 수영을 할 수도 있으며 체육관의 운동을 할 수도 있다. 다시 말한다면 어떤 사람이 탁발수사가 되는 것은 좋을 수도 있지만, 그가 만약 탁발수사가 되지 않았다고 해서 그가 악을 행했다는 것이 도출되지는 않는다. 예를 들어 그는 결혼할 수도 있다. 그리고 비록 적어도 추상적으로 말해서 탁발수사가 되는 것이 더 바람직하더라도, 결혼하는 것은 선한 행위를 하는 것이다. 도덕법이 명령하는 것은 선을 행하는 것**이면서 또한** 악을 행하지 않는 것이다. 도덕법이 명령한다고 해서, 그 명령이 선한 행위가 행해져야 한다는 명령을 항상 의미하는 것은 아니다. 자연법은 악의 회피가 도덕성에 필수적이기 때문에 모든 악한 행위들을 금지한다. 그러나 자연법은 모든 선한 행위를 명령하지는 않는다. 왜냐하면 구체적인 선한 행위를 하는 것이 항상 필요한 것은 아니기 때문이다. 결코 죄를 지어서는 안 된다는 의무에서부터 올바르게 행위 해야 할 적극적인 의무가 뒤따른다. 그러나 이러한 적극적인 의무는 단순히 절대적인 것이 아니라 조건적이다 ('자유로운 행위가 이루어지려면'). '어떤 행위가 행해져야 할 때, 그것은 선을 행하는 일반적인 의무이다. 그리고 이 의무는 절대적으로 명령되는 것이 아닌 행위들에 의해 수행될 수 있다. 그러므로 자연법에 의해 명령에 속하는 것이 모두 선한 행위인 것은 아니다.'[33]

---

33   『종교론』(*De Religione*), *pars secunda*, 1. 7, 3.

8. 자연법의 무지

있을 수 있는 자연법의 무지에 대하여 논의하면서 수아레즈는 어느 누구도 자연법의 일차적이거나 가장 일반적인 원리들에 무지할 수 없다고 주장한다.[34] 그러나 특수한 명령에 대해서, 심지어는 자명하거나 자명한 명령에서부터 쉽게 연역될 수 있는 명령에 대해서 무지할 수는 있다. 그러나 이로부터 그러한 종류의 무지가 죄가 안 된다는 귀결이 나오지는 않는다. 적어도 상당히 오랜 기간 동안 죄가 안 된다는 귀결이 나오지는 않는다. 십계명은 바로 이러한 성격을 가지고 있다. 십계명의 구속력은 너무나 쉽게 인식될 수 있기 때문에, 어느 누구도 상당한 기간 동안 죄 없이 무지할 수 없다. 그러나 극복할 수 없는 무지는 그것을 인식하기 위해 보다 큰 반성을 요구하는 명령들에 관해서는 가능하다.

9. 자연법의 불변성

자연법의 명령들은 불변의 것인가? 이 문제를 유익하게 논할 수 있기 전에, 구별이 필요하다.[35] 법이 유용한 대신에 해롭게 됨으로써 또는 합리적인 것 대신에 비합리적인 것이 됨으로써 본래적으로 결함을 가질 수는 있다. 또한 법이 높은 자에 의해 변경될 수도 있다. 다시 말하면 본래적 변경도 비본래적 변경도 법 자체 또는 부분적인 사례나 적용에도 영향을 미칠 수 있다. 예를 들어 높은 자는 법 그 자체를 폐기할 수도 있고, 법을 완화시킬 수도 있으며, 어떤 특수한 경우에 법을 면제할 수도 있다. 우선 수아레즈는 본래적인 변경을 고려한다. 그리고 그는, 이성과 자유의지를 가지고 있는 인간본성이 지속되는 한, 적절하게 이야기한다면 자연법은 그것의 전체성에 관해서나 그것의 특수한 명령들에 관해서, 어떤 변경도 이루어질 수 없다고 주장한다.[36]

---

34 같은 책, 2, 8, 7.
35 같은 책, 2, 13, 1.
36 같은 책, 2, 13, 2.

만약 이성적 본성이 폐기된다면, 자연법도 그것의 구체적 존재에 관련해서 폐기될 것이다. 왜냐하면 자연법은 인간 안에 존재하거나 인간의 본성에서부터 나오는 것이기 때문이다. 자연법은 인간의 본성에서 나오기 때문에, 말하자면, 자연법은 시간의 경과에도 불구하고 유해하게 될 수 없다. 자연법이 자명한 원리들에 근거한다면, 그것은 비합리적인 것이 될 수 없다. 특수한 경우에 본래적인 변경의 명백한 예는 자연적 명령을 관습적으로 진술하는 일반 용어들이 자연적 명령들 그 자체를 적절하게 표현하지 않는다는 사실에 단순하게 기인한다. 예를 들어 어떤 사람이 나에게 칼을 맡겼다가 그것을 돌려받기를 요구한다면, 내가 그에게 그의 재산인 것을 돌려주어야 한다. 그러나 그가 살인마의 광기를 가지게 되었고, 그가 누군가를 죽이기 위해 그 칼을 사용하려 한다는 것을 내가 알게 된다면, 나는 그 칼을 돌려주어서는 안 된다. 그러나 이것은 예금은 요구될 때 돌려주어야 한다는 명령이 이 경우에 본래적인 변경을 겪게 된다는 점을 의미하는 것은 아니다. 그것은 단지 그렇게 진술된 명령이 명령 자체 안에 포함된 것에 대한 부적절한 진술이라는 점을 의미할 뿐이다. 이와 마찬가지로, '너는 살인하지 마라'는 십계명은 실제로 겉으로는 언급되지 않는 많은 조건들을 포함하고 있다. 예를 들면, '너는 너 자신의 권위에 의거하여 그리고 가해자로서 살인하지 마라'.[37]

자연법은 권위에 의해 변경될 수 있는가? 수아레즈는 '심지어 권력이 교황의 권력일지라도 어떤 인간 권력도 자연법의 적절한 명령을 파기할 수 없다'고 주장하고(즉 어떤 명령도 자연법에 속하는 것이 적절하다), '그러한 명령을 진실로 그리고 본질적으로 제한할 수 없으며, 그것으로부터의 면제도 허용하지 않는다'고 주장한다.[38] 소유와 관련하여 난점이 제기되는 것처럼 보인다. 수아레즈에 따르면[39] 자연은 인간에게 사물에 대한 공동의 지배를 부여하였고, 결과적으로 모든 사람들은 공동으로 주어진, 사물들에 대한 사용 능력을 가지고 있다. 그래서 사유재산 제도와 도둑질을 금지하는 법률 제도는 자연법을 위반하거나 자연법이 어떤 경우에는 적어도 인간의 능력에 종

37　같은 책, 2, 13, 8.
38　같은 책, 2, 14, 8.
39　같은 책, 2, 14, 19.

속된다는 것을 의미하는 것처럼 보일 수도 있다. 수아레즈는 자연법이 공적 재산과 개인이 그것을 전유하는 것의 구별을 적극적으로 금지하지 않는다고 대답한다. 즉 공통지배제도는 적극적인 것이 아니라 '소극적'인 것이다. 적극적으로 고려한다면, 자연법은 어느 누구에게도 공적 재산이 공공의 것인 한 그것의 사용을 금해서는 안 되고, 재산의 구별 이후에 도둑질은 나쁘다고 명령한다. 우리는 명령의 법과 지배에 관한 법을 구별해야 한다.[40] 사물들이 언제나 공동의 것으로 유지되어야 한다는 명령적 자연법은 없다. 그러나 어느 정도 인간의 능력에 속하는 조건들에 관련된 명령법은 존재한다. 자연은 사적 개인들 간의 선들[재화들]을 나누지 않았다. 그러나 재화의 사적 전유는 자연법에 의해 금지되지 않았다. 그러므로 사적 소유는 인간 행위를 통해 제도화되었다. 그러나 공동 소유와 사적 소유에 관련된 명령적 자연법이 존재한다. 그리고 이러한 명령적 법은 인간의 행위에 종속되지 않는다. 일단 소송이 벌어질 경우 (형사 소송에서) 재산을 몰수하는 국가권력은 명령적 자연법이 제공한 것으로 이해되어야 한다.

다른 말로 하면, 수아레즈는 자연법이 인간의 권력에 속한다는 점을 인정하지 않을 것이다. 동시에 그는 자연(Nature)이 지상의 것들을 모든 인간에게 공통적으로 제공했다고 주장했다. 그러나 그의 진술에 따르면 그렇다고 해서 사적 소유의 제도가 자연법에 어긋난다거나 사적 소유가 자연법에서의 변화를 구성한다는 결론이 나오는 것은 아니다. 왜 아닌가? 문제는 소극적 의미에서 자연법에 속할 수도 있고 적극적인 의미에서 (적극적 행동 명령을 통해서) 자연법에 속할 수도 있다. 그런데 공동 소유는 소극적 의미에서만, 즉 사람들이 다른 조항을 도입하지 않았다면, 모든 소유는 자연법에 의해서 공동의 소유가 된다는 의미에서만, 자연법의 일부였다. 그래서 사적 소유의 도입은 자연법에 어긋나는 것도 아니고 자연법의 어떤 적극적인 명령에서의 변화를 구성하는 것도 아니다.

그러나 사람들이 자연법을 변화시킬 수 없거나 자연법을 면제받을 수 없다 하더라도, 신에게 인간으로 하여금 변화를 하게 하거나 면제를 받게 할 능력이 없겠는

---

40   같은 책, 2, 14, 19.

가? 첫째, 신이 십계명 중 어떤 것을 면제해 줄 수 있다면, 신이 법 전체를 파기할 수 있고, 자연법이 금지한 행위들을 명령할 수 있다. 어떤 행위를 금지하는 법을 면제하는 것은 그 행위를 허용할 수 있게 하는 것이다. 그러나 만약 신이 다른 방식으로 금지된 행위를 허용할 수 있다면, 왜 신은 그것을 명할 수 없는가? '이것이 오컴에 의해서 지지된 견해였다. 페트루스 달리(Peter d'Ailly)와 안드레아스 아 노보카스트로(Andreas a Novocastro)는 오컴을 따랐다.'[41] 그러나 이 견해는 거부되었고 비난받았다. 자연법과 관련하여 신의 명령과 금지는 명령된 행위가 본래적으로 옳다는 것과 금지된 행위가 본래적으로 사악하다는 것을 전제한다. 신이 인간에게 신 자신을 증오하라고 명령할 수 있다는 개념은 불합리하다. 신이 인간에게 사랑할 만한 대상을 증오하라고 명할 수도 있고, 신이 신 자신을 증오하라고 명할 수도 있다. 그러나 이 두 가지 가정은 불합리하다.

그렇다면 십계명의 제1목록(First Table of the Decalogue)의 명령들과 제2목록(Second Table)의 명령들 사이의 구별이 이루어져야 하고, 신은 이 후자에 관해 면제를 해 줄 수 있다는 스코투스의 견해는 어떠한가? 수아레즈는 스코투스가 모든 계명의 모든 명령들이 적어도 엄격한 의미에서 자연법에 속한다는 것을 허용하지 않기 때문에, 스코투스의 이런 입장에 근거해서 신은 자연법의 어떤 명령의 경우에 면제해 줄 수 있다고 누군가가 주장한다면, 그 주장은 정확한 것이 아니라고 보았다. 그러나 수아레즈는 둘째 목록의 명령들이 엄격하게 말해서 자연법에 속하지 않는다는 견해를 거부한다. '스코투스의 논증은 사실상 납득이 가지 않는다.'[42]

그다음에 수아레즈는 신이 계명들(Commandments) 중 어느 조항도 면제해 줄 수 없다고 주장한다. 수아레즈는 성 토마스, 카예타누스, 소토 등등에게 호소한다.[43] 모든 계명은 정의와 의무의 본래적 원리를 포함한다. 우리가 구약성경에서 읽었던 면제의 분명한 경우는 실제로는 전혀 면제의 경우가 아니었다. 예를 들어 신이 유대인들에게 이집트인들을 약탈하라고 말했을 때, 신은 입법자로서 행위 하고 있는 것이

---

41   같은 책, 2. 15, 3.
42   같은 책, 2, 15, 12.
43   같은 책, 2, 15, 16.

아니었고, 유대인들에게 약탈의 면제부를 주고 있는 것이었다. 신은 최고의 주님으로 행동했으며, 문제가 되는 재화를 이집트인에게서 유대인에게로 지배권을 넘겨주었거나, 또는 신은 최고의 심판관으로서 행동했으며, 유대인들의 노동에 대한 정당한 임금, 즉 이집트인들이 체불한 임금을 보상했다.[44]

10. 민족의 개념

이어서 수아레즈는 자연법과 국제법(*ius gentium*)을 구별하였다. 수아레즈의 견해에 따르면, 국제법은 어떤 행위들에 대해서도 그것들이 옳은 행동에 필요한 것이라고 하여 명령하지도 않고, 또한 어떤 것에 대해서도 그것만으로 그리고 본래적으로 악한 것이라고 하여 금지하지도 않는다. 그런 식의 명령과 금지는 자연법과 관련되며, 국제법과 관련되지 않는다.[45] 그러므로 자연법과 국제법은 같은 것이 아니다. 국제법은 '어떤 것이 악인가를 나타낼 뿐만 아니라 악을 구성하는 것이 무엇인지를 나타낸다'.[46] 수아레즈에 의하면 자연법은 본래적으로 악인 것을 금지하는 반면에, 정확하게 고려된 국제법은 본래적으로 악한 행위를 금지하는 것이 아니라(왜냐하면 이러한 행위는 이미 자연법에 의해 금지되고 있기 때문이다), 어떤 행위들을 정당하고 충분한 이유에 의해 금지하고, 이들 행위의 수행이 나쁘다고 명령한다. 이런 사실에서부터 국제법은 자연법이 소유하는 것과 같은 정도의 불변성을 소유할 수 없다는 결론이 나온다.

그러므로 국제법의 법률들은 실정적(實定的)(자연적이 아니라)이며, 세속법(신법이 아니라)이다. 그러나 이 경우 그것은 시민법과 다른가? 시민법이 한 국가(State)의 법인 반면에 국제법은 모든 신민에게 적용된다고 말하는 것만으로는 충분하지 않다. 왜냐하면 크고 작고의 단순한 차이가 특별한 차이를 낳지 않기 때문이다.[47] 수아레즈의

---

44 같은 책, 2, 15, 20.
45 같은 책, 2, 17, 9.
46 같은 책, 2, 19, 2.
47 같은 책, 2, 19, 5.

견해는 '국제법의 명령은 그 명령이 성문 형식으로 확립되지 않았다는 의미에서 시민법과 구별된다.' 그런 명령은 모든 나라나 거의 모든 나라의 관습을 통해서 확립된다.[48] 그래서 국제법은 불문법이다. 그리고 국제법은 모든 국가 또는 실질적 의미에서의 모든 국가에 속하는 관습들로 구성되어 있다. 실제로 국제법은 두 가지 방식으로 이해될 수 있다. 특수한 문제는 다음과 같은 이유로 국제법에 관계할 수 있다. 국제법은 다양한 신민들과 국가들(nations)이 상호 간의 관계에서 준수해야 하는 법이기 때문이거나 또는 개별국가(State)들이 자신의 경계 안에서 준수하고, 유사하기 때문에 공통적으로 수용되는 일련의 법이기 때문이다. '첫째 해석은, 나의 견해로는, 시민법과 구별되는 실제적인 국제법에 가장 적절하게 해당하는 것처럼 보인다.'[49]

수아레즈는 이런 의미로 이해된 국제법의 여러 사례를 제시한다. 예를 들면, 자연적 이성에 관한 한, 전쟁에 의해 상처의 앙갚음을 하는 힘이 국가(State)에 속해야 한다는 것이 필수적인 것은 아니다. 왜냐하면 사람들은 상처의 앙갚음을 하는 다른 수단들을 가질 수 있기 때문이다. 그러나 '더 쉽게 그리고 더 많이 자연과 일치하는' 전쟁의 방법은 관습에 의해 채택되어 왔고 그런 방법은 정의롭다.[50] '같은 계급 안에서 나는 노예제도를 둔다.' 노예제도(죄인을 처벌하는 것으로)는 자연이성의 입장에서 볼 때 필요하지 않았지만, 이러한 관습으로 볼 때, 죄인은 그것에 복종할 수밖에 없는 반면, 승자는 어떤 특별한 이유 없이 더 심한 처벌을 가할 수 없다. 다시 말한다면, 조약이 일단 자연법에 기인했다면 조약을 지켜야 할 의무가 있겠지만, 조약의 제안이 정당하게 그리고 합리적인 이유를 가지고서 만들어질 때 거부되지 말아야 한다는 것은 국제법과 관련된 문제이다. 사실상 이런 방식으로 행동하는 것은 자연적 이성과 일치한다. 그것은 관습과 국제법에 의해 더 공고하게 확립되고, 그래서 특별한 구속력을 얻게 된다.

이런 종류의 국제법이 가지는 합리적 기초는, 인류가 아무리 다양한 국가들로 나뉠 수 있다 하더라도, 어떤 통일성을 유지하고, 이런 통일성은 인간 종의 구성

---

48   같은 책, 2, 19, 6.
49   같은 책, 2, 19, 8.
50   같은 곳.

원에서 성립할 뿐 아니라 말하자면 도덕적이고 정치적인 통일(*unitatem quasi politicam et moralem*)이기도 하다. 이것은 모든 사람에 대해, '심지어는 외국인에게까지도' 확장되는 상호 사랑과 자비의 자연적 명령에 의해서 지시된다.[51] 어떤 국가가 완벽한 공동체를 이루는 일은 가능하지만, 단순하게 말한다면, 그 국가는 자족적이지 않으며, 다른 국가들과의 연합과 관계를 통한 도움을 필요로 한다. 그래서 어떤 의미에서 다른 국가들은 보편사회의 구성원들이고, 서로의 관계를 규제할 법체계를 필요로 한다. 자연적 이성은 이러한 필요에 충분히 부응하지 못한다. 그러나 국가들의 관습적 행동은 자연법에 일치하는 어떤 법들을 도입하였다. 그렇지만 그 법들은 엄격하게 자연법에서 연역될 수 없다.

성 토마스는『신학대전』에서 국제법의 법령은 자연법의 원리에서 도출된 결론이라는 점, 이 법령은 시민법과 다르며, 시민법은 자연법에서 도출된 일반적인 결론이 아니라 자연법의 규정들이라는 점을 주장했다.[52] 수아레즈의 해석에 따르면 이것이 의미하는 바는 국제법의 법령이 자연법의 일반적 결론이긴 하지만, 그런 결론은 '절대적인 의미에서 그리고 필연적 추론에서 나온 것이 아니라 시민법과 사법(private law)의 특수한 규정과 비교해서' 나온다는 것이다.[53]

─────── **11. 정치적 사회, 주권, 정부**

『법률』의 제3권에서 수아레즈는 실정적인 세속법의 주제를 다룬다. 그는 먼저 인간이 법을 만드는 능력을 가지고 있는지 또는 인간에 의한 법제정이 전제군주의 뜻을 따르는 건지를 묻는다. 이 문제에 대한 그의 논법은 국가와 정치적 권위에 대한 고려를 포함한다.

인간은 아리스토텔레스가 말했듯이 사회적 동물이고, 인간은 공동체 안에서

51　같은 책, 2, 19, 9.
52　St. Thomas,『신학대전』, Ia, IIae, 95, 4.
53　『법률』, 2, 20, 2.

살고자 하는 자연적 욕구를 가지고 있다.[54] 사실상 가장 기본적인 자연적 사회는 가족이다. 그러나 가족은, 비록 가정의 또는 '경제적인' 통치의 목적을 위해서는 완벽한 공동체이지만, 자족적이지 않다. 인간은 그 이상의 정치적 공동체의 욕구를 가지며, 이 공동체는 가족들의 연합을 통해서 형성된다. 이러한 정치적 공동체는 개별 가족들 사이의 평화 유지를 위해서 필요하면서 문명과 문화의 성장을 위해서도 필요하다.

둘째, 완전한 공동체에서는 (수아레즈는 여기서 정치적 공동체를 언급하고 있다) 통치 권력이 있어야 한다. 이 원리가 진리인 것은 자명한 것으로 보이지만, 다른 형태의 인간사회, 예를 들어 가족에 대한 유비에 의해 확정된다.[55] 게다가 성 토마스가 지적한 바와 같이, 그것의 기능이 공동선을 위해서 제공되는 그런 어떤 원리를 소유하지 않는 한 어떤 누구도 존속할 수 없다.[56] 그래서 시민정부라는 기구가 필요하다.

셋째, 인간의 정부는, 만약 자신의 영역에서 최상의 기구라면, 자신의 영역에서 법, 즉 시민법 또는 세속법을 만드는 권력을 가지게 된다. 시민정부는 국가에서 반드시 필요한 것이다. 법률의 수립은, 시민정부의 행위가 국가의 삶에서 통치적이고 통제적인 기능을 수행하는 것이라면, 시민정부의 가장 필수적인 행위 중 하나이다.[57] 법을 만드는 이 권력은 국가에서 최고 사법권을 가지는 정부기구에 속한다. 그것은 정치적 주권에서 본질적인 요소이다.

그래서 국가(State)와 정치적 주권은 자연적 제도이다. 왜냐하면 자연은 그런 제도를 필요로 하기 때문이다. 제국들과 왕국들은 가끔 폭정과 폭력에 의해 확립되는 경우도 있다. 그러나 이런 종류의 역사적 사실들은 정치적 주권의 본질적 본성의 예가 아니라, 인간의 권력과 힘을 남용한 예이다.[58] 한 사람이 다른 사람을 지배하는 것은 죄에 의해 야기된 상태에 기인한다는 성 아우구스티누스의 견해에 관해 말한다면, 이것은 수아레즈에 따르면 노예제도와 강제의 행사에 의해서 이루어지는 지배의 형

---

54   같은 책, 3, 1, 3.
55   같은 책, 3, 1, 4.
56   St. Thomas, 『군주론』(*De regimine principum*), 1, 1.
57   『법률』, 3, 1, 6.
58   같은 책, 3, 1, 11.

제3부 르네상스의 스콜라주의

태로 이해되어야 한다.[59] 죄 없이는 강제의 행사도 노예도 없을 것이다. 그러나 여전히 정부는 존재할 것이다. 적어도 '명령하는 권리에 관한 한, 이것이 청정의 상태에서도 인간들 사이에 유지될 것이라는 것은 그 가능성이 높다고 여겨진다'.[60] 이 문제에서 수아레즈는 성 토마스를 따르고 있다.[61] 『6일간의 일에 관하여』(*De opere sex dierum*)에서 수아레즈에 따르면 인간사회는 인간타락의 결과가 아니라 인간본성 자체의 결과이기 때문에, 인간은 청정의 상태에서조차, 만약 그 상태가 계속 존재한다면, 정치공동체 안에서 결합될 것이라 여겨진다.[62] 하나의 정치공동체가 있었겠느냐 아니면 다수의 공동체가 있었겠느냐는 우리가 답할 수 있는 성질의 물음이 아니다. 우리가 말할 수 있는 것은 단지 만약 모든 사람들이 천국(Paradise)에서 계속 거주했다면, 단 하나의 정치공동체가 가능했으리라는 것이다. 계속해서 수아레즈는 청정의 상태에서는 노예제도는 없었을 것이지만, 정부는 있었을 것이며, 이 정부는 공동선을 위해 필요한 것이라고 말한다.[63]

그러나 시민정부가 필요하다는 사실과 한 국가에서의 최고의 정부는 법을 만드는 권력을 가진다는 사실은 법을 만드는 권력이 개인이나 개인들의 집단에 직접적으로나 간접적으로 주어진다는 것을 의미하는 것은 아니다. 이에 반해 '사물들의 본성에 따라서만 고찰되는 이 권력은 개별 인간 안에 있는 것이 아니라, 오히려 전 인류의 통일체 안에 있다'.[64] 모든 사람들은 자유를 가지고서 태어난다. 그리고 자연은 어떤 사람도 다른 사람을 정치적으로 재판할 권한을 직접적으로 부여하지 않았다.

그러나 법을 만드는 권력이 인류(다수의 인류)에게 자연에 의해 직접적으로 부여되었다고 말할 때, 이것은 권력이, 어떤 도덕적 일치 없이, 단지 집합체로서 간주된 사람들에게 부여되었다는 의미로 이해되어서는 안 된다. 우리는 인류를 '동료 간의 하나의 유대를 통해서 그리고 서로서로를 하나의 정치적 목적의 달성에 이르도록 도

---

59   같은 책, 3, 1, 12.
60   같은 곳.
61   성 아우구스티누스의 견해에 대해서는 본 전집 제2권 88-89쪽 참조.
62   『6일간의 일에 관하여』(*De opere sex dierum*), 5, 7, 6.
63   『법률』, 5, 7, 11.
64   같은 책, 3, 2, 3.

와줄 목적을 위해서 하나의 정치체제'에 공동으로 동의하는 것에 의해서 함께 모인 인간들을 의미하는 것으로 이해해야 한다.[65] 만약 이런 식으로 이해한다면, 인간은 단 하나의 지도자를 필요로 하는 '단 하나의 신비로운 체제'를 이루게 된다.[66]

추가적으로 언급해야 하는 것은, 문제가 되는 권력이, 그 권력이 모든 기존의 사람들 안에 존재하는 하나의 권력이 되고, 그 결과 그 사람들이 모두 단 하나의 정치적 공동체를 형성하는 그런 방식으로 인류 안에 있지는 않다는 것이다. '이에 반해 그것은 거의 가능하지 않을 것이며, 하물며 그것은 편리하지도 않을 것이다.'[67] 그렇다면 법을 만드는 권력은, 그것이 인류의 전체 집단 안에 존재했다면, 단지 짧은 시간 동안에만 존재했다. 인류는 '세계 창조 직후에' 상이한 정치적 공동체로 분화되기 시작하였다. 이런 분화가 일단 발생하기 시작하면, 법을 만드는 권력은 각각의 정치적 공동체들 안에서 존재한다.

이러한 권력은 그것의 제1의 원천인 신에게서 나온다.[68] 그러나 신은 어떤 방식으로 그 권력을 부여하는가? 첫째, 그 권력은 신에 의해서 '자연에서 나오는 독특한 속성으로서' 주어진다. 다른 말로 하면, 신은 창조의 행위와 구별되는 어떤 특별한 행위에 의해서 그 권력을 부여하는 것은 아니다. 그 권력이 자연에서 나온다는 것은 자연적 이성이 그 자체 자연적 사회인 정치 공동체의 보존과 적절한 통치를 위해서 그 권력의 행사가 필요하다는 점을 보여준다는 것을 의미한다. 둘째, 사람들이 정치적 공동체를 형성하기 전까지는 그 권력은 드러나지 않는다. 그러므로 그 권력은 의지의 개입 없이는 그리고 사람들의 동의 없이는, 즉 동의에 의해서 스스로를 완전한 사회나 국가로 함께 형성하는 그런 사람들의 동의 없이는 신에 의해 부여되지 않는다. 그러나 일단 그들이 공동체를 형성하고 나면, 그 권력은 공동체 안에 존재한다. 그래서 그 권력은 신에 의해 간접적으로 부여되었다고 말하는 것이 옳다. 수아레즈는 다음처럼 추가하고 있다. 그 권력은 주어진 정치 공동체 안에 존재하지만, 그것은 그 공동체

---

65   같은 책, 3, 2, 4.
66   같은 곳.
67   같은 책, 3, 2, 5.
68   같은 책, 3, 3, 4.

의 동의에 의해 박탈되거나 정당한 처벌 방법에 의해 언제든지 몰수될 수 있다.[69]

12. 수아레즈의 계약론

분명한 점은 수아레즈가 정치적 사회를 본질적으로 동의에 기원하는 것으로 간주했다는 사실이다. 몇몇 국가들이 실제로 다른 방식으로 시작했을 수도 있다는 것은 역사적 우연성이며, 국가의 본질에 영향을 미치는 것은 아니다. 그러나 이 정도 내용만 가지고서 수아레즈가 '사회계약'의 이론을 제안했다고 간주했다 하더라도, 이로 인해 그가 정치적 사회를 순수하게 인위적인 사회, 즉 계몽된 이기주의의 산물로서 간주했다는 귀결이 나오지는 않는다. 오히려 우리가 보았듯이 그는 정치적 사회의 궁극적 기원을 인간의 본성 안에서 즉 인간의 사회적 성격과 필요 안에서 발견하였다. 주어진 정치적 공동체의 형성이 본질적으로 동의에 의존한다고 말해져야 함에도 불구하고, 정치적 사회의 형성은 인간본성의 필연적 표현이다. 왜냐하면 자연[본성]은 형성되어야 할 공동체가 어떤 것인가에 대해 언급하지 않기 때문이다.

동일한 점이 상당히 그의 주권이론에 대해서도 언급될 수 있다. 즉 실제적인 논의가 주권과 연관된, 법을 만드는 권력에 제한된다. 자연은 특정한 정부형태에 대해 아무런 언급도 하지 않는다. 수아레즈에 따르면, 정부형태의 결정은 인간의 선택에 좌우된다.[70] 이른바 전체 공동체가 직접 법을 만드는 일은 매우 어려울 것이지만, '공통정부의 어떤 요소를 추가하려는' 인간의 성격을 감안한다면, 효율을 고려한 규칙이라 하더라도 최상의 정부형태로서 군주제를 실제로 검토할 필요가 있겠다.[71] 어떤 것이 공통정부의 이러한 요소인가 하는 것은 인간의 선택과 사려에 좌우된다. 어쨌든 누가 시민 권력을 가지든 이러한 권력은 직접적으로든 간접적으로든 공동체로서의

---

69   같은 책, 3, 3, 7.
70   같은 책, 3, 4, 1.
71   같은 책, 3, 4, 1.

신민들로부터 나왔다. 그렇지 않다면 그 권력의 소유는 결코 정당화될 수 없다.[72] 주권이 어떤 개인에게 정당하게 귀속되려면, '그 주권은 반드시 공동체의 동의에 의해서 그에게 부여된 것이 아니면 안 된다'.[73] 어떤 경우에는 사울(Saul)의 경우처럼 신이 직접적으로 그 권력을 부여하였다. 그러나 그런 경우는 예외적인 것이고, 부여된 권력의 형태에 관한 한, 그것은 초자연적이다. 세습적인 군주제의 경우에 정당한 권력의 소유자는 자신의 권력을 국가(commonwealth)에서 가져온다.[74] 왕권이 부당한 힘에 의해서 획득된 것에 관련해서 말한다면, 이 경우의 왕은, 비록 시간이 지나감에 따라 신민들이 동의를 할 수도 있고, 그의 주권을 묵인할 수 있으며, 그래서 결국 그 권력에 합법성을 부여한다 하더라도, 전혀 참된 입법권을 가질 수 없다.[75]

그래서 어떤 정치공동체의 형성은 인간의 동의에 따른다고 수아레즈가 주장한 것과 마찬가지로, 또한 수아레즈는 어떤 정부의 수립이 주권을 부여하는 정치공동체의 동의에 따른다고 주장한다. 그러므로 그는 어떤 의미에서 이중 계약이론을 주장한 것으로 언급될 수도 있다. 그러나 그는 정치공동체의 구성은 자연의 요구라고 주장한 것과 마찬가지로, 그는 어떤 정부의 수립은 자연이 요구하는 것이라고 주장한다. 그는 동의의 관념을 더 많이 강조하고 있는 듯하다. 사실상 그는 명백히 왕과 왕국 사이의 '협정 또는 조약'에 대해서 이야기하고 있다.[76] 그럼에도 불구하고 정치적 권위와 주권은 인류의 적절한 보전과 통치를 위해서 필요한 것이다. 정치적 권위는 궁극적으로 신에게서 나오며, 모든 지배권은 신에 의존한다. 그러나 정치적 권위가 어떤 특정한 개인에게 주어진다는 사실은 국가 자체의 일부에 대한 양도에서 도출된다. '공국(principate)은 그 자체 사람들로부터 시작된다.'[77] 다른 말로 하면 정치적 주권은, 인간의 삶에 필요하기 때문에, 그 자체로는 관습이나 합의의 문제는 아니다. 그러나 어떤 개인들에게 주권을 부여하는 것은 합의에 따른다.

---

72   같은 책, 3, 4, 2.
73   같은 곳.
74   같은 책, 3, 4, 3.
75   같은 책, 3, 4, 4.
76   같은 책, 3, 4, 5.
77   같은 책, 3, 4, 5.

또한 수아레즈가 당시의 군주국과 관련해서 생각했다는 점을 주목해 볼 수 있겠다. 황제의 권력이라는 중세적 관념은 그의 정치이론에서 거의 역할을 하지 못한다. 『가톨릭 신앙과 사도 신앙을 옹호함』(*Defence of the Catholic and Apostolic Faith*)에서[78] 수아레즈는 황제가 모든 그리스도교인들에 대해 보편적인 세속적 사법권을 가진다는 점을 분명히 거부한다. 그에 따르면 황제는 결코 이러한 권력을 가지지 못했을 것이다. 그리고 비록 황제가 그런 권력을 가졌을지라도, 황제는 그 권력을 잃어버렸음에 틀림없다. '우리는 황제 이외에 다수의 세속적인 왕들, 예컨대, 스페인, 프랑스, 영국의 왕들이 있고, 이들은 황제의 사법에서 완전히 독립해 있다고 가정한다.'[79] 다른 한편, 수아레즈는 세계국가와 세계정부가 실제적으로 가능하다고 생각하지 않았음이 분명하다. 역사는 진정 전 세계를 아우르는 정부가 결코 존재하지 않았음을 보여준다. 그런 정부는 존재하지 않으며, 존재한 적도 없으며, 존재할 수도 없었다.[80] 우리가 이미 살펴보았듯이 수아레즈는 모든 인간을 위한 단 하나의 정치적 공동체의 존재는 도덕적으로 불가능하며, 비록 가능하다 하더라도, 대단히 효율적이지 못할 것이라고 주장하였다.[81] 수아레즈와 마찬가지로, 아리스토텔레스가 매우 거대한 도시를 적절하게 통치하는 것이 어렵다고 말한 점에서 옳다면, 세계국가를 통치하는 것은 훨씬 더 어려울 것이다.

─────── 13. 폭군의 축출

군주와 왕국 사이의 계약에 관한 자신의 이론에서 수아레즈는 어떤 결론을 도출하고 있는가? 특히 그는 시민들이 전제군주, 즉 자신의 약속을 저버리는 군주를 폐할 권리를 가지고 있다고 생각했던가?

---

78   『가톨릭 신앙과 사도 신앙을 옹호함』, 3, 5, 7.
79   같은 곳.
80   『법률』, 3, 4, 7.
81   같은 책, 3, 2, 5.

수아레즈에 따르면, 왕에게 국가의 주권을 양도하는 것은 위임이 아니라, 공동체 안에 내재하는 전 권력의 양도 또는 무제한적인 부여이다.[82] 그렇다면 왕은 자신이 그렇게 선택한 것이라면 권력을 위임할 수도 있다. 그가 가장 효율적이라고 생각하고 있기 때문에, 그 자신이 행사하는 것이든 대리인을 통해서 행사하는 것이든 그것은 그에게 절대적으로 허용된다. 게다가 권력은 군주에게 일단 양도되었다면, 군주는 신의 대리인이며, 그에게 복종하는 것은 자연법에 따라서 의무인 것이다.[83] 사실상 군주에게 권력을 양도하는 것은 심지어 권력을 부여한 국가보다도 그를 더 우월하게 만든다. 왜냐하면 국가는 양도를 함으로써 스스로 군주에 종속되기 때문이다.

그래서 군주는 자신의 주권을 박탈당할 수 없다. 왜냐하면 그는 자신의 권력의 소유권을 얻었기 때문이다. 그러나 수아레즈는 곧바로 다음의 제한 사항을 추가한다. '어쩌다가 그가 전제정치에 빠지게 되지 않는다면. 왕국은 전제정치를 근거로 해서 군주에 대해 정의로운 전쟁을 벌일 수 있다.'[84] 전제정치에는 두 종류가 있다.[85] 힘에 의해서 그리고 부정의하게 왕좌를 찬탈한 전제정치가 있고, 자신의 권력의 사용에서 전제적으로 통치하는 합법적 군주가 있다. 첫째 종류의 전제군주에 관해서 말하자면, 국가 전체나 그 국가의 일부는 그에게 반란을 일으킬 권리를 가진다. 왜냐하면 그는 침탈자이기 때문이다. 반란을 일으키는 것은 단지 자기방어의 권리를 행사하는 것일 뿐이다.[86] 둘째 유형의 전제군주에 관해서 말하자면, 즉 전제적으로 통치하는 합법적인 군주에 관해서 말하자면, 국가 전체가 그에 대항해서 반기를 들 수 있다. 왜냐하면 그가 공동선을 위해서 통치해야 하고, 만약 그가 전제군주로 전락한다면 그는 폐위될 수도 있다는 조건에서 국가는 그에게 권력을 허용했다고 가정될 수 있기 때문이다.[87] 그러나 왕의 통치가 분명히 전제정치라고 하는 것, 그리고 정의로운 전쟁에 관한 규범들이 준수되어야 한다는 것이 그러한 반란의 합법성을 위한 필요조건이다.

---

82   같은 책, 3, 4, 11.
83   같은 책, 3, 4, 6.
84   같은 곳.
85   『가톨릭 신앙과 사도 신앙을 옹호함』(*Defence of the Catholic and Apostolic Faith*), 6, 4, 1.
86   『신학의 세 가지 주요 덕; 사랑의 덕』(*De triplici virtute theologica; de caritate*), 13, 8, 2.
87   같은 곳.

수아레즈는 이 문제에 관해서 성 토마스를 참고하고 있다.[88] 그러나 전제적으로 통치하는 합법적 군주에 대항할 자격이 있는 것은 전체 국가일 뿐이다. 왜냐하면 합법적 군주는 정의롭지 못한 찬탈자가 침략자가 되는 방식으로 손쉽게 모든 개별 시민들에 대한 침략자가 될 수는 없기 때문이다. 그러나 이로부터, 합법적 군주가 실제적인 전제적 침략자가 될 때, 그 침략자의 신민의 신분인 개인이 자신을 방어할 수 없다는 귀결이 도출되는 것은 아니다. 그러나 자기방어와 국가방어는 구별되어야 한다.

『가톨릭 신앙과 사도 신앙을 옹호함』에서 수아레즈는 폭군살해라는 특수한 문제를 고려한다.[89] 합법적인 군주는 그가 전제적으로 통치한다는 이유로 사적 권위에 의해 살해될 수 없다. 이것은 성 토마스,[90] 카예타누스와 다른 여러 사상가들의 이론이다. 전제적으로 통치하는 합법적인 군주를 자신의 권위를 가지고 살해하는 사적 개인은 살인자이다. 그는 필요한 사법권을 소유하고 있지 않다.[91] 자기방어에 관해서 말하자면, 사적 개인이 단지 자신의 개인재산을 방어할 목적으로 합법적인 군주를 살해할 수 없다. 그러나 군주가 전제적으로 그 시민의 생명을 위협한다면, 그는 비록 군주가 결과적으로 죽게 되더라도, 그는 자신을 방어할 수 있다. 그러나 공동복지에 대한 관심은 어떤 상황에서는 비록 그 사람의 생명을 회생시키는 한이 있더라도 자비의 관점에서 그에게 군주를 살해하지 못하도록 강제할 수도 있다.

그러나 전제적 찬탈자의 경우에 보다 우월한 권위에 결코 호소할 수 없다면, 그리고 또한 찬탈자의 통치가 전제적이고 정의롭지 못함이 분명하다면, 사적 개인이 그 찬탈자를 죽이는 것은 합법적이다. 수아레즈가 추가한 다른 조건들은 폭군살해가 왕국의 자유를 위해 필요한 수단이라는 것, 찬탈자와 신민들에 의해서 자유롭게 이루어진 합의가 없다는 것, 폭군살해가 이전에 비해 동등하거나 더 큰 악으로 그 국가를 더 이상 괴롭히지 않을 것이라는 것, 국가가 사적인 폭군살해를 명시적으로 반대하지 않

---

88   St. Thomas, 『군주론』, 1, 6.
89   『가톨릭 신앙과 사도 신앙을 옹호함』, 같은 책, 6, 4.
90   St. Thomas, 『군주론』, 1, 6.
91   『가톨릭 신앙과 사도 신앙을 옹호함』, 6, 4, 4.

는다는 것이다.[92]

그러므로 수아레즈는 주권의 기원과 이양에 관한 그의 이론에서 논리적으로 도출되는 저항권을 인정한다. 분명히 그는 불필요한 반란을 부추기지는 않았다. 그러나 가톨릭 신앙에 관한 그의 저술이 신으로부터 부여받은 왕권과 합법성의 원리를 신봉한 영국의 제임스 1세에게 가장 미움을 받고 있었다는 사실은 쉽게 이해될 수 있다.

―――――― **14. 형법**

『법률』의 제4권인『실정 (實定) 교회법』(De lege positiva canonica)에서 수아레즈는 교회법을 다룬다. 제5권에서는「인간들의 다양한 법들에 대하여, 특히 범법자들과 오만한 자들에 대하여」(de varietate legum humanarum et praesertim de poenalibus et odiosis)를 다룬다. 형법과 관련해서 그는 형법이 양심에서 구속력을 갖는가의 문제를 제기한다. 우선 범죄에 대한 세속적인 형벌이 부과되기는 하지만, 입법자가 양심에서 구속력을 갖는 법을 만드는 것은 가능하다.[93] 그러나 그러한 법은 입법자가 자신의 신민들의 양심을 구속할 의도를 분명히 밝히지 않았을 때, 양심 안에서 구속력을 가지는가? 수아레즈의 견해에 따른다면, 입법자가 양심을 구속하지 않겠다는 의사를 표명하지 않거나 분명히 하지 않더라도, 법령을 포함하는 법은 양심에서 구속력을 가진다.[94] (법이 용서받을 수 없는 죄의 고통 하에서 구속력을 갖는가 아니면 용서받을 수 있는 죄의 고통 하에서 구속력을 갖는가는 법과 다른 정황들에 의거한다.) 수아레즈는 정의로운 과세법은 양심 안에서 구속력을 갖는다는 논리적 귀결을 도출한다. 예를 들면 '밀의 가격에 세금을 부과하는 스페인의 법'이 그것이다.[95] 그러나 수행될 행동에 관해서 양심에서 구속력을 갖지 않는 형

――――――

92　같은 책, 6, 4, 8-9.
93　『법률』, 5, 3, 2.
94　같은 책, 5, 3, 6.
95　같은 책, 5, 3, 10.

법이 있을 수 있다. 어떤 법이 이러한 종류의 것인지 어떤지 즉 어떤 법이 단지 형법적인 것인지 어떤지는 입법자의 의도에 달려 있다. 이러한 의도는 반드시 그리 많은 말로 표현할 필요는 없다. 왜냐하면 그러한 의도는 전통과 관습에 의해서 분명해질 수 있기 때문이다.[96] 형법이 어떤 행위를 실제로 명령하거나 금지하지 않고, 단순히 예를 들어, 누군가가 밀을 수출한다면 벌금을 물게 될 것이라고 진술할 뿐일 때, 만약 다른 고려로부터 그것이 양심에서의 구속력을 의미한다는 것이 분명하지 않다면, 그것은 단지 벌칙인 것이라고 추정될 수 있을 뿐이다.

인간 형법은 양심적인 신민들에게 비록 사법적 선고 이전이라 하더라도 처벌을 받게 할 수 있다. 그러나 다음의 조건에서 그렇게 할 수 있다. 그 처벌이 신민이 자신에게 합법적으로 가할 수 있는 처벌인 한에서 그렇게 할 수 있다. 그리고 그 처벌의 자발적 수행이 합리적으로 요구될 수 없을 만큼 그 처벌이 인간본성에 대해 너무 엄중하거나 위배되는 것이 아니라면 그렇게 할 수 있다.[97] 그러나 이로부터 모든 형법이 실제 상황에서 그렇게 할 수 있다는 결론이 도출되는 것은 아니다. 만약 형법이 단순히 처벌의 위협만을 가하는 것이라면, 처벌이 무엇이 되었든, 그 형법은 선고 이전에는 그 죄인에게 처벌을 강요하지 못한다.[98] 양심에 따라 위반자에게 스스로 처벌을 받도록 의무화하려는 입법자의 의도는 분명하여야 한다. 사법적 선고에 의해 가해지는 처벌을 겪어야 할 의무에 관련된 수아레즈의 주장에 따르면, 만약 처벌의 집행을 위해서 범죄자 측에서의 어떤 행위나 협력이 필요하다면, 그 범죄자는, 만약 그가 어긴 법이 정당한 법이고, 문제되는 처벌이 과도한 것이 아닐 경우, 그 행위나 협력을 하기 위해서 양심의 구속력을 갖는다.[99] 그러나 이 문제에서 양식(良識)이 사용되어야 한다. 예를 들면 누구도 자신을 처벌할 의무를 갖지 않는다.[100]

이미 언급되었듯이, 수아레즈는 과세법이 정당하다면 그 법은 양심에서 구속

---

96   같은 책, 5, 4, 8.
97   같은 책, 5, 5, 15.
98   같은 책, 5, 6, 4.
99   같은 책, 5, 10, 8.
100   같은 책, 5, 10, 12.

력을 갖는다고 생각하였다. 그의 주장에 의하면 '처벌이 가해지지 않는데도 그러한 세금을 지불할 것을 명령하는 법들은 확실히 순수하게 처벌적이라고 말해질 수는 없다'.[101] 그러므로 그 법들은 양심 안에서 구속력을 갖는다. 그리고 순수하게 처벌적인 과세를 통과시키려는 입법자의 의도가 명확하지 않다면, 예를 들어 정당한 세금이 실수로 부과되지 않았더라도, 그 정당한 세금은 완전히 납부되어야 한다. 과세법은 그것만을 놓고 본다면 양심의 구속을 받는 참된 도덕법이다.[102] 정당하지 못한 과세법에 관해 말하자면, 그 법은 세금의 납부 요구가 있기 전이든 있고 난 뒤든 양심을 구속하지 못한다.[103]

15. 세속법의 정지

『법률』의 제6권은 세속법의 해석, 정지, 개정을 다룬다. 법률이 주권자에 의해 폐기되지 않고도 법률이 합법적으로 거부되는 경우가 종종 있다. 잘못된 것, 이행이 불가능한 것, 혹은 어떤 유용성도 없는 것을 명령하는 법률은 정의롭지 못하고 애초부터 효력이 없다는 사실은 별개로 하더라도,[104] 법률은 그 타당성과 구속력이 정지될 수 있다. 왜냐하면 본질적이건 비본질적이건 법률의 합당한 목적이 더 이상 존재하지 않기 때문이다.[105] 예를 들어 특수한 목적을 위한 돈을 획득할 목적으로만 세금을 부과하는 법이 통과될 경우, 그 법률의 구속력에 관해서 그 법률은 만약 그 법률이 폐기되지 않았다 하더라도 목적이 실현되었다면 효력이 없어진다. 그러나 만약 법률의 목적이 순전히 비본질적인 것에 국한되는 것이 아니라 또한 본질적인 것이라면(예를 들어 옳은 행위는 사실상 특수한 어떤 목적을 고려하여 명령되지만, 입법자가 특수한 목적과 무관하게 그

---

101 같은 책, 5, 13, 4.
102 같은 책, 5, 13, 1.
103 같은 책, 5, 18, 12.
104 같은 책, 6, 9, 3.
105 같은 책, 6, 9, 10.

행위를 명령하는 방식으로 명령된다면), 당연히 특수한 목적이 성취되었다는 단 한 가지 이유만으로 그 법률의 효력이 상실되었다고 볼 수는 없다.

────────── **16. 관습**

　　수아레즈는 불문법 또는 관습을 길게 서술하고 있다. 그 문제에 대해서 그는 제 7권인 「법은 관습이라는 것 안에 쓰여 있다」(*De lege non scripta quae consuetudo appellatur*)를 할애하고 있다. 법률적 요소로 간주되는 관습은 법률이 없는 곳에서 도입된다. 그것은 불문법이다. 그러나 사적인 관습, 즉 한 사람 혹은 불완전한 공동체의 관습이 아니라 공동의 또는 공적인 관습만이 법률을 확립할 수 있다(즉 법률로서 간주된 관습).[106] 게다가 법률을 확립하는 관습은 도덕적으로 선해야 한다. 본질적으로 악한 관습은 어떤 법률도 확립하지 못한다.[107] 그러나 도덕적으로 선한 관습과 악한 관습의 구별은 합리적인 관습과 불합리한 관습의 구별과 같은 것이 아니다. 관습은 그 자체로만 즉 단지 관습으로만 간주된다면 선할 수도 있지만, 반면에 동시에 그 관습은 만약 법률적으로 고려된다면, 즉 법률의 확립으로서 고려된다면 불합리하고 무분별할 수도 있다.[108]

　　관습의 확립을 위해서 완벽한 공동체가 요구된다.[109] 그러나 그것의 확립을 위해서 그것이 문자 그대로 공동체 전체에 의해 준수되어야 할 필요는 없다. 만약 공동체의 다수가 그 관습을 준수한다면, 그것으로 족하다.[110] 어떻게 관습이 확립되는가? 사람들이 어떤 공적인 행위를 반복함으로써 확립된다.[111] 당연히 이러한 행위들은 자발적인 행위들이다. 왜냐하면 관습을 확립하는 행위들은 그것들이 사람들의 동의를

106　같은 책, 7, 3, 8-10.
107　같은 책, 7, 6, 4.
108　같은 책, 7, 6, 7.
109　같은 책, 7, 9. 3.
110　같은 책, 7, 9. 12.
111　같은 책, 7, 10. 1.

보여주는 한에서만 그렇게 행동한 데서 나온 결과이기 때문이다.[112] 그러므로 그 행위들은 자발적이어야 한다. 강제에서 또는 엄청난 또는 부당한 공포로부터 행해진 행위들에 의해서 나온 관습의 확립은 유효할 수 없다.[113] 그러나 이러한 사실에서부터 왕의 동의가 관습이나 관습법의 유효한 확립을 위해 필요하다는 결론이 나오는 것은 아니다. 그러나 이러한 동의는 다른 방법으로 주어질 수 있다. 즉 명시적 동의에 의해서 또는 앞서서 관습의 도입을 허용함으로써 또는 동시적이거나 후속적인 확정에 의해서 또는 왕이 그 관습을 알았을 때 관습을 억제하는 행위를 취하지 않음으로써 동의가 이루어진다.[114] 그러므로 주권자의 암묵적 동의만으로 충분하다.

합법적 관습은 상이한 여러 가지 결과를 가질 수도 있다. 그것은 법률을 확립할 수도 있고, 기존의 법률을 해석하는 데 기여할 수도 있으며, 법률을 폐기할 수도 있다.[115] 첫째 결과, 즉 법률의 확립에 관해서 말하자면, 법률적 관습의 확립에는 10년이 필요하고, 10년으로 족하다.[116] 관습을 통한 법률의 폐기에 관해서 말하자면, 비록 왕의 암묵적인 동의로 충분할 수도 있지만, 이중적 의지, 즉 신민들의 의지와 왕의 의지가 이러한 결과의 달성을 위해 필요하다.[117] 심지어 관습은 형법도 확립할 수 있다.[118] 시민법의 폐기를 위해서는 10년 동안 관습이 유지될 필요가 있다. 그러나 교회법의 경우에는 관습이 법률에 반대되는 시효를 얻기 위해서는 40년 정도의 기간이 필요하다.[119]

『법률』의 제8권인 「세속법의 효력」(*De lege humana favorabili*)에서 특권이 다루어지고, 제9권과 제10권에서는 신의 실정법이 다루어진다. 이러한 주제들을 지나치면서 나는 교회와 국가의 관계에 대한 수아레즈의 몇몇 견해를 언급하고자 한다.

---

112 같은 책, 7, 12. 3.
113 같은 책, 7, 12. 10.
114 같은 책, 7, 13. 6.
115 같은 책, 7, 14. 1.
116 같은 책, 7, 15. 2.
117 같은 책, 7, 18, 5.
118 같은 책, 7, 16. 3.
119 같은 책, 7, 18. 12.

────── 17. 교회와 국가

『가톨릭 신앙과 사도 신앙을 옹호함』에서 수아레즈는 교황이 최상의 영적 권력을 소유할 뿐만 아니라 최상의 시민 권력도 소유한다는 견해, 따라서 완전히 세속적인 주권자는 세속의 일에서 결코 최상의 권력을 갖지 못한다는 견해를 검토하고, 그 견해를 거부한다. 그는 교황의 발언을 인용한 다음 계속 다음을 주장한다. 모든 그리스도교 국가들에 관한 세속의 일에서 직접적인 사법권을 교황에게 소유하게 하는 어떤 정당한 자격도 발견될 수 없다.[120] 그리고 정당한 자격 없이 교황은 그러한 사법권을 소유할 수 없다. 신법이건 세속법이건 교황에게 그러한 사법권을 부여했다는 증거는 없다. 물론 수아레즈는 교황령에 대한 세속적인 통치자로서 교황이 세속적 사법권을 가지고 있다는 점을 인정했다. 그러나 그는 다른 세속적인 주권자들을 교황청의 단순한 대리인으로 간주하기를 거부했다. 다른 말로 하면 교회가 존재하는 목적이 국가가 존재하는 목적보다 높다 하더라도, 교회와 국가는 구별되고, 독립적인 사회들이다.

그러나 비록 교황이 세속적 주권에 대한 직접적 또는 일차적인 시민 사법권을 소유하고 있지는 않지만, 그는 주권에 대한 명령권을 개인적으로서뿐 아니라 주권자로서 소유하고 있다. 그의 영적인 사법권에 의해서 교황은 영적인 목적으로써 세속적인 왕들을 명령하는 권한을 소유한다.[121] 명령하는 권한은 권고하거나 경고하거나 요구하는 권한에 국한되지 않는다. 왜냐하면 이것들은 우월한 권위에 속하는 것이 아니기 때문이다. 그 권한은 엄격한 의무권이기도 하다.[122] 세속군주는 교황의 영적인 신민이다. 교황의 영적인 권위는, '만약 어떤 문제에서 군주가 올바른 이성 또는 신앙, 정의, 자비에서 벗어난다면', 그의 세속적 권위의 사용에서 군주에게 명령할 권한을 포함한다.[123] 이것은 세속적인 일에 대한 교황의 간접적인 권한을 포함한다.

---

120 『가톨릭 신앙과 사도 신앙을 옹호함』, 3, 5, 11.
121 같은 책, 3, 22. 1.
122 같은 곳.
123 같은 책, 3, 22. 5.

영적인 선과 세속적인 편의 또는 편리 간의 충돌이 일어날 수도 있다. 그러한 경우 세속적인 주권은 영적인 주권에 복종하지 않으면 안 된다.[124] 교황은 직접적인 세속적 사법권을 뺏으려고 시도해서는 안 된다. 그러나 영적인 선이 필요한 경우에 교황은 자신의 간접적 권한에 의해서 그 영적인 선에 개입할 수 있다.

그래서 수아레즈는 세속적인 영역에서 교황의 직접적이지는 않지만 간접적 사법권에 대한 이론을 주장하였다. 또한 그는 교황이 '구제 불가능할 정도로 사악한 세속적인 왕들에 대해, 특히 종파분리와 완고한 이단자들에 대해 강제적인 권한'을 소유한다고 주장하였다.[125] 왜냐하면 강제적인 권한이 없는 명령적 권한은 효력이 없기 때문이다. 이러한 권한은 파문과 같은 영적인 처벌의 부과에까지 확장될 뿐만 아니라, 필요한 경우에 폐위와 같은 세속적인 처벌의 부과에까지 확장된다.[126] 이교도의 군주들에 관해서 말하자면, 비록 교황이 그들을 처벌할 권한을 소유하고 있지 않다 하더라도, 만약 그리스도인들이 도덕적 파괴의 위험에 처한다면, 이교도 군주들에 대한 충성의 의무에서 그리스도교 신민들을 벗어나게 할 권한을 가진다.[127]

———————— **18. 전쟁**

마지막으로 수아레즈의 전쟁론을 언급할 필요가 있다.

전쟁이 본래적으로 악인 것은 아니다. 정의로운 전쟁이 있을 수 있다. 방어적 전쟁은 허용된다. 그리고 때로는 방어적 전쟁은 의무의 문제이기도 하다.[128] 그러나 전쟁이 정의롭기 위해서는 몇 가지 조건들이 충족되어야 한다. 우선 전쟁은 합법적 권력에 의해 수행되어야 한다. 그리고 합법적 권력이란 최상의 주권자이다.[129] 그러나

---

124 같은 책, 3, 22, 7.
125 같은 책, 3, 23. 2.
126 같은 책, 3, 23. 10.
127 같은 책, 3, 23. 22.
128 『신학의 세 가지 주요 덕; 사랑의 덕』, 13, 1, 4.
129 같은 책, 13, 2. 4.

만약 주권자들이 그렇게 해야 한다는 사실을 교황이 분명히 언급하지 않았다면, 비록 그 주권자들이 전쟁을 일으키기 전에 교황의 권위를 지켜야 할 의무는 없겠지만, 그리스도 주권자들 사이의 분쟁의 문제와 관련하여 교황의 의견을 참조해야 한다고 주장할 권리가 교황에게 있다.[130]

정의로운 전쟁의 둘째 조건은 전쟁을 일으키는 이유가 정의로워야 한다는 것이다. 예를 들면, 전쟁 말고는 무슨 방법으로도 고쳐지거나 앙갚음을 할 수 없는 중대한 부정의의 피해는 전쟁의 정의로운 이유이다.[131] 방어적 전쟁은 시도되어야 한다. 그러나 공격적 전쟁이 발생하기 전에 주권자는 자신이 승리할 기회를 계산해야 하고, 만약 자신이 그 전쟁에 이기기보다는 질 가능성이 높다면 전쟁을 시작하지 말아야 한다.[132] 이러한 단서의 이유는 그렇지 않을 경우 왕은 자신의 국가에 엄청난 해악을 끼치는 분명한 위험을 초래할 것이기 때문이다. ('공격적 전쟁'을 수아레즈는 '침략전쟁'이 아니라 자유롭게 감행된 정의로운 전쟁으로 보았다. 피해가 큰 해악들을 회복하기 위해서나 결백을 증명하기 위해서 자유롭게 전쟁을 선포하는 것은 합법적이다.)

정의로운 전쟁의 셋째 조건은 전쟁이 반드시 적절하게 수행되어야 하며, 전쟁이 이루어지는 내내 그리고 승리의 경우에도 당연한 균형이 준수되어야 한다는 것이다. 전쟁을 개시하기 전에 왕은 다른 국가의 주권자에게 전쟁의 정의로운 이유가 있는지를 환기시키고, 그 이유에 대한 적절한 충족이 이루어져야 한다는 점을 요구해야 한다. 만약 다른 국가가 이미 이루어진 해악에 대한 합당한 배상을 제공한다면, 그는 그것을 승인하여야 한다. 그럼에도 불구하고 그가 공격한다면, 전쟁은 정의롭지 못할 것이다.[133] 전쟁의 수행 기간 동안 승리를 위해서 적에게 모든 손실을 가할 필요가 있는데, 이것은 합법적이다. 그러나 이러한 손실은 무고한 사람들에게 본질적인 해악을 끼치는 것을 포함하지는 않는다.[134] 마지막으로, 전쟁의 승리 이후에 왕은 정복된 적

---

130   같은 책, 13, 2. 5.
131   같은 책, 13, 4. 1.
132   같은 책, 13, 4. 10.
133   같은 책, 13, 7. 3.
134   같은 책, 13, 7. 6.

에게 정의로운 처벌을 위해 충분한 그런 벌칙을 가할 수 있으며, 또한 그는 예컨대 전쟁 동안에 입었던 손실들을 포함하여 자신의 나라가 입었던 모든 손실들에 대한 배상을 요구할 수 있다.[135] 실제로 전쟁이 끝난 후 '적들 중 죄가 있는 개인들은 정의의 이름으로 사형에 처할 수 있다'.[136]

　'무고한 자'에 관해서 말하자면, 무고한 자는 어린이, 여성, 무기를 소지할 수 없는 모든 사람들을 포함하는 것이 자연법 안에 암시되어 있는 반면에, 국제법에 따를 경우 대사가 여기에 포함되며, 그리스도인들 중에는 실정법에 의해서 수도자와 성직자가 여기에 포함된다. '모든 다른 사람들은 범죄자로 간주된다. 왜냐하면 인간의 판단으로 볼 때, 그런 사람들은 무기를 들 수 있고, 그것은 곧 무기를 실제로 사용할 수 있다는 것을 의미하기 때문이다.'[137] 그처럼 무고한 사람들은 결코 살해될 수 없다. 왜냐하면 그들을 죽이는 것은 본질적으로 악이기 때문이다. 그러나 만약 승리가 무고한 자의 '우발적' 살해가 없이 이루어질 수 없다면, 그들을 죽이는 것은 합법적이다.[138] 수아레즈에 따르면, 교량의 파괴나 도시의 공격은, 공격자가 이러한 행위들이 몇몇 무고한 사람들을 '우발적으로' 죽이게 될 것이라는 것을 합리적으로 생각할 수 있다 하더라도, 예를 들어 승리를 위해 그런 행위들이 필요하다면, 합법적이다. 그러나 그러한 행위들이 무고한 사람들을 죽이려는 목적을 가지고서 행해진다면 그것은 합법적이지 않을 것이다.

　전쟁과 관련하여 수아레즈가 논의한 문제는 전쟁에 참여하는 군인들에게 전쟁이 정의로운가 정의롭지 않은가를 확인해야 할 도덕적 의무가 어느 정도까지 있는가의 문제이다. 요컨대 그의 답변은 아래와 같다. 왕의 신민들인 정규 군인들은 전쟁에 소환령에 따르기 전에 조심스럽게 살펴볼 의무가 없다. 그들은 만약 전쟁이 불의라는 점이 분명하지 않다면, 전쟁은 정의롭다고 가정할 수 있다. 그들이 전쟁의 정의에 관해 단지 사변적 의심이 들 뿐이라면, 그들은 이런 의심을 무시해야 한다. 그러나 전

135　같은 책, 13, 7. 7.
136　같은 곳.
137　같은 책, 13, 7. 10.
138　같은 책, 13, 7. 15.

쟁의 정의가 극도로 의심할 만하다고 생각할 실제적이고 확신이 드는 이유를 가지게 된다면, 군인들은 더 따져보아야 한다. 전쟁을 하고자 하는 왕의 신민이 아닌 용병의 경우에 대해 말하자면, 수아레즈는, 비록 그들이 입대하기 전에 전쟁의 정의에 대해 따져야 하는 것이 일반적인 견해인 것처럼 보인다 하더라도, 수아레즈 자신이 신민과 용병 간 실제적인 사실에서의 차이점을 발견하지 못한다고 주장한다. 일반적인 원리는 다음과 같다. ⒜ 전쟁의 정의에 관해서 생겨나는 의심이 순전히 소극적이라면, 군인은 더 이상 따지지 않고 입대해야 할 것 같다. ⒝ 만약 그 의심이 적극적이라면, 그리고 정의에 대한 찬·반론자들이 각각 그럴듯한 논의를 제시한다면, 입대하려는 사람들은 진실을 더 따져 보아야 한다. 그들이 진실을 발견할 수 없다면, 옳을 가능성이 높은 사람을 돕도록 하라. 실제로 정규 군인이 될 것인가에 대한 '질의'는 '사려 깊고 양심적인 사람들에게' 조언을 구하는 것을 의미한다. 그러나 군인들이 조직체를 이룬다면, 그들은 질의와 결정을 그들의 사령관의 결정에 맡길 수 있다. 전쟁을 일으키고자 하는 주권자에 관해 이야기한다면, 당연히 그는 그 전쟁의 이유가 정의로운지 어떤지를 진지하게 물어야 한다. 그는 자신과 의견을 달리하는 편이 보다 옳은 것처럼 보인다면 전쟁을 하지 않을 수도 있고, 정의가 자신과는 의견을 달리하는 편에 놓여 있다는 것이 도덕적으로 확실하다면, 말할 것도 없다.[139]

---

[139]   같은 책, 13, 6, 2.

제24장

본 철학사 전집 앞 세 권에 대한 개관

1. 그리스 철학: 소크라테스 이전의 우주론과 자연의 발견, 플라톤의 형상이론과 신 관념, 아리스토텔레스와 변화와 운동에 대한 설명, 신플라톤주의와 그리스도교

본 철학사 전집의 제1권에서 나는 그리스와 로마의 철학을 다루었다. 사람들이 그리스 철학을 기원전 6세기에 시작하여 서기 529년 유스티아누스(Justinian) 황제가 아테네의 아카데미(옮긴이 주. 플라톤이 세운 학교)를 폐쇄한 사건과 함께 끝났다고 본다면, 그리스 철학은 1,000년 정도 지속되었고, 어느 정도 명확한 단계들을 가지고 일정한 시기의 철학사상을 형성했다고 말할 수 있다.

(i) 전통적인 구분법에 따른다면, 첫째 단계는 소크라테스 이전의 철학 단계였다. 그리고 전통적인 구분법은 관행적으로 이 단계를 우주론적 사변의 특성을 현저하게 갖는 단계로 묘사하였다. 물론 이러한 견해는 『파이돈』(*Phaedo*)에서의 소크라테스의 권위에 근거한다. 전대의 철학자들의 사상을 대체로 자신의 원인론에 의해서 해석하면서 아리스토텔레스는 초기 그리스 철학자들이 '질료인'(material cause)에 몰두했다고 언급하고, 엠페도클레스와 아낙사고라스(Anaxagoras)가 운동의 원천 또는 작용인을

고려하고 있다고 언급한다. 나는 소크라테스 이전의 철학에 대한 이러한 견해에는, 즉 분명하게 말해서 유일한 것은 아니라 하더라도 현저하게 성격상 우주론적이었다는 이러한 견해에는 분명히 이유가 있고 건전한 점이 있다고 생각한다. 사람들은 소크라테스 이전의 철학자들이 '자연'(Nature)을 발견하였다고 즉 그들이 우주, 즉 법칙에 의해서 지배되는 조직화된 물리적 체계의 관념을 형성하였다고 말함으로써 아마도 이 점을 표현할 수 있을 것이다. 우주가 어떤 의미에서 신적인 것으로 간주되었다는 사실은 그리고 사람들이 소크라테스 이전 이론들에서 신화적인 요소들을 확인할 수 있다는 사실은, 그리고 옛날의 우주발생론은 이것과 연관해서 추적될 수 있다는 사실은 참이다. 그러나 신화적인 우주발생론과 소크라테스 이전 철학자들의 우주론 사이에 차이가 있다. 연관이 있지만 또한 차이도 있다. 상상력과 환상의 역할은 어느 정도 경험적 자료에 근거해 있는 반성적 정신 작용이 생겨나기 이전에 물러나기 시작하였다.

나의 생각으로는 소크라테스 이전의 우주론자들이 사유에 있어 과학 이전의 단계를 나타낸다는 점을 기억하는 것이 중요하다. 따라서 철학과 경험과학 사이에는 차이가 없었다. 사실상 있을 수가 없었다. 경험과학은 구별이 충분히 확립되기 이전에 어떤 국면의 발전을 이루어야 했었다. 우리는 르네상스시대 이후에도 '자연철학' 또는 '실험철학'이 우리가 '자연과학'이라고 부르는 것의 이름으로 사용되었다는 점을 상기할 수 있다. 초기 그리스 철학자들은 단순히 세계의 본성을 이해하는 것을 목표로 했으며, 그들의 관심은 그들의 흥미와 호기심 또는 아리스토텔레스가 말한 것처럼 '경이'를 불러일으켰던 문제들을 중심으로 이루어졌다. 이러한 문제들 중 일부는 분명히 우리가 '과학적 문제들'이라고 부르는 것이었다. 왜냐하면 그런 문제들은, 비록 소크라테스 이전의 철학자들이 그런 문제들을 단지 자신들의 힘 안에 있는 수단들에 의해서만 즉 인과적 관찰에 관한 반성과 사변에 의해서만 해결하려고 하였음에도 불구하고, 그러한 문제들은 과학적 방법의 사용에 의해서만 유리하게 다루어질 수 있기 때문이다. 몇몇 사례들에서 그들은 훨씬 후대의 과학적 가설을 예상케 했던 날카로운 추측을 했다. 아낙시만드로스(Anaximander)는 인간의 기원에 관한 진화론적 가설을 제안한 것으로 보였던 반면에, 레우키포스(Leucippus)와 데모크리토스의 원자론은 후일의 과학적 가설의 사변적 예견의 뛰어난 사례이다. 아리스토텔레스에 따르면, 사람들은 먼저 보다 분명한 것들에 대해 경이를 느꼈으며, 그 뒤 더 중요한 문제들에 관하여 난점들과 문제점들을 제기하였다. 여기서 그는 해, 달, 별들에 관하여 그리고 우주의 발생에 관한 문제를 언급한다. 아리스토텔레스의 이러한 진술은 고려할 가치가 있다. 그가 말하는 '경이'는 철학과 과학, 양자의 근원이었다. 그러나 초기에는 철학과 과학이 구별되지 않았으며, 우리가 전적으로 익숙하게 되었던 후기의 구별에 의해서만 우리는 해, 달, 별에 관한 문제를 과학적 문제로 분류하였다. 예를 들어 만약 우리가 별에 관해 알고 싶다면, 우리가 정보를 얻기 위해 천문학자에 의존해야 한다는 점은 우리에게는 매우 분명하다. 우리가 정보를 얻기 위해 사변적인 철학자들을 찾아가는 일은 거의 없을 것이다. 이와 유사하게 우리는 물질의 물리적 구성에 관한 또는 시각의 메커니즘에 관한 문제들(이것은 예를 들어 엠페도클레스가 관심을 가졌던 주제)은 안락의자에 앉아서 생각할 뿐인 수단에 의해서 대답될 수 있는 문제라고 생각하지 않는다.

　　만약 내가 나의 전집 제1권에서 소크라테스 이전에 관한 절들을 다시 쓴다면, 내 생각으로는 그들의 사고가 담고 있는 이러한 측면들에 더 관심을 기울였을 성싶다. 즉 그들이 제기했던 다수의 문제들은 우리가 과학적 문제라고 간주했던 것이었고, 그들이 제안했던 다수의 이론들은 후기의 과학적 가설의 사변적인 예견이었다는 사실에 더 관심을 기울였을 성싶다. 동시에 소크라테스 이전의 철학자들이 그들의 실제적인 연구를 수행하기 위한 방법과 필요한 기술적 수단을 결여한 장래의 과학자들 이외에 다름 아니었다고 가정하는 것은 옳지 않을 것이다. 우리는 아마도 탈레스(Thales)와 아낙시메네스(Anaximenes)에 대해서 이와 같이 말할 수도 있다. 그러나 내 생각으로는 파르메니데스(Parmenides)나 심지어 헤라클레이토스(Heraclitus)에 대해서조차 이렇게 말하는 것은 옳지 않을 것이다. 내가 보기에는 소크라테스 이전의 철학자들이나 그들 중 일부는 일반적으로 적어도 철학 고유의 문제라고 생각되었던 다수의 문제들을 제기하였다. 예를 들어 헤라클레이토스는 경험과학에 의해서 답해질 수 없는 도덕적인 문제들을 제기한 듯이 보인다. 그리고 그들 중 일부의 지적 작용의 배후에 있는 추진력은 다수성을 단일성으로 환원함으로써 그리고 '궁극적인 실재'의 본성을 발견함으로써 우주를 '설명하고' 싶어 하는 욕망이었고, 그리고 이들이 이러한 추진력을 후기의 사변적 철학자들과 공유했다고 주장하는 것은 가능하다.

그렇다면 나는 소크라테스 이전의 철학자들을 과학의 사변적 선구자에 다름 아니라고 하는 해석이 정당하다고 생각하지 않는다. 이것을 정당하다고 하는 것은 다소 거만하고 성급한 일반화를 범하는 것이다. 동시에 소크라테스 이전의 철학자들이 제기한 주요한 문제들 중 일부는 그들이 (어쩔 수 없이) 답하려고 했던 방식으로 답해질 수 있는 문제가 아니라고 하는 사실에 주목하는 것이 옳다. 그리고 이런 의미에서 그들이 과학의 선구자였다고 말하는 것이 옳다. 나의 생각으로는 그들은 탁월하게 '우주론자'였으며, 그들의 우주론적 사변의 영역에 대해 상당히 관심을 가졌던 일이 말하자면 지금은 과학에 의해서 인수되었다고 말하는 것 또한 옳다. 그러나 사람들이 그렇게 원한다면 비록 자연이 조직화된 우주라는 그들의 가정이 과학적 가설이라고 말할 수 있다 하더라도, 모든 과학적 작업과 연구의 뿌리에 놓여 있는 것은 철학적 가설이었다고 말하는 것도 여전히 정당할 수 있다.

(ii)　　초기의 우주론자들이 자연(Nature)을 발견했다면, 소피스트들, 소크라테스, 플라톤은 인간(Man)을 발견했다. 이런 진술이 어쨌든 두 가지 점에서 부정확하고 과장되어 있다는 것은 당연히 옳은 말이다. 첫째, 인간은 소피스트들이나 소크라테스에 의해서 지금까지 알려지지 않은 섬이 탐험가에 의해 발견된다는 의미에서 발견된 것은 아니었다. 그런 의미라면 자연도 소크라테스 이전 철학자들에 의해서 발견된 것은 아니었다. 둘째, 피타고라스학파의 학자들과 같은 소크라테스 이전 철학자들은, 플라톤이 자연에 대한 이론들을 가졌던 것과 같이 인간에 대한 이론을 가지고 있었다. 그럼에도 불구하고, 소크라테스의 시대는 철학적 관심과 강조에서 변화가 발생하였다. 그리고 그것이 무엇 때문에 몇몇 역사가들이 그리스 철학은 소크라테스와 함께 시작하였다고 말하고 있고, 그렇게 말할 수 있는 합리적 사례를 제시할 수 있는지의 이유이다. 그들의 견해에 따르면 소크라테스 이전의 철학은 전혀 철학이 아니라 원시과학으로서 간주되어야 한다. 철학은 소크라테스적인 윤리적 분석과 함께 시작하였다. 이것은 그 시대의 상황에 대한 나의 견해가 아니라, 논쟁 가능한 문제이다.

그러나 자연에서 인간으로 관심이 이동한 것에 관해 여기서 더 이상 언급하는 것은 나의 목적이 아니다. 그러한 관심의 이동이 소크라테스의 경우에 있었다는 것은 부인되지 않을 것이다. 그러나 나는 나의 전집 제1권에서 이 주제에 대해 다루었다. 지금 내가 하고자 하는 것은 내가 그 책에서 충분히 강조하지 않았던 주제, 즉 소크라테스와 플라톤의 철학에서 분석이 맡았던 역할에 주목하는 것이다. 그러나 플라톤의 철학에서 분석이 맡았던 역할을 지금 내가 강조하고 싶다고 말하는 것이 더 나을 수도 있다. 왜냐하면 소크라테스가 분석에 관심을 가졌다는 것은 아주 분명한 사실이기 때문이다. (이런 말을 할 때 나는 제1권에서 나타난 견해가 진리라는 점을 가정하고 있다. 즉 나는 소크라테스가 형상론 또는 이데아론을 창안하지 않았다는 점을 가정하고 있다.)

플라톤의 가치론은 나에게는 상당 부분 윤리적 명제들과 가치진술들의 분석에 기초하였던 것처럼 생각된다. 비록 이런 종류의 진술들이 나에게는 어떤 의미에서 가치의 객관성에 대한 믿음을 함축하고 있는 것처럼 보이지만, 그로부터 가치가 플라톤이 그런 가치들에 부여한 것처럼 보이는 일종의 객관성을 소유하고 있다는 결론이 나오는 것은 아니다. 만약 후설(Husserl, E.)의 언어를 빌려올 수 있다면, 우리는 아마도 플라톤이 판단중지(epoche)를 준수하지 않고서, 그래서 기술적 현상학과 형이상학을 혼동한 채로 '본질'의 현상학적 분석을 수행하였다고 말할 수 있을 것이다. 다시 말하면 플라톤이 상이한 유형의 문장들 사이의 논리적 의미에서의 차이를 주목했던 것이 플라톤 사상의 한 특징이다. 예를 들어 그는 어떤 문장들에서 어떤 특정한 개별사물을 지칭하지 않는 이름들이 사용되며, 그런 문장들은 그러한 이름들에 상응하는 개별적인 사물들이 실재하지 않음에도 불구하고 참일 수 있다고 보았다. 이 점에 기초하여 그는 자신의 형상론을 그 이론이 유적이고 종적인 용어들에 확장되는 데까지 전개하였다. 그렇게 하면서 그는 언어에 의해 오도되었고, 논리학과 형이상학을 혼동하였다.

이런 진술을 한다고 해서 내가 플라톤의 선(Good)의 이데아와 그의 범형주의(原型主義) 이론이 가치가 없다는 점을 그리고 그의 형상론은 논리학과 형이상학의 혼동의 결과에 다름 아니라는 점을 이야기하고 있는 것은 아니다. 선에 대한 그의 언급들이 아무리 불분명하다 하더라도, 우리가 사용하고 있는 '선'(good)이라는 단어에 의

제3부 르네상스의 스콜라주의

해서 오도되었다는 단순한 이유에서 그가 선을 가정했을 뿐이라는 생각이 신빙성을 가지기는 어렵다. 그러나 '형상' 또는 '이데아'에 대한 플라톤의 변증법적이고 논리적인 접근이 매우 심각한 반대에 직면하고 있다는 것은 사실이다. 나의 전집 제1권에서 내 생각으로 나는 플라톤 철학에서의 '언어적 분석'의 요소든 아니면 그의 논리학과 형이상학의 혼동이든 그 점을 충분히 밝히지 못했다.

그러나 나의 생각으로는 플라톤의 사상에서 형상 또는 이데아론에 대해 상당히 강조하는 것은 가능하다. 내가 아는 한 그가 이러한 이론을 버렸다는 실제 증거는 없다. 사실상 나에게는 이용될 수 있는 증거는 그러한 가정을 하는 것을 허용하지 않는 것처럼 보인다. 그러나 동시에 나의 생각으로는 정신 또는 영혼의 이데아가 플라톤의 사상에서 점차 중요한 역할을 차지하게 되었다고 말하는 것은 옳다. 플라톤 신학의 주제는 악명이 높을 정도로 모호하다. 그러나 적어도 그가 자연신학의 실질적 기초자였다는 것은 분명하다. 우주에서의 신성한 정신(Mind) 또는 영혼(Soul)의 이데아에 큰 중요성을 부여했다는 사실은 그의 『법률』에서 분명해지고, 비록 우리가 『티마이오스』라는 대화편의 내용이 가지는 '신화적' 성격을 인정하더라도, 이 대화편에서도 그 점은 분명하다. 물론 이것이 플라톤이 어떤 명료한 일신론 철학을 가졌다고 말하는 것은 아니다. 그가 만약 그런 철학을 가졌더라도, 그가 자신의 독자들에게 그 사실을 드러내지 않았다는 점은 분명하다. 우리가 '신'이란 말을 유대교 및 그리스도교의 일신론의 신을 의미한다면, 플라톤이 다른 사유노선에 의해 신의 두 가지 측면에 도달했다는 증거가 있다. 그러나 그 증거는 플라톤이 신성(Deity)의 두 측면을 하나의 인격적인 존재에 귀속시킴으로써 이 두 측면을 결합하였다는 점을 제시하지도 않았을 뿐만 아니라 적어도 그렇게 주장할 단단한 근거를 제공하고 있지도 못하다. 그래서 이 선은 그리스도교 철학자가 범형적인 원인이라는 의미로 '신'이라 칭한 것을 표현하는 것이라고 말해질 수 있지만, 그러나 이로부터 플라톤이 선(Good)을 '신'이라고 불렀을 것이라는 결론은 당연히 도출되지 않는다. 그리고 『티마이오스』의 데미우르고스(Demiurge)와 『법률』의 신적 정신 또는 영혼은 작용인의 측면 — 우리가 이와 연관해서 이 작용인을 충분한 의미에서의 창조자로 이해하는 것이 아니라 경험세계의 지적 구조와 천체의 질서 잡힌 운동의 범형적 원인으로 이해한다면 — 에서 신을 표현하고 있는 것으로 언급될 수 있다. 그러나 플라톤이 선(Good)을 『티마이오스』의 데미우르고스(Demiurge)라고 표현된 존재자와 동일시했다는 강력한 증거는 존재하지 않는다. 그럼에도 불구하고 분명한 일이지만, 그의 형상론이 하나의 문제에 대한 그의 답변이었다면, 신의 정신 또는 영혼에 관한 그의 이론은 다른 문제에 대한 그의 답변이었다. 이 후자의 이론은 시간이 흘러감에 따라 그의 사상에서 보다 중요한 위치를 차지하게 되었던 것으로 여겨진다.

(iii)　내 생각에 아리스토텔레스와 관련하여 강조되어야 할 점은 그가 경험 세계에 대한 합리적 설명을 제시하고 특히 관찰 가능한 변화와 운동을 이해할 수 있게 하는 일에 몰두하고자 시도했다는 사실이다. ('운동'은 아리스토텔레스에서 단순히 이동을 의미한 것이 아니라, 그것은 또한 양적이고 질적인 변화를 포함한다는 점을 기억해야 한다.) 분명히 우리는 아리스토텔레스의 철학 안에 있는 플라톤적 요소나 형이상학적 요소들을, 마치 그것들이 아리스토텔레스가 그의 사상 전개과정에서 잊어버려서 버리지 못했던 플라톤적인 국면의 단순한 잔재나 되는 듯이, 제거하거나 무시해서는 안 된다. 오히려 『형이상학』의 신, 즉 제1의 부동의 원동자는 목적인에 의한 운동의 설명으로서 요청되었다는 점이 중요하다. 『형이상학』의 신은 천문학적 가설로서 나타나는 경향을 가지게 된다.

　　만약 아리스토텔레스가 변화와 운동에 대한 설명에 집중했다는 점을 우리가 염두에 둔다면, 플라톤의 형상론을 그가 날카롭게 비판하였다는 점을 설명하기가 훨씬 쉬워진다. 이미 내가 말했듯이 확실히 플라톤의 이론은 논리적 근거에서 심각한 반대에 직면해 있고, 그 자체로 고려되고 개정된 그 이론에 사람들이 아무리 많은 가치를 부여한다 하더라도, 그 이론에 대한 그의 접근이 비판에 맞설 수 있을지 나는 의심스럽다. 다른 한편 아리스토텔레스의 여러 비판들은 그들이 보여주고 있는 것만큼 독특한 감동을 주는 것처럼 보이지는 않는다. 아리스토텔레스는 플라톤이 그의 형상론에서 도달했던 것이 자신이 '형상들'(forms)에 의해 이해했던 것이라고 가정하는 경향이 있다. 그래서 그는 플라톤의 형상들(Forms)이 아리스토텔레스 자신의 형상들이 수행했던 기능을 수행하지 못했다는 점과 따라서 플라톤 이론이 불합리하였다는 점을 지적하면서 반대 의견을 제시하였다. 이러한 비판 노선은 유쾌한 것이 아니다. 왜냐하면 그러한 노선은 플라톤의 이론이 아리스토텔레스의 형상인의 이론이 수행할 것으로 의도되었던 것과 동일한 기능을 수행할 것으로 가정되었다는 가설에 의존하기 때문이다. 그러나 내가 제시했던 것처럼 만약 사람들이 아리스토텔레스가 변화와 운동 및 그의 '역학(力學)상의' 개관에 대한 설명에 몰두했다는 점을 염두에 둔다면, 플라톤 이론에 대한 그의 적대는 이해될 수 있다. 그의 근본적인 반대는 그 이론이 너무 '형이상학적'이었다는 것이다. 그의 생각으로는 말하자면 우리가 사물들 안에서 발견하게 되는 변화와 영속성의 혼합을 설명하는 것은 쓸데없는 일이었다. 그것은 경험적 자료에 근거하고 있거나 경험적 자료들에 대한 설명에 기여할 수 있다거나 검증할 수 있는 가설이 아니었다. 나는 아리스토텔레스가 실증주의자라고 하는 점을 제안하고 싶지는 않다. 그러나 '형이상학적'이라는 낱말이 때때로 오늘날의 그것처럼 이해된다면, 즉 완전히 검증 가능하지 않고 정당성이 없는 가설을 지시하는 것으로 이해된다면, 아리스토텔레스가 플라톤 이론을 지나치게 '형이상학적'이라고 간주했다는 점은 분명하다. 확실히 나는 범형적 원인론이 어떤 설명적 기능도 가지지 않는다고 생각하지는 않는다. 그러나 범형적 원인론이 신의 작용 가능성 관념과 연관되지 않고서는 그런 설명적 기능을 가지는 일은 거의 불가능하다. 그런데 아리스토텔레스의 『형이상학』의 신은 그런 식의 작용을 할 수 없다. 만약 우리가 아리스토텔레스의 관점에서 질료를 고찰한다면, 우리는 플라톤 이론에 대한 그의 태도를 쉽게 이해할 수 있다. 또한 우리는 어떻게 해서 중세에서의 성 보나벤투라(St. Bonaventure)가 아리스토텔레스를 형이상학자로서가 아니라 자연철학자로 간주할 수 있었는지를 이해할 수 있다.

(iv) 플라톤의 데미우르고스는 경험적 세계에 외적 범형이나 모델에 따라서 지적인 원형을 부여함으로써 경험적 세계를 형성하였다. 아리스토텔레스의 신은 목적인으로서 운동의 궁극적 설명이었다. 왜냐하면 그들 중 누구에게도 신은 충분한 의미에서 경험적 존재자들의 창조자가 아니었다. 그리스 철학자들 중 가장 밀접하게 창조의 관념에 이르렀고, 유한한 존재 그 자체의 문제를 고려하기 시작하였던 것은 신플라톤

주의였다.

　　그러나 내가 여기서 강조하고자 하는 신플라톤주의에 관한 요점은 그것의 특징이 그리스 철학 사상을 종합했다는 것이며 또한 철학, 윤리학, 종교가 결합된 체계였다는 것이다. 신플라톤주의는 '구원의 방식'으로서 나타난다. 그러나 그것은 비교적 소수의 사람들에게만 나타날 수 있는 고도로 지적인 구원의 방식이다. 소크라테스 이전의 피타고라스주의에서 우리는 이미, 비록 피타고라스주의의 이러한 측면이 그 학파의 수학적 연구가 발전함에 비례해서 배후로 물러난 것처럼 보이지만, 구원의 방식으로서의 철학개념을 확인할 수 있다. 소크라테스와 그의 앎으로서의 덕의 이론과 함께 우리는 구원의 방식으로서의 철학 관념을 분명히 볼 수 있으며, 플라톤의 사상에서 그러한 관념은, 비록 그것이 그의 철학의 논리적이고 수학적인 측면에 의해 바래버리는 경향을 가지고 있을지라도, 또한 지배적이다. 물론 플라톤은 실용주의자가 아니었다. 그러나 그것은 개인의 삶과 사회일반을 위해서 그가 진리의 소유에 부여하였던 중요성을 깨닫기 위해서 플라톤 저작에 대한 상당한 지식을 필요로 하지는 않는다. 그러나 구원의 방식으로서의 철학 관념이 그렇게 분명하게 된 것은 플라톤주의의 후기 국면, 특히 신플라톤주의에서이다. 우리는 단지 플로티노스의 윤리론과 일자(the One)와 몰아적인(ecstatic) 일치에서 정점을 이루는 인간의 종교적 고양(高揚)을 생각하는 것으로 충분하다. 포르피리오스(Porphyry)가 신플라톤주의를 그리스어로 그리고 그리스도교에 비해서 아마도 지적으로 우월한 경쟁자로 설명했을 때, 신플라톤주의에서 그리스 철학이 종교의 성격을 띠었기 때문에 그는 이렇게 설명할 수 있었다. 스토아주의와 에피쿠로스주의는 모두 구원의 방식으로서 나타났다. 그러나 스토아의 윤리학은 분명히 눈에 띄는 고귀함을 가지고 있기는 하지만, 두 체계 모두 그리스의 최종 국면에서 나타난, 신플라톤주의가 실제로 했던 역할을 할 수 있을 정도로 충분히 높은 지적인 질서를 가지지 못했다.

　　초기의 그리스도교 저술가들이 신플라톤주의에서 용어들과 관념들을 빌렸다는 사실은 사람들이 그리스 사상과 그리스도 사상 사이의 지속성을 강조하게 만드는 경향을 가진다. 그리고 이것은 내가 나의 철학사 전집 제1권과 제2권에서 다루었던 노선이었다. 나는 이제 이런 사상 노선의 타당성을 단념할 의도가 없다. 그러나 그리

제3부 르네상스의 스콜라주의

스 사상과 그리스도교 사상 사이에는 날카로운 간극이 있다는 사실을 강조할 필요도 있다. 포르피리오스와 같은 신플라톤주의자는 역사에 거의 중요성을 부여하지 않고 육화(肉化)된 신의 관념은 생각할 수 없는 철학과 구체적 역사적 사건들에 심오한 중요성을 부여하고 육화에 대한 믿음에 기초했던 종교 사이의 차이점을 매우 분명하게 알았다. 게다가 그리스도인들이 그리스도를 신의 아들로서 받아들이고 신적인 구원을 역사 속에서 받아들이는 것은 그리스도교인에게 있어서는 철학 그 자체가 구원의 방식일 수 없다는 것을 의미했다. 알렉산드리아의 클레멘트(Clement of Alexandria)와 같은 그리스도교 저술가들은 철학을 글자 그대로의 의미에서 '지혜의 사랑'으로 해석하였으며, 그리스 철학을, 특히 넓은 의미에서의 플라톤주의를 율법자와 예언자들이 유대인들을 위해 수행한 것과 유사한 기능을 그리스 세계를 위해서 수행하였던 그리스도교의 예비로서 간주하였다. 그러므로 사람들은 테르툴리아누스(Tertullian)가 보였던 태도와는 정반대로 알렉산드리아의 클레멘트가 그리스 철학에 대해 친근한 태도를 보였다는 사실에 놀란다. 그러나 사람들이 클레멘트의 태도를 좀 더 면밀하게 살펴본다면, 그것이 함의하고 있는 것들, 즉 그리스 철학의 역할이 그리스도 종교에 의해서 분명한 방식으로 인계되었다는 점을 알게 될 것이다. 그리고 사실에 있어 철학이 실제로 그리스도교 중세세계에서 발전했을 때, 그 발전은 '아카데믹한' 경향을 띠었다. 즉 대학과 전문 논리학자의 문제가 되었다. 어떤 그리스도 철학자도 실제로 철학을 구원의 방식으로 보지 않았다. 그리고 중세의 사상가들이 논리적 번쇄함에 너무 많은 주목을 한다고 비난을 받았을 때, 그들에 있어 철학은 '아카데믹한' 추구 외에 다른 것이 아닐 수 있다는 사실이 종종 잊힌다. 근대시대에 사람들이 철학의 개념을 다시 나타나는 '구원의 방식'으로 알게 될 때, 철학의 관념은 대개 그리스도교 신학에 대한 불신이나 그것을 대체하고자 하는 욕망에 기인하거나, 아니면 그것이 그리스도교 사상가들에 의해 나타날 경우 더 이상 그리스도인이 아닌 사람들에게 받아들여질 수 있는 접근을 발견하고자 하는 욕망에 기인한다. 신앙을 가진 그리스도인은 비록 철학에 더 많은 관심을 가지지만, 자신의 삶에 대한 영감과 행위에 대한 자신의 지침으로는 철학에 기대기보다는 종교에 기댄다.

2. 중세철학에서 아리스토텔레스 발견의 중요성

나의 전집 제2권에서 나는 그리스도교 세계에서의 철학사를 13세기 말까지 추적했다. 그러나 나는 그의 철학이 14세기의 근대의 길에 속하기보다는 오히려 위대한 13세기의 체계에 속하는 요하네스 둔스 스코투스(1308년에 사망)를 이 제2권에 포함시켰다. 그리하여 제2권은 초기 중세인 교부 시대와 웅장한 규모의 구성적인 형이상학적인 사상의 시대를 포괄하였다. 그다음의 시대 즉 후기 중세시대는 제3권의 제1부에서 소묘되었다.

그리스도교 시대의 시작에서부터 중세의 종말까지 그리스도교 철학 사상을 네 단계로 구분하는 것은 전통적인 구분법이다. 나의 생각으로는 이러한 구분법은 정당하고 유용하다. 그러나 중세철학이 두 주요한 시기, 즉 서구 그리스도교에 아리스토텔레스의 철학이 도입된 이전의 시기와 이후의 시기로 나뉜다고 말함으로써 보다 간단하게 구분하는 것도 가능하다. 어쨌든 이 사건, 즉 아리스토텔레스의 재발견이라는 철학적 중요성을 과장하는 것은 거의 가능하지 않으리라고 나는 생각한다. 나는 기본적으로 역사학자로서 언급하고 있는 것이다. 철학자는 아리스토텔레스의 이론들을 평가하는 데 있어 의견이 다를 수도 있지만, 나의 생각으로는 역사적 사건의 차원에서 고려할 때 아리스토텔레스의 재발견의 중요성에 대해 논쟁을 벌일 어떤 이유도 없다. 거의 주목을 받지 못했던 스코투스 에리우게나의 체계를 별개로 한다면, 초기의 중세인들은 우리가 철학적 체계라고 불러도 좋을 만한 것은 거의 갖고 있지 않았다. 특히 그들은 그리스도교에 아무것도 의존하지 않은 어떤 체계에 대한 정통한 지식도 가지고 있지 못했다. 그러나 12세기 후반부와 13세기의 전반부에서 아리스토텔레스의 재발견과 주도적인 이슬람 사상가의 번역은, 이교 철학자의 저술들로 이루어졌으며 그리스도교에 전혀 의존하지 않았던 발전된 체계를 중세의 그리스도교 사상가들에게 최초로 알려주었다. 그러므로 아리스토텔레스는 자연스럽게 그들에게 '철학'을 의미하는 것으로 여겨졌다. 몇몇 르네상스 스콜라주의자들이 고집스럽게 아리스토텔레스의 자연학적이며 과학적인 사상들에 매몰되어, 아리스토텔레스의 발견을 철학적 재앙으로 여기는 고집을 피운 것은 대단한 실수이다. 실제로 중세시대에 아리스토텔레스는 절대적인 의미에서의 '철학자'로 알려졌고, 그렇게 이름 붙여진 까닭은 그의 체계가 어느 모로 보아도 중세 '철학'을 위한 것이었기 때문이다. 그러나 그의 체계가 그들에게 철학을 의미했던 까닭은 우리가 아리스토텔레스주의를 플라톤주의, 스토아주의, 에피쿠로스주의, 신플라톤주의와 구별한다는 의미에서 그의 체계가 아리스토텔레스적 체계였기 때문이 아니라, 그 체계가 그들이 방대하게 알고 있었던 하나의 거대한 철학체계였기 때문이다. 이 사실을 깨닫는 것이 중요하다. 예를 들어 우리가 성 토마스의 시도를 아리스토텔레스주의와 그리스도 신학을 조화시키는 것으로 언급한다면, 사람들은, 자신들이 '아리스토텔레스주의'라는 말 대신에 '철학'이라는 말로 대체하는 실험을 한다면, 이런 상황의 본질을 더 잘 알게 될 것이다. 13세기의 몇몇 신학자들이 아리스토텔레스에 대해 적대적인 태도를 취하여 그의 철학을 많은 점에서 지성적인 위협으로 간주했을 때, 그들은 그리스도교 신앙의 이름으로 독립적인 철학을 거부하고 있었다. 그리고 성 토마스가 상당 부분 아리스토텔레스 철학을 채택하였을 때, 그는 철학을 인정하게 되었다. 그는 특정한 그리스 철학자의 체계를 가지고서 그리스도교 사상에 부담을 지우는 사람으로 간주되어서는 안 된다. 그의 행위의 보다 깊은 뜻은 그가 철학의 권리와 지위를 신학과 구별되는 이성적 연구로 인식했다는 것이다.

또한 분명히 상기해야 할 점은 새로운 학문을 구성적인 방식으로 활용하는 일은 일차적으로는 신학자였던 성 토마스와 둔스 스코투스와 같은 사람들의 덕택이었다는 사실이다. 아리스토텔레스의 재발견으로 인해 사람들은 형식에서 신학과 철학의 관계 문제를 이전 중세시대에 가정되었던 것보다 훨씬 날카롭게 제기하였다. 그리고 13세기에 그 문제를 구성적으로 극복하려고 진지하게 시도했던 유일한 사람들은 신학자들이었다. 가끔 '라틴 아베로에스주의자'라고 알려진 인문학부 교수들은 아리스토텔레스의 전 철학을 있는 그대로 또는 아베로에스가 해석한 대로 곧이곧대로 받아들이려는 경향을 가졌다. 그리고 아리스토텔레스의 이론 중 일부는 그리스도교 신학과 양립할 수 없다는 사실로 인해 비난받게 되었을 때, 그들은 철학자의 임무가 단지 철학적 견해들을 보고하는 것에 불과하다고 답하였다. 그들의 이러한 답변이 진실이라면, 그들은 철학을 철학사와 동일시한 셈이 된다. 이것이 진실이 아니라면, 그들은 아리스토텔레스를 무비판적이고 곧이곧대로 받아들였다. 어느 경우라도 그들은 구성적인 태도를 채택하지는 않았다. 다른 한편 성 토마스와 같은 신학자들은 내가 이미 언급한 것처럼 어느 모로 보나 '철학'을 의미했던 아리스토텔레스주의를 그리스도교와 종합하려고 노력하였다. 그러나 이것은 일부 비판가들이 상상하고 있듯이 아리스토텔레스를 그리스도교 틀에 강제로 끼워 맞추려는 단순한 시도에 불과한 것은 아니었다. 그것은 아리스토텔레스 철학을 재고하고 발전시키는 일을 포함하였다. 성 토마스의 노력은 무지한 왜곡이 아니라 독창적인 구성의 작업이었다. 그는 그것이 아리스토텔레스주의였기 때문에 아리스토텔레스주의가 진리라고 가정하지 않았으며, 그래서 그는 아리스토텔레스주의를 그리스도교 틀 안에 끼워 맞추려는 시도를 하지 않았다. 그는 아리스토텔레스주의가 그것의 주요한 노선에서 건전한 추리의 결과였다고 확신하였다. 그리고 그가 아베로에스주의자들의 지성단일론(知性單一論)을 공격했을 때, 그는 일면으로는 아베로에스가 자신이 볼 때는 아리스토텔레스를 잘못 해석하였다는 근거로, 다른 일면으로는 지성단일론이 오류이며 철학적 추리에 의해서 그것이 오류임이 밝혀질 수 있다는 근거에서 공격하였다. 가장 중요한 것은 두 번째 근거이다. 만약 철학이론이 그리스도교 신학과 양립할 수 없다면, 그 이론은 오류라고 하는 믿음을 성 토마스는 가졌다. 그러나 그는 철학적 관점에서 볼 때 그것이 그리스도교와 양립할 수 없기 때문에 그 이론이 오류라고 말하는 것은 충분하지 않다는 점을 잘 알고 있었다. 또한 그는 그것이 아리스토텔레스를 잘못 해석한 데 기인했다고 주장하는 것은 충분하지 않다고 하는 점도 알고 있었다. 그의 일차적인 작업은 그 이론이 나쁜 또는 결론에 이르지 못하는 추리에 의존했다는 점을 보여주는 일이었다. 다른 말로 하면 그가 아리스토텔레스주의를 재고한 것은 철학적으로 재고하는 것이었다. 그것은, 어떤 철학적 논증도 거치지 않은 채, 그리스도교 신학을 가지고서 아리스토텔레스주의자들이나 아리스토텔레스주의 이론으로 간주되는 것을 배척하는 형식과 그러한 신학과 양립할 수 없는 이론들을 제거하거나 변경시키는 형식을 단순하게 취한 것은 아니었다. 그는 자신의 근거를 가지고서, 즉 추리에 호소하는 방식으로 순전한 아리스토텔레스주의자들과 반-아리스토텔레스주의자들 모두에 대처할 만반의 준비가 되어 있었다. 그렇게 하면서 그는 철학을 독립된 분과 학으로서, 즉 한편으로는 신학에서 독립된, 그리고 다른 한편으로 아리스토텔레스의 언어를 단순히 보고하는 것에서 벗어나서 독립된 학으로서 발전시켰다.

그렇다면 우리는 중세철학이 성숙한 수준에 도달했던 것이 13세기의 신학자이자 철학자들의 노력과 결합된 아리스토텔레스의 재발견에 기인하였다고 말할 수 있다. 아리스토텔레스의 형이상학적 저술들과 자연학적 저술들에 대한 지식은 중세의 철학개념을 확장하였으며, 이러한 철학개념은 더 이상 변증법과 다소간 동일한 것으로 간주될 수 없었다. 그러므로 아리스토텔레스주의는 중세철학의 성장에서 가장 중요한 비옥한 원리였다. 아리스토텔레스의 과학, 특히 아리스토텔레스의 천문학이 상당한 정도 독자적으로 높은 평가를 받았다는 점은 분명히 유감스러운 일이다. 그러나 이것이 철학자 아리스토텔레스가 중세사상가들의 목을 마비시킬 정도의 무게와 짐을 지운 것과 거리가 멀다는 사실을 변경시키지는 못한다. 그가 없었다면 중세철학은 그렇게 빨리 진보를 이룰 수 없었을 것이다. 왜냐하면 아리스토텔레스 저작들에 대한 연구는 철학적 사유와 분석의 일반적인 표준을 제시했을 뿐만 아니라, 중세철학자들의 연구 분야를 크게 확장시켰다. 예를 들어 아리스토텔레스의 심리학 이론과 인식 이론에 대한 지식은 이런 주제들에 대한 장기간의 숙고를 이끌어내었다. 그리고 아리스토텔레스의 일반적인 입장이 받아들여졌을 때, 성 토마스에 의해서 그랬던 것처럼 새로운 문제들이 생겨났거나 또는 오래된 문제들은 보다 날카롭게 되었다. 왜냐하면 본유관념(innate ideas)이 전혀 존재하지 않고, 우리의 관념들이 감각지각에 의존해서 형성된다면, 형이상학이 사고 및 물질을 초월하는 존재자들에 대한 언급을 포함하는 한에서, 어떻게 형이상학이 가능한가 하는 문제가 생겨나기 때문이다. 그리고 초월적 존재자들을 기술하는 용어들에 어떤 의미가 부여될 수 있는가? 성 토마스는 이러한 문제들과 그것들의 기원에 대해 알고 있었고, 그것들에 대해 어느 정도 고려했던 반면에, 스코투스 역시 형이상학을 어느 정도 이론적으로 정당화하는 것을 제시할 필요가 있다는 점을 알고 있었다. 다시 말하면 아리스토텔레스의 '경험주의'가 14세기의 비판 노선들을 야기했던 영향들 중 하나라는 점은 논의의 여지가 있다. 이 비판 노선들은 아리스토텔레스의 사상에서 세워졌던 형이상학적 체계들을 손상시키는 경향이 있었다. 결국 아리스토텔레스 이론들의 가치에 대한 사람들의 평가가 무엇이든 간에, 그의 철학에 대한 중세의 지식이 중세의 철학 사상을 자극하는 데 가장 강력하고도 광범위한 영향으로 작용하였다는 사실을 거부하는 것은 가능하지 않다. 그의 관념들이 사상에 대해 끼치는 영향이 약화되었을 때, 이것은 그의 저술들에 의해 원초적으로 자극을 받았던 사상의 살아 있고 창조적인 운동이 적어도 그 기간 동안 소진되어버렸다는 사실에 기인한 것이었을 뿐이다.

그러나 사람들이 중세철학에 대한 아리스토텔레스주의의 중요성을 강조한다면, 사람들은 또한 13세기의 신학자이자 철학자들이 형이상학적 관점에서 아리스토텔레스주의를 상당히 심화시켰다는 점을 기억해야 한다. 아리스토텔레스 자신은 세계의 **모습**(*how*)을 즉 세계의 어떤 특징들을, 특히 변화, 생성, '운동'을 설명하는 데 관심을 가졌다. 그러나 성 토마스와 같은 철학자들에서 강조점이 변화하였다. 세계의 **그것**(*that*)의 문제, 유한한 존재자들의 존재 문제가 일차적인 문제로 되었다. 유대-그리스도교의 창조이론이 이 주제에 주목했다는 것은 당연한 사실이지만, 질송이 그의 통상적인 명쾌함을 가지고 이 점을 보여주었다. 그리고 이것은 분명히 성 토마스 시대 훨씬 이전에 일어났다. 그러나 성 토마스는 본질과 존재 간의 구별에 관한 그의 이론에서 (그가 이 이론을 창안한 것이 아니기 때문에 그런 구별을 활용하였다는 것이 적절하겠다) 그리스도교 형이상학자들에게 이러한 문제가 우선적이라는 점을 분명히 했다. 그러므로 사람들은 성 토마스 철학을 '존재'(existential) 철학이라 부르는 것은 가능한 일이다. 그러나 동일한 의미로 아리스토텔레스의 철학을 그렇게 부를 수는 없다.

3. 철학과 신학

중세의 철학자들은 항상 아리스토텔레스의 논리학에 대해 어느 정도의 지식을 가지고 있었다. 그리고 철학이 대부분의 사람들에게 논리학 또는 변증법 이상의 것을 의미하지 않았을 그 당시에, 철학이 '신학의 시녀'라는 유명한 구절로 광범위하게 간주되어야 한다는 점은 완벽하게 이해될 수 있다. 논리학은 아리스토텔레스 자신의 견해에 따르면 추리의 도구이고, 중세 초기에는 이 도구가 적용될 수 있는 영역이 신학적 영역 외에는 그다지 많지 않았다. 그렇다면 신앙과 이성의 구별, 즉 권위 위에서 받아들여지고 신앙에 의해 믿게 된 진리와 논증의 결과로서 받아들여진 진리 사이의 구별이 이루어졌다 하더라도, 철학과 신학의 관계 문제는 민감한 문제가 아니었다. 그러나 아리스토텔레스의 전 체계가 그리스도교 대학들에 알려졌을 때, 철학의 영역은 변증법의 영역을 넘어 확장되었다. 자연신학 또는 철학적 신학의 흥기(그것은 당연히 성 안셀무스의 저술들에 뿌리를 두고 있었다)와 형이상학적 심리학과 더불어 자연철학 또는 우주론의 흥기는 신학과 구별되는 그리고 현재 '과학'이라고 불리는 것과 구별되는 연구 분야로서의 철학이라는 관념을 가져왔다. 그러므로 그리스도교 사상가들은 철학과 신학의 적절한 관계에 주목하였다는 결론이 나온다.

이런 문제에 대한 성 토마스의 견해는 이 철학사의 제2권에서 개괄되었으며, 여기서 나는 그 견해를 반복하고 싶지 않다. 성 토마스가 철학에 특권을 부여하였으며 철학의 본래적인 독자성을 인정했다는 점을 상기하는 것으로 충분하다. 자연스럽게 그리스도교 신앙인인 성 토마스는 그리스도교와 양립할 수 없는 철학이론은 오류라는 확신을 가지고 있었다. 왜냐하면 성 토마스는 두 모순된 명제들이 동시에 참일 수 있다는 불합리한 관념을 결코 가지지 않았기 때문이다. 그러나 그리스도교 진리가 주어졌을 때, 그는 그리스도교와 양립할 수 없는 철학적 명제는 나쁜 또는 엉터리의 논증 결과였다는 점이 항상 밝혀질 수 있다고 확신하였다. 개인 사상가로서 철학자들은 그들의 추리에서 잘못을 범할 수도 있고 계시진리와 모순될 수도 있다. 그러나 철학 자체는 그럴 수가 없었다. 전혀 오류를 범하지 않는 철학자와 같은 것은 존재하지 않는다. 그러나 만약 그런 철학자가 존재한다면, 비록 그가 계시의 내용과 무관하게 자신의 결론에 도달했을지라도, 그의 결론은 언제나 계시된 진리와 조화를 이룰 것이다.

물론 이것은 철학과 신학의 관계에 대한 매우 깔끔하고도 편리한 견해였다. 그러나 우리는 성 토마스에 따를 경우 형이상학자들이 삼위일체와 같은 그리스도교의 계시된 신비를 증명할 수 없지만, 인간에게 진리를 계시할 수 있는 신 존재와 같은 '신앙의 전제'를 증명하거나 확실하게 확립할 수 있다는 점을 추가적으로 언급해야 한다. 그러나 14세기에는 우리가 이 책의 제1부에서 살펴보았던 것처럼 다수의 철학자들이 성 토마스가 '신앙의 전제'의 타당한 증명, 즉 신앙의 이성적 기초에 관한 증명으로서 받아들였던 증명들의 타당성에 의문을 제기하기 시작하였다. 분석과 비판이 철학에는 본질적인 것이기 때문에, 주어진 어떤 증명도 비판할 수 있는 그들의 권리를 의심할 수 없다는 것은 정당하다. 예컨대 어떤 철학자가 '움직여지는 모든 것은 다른 것에 의해 움직여진다'(omne quod movetur ab alio movetur)는 원리가 신 존재에 관한 성 토마스의 첫째 증명에서 그것에 놓여 있는 무게를 감당할 수 없다고 생각했다면, 그가 그렇게 말할 권리는 충분히 있다. 다른 한편 철학자가 신 존재에 대한 모든 증명들의 타당성에 의문을 제기했다면, 성 토마스가 언급하였던, 철학과 신학 사이의 밀접한 관계를 주장하는 것은 거의 가능하지 않았고, 그래서 신앙의 합리성에 관한 문제들이 민감한 문제로 대두하게 되었다. 그러나 14세기에 이 문제에 대하여 실제로 진지한 고려가 이루어지지 않았다. 윌리엄 오컴과 같은 신학자이자 철학자는, 신 존재에 대한 논증들의 참된 성격이 무엇인가 하는 문제를 진지하게 탐구하지 않고도 또한 신 존재가 전통적인 방식으로 증명될 수 없다면 신에 대한 우리의 믿음의 이성적 근거가 무엇인가에 대해 진지하게 탐구하지 않고도, 신 존재에 대한 형이상학적 증명들의 타당성에 의문을 제기할 수 있었다. 부분적으로는 그렇게 많은 선도적인 '유명론자들' 자신이 신학자였다는 이유 때문에, 그리고 부분적으로 일반적인 심적 배경이 여전히 그리스도교에 의해 제공되었다는 이유 때문에, 그리고 부분적으로는 많은 철학자들의 관심이 논리적이고 분석적인 문제들에 (그리고 오컴의 경우에 정치적이고 교회조직의 논쟁에) 쏠려 있었다는 이유 때문에, 전통적인 형이상학자들의 유명론적 비판에 의해서 제기된 문제들은 풍부하게 이해되지도 못했고 충분히 논의되지도 못했다. 신학과 철학은 분리되려는 성향을 가졌으나, 그 사실은 분명히 인식되지 못했다.

━━━━━━━ **4. 과학의 흥기**

이 책의 제1부에서 우리는 근대의 길이 어떻게 해서 14세기와 15세기에 확장되었는지를 살펴보았다. 또한 우리는 14세기에, 르네상스 기간에 빠른 속도로 발전했던 새로운 과학적 조망이 적어도 어떻게 예상되었던가를 살펴보았다. 만약 우주의 관념 또는 법칙이 지배하는 체계를 구성했다는 의미에서 소크라테스 이전의 철학자들이 자연(Nature)을 발견했다면, 르네상스의 과학자들은 실제로 자연적 사건들을 지배했던 '법칙들'의 발견에서 과학적 방법의 사용을 발전시켰다는 의미에서 자연을 발견하였다. 자연을 지배하는 법칙들에 관해 언급하는 것은 반대에 직면할 수도 있다. 그러나 요점은 이런저런 언어가 그 시대에 사용되었다거나 이런저런 언어가 사용되어야 한다는 것이 아니라, 오히려 르네상스의 과학자들이 이전에는 결코 발전되지 않았던 방식으로 자연에 대한 과학적 연구를 발전시켰다는 것이다. 이것은 자연학이 어른의 키에 도달했다는 것을 의미했다. 그것은 가끔은 '자연철학' 또는 '실험철학'이라 알려졌지만, 용어와는 관계없이 르네상스의 과학자들의 업적을 통해서 과학이 신학, 철학과 나란히 독자적인 영역을 구축하게 되었던 것은 사실이다. 그리고 근대과학의 성장과 함께 '지식'이란 무엇인가에 관한 일반적인 논의에서 커다란 변화가 점차적으로 생겨나게 되었다. 중세에 신학과 철학은 보편적으로 '과학'으로 간주되었다. 대학의 위대한 인물들은 신학자이자 철학자였다. 일반적으로 지식의 소유자들은 바로 이런 사람들이었다. 그러나 시간이 경과함에 따라 근대적 의미에서의 과학지식이 일반적으로 지식의 규범과 규준으로 간주되기 시작하였다. 그리고 많은 나라에서 철학자나 신학자는 과학자들이 '지식'을 소유하고 있다고 생각되는 의미에서 '지식'을 소유하고 있는 사람으로 통상 간주되지 않을 것이다. 지식에 대한 이러한 태도는 물론 단지 점진적으로만 일어났으며, 그것의 성장은 응용과학과 기술과학의 발전에 의해서 이루어졌다. 그러나 명백한 점은 중세에 철학이 어느 모로 보나 신학의 영역 바깥에 있는 '과학적' 지식의 유일한 대표자였던 반면에, 르네상스 후기의 세계에서는 많은 사람들에 대한 평가에서 지식의 대표 자격을 철학에게 박탈하는 경쟁자들이 생겨났다. 르네상스과학과 연관된 문제에 대해 이런 견해를 언급하는 것은 예상된 일이지만, 여기서 그것을 상세하게 논의하는 것은 적절하지 않을 것이다. 그러나 나는 르네상스시대의 과학적 발전의 위대한 중요성 또는 오히려 그런 발전이 철학에 중요하게 되었던 방식들 중 하나였다는 점을 보여주기 위해서 그 점을 언급하였다. 만약 우리가 아리스토텔레스의 재발견을 기점으로 중세철학을 나눈다는 점을 발견할 수 있다면, 또한 우리는 유럽 사상사에서 르네상스과학의 성장의 분기점을 발견할 수 있다.

옛날 철학사들이 중세철학을 무시하는 경향이 있었다는 사실을 고려할 때, 그 철학사들이 중세철학을 잘 몰랐고, 실제로 아리스토텔레스에서 데카르트로 곧장 비약하고 있다는 사실을 고려할 때, 후기 역사가들이 그리스 철학과 그리스도교 사상 사이의 연속성, 그리고 중세철학과 후기 르네상스시대의 철학 사이의 연속성을 강조했던 점은 매우 옳았다. 예를 들면 데카르트가 자신의 철학적 범주와 관념에서 스콜라주의에 의존했다는 사실, 중세의 자연법이론이 후커(Hooker)에 의해 활용되었고, 희미한 형태이긴 하지만 그로부터 로크로 이어졌다는 사실, 로크가 자신이 아마도 생각했던 것보다 훨씬 더 아리스토텔레스주의에 의존했다는 사실은 이제 역사가들 사이에서는 상식이다. 그러나 나의 생각으로는 연속성의 요소를 너무나 강조한 나머지 새로움과 변화의 요소들을 그런 식으로 처리하는 것은 잘못이다. 후기 르네상스 세계의 사상풍토는 중세에 지배적이었던 것과는 같지 않았다. 물론 변화는 다수의 여러 요인들이 합해진 결과로 이루어졌다. 그러나 과학의 흥기는 분명히 말해서 이들 요소 중에서 중요성이 작은 것은 아니었다. 과학의 발전은 신학과의 분명한 관계를 가지지 않았던 관점에서 세계를 고려하는 일을 이전보다 훨씬 쉽게 만들었다. 예를 들어 우리가 성 보나벤투라를 또는 심지어 성 토마스를 데카르트와 같은 철학자와 비교한다면, 이 세 사람이 가톨릭을 믿었었다는 사실에도 불구하고 조망과 관심이 현저하게 다르다는 사실을 곧바로 발견하게 된다. 성 보나벤투라는 주로 신과 관계하는 피조물에 대해서는 신의 흔적(*vestigia Dei*)으로서 또는 인간에 대해서는 신의 모상(*imago Dei*)으로서 관심을 가졌다. 성 토마스는 그의 아리스토텔레스주의적 성향 때문에 순수하게 철학적 관점에서 피조물에 대해 관심을 가지고 있음을 보여준다. 그러나 그는 무엇보다도 신학자였고, 그의 일차적인 관심은 신학자의 관심 그리고 특히 그리스도교 사상가의 관심이었다는 것은 분명하다. 그러나 데카르트의 경우에 새로운 조망을 발견하게 된다. 그 조망은 비록 그리스도인의 태도였기는 하지만 성격상 우리가 '중립적'이라 부를 수 있는 것이었다. 후기 르네상스 시대에 물론 무신론자이거나 어쨌든 비그리스도인 철학자들이 있었다. 우리는 프랑스 계몽주의 시대의 몇몇 인물들을 떠올리는 것으로 충분하다. 그러나 나의 관점은 중세 이후에 철학은 성격상 '평신도의 것'이 되었다는 것이다. 데카르트와 같은 사람은 분명 훌륭한 그리스도인이었다. 그러나 그

제3부 르네상스의 스콜라주의

의 철학적 사상에 대한 그의 신앙적 믿음의 영향에도 불구하고, 그의 철학을 특별히 그리스도교 철학이라고 생각하는 사람은 거의 없다. 르네상스시대 인문주의의 흥기는 과학의 성장에 뒤이어서 나타났으며, 반드시 신학과 양립할 수 없는 것은 아니라 하더라도, 신학과 분명히 협력하지 않고 또는 신학과 관계하지 않고 추구될 수 있었다는 신선한 관심과 사상 노선을 낳았다. 이 점은 과학 그 자체의 경우에 아주 분명하고, 과학의 성장은 철학에 반향을 일으켰다. 또는 아마도 그 시기의 과학과 철학이 새로운 조망의 성장을 보여주었고 그것을 불러일으켰다고 말하는 것이 더 적절할 것이다.

그러나 우리가 사상의 분위기에서 중세 세계와 르네상스 세계의 차이를 역설한다면, 새로운 조망의 점진적이고 상당한 크기로 지속하는 전개에 주목하면서 이런 강조를 제한할 필요가 있다. 성 안셀무스와 같은 비교적 초기의 중세사상가는 신앙을 이해하는 데 주로 관심을 가졌다. 그에게서 신앙의 우위는 명백한 것이었고, 우리가 그의 철학적 활동이라고 부를 수 있는 것은 대부분 이성을 사용하여 우리가 믿는 것을 이해하려는 시도였다. 나는 알기 위해서 믿는다(*Credo, ut intelligam*). 13세기에 아리스토텔레스주의의 재발견은 그리스도교 사상가들의 관심과 지평을 크게 확장하였다. 아리스토텔레스의 과학이론들 중 많은 부분이 틀렸을지라도, 그의 자연학의 수용으로 인해 말하자면 그 자체를 위한 세계연구의 길이 열렸다. 성 토마스와 같은 전문적인 신학자가 과학에 대한 연구에 적개심을 품었기 때문이 아니라, 그의 관심이 다른 데 있었기 때문에, 우리가 과학이라고 부르는 것을 발전시키는 데 관심을 가지지 않은 것은 자연스러운 일이었다. 그러나 아리스토텔레스의 재발견과 그리스와 아라비아 과학저술들의 번역으로 인해 과학적 진보의 근거가 마련되었다. 이미 13세기에 그리고 여전히 14세기에 우리는 훨씬 더 자연에 대한 과학적 탐구의 시작을 볼 수 있다. 철학적 사변과 과학적 가설이 합해져서 르네상스 철학이 발효되었고, 그러한 발효로 인해 더욱더 르네상스과학의 흥기를 이루는 길이 마련되었다. 그렇다면 우리는 중세에서 아리스토텔레스의 재발견이 과학의 흥기를 위한 원격의 준비였다고 말할 수 있다. 그렇지만 당연히 우리는 계속 이어서 신의 세계창조라는 그리스도교 교의가 과학의 발전을 위한 신학적 준비였다고 말할 수 있다. 왜냐하면 세계가 창조된 것이라면, 그리고 물질이 악이 아니라 선이라면, 물질적 세계는 분명히 말해 과학적 탐구의 가치를 가지게 된다. 그러나 과학적 탐구는 올바른 방법이 발견되기 전까지는 발전되지 않았다. 그것을 위해 그리스도교의 유럽은 여러 세기를 기다려야 했다.

앞선 언급들은 아마도 오귀스트 콩트(Auguste Comte)의 세 단계 이론을 시인하는 것으로 여겨질 수도 있다. 그것은 마치 후자의 단계가 전자의 단계를 사실적으로도 당연하게도(*de facto* and *de iure*) 대신했다는 의미에서 내가 신학적 단계에 이어 철학적 단계가 오고 철학적 단계에 이어 과학적 단계가 온다고 말할 의도가 있었던 것처럼 보인다. 역사적 사실과 관련해서 말하자면 그리스 사상의 발전은 콩트의 이론이 요구했던 것과는 정 반대의 방향으로 전개되었다고 주장되었다.[1] 왜냐하면 신학으로부터 형이상학을 거쳐 과학으로 이동이 이루어졌다기보다는 소박한 '과학적' 단계로부터 형이상학을 거쳐 신학으로 이동이 이루어졌기 때문이었다. 그러나 서구의 그리스도교 사상의 발전은 역사적 사실에 관한 한 상당 부분 콩트의 이론을 지지하기 위해 활용될 수 있다. 왜냐하면 신학의 우위성에 이어서 '평신도의' 철학적 체계라는 특징을 갖는 단계가 왔고, 이 단계에 이어서 실증주의 단계가 왔다고 주장될 수도 있기 때문이다. 이런 유형의 해석은 그것이 선입견을 가진 이론을 지지하기 위해 선택되었던 사상발전의 측면들에 의거하고 있다는 반대에 분명히 부딪힌다. 왜냐하면 스콜라 철학의 발전은 단순히 스콜라 신학의 발전에 이어서 이루어진 것은 아니라는 사실이 분명하기 때문이다. 상당 부분 두 분야는 함께 발전했다. 다시 말해서 르네상스 이후 세계의 과학 흥기는 일련의 철학적 체계와 동시적인 것이었다. 그러나 어쨌든 그리스도교 이래의 서구사상에 대한 콩트의 해석을 선호하여 그럴듯한 상황이 만들어질 수 있는 것처럼 보인다. 만약 우리가 사상의 분위기를 이야기한다면, 적어도 신앙의 시대, 이성의 시대, 과학의 시대를 구분하는 것은 어느 정도 의미가 있다. 중세에서 종교적 신앙과 신학이 사상의 분위기를 만들었고, '계몽'의 시기에 지성계의 광범위한 부문들이 '이성'에 신뢰를 보냈다(물론 '이성'이란 낱말이 이와 연관해서 조심스러운 분석을 필요로 하지만 말이다). 그리고 근대 세계에서 사상의 실증주의적 분위기는, 만약 우리가

---

1   이 주제에 관해서는 다음 책을 참조하는 것이 도움이 될 수 있다. W. H. V. Reade, 『철학에 대한 그리스도교의 도전』(*The Christian Challenge to Philosophy*).

'실증주의자'와 '실증주의'를 넓은 의미로 이해한다면, 다수의 국가에서 널리 퍼져 있었다. 그러나 역사적 관점에서부터 콩트의 이론을 위한 그럴듯한 상황이 만들어질 수 있다 하더라도, 실제로 단계들의 연속이 있다 한들 그로부터 단계들의 연속이 '진보'라는 단어의 일시적인 의미에서 무언가 '진보'가 이루어졌다고 하는 결론이 뒤따르는 것은 아니다. 어떤 시대에서는 신학이 연구의 탁월한 분야가 될 수 있고, 다른 시대에서는 과학이 그렇게 될 수 있다. 그러나 사상의 분위기에서 신학적 시대로부터 과학적 시대로 변화가 이루어졌다고 해서 그것이 신학은 거짓이고 과학적 문명화는 인간문화가 가지는 잠재성들의 적합한 실현이라는 것을 의미하지는 않는다.

그러나 이제 아주 분명한 것은 과학이 신앙의 타당성이나 신학적 믿음의 타당성이 잘못된 것임을 증명할 수 없다는 사실이다. 예를 들어 물리학은 삼위일체나 신의 존재에 관해 아무것도 이야기하지 않는다. 많은 사람들이 그리스도교 신앙을 그만두었다고 해서 그로 인해 그리스도교가 거짓이라는 점이 증명되는 것은 아니다. 그리고 일반적으로 과학과 종교 및 신학의 관계는 날카로운 긴장 관계가 아니다. 19세기에 그들 사이에 존재한다고 가끔 추정되었던 긴장은 실제로는 전혀 존재하지 않는다. 이론상의 난점은 오히려 철학과 신학의 관계에 관해 발생한다. 그리고 이 긴장은 철학이 어른의 키에 도달했을 때 싹트고 있었다. 주도적인 철학자들이 또한 신학자였을 동안에는 그러한 긴장은 분명하게 드러나지 않았다. 그러나 과학의 흥기가 인간의 사상을 새로운 방향으로 나아가게 했을 때 그리고 철학자들이 더 이상 근본적으로 신학자로 있지 못하게 되었을 때, 긴장은 분명하게 생겨날 수밖에 없었다. 철학자들이 자신들의 방법으로 참된 형이상학적 체계를 구축할 수 있다고 생각했던 동안에는, 긴장은 다양한 결론과 명제들의 긴장 형식을 취하는 경향이 있었다. 그러나 상당수의 철학자들이 철학자는 인간지식에 추가하는 데 사용할 수 있는 자기 자신의 방법을 가지고 있지 못하고 있으며, 모든 사실적인 지식은 직접적인 관찰과 과학으로부터 나올 수 있다고 믿고 있기 때문에, 오히려 신앙의 합리적 기초들에 관한 것이 문제가 된다. 이러한 의미에서, 문제의 본질은 그때보다 지금 더 분명해졌지만, 우리는 전통적인 형이상학의 유명론적 비판에 의해 14세기에 만들어진 상황으로 되돌아왔다. 타당한 형이상학적 논증과 같은 것이 존재하는가? 형이상학적 인식이 존재할 수 있는가? 존재한다면 그런 종류의 인식은 무엇인가? 우리는 한 손에는 '맹목적' 신앙을, 다른 손에는 과학적 인식을 가지고 있는가, 아니면 형이상학이 신앙과 과학적 인식 사이에 어떤 종류의 다리를 공급할 수 있는가? 이런 종류의 문제들은 14세기 유명론자들의 비판 속에 함축되어 있었고, 여전히 우리와 함께 존재한다. 이 문제들은 르네상스 시대 이래 과학지식의 끊임없는 성장에 의해 한편으로는 더욱 첨예하게 여겨졌고, 다른 한편으로는 르네상스 이후의 세계와 근대 세계의 형이상학적 체계의 계승에 의해 전반적으로 형이상학에 대한 일반적인 불신감으로 이어졌다. 철학의 역할은 무엇인가? 철학이 신앙 및 신앙적 믿음과 가지는 고유한 관계는 무엇인가?

이러한 문제들은 여기서 더 이상 전개될 수 없고 논의될 수 없다. 이러한 문제들을 제기하는 나의 목적은 그 뒤 나타나는 철학적 사유의 전개 과정에 대한 고려에서 여러 가지 반성점들을 단순히 제시하는 것뿐이다. 제4권에서 나는 데카르트와 칸트를 포함하여 '근대' 철학을 다루기를 희망하고, 칸트와 관련해서 우리는 이러한 문제들과 해결들에 관한 명료한 진술에 직면하게 될 것이다.

부록
이 책에 나오는 철학자들에게 붙여진 명예 칭호

———————

두란두스(Durandus) ·························· 신식(新式)박사(Doctor modernus), 이후
단호(斷乎)박사(Doctor resolutissimus)

페트루스 아우레올리(Petrus Aureoli) ··········· 능변(能辯)박사(Doctor facundus)

윌리엄 오컴(William of Ockham) ·············· 공경하올 강사(Venerabilis inceptor)

안토이네 안드레(Antoine André) ·············· 유창(流暢)박사(Doctor dulcifluus)

프란시스 데 마르시아(Francis de Marcia) ········ 간략(簡略)박사(Doctor succinctus)

미르쿠르(John of Mirecourt) ················ 하얀 수사(Monachus albus)

리미니의 그레고리오(Gregory of Rimini) ········ 진정(眞正)박사(Doctor authenticus)

장 뤼스브루크(John Ruysbroeck) ·············· 경탄(敬歎)박사(Doctor admirabilis)

카르투지오 수도회의 데니스(Denis the Carthusian) ··· 황홀(恍惚)박사(Doctor ecstaticus)

장 게르송(John Gerson) ···················· 극히 그리스도교적인 박사(Doctor chris-
tianissimus)

야코프 뵈메(Jakob Böhme) ·················· 튜턴의 철학자(Philosophus teutonicus)

프란치스코 수아레즈(Francis Suárez) ·········· 비범(非凡)박사(Doctor eximius)

참고문헌

■■■■ 일반도서

Boehner, Ph., O.F.M. *Medieval Logic*. Manchester, 1952.

Bréhier, E. *La philosophie du moyen âge, nouvelle edition corrigée*. Paris, 1949.

_____, *Histoire de la philosophie*. tome 1, *L'antiquiti et le moyen* âge. Paris, 1943. (A treatment of Renaissance philosophy is included in this volume.)

Barckhardt, J. *The Civilization of the Renaissance*. London, 1944.

Carlyle, R. W. and A. J. *A History of Mediaeval Political Theory in the West*. 6 vols. London, 1903-36.

Cassirer, E. *Individuum und Kosmos in der Philosophie der Renaissance*. Berlin, 1927.

Copleston, F. C. *Mediaeval Philosophy*. London, 1952.

Crombie, A, C. *Augustine to Galileo. The History of Science, A.D. 400-1650*. London, 1952. (Unfortunately this work appeared when the present volume was already in proof.)

Curtis, S. J. *A Short History of Western Philosophy in the Middle Ages*. London, 1950.

Dempf, A. *Die Ethik des Mittelalters*. Munich, 1930.

_____, *Metaphysik des Mittelalters*. Munich, 1930.

De Wulf, M. *Histoire de la philosophic médiévale*. tome 3, *Aprés le treizième siècle*. Louvain, 1947 (6th edition).

Dilthey, W. *Gesammelte Schriften*, vol. 2 (for Renaissance). Berlin and Leipzig, 1919.

Frischeisen-Kohler, M. and Moog, W. *Die Philosophic der Neuzeit bis zum Ende des XVIII Jahrhunderts*. Berlin, 1924. (This is the third volume of the revised Ueberweg and covers the Renaissance period.)

Geyer, B. *Die patristische und scholastische Philosophie*. Berlin, 1928. (This is the second volume of the revised edition of Ueberweg.)

Gilson, É. *La philosophie au moyen âge*. Paris, 1944. (2nd edition, revised and augmented.)

_____, *The Unity of Philosophical Experience*. London, 1938.

_____, *Being and Some Philosophers*. Toronto, 1949.

_____, *L'être et l'essence*. Paris, 1948.

Grabmann, M. *Die Philosophie des Mittelalters*. Berlin, 1921.

_____, *Mittelalterliches Geisteslehen*. 2 vols. Munich, 1926 and 1936.

Hauréau, B. *Histoire de la Philosophic scolastique*. 3 vols. Paris, 1872-1880.

Hawkins, D. J. B. *A Sketch of Mediaeval Philosophy*. London, 1946.

Hirschberger, J. *Geschichte der Philosophic. I, Altertum und Mittelalter*. Freiburg I. B., 1949.

Picavet, F. *Esquisse d'une histoire générale et comparie des philosophies midievales*. Paris, 1907 (2nd edition).

_____, *Essais sur l'histoire générale et comparée des théologies et des philosophies médiévales*. Paris, 1913.

Poole, R. L. *Illustrations of the History of Medieval Thought and Learning*. London, 1920 (2nd edition).

Romeyer, B. *La philosophic chétienne jusqu'à Descartes*. 3 vols. Paris, 1935-1937.

Ruggiero, G. de. *La filosofia del Cristianesimo*. 3 vols. Bari.

_____, *Rinascimento, Riforma e Contrariforma*. Bari, 1937.

Vignaux, P. *La pensée au moyen âge*. Paris, 1938.

━━━ **제2장 두란두스(Durandus)와 페트루스 아우레올리(Petrus Aureoli)**

원저

두란두스(Durandus)

In 4 lihros Sententiarum. Various sixteenth-century editions (of 3rd redaction), beginning with the Paris edition of 1508.

Durandi de S. Porciano O.P. Quaestio de natura cognitionis et Disputatio cum anonymo quodam necnon Determinatio Hervaei Natalis O.P. J. Koch (edit.). Miinster, 1929; 2nd edition 1929 (Opuscula et textus, 6).

Durandus de S. Porciano, Tractatus de habitibus. Quaestio 4: De subiectis habituum, addita quaestione critica anonymi cuiusdam. J. Koch (edit.). Miinster, 1930 (Opuscula et textus, 8).

페트루스 아우레올리(Petrus Aureoli)

In 4 libros Sententiarum. Rome, 1596.

연구서

Dreiling, R. *Der Konzeptualismus in der Universalienfrage des Franziskanererzbischofs Petrus Aureoli* (Pierre d'Auriole). Münster, 1913 (Beiträge, 11, 6.)

Koch, J. *Jakob von Metz, O.P.* Archives d'histoire doctrinale et htteraire du moyen âge, 1929-30 (pp.

169-232).

_____, *Durandus de Sancto Porciano O.P. Forschungen zum Streit um Thomas von Aquin zu Beginn des 14 Jahrhunderts, Erster Teil, Literargeschichtliche Grundlegung.* Münster, 1927 (Beiträge 26, 1).

Kraus, J. *Die Universalienlehre des Oxf order Kanzlers Heinrich von Harclay in ihrer Mittelstellung zwischen skotistischen Realismus und ockhamistischen Nominalismus. Divus Thomas* (Fribourg, Switzerland), vol. 10 (1932), pp. 36-58 and 475-508 and vol. 11 (1933). PP. 288-314.

Pelster, F. *Heinrich von Harclay, Kanzler von Oxford, und seine Qudstionen.* Miscellcinea F. Ehrle, vol. 1, pp. 307-56. Rome, 1924.

Teetaert, A. *Pierre Auriol.* Dictionnaire de theologie catholique, vol. 12, cols. 1810-81. Paris, 1934.

———— 제3장-8장 윌리엄 오컴(William of Ockham)

원저

Super quattuor libros sententiarum suhtilissimae quaestiones. Lyons, 1495.

Quodliheta septem. Paris, 1487; Strasbourg, 1491.

Expositio aurea et admodum utilis super artem veterem. Bologna, 1496.

Summa totius logicae. Paris, 1948, and other editions, especially: *Summa Logicae. Pars prima.* Ph. Boehner, O.F.M. (edit.).St. Bonaventure, New York, and Louvain, 1951.

Summulae in libros Physicorum. Bologna, 1495 and other editions.

Quaestio prima principalis Prologi in primum librum sententiarum cum interpretatione Gabrielis Biel. Ph. Boehner, O.F.M. (edit.). Paderbom, 1939.

The Tractatus de successivis, attributed to William Ockham. Ph. Boehner, O.F.M. (edit.). St. Bonaventure (New York), 1944.

The Tractatus de praedestinatione et de praescientia Dei et de futuris contingentibus of William Ockham. Ph. Boehner, O.F.M. (edit.). St. Bonaventure (New York), 1945. (This edition also contains a 'Study on the Mediaeval Problem of a Three- valued logic' by the editor.)

Ockham: Selected Philosophical Writings. Ph. Boehner, O.F.M. (edit.). London, 1952.

Gulielmi de Occam Breviloquium de potestate papae (critical edition). L. Baudry (edit.). Paris, 1937.

Gulielmi de Ockham Opera politica, vol. 1. J. O. Sikes (edit.). Manchester, 1940.

연구서

Abbagnano, N. *Guglielmo di Ockham.* Lanciano, 1931.

Amann, E. *Occam.* Dictionnaire de théologie catholique, vol. 11, cols. 864-904. Paris, 1931.

Baudry, L. *Guillaume d'Occam. Sa vie, ses ceuvres, ses idees sociales et politiques. I, Lhomme et les ceuvres.* Paris, 1949.

Boehner, Ph., O.F.M. *Ockham's Theory of Truth.* Franciscan Studies, 1945, pp. 138-61.

_____, *Ockham's Theory of Signification*. Franciscan Studies, 1946, pp. 143-70.

Carré, H. M. *Realists and Nominalists* (pp. 101-25). Oxford, 1946.

Giacón, C. *Guglielmo di Occam*. 2 vols. Milan, 1941.

GueUuy, R. *Philosophic et théologie chez Guillaume d'Ockham*. Louvain, 1947.

Hamann, A., O.F.M. *La doctrine de l'iglise et de l'état chez Occam*. Paris, 1942.

Hochstetter, E. *Studien zur Metaphysik und Erkenntnislehre des Wilhelms von Ockham*. Berlin, 1937.

Lagarde, G. *de Naissance de l'esprit laïque au déclin du moyen âge*.

_____, Cahier IV: *Ockham et son temps*. 1942.

_____, V: *Ockham. Bases de départ*. 1946.

_____, VI: *Ockham. La morale et le droit*. 1946.

Martin, G. *Wilhelm von Ockham. Untersuchungen zur Ontologie der Ordnungen*. Berlin, 1949.

Moody, E. A. *The Logic of William of Ockham*. London, 1935.

Vignaux, P. Nominalisme. Dictionnaire de theologie cathohque, vol. II, cols. 748-784. Paris, 1931.

Zuidema, S. U. *De Philosophie van Occam in zijn Commentaar op de Sententiën*. 2 vols. Hilversum, 1936.

━━━ **제9장 오컴주의 운동. 미르쿠르의 장(John of Mirecourt)과
오트르쿠르의 니콜라우스(Nicholas of Autrecourt)**

원저

미르쿠르의 장(John of Mirecourt)

Birkenmaier, A. *Ein Rechtfertigungsschreiben Johanns von Mirecourt*. Münster, 1922 (Beiträge, 20, 5).

Stegmiiller, F. *Die zwei Apologien des Jean de Mirecourt*. Recherches de théologie ancienne et mé-diévale 1933, pp. 40-79, 192-204.

오트르쿠르의 니콜라우스(Nicholas of Autrecourt)

Lappe, J. *Nikolaus von Autrecourt*. Müinster, 1908 (Beiträge, 6, 1). (This contains correspondence be-tween Nicholas and Bernard of Arezzo and between Nicholas and Giles.)

O'Donnell, J. R. *Nicholas of Autrecourt*. Mediaevcd Studies, 1 (1939), pp. 179-280. (This contains an edition of the *Exigit*.)

연구서

Lang, A. *Die Wege der Glaubensbegriindung bei den Scholastikern des 14 Jahrhunderts*. Münster, 1931 (Beiträge, 30, 1-2).

Lappe, J. See above.

Michalski, C. *Les courants philosophiques à Oxford et à Paris pendant le XIVe siécle*. Bulletin de l'Académie polonaise des Sciences et des Lettres, 1920 (separately, Cracow, 1921).

_____, *Les sources du criticisme et du scepticisme dans la philosophie du XIVe siécle*. Cracow, 1924.

Michalski, C. *Le criticisme et le scepticisme dans laphilosophie du XIVe siécle*. Bulletin de l'Academie polonaise des Sciences et des Lettres, 1925 (separately, Cracow, 1926).

_____, *Les courants critiques et sceptiques dans la philosophie du XIVe siécle*. Cracow, 1927.

O'Donnell, J. R. *The Philosophy of Nicholas of Autrecourt and his appraisal of Aristotle*. Mediaeval Studies, 4 (1942) pp. 97-125.

Ritter, G. *Studien zur Spatscholastik*, 2 vols. Heidelberg, 192 1-2.

Vignaux, P. *Nominalisme*. Dictionnaire de théologie catholique, vol. II, cols. 748-84. Paris, 1931.

_____, *Nicholas d'Autrecourt, ibid.*, cols. 561-587.

Weinberg, J. R. *Nicholas of Autrecourt. A Study in 14th-century Thought*. Princeton, 1948.

──── **제10장 과학운동**

원저

뷔리당(Buridan)

Johannis Buridani Quaestiones super libros quattuor de coelo et mundo. A. E. Moody (edit.). Cambridge (Mass.), 1942.

Quaestiones super octo libros physicorum Aristotelis. Paris, 1509.

In metaphysicen Aristotelis quaestiones. Paris, 1480, 1518.

Summulae logicae. Lyons, 1487.

Quaestiones et decisiones physicales insignium virorum Alberti de Saxonia, Thimonis, Buridani. Paris, 1516, 1518. (Contains Buridan's *Quaestiones* in libros de Anima and his Quaestiones on Aristotle's *Parva naturalia*.)

색소니의 알버트(Albert of Saxony)

Quaestiones super artem veterem. Bologna, 1496.

Quaestiones subtilissimae Alberti de Saxonia super libros Posteriorum. Venice, 1497.

Logica. Venice, 1522.

Sophismata Alberti de Saxonia. Paris, 1489.

Quaestiones in libros de coelo et mundo. Pavia, 1481.

Subtilissimae quaestiones super octo libros physicorum. Padua, 1493.

Quaestiones in libros de generatione (contained in work mentioned last under Buridan).

잉겐의 마르실리우스(Marsilius of Inghen)

Quaestiones Marsilii super quattuor libros sententiarum. Strasbourg, 1501.

Ahbreviationes super VIII libros. Venice, 1521.

Egidius cum Marsilio et Alberto de genertiione. Venice, 1518.

니콜라우스 오렘(Nicholas of Oresme)

Maistre Nicole Oresme: Le livre du del et du monde. A. D. Menut and A. J. Denomy (edit.). Mediaeval
Studies, 1941 (pp. 185-280), 1942 (pp. 159-297), 1943 (pp. 167-333). (This Text and Com-
mentary has been published separately. Date imstated.) Studies

연구서

Bochert, E. *Die Lehre von der Bewegung bei Nicolaus Oresme.* Münster, 1934 (Beiträge, 31, 3).

Duhem, P. *Le syistme du monde: histoire des doctrines cosmologiques de Platon à Copernic.* 5 vols. Paris,
1913-17.

   Études sur Léonard de Vinci. 3 vols. Paris, 1906-1913.

Haskins, C. H. *Studies in the History of Mediaeval Science.* Cambridge (Mass.), 1924.

Heidingsfelder, G. *Albert von Sachsen.* Münster, 1926 (Beiträge 22, 3-4).

Maier, A. *Das Problem der intensiven Grösse in der Scholastik.* Leipzig, 1939.

   Die Impetustheorie der Scholastik. Vienna, 1940.

   *An der Grenzen von Scholastik und Naturwissenschaft. Studien zur Naturphilosophie des 14 Jahr-
hunderts.* Essen, 1943.

   Die Vorläufer Galileis im 14 Jahrhundert. Rome, 1949.

Michalski, C. *La physique nouvelle et les diffdrénts courants philosophiques au XIV e siécle.* Bulletin de l'
Academic polonaise des Sciences et des Lettres, 1927 (separately, Cracow, 1928).

Moody, E. A. *John Buridan and the Habitability of the Earth.* Speculum, 1941, pp. 415-425.

Ritter, G. *Studien zur Spätscholastik. Vol i, Marsilius von Inghen und die okkamistische Schule in
Deutschland.* Heidelberg, 1921.

Sarton, G. *Introduction to the History of Science.* 3 vols. Washington, 1927-48.

Thomdike, L. *A History of Magic and Experimental Science.* Vols. 3-4, *The fourteenth and fifteenth cen-
turies.* New York, 1934.

—— 제11장 파도바의 마르실리우스(Marsilius of Padua)

원저

The Defensor Pacts of Marsilius of Padua. C. W. Previté-Orton (edit.). Cambridge, 1928.

Marsilius von Padua, Defensor Pads. R. Scholz (edit.). Hannover, 1933.

Checchini, A. and Bobbio, N. (edit.). *Marsilio da Padova, Studi raccolti nel VI centenario della morte.* Padua, 1942.

Gewirth, A. *Marsilius of Padua. The Defender of Peace.* Vol. 1, *Marsilius of Padua and Medieval Political Philosophy.* New York, 1951.

Lagarde, G. *de Naissance de l'esprit laique au déclin du moyen âge.* Cahier II: *Marsile de Padoue.* Paris, 1948.

Previté-Orton, C. W. *Marsiglio of Padua.* Part II: *Doctrines.* English Historical Review, 1923, pp. 1-18.

—— 제12장 사변적 신비주의

원저

에크하르트(Eckhart)

Meister Eckhart. Die deutschen und lateinischen Werke herausgegeben im Auftrage der Deutschen Forschungsgemeinschaft. Stuttgart, 1936 (in course of publication).

Magistri Eckhardi Opera latina auspiciis Instituti Sanctae Sabinae ad codicum fldem edita. Leipzig.

　　I. *Super oratione dominica.* R. Klibansky (edit.). 1934.

　　II. *Opustripartitum: Prologi.* H. Bascour, O.S.B, (edit.). 1935.

　　III. *Quaestiones Parisienses.* A. Dondaine, O.P. (edit.). 1936.

Eine lateinische Rechtfertigungsschrift des Meister Eckhart. A. Daniels (edit.). Miinster, 1923 (Beitrage, 23, 5).

Meister Eckhart. Das System seiner religiösen Lehre und Lebensweisheit. Textbuch aus den gedrückten und ungedrückten Quellen mit Einführung. O. Karrer (edit.). Munich, 1926.

타울러(Tauler)

Die Predigten Taulers. F. Vetter (edit.). Berhn, 1910.

Sermons de Tauler. 3 vols. E. Hugueny, P. Théry and A. L. Corin (edit.). Paris, 1927, 1930, 1935.

복자(福者) 하인리히 수조(Bl. Henry Suso)

Heinrich Seuse. Deutsche Schriften. K. Bihlmeyer (edit.). 2 vols. Stuttgart, 1907.

L'œuvre mystique de Henri Suso. Introduction et traduction. 4 vols. B. Lavaud, O.P. Fribourg, Switzeriand, 1946-7.

Blessed Henry Suso's Little Book of Eternal Wisdom. R. Raby (translator). London, 1866 (2nd edition).

The Life of Blessed Henry Suso by Himself. T. F. Knox (translator). London, 1865.

뤼스브루크(Ruysbroeck)

Jan van Ruusbroec. Werke. Nach der Standardschrift von Groenendal herausgegeben von der Ruus-broec—Gesellschaft in Antwerpen. 2nd edition. 4 vols. Cologne, 1950.

게르송(Gerson)

Johannis Gersonii opera omnia. 5 vols. M. E. L. Du Pin (edit.). Antwerp, 1706.

Jean Gerson, Commentateur Dionysien. Les Notulae super quaedam verba Dionysii de Caelesti Hierarchia. A. Combes. Paris, 1940.

Six Sermons frangais inedits de Jean Gerson. L. Mourin (edit.). Paris, 1946.

연구서

Bemhart, J. *Die philosophische Mystik des Mittelalters von ihren antiken Ursprungen bis zur Renaissance*. Munich, 1922.

Bizet, J. A. *Henri Suso et le déclin de la scolastique*. Paris, 1946.

Brigue, L. *Ruysbroeck. Dictionnaire de théologie catholique*, vol. 14, cols. 408-420. Paris, 1938.

Bühlmann, J. *Christuslehre und Christusmystik des Heinrich Seuse*. Lucerne, 1942.

Combes, A. *Jean de Montreuil et le chancelier Gerson*. Paris, 1942.

Connolly, J. L. *John Gerson, Reformer and Mystic*. Louvain, 1928.

Delia Volpe, G. *Il misticismo speculativo di maestro Eckhart nei suoi* rapporti storici. Bologna, 1930.

Dempf, A. *Meister Eckhart. Eine Einführung in sein Werk*. Leipzig, 1934.

Denifle, H. *Das geistliche Leben. Deutsche Mystiker des 14 Jahrhunderts*. Salzburg, 1936 (9th edition by A. Auer).

Hornstein, X. de *Les grands mystiques allemands du XIV'siccle. Eckhart, Tauter, Suso*. Lucerne, 1920.

Wautier D'Aygalliers, A. *Ruysbroeck l'Admirable*. Paris, 1923.

—— 제13장 플라톤주의의 부활

원저

Erasmus. *Opera*. 10 vols. Leyden, 1703-6.

   Letters. Latin edition by P. S. AUen, H. S. Allen, H. W. Garrod. 11 vols. Oxford, 1906-1947.

Leone Ebreo, *The Philosophy of Love*. F. Friedeberg-Sealey and J. H. Barnes (translators). London, 1937.

Marsilii Ficini Opera. 2 vols. Paris, 1641.

Pico della Mirandola, G. *Opera omnia*. 2 vols. Basle, 1573.

The Renaissance Philosophy of Man (Petrarca, Valla, Ficino, Pico, Pomponazzi, *Vives*). E. Cassirer, P. O.

Kristeller, J. H. Randall, Jr. (edit.). Chicago, 1948.

연구서

Burckhardt, J. *The Civilization of the Renaissance*. London, 1944.

Della Torre, A. *Storia dell'academia piatonica di Firenze*. Florence, 1902.

Dress, W. *Die Mystik des Marsilio Ficino*. Berlin, 1929.

Dulles, A. *Princeps concordiae. Pico della Mirandola and the Scholastic Tradition*. Cambridge (Mass.), 1941.

Festugière, J. *La philosophie de l'amour de Marsile Ficin*. Paris, 1941.

Garin, E. *Giovanni Pico della Mirandola*. Florence, 1937.

Gentile, G. *Il pensiero italiano del rinascimento*. Florence, 1940 (3rd edit.).

Hak, H. *Marsilio Ficino*. Amsterdam, Paris, 1934.

Hönigswald, R. *Denker der italienischen Renaissance. Gestalten und Probleme*. Basle, 1938.

Taylor, H. O. *Thought and Expression in the Sixteenth Century*. New York, 1920.

Trinkaus, C. E. *Adversity's Noblemen: The Italian Humanists on Happiness*. New York, 1940.

Woodward, W. H. *Studies in Education during the Age of the Renaissance*. Cambridge, 1906.

━━━━ 제14장 아리스토텔레스주의

원저

Laurentius Valla. *Dialecticae disputationes contra Aristotelicos*, 1499. (*Opera*. Basle, 1540.)

Rudolf Agricola. *De inventione dialectica*. Lou vain, 1515; and other editions.

Marius Nizolius. *De veris principiis et vera ratione philosophandi contra pseudophilosophos libri IV*. Parma, 1553 (edited by Leibniz under the title *Antibarbarus philosophicus*, Frankfurt, 1671 and 1674).

Petrus Ramus. *Dialecticae partitiones*. Paris, 1543.

　　Aristotelicae animadversiones. Paris, 1543.

　　Dialectique. Paris, 1555.

Alexander Achillini. *De universalibus*. Bologna, 1501.

　　De intelligentiis. Venice, 1508.

　　De distinctionibus. Bologna, 1518.

Pietro Pomponazzi. *Opera*. Basle, 1567.

Melanchthon. Opera. C. G. Bretschneider and H. E. Bindseil (edit.). 28 vols. Halle, 1824-60.

　　Suppletnenta Melanchthonia. Leipzig, 1910- .

Montaigne. *Essais*. Numerous editions, the most complete being by F. Strowski, P. Gebelin and P. Villey (5 vols.), 1906-33.

Sanchez. *Tractatus philosophici*. Rotterdam, 1649.

연구서

Batistella, R. M. *Nizolio*. Treviso, 1905.

Cassirer, E., Kristeller, P. O. and Randall, J. H. (edit.). *The Renaissance Philosophy of Man* (Petrarca, Valla, Ficino, Pico, Pomponazzi, Vives). Chicago, 1948.

Douglas, C. and Hardie, R. P. *The Philosophy and Psychology of Pietro Pomponazzi*. Cambridge, 1910.

Friedrich, H. *Montaigne*. Beme, 1949.

Giarratano, C. *Il pensiero di Frattcesco Sanchez*. Naples, 1903.

Graves, F. P. *Peter Ramus and the Educational Reformation of the 16th Century*. London, 1912.

Honigswald, R. *Denker der italienischen Renaissance*. Gestalten und Probleme. Basle, 1938.

Moreau, P. *Montaigne, l'homme et l'œuvre*. Paris, 1939.

Owen, J. *The Sceptics of the Italian Renaissance*. London, 1893.

Petersen, P. *Geschichte der aristotelischen Philosophic im protestantischen Deutschland*. Leipzig, 1921.

Revista Portuguesa de Filosofia (1951; t, 7, fasc. 2). Francisco Sanchez no IV Centendrio do seu nascimento. Braga, 1951. (Contains Bibliography of writings about Sanchez.)

Strowski, F. *Montaigne*. Paris, 1906.

Waddington, C. *De Petri Rami vita, scriptis, philosophia*. Paris, 1849.

  Ramus, sa vie, ses dcrits et ses opinions. Paris, 1855.

—— 제15장 니콜라우스 쿠자누스(Nicholas of Cusa)

원저

Nicolai de Cusa Opera Omnia iussu et auctoritate Academiae Heidelbergensis ad codicum fidem edita. Leipzig, 1932- .

Opera. 3 vols. Paris, 1514. Basle, 1565.

Schriften, im Auftrag der Heidelberger Akademie der Wissenschaften in deutscher Uebersetzung herausgegeben von E. Hoffmann. Leipzig, 1936- .

Philosophische Schriften. A. Petzelt (edit.). Vol. i, Stuttgart, 1949.

De docta ignorantia libri tres. Testo latino con note di Paolo Rotta. Bari, 1913.

The Idiot. San Francisco, 1940.

Des Cardinals und Bischofs Nikolaus von Cusa wichtigste Schriften in deutscher Uebersetzung. F. A. Scharpff, Freiburg i. B., 1862.

연구서

Belt, H. *Nicholas of Cusa*. London, 1932.

Clemens, F. J. *Giordano Bruno und Nicolaus von Cues*. Bonn, 1847.

Gandillac, M. *de La philosophie de Nicolas de Cues*. Paris, 1941.

Gradi, R. *Il pensiero del Cusano*. Padua, 1941.

Jacobi, M. *Das Weltgebdude des Kard. Nikolaus von Cusa*. Berlin, 1904.

Koch, J. *Nicolaus von Cues und seine Umwelt*. 1948.

Mennicken, P. *Nikolaus von Kues*. Trier, 1950.

Rotta, P. *L cardinale Niccold di Cusa, la vita ed il pensiero*. Milany, 1928.

    Niccolo Cusanó. Milan, 1942.

Schultz, R. *Die Staatsphilosophie des Nikolaus von Kues*. Hain, 1948.

Vansteenberghe, E. Le cardinal Nicolas de Cues. Paris, 1920.

    Autour de la docte ignorance. Münster, 1915 (Beiträge, 14, 2-4).

──── 제16-17장 자연철학

원저

Cardano. *Hieronymi Cardani Mediolanensis philosophi et medici celeberrimi opera omnia*. 10 vols. Lyons, 1663.

Telesio. *De natura rerum iuxta propria principia*. Naples, 1586.

Patrizzi. *Discussiones peripateticae*. Basle, 1581.

    Nova de universis philosophia. London, 1611.

Campanella, *Philosophia sensibus demonstrata*. Naples, 1590.

    Prodromus philosophiae. Padua, 1611.

    Atheismus triumphatus. Rome, 1630.

    La citta del sole. A Castaldo (edit.). Rome, 1910.

Bruno. *Opere italiane*. G. Gentile (edit.). Bari.

    I. *Dialoghi metaflsici*. 1907

    IL *Dialoghi morali*. 1908.

    Opera latine conscripta. I & II. Naples, 1880 and 1886.

    Ill & IV. Florence, 1889 and 1891.

S. Greenberg. *The Infinite in G. Bruno. With a translation of Bruno's Dialogue: Concerning the Cause, Principle and One*. New York, 1950.

D. W. Singer. *G. Bruno: His Life and Thought. With a translation of Bruno's Work: On the Infinite Universe and Worlds*. New York, 1950.

Gassendi. *Opera*. Lyons, 1658, Florence, 1727.

Paracelsus. *Four Treatises of Theophrastus von Hohenheim called Paracelsus*. H. E. Sigerist (edit.). Baltimore, 1941.

Paracelsus. *Selected Writings*. Edited with an Introduction by Jolande Jacobi. Translated by Norbert Guterman. London, 1951.

Van Helmont, J. B. *Opera.* Lyons, 1667.

Van Helmont, F. M. *Opuscula philosophica*. Amsterdam, 1690.

  The paradoxical discourses of F. M. van Helmont. London, 1685.

Weigel. *Libellus de vita beata*. Halle, 1609.

  Der güldene Griff. Halle, 1613.

  Vom Ort der Welt. Halle, 1613.

  Dialogus de christianismo. Halle, 1614.

  Erkenne dich selbst. Neustadt, 1615.

Böhme. *Werke.* 7 vols. K. W. Schiebler (edit.). Leipzig, 1840-1847 (2nd edition).

  Works. C. J. Barber (edit.). London, 1909- .

연구서

Blanchet, L. *Campanella.* Paris, 1920.

Boulting, W. *Giordano Bruno*, His Life, Thought and Martyrdom. London, 1914.

Cicuttini, L. *Giordano Bruno*. Milan, 1950.

Fiorentino, F. Telesio, *ossia studi storici sull 'idea delta natura nel risorgimento italiano*. 2 vols. Florence, 1872-1874.

Gentile, G. *Bruno e il pensiero del rinascimento*. Florence, 1920.

Greenberg, S. See under *Texts* (Bruno).

Honigswald, R. *Denker der italienischen Renaissance. Gestalten und Probleme*. Basle, 1938.

Mclntyre, J. L. Giordano Bruno. London, 1903.

Peip. A. *Jakob Böhme, der deutsche Philosoph*. Leipzig, 1850.

Penny, A. J. *Studies in Jakob Böhme*. London, 1912.

  Introduction to the Study of Jacob Böhme's Writings. New York, 1901.

Sigerist, H. E. *Paracelsus in the Light of Four Hundred Years*. New York, 1941.

Singer, D. W. See under *Texts* (Bruno).

Stillman, J. M. *Theophrastus Bombastus von Hohenheim, called Paracelsus*. Chicago, 1920.

Troilo, E. *Lafilosofia di Giordano Bruno*. Turin, 1907.

Wessely, J. E. *Thomas Campanellas Sonnenstadt*. Munich, 1900.

Whyte, A. *Jacob Behmen: An Appreciation. Edinburgh*, 1895.

원저

Leonardo da Vinci. *The Literary Works*. J. R. Richter (edit.). Oxford, 1939.

Copernicus. *Gesamtausgabe*. 4 vols.

Tycho Brahe. *Opera omnia*. Prague, 1611, Frankfurt, 1648.

Kepler. *Opera omnia*. 8 vols. Frankfurt, 1858-1871.

Galileo. *Opere*. E. Albèri (edit.). Florence, 1842-1856.

>   *Le opere di Galileo Galilei*. 20 vols. Florence, 1890-1907.

>   *Dialogo sopra i due massimi systemi del mondo*. Florence, 1632.

>   (English translation by T. Salusbury in *Mathematical Collections and Translations*. London, 1661.)

>   *Dialogues concerning Two New Sciences*. H. Crew and A. de Salvio (Translators). Evanston, 1939.

연구서

Aliotta, A. and Carbonara, C. *Galilei*. Milan, 1949.

Armitage, A. *Copernicus, the Founder of Modern Astronomy*. London, 1938.

Burtt, E. A. *The Metaphysical Foundations of Modern Physical Science*. New York, 1936.

Butterfield, H. *Origins of Modern Science*. London, 1949.

Dampier, Sir W. C. *A History of Science*. Cambridge, 1929 (4th edition, 1948).

>   *A Shorter History of Science*. Cambridge, 1944.

Dannemann, F. *Die Naturwissenschaften in ihrer Entwicklung und in ihrem Zusammenhange*. 4 vols. Leipzig, 1910-1913.

Dreyer, J. L. E. *Tycho Brahe*. Edinburgh, 1890.

Duhem, P. *Etudes sur Ldonard de Vinci*. Paris, 1906-1913.

>   *Les origines de la statique*. Paris, 1905-1906.

Fahie, J. J. *Galileo, his Life and Work*. London, 1903.

Grant, R. *Johann Kepler. A Tercentenary Commemoration of his Life and Work*. Baltimore, 1931.

Jeans, Sir J. H. *The Growth of Physical Science*. Cambridge, 1947.

Kojnré, A. *Études Galiléennes*. Paris, 1940.

McMurrich, J. P. *Leonardo da Vinci the Anatomist*. London, 1930.

Sedgwick, W. T. and Tyler, H. W. *A Short History of Science*. New York, 1917 (revised edition, 1939).

Stimson, D. *The Gradual Acceptance of the Copernican Theory of the Universe*. New York, 1917.

Strong, E. W. *Procedures and Metaphysics*. Berkeley, U.S.A., 1936.

Taylor, F. Sherwood. *A Short History of Science*. London, 1939.

>   *Science Past and Present*. London, 1945.

Galileo and Freedom of Thought. London, 1938.

Thorndike, L. *A History of Magic and Experimental Science*. 6 vols. New York, 1923-1942.

Whitehead, A. N. *Science and the Modern World*. Cambridge, 1927 (Penguin, 1938).

Wolf, A. *A History of Science, Technology and Philosophy in the Sixteenth and Seventeenth Centuries*. London, 1935.

—— **제19장 프랜시스 베이컨(Francis Bacon)**

원저

The Philosophical Works of Francis Bacon. J. M. Robertson (edit.). London, 1905.

Works. R. L. Ellis, J. Spedding and D. D. Heath (edit.). 7 vols. London, 1857-1874.

Novum Organum. Edited with introduction and notes by T. Fowler. Oxford, 1889 (2nd edition).

The Advancement of Learning. London (Everyman Series).

R. W. Gibson. *Francis Bacon. A Bibliography*. Oxford, 1950.

연구서

Anderson, F. H. *The Philosophy of Francis Bacon*. Chicago, 1948.

Fischer, Kuno. *Francis Bacon und seine Schule*. Heidelberg, 1923 (4th edition).

Nichol, J. *Francis Bacon, his Life and Philosophy*. 2 vols. London and Edinburgh, 1901.

Sturt, M. *Francis Bacon, a Biography*. London, 1932.

—— **제20장 정치철학**

원저

Machiavelli. *Le Opere di Niccolò Machiavelli*. 6 vols. L. Passerini and G. Milanesi (edit.). Florence, 1873-1877.

Tutte le Opere storiche e letterarie di Niccolò Machiavelli. G. Barbera (edit.). Florence, 1929.

Il Principe. L. A. Burd (edit.). Oxford, 1891.

The Prince. W. K. Marriott (translator). London, 1908 and reprints (Everyman Series).

The Discourse of Niccolò Machiavelli. 2 vols. L. J. Walker, SJ. (translator and editor). London, 1950.

The History of Florence. 2 vols. N. H. Thomson (translator). London, 1906.

The Works of Nicholas Machiavel. 2 vols. E. Farneworth (translator). London, 1762. (2nd edition in 4 vols., 1775).

The Historical, Political and Diplomatic Writings of Niccolo Machiavelli. 4 vols. Boston and New York, 1891.

More. *Utopia* (Latin and English). J. H. Lupton (edit.). London, 1895. (There are many other versions, including an English text in the Everyman Series.)

L'Utopie ou le traite de la meilleure forme de gouvernement. Texte latine edite par M. Delcourt avec des notes explicatives et critiques. Paris, 1936.

The English Works. London, 1557. This text is being re-edited and two volumes appeared in 1931 (London), edited by W. E. Campbell and A. W. Reed.

There are various editions of the Latin works. For example, *Opera omnia latina*: Louvain, 1566.

Hooker. *Works*. 3 vols. J. Keble (edit.). Oxford, 1845 (3rd edition).

The Laws of Ecclesiastical Polity, Books I-V. Introduction by Henry Morley. London, 1888.

Bodin. *Method for the Easy Comprehension of History*. B. Reynolds (translator). New York, 1945.

Six livres de la repuhlique. Paris, 1566. Latin edition: Paris, 1584. English translation by R. Knolles: London, 1606.

Althusius. *Politica methodice digesta*. Herborn, 1603. Enlarged edition; Groningen, 161G. Modern edition by C. J. Friedrich. Cambridge (Mass.), 1932.

Grotius. *De iure belli ac pads*. Washington, 1913 (edition of 1625). Englih translation by F. W. Kelsey and others. Oxford, 1925.

(These two vols, together constitute No. 3 of 'The Classics of International Law.')

연구서

Allen, J. W. *A History of Political Thought in the Sixteenth Century*. London, 1928.

Baudrillart, H. *Jean Bodin et son temps*. Paris, 1853.

Burd, L. A. *Florence (II), Machiavelli*. (The Cambridge Modern History, vol. i, ch. 6.) Cambridge, 1902.

Campbell, W. E. *More's Utopia and his Social Teaching*. London, 1930.

Chambers, R. W. *Thomas More*. London, 1935.

Chauviré, R. *Jean Bodin, auteur de la Répuhlique*. Paris, 1914.

D'Entrèves, A. P. *Natural Law. An Introduction to Legal Philosophy*. London, 1951.

Figgis, J. N. *Studies of Political Thought from Gerson to Grotius*. Cambridge, 1923 (2nd edition).

Foster, M. B. *Masters of Political Thought*. Vol. 1, *Plato to Machiavelli* (Ch. 8, Machiavelli). London, 1942.

Gierke, O. von *Natural Law and the Theory of Society*. 2 vols. E. Barker (translator). Cambridge, 1934.

Johannes Althusius und die Entwicklung der naturrechtlichen Staatstheorien. Breslau, 1913 (3rd edition).

Gough, J. W. *The Social Contract. A Critical Study of its Development*. Oxford, 1936.

Heamshaw, F. J. C. *The Social and Political Ideas of some Great Thinkers of the Renaissance and the Reformation*. London, 1925.

The Social and Political Ideas of some Great Thinkers in the Sixteenth and Seventeenth Centuries.

London, 1926.

Meinecke, F. *Die Idee der Staatsräson.* (Ch. 1, Machiavelli.) Munich, 1929 (3rd edition).

Ritchie, D. G. *Natural Rights.* London, 1916 (3rd edition).

Sabine, G. H. *A History of Political Theory.* London, 1941.

Villari, P. *The Life and Times of Niccolò Machiavelli.* 2 vols. L. Villari (translator). London, 1892.

Vreeland, H. *Hugo Grotius.* New York, 1917.

—— 제21장 (르네상스의 스콜라주의) 개관

원저

A number of titles of works are mentioned in the course of the chapter. Only a very few selected texts will be mentioned here. For fuller biographies the *Dictionnaire de théologie catholique* can be profitably consulted under the relevant names. The standard bibliographical work for writers of the Dominican Order between 1200 and 1700 is Scriptores Ordinis Praedicatorum by Quétif-Echard. A photolithographic reprint of the revised Paris edition of 1719-1721 is being published by Musurgia Publishers, New York. For Jesuit authors consult Sommervogel-De Backer, *Bibliothèque de la compagnie de Jésus.* Liége, 1852 ff.

Cajetan. *Thomas de Vio Cardinalis Caietanus. Scripta theologica.* Vol. I, *De comparatione auctoritatis papae et concilii cum apologia eiusdem tractatus.* V. M. I. Pollet (edit.). Rome, 1936.

Thomas de Vio Cardinalis Caietanus (1469-1534); *Scripta philosophica*:

Commentaria in Porphyrii Isagogen ad Praedicamenta Aristotelis. I. M. Marega (edit.). Rome, 1934.

Opuscula oeconomico-socialia. P. N. Zammit (edit.). Rome, 1934.

De nominum analogia. De conceptu entis. P. N. Zammit (edit.). 1934.

Commentaria in de Anima Aristotelis. Y. Coquelle (edit.). Rome, 1938.

Caietanus … in 'De Ente et Essentia' Commentarium. M. H.. Laurent (edit.). Turin, 1934.

Cajetan's commentary on Aquinas's *Summa theologica* is printed in the *Opera omnia* (Leonine edition) of St. Thomas.

Bellarmine. *Opera omnia.* 11 vols. Paris, 1870-1891.

Opera oratoria postuma. 9 vols. Rome, 1942-1948.

De controversiis. Rome, 1832.

Tractatus de potestate summi pontificis in rebus temporalibus. Rome, 1610.

Molina. *De Institia et Iure.* 2 vols. Antwerp, 1615.

Concordia liberi arbitrii cum gratiae donis, divina praescientia, providentia, praedestinatione et reprobatione. Paris, 1876.

Vitoria. *De Indis et de Iure Belli Relectiones.* E. Mys (edit.). Washington, 1917 (Classics of International Law, No, 7).

John of St. Thomas. *Cursus Philosophicus Thomisticus* (edit. Reiser). 3 vols. Turin, 1930-1938.

    Cursus philosophicus. 3 vols., Paris, 1883.

    Joannis a Sancto Thoma O.P. Cursus theologici. Paris, Toumai, Rome, 1931 ff.

연구서

Barcia Trelles, C. *Francisco Suárez, Les théologiens espagnols du XVI siecle et l'école moderne du droit inter nationale*. Paris, 1933.

Brodrick, J. *The Life and Work of Blessed R. Cardinal Bellarmine*. 2 vols. London, 1928.

Figgis, J. N. See under bibliography for Suárez.

Fritz, G., and Michel, A. *Article Scolastique* (section III) in the Dictionnaire de théologie catholique, vol. 14, cols. 1715-1725. Paris, 1939.

Giacón, C. La seconda scolastica. I, *I grandi commentatori di san Tommaso*; II, *Precedenze teoretiche ai problemi giuridici*; III, *I Problemi giuridico-politici*. Milan, 1944-1950.

Littlejohn, J. M. The Political Theory of the Schoolmen and Grotius, New York, 1896.

Regnon, T. de *Bañes et Molina*. Paris, 1883.

Scott, J. B, *The Catholic Conception of International Law. Francisco de Vitoria, Founder of the Modern Law of Nations: Francisco Sudrez, Founder of the Philosophy of Law in general and in particular of the Law of Nations*. Washington, 1934.

Smith, G. (edit.). *Jesuit Thinkers of the Renaissance. Essays presented to John F. McCormick, S.J.* Milwaukee, Wis., 1939.

Solana, M. *Historia dela Filosofia Española en el siglo XVI* Madrid, 1940.

Stegmiiller, F. *Geschichte des Molinismus. Band I, Neue Molinaschriften*. Münster, 1935 (Beiträge, 32).

Streitcher, K. *Die Philosophic der spanischen Spätscholastik an den deutschen Universitäten des siebzehnten Jahrhunderts* (in *Gesammelte Aufsätze zur Kultur geschichte Spaniens*). Münster, 1928.

Vansteenberghe, E. Article *Molinisme* (and bibliography) in the Dictionnaire de théologie catholique, vol. 10, cols. 2094-2187. Paris, 1928.

──── 제22-23장 프란치스코 수아레즈(Francis Suárez)

원저

Opera. 28 vols. Paris, 1856-1878.

Metaphysicarum Disputationum Tomi duo. Salamanca, 1597. (Many editions, up to that of Barcelona, 1883-1884.)

Selections from Three Works of Francisco Suárez, S.J. (*De legibus, Defensio fidei catholicae. De triplici virtute theologica*.) 2 vols. Vol. I, the Latin texts; Vol. 2, the translation. Oxford, 1944.

    (Classics of International Law, No. 20.)

Among bibliographies one can mention *Bibliografica Suareciana* by P. Mugica. Granada, 1948.

연구서

Aguirre, P. *De doctrina Francisci Suárez circa potestatem Ecclesiae in res temporales.* Louvain, 1935.

Alejandro, J. M. *La gnoseologia del Doctor Eximio y la acusación nominalista. Comillas* (Santander), 1948.

Bouet, A. *Doctrina de Suárez sobre la libertad.* Barcelona, 1927.

Bouillard, R. *Article Suárez: théologie pratique.* Dictionnaire de théologie catholique, vol. 14, cols. 2691-2728. Paris, 1939.

Bourret, E. *De l'origine du pouvoir d'aprés Saint Thomas et Suárez.* Paris, 1875.

Breuer, A. *Der Gottesbeweis bei Thomas und Suárez. Ein wiscenschaftlicher Gottesbeweis aufder Grundlage von Potenz und Aktverhdltnis Oder Abhängigkeitsverhältnis.* Fribourg (Switzerland), 1930.

Conde y Luque, R. *Vida y doctrinas de Suárez.* Madrid, 1909.

Dempf , A. *Christliche Staatsphilosophie in Spanien.* Salzburg, 1937.

Figgis, J. N. *Some Political Theories of the early Jesuits.* (Translations of the Royal Historical Society, XL London, 1897.)

   Studies of Political Thought from Gerson to Grotius. Cambridge, 1923 (2nd edition).

   Political Thought in the Sixteenth Century. (The Cambridge Modern History, vol. 3, ch. 22). Cambridge, 1904.

Giacón, C. *Suárez.* Brescia, 1945.

Gómez Arboleya, E. *Francisco Suárez* (1548-1617). Granada, 1947.

Grabmann, M. *Die disputationes metaphysicae des Franz Suárez in ihrer methodischen Eigenart und Fortwirkung* (*Mittelalterliches Geistesleben,* vol. 1, pp. 525-560.). Munich, 1926.

Hellín, J. *La analogia del ser y el conocimiento de Dios en Suárez.* Madrid, 1947.

Iturrioz, J. *Estudios sobre la metafisica de Francisco Suárez, S.J.* Madrid, 1949.

Lilley, A. L. *Francisco Suárez. Social and Political Ideas of some Great Thinkers of the XVIth and XVIIth centuries.* London, 1926.

Mahieu, L. *François Suárez. Sa philosofihie et les rapports qu'elle a avec la théologie.* Paris, 1921.

   (Replies by P. Descoqs to this work are contained in *Archives de Philosophie,* vol. 2 (pp. 187-298) and vol. 4 (pp. 434-544). Paris, 1924 and 1926.)

Monnot, P. Article *Suárez: Vie et œuvres.* Dictionnaire de théologie catholique, vol. 14, cols. 2638-49. Paris, 1939.

Plaffert, F. *Suárez als Völkerrechtslehrer.* Würzburg, 1919.

Recasens Siches, L. *La filosofia del Derecho en Francisco Suárez.* Madrid, 1927.

Regout, D. *La doctrine de la guerre juste de saint Augustin à nos jours* (pp. 194-230). Paris, 1934.

Rommen, H. *Die Staatslehre des Franz Suárez.* Miinchen-Gladbach, 1927.

Scorraille, R. de. *Frangois Suárez de la Compagnie de Jésus.* 2 vols. Paris, 1911.

Scott, J. B. *The Catholic Conception of International Law. Francisco de Vitoria, Founder of the Modern Law of Nations: Francisco Suárez, Founder of the Modern Philosophy of Law in general and in par-*

ticular of the Law of Nations. Washington, 1934.

Werner, K. *Franz Suárez und die Scholastik der letzten Jahrhunderte.* 2 vols. Ratisbon, 1861 and 1889.

Zaragüeta, J. *La filosofia de Suárez y el pensamiento actual.* Granada, 1941.

────── 수아레즈의 철학에 충실한 정기간행물들과 수집된 논문들의 특별 논의

Actas del IV centenario del nacimiento de Francisco Suárez, 1548-1948. 2 vols. Madrid, 1949-1950. (수아레즈의 신학적, 철학적, 정치적 관념들에 대한 논문을 포함한다.)

Archives de philosophie, vol. 18. Paris, 1949.

Pensamiento, vol. 4, nuimero extraordinario, Suárez en el cuarto centenario de su nacimiento (1548-1948). Madrid, 1948, (*Pensamiento*의 이 숫자는 수아레즈의 형이상학적, 인식론적, 정치적, 법적인 관념들에 대한 가치 있는 연구를 포함한다.)

Razón y Fe, tomo 138, fascs. 1-4, July-October 1948. Centenario de Suárez, 1548-1948. Madrid, 1948. (수아레즈는 신학자와 철학자 모두로서 고찰되지만, 특히 철학자로서 고찰된다.)

────── 다음 두 권은 주로 수아레즈 사상의 신학적 측면을 다룬다.

Estudios Eclesiasticos, vol. 22, nos. 85-86, April-September, 1948. Francisco Suárez en el IV centenario de su nacimiento. Madrid, 1948.

Miscelánea Comillas, IX. Homenaje al doctor eximio P. Francisco Suárez, S.J., en el IV centenario de su nacimiento, 1548-1948. Comillas (Santander), 1948.

────── 수아레즈 사망 300주년(1917)과 관련하여 출판된 책들

Commemoración del tercer centenan del Eximio Doctor español Francisco Suárez, S.J. (1617-1917 Barcelona, 1923.

P. Franz Suárez, S.J. Gedenkblätter zu seinem dreihundertjährigen Todestag (*25 September 1617*). Beiträge zur Philosophie des P, Suárez by K. Six, etc. Innsbruck, 1917.

Rivista di Filosofia Neo-scolastica, X (1918).

Scritti vari puhlicati in occasione del terzo centenario della morte di Francesco Suárez, per cura del prof. Agostino Gemelli. Milan, 1918.

Rivière, E. M. and Scorraille, R. de *Suárez et son œuvre. A l'occasion du troisième centenaire de sa mort,* 1617-1917. Vol, i, La bibliographic des ouvrages imprimés et inédits (E. M. Rivière). Vol. 2, *La Doctrine* (R. de Scorraille). Toulouse-Barcelona, 1918.

이름 찾기

내용 찾기

610

역자 후기

_____

 이 책은 코플스턴(F. C. Copleston)의 철학사 전집 9권(A History of Philosophy, 1946-1974) 중 제3권에 해당하는 『후기스콜라 철학과 르네상스 철학』(Ockham to Suárez)을 완역한 것이다. 제3권이 번역되기 이전에 그의 철학사 전집 9권 중 5권이 각각 다른 사람에 의해 번역되었다. 제1권 『그리스 로마철학사』(Greece and Rome, 김보현 옮김, 철학과 현실사, 1996, 제2판은 북코리아, 2015), 제2권 『중세철학사』(Augustine to Scotus, 박영도 옮김, 서광사, 1988), 제4권 『합리론』(Descartes to Leibniz, 김성호 옮김, 서광사, 1994), 제5권 『영국경험론』(Hobbes to Hume, 이재영 옮김, 이재영, 서광사, 1991), 제7권 『18·19세기 독일철학』(Fichte to Nietzsche, 표재명 옮김, 서광사, 2008)이 번역된 책의 목록이다.

 코플스턴 철학사 9권은 각각 하나같이 방대한 분량과 내용을 담고 있다. 이것은 그가 서양의 고대철학부터 현대철학에 이르기까지 해박한 지식을 가지고 있었다는 것의 방증이다. 그는 가톨릭 신부였지만, 그의 철학사적 지식은 중세철학에 그치지 않는다. 철학의 역사를 하나의 시각에서 바라보는 그의 안목은 탁월하다. 그는 시대에 따라서 철학사상이 어떤 변화를 겪으면서 달라졌는가를 보여줄 뿐 아니라, 시대에 따른 차이에도 불구하고 어떤 유사점과 연결점을 가지고 있는가를 잘 보여준다. 즉 코플스턴은 위대한 철학자의 철학사상이 그의 위대한 천재성에서 나온 것이지만, 또한 시대의 산물이라는 점을 뚜렷하게 보여주려는 의도를 가지고 철학사를 기술하고 있다. 그래서 코플스턴은 자신이 철학자로서가 아니라 역사가로서 이 책을 집필하고 있다는 점을 강조하고 있다.

제3권은 총 3부로 구성되어 있다. 제1부는 14세기의 철학으로서 오컴을 중심으로 그의 전후 철학자들의 사상을 오컴과 연결지어 서술하고 있다. 그는 14세기의 철학자들의 철학사상을 서술함에 있어 그들의 사상이 가지는 연관성뿐만 아니라, 이 사상가들이 13세기의 철학자, 특히 토마스 아퀴나스와 스코투스의 사상과 어떻게 다른지, 그리고 어떤 점에서 유사성이 있는지를 보여주고자 하였다. 제2부는 르네상스 철학자들의 사상을 소개하고 있다. 제2부에는 르네상스 시대의 플라톤주의, 아리스토텔레스주의가 소개되고 있을 뿐 아니라, 그 시대의 자연철학, 자연과학운동, 정치철학 그리고 프란시스 베이컨의 사상이 소개되고 있다. 사람들은 간혹 르네상스의 새로움과 위대함을 지나치게 강조하는 사람들의 주장에 매몰되어, 스콜라철학의 가치를 한껏 낮게 보는 경향이 있다. 그러나 그는 르네상스 시대에도, 합리론의 시대에도 여전히 새로운 시각의 스콜라철학이 여전히 활발하게 전개되고 있음을 주목하였다. 이를 그는 제3부 르네상스의 스콜라철학에서 다룬다. 그리고 결론에서 자신의 철학사 제1권부터 제3권까지의 사상을 아주 큰 시각에서 일별하고 있다.

코플스턴의 철학사는 방대한 내용을 담고 있다. 번역에서 어려움이 발생하는 것은 당연하다. 코플스턴은 철학자들의 책 이름이라든가 내용의 표기에서 대개 라틴어를 그대로 쓰고 있다. 혹 오역이라도 생길까 걱정이 되어, 라틴어 표기 하나하나를 맥밀런 철학사전 등 여러 종류의 철학사전을 참조하여 일일이 대조하는 수고를 아끼지 않았으나, 그것이 완벽한 것인지에 대해서는 일말의 불안감이 남아 있다. 해결되지 않은 라틴어 번역은 전문가의 도움을 받기도 했다. 독자들의 이해에 조금이나마 도움을 주기 위해 역자주를 ( ) 안에 넣기도 했으며, [ ]를 추가하여 내용을 보완하기도 하였다. 그러나 번역상의 오류를 가급적 회피하기 위하여 의역보다는 직역을 선택하기로 하였다. 독자들이 직역의 딱딱함에서 다소 어려움을 느낄 수도 있다. 코플스턴의 문장은 대체로 긴 편이다. 긴 문장의 번역은 당연히 어려움을 야기한다. 직역이 원칙이지만, 불가피한 경우 독자들의 이해를 위해 짧은 문장으로 나누어 번역하기도 하였다.

후기스콜라 철학과 르네상스 철학은 플라톤과 아리스토텔레스를 중심으로 하는 고대철학이나 아우구스티누스나 토마스 아퀴나스를 중심으로 하는 중세철학에 비해 우리에게는 비교적 낯설게 느껴지며, 어떤 사람들은 이 시대의 철학에 큰 가치를 부여하지 않는다. 상당분의 철학사 저술들은 이 부분을 짤막하게 서술하고 넘어가기도 한다. 이 시대의 철학사상에 대해 관심이 있었지만 다른 저서들에서 충분히 만족을 느끼지 못했던 독자들이 있다면, 이 번역이 그들에게 다소나마 도움이 되기 바란다.

2021년 초여름
이남원 · 정용수

저자 프레드릭 코플스턴 Copleston, Frederick Charles

말보로(Marlborough) 대학과 옥스퍼드 대학교의 성 요한 대학(St.John's College)을 졸업하고,
1929년 로마에 있는 교황청 직속 신학교 그레고리오(Gregorian) 대학교에서 철학박사 학위를 받았다.
1925년 그리스도교에 입문하여, 1930년 예수회 회원이 되었고, 1937년 신부 서품을 받았다. 1939년부
터 1969년까지 런던 대학교 철학과 교수로 재직했으며, 1970년에서 1974년까지 헤이드롭(Heythrop)
대학교의 학장을 지내고, 런던 대학교의 명예교수로 있다가 1994년 2월 영국 런던에서 별세했다.
그의 주요 저서는 다음과 같다.

Friedrich Nietzsche: Philosopher of Culture (London: Burns, Oates & Washbourne, 1942)

St. Thomas Aquinas and Nietzsche (Oxford: Blackfriars, 1944)

Arthur Schopenhauer: Philosopher of Pessimism ([S.l.]: Burns, Oates & Washbourne, 1947)

A History of Philosophy, 9 vols (Westminster, Maryland; London: Newman Press; Search Press, 1947-1975)

Contemporary Philosophy: Studies of Logical Positivism and Existentialism (Westminster, Maryland: New-
    man Press, 1966)

Philosophy and religion in Judaism and Christianity ([Watford, Eng.]: Watford Printers, 1973)

Religion and philosophy (Dublin: Gill and Macmillan Ltd., 1974)

Philosophers and Philosophies (New York: Barnes & Noble, 1976)

On the History of Philosophy and other essays (London: Search Press, 1979)

Philosophies and Cultures (Oxford: Oxford Univ Press, 1980)

Religion and the One: Philosophies East and West (London: Search Press, 1982)

Aquinas. (Harmondsworth, New York: Penguin, 1982)

Memoirs of a Philosopher (Cansas CT: Sheed & Ward, 1993)

Philosophy in Russia: From Herzen to Lenin and Berdyaev (Notre Dame, Ind.: University of Notre Dame
    Press, 1986)

Russian Religious Philosophy: Selected Aspects (London: Search Press. 1988)

역자 이남원

경북대학교에서 『칸트의 선험적 논증』으로 박사학위를 받았다. 현재 부산대학교 사범대학 윤리교육과
명예교수로 있다. 칸트의 『실용적 관점에서 본 인간학』, 『칸트의 형이상학 강의』와 칸트 전집 번역(전
15권, 한길사) 중 1, 2, 10권의 공동 번역에 참여하였다.

역자 정용수

부산대학교 철학과 박사과정을 수료하고, 현재 신라대학교 교양과정대학 조교수(교육전담)로 있다.